嚮導

（五）

The Guide weekly

嚮導週報

◀ 第一百七十六期 ▶

目次

一九二六年十月十九日

孫傳芳之殘暴及其末路

述之

孫傳芳的兇橫殘暴最近來已達到了頂點，但是同時他的命運也就跟着他的兇橫殘暴而愈顯其窘迫短促，可說他的末路已到眼前了。

孫傳芳對江浙皖贛閩等省的民衆向來便施以極嚴密的摧殘和壓迫，尤其自加入「討赤」實行與北伐軍開戰以來，更是毫無忌憚，倒行逆施。

他最近在上海無故封閉國民通信社，逮捕該社社長邵季昂至今未釋。封閉上海國民黨市黨部，逮捕其辦事人員（孫氏行政文法捕房做的），封閉海員工會，拘禁工會職員十餘人，甚至逮捕抗爭萬縣慘案之上海各團體代表十六人，并同時因萬縣案封禁全國學生總會，禁止上海市民開會追悼萬縣死難同胞，開會紀念雙十節。此外在九江南昌安慶南京等處或明或暗地任意殺戮無辜平民不知有多少！在他的勢力範圍內，只要男子是學生裝或穿西服，女子剪髮者，視爲間諜，隨便拘捕監禁槍斃。在南京曾有一北大學生和上海滬江大學教員均以裝束不同而遭逮捕，幾危生命，便是事實。至於在前敵上的殘忍戮，更是慘不忍聞。我們現在且摘錄上海泰晤士報描寫孫軍在南昌之慘殺刦掠情形一段來看：

『……北軍（指孫軍）向南城一路進行，沿途搶刦。入城後仍刦掠不已，直至今日（自九月廿三日至十月十一日），尚停刦。所有住家商店被搶者已佔十分之七。昨日通信員在城中視察，見兵士將所刦贓物送往郵局寄囘家鄉，鋪店已歇閉多時。……凡市民及學生會歡迎南軍者，均遭槍斃，據警察統計，已達二千八之多。學生中凡剪髮作俄國式者，即爲不必審訊即行槍斃之充分理由。法律全無，警察亦潛逃多日。……』（上海泰晤士報十一月廿一日南昌通信）。

像孫傳芳這樣野蠻殘酷的殺戮和刦掠可以和英國帝國主義之在萬縣劉玉春之在武昌的橫暴情形遙遙相映，同爲近世紀來之奇聞慘事。

孫傳芳近來每以什麼三愛主義相號召，即所謂「愛國」「愛民」「愛敵」，欲以對抵北伐軍之三民主義；像他這樣兇橫殘暴的行爲，眞是充分地表現了他的「愛」。

然而我們知道孫傳芳的命運是完全建築在這種兇橫殘暴的基礎上，是建築在鐵血的基礎上，全靠壓迫人民殺戮無辜來維持的（也可以說每個軍閥都是如此）。但是他現在究竟是怎樣呢？他的「鐵血政策」的結果如何呢？

孫傳芳在南昌九江前敵的戰事失敗情形是大家知道的，江西鄧如琢全部的軍隊是潰沒了，孫傳芳己系的軍隊如謝鴻勳整整的一師在德安一役完全完了，師長謝鴻勳也傷重致死了，楊震東彭德銓李俊義等旅均已完全潰敗了，南昌九江已危在旦夕之間。但前些時孫傳芳還在拼命掙扎着，還在希望最後的勝利，因爲後方如浙江上海南京等處還逐沒有什麼亂子。可是現在呢，霹靂一聲浙江本獨立了，周鳳歧的駐蘇軍隊開囘浙江了，鄧如琢陳儀本人爲有趕囘浙江之勢，換言之，便是周陳均準備倒戈，鄧如琢久已到杭與夏超聯絡，陳調元久在武穴陽新一帶按兵不動，白寶山久在坐待時機，安徽的倪家軍正在蠢蠢欲動，上海的資產階級和一般市民也似乎要抬起頭來——像這樣的形勢，孫傳芳還能保持五省聯軍總司令的地位麼？這不是孫傳芳的末路到了麼？我們敢斷言一句，孫傳芳完了，孫傳芳的五省總司令已到了最後的一天了，孫傳芳的鐵血政策再也不能維持他的命運了。

現在孫傳芳的本身可說已不成問題，問題却在如何來收拾江浙，如河南之吳秀才一樣（恐求爲吳秀才而不可得），問題却在如何來收拾江浙，是北伐軍呢，還是張宗昌？

張宗昌以及張作霖對於江蘇是戀戀在懷的，但如果江蘇落

在魯張或奉張之手，江浙的人民就等於以暴易暴，像山東一千五百萬元的討赤費，江浙還要出十倍哩！因此橫在江浙人民眼前的問題便是如何急速結果孫傳芳，如何與北伐軍一致對付魯張或奉張之南侵。孫傳芳是快完了，江浙人民的新時代快到了。孫傳芳所加於江浙人民的鎖鐽有解脫的機會了。但是江浙的人民應該自己起來動手，決不應坐待人家來替你解脫。江浙的民衆們，應立即起來以自己的力量急速打倒兇橫殘暴的英國帝國主義走狗孫傳芳，急速遠清孫傳芳在江浙的殘餘勢力，與北伐軍一致抵抗奉魯軍，造成江浙人民的新時代，尤其上海的資產階級及一般市民此時更應盡全力！取得上海的自治權，建立上海市民的自治政府。我們相信上海的工人們一定是不會放過機會的，但要看上海的資產階級如何？

一九二六年十月十七日

對於國民黨中央會議的希望

獨秀

在辛亥革命發難之日，民黨軍隊第二次占領辛亥革命發祥地的武昌，同時在江西方面，也有擊敗孫傳芳之可能，不久國民政府的北伐軍事或者能有一小結束。剛在此時，國民黨中央黨部在廣州召集全體中央委員和各省黨部代表的聯席會議，這會議是有意義的。

以前有許多人看廣東不過是一些亂黨或者是一些赤化黨在那裏胡鬧，好在遠在化外的大嶺以南，無關大局，現在却不然了，不但吳佩孚的勢力被他打碎了，孫傳芳若從九江敗退，則福建四川雲南都絕了北向之路，如此則國民政府已占有半個中國，他的戰後設施，全中國人甚至於全世界人都不得不改變以前的態度加以注意了。

「據我們所得的消息，此次國民黨會議的重要議程是：（一）國民政府之組織及地點；（二）召集國民會議；（三）省政府與省黨部之關係；（四）省政府與中央（政府）之關係；（五）新的政綱。」

此次國民黨會議提出這些問題來討論，已經可以證明國民黨有長足的進步。國民黨前此兩次全國大會，雖然議決了一些政治原則，此次的議程更將其體化了。此次的議程將如何決定這些具體問題，這是我們一向是希望國民黨政府和反對國民黨國民政府的人們，都急欲知道的，此時期中的希望更爲迫切。

現在正是全國人開始認識國民黨國民政府的時期。此次國民黨會議議程中，最重要的還是第（五）議題「新的政綱」，因為第一次全國大會所決定的政綱還抽象一點，其性質似乎是黨綱，現在應該根據前定的政綱，更具體的規定出來對於各方面目前的實施政策。例如，根據民族平等及經濟發展的原則，決定關稅政策和對那幾國的外交態度，對於國內戰爭及和平與夫對於其他軍隊之態度，對於財政應如何將第二次全國大會決議案中那些急需而且可能的辦法決定實施，如何完成粵漢鐵路及建築海港以發展工商業，確定教育經費及優待小學教員的具體辦法，這些都是此次新的政綱中所必須注意的。

「關於民衆利益之保障，尤其是此次新的政綱之生命，第二次全國大會所決定的工人運動決議案農民運動決議案和商民運動決議案中之具體辦法各條，都應該盡量採入此新政綱；並且關於工人最低工資之利益，應該更具體的指明由政府和工會組一委員會於一定期限內制定，關於工人集會結社言論出版罷工之自由，應該更具體的指明由國民政府通令所屬各省廢止治安警察條例及刑律第二百二十四條；關於農民政治的自由，應改為解散壓迫農民之『軍隊及民團』，經濟的甲項，應改為廢禁對於農民之高利貸超過若干以上，關於商民應增加二項：一是以海陸軍保護水陸商業交通及禁止各鐵路因軍事阻礙

商業運輸，一是修正商會法，使各業真正商人無限期的都能參加商會組織，而不為少數洋行買辦所把持。

國民政府的基礎是建築在民眾勢力之上，而非建築在軍事勢力之上；因為這是中國由半封建的軍事專政到革命的民主政治之唯一標識。

(二)(三) 兩議題，算是新的政網問題：一名集國民會議之地點與時間，這是一個事實問題；最重要的是計劃如何即刻在各地發展國民會議的民眾運動？免得將來成一空洞會議；其次便是決定國民會議之目的，應該是民眾盡量發表怎樣減輕十五年來的痛苦，怎樣改正關稅制度，怎樣解除籌還外債，以解除全民族的枷鎖；至於全國政治組織和憲法問題，還不是軍閥未完全傾覆以前第一次國民會議所急需討論的議題，所可決定的只是國民會議本身代替國會制度的問題；以省民會議代替省議會，縣民會議代替縣議會，也應該有同樣的決定。

此次新政網更應該珍重聲明：省與中央政府之關係，應該根據第一次全國大會所決定的政網對內政策第一條，中央政府和省政府之軍政財政，都應該劃分權限，不可採用割據的聯省自治，也不可採用無限制的中央集權制。

全國人都開始重視國民政府了，此次國民黨的中央會議應該產生一個適合目前中國初步改造所需要的政網，而且馬上就能夠實施這一新政網，使全國各階級的民眾都認識國民黨國民政府究竟是什麼！

馬恩

香港罷工終止了
反香港的鬥爭萬歲！

從廣東來的一切消息，都證實對香港的抵制罷工已經終止了。可是我們能夠說，多年來繼續下來武裝的罷工糾察隊回到廣州來。而暴發於一九二五——二六年的罷工抵制之猛烈的反香港帝國主義鬥爭，終止了嗎？

這罷工抵制延長了十六個月。世界工人運動一直到現在還未曾有過這樣持久這樣廣大的政治罷工。中國工人後此將有長時間去研究他們在這鬥爭中得來的偉大經驗。在這篇論文裏，我們願意指出這次罷工抵制及其終止之意義——這次的終止在許多不留心的讀者或者以為是突如其來的。

香港罷工的根本特點，便是歷史上未曾有過的兩種鬥爭形式之結合：無產階級罷工和民族抵制。在這結合中，包含着全部運動的優點和缺點。罷工是直接聯繫於一九二五年六月上海沙面青島屠殺及之民族革命鬥爭高潮的。香港十三萬工人運同他們的家屬，在工會指導之下，丟棄了工廠手工塲和碼頭的工作，并離開香港，而移住於廣州及廣東各地。奮鬥的香港工人組織，都來與廣東工人羣眾共同作戰。香港工人階級和帝國主義中間鬥爭，便成了廣州和香港中間鬥爭的形式。這裏，在廣東的香港工會組成了自己的鬥爭機關——罷工委員會；這個委員會在十六個月中間指導罷工工人的鬥爭，自身而且成了廣東全省革命的堅強支柱。

中國工人的前進分子武裝起來并組成特殊形式的「工人自衛軍」——罷工委員會的武裝民兵。武裝的工人糾察隊在廣東全省海岸佈置了一條長的戰線，嚴密地封鎖廣州和香港中間的一切交通，不放進販私貨的和帝國主義偵探到廣東來。

香港這個英國帝國主義在東方強有力的支柱，隨着有組織的工人意志而衰落了，中斷了其與廣州的聯絡——這種聯絡是香港在中國南部尚佔優勢的原因。緩慢地一步一步地，香港工人以自己的毅力和耐性消蝕了不列顛帝國主義的威權。我們可以自信地說：英國帝國

主義強盜永遠不會忘記了他們從香港工人羣衆所得的痛苦的教訓。抵制延長了十六個月。可是罷工本身是怎樣呢？我們可以說，香港工人的罷工，在這期間內，仍然是一現實的事實嗎？否，不是這樣。一九二五年六月離開香港的工人，除少數不忠實於勞動紀律者之外，都不轉鬥香港去了。罷工本身事實上很早便已終止了，開始之後經過幾個月便已不成問題。武裝的工人糾察隊斷絕了香港與廣州方面的聯格，但他們不能夠阻止香港強盜從別的地方招來數萬工人做必要的糾察隊。在香港內部，有組織的工人不能夠組成武裝的或非武裝的糾察隊。對罷工抵制的同情廣大地普遍於整個東方。但過去沒有現在也還沒有強固的工人組織在南洋羣島，能夠阻止無業羣衆向香港投來。罷工破壞香港的工業和商業，同時也就無減了資本家對於勞動力的需要。他們所必需的三四萬工人，是可以從外邊取得的。所以當今年六月廣州和香港中間的談判開始時，談到終止罷工問題。香港即宣言：罷工問題，香港已無庸過問了。

在這十六個月期間，廣東政府以一身肩抵制香港的重任。香港的罷工和罷工委員會，在這期間充分盡了蕭清反革命保護並鞏固廣東革命根據地的職任。在手工業的廣州，依靠於數萬有組織工人上面的罷工，乃是革命的大的支柱。在一切反革命者——這在廣東全省還是很多的——看來，罷工及其羣衆的組織，是他們經常的恐嚇。可見明的和暗的反革命者時時宣言不滿意於罷工之存在，這并不是偶然的。香港罷工在中國革命運動中工農的聯合盡了很大的助力。

香港罷工工人散於廣東全省鄉村裏，到處幫助農民組織戰鬥的農民協會。罷工委員會組織本身連同他的真正革命的自治及其對於廣東革命建設的影響，在數萬罷工工人中，造成了高漲的革命熱情，這種熱情還將不止一次應用於革命事業和東方工人階級的解放。香港工委員會的名字將長久恐嚇帝國主義者，并爲中國及其他國家工人階級的模範。

對香港的抵制使香港政治上和經濟上發生鉅大的損失，同時廣東經濟生活的常態發展也跟着破壞。廣東政府提出黃埔開港爲當前的問題，但大家知道這種工作需要很長的時間。直到現在，廣東商業受了損失，幾百萬廣東農民所經營的絲業，停止發展，抵制阻止了農民輸出食糧於香港和美洲。這些都必然要妨礙廣東的革命建設事業——而廣東應該是且將長久爲中國民族革命鬥爭的革命基礎。

對香港的抵制和罷工正式終止時，正當全中國民族革命運動因北伐軍勝利而重新高漲的時候，爲安置罷工工人起見，廣州的不列顛政府派遣水兵在廣州西堤登岸和對萬縣之野勃的砲聲，更加使反英的鬥爭普遍於最廣大的中國民衆。香港和廣州中間的鬥爭應該變成民族革命的全中國和英國帝國主義的整個勢力中間的鬥爭。這鬥爭將是長期的和劇烈的。中國在這鬥爭中的勝利當然不是一次罷工抵制或一次戰爭的結果便可得到。

目前當堅決提出終止這罷工抵制的問題之際，我們應該向香港來的兄弟們，說底下的幾句話：

你們奮鬥了十六個月反對香港，并在中國民族革命鬥爭史上，在工人階級革命鬥爭史上，寫下了光榮的一頁。你們的鬥爭絕不因罷工抵制的終止而終止，反要更長遠地延長下去。往香港去罷！香港工人的前鋒指導過十六個月的鬥爭并聯合過廣大的工人羣衆在自己的周圍，到香港去做香港工作的新的工人羣衆相結合。那裏，在香港，對你們昔日的能工工人，有很大的場所，可以施展你們一切的經驗及革命的毅力，你們應該在香港內部建立起像在廣州香港罷工委員會那樣的革命砲壘。

香港能工終止了！——反對香港帝國主義戰的鬥爭萬歲！

國際帝國主義與東方被壓迫的國家

馬　恩

帝國主義者中間的利益衝突，這在中國是很明顯的而且客觀上促成中國革命運動的發展；但這種衝突在別的場台在別的處所也是十分明顯，我們也不可不知道。容本主義世界的事變天天告訴我們以新衝突的消息。爭奪市場的鬥爭加厲了。弱小的國家更加不能獨立了。

——這天然成了中國革命的同盟者。

在印度，最近一年日本資本和英印資本中間的鬥爭異常劇烈。鬥爭的對象是棉紗業的市場。棉紗業始終是印度工業資本階級的根基，戰前在棉紗業中印度資產階級競爭者，主要的是英國的郎加色（郎加色是英國棉紗業的中心）。英印政府始終是幫助郎加色的。在大戰中英印政府因財政恐慌非懼怕別國商品輸入印度，遂迫得答應印度資產階級的要求并施行保護稅制限制輸入工業品。自此以後，為印度紡織工業之障礙者，祇是對於本地工廠使用棉花之百分之五的稅捐。政府不願意取消這種稅捐，於是印度廠主去年便將這種稅捐加於工人階級肩上，減少工資百分之一二‧五。那時孟買八十三廠十五萬紡織工人便一致宣告罷工，靠自己的組織力并得蘇聯工會援助支持至二個多月。工人戰線的強固使孟買廠主發生驚慌而向從前的敵人英國紗廠資本家求援。去年十二月印度廠主和英國廠主中間有個祕密協調，這協調內容大約是英國允許祇以頭等棉織物輸入印度，并放任印度工業製造次等棉織物。在這條件底下，郎加色可以同意於取消那印度棉花的百分之五的稅項。這稅項取消了，工人便照原來的工資復工。

這樣似乎是和平解決了的。但從此日本便上了舞臺。日本紡織工業也是製造次等棉織物，與印度工業一樣。日本雖然自己沒有

棉花，須在印度購買棉花輸入國內然後製成工業品，但因有種種便宜，竟能夠復輸入其工業品於印度，付給高率的關稅，且與印度工業競爭印度的市場。於是印度紡織業資產階級使與其奮敵八——英國協助，為保障自國市場安全起見，與這新的有力的競爭者——日本，對抗。

印度紡織業廠主於是要求英印政府提高關稅稅率以限制工業品之輸入；同時從去年底起，印度資產階級復作一狂熱的運動，反對「不公平的」日本競爭。

因為他們說，日本資本強迫工人做比印度工人更多的工，而給更少的工資。印度資產階級會經痛恨英國主人強迫他們縮短工人的工作時間為英國競爭者的利益，現在自己又來玩這把戲了。印度資產階級要改善日本工人的狀況！日本資本家以同樣的話回答他們。日本和印度的工人階級看見這一國的資本家那樣關心別一國的工人階級，自然要覺得好笑。

然而事情不限於一工人問題為止。英印政府不久之前任命一個委員會來審查一度廠主的要求，這一事實就證明他們的要求，即提高關稅稅率以限制工業品之輸入，是有達到的希望了。日本是很重視印度市場的，這一要求若是達到，便不啻給日本以重大打擊。日本不久明白知道，在這種情形，英國是做印度資產階級的後盾。英國是做印度資產階級的後盾，現在在印度又有受打擊的恐嚇了。日本不能及政府定了保護稅制限制日本的烟草，這種日本分明看出為英國的手腳。

上述的劇烈的經濟鬥爭，現在尚未變成公開的政治衝突。但英帝奪印度市場的鬥爭將日益加厲，這是斷可不疑的。這種鬥爭甚至將達到武裝的衝突，這我們也可由日本「遠東雜誌」九月號裏的言

論者看出。

遠東雜誌批評印度紡織業廠主的要求說：「如果報告（即上述委員會的報告）的結果將達到實行保護稅制限制日本的工業品，那麼別的國家也可以根據同樣理由即刻定出稅率限制日本其他的商品，這樣日本民族必將被屏於銷貨市場之外，日本人必將破産——不然便須鬥爭！」

○

最近二十餘年來，帝國主義者中間爭奪市場的劇烈鬥爭，瓜分世界，分配領土等，使弱小不能自衛，國家都矢却了獨立的可能。這些國家要從經濟的政治的壓迫底下解放出來，祇有走民族民主革命的道路——過去的土耳其是這樣，目前的中國也是這樣。然而至今有一個小小的例外能夠在帝國主義者虎爪之下保存其獨立——這就是非洲東岸的一個小小的國家，亞比西尼亞（Abyssinie）。

○

亞比西尼亞，無論在政治的經濟的文化的各方面中，都尚是一個中古時代的國家。

行政制度是異常幼稚的，豐富的天產尚未開發，無限的水力尚未使用。

這個國家雖然有良好條件可以栽種咖啡棉花糖海棗等，但農業尚在落後狀態。

森林中值價的樹木和橡樹是很豐富的。地下又有鐵金煤銅等。

這樣一個包有一千萬人民的亞比西尼亞，無論在政治的肥美國家早已引起意大利人打得落花流水之後。

但自從一八九六年勇敢的亞比西尼亞人把意大利人打得落花流水之後，世界資本的進攻便暫時停止。

在最近二十年中，亞比西尼亞逐漸被英法意等殖民地包圍着，而且與海相隔離，帝國主義者要取消亞比西尼亞的獨立，是沒有甚麼便宜可佔的。不幸在亞比西尼亞的近鄰就是英屬蘇丹：在英屬蘇丹裏，可以出產英國需要的棉花。但要運輸棉花必需河流，而附近的河流祇有尼羅河及其支流；這些河流的上游皆在亞比西尼亞境內。爲取得河流，英國人已經強迫了埃及政府在尼羅河中到處設關，致使埃及農民失却其所必須之水而頻於餓死。這遠不夠，英國人還時時刻向

亞比西尼亞政府索取在其境內的設關權以引水於蘇丹。現在英國人決定，要取得這權利，最好的方法是一下撲滅此非洲最後的獨立國家。不久之前英國和法西斯特的意大利中間有個協調，其內容就在瓜分亞比西尼亞爲二個「勢力範圍」。不錯，亞比西尼亞我們是瞭解的，因爲我們是領教過了。不錯，亞比西尼亞已經以國際聯盟「平等權利」會員資格在國際聯盟中提出抗議，因爲法國未曾沾得瓜分利益。不管這些，不管英國帝國主義報紙如何說：「國際聯盟注意意大利資本幫助亞比西尼亞發展，務使其不至於妨害亞比西尼亞的利益。」但我們自信可以預言，這個強盜的國際聯盟祇會幫助歐洲帝國主義對狠吞滅這個弱小的國家。

○

地球上無論如何偏僻的地方，現在都被帝國主義夷爲殖民地以榨取利潤了。同時蒼的殖民地，從叙里亞的亞拉伯人到荷屬印度的居民，都發有自由的竭望，連帝國主義資本本身也不能否認被壓迫民族的怨望是一天天增長了。

荷屬印度已經起來反抗其壓迫者——荷蘭帝國主義。荷屬印度絕不是一個小國，如果我們記起他有五千萬的居民。在歐戰時期，這個國家內曾經爆發了民族運動，這一運動強烈的發展，至一九一八年而達到最高度；當時甚至於做照俄國革命辦法有兵士水手代表蘇維埃的組織。一九一八年之後，民族運動的潮流逐漸低落。強大的民族的團體 Sarecot Islam 解體了。其中最急進分子便組成共產黨，其他分子則接近於政府——政府用若干的改良政策籠絡了封建貴族以除些其他分子則接近於政府的反動的部分。

、荷屬帝國主義殖民地政策的特點，就在他們在多數島上利用土人做小官。這樣，他們便叫做「自治」。事實上，這些小官後面都有一個政府偵探監督着，一有需要立即可以取消這「自治權」。

請看英國資產階級『太唔士報』的通信員怎樣描寫這個『自治制度』：

『在共產黨煽動農家來之前，虛名自治的制度，交給自己辦，確能得着相當效果。

人民信以為他們是受治於同種同敎的人，也覺得榮幸。本地官員，祇要配夠掛上光榮的虛名的政權，他們是不會多所要求的。』

共產黨之組織及其宣傳幫助了當地人民瞭解這『自治』的眞相。

這位通信員接着說：

『可是現在，這些攝政者（本地官員）及其部屬，都被紅色出版物斥為外國資本家的工具，而其結果是明顯可見的，即這班金服官員服從紀律的精神已逐漸失墜了。』

寸鐵

北京黑化了！

據東方社七日北京電：『北京新設之禁烟所，現決定自本月起，徵收印花稅。規定每一兩鴉片課印花稅三角，每枝烟槍月課印花稅十元，一面派出多數檢查委員，在市上密查無許可證者，卽課以一百倍之罰款，因此，自今日此，已經登記之鴉片窟共有四百餘，現定鴉片市價，每一錢五角，每一兩四元，省公然招徠嫖客矣餘技。』

當馮軍在北京時，有人說北京赤化了；此時奉軍在北京一面無形停閉了各國立大學，一面大開其烟禁，豈不是北京黑化了嗎？赤化與黑化——有知識有思想的人們，現在當能決擇了罷！（寶）

時軍新報上張水淇先生論中國人口問題，說人口過多是『盜賊繁多內亂頻仍之根本原因』。這種見解乃似是而實非。中國的經濟命脈倘不操諸外國帝國主義之手，內部倘沒有軍閥擾亂摧殘農工商業，以中國的土地產業養中國人，一時那裏會有什麼人口問題？因此，我們應該知道：中國人口問題，不是什麼人口過多，乃是八口和生產力不相稱；在帝國主義和軍閥統治下之中國，生產力實無自由的發展。欲發展中國的生產力，反帝國主義與軍閥，乃是軍閥援亂和帝國主義的侵略，而不是人口過多。

欲發展中國的生產力，反帝國主義與軍閥，然而一班愚懦的人總想避開這道路，什麼不合作主義，什麼教育救國，什麼重農救國，什麼道德救國，主張什麼基督敎救國等等；現在又有人想出什麼解決人口的法子來了，這班先生們想避開革命的方法眞多哩！（寶）

此一時彼一時！屈伏的爪哇農民，不久之前尚卑讓地低頭於每一個荷蘭醉鬼面前，如今待着共產黨的幫助組織了自己的團體並認眞與政府軍隊作戰。今年夏天在希達倫加地方（蘇門答臘島上）某方盛大的反政府的示威，是二個大的農民團體（Saret Bayat和Saret Tani）召集起來。示威者終於與警察衝突而散，被捕者在五百八以上。

爪哇反動部分的厄敎徒贊助政府的壓迫政策，與其荷蘭主人結成反赤同盟。然而遣種壓迫是沒有力量足以阻止革命運動之發展的。我們從『太唔士報』的一篇論文裏便可看出：『一點也不是指明，Saret Rayat的權力是減少的或其宣傳……失却了引誘爪哇人的能力。』

●討赤特捐●

上海新聞報十月九日濟南電：「討赤特捐已開徵，丁銀一兩徵四元二角，漕米一石徵八元。」可憐被苛捐雜稅弄得難以活命的山東人民，尤其是農民，現在又加上這種特捐，他們不得不感謝反赤運動了！
（實）

●高叫擁護國旗的是些什麼人？●

中華民國果然由辛亥革命而成立了嗎？實質上當然沒有遺麼一回事。自孫中山辭總統職一直到現在，只有中華袁國，中華段國，而沒有中華民國。既然沒有中華民國，那裏還有什麼中華民國國旗？議決什麼中華民國國會，自從附和袁世凱定都北京一直到賄選，只是北洋軍閥的御用機關，那裏是什麼中華民國國會？因此盲目的擁護什麼中華民國國旗，而忘記了中華民國，已經是買櫝還珠；而高叫擁護國旗的人們，又是一班從前擁護龍旗的保皇黨後身研究系和孫傳芳國都豪的幾個順民，怎不令人齒冷！
（實）

●丁文江與愛國行動●

以丁文江統治之理想的大上海，竟因為討論萬縣慘案逮捕各團體代表封閉學生總會，還行文來法租界拿人！丁博士的代表詹科長對學生會代表說：「此次被捕代表，實係純粹愛國行動，惟值茲地方多事之秋，自當特別從輕辦理。」然而警察廳廳長卻對商人表示對被捕各代表，他本願意輕辦，只以丁總辦主張嚴辦，故一時未便釋放。哈哈！好一個鼎鼎大名的丁博士，對外人則主張「友誼的磋商」，對愛國行動則主張「嚴辦」！「笑罵由他笑罵，好官我自為之」。

嗚呼博士做官

●傳筱庵的和平運動●

孫傳芳的子民傳筱庵，一面拿招商局輪船替孫傳芳運兵，一面拿上海總商會名義通電主張和平，像他這樣的和平運動還有什麼意義？然而有一個重要意義：總商會發一次主張和平電，便是聲明孫傳芳打了一次敗戰。
（實）

拒毒運動似乎在上海做得很熱鬧，可是上海包庇私販煙土的是孫傳芳丁文江傳筱庵三人的合股公司，試問拒毒諸公如何拒法？
（實）

●國家主義者曾琦與萬縣慘案●

對於萬縣慘案，有些軍閥都表示憤恨，獨有所謂國家主義者置之不聞不問。上海學生會邀請國家主義者大首領曾琦，參加各團體討論萬縣慘案會議，曾琦回答道：「這是共產黨的運動，我們不參加。」因此，上海四川同鄉會大不滿意，宣布削除曾琦的四川省籍。

大概這位曾琦先生是主張國家主義而反對鄉土主義吧！
（實）

北方軍事政治狀況（十月一日北京通信）

柏　鈞

張一麐說現在國民黨革命北伐是革民國之命，試問現在是不是民國？本來自袁世凱以來，中華民國這塊招牌，已被北洋軍閥負之而趨，現在國民黨起兵討伐這班北洋軍閥，所以袁世凱的幕客張一麐便大呼是革民國之命，所以北洋派的忠臣研究系也站起來大呼擁護北洋派的國旗。孫傳芳擁孫洪伊的儧也說：「民國既已告成，已無而談革命之理。」那裏有民國？北洋軍閥就是民國，孫傳芳也是北洋軍閥之一。他當然要反革命。我想張一麐還可以幫孫傳芳解釋說：「你們革我北洋派之命，就是革民國之命。」
（實）

（一）西北軍退出察哈爾時張之江之態度

張之江之妥協事實約有下列各種：

一、與吳佩孚之諒解：自國民軍正守南口，張之江即想將察哈爾繼續讓出，並曾派代表向張吳求個人之諒解，同時即在綏遠修理房屋，以表示對張吳屈服之真心，以喪士氣；後經各方之阻諫，遂寢投誠之意，維持了數月的殘喘。

二、與馮玉祥之諒解：近數年來，馮之思想進步頗速，行動漸漸左傾，見人民熱烈的傾向，乃示意基督教徒，提倡籠統的德謨克拉西以轉移人民的目標，並且一個個拿到上帝之下去家迷他的腦筋。

他對於人民的訓練，只有泣涕與做禱告的兩種方法，使兵士們終日的陷於愁苦悲傷的思想中。

這種辦法，都是含有消滅他們革命思想的意味的。

三、愚民政策與想與士氣：自從馮玉祥表示與民黨合作，西北軍漸漸了解民黨之主戰及解放自身的方法，張之江對民黨始終不了解，甚是懷疑，近在綏遠各地發生阻礙民黨之事實，處處表示右傾，但不與民黨接近，是張之江與馮思想之衝突無可諱言。

與安協，故終未達合作之目的，後經李協之反對，方另調殿後軍。

四、退卻時之倒行逆施：

（甲）張之江夫人之一席話：十三號起張之江即公佈退卻的意思，將家眷及家具都大運特運，好像是不如是不足引起民衆的恐慌。

當張之江姨太太往西退時，一家人就佔八九列車，有五六個列車都是舊的家具，如破牀破棹之類，張之夫人即非常不滿，會當衆罵張云：「像你這樣的逆卻，簡直是把這些兵士置之死地一樣，你的姨太太算什麼，爲何要佔九個車位，你的姨太太的破馬桶都帶走了，像你這樣所都還不得一個車位，怎能對得起上將軍蘇兵的本意？」張聽了沒有囘答一詞，只喊快快開車開車罷了。

（乙）摧殘士卒：張退卻時的情形有如上述，由前敵退囘時的兵士非常勞頓，不但沒有醫藥，並且不讓上車——乩因連其家眷及西北銀行現款幾百萬，因此散走四方的爲敵繳械者不下三四萬人。張並下令將幹部學生斷後——幹部學生比較進步——以達摧殘目的，後經反對，方另調殿後軍。

（丙）退卻前之謠言種種：張之江信任一部分交通安福系的小走狗。以致他們得志西北，並盡天瑰亂，當退卻時督辦著某兩處長謂某部倒戈，某部譁變，或五馬已投降吳等謠言，其實都是沒有的事。

（丁）日人松室孝良之賣西北軍：退守南口後，張之江所依以爲左右手之高等顧問松室孝良，時時暗中勾結敵方。西北軍退出後，松室即派人歡迎某軍並受某軍之優待，仍居高等顧問之職。聞張之江尙對此人戀戀不捨，尙道人邀往西行。

（戊）反動牧師之言論：謂退出察哈爾於張之江非常有利，并且非戰敗，因外人說西北軍與國民黨有關係，國民黨在西北非常活動，此次退卻，一方爲仁者之退讓，一方即爲與國民黨脫離關係，其言論在完全迷惑張之江，親於張極力否認赤化，即其從中作祟之証也。

以上是在西北政界做事之國民黨人在張垣目擊耳聞之事實，極爲確實。

西北自南口退兵之前數日（八日或十日）日本電通社即發電京阪各報，謂：「西北軍非戰派的密使到奉」證以上述之報告，南口撤兵或即張之江與奉方祕謀安協之結果亦未可知。

（二）最近關於西北軍的消息

馮玉祥於九月十日自庫倫動身向包頭方面出發時有一電致唐某等，謂此次囘國當必須極進行革命工作，最要緊的是要把西北

軍趕快的與北伐軍接連起來，說他這一次囘來，要分三路進兵：一路由甘肅入陝，由陝西入漢中或出潼關，出娘子關或紫荊關；一路由京綏路出南口攻取北京。

在這個電報裏他並且說：方振武傾向革命較前益熱，預備聯合西北二三軍的殘部，由榆林入陝，改造軍隊，立志把他的軍隊發爲黨軍，忽然不通，庫倫方面說是包頭爲石友三軍佔領了，石已投降晉軍了，故庫包間從此斷絕消息，而馮亦不能直接囘包頭了。

這是九月一日的消息。但是到十七日消息，包頭至庫倫發爲黨軍，忽軍，有另一個解樣，說是商震已與國一軍有所結合，故彼等率馮令爲此。

九月十日劉芳牧師自包頭抵京，說馮在彼處召集軍事會議。至於八月十二日京發一帶許多友軍相約起義而未果一事，西北軍方面亦爲惋惜，完全委過於熊斌（西北軍駐京要人）一人，說他並未有詳細的電報報告此事；可是就是劉芳亦僅說張家口受收無線電的人亦有通敵的嫌疑，故緊急要電多被阻隔，十二日之事，亦是無線電方面出了毛病。

綜合各種消息看起來，多倫之失敗，十二日舉事之失約，大同之久攻不下，南口之撤兵，以及撤兵時之撞車、軍用車出火等等，似均由於內奸之所致。

西北軍營壘內還有敵人的奸細混作其間，這樣在革命戰事中，何等危險！此次馮一來，頗決心把西北軍改爲黨軍，以從事於革命工作，第一要緊的，恐怕還是肅清內部。

（三）陝西的現狀

九月八日三原來信說：國一軍於八月底，將張兆鉀孔繁錦部完全肅清，攻下天水平涼涇川。

九月初在西安三原方面之國二軍，派代表與國一軍代表作某處會晤，商定兩路援陝，先出三混成旅，相約九月中會師咸陽，解西安之圍。陝甘電報於九月七日已通行無阻。鄧寶珊仍在三原，國二軍大部歸一軍已向三原進發，援助國二軍。

其指揮，麻振武部一部分倒戈投降國二軍，三原徑陽咸陽富平正受國軍攻毀，陝局變化，即在旬日間云云。京中消息，西安圍已解，戰事現在華陰渭南間，吳不敢返洛陽，即係因此。

（四）河南軍事狀況

河南的軍事狀況，我們看下列二表便可以知道：

河南軍事調查表（一）

姓名	兵力	態度
（土匪）任應岐 李有才旅	約六千人	最與民黨接近者
王化佛旅	約一千八	
張得勝旅		
馬少山旅	約一萬人	
樊醒民	約二萬人	最奧民黨
梁壽愷旅	約一萬人	
龐鎮慳旅	約六千人	態度不明
袁廷傑旅	約四千人	
賀國光旅	約二千人	
李鴻葢旅	一千五百人	
馬及第師	三千人	
陳文釗師	三千人	
魏益三四旅	約一萬人	

河南軍事調查表（二）

姓名	兵力
劉德霖師	二千人
吳俊卿師	一千八
田維勤四旅	約一萬人
袁家驥旅	二千人
郭振才旅	八千人
白毓旅	一千五百人
袁家煊旅	二千人
沈冠軍旅	二千人
王壽臣旅	三千人

師號	師長	綽號	兵額	槍數	成分	戰鬥力	駐地	任務	與人民之感情	紀律	系統	備考
第九師	寇英傑	英光	5000	4000	鄂軍	平常	鄭州周城	任鄭	與人民之感情 尚不器		系統	備考
第五師	賓寶國光	寶光	2000	1500	鄂軍	無	防閘樊部	玖鄂	尚邊	紀律尚好	寇系	
第六師	賀會國勇	會勇	4000	3000	鄂軍	能	郧城越坡	防倭樊部				
第四師	陳德麟	德麟	5000	8000	鄂軍	平常	豫北鎮守使	豫北鎮守使案				斬來
第十四師	田維勤	維勤	2000		陝軍	無	鄭州	玖鄂	無	尚有一部分隊伍		徐師投陝
第三十六師	魏益三	益三	2000		陝軍	稍有	郑州	後防司令	尚有	在直境		從旅倒比
第二十四師	王維蘇		1200									
第二十師	馬吉甫 送		1800									
第五軍	張吉甫					近亜直軍	近亜					
附砲聯軍總司令	吳佩孚		紅帽圍軍首團共約數百人 有槍圍槍約三百支									
第五混成旅	楊清臣 楊	楊登	約數百人槍約三百支		新昌郡城周家口	駐防	無	曾為寇氏利用		現中立繼觀成败		
第一混成旅	王遮文 道		800	500	襄正	無	襄北	駐防	無	已投靠直		民吳
第十師	李鎮亞 亞		600	500	襄証	平常	羅山	玖樊	尚好	中立		
第十一師	任應岐		10-10 80:10		賢樊郡	仍有	潢州	駐防	尚好	少域		
第三混成旅	郭振才 振	振	800 20:0		襄軍	不常	臨潁臨穎	玖樊	無	安置		
第一混成旅	馬瀾蓄 蓄	蓄	800 300		土匪	無	力城唐河	玖樊	全無 希圖解脫	无		
第五混成師	樊鍾務		約四萬人 約三萬		土匪	無	南陽令山岳縣等地近過圍城	駐防	無			
第十師	李元濚 溶		2000 1500		襄鄂	不常	潢州	駐防	無	已投襄証		
第六混成旅	送家錕 錕		20:0 1500		襄軍	不常	潢州	駐防	無	中立		
別隊	王		20.0 1000		土匪	少城	潢州	玖樊	無	中立		
數	王		3.10 20.0		土匪	無常		玖樊	摧	攻城		
鎮嵩軍												

尚在直境　少數後備隊駐彰德新鄉　一部分尚在直境　一部已開到許昌羅山之間人數不多且無戰鬥力

人民反吳　} 與直衝突

在鄭州駐防者共約三萬人，尚有一旅在豫北及開封者，尚有……旅在……等地，價數尚足，但人民感情尚好而戰鬥力不常只能駐防不能與吳作戰。

銀造公共約三萬枪……土匪與紅會鎮皮與人民感情尚無戰鬥力現退駐陝州與洛陽。

（五）奉魯軍對戰局的態度及其內部情形

斬雲鵬以團結大北洋派一致對南之策，奔走奉張寧孫間，其內容計劃：（一）奉魯顧出兵二十萬人；（二）孫表示願以糧食餉項供給此二十萬奉魯軍；（三）以斬雲鵬代吳佩孚；（四）十六日晚斬雲鵬由津赴奉，節後僧張入關，即實行出兵，並改組政府。閣將推王士珍爲臨時首領，以斬組閣。安福系亦參與大北洋派結合之謀，這些確係事，梁士詒組織內閣。安福系方面，則謂仍推段祺瑞爲首領，不過此種計劃能否實現還是問題，據最近的形勢恐怕是很困難的。

奉魯軍內部衝突甚烈，于珍未得地盤，甚失意，張學良乃以北京衛戍司令安慰之。此次穆春部之變亂，亦係與高維嶽爭地盤。張學良往張垣解散變兵，正在車站訓話時，變兵開槍擊之，其參謀長某及外交處長某死焉，學良避車輪下，僅以身免，狼狽而逃。目下穆春軍尙擄多倫，與高維嶽頑抗戰。前者鄭庠來京見張學良，學大罵張宗昌說南口之役直奉軍無功，全賴奉軍之力，並痛詆直奉軍紀律不良，蹂躪直隸人民。楮玉璞在京亦照張學良，說學良要奪他直隸地盤，非武力解決不可。此次張宗昌自奉返津，頗露失意之態，盡因張作霖對他表示直隸必給學良，令楮玉璞往河南，令徐源泉往湖北，所以張宗昌囘濟南，便召集軍事會議，決定由京漢隴海向河南出兵，褚爲第一路司令，王棟爲第二路司令，這不是援吳，亦不是援孫，乃是去奪河南的地盤。奉方旣如此安排，似欲以學良屯兵天津，以觀事變，至必要時沿津浦路向江蘇發展。

奉魯兩系在京的爭鬥，最近還有一個最明顯的有趣的事實，即是王棟在前胡同之流血案，當晚在石頭胡同妓院請客吃酒的主人，即是王棟，于珍王琦皆其座上客。是日閣王琦先自退席，而憲兵巡邏不旋踵即到該處，這明明是有人授意含有尋覺的意味，所以當時怒腦了于珍，終究演成了一塲血戰。奉張閣知此事，頗有責言，命查辦滋事軍官；于珍一聽此話，便勃然的說，查辦是可以的，但是在查辦以前先要解除王琦的武裝，王琦是什麼東西，他配當什麼司令！像這樣奉系對了魯系的壓迫，魯系軍官究竟能夠忍受到幾多時實是一個問題呢。

張宗昌在京祕印攻擊孫傳芳的小册子三萬本，又閣他小便時，必以便水激淋孫之背像，魯軍自張垣撤兵時，人人都必要到南方打孫傳芳，這都可見魯張仇孫之心理了。奉軍對南始終無誠懇的表示，他的態度是設法使粵與孫戰，他在一旁持觀望，候雙方精疲力竭時，然後大舉奪取吳孫地盤，以與南方相對峙。

日本京阪各大報，載有九月十七日北京發的特電之傳聞，英二百萬鎊作戰費，又日本報揭張作霖的英顧問同氏奔走京奉間，慫恿奉助吳孫敵粵。

此外莫擎宇魏邦平赴奉乞援，奉尤助兵艦兩隻，莫等運勳蘇元春之餘部下七八千人，在粵南起事，魏之女婿陳某已到京與魏莫接洽。徐紹楨亦勾結章太炎，在津組織反赤大同盟，民聲報卽其機關；閣該報主筆鄧淸奧徐來往密切，函電甚多，徐等與孫傳芳勾結甚深。

國民政府治下之廣西

記者閣下：

一八二七

N. PIERCE 君報告廣西的情况已蒙揭曉，我看現在中國的新聞界，裏敢替受壓迫的工農階級呼冤而確能指示民衆以革命大路的，大概只有貴報。

在各省軍閥勢力之下且不說，因為拿「外表」招牌的地方，若從外表上的觀察都是以為很好，其實拿「外表」和「內容」稱稱對照一下，恰成一個反比例。因為現在廣西是掛了革命招牌，所以說出聲來，閉着口不敢出聲呢，外埠呢，又難得較實的真相，或者縱得真相也不肯說，所以說出廣西的情形，已崇拜和信仰到十二分。現在我把餘個。對於一般賣牌的劣寶下一個相當的警告。

寶於貨情報所登出廣西的情形抽象的報告一點，請在貴報發表出來。

藉此對於一般

（一）民衆運動方面。

廣西的民衆運動，在形勢上觀察，似乎很好，若是說到骨子裏就連領袖運動都談不到？現在只就我所歷次看見的如『五一』『五九』『北伐後援會』『克復長岳祝捷會』……種種場合，若從皮相看去，也有許多長衣西裝隊和一般市民同在街巷裏巡行；但是稍一考察他們起點，那就太滑稽了；因為廣西的民衆運動，很是幼稚，一般市民大多數本不知道所謂運動，所以一般各生革命者，每到需要這種形勢來點綴革命招牌的時候，便由一二最高首領（所謂最高首領就是政學餘孽）下一個命令式的暗號給省黨部，再由省黨轉示各機關及市民團體，可是那些被招集的市民，強半都是莫明其妙，不逞奉行他們各個領袖的使命罷了，若從嚴格的說，只怕連許多二等領袖都是莫明其妙，我只聽他們屢次巡行的口號都是些『省政府省黨萬歲』的呼聲，便可看得出來。

（二）工農方面。

南寧工人所處的地位比任何方都要困難，但是若外表上也是很好的，各行工人都准許成立了工會，會內且都備置了洋數大旗，若是說到實際上，關於工人自身的真實利益和階級覺悟等問題，那就還有層層的束縛，處處地方，均要受政府力量的支配。

這是因為各行東家都是與政府當局結交往來，花酒徵逐，如果遇到工人有所要求時，這班東家便藉着友誼得來的政府勢力去壓迫工人，暢塞他們一榨取。惟農民運動比較稍有進步的，可是所長和幾個頭腦較新的教授，四月前已辦立了一個黨農民運動講習所，最近都染了『共產』的嫌疑（其實並非共產黨不過是較左傾的國民黨），以後該所的運命，能否持續下去，還是一個問題。至於農民實際方面，因化的省農民協會已經取消了，目下各縣鄉成立的農民協會，共有三十餘個，而一般惡勢力的壓迫和摧殘，也就隨着俱來！現在我且將前日南寧市郊農民協會反抗團局的宣言寫出於後：

『同胞們：你道這個聯合段局是怎樣？團練局嗎？自治局嗎？我們平南三鄉的農民羣衆，都受選局死了，所供肥的，只是局裏頭那幾個劣紳土豪——蘇成煇凌樹章劉世南雷福宜杜維基。

我們所苦的一切苛稅雜捐，不是經黃民政長於四月敬日通令取消了嗎？試問平南段局所收的青菜攤和魚肉食物攤各種抽捐，係怎樣講？算不算一種惡跡？

平南段財政，本有公欵收支處經管，他局裏再另設庶務員，任意徵收，又沒有決算交收支處審查，試問這種行為，與邕寧縣公署所該定的公欵收支處章程對不對？算不算一種惡跡？

段局入欵，如附加屠猪捐，屠牛捐，大小生猪捐，番攤捐，渡船捐，番攤捐，肉亭擺捐，客棧捐等等，數已不貲，這要勒收的學款！——致使學校經費支絀，攔殘國民教育，今年春間，又增加大小生猪捐，拖馬捐，船頭捐，並收及北海客的海味擔，生果擔，吳村蘇城客的鴨毛擔。又試問這種行為，在地

方財政上對不對？算不算一種惡跡？

段局棟丁名額，曾經發明招足三十名，今局內祇有十名左右，這個是不是侵蝕練餉？算不算一種惡跡？

段局本係個辦公處所，蘇成煙需偏宜等，日夜採集煙友，吞雲吐霧，這又算不算一種惡跡？

以上種種惡跡，我們平南的農民久已受賜不淺了，到今日覺悟起來，再不能容忍了。

——此後一致拒納這些奇稅雜捐！

——要與該平南農聯合段局算帳了。

議決：——

該毁局乃竟濫用權力，擅行逮捕我們會員！國民黨黨員——蒙剛和，試問我們中央黨部，不是已有通電公布：凡屬黨員，於黨綱未有違背，無何種機關，不得擅行逮捕的嗎？該段局這種惡跡，恐怕要算是目無黨紀，目無政府的了。

同胞們！

請大家判斷一句？這段局應該打倒不應該打倒！

南寗市郊第二區平南第一、二、三鄉農民協會
十五年八月二十八日

（三）新聞方面。　現在廣西的新聞似乎可以過得去只就西寗一處說：已有三個報館，『農商報』是一班最反動而最劣的紳士的護符，不值一說，『通俗教育報』是全省學閥聯合會（省教育會）的宣傳機關，他的職任，就是專為紳士階級張目，還有一個高掛黨牌的『民國日報』是政府領袖黃紹雄兼社長；總編輯為加冕博士頭衔的黃萬表，出版第一天的宣言就高唱國家主義，排斥其他『什麼主義』，五光十色，令八看了如入五里霧中，其餘每天的新聞標題，不是瞎吹廣西軍官的英武，便是些『黃主席樂育為懷』『黃主席愛民如傷』……重要演講——的肉麻話，這種毫無價值的御用品，簡直連『報』字的意義都完全失掉了！

我知道貴報的篇幅，是很寶貴的，所以只寥寥寫出一二，不過都

是事實，其餘黨務，政治，軍事，財政，司法，教育，各方面，以及社會情況，私人道德，——我也祇好暫存忠厚，不盡將他暴露出來，等待貴報將這幾點發表，下他一個相當的警告，看他能否覺悟？且留了這條自新之路給他，以後再說。

一九二六年八月三十一日□□於南寗

慧輝先生：

國民政府治下不僅是貴省廣西，即便廣東也有貪官污吏劣紳土豪等假革命之名摧殘工農運動。所以獨秀在上期本報說：『對孫傳芳戰爭一有結束，國民政府對於所統治的省分即須……盡力來肅清境內的半封建勢力如貪官污吏劣紳地主土豪工賊等。』這是國民政府的責任，同時也是我們民衆的責任啊！

記者

本報啟事

本報第一百七十五期趕於雙十節出版，校對忽忙，致錯字甚多，茲特就最重要的錯字列成正誤表如下，並望讀者加以原諒。

頁	行	字	誤	正
一八〇〇（上半）	一〇	二九	遙	搖
同	一三	一七	廿	廿
同	一五	廿	搖	搖
同	一五	二六—二八	黃曉賴	王曉穎
同	一三	一九	駭	該
一八〇一（下半）	一三	一九	駭	該
同	一五	一五	南	北
同	同	一五	衆之	主
一八〇三（上半）	一〇	二五—二六	芝	美
同	一七	一七	芳	芽
同	二六	七—八	齊一	齊發，一
同（下半）	七	二一	上	小

發行部

編輯部通信處：
廣州國光書店黃正君

分售處

廣州　丁卜圖書館
汕頭　汕頭書店
潮州　青年書社
香港　萃文書坊
長沙　文化書社
　　　南華書社
寶慶　寶慶書局
武昌　共進書社
黃梅　醒民書社

重慶　唯一書局
成都　華陽書報處
敘州　敘州書報社
順慶　民智書報社
永定　民智書報社
雲南　新亞書社
西安　西安書局
武漢書社
太原　晉華書社
北京　各學校號房
寧波　寧波書店

價目

訂閱：國內一元寄足三十五期。國外一元寄足二十五期。郵票代款九五折算。但以二分半分為限。六年計算。寄費在內。十期結算一次。概不退回。

代派：每份一分半。

零售：每份銅元六枚。

The Guide weekly

導嚮

週報

◀ 第一百七十七期 ▶

目 次

一九二六年十一月四日

論浙江和上海事變與孫傳芳

述之

浙江夏超的獨立運動現在已被孫傳芳用武力取消了。 十月二十三日上海市民準備的獨立的暴動也被孫傳芳的鐵血政策壓下去了。 這樣一來，孫傳芳死到臨頭的危險，又過了一關，或者以爲孫傳芳的地位便從此穩固了。 其實孫傳芳只算饒倖渡過一個難關，至論到孫傳芳的地位還是依舊十分險惡，孫傳芳的命運還是依舊往死的道上走。

我們須知道孫傳芳地位之動搖，孫傳芳的命運之所繫，不在江浙，而在南昌九江之前敵，浙江上海的事變如果成功，不過使孫傳芳滅亡之速度。 現在浙江和上海的事變雖然失敗了，但是孫傳芳之死路却不因此有所挽回，反而證明孫傳芳的地位已根本破產。 由這次浙江獨立夏超投降國民政府和上海民衆的勢力已根本破產。

準備暴動的事變表現出來：（一）孫傳芳西部下，除了他的死黨盧香亭孟昭月（其實盧孟也未見完全靠得住）以外，如陳儀周鳳岐白寶山李寶章等一班蘇軍，差不多全是搖動，隨時都可以倒戈的。 因爲當浙江與上海事變之時，這班蘇軍的軍事領袖部紛紛向國民政府的駐滬代表暗地接洽，準備內應。

（二）江浙尤其是上海一班左派的資產階級已到了與孫不能兩立的時候，如虞洽卿王曉籟王彬彥一班人，對於上海的市民暴動不管他們臨陣畏縮，總算是積極參加過的。

（三）上海一般小資產階級已充分表現反孫傾向，充分表現希望北代軍勝利的傾向。

（四）一班智識分子甚至政客官僚如褚輔成等都呈十分活動的現象，不管他們是否投機，總算是一種反孫勢力之表現。

至於工人階級那更不用說是與孫不兩立的，素來反動的嚴春陽，執行孫傳芳命令居殺上海市民尤其有與趣的，素來反動的嚴春陽

的劊子手，到了那時候也居然向廣洽卿表示可以中立。 以上這些事實有甚麼意義，我想誰都看得出來，孫傳芳在江浙，除了他的死黨如盧香亭孟昭月以及儲筱庵等幾個官僚買辦和走狗了文江外，差不多都是極端反孫或者可以反孫的人。 總之從這次浙江和上海的事變中可以看出江浙的民衆及孫傳芳的部下，對於孫傳芳之眞實態度，換言之，可以看出孫傳芳在江浙的眞實勢力。 我們可以說，由這次浙江和上海的事變證明，孫傳芳是到眞正不能維繫的時期了，縱或他暫時壓下上海的暴動，暫時打倒了夏超，但是在上海浙江工者無一非孫傳芳之敵人，無論何時都可以起來反對孫傳芳，起來倒抃，蘇軍從白寶山李寶章王有功到陳儀，一有機會，隨時都可倒戈，一般民衆隨時都可以暴動。 我們敢預言，只要孫在南昌九江前敵一有失敗，浙江的第二次獨立上海的第二次暴動馬上就會到來，轉瞬間，江浙就可以離開孫之統治。

但是孫傳芳在南昌和九江方面究竟是怎樣呢？ 據孫傳芳自己的電報自然天天是勝利的消息，但是實際上孫已派百里至高安向蔣介石進和，顧放棄閩贛，這便是表示他已到了不能再戰的程度了，只有擧議和來保持他暫時的殘喘了；現在北伐軍還正在準備作最後之總攻聲，現在駐武漢第四軍八軍均已開往前敵，沿長江而東下，大約總攻聲當在這兩天，同時在另一方面王普等已祕密派代表至武漢接洽投降條件，葉開鑫馬濟的軍隊亦在搖動之中，海軍也有反戈之意，這些現象對於孫傳芳在南昌九江前敵上的將來命運是怎樣啊？

現在的孫傳芳——英國帝國主義之最可靠的工具，是目前妨害北伐軍發展的最大障礙物，也是妨害目前民族運動發展的最大障礙物，何況奉魯軍又在準備南下奪取江蘇呢（見本期北京通信）？

現在已到了非根本來解決他不可了。現在北伐是在準備與這英國帝國主義的走狗孫傳芳以最後之一擊，是什解決這個障礙物。但我們這裏希望北伐軍的軍事領袖們應根本了解，對於北伐軍勝利的前途還是很成問題的；現在應該用所有的力量一致地來解決孫傳芳，進而取得江浙，完成國民政府長江流域的統治，經過相當時期才可再進而解決北方問題。

浙江上海的民眾們，軍人們，你們應繼續準備第二次的浙江獨立，第二次的上海暴動，——廣大群眾的暴動，以民眾的暴動與軍事行動結合，根本推翻孫傳芳在江浙的統治，肅清孫傳芳在江浙的勢力，建立一個民治的江浙政權！尤其上海的貧產階級，你們既不甘孫傳芳的壓迫，你們又想作上海的主人翁，取得上海的市自治，那你們便應挺身起來主動，至少亦應有始有終地積極參加上海這個自治運動，絕不應臨陣退縮，你們須知道權利須自己憑着自己的努力才能取得，人家絕不會送到你手上來的。上海的工人群眾們，你們應一點不客氣地起來領導將要到來第二次上海暴動，利用你們十月二十三日的經驗，打倒慘殺劉華的創子手孫傳芳，那時才可以相當地取得你們應享的權利！

對於國民軍再起的希望

獨　秀

『馮玉祥回國，國民軍再起。』只要不是希望吳佩孚張作霖長久統治中國的人，都應該表同情於這件事。因為這件事至少可以使張作霖不能夠專力對付南方的北伐軍。

研究系一派人，他們雖然現在這不曾公然迎張作霖，他們傳統的思想？總以為中國應該永遠歸北洋派統治，由袁而段而徐而曹吳，他們都繼續擁戴，曹吳敗了，他們便來擁戴孫傳芳，孫傳芳若再失敗，不知他們將於北洋派中分裂出來的？或者也只得去就合張作霖。馮玉祥雖然也是北洋派分裂出來的，可是他忽然親近了孫中山，並且親近了蘇俄，北洋派的忠臣研究系，當然要咒罵馮玉祥。

不懂得軍閥定義的人們（如國家主義派），竟把馮玉祥蔣介石看做和張作霖吳佩孚同樣是軍閥，像這樣故意混亂是非，真是暗中幫助了張作霖吳佩孚。

軍閥們大喊馮玉祥倒戈是破壞道德信義；有些無聊的小新聞記者，也附和軍閥，以倒戈團團長倒戈學校校長嘲笑馮玉祥。其實，民國倒戈之作俑者是段祺瑞等向清室倒戈和吳佩孚向段祺瑞倒戈，馮玉祥算不得是倒戈團團長或倒戈學校校長；并且這幾次倒戈只是破壞了封建社會的道德信義，在民主政治之過程上都有很大的意義。胡適之說：『馮玉祥之對曹吳倒戈，放開眼界通觀前後二十年全部歷史，是很有價值的一件事。』此見實不同凡俗。

京津一帶商民對馮軍是怎樣感想呢？有一部分接近奉直軍閥的商人說：『馮軍是有紀律不擾害人民，只可惜要共產公妻不好。』一般商民并未看見共產公妻的事，他們只看見赤軍不擾民而反赤軍卻是燒殺姦淫那些事實，途不禁發生希望赤軍再來的心理。本年七月四日上海申報所載北京歸客談，有一段話可以代表當時人民對於東軍與反赤之感想，茲照錄於左：

『試從西直門至清華學校，吾人常往來之路，縱目四顧，只見有兵，不見一老百姓，自校入城，在西四牌樓以西，尚無開門之店鋪，其在前門一帶，則十家內至少有七家停市閉門。初時瑞蚨祥等，特與八太爺多為鄉親，開門數日而後，亦停市矣。

凡綢緞店金銀店糧食店，以及出售貴重品日用品者，莫不

首先停市。

一日余往前門買夏布，店夥答稱對不住，鐵路不通，來貨沒有，請改日光顧。余初信之，余妻住京久，特與熟識，明日往買，則慨然出售，詰之，則稱實不相瞞，八太爺手持軍用票，決不敢請教也。今八太爺程度日高，往往另串入八入店，選貨既畢，則八太爺帶然直入；非納軍用票不可；有時串得一大家裝束之婦女入店，必以為與八太爺無關係矣，選貨既畢，而八太爺忽入，詐為證兵，口稱：太太，貨選好沒有，強納軍用票於櫃，挾此大家婦女，攜貨以去。又有一次，確是一大家婦女，選貨既畢，出現金，將交櫃，一女太爺直入，謂此間無須現金，即取該婦手中現金，昂然而去，如此行徑，店鋪非不欲營業，實覺少做一筆生意，少蝕一筆本錢。

軍用票有數量之限制乎？曰無有也。苟有限制，商會等機關尚可為之設法，今則無底之壑，今則肯收之者日少，尤可恨者，崇文門稅關，明令搭用，實則提高稅率，使等於軍用票短折之數，如軍用票對折，則稅率提高一倍，則搭軍用票矣，某商人語余，簡直是要我們性命。

過天津，則租界以外商民之苦痛，一如北京，更強向屋戶或鋪戶，加徵房捐三個月，不足更加收房租兩個月，其係自有之屋，則為之估價，令人痛恨上海何豐林之作佣於前，途成軍閥搜括民財之慣例也。納房租房捐於官，鄰不許還，京津老百姓，莫不想念國民第一軍之紀律，雖在退兵時，從未強索一錢，掠取一物，以為其領袖人物如何，又當別論，若其兵士，真當起愛民不擾民數字，甚至謂如此好兵，若竟不能生活，未免無天道矣。

現在有紀律的好兵又起來了，京津老百姓當然要歡迎；可是研究一班人聽見馮玉祥回來，并且囘來還是要反抗張吳而革命，他們便

大叫馮玉祥抗張吳，是蘇俄亂華計劃。到底是有紀律的好兵亂華，還是反赤的奉直軍閥亂華，老百姓只看事實，不會把白黨（奉直軍閥研究系國家主義者及章炳麟等）的宣傳看得比事實更為可靠吧！山東的農民本來不知道中國有共產黨，更還不知道共產黨是什麼，可是張宗昌反對共產黨的告示貼遍了山東，全省各鄉村，農民見了竊竊私議道：張宗昌這樣深恨共產黨，想是共產黨反對張宗昌，看來這個黨或許不錯。現在研究系大聲疾呼馮玉祥抗張吳和蘇俄都不錯，因為老百姓目前切身感覺得亂華的人正是張吳，不是別人。

奉直兩系軍閥之為害中國，無人能夠否認；不用武力而可以打倒他們，非童昏當不至作此奇想。將用武力打倒奉直軍閥之國民政府及國民軍，是否也和軍閥一樣呢？不獨工人農民學生相信他們是革命的；即一般稍稍進步的商人，現在也知道國民政府和國民軍比奉直軍閥好，暗中盼望他們得到勝利，連研究系國家主義者及章炳麟等日黨的肚子裏，又何嘗不曉得國民政府和國民軍的利害和感情上，不顧意這樣說罷了。

現在不獨國民政府的勢力達到了長江，馮玉祥回國，國民軍再起，陝甘綏晉漸漸歸入國民軍勢力，由包頭到廣州新的革命勢力和由滿洲里到福州舊的軍閥勢力，已成對比對抗之局，人民對比對抗之局應該有個選擇了，似乎很難中立。站在軍閥那邊的人們，稱國民政府和國民軍為亂黨為赤化黨為赤賊，只好聽他們自使；若是有人滿肚皮不顧意站在軍閥那邊，同時又滿肚皮對於民政府和國民軍若研究系國家主義者及章炳麟等，試問他們有什麼別的出路？不但站在軍閥與革命間取了中立態度的人，實際上減少了革命的力量，也算是幫助了軍閥。所以現在人民量是消極的不反對國民政府和國民軍還是不夠，應該起來幫助他們的軍隊進

攻。

因爲在事實上已證明了國民政府和國民軍的確是中國推翻軍閥的尖兵。

國民政府統治下的人民所得的自由，比在奉直軍閥統治下的人民如何，這是有目共覩的事實，不消說得。

馮軍的紀律比奉直軍如何，不但京津老百姓知道，即張作霖也知道，並且他自己也承認過；馮玉祥此次回國，在他固有的治軍謹嚴治己勤儉外，更鮮明了他的政治態度，確定了他的革命方針，在他的回國宣言上（宣言附錄於後），都明明白白的告訴了國人。

文件之一。由這個宣言所產生的結果，將來必非常之大。我還敢說：今日的馮玉祥，我們不能當做從前的馮玉祥看待了。

我們肯定了『馮玉祥回國，國民軍再起』，在中，革命有重大的意義，我們固然應該說明遭個意義，我們更應該對馮君及全體國民軍表示幾件具體的希望：

第一，國民一軍『有紀律不擾民』的榮譽，應該極力保存勿失，并須將他榮譽普及到二三五軍去，尤其是二軍更需要。

第二，一二三五各軍都要統一在馮總司令統率之下，對內整理，對外作戰，萬不可妄想各自樹立單獨行動，致分裂革命勢力，尤其不利於作戰，國民二軍在河南失敗但是前車。

第三，國民軍并不是簡單的軍事勢力，乃是一種政治勢力，他的勢力，該很深固的建設在民衆勢力之上，尤其是農民。應該由國民軍兵士的宣傳中，叫出『軍人和農民合作』的口號。國民軍所到的地方，都應該幫助農民（佃農與自耕農）反抗地主過分的剝削，反抗土豪劣紳訟棍的魚肉，勦辦擾害農民的土匪；由農民自動的供給國民軍以食糧，應該喚起農民對國民軍的同情心，嚴懲貪官污吏更不待言；不應該以賦稅的形式強迫農民增加負擔，應該盡力幫助農民的組織教育與武裝；應該使農民羣衆成爲國民軍的後備軍，同時國民軍也就是

保衛農民利益的軍隊。

第四，國民軍暫時不必急於向外發展，首在要整理內部，充實其戰鬥力，使奉張不敢輕於嘗試。軍中下層的政治訓練尤其重要，不僅要使每個將領比每個兵士都能夠打戰，更要使每個將領比每個兵士都懂得爲什麼打戰。總司令一個人決定要革命是不夠的，必須在下層的政治訓練工作上，充分努力，使每個將領每個兵士都認識自己是一個爲民族自由而戰不惜犧牲自己的自由與生命之決心。

第五，對於蒙回少數民族，應該尊重政治上經濟上的生存權利，以引導他們參加全國反軍閥反帝國主義的爭鬥，至少也要使他們不妨害此爭鬥。我們不可一面反抗國外的帝國主義者，一面對國內的少數民族，自己也成了帝國主義者。

第六，儘可能的（只要不損失主權，雖借用外債亦可。）完成

海路，在商業上文化上，都非常必要。

附馮玉祥回國宣言

玉祥本是一個武人，半生戎馬未嘗學問，惟不自量，力圖救國；無奈才識短淺，對於革命方法，不得要領，所以飄然下野，去國遠遊。及至走到蘇聯，看見世界革命起了萬丈的高潮，中國是世界的一部分，受國外帝國主義與國內軍閥雙重的壓迫，革命運動早已勃興，又受世界的影響，民族解放的要求，愈加迫切。孫中山先生的三民主義，與所領導的國民革命，即由此產生。於是我明白了救國的要訣，已經有人開闢了道路，我們祇是照着他的法子作，便有出路。中山先生說的好，行易知難，我既是知了，自然是刻不容緩的馬上幹起來，又因最近的中國的國民從國民軍退後，受壓迫比前更利害，我的熱血沸騰起來，恨不獲已，途捏緊回國與諸同志上革命戰線，共同奮鬥。我這是沒有辦法而來，有了辦法而去，走的時候不是翔然鳴高，來的時候也

不是甚麼東山再起，現當回國之始，有些必要的話特揭誠以告國人。

我生在工人的家庭中，家靠瓦工資無立錐完全是無產階級的人；自幼失學，及長入伍當兵，逢着庚子年八國聯軍攻打中國，結下辛丑條約，我受了極強烈的激刺，憤政府失政，改革的思想於是萌芽；後來受了革命影響，也形成了推倒滿清的志願。

辛亥武昌起義，我與張之江李鳴鐘張樹聲韓復渠諸同人同王金銘施從濱白亞兩諸烈士舉兵響應，而有灤州之役，不幸爲王懷慶所揠，功敗乖成，王施白及諸烈士卽時遇害，我和張李張韓，均被遞解回籍，償以身免。

民國以後，我又出來治兵，苦力經營，均被坡聯絡並助成四川獨立。成陸軍第十六混成旅。

袁世凱叛國稱帝，我正去職養病西山，力疾到廊坊，先馬厰誓師而起兵，進攻北京聲潰辦兵。北軍戰於長岳，十六混成旅停兵穴以牽制南下之師。

民六張勳復辟，我去職養病西山。民七南北軍戰於長岳。

民國十三年，曹錕賄選竊位，吳佩孚驕縱暴橫，用武力統一政策，以亂川擾粵，而直督鄂豫受其直轄，爲禍更烈，並逞其兇殘慘殺工人學生，尤爲國人所共棄；後來又勸全國之兵攻打奉天，窮兵黷武塗炭生靈，我與胡景翼孫岳均痛心疾首，不能不毅然的行動，遂率師回京舉行首都革命，倒曹敗吳，並驅逐帝制餘孽薄儀，以完成辛亥革命未竟之功。

這一次的意義，一是討伐賄選竊爲中國人爭人格，二是反對武力統一用免兵禍，三是剷除帝制禍根，免得再鬧復辟的亂子，四是開遠東民族解放的局面；當時段祺瑞以革命政府相標榜，我們看眷他遭過失敗，菀晦多年，當有覺悟，所以請他出來當臨時執政，以便作解放民族的事業，不料他出來之後，仍是引用私人，敗行失政，解決金佛郎案，使國家受莫大的損失，國人至今痛心，他的革命政府完全是假的，對於民衆不但不解放，而且嚴重的壓迫，弄到後來演成三一八的毒殺案了，槍

聲學生，出了極暴烈的慘劇，政府成了殺人政府，豈有再擁護的餘地，所以我又有倒段之舉。以上這些事實，都是從革命的路線上作的，他人不知，乃斥我爲倒戈，責我爲慣於逼宮，這是由於不明白革命，所以我特爲述出來，好使國人對於我有明確的認識。

有人罵孫中山先生，說『孫中山眞是有點革命的癖，無論是到什麼地方，就是要革命，若是他的兒子孫科先生，他也要革命的。』在他人以爲這是罵孫先生，其實孫先生的偉大正是在此，一個革命者，只要看見統治者不對，就得革命，無論他是親戚也好，站在民衆的意義上，這些個人私情一概都顧不得。

吳佩孚張嘴閉嘴抱守二十世紀的綱常名教，儘可由學究們放在故紙堆裏保存，不能拿到二十世紀的民主國裏來。但是有一層，我雖然作過幾點革命事實，我却沒有鮮明的主張，因爲我對於革命只有籠統的觀念，沒有明確的主張，革命的方法，在從前我都沒有考察，所以只有一點兩點改革式的革命，而沒有激底的作法，我也赤裸裸的說出來。

就是革命觀點上說，過去的我，若說是一個中國革命者，是一個中山主義者，我都不佩，至於馬克思主義列寧主義與世界革命的話，更是說不上了，不意當時有人說我是赤化了，現在看起來眞是慚愧，當時的馮玉祥那裏夠得上赤化，不但罵我的不知赤化是什麼，就是我自己也不知道甚麼是赤化，罵我的人，也不說出根據來，只說不該與蘇聯親善，我想世界各帝國主義者用不等條約壓迫中國，致中國的死命，只有蘇聯自動的取消不平等條約，以平等待我，自是引起我們的好感，使我們彼此親善，若對於以平等待我的人，而不與之親善；反去『結以奴隸待我的國家，這是何等亡國的心理？

這是要請國人明白的。

至於吳佩孚

是九千八百萬元，至於他們在中國所經營的鑛山輪船各種工廠各地銀行紙幣，所吸去的大批現金，更是無算，又因關稅不自主，不能保護國貨發展，致使洋貨遍中國，吸去的銀錢又不可勝計，如此中國只得困窮，而且窮到現在的地步。帝國主義經濟的侵略把中國弄窮了，又用政治的侵略把中國陷於危境，他們對於中國內政動輒加以干涉，如去年大沽事件，干涉國民革命；其最利害的，是利用中國軍閥壓迫民眾，稍微明白中國的政局沒有不知道的，東交民巷的使團是何等的強狠，干涉國民政府成立十五年，又嗾使軍閥互相戰爭不已以鞏固其在華之權利，遂使民國成立十五年，年年都有戰禍，於是農民工人，窮的窮死，死的死，其原因都出於此。

苦痛的來源已經求出來了，我們要解除這深切的苦痛，惟有推翻帝國主義的壓迫。因此我就投袂而起，與革命同志們共同擔負這個使命。

現在我所努力的是遵奉孫中山先生的遺囑，進行國民革命，實行三民主義，所有國民黨二二兩次全國代表大會宣言與議決案，全部接受，並促其實現。「今後將國民軍建築在民眾的意義上面，完全為民眾的武力，與民眾深相結合，軍隊所在的地方，工人組織，農民組織，均當幫助，並聯合其他民眾團體，共負革命之責任，同時對於學生、教員、商人、機關職員、新聞記者各階級之利害，均極力顧全，意義是在解放被壓迫之中國民族，以與世界各民族平等」，使工人不受剝削，農民不受窮苦，學生有書讀，教員及機關職員都有薪水發，新聞記者商人不發生性命的危險，與及其他人民的痛苦，均為解除。至於政治主張，我是一個國民黨員，又是國民政府委員之一，一切由國民黨決定，由國民政府主持，我惟有與

凱造謠言，說我與蘇聯結了什麼約密，尤其荒唐之語。我向來是痛惡賣國軍閥與外人結密的，豈有弱身自踏之理？蘇聯把種種不平等條約都自動的取消了，那裏有再結不利於中國的條約之理？況且我個人的性格所在，絕不屑作這種鬼祟的事，如果有什麼密約，也不能久於瞞人，甚麼密約，何以絕無所聞？

若說蘇聯幫助中國革命有所懷疑，要知道蘇聯是以解放世界上被壓迫者，並扶助弱小民族為己任，主義在此，甚麼不利於人的事都作不出來。

吳佩孚肚子裏比誰都明白，他明白馮玉祥不是一個結密約的人，無論如何作不出這種事來的，他又明白離赤化離得很遠，夠不上帶赤帽子，而他偏要說甚麼密約，又是什麼討赤，完全是騙人來共同反對國民軍以洩他自己的私憤。大家不知道，隨聲附和，實在是上了他的大當，吳佩孚先是號召所謂討賊戰爭，後來忽又變而為反國民軍的戰爭，國民軍退天津，退北京，一再讓步，誰知你越讓，他越攻。

軍閥何以如此的強呢？軍閥本身實在無力量，乃是帝國主義者在背後主持，因此我們知道要想戰勝軍閥，必須先打倒帝國主義，帝國主義者在中國壓迫之甚，幾使中國不能生存。

工人農人及一切受苦難的人為什麼這樣窮，這樣苦？就是帝國主義所給的，帝國主義者在中國訂了許多不平等條約，於是中國有租界，有領事裁判權，有租借地，有海陸軍的駐紮，有航行權，修鐵路，開礦山，把持中國的海關，強制中國協定關稅，壓迫剝削，不一而足。例如關稅，祇能值百抽二五，使中國國庫少收入，整理財政，無從着手，有最大的害處，是在阻礙中國工商業之發展，制中國經濟之死命，使他們的貨物盡量輸入，使中國的原料賤價輸出，於是中國每年進口貨超過出口貨，其價在三萬萬兩銀子之譜，賠款及外債本息償還，單是在關稅兩稅項下撥付的，每年就

諸同志，用集合的力量，履行就是了。謹此宣言。

英國礦工最近的奮鬥

馬恩

英國礦工於十月四日所開的會議，無論是仇是友對之都是十分注意的。這一次是十分重要的會議。保守黨政府以中間人自居，並向罷工的礦工提出新的利於資本家的條件。勞動時間需要延長，而勞動工資不是由礦工總會和礦主來規定全國一致的數目，乃應該按地域分別——這就是礦主所要求的，他們要以此破壞礦工總會之團結。為解決各地域工人和資本家的爭端起見，政府提議組織一全英仲裁裁判所，其中除工人和礦主的代表之外，還有第三者代表仲裁人，這仲裁人中必須有薩謬爾委員會中的一個委員——薩謬爾委員會本就認定延長勞動時間減少勞動工資是必要的。

在礦工面前，問題是很嚴重的。

對資本家和政府的條件讓步呢，還是冬天繼續罷工？英國資本家和政府用盡種種辦法威嚇礦工，並迫他們投票解決。礦工將繼續奮鬥。

但礦主和政府的努力實在得不着何種結果。路透社十分愁苦地不得不報告我們以不利於英國帝國主義之礦工會議的議決案。到會者絕大多數拒絕了政府的提議，並決定繼續罷工下去。無論礦工會裏幾個有勢力的右派委員怎樣反對，但這議決案是通過了的。會議而且決定保安礦工也須加入龍工。這種決定表明鬥爭是十分嚴重的了，因爲這樣將直接危害了礦主的財產。保守黨政府在會議之前卽已宣言，如果工人採用這種辦法，也將中止「中立」。

但無論政府如何恐嚇，會議仍然通過這議決案。

礦工會議更堅決地號召全英國工人階級起來贊助罷工，為這目的來召集工聯的非常大會。會議又決定設法阻止外煤之輸入。

在資本家方面也下了決心。正當礦工開會之時，保守黨也在開大會。這大會的議決案明顯表示資本家準備堅決的鬥爭向工人進攻。大會要求政府採取如果決辦法迫英國一切職工運動：應該宣佈祕密投票的罷工是非法的（英國資本家知道，若公開投票，則必有一部分工人因懼怕將來被開除而不敢贊成罷工），應該禁止政治罷工，工聯基金應該受政府監督。這些議決案分明是公然向工人階級進攻。

英國資本家希望失節的工聯首領們幫助他們去鎮壓工人運動。這些議決案便是直接對英國資本陰謀之答覆。

英國資本準備堅決地向工人階級進攻，他們同時必然反對蘇聯。全歐洲帝國主義—外交正瘋狂似的準備向蘇聯做一大進攻。保守黨大會—英國執政黨的大會，一致通過向政府要求廢除英俄通商條約並沒收在倫敦的一切蘇聯機關。這就是與蘇聯絕交的準備。

這樣，鬥爭的發展便造成了兩方面的聯合戰線：一方面是英國帝國主義政府，礦主；他方面是英國礦工，整個英國工人階級，蘇聯。

英國帝國主義在中國的發展準備下一種地基，使不僅中國工人階級而且中國全體民衆，在這鬥爭內，毅然決然站過反英國主義的一邊，卽站過礦工和蘇聯的一邊。

馬樂

新歐洲鋼鐵托辣斯

大戰後，因經濟衰落而引起之列强的鬥爭，是一天一天的劇烈起來。最近，此種鬥爭形成極嚴重的新的分野。

寸鐵

法國、比國、德國和盧森堡的鋼鐵業的代表者，現已有新結合，對於限制國內產額與瓜分國外市場，都協議定妥。他們決定他們每年產額總數，得超過二千七百五十萬噸。

這個自然是一件值得注意的事情，並且一定要大大地影響歐洲乃至全世界的政治。

呢？我們先須知道，在最近數年內，法國和德國的鋼鐵工業很有一番競爭，而這競爭是於兩方面都不利。德國要拒絕法國鋼鐵的進口以保護自己的鋼鐵業，而法國則不得不將牠過剩的羅倫的鋼鐵輸入到德國去。現在新成立的協定就是規定了兩利的平衡，並保證出產的交換。

但是最耐人尋味的，却是這個協定所連帶的幾件事。這個新托辣斯所包括的法比德盧四強而外，還有兩個強國，英國和美國，也是巨大的出產鋼鐵的國家。似乎這個新托辣斯目前還不至於危害美國的鋼鐵市場，那是毫無疑義的。美國的工業強壯堅固，能夠抵抗某種程度的競爭。

但是在英國方面是不是同樣的不受影響呢？只有將來的事實能夠給我們一個明白的答覆。然而，千萬不要忘記，近來這幾年裏，英國的鋼鐵出口是在減少的。這個新的大陸托辣斯可以享受廉價的勞動和運輸，這都不是敵對的英美工業所有的。大家都知道英國的全部工業的機械，已經是太老了，在世界市場上不能很成功地和別人競爭。似乎這個新托辣斯，使了他的集中，他的新式技術，更好的工業計劃，和廉價的勞動與運輸，大概一定要對於大英帝國主義有一個極重的打擊哩。

與鋼鐵托辣斯之成立同時發見的，就是德法兩國政府間開始了政治上的接近。工業的東家既已攜手了，自然他們的政治的公僕會唱出雙簧來。就是那個樸恩賽（Poincaré）在兩年前，他還是想一口吞下半個德意志，磨刀霍霍地，無休止地說「德國的好戰性成」的，現在忽然發見了一個新德國了。這位老軍閥忽然穿上一件新皮。這是什麼意思呢？

因為有幾椿事悄悄使法國不得不改變牠的老政策。牠知道再做統一中歐的夢是沒有意思了。英國和美國已經幫助德國資本主義再整旗鼓，漸漸不可輕視。而在地中海方面，無賴的意大利帝國主義大正向法國的霸權挑戰，向法國殖民地挑戰，向巴爾幹的法國勢力挑戰，特別是在巴爾幹，莫索里尼的外交就利用法國的內部多事漸漸的扶植自己的勢力而趕走了法國的勢力。大英帝國却是熱忱的贊助意大利的玩意兒

這便是為什麼昨日的仇敵，今日會忽然擁抱相親起來。去年夏天，德國和意大利帝國主義也有些糾葛。經濟的立點，恰好促進了法德的接近。這個接近，是回答意西條約，也是回答英國以前的一切策略。

有幾個英國報紙估量這個新托辣斯不過是「暫時的」，這個將來自見分曉。顧望為思想之母，難道不是麼？

我們要注意，帝國主義的列強又在玩他們的老把戲，親密的協定，秘密外交，分組的敵對，一一都有了。在國際聯盟的黑幕後面，資本主義的外交正在威脅世界和平。可是那幕是破舊的了，所以帝國主義者的惡事一定要漏露出來。

●軍閥口中的赤化與蘇俄

反赤派四首領李生春（福建後方司令）發取締赤化佈告說：「所最堪痛恨者，現有一般無知青年，每易為奸人所利誘，誤人赤黨，藉共產公妻之名義，妄思搗亂；殊不知誰無身家，誰無妻子，為有與人公共之理，故一經發生有赤化嫌疑者，即為國人所共棄，身死極刑，愚執甚焉。

且蘇俄實行赤化，時未數年，竟達全國五分之二，前車可鑒，至可危懼。」軍閥眼中口中的赤化與蘇俄，無一不是這樣。

然而胡適之先生偏要十分頂禮佩服蘇俄，豈不犯了嫌疑嗎？適之先生的一班白仇赤朋友，應該快電告適之，萬萬不可回國，免為國人所共棄身死梅刑！（實）

到底是誰沒收人民財產？

在前清末年，山東全省歲入為一千一百二十餘萬兩，民國八年度預算，只有一千萬兩有奇，張宗昌初到山東時，全省歲入為一千五百餘萬元，和民國八年差不多；張宗昌到山東不久，便增加到五千餘萬元，人民負擔陡然加了兩倍半。現在又要就丁漕兩項徵收什麼『討赤特捐』，總額一千六百四十萬七千元，本年十月一日開始，至十二月廿八日截數，限各縣於此三個月內繳齊，不知道山東農民怎樣能夠活命？

然而張宗昌褚玉璞，却天天在那裏大叫反赤，大叫廣東赤黨沒收人民財產！（實）

●帝國主義者意中的反赤作用

路透社十三日北京電說：『今有一事甚可注意，晨報本為反赤報紙，昨日載有社論，極讚廣州徵收附稅之舉并詆責各國使關稅會議半途而廢。』

於此我們可以看出帝國主義者意中的反赤作用了！（實）

孫傳芳丁文江是不是中國人？

英國首相說：『刻已在途之接應兵力，計飛機運送船一艘及驅逐艦九艘，連同現已在華之兵力，可視為艦隊力充足。』其實還可以接着說：此外還有孫傳芳和我們的博士丁文江在那裏效忠。（實）

孫中山的北伐還是段祺瑞的北伐？

張繼會問蔣介石：此次是孫中山的北伐還是共產黨的北伐？為什麼發此奇問？因為段祺瑞針對孫中山的北伐也公然在北伐中叫出來了！段祺瑞一叫『外崇國信』，現在劉文島又叫『外崇國信』，或者可以把死的孫中山氣活轉來。現在可是要請問張人傑君：是不是我們『糊塗閃爍加以投機權位之惡名』？以招商九輪報效孫傳芳的是誰？（實）

招商局江永輪船，為孫傳芳由南京運子彈到九江，突然炸毀，船身完全炸毀。該局董事會因此會討論，他們代價平均為現留九江供作孫傳芳軍運之輪，遠有八艘，每艘代價平均在三四十萬元以上，關係重大，決再電請放還，至江永輪之被毀損失在廿萬元以上，屆時亦須要賠償云。

我要問問招商局董事們：你們向誰要求賠償？孫傳芳的子民傳筱庵，私以招商局之總辦，招商局董事會，是否應該嚴懲這樣私賣招商局的總辦？請系研究系站在那一邊？（實）

研究系的大將蔣方震在孫傳芳軍中做軍師，常常替孫傳芳巡視防地，他幾乎天天有電報給丁文江報告孫勝蔣敗。哈哈！我們現在更明白了，研究系的時事新報天天反對北伐軍，自稱為『反國民革命者』，這是當然的事！原來抗張吳就是亂華！

研究系的時事新報大聲疾呼『三路用兵抗張吳』，是『蘇俄之亂事計劃』，原來抗張吳就是亂華嗎？三路用兵是：西北軍取京畿，粵軍擴中部除吳，馮學抗張，試問痛惡奉直軍閥專政的人們是不是希望能夠這樣？然而研究系以爲這樣抗張吳就是亂華！（實）

比約是應該廢的，可是應廢應改的條約還不止此，我們不可存着比約與顧內閣愛國的顧內閣

小國容易對付的心理，更不可幻想因『美內助』得來的小顧內閣，能以始終堅持廢約。（實）

全國商民都希望把海關收入存放國內銀行，而顧維鈞竟把前存道勝的款全數改存滙豐；全國人都承認中俄協定是於中國有利的，而顧內閣一班人獻媚奉張，要取消這個協定，以便拿俄庚款向英國押借鉅債；顧內閣和英美這樣好，這樣爲張作霖籌軍費，或者也是算愛國，因爲中國是張吳的國家，抗張吳旣是亂華，助張吳自然是愛國了！（實）

北京之政聞種種（十月十八日北京通信）

子棠

何以軍閥獨這樣愛國？

最近楊如軒通電說：『赤黨弄兵，爲俄服役，禍國殃民，普天同憤。』

這是奉直軍閥研究系國家主義者老民黨馬素章炳麟等同樣的口調。

安福黨八之活動
奉張對學之態度
奉魯間之衝突
馮玉祥包之行動
顧維鈞美人策之成功
好人政府派羅文幹等獻計破壞中俄協定

口調。全中國何以只有這班人愛國？何以孫中山馮玉祥解介石連一般商民都不像他們這樣愛國？我想其中必有個緣故。（實）

此路不通的國家主義

國家主義者陳啓天在時事新報上發表一篇文章，一面主張要收回各國在華一切權利，而一面却反對共產黨打倒帝國主義的主張。不知道他們打算怎樣收呢？真是『此路不通』！（實）

國家主義者與研究系

國家主義者一向不贊成國民黨，并且很輕蔑國民黨，可是他們現在却附和研究系的機關報上大做其文章，向創造中華民國之孫中山的青天白日旗攻擊，又在研究系的機關報上大叫：『在唐虞聖世，中國的中部都還是我們的領土！』蒙古的國家主義者則對苗黨不應該加入國民黨，而必他們以爲研究系比國民黨要高明些。這真是『方以類聚物以羣分』！（實）

苗人和蒙古的國家主義者

貴州苗民中的國家主義者，總說中國國家主義者要和蘇俄算二百餘年前的領土舊賬，他們非常奮興，在他們的報紙上大叫：『在二百餘年前，內外蒙都還完全是我們的領土哩！』

我們將怎樣回答這些『國家主義者』呢？（實）

近來安福部一派人見到北伐軍的勝利，吳佩孚的塌臺，在北京頗躍躍欲試，以爲段氏捲土重來的時機又到了。所以該派八日來在京津間甚爲活動，尤其對於奉粵合作攻孫一事極出力。據安福協定，原奉張與北伐軍合作攻孫一事，魯張已表贊同。本來蘇軍隊以車輛預屬慶紙。東北對此亦頗表同情。現張學良已將入蘇軍隊及車輛預備妥當，隨時可以出動。十日午後，又有安福黨人由津傳出消息，好

稱奉天最高幹部會議巳將與北伐軍合作攻孫一案列入議事日程，正式討論，張學良承乃父電令遣人來津向安福派方面詢問中有無正式代表來津辦理此事，希望安福派一人偕粵方代表到奉接洽云云。安福黨人之意頗欲先談政治與民黨先謀攜手，聞民黨慮其買空賣空，居間操縱，藉粵方以高其政治上之地位，乃揣的為下列之答復：（一）粵方巳派人赴奉，彼實民黨所派之正式代表今無再派之必要；（二）如張學良等欲與民黨繼有接洽、可向民黨駐京之代表接洽，如欲三方協商亦可；（三）政治問題民黨巳向奉方提議，由雙方合組一七八之委員會討論之，此為民黨中央之決定，不能變更，；（四）合作攻孫宜速進行。

又聞安福方面以下列數事向北京民黨政治委員會相告：（一）謂巳派人赴奉以民黨之意兒與之協商，俟有結果即答復政委會。（二）靳雲鵬數次赴奉，前數日又往，其目的在促成奉蘇攜手抗國民政府之局，此項企圖果成，靳即組成新攝閣，靳之計畫以楊宇霆之反對巳歸失敗，此次返津巳不想再南下訪孫矣。安福黨對於靳之計畫，亦頗盡力出來，以便抬段出來。（三）奉方已表示決不助孫攻粵或圖結北洋系以攻粵。至於與國民政府合作攻孫，日內奉天會議必有最後決定，安福派之使者可望攜有具體之結果而返。（四）安福派人願切實聲明只要民黨不為仇視彼方之行動，即使之正式成立，彼方決不至為妨害或抗敵粵方之企圖。（五）奉方及安福派對於此次中央民黨聯席會議，關於時局之議決，非常重視。（六）關於由雙方派人組織委員會討論政治問題，安福派希望彼方及山西之閻錫山一派亦能參與。（七）日使芳澤過奉關於中央政局及聯粵攻孫諸問題皆巳代表日政府有所表示，日政府現有新決議，內容如何，尚未探悉。日本帝國主義者對華時局之政策，自然可以決定奉方對粵之態度。又清浦子爵之來遊，亦與此有重大之關係。

蔣閻錫山為其嫡系勢力，閻現密謀擁段。日本亦積極恢復政府。（九）奉張確欲自為臨時總統，而以段派之人為內閣總理，閣員三分之一用民派，月餘前屢言入關，即係為此。旋以黨軍克武漢，立為冷卻一半，加以楊宇霆張學良之主張慎重，遂更趨於冷靜。現決俟將來出為正式總統，而以段為過渡。將來與民黨正式談判時，亦涉及此問題。又日本亦反對奉張此時自為元首，亦主以段為過渡。以上消息皆得自安福派，其中雖不無為其本派宣傳之處，但亦足以供參考。

馮於本月八日抵包頭，將士全體出迎，當即集合全體長官講話，綏遠都統商震由電話聞馮至包，即乘專車於九日晨抵包與馮密談二小時。國民軍將領開會公推商震為國民軍聯軍副總司令，商自謂本人原為國民黨員，願繼先總理之志，以竟全功，隨諸同志共同努力。商發表就職通電後，即四綏準備一切。馮於十日在包參與市民革命紀念大會出席講演，聲乘為之歡聲雷動。京綏工人交通隊赴各營講演，兵士皆歡呼。現在包頭一帶公私機關高懸青天白日旗。國軍兵士臂章亦改為青天白日矣。又馮之就職通電並對民衆之宣言均已到京，措辭非常激底。馮在京人員宣稱，謂決由潼關出河南。馮本人不日即赴平凉督戰。

奉張派薛大可授意張宗昌令其讓出直隸與小張，已為魯張拒絕，暗潮甚惡。

張學良反對老張此時出台，一半為己，一半為顧維鈞。顧之代關得成，純係小張之力。張之忽然捧顧，據報告者云則又係顧之夫人特別伏侍之結果；其中直有許多污穢事跡云。日本最不滿意於顧，顧在英美時，每每不利於日本之言動，歸國後更可謂恨之刺骨。去歲安福政府以顧為外交委員會之委員，日本即力表反對，可甚。

第四，施行方法

（一）建設之程序，分為三期；一曰軍政時期，二曰訓政時期，三曰憲政時期。

政之下，而政府一面用兵力以掃除國內之障礙；一面宣傳主義，以開化全國之人心，而促進國家之統一。（二）訓政開始之時，而軍政停止之日。在訓政時期，政府當派曾經訓練考試合格之員，到各縣協助人民籌備自治，其程度到全縣人口調查清楚，全縣土地測量完竣，全縣警衛辦理妥善，四境縱橫之道路修築成功，而其人民曾受四權使用之訓練而完畢其國民之義務，誓行革命之主義者，始成為一完全自治之縣。得選舉縣官，以執行一縣之政事；得選舉議員以議立一縣之法律，始成為憲政開始時期。代表會得選舉省長以為本省自治之監督。至於該

省內之國家行政，則省長受中央之指揮。（五）在憲政開始時期，中央政府完成設立五院，以試行五權之治，其序列如下：曰行政院，曰立法院，曰司法院，曰考試院，曰監察院。憲法草案當於立法院議訂臨時宣傳於民眾，以俟到時採擇施行。（六）全國有過半數省分達至憲政開始時期，即全省之地方自治完全成立時期，則開國民大會，決定憲法而頒布之。憲法頒布之後，中央統治權，則歸於國民大會行使，對於中央政府官員有選舉權，有罷免權，對於中央法律有制制權，有複決權。（七）憲法頒布之日，即為憲政告成之時。而全國國民則依憲法施行全國大選舉，是為建國之大功告成。（完）

東三省通信

東三省實情的分析（下）（續五十二期）　震瀛

▲民眾的現象
▲政治的現象
▲經濟的現象
▲文化的現象

彌漫反動勢力的東省既如上述，一方革命的萌芽卻得了深厚的裁培。加吉黑人反對張作霖的大乖天主義，雖路帶地方色彩，但卻是推翻軍閥統治的唯一勢力，此種蘊釀吉林知識界是其代表者。如匪不受焉，農民因苦於兵比較苦於匪更甚，所以人民的抱怨愈深。如前年的中東路現象反動勢力甚盛，到去年卻消滅了。去年十一月七日，哈埠的

俄工大遊行。手執紅旗，已衝破了軍閥的戰線。一面找站的華商去年因為反對美使舒爾曼干涉東鐵，竟發出強硬的通電。但如勞工的組織運動，學生的漸呈活氣等，我們等到他們結果再看罷。東省的民族性，占了剛毅負苦的長處；東省地位亦實為將來東亞問題的一大焦點。

所以在這樣政情下，將來革命的出路，實亦跑不了中東的滿所輯線。革命的羣眾是中日俄工人和平民的大聯合。革命的趨勢是由被壓迫的假人，韓人，農人，商人，工人，與被排斥的各省僑民合成聯台戰線。去反對基督教，裁滅租稅，免去餉荒納費，反對舊假日奮假會議，排斥勾結軍閥和帝國主義者的政學系外交系，阻止奉直和議，促進中到民主革命的旗織下去作戰。

3. 經濟的現象

金融·產業·交通·

東省生產豐富，經濟的進展自然佔了極優越的地位。不過帝國式工商業的角逐，弄待踏萬些危機來。先就金融方面說，凡曾到過東省的，是很容易感覺得出來，如果一到大連，用錢上就感覺不便，概以小銀角為本位，現洋反不能適用了。再奉天的嗎幣又分奉大洋小洋時候從一處帶些嗎幣，走出不到一天來，就幾乎要成廢嗎。有的滿了市場五花八門而不能通行三省嗎幣，去和日本國家證券——金票——相較，或是共爭領域，當然是居於被排擠的地位。近來日韓妍商，勾結白俄，由北滿方面，出厚利收買現洋，私運出境，聚而鉛之，使沒有準備金的中國嗎幣動搖，一方市面上現銀又缺乏，遂不時的發生恐慌。國際經濟侵略家的政策，遂在一舉手間，無疑的操得勝券。所以我們看出的情形，東省金融方面，表現着——（一）幣制不能統一——（二）政府對於貨幣商品的發行不會去制裁或監督（三）沒設證金融公共流酒機關（四）沒有統一的證券形式（五）對於商人投機現銀沒法利止——（六）對於市場任意拒絕貨幣沒法懲罰（七）現洋自由出口，無法防止——這些現象。金融是社會生機的危迫。實在是很值得我們注意的。

至於產業方面，中國人在東省已經早算昇落武了。不待言，大連日人。就是中東路沿綫的長途電話，亦被法國人承辦了去。森林，礦連日人覺自由開發，糧業則日本的淨糧機和美國小麥亦攏斷殖盡。運輸業則日本的國際迎輪株式會社亦已包北滿而與南滿策應了。據云：日人在東省發出，金票，已達二萬萬元以上，與東三省中國人口相較，每人應有日金十餘元。這樣看，東三省的將來轉移，在發達產業，但促進個方針的頭一步，還是要想着怎樣掙脫這帝國主義的樊籠呢！東省鐵道的溥證，較比何省都長。交通促進文化，乃東省竟何奕屈薄弱得很。

發光呢？此其故，與明白了東省交通勢力，恐怕亦就不奇怪了。中東路現在直接是操諸俄白熟之手，間接就不管受法美英日人的支配。南滿安奉兩綫實為日人產業，近束此兩綫概鋪雙軌，更是重備侵路上的利器了。他如四鄭綫（四平街至鄭家屯）大部借的日資，天圖綫（自圖門江口至延吉，與朝鮮相接）由日人倡辦，亦不過是進窺延吉的一條便道。北他支綫修築在計劃中者尚多，是在中國人民的努力——最近興築濱黑路（哈爾濱至黑河）之聲浪日高，恐亦逃不出日人的

4. 文化的現象

教育◦宗教◦輿論

東省是文化落後的地方，教育是很劫稚的。在奉天全省的行政上看，差不多每縣都有中學師範的設置，不過程度倘差。聽着朋友說，奉天省城有個小學辦的很好，杜威曾來參觀，說是中國第一傻小學，這樣看，奉天或者逗能算有點文化的生氣。至於哈爾濱中國人的教育到吉林全省，學校就有有數的幾個了。在吉林省城或者逗能算有點文化的生氣。共有學校不到二百人就更悲慘了。全市中等學校兩所，都是私立的。還有自從中國人有了市政權後，力爭的結果，連五百學生都凑不成，叫外國人幾乎又把預算停止。最近東路方面，為華工在沿綫設了五六處小學是有了學校，沒有人懸送子弟念書，這可算是北滿教育的大進步了。

在北滿宗教同洋資本的工商業而俱來，尤其可怕的是基督教。就是有了學校，沒有人來過聞小商人領袖盡為基督教所網羅，實可出鉅資捐助教會捧洋了。在南滿方面較比好些，如大連反對基督教的勢力非常盛，不過這人，不做一點公共事業，哈埠的道路難行，市政凋蔽。就無人來過聞。在南滿方面較比好些，但我們可以看得出仍是日本與英美衡的突自然結果，華人與的覺悟尚

三省的輿界，在哈是俄舊鐵的勢力，在奉是張作霖的勢力。其他外國人的通信社，實可左右一切政治潮汐的消長。現在把三省幾個大埠的報紙，作一個簡括統計來看，哈爾濱華文報九家除了一家是日人辦的外，餘者都無自己的生命，不只不敢針砭時局，有時還助軍閥的聲勢。通信社一家，是捧朱慶瀾的。此外俄文報三家，新派者一，舊派者二●長春已入了日俄的衝心，所以日俄文報數相等，華文報只有一家，路具歷史漸呈生氣。奉天的華文報不少，不過還歡不過日人的一家華文報，聽說該報每日可銷至二萬餘份。大連已爲日本統治，更提不到華人輿論，有華文報三家全與日人有關，不過論調稍進步些。我們爲了東三省輿論想，很應該有一種中日蘇俄輿論低限的聯合戰線運動和必要。

我這篇報告寫完了，這不過只就寫的時候所想到的而言，至於詳細的介紹，尚當俟諸異日。

（完）

讀者之聲

閻氏統治下的山西

（德中）

閻錫山的腦筋真怪，他對於新舊學說都能有點用心研究，且每日不輟，無時間斷的獨自澍覓或與人討論。他任自省堂（即洗心社）常常用哲學說（孔佛）批評新學說，他的左右及各機關各學校的職教員從而和之。因此把山西青年們都麻醉到十二分。他採明他樣的是用民政治錫山的格言，所以青年們的眼線都集中於此，『做好人有飯吃』，這是閻一般青年的心理，差不離都被他掉上了。他希望明他樣校後得的飯碗位置。也是因爲辛亥光復以來，山西的社會沒有出過較大的擾亂 本省的懷紳土棍和宗法社會的名流，奉洶閻氏 因此做官發財的提倡 對，這也是給了青年們不少的誘惑。最大的原因，山西是歷史上開化最早的省分，受宗法社會制度的遺毒。所以青年們的思想很不易鼓勵。再加之山西人的性質好和平，愛靜，你和他談什麼勵的事，十有九是不願意。

山西的政治組織極嚴祕，外邊有實事，他總能立刻知道。太原有

言論界之不平鳴

菡芙

在民主主義政治之下，人民本有言論出版自由之權。

我國名爲民主共和政治，實則較君主立憲政治還不如。雖已去了一滿清皇帝，然而現在各地底軍閥，已成了無數的小皇帝，私自立法毀法，甚至無法無作亂爲，臨時任意發戒嚴命令，推殘民意，顛倒是非，對於國民談論政治正大出版物，常無理橫排斥和取締 對於淫亂神話等下流無恥 出版物，反公印公賣公送 助長中國的耶說淫亂，消滅中國國民的喉舌，談起實在痛心！

這也怪不得他們如此行逆施。因爲他們受了皇帝專制思想的遺毒，習成了皇帝專制的行爲，封報館，捕記者，是他們底慣態。一切政治經濟的事業，由他們包談包辦，不容國民過問。於此我們可以知道：（一）言論是不能透出政治勢力範圍以外的。（二）在封建式的軍閥

新的勢力，他亦清楚，知道現在勢力不大，所以不十分想設法除滅。但是如果有些微動靜，立即被他禁止了。然而要是與他關係密切些，他消滅的方法史利害，前幾日捕了幾個倒閣派的人，密祕的用電殺戮『，社會上的人知道的很少。

未消滅以前，言論是不能自由的。

有些言論家及知識界不主張談政治，而極熱誠的談些「什麼「教育」「文學」「美術」「哲學」等問題。我們對於教育文學美術哲學固然是贊成，但是不主張談政治，我們是絕對反對的，就是教育文學美術哲學等也不能逃脫政治勢力以外，不主張談政治的人，還簡直是昏蛋。

有了封建式的軍閥，即不能容有言論出版界的自由。我們言論界應如何一致的攻擊軍閥才是。不幸有許多的言論機關，作軍閥的留聲機器，這是再下流沒有的。

我們平心靜氣的想想，現在有幾家言論機關不是軍閥官僚的留聲機器？當記者的不管是一軍閥官僚的走狗！每遇一問題的發生，常有不顧民衆底利益，對於某大人等等的事情，竟用大號字去宣傳，對於民衆底生命財產，反置之不關重要，甚或置之不問。

今後要求到言論的自由及真實，只有盡力去反抗封建式的軍閥以至於消滅爲止。一方面要排斥濫調神話的一切出版物，一方面要攻擊最反動最黑暗的言論機關。不然，便不足以挽救言論界而趨於正軌。

誰是我們言論界的同志？爲擁護民衆底利益而鼓吹的，是爲我們言論界的同志！

下筆不留情！敬祝嚮導諸位先生前途；

一九二四年二月七日寄於北京

有誠意敬悼列甯嗎？

花前遜年，若高倡社會主義，歡迎列甯，一般反動派的人們以爲還是大逆不道，危險分子。

到現在，列甯死了，哀悼列甯的學生們，工人們，革命黨人，他──

們是列甯底朋友或是同志去哀悼列甯，以列甯底朋友或是同志去哀悼列甯，這是很平常的事，也是應當如此的事。可是我獨不解有些無聊和最黑暗的舊官僚，至今也要敬悼列甯了！

我並不反對任何人敬悼列甯的人，由從前反對社會主義和排斥列甯派的人，至今進爲敬悼列甯的人，不能不說是他們底進步！

不過，不能不使我有「有誠意敬悼列甯嗎？」的疑問：當此蘇俄在國際上的地位日益增高的時候，一些沒有一定主張的人，至此不能不隨風而轉趨向於蘇俄。

不然，難道在從前是沒有了解列甯及蘇俄，所以才反對高倡社會主義及歡迎列甯嗎？因爲沒有了解列甯及蘇俄，如與因爲沒有了解列甯及蘇俄，以致於完成他底反對行爲，這還有可以原諒的地方。

可是敬悼列甯不是假意能夠做得到的，必定要由敬悼他的誠意，進爲他底真正朋友或同志，與他底真正朋友或同志去繼續他底革命事業。

中俄邦交至今倘未恢復，民衆中雖充滿了承認蘇俄的口號，可是寶國的北京政府始終仰從各國帝國主義者底意旨，破壞中俄感情。我們敬悼列甯的人們，應當掃除此種障碍。

由蘇俄宣言歸還的中東路，至今直接的操縱於舊俄白黨，即間接的操縱於法國。此種事實，人皆明白，我們敬悼列甯的人們對此應當有切實的反對及辦法。

蘇俄全權代表加拉罕君來到北京，向我們已表三表示愛感，而北京政府對之冷淡已極，我們敬悼列甯的人們：應當聯合全國人民直接與加拉罕君締結最惠國的條約，彼此團結，共同解放東方各弱小的民族。

不然，我們何必敬悼列甯？何必向工農的蘇俄討好？德民寄自濟南

The Guide Weekly.

（中華郵務管理局特准掛號認為新聞紙類）
一九二四年二月二十日

定價
每份三分全年大洋一元三角半年七角
國內郵費在內

嚮導

週報
第五十五期
每星期三期出版　發行通訊處

分售處
武昌　上海　北京　巴蜀
太原　長沙　成都　重慶　杭州　雲南
中國書局　大學書社　丁卜圖書局
上海時事新報社　共進書社　寄賣處
民智書局　文化書社　警署書報社
北京大學第一院收發課轉
杭州馬坡巷法政校內安存

時事評論

北洋軍閥三種新借款

獨秀

英美帝國主義者，素以放債的方法，一面攫取中國的利權，一面扶助軍閥瓶革命派斷絕中國改進的希望。曹錕賄選後，反直派沒有何種勳作，英美帝國主義者放債的方法又來開始進行了。據上海泰晤士報說日來直派進行的借款計有三種：（一）是北方三路借款，（二）是武昌市政借款，（三）是洛陽至漢口長途汽車借款。

北方三路（一）天津赤峯間，（二）烟台濰縣間，（三）京漢津浦間卽滄石線。據上海泰晤士報說：此三路借款，先由英商漢蘭貿公司與中國方面之發起人，共同章訂建築合同，且已得交通部之許可。此項築路計劃，由漢蘭貿公司借款二千萬命錣，據聞倫敦之中英投資有限公司已擔保村出此項借款，三路共長八百英里。據最近消息，滄石合同烟濰合同都已經曹錕代表簽字，赤峯天津線亦由華商簽字，一俟中政府批准，卽行交款。

武昌市政借款，是蕭耀南委派英國陸軍中佐麥德格，代表湖北省政府，向英商借款五千萬元，建築武昌商埠，以預計之市政收入一千二百十萬六千元（地稅五百萬，會鋪捐一百六十萬，軍捐十二萬，碼頭捐二十萬，營業捐二百萬，肥料捐八萬，戲館捐六千元，酒樓捐十萬，雜捐十萬，奢侈登記稅一百萬，奢侈稅一百萬，電燈六十萬，電話二十四萬，公市場六萬）爲償還本息之擔保。此項借款去年卽開始進行，陰歷年底成立合同十二條，現已提交省議會。

洛陽至漢口長途汽車借款，是與佩孚派軍需課長劉子靑，向漢口美商借款一千萬元，爲建築洛陽漢口間汽車道路之用；路工完竣，一切收入爲歸該美商保管。

中國軍閥借款築路開礦，一切所謂實業借款，都不過是個名義，事實上都用做軍政費。這次北方三路借款明明是英國人救曹錕之急；軍閥師夢也想不到市政問題，所以武昌市政借款，不但市政用不着，連籌辦術恐怕也不能多所染指，大部分還得供給與大密閣投佃川身的軍餉；至於長途汽車借款，那更不用說了。

電報電話借款之祕密

獨秀

民國七年四月與日本匯業銀行所訂電報借款合同，及同年十月與日本中日實業公司所訂電話借款合同，五六年以來的祕密，（曹汝霖賣國的祕密）此時才發現出來。電報借款合同計十二條，第一條所載借款額是日金三千萬元；第二條所載借款期是五年，期滿協議續借；第八條所載本息擔保品是民國政府全國有線電報之一切財產及其收入。電話借款合同計八條，第一條所載借款額是日金一千萬元；第三條所載償還期以三年爲限，到期得按原定合同繼續轉期，第四條所載擔保品是（A）交通部所管理之各電話局及各長途電話現有及將來擴充後全部財產，（B）現在已設立之無線電台：吳淞武昌福州張家口北京六處及　收入，（C）價值日金五百萬之國庫證券。第五條還說由交通部於現在雇聘之日本技師及顧問中指定二人，分別助理技術會計等事。

此祕密發現後，國人當然不勝驚異，最奇怪的是賣國賊曹汝霖以還三千萬日金之故，不惜斷送全國國有之有線電報無線電報及電話等極其重要的軍事交通機關於外國。不但現有的斷送了，并未來的都預先斷送了。

在此祕密發現的同時，交通部又正進行滬寧間長途電話工程（交通部特派員周家義及電政司營業科科長陳錫周，正在勘測路線，樹立電桿），遂引起江蘇省縣各團體之反對。其實不止滬甯一線，洛鄭卽長途電話也在進行，天津漢口又何能免。

我們應該覺悟：這種損失全國交通主權的祕密合同，全中國人都應該起來反對，決不是江蘇一省的事。

我們又應該覺悟：這件事決不是向北政府或地方政府電報抗爭所能收效，必須有實力對付方法，江蘇人士可以拋棄和平運動憲法運動的迷信了罷！

新疆省之煤油礦　　　　　　獨　秀

二月十九日上海大陸報說：「英國工程師鐸克萊少佐，前二年中曾在新疆爲馬可尼公司建築無線電台，現已囘國與英之煤油公司商議開採新疆絕大之油礦。鐸氏曾於數日前自京來滬，迭與上海三大煤油公司商議此事，聞三家已電商英美總公司，派礦冶工程師，地質學家，及運輸業專家，前往新疆查勘。據鐸氏言，就其個人及俄國著名探油家某氏計算，新疆油礦廣及數千方英里，且與世界著名之巴庫油礦相啣接。礦已在阿克蘇至烏魯木齊之間，中間包涵庫車，葉克，庫爾勒等地，其間小河池沼水面供有油跡，且隨地都有油苗狼跡」。

二十日大陸報又說：「美國財力最雄勢力埌厚之礦業資本團之三古根罕公司，及日本最大財閥團三井會社，現均注意於開發新疆之富源。三井方面早經其駐京代表向中國政府試探，欲取得新疆之油礦權。古根罕公司係兄弟六人所合組，每人均爲美國經濟界有力分子；此兄弟組織工程師及地學家團體，不久卽由舊金山來上海，轉往新疆實地調查，該公司之急急進行，殆卽爲鐸克萊少佐趕往英倫接洽所促成」。

美國煤油出產量居世界第一位，然猶供不應求，爲防患未然計，煤油在現代居最重要的地位，陸上之摩托車，空中之飛行機，都非用煤油不可；又如鐵道海輪，也有以油代煤的趨勢；工業機械及殼業工具，將來需要煤油，猶未可計量；因此一國能否在產業上軍事上占最優勢，當以能否占有世界上最多量煤油而定。

勢不得不與他國爲油礦之競爭：其爭最烈者：在土耳其與英國有美索不達米亞境內摩蘇爾油區問題之衝突；在波斯有美孚，新克來，兩公司之爭奪；在俄國租借庫頁島油礦問題，是和日本一大暗鬥；新疆油礦中國倘不能自保，又將爲英美日三國之爭端。

法國政黨之新趨向　　　　　　獨　秀

二月二十五日巴黎電：「昨夜白里安之演詞，又視為選舉運動之開始。白氏請民主黨與社會黨聯合，共拒政府黨，即可制勝。又前總理班魯衞氏同時在安納亞地方作同樣的演說，謂全國聯絡即可制勝。左派諸黨顯將以解決國際事件託諸國際聯盟，而不用武力之政綱為其運動選舉之其。左派聲稱善恩樊（現內閣）軍事壓力之政策已經失敗，故須以新人物用新方法，主張協約國間密切合作，而擴張國際聯盟之作用，以此為國際爭端之公斷機關，為此政策可使法國獲得現在所未能獲得的賠款與安全。」法國政黨這種新趨向，頗和美國新內閣政策接近；他們（英法）此等政策固然不能解決歐洲的危機，而較之英國勞易喬治失敗以來更反動的政局，總算是有點轉機。

印度自治運動

獨·秀·

印度新議會於一月三十日行開宣誓禮，不合作黨都穿着自製布衣，宣讀警詞，啓行開幕式，印督致詞，希望此屆會議有沈靜的判別及好意的特性。印度國民黨已宣告成立，內有不合作黨四十五人獨立黨三十七人，占議席一百四十三。新議會主張印度當完全自治及省自治，海來爵士答稱，許給完全責任，今尚不能，惟政府將派員調查一切，不合作黨領袖甘地已被釋出獄，他致書穩哈默亞里民，深以印度教回教徒意見歧異為憾，謂各團體行動苟不一致，則不合作運動徒屬空談。

二月二十六日議會開會時，不合作黨議員勸議會組織委員會調查西克人民之疾苦，已經討論通過，海來爵士代表政府反對設置委員會，亦否認政府會損害西克人民的宗教信仰及虐待西克婦女。稚甘之印度開始不合作運動，第一步為拒納人頭稅，法庭途發出逮捕狀多份，麼巴薩已有印人四名下獄。不合作黨人在英國極力鼓吹召集聯席會議，

建設完全負責政府，而印度事務大臣鄔里維勳爵於二月廿六日在英國上院宣稱反對聯席會議，並說：如果建設完全負責政府（即印度獨立政府），印度人民將受害無窮。

照他如此說法，大英帝國用許多陸海軍保持印度之統治權，原來是為了免得印度人民受害無窮，好個慈悲仁慈的帝國主義者！在英國統治下的印度議會裏，連一個調查人民疾苦的委員會都不許設置；在英國統治下的人頭稅，想必也是印度人民將受益無窮。

捲煙特稅問題

獨秀

軍閥官僚們對於商民橫征暴歛，商民當然應有正當的反抗。此次江浙兩省舉辦捲煙運稅，他的用途固然免不了黑幕，商人反抗固然有理由；但是我們也應該注意兩件事：

（一）協定關稅制已制吾國工商業之死命，然洋貨運入內地，相離之後，通過釐卡之子口稅已失效力，中國官廳還這種徵收營業稅落地稅之權。此次江浙徵收之捲煙特稅，不但是洋貨相離之商業稅，而且捲煙多在中國製造，洋商從租界製造廠運入內地，不責輪船火車，不但不納進口關稅，并子口半稅也卻行遣去，所以江浙徵收此項捲煙稅，外人絕無干涉之理由。北京南京杭州方面都有對外交涉的事實，這是明明自己承認除海關稅協定外，日後國內一切稅捐都須與外人協定，豈不將國家收稅主權斷送乾淨；無論外商允認百分之二·五或百分之五保護稅或附加稅，我們不能取消此烟稅，即照官廳原案免認百分之二十，我們也斷然不能開此內稅協定之惡例，所爭者在外人干涉內稅之性質，不在他們認捐之數目。這一層希望中國商人不可聽外商張目。

（二）此次江蘇徵收捲煙稅，乃經商聯會建議省議會議決，專充省教育經費；若有方法保證不移作軍政費，蓄侈品若捲烟稅，雖值百抽

二十，也不算多，擔負的人將來還是消費者，於烟商並無損失，況且是專用在教育事業，這一層希望捲烟商也要注意。

軍閥的統一運動

為人

最近曹黨部下之不和，已成不可掩之事實。吳佩孚與馮玉祥前因爭豫督問題，早已兩不相容；張福來與吳佩孚現因爭現省長及財政問題，乃入京聯馮聯王以與吳抗；彭壽莘因不肯居王承斌之下，已成兩不相下之勢；山東之鄭因洛吳及極力伸張勢力於魯省及欲握有津浦路權，亦欲與張福來取同一步調；王承斌因接近吳大頭並與吳佩孚之爭雄，已籍溫杜之爭而益露，曹黨之崩壞如此，實爲國民革命前途之幸。

曹黨在此自身崩壞及國民革命運動蔓延之時，欲爲保全私有總統計，亦已進行統一運動，一方面派吳毓麟赴洛赴甯，調和吳齊及溫杜之爭。並密議欲將王承斌調往河南，張福來調居直隸，吳佩孚移居保定，如此則王承斌與彭壽莘距離較遠，爭執當可免除，張福來離豫，則張福來與吳濟原爭省長之意見可以解除，而吳氏坐鎮幾輔，分派代表赴杭赴粵，接洽盧永祥及陳炯明，標榜什麼和平統一，不難一鼓而平。

曹黨之軍閥統一運動如此，但我們可以斷定洛吳甯齊之爭，無論如何調解，只有愈爭愈烈，如洛吳移居保定，則吳佩孚與馮玉祥又已接近，易起衝突，因私爭權利而破裂，這是封建式的軍閥底根性。可是從歷史上證明給我們的～北洋軍閥無論如何破裂，他們是始終排斥非北洋派的，是始終摧殘革命派的。

只有我們國民底革命統一運動，才是眞正的統一運動。切不可妄想什麼反革命派的軍閥統一運動。

國民黨與下等階級

屈維它

「各國的革命都是下等階級(平民)反抗上等階級的行動，所以革命黨必定是代表下等階級利益的政黨。而且革命的組織總是有下等階級的後盾的」。試看歐美各國的社會黨，那一個不是工人的團體，各國社會黨的份子，大多數是工人或貧農。譬如英國的勞動黨，本來是各種工人團體，職工聯合會等結合起來的，——假使他忘了下等階級的利益，他便不成其爲社會黨。最顯著的例，還有俄國的共產黨，——他的組織純粹是從工人農民的小團體聯合起來的，——現在已經革命成功，掌握政權，代表下等階級而建設社會主義，解放全人類。若是我們說某國的社會黨不是下等階級的政黨，——這正是罵他背叛革命，罵他等於中國研究系。、

「中國的國民黨，——以前是同盟會，聯合了受上等階級咒罵的種種會黨而成立的，中國的會黨，正是許多窮而無告的下等階級，受盡官僚富豪的壓迫，結合起來以圖反抗的團體」。歷來「劫富救貧『官逼民變』等種種口號，便足以表示他們的革命性。國民黨的所以始終是革命黨，始終是代表天多數人民(下等階級)利益的政黨，正因爲他的出身是會黨。會黨的弱點，僅僅在於他們的組織方法～不能脫離宗法社會的舊習」——師父徒弟的舊制，卻並不在於他們是下等階級的團體。然而中國下等階級的組織所以如此守舊，所以帶着神權色彩，卻亦有不可免的歷史的原因。——指出這種弱點，希望他們採取先進各國下等階級的組織方法，來繼續革命的偉業，——也並不是罵他們的。(有幾個國民黨同志，對於我在新青年月刊上所說與此同樣的理論頗有誤會，實在是做「」)「中國的下等階級，因爲經濟發展的遲緩，

在二三十年前，大半是遊民，是苦人，——沒有受教育的機會的，——他們比不得歐美各國的工人，受著智識城市文明，有樂會結社的習慣，有自己教育自己的機會及可能。所以他們的革命組織比較的落後，也無足怪。然而無論以前國民黨的組織，因為中國經濟的變動，因中國文化的落後而怎麼樣不完備，他始終與下等階級聲氣相通，確確實實是革命的政黨。何況近年以來，中國的下等階級裏，因中國經濟的變動，亦發現許多城市工人，他們的文化程度，自然而然已經比前二十年高得多，他們組織也比以前的會黨要進步得多。國民黨秉着他的革命性，適應這種環境而進步，與新的下等階級相結合，繼續國民革命的事業，也是當然的事。——所以有國民黨的大改組。

國民黨改組以來，發展的形勢非常明瞭，——內中急進及緩進的各種份子，互相辯論爭執，也是很平常的事，——可是一班上等階級的政客及報紙（如時事新報，新聞報等）一方面恐國民黨發展，別方面幸災樂禍，拚命的造謠挑撥，有意離間。然而即此更足以證明：

國民黨始終是下等階級的政黨，是革命的政黨，是代表大多數平民的利益而奮鬥的政黨。不然，那些少數的上等階級，受外國資本家賄買的新聞紙，參與賄選的立憲派政黨，何苦又這樣毒恨他呢？

寸鐵

•••••• 馬聯甲為什麼劚煙苗？ ••••••

馬聯甲親自出巡，督劚煙苗，在表面上看起來，好像是熱心禁煙；其實內幕中有兩個特別原因：一是因為去年各縣徵收羅案稅，每畝只得着四十幾萬元，其餘都被各旅團營長瓜分了，所以馬聯甲憤極，今年索性將煙苗劚除，拼着大劚盡，土價必漲，既獲厚利，還可以得禁煙的美名哩。二是因為馬聯甲所有存在蚌埠的煙土還有六十萬，將來煙苗一切劚盡，土價必漲，既獲厚利，還可以得禁煙的美名哩。 （獨秀）

•••••• 岑春煊派溫宗堯 ••••••
•••••• 岑春煊派員投北 ••••••

岑春煊派溫宗堯於二月念六日到南京見齊燮元，接洽粵桂軍事，二十七日轉車赴京洛接洽。當黎元洪被逐之時，政學系大部分是助黎反直的，現在他們的首領（岑春煊）却明白地投附直系了。有一位直系的議員說：「現在及近的將來，中國政治上只有兩種理想與勢力：一是北洋派，一是國民黨，凡想做政治運動的人不加入國民黨，即應歸附北洋派，決沒有第三者活動之餘地。有些反對國民黨，又有些反對北洋派的人而不肯歸附北洋派，這班人決沒有貫徹其主張之希望。」這幾句說得真是痛快。要中國政黨實實投附北洋派，也比以前混在南方護法團體裏痛快得多。要中國政治進步，第一步便須北洋派和國民黨分成顯明的兩條戰線，把退在中間的游移分子淘汰去或使之歸附於政黨，政學會首領岑春煊投北，在這個意義上，我們對於政學會首領岑春煊投北，絕沒有反對之必要。更進一步對於一切明白投附北洋派的人都不必反對，所應反對的是：既不附北洋派又不附國民黨一班不南不北態度曖昧的人們，如章炳麟褚輔丞等。 （獨秀）

•••••• 劚道一門的王芝祥夫婦 ••••••

王士珍王芝祥等呈府院，請依憲尊經，以正世道；王芝祥夫婦！好個劚道一門的王芝祥！可是孟母果入孔廟，不怕男女混雜嗎？政府果然尊經，王芝祥南北奔走所提倡的同善社，豈不是孔聖人所不語的神怪嗎？ （獨秀）

　●●●●嗚呼舊曆新年！

中國舊曆新年，沒有絲毫歷史上紀念的高義，全國人竟有十餘日事實上的休息，各社會一切停頓，眞是世界上一件怪事。不但北派的人循此習慣即號稱將新派的人也不能矯正此惡俗，甚至相互交火的軍隊，也竟因此過年而罷戰。致亡危急的粵江戰爭，當歲暮時陳炯明葉舉熊略竟回海豐慶歲，洪兆麟楊坤也赴香港過年，惠州竟無人主持，此事豈非兒戲。外國若以兵力佔領中國，最好是在舊曆新年的醉夢中，嗚呼中國的舊曆新年！

（獨秀）

　外幣禍

東三省官廳拒絕俄國在中國使用紙幣，這件事在國民經濟原則上，我們是贊成的。但同時我們要注意日本國在南滿發出金票二萬萬元的事實，同時更要注意英法美各國在津京滬漢粵所發出的無數紙幣，即以匯豐一行而論，除前此發行原額二千萬元以外，今年又增加一千萬元。

拒絕外幣是應該的，單單拒絕俄幣卻是說不通。若說中國人曾受過俄國鈔布的損失，那末，大戰前北省人迷信俄國盧布，何嘗不比南省人現在相信匯豐匯理票更甚。

（獨秀）

　兵嗎還是匪？

陝西省城內外晝夜搶案送出，鄠縣離省城僅五十里，該縣知事親報巡緝隊捕匪，路遇刼掠旅客者追擊至縣城，不料駐臨之鎭嵩軍馬瑞娃部即向縣署聲明，謂所聲非匪，乃是彼營出巡，即將巡緝隊八人帶到營部拷打，欲遂致檢斃，又縣向署索洋五千元；縣知事乘夜潛逃到省，結果反是知事撤任，巡緝隊八人中槍决一人，餘判徒刑，劉

鎭華督軍明知其宛，而倚馬爲心腹，不得不如此。好個糊塗的臨潼縣知事，督軍就是土匪頭，你還剿什麼匪！

（獨秀）

　縮緘軍備嗎還是擴張？

二月二十七日倫敦電：海軍部祕書安芒氏在下院聲稱，如前政府所擬之程序，全列入今年新預算案中，經費須另增五百萬鎊，海軍須添用一萬四千八。這便是英國縮緘軍備之事實。

（獨秀）

　●非進口的外貨

上海字林西報說：英美煙公司去年盈餘淨得四百四十九萬四千九百七十一鎊。即此一端，可以看出除進口的外貨以外，我們還受許多非進口的外貨之損失。

（獨秀）

　●嗚呼憲法運動！

張君勱鼓吹由國民投票的形式承認憲法，湯漪林長民藍鼓吹修改憲法，他們都設在迷信紙上的憲法有治平中國的力量。他們不懂若是沒有一種自身確能遵守憲法的力量來擁護憲法，使憲法得以施行，那全部憲法便等於一張廢紙。

（獨秀）

　●易卜圜光與北洋勢力

張紹曾和吳佩孚大談其易卜及圜光術，張又主張吳齊奉實行合作，以鞏固北洋軍閥的勢力。這兩段話好像無甚關係，其實有密切的關係，因爲北洋軍閥的勢力和反科學的思想本是一家眷屬。但不知他們這種反科學的主觀的人生觀，也爲梁啓超張君勱盡所贊實否？

（獨秀）

✓　列甯碑

列甯的偉大，我們本不能否認任何人有崇拜他的權利。但我們要

努力週報　（第五十五期）

四二六

知道列寧的偉大，乃在扶助勞苦平民，反抗一切帝國主義及軍閥財閥；中國許多恭維帝國主義者或軍閥財閥的人，以前極口毀謗過激派，現在也都伸出頭來赴列寧追悼會，拚且附和著誣為列寧建紀念碑，這

法國通信

魯爾佔據與法英兩國的資本主義

陸敬

法國佔據魯爾花了多少錢？據法國政府最近公布的數目是：

1. 關於內政方面　145,000,000佛郎
2. 關於軍事方面　176,000,000佛郎
3. 關於鐵路方面　1,427,000,000佛郎

鐵路方面所以有此大數目是容易明瞭的，在魯爾有一萬二千名法國鐵路工人，他們有很好的供養，得兩倍的工價。然而從魯爾佔據的收入又是怎樣呢：依參議院財政委員會審查報告者參議員柏郎熱（Berenger）的報告中所說，從佔據起到六月一日止，所得的收入如下：

煤稅	930,000佛郎
關稅	4,111,000
出口貨執照費	3,842,000
森林產	5,213,000
罰金	64,000,000
微收的煤與炭	296,336,000
總數	373,632,000佛郎

像這樣的數目，十足的令人樂觀，法蘭西資本家之最有實力的結合擾的花費是遠遠超過了他所期待的收入。我們知道，迄六月二十日止，法國從魯爾流域得了五十二萬八千噸的煤。這個數目表明在一百六十天的佔據期中，每天平均煤得三千三百噸，也就是，得了四分之一。這樣做小的煤的數目的供給，自然有大大影響於法國的煤藏生產事業。去年十二月鋼產達四萬一千五百噸，到今年二月減到二萬九千噸。本年上半年中法國要輸入外國煤炭價值法幣十六萬萬八千二百萬佛郎，超過上年四萬萬八千二百萬佛郎。

鋼鐵委員會（Comité Des Forges，法國資本家之最有實力的結合）在他最近的年報上特別注意的說，從魯爾之佔據意更符明法國的工業是不能不靠著魯爾的煤炭的。這個報告在另一方面表示出鋼鐵委員會與法國政府政策的關係。然而如羅米爾（Romier）先生在工業日報（Journée Industrielle，法國大工業家的機關報）上所說鋼委員會對於保護普恩賫政府的政策是不負責任的，因為法國的大工業家，特別是王得耳公司早已感受魯爾佔據的估惡是得不償失，這又是很確實的。話雖如此說，但實際卻瞞不了人。英國佔據指導地位的經濟雜誌"財政時報"（Financial Times）在七月十日報中說：

法國佔據魯爾的政策毫無疑義是由鋼鐵委員會所指揮的，該會的目的就在使法國的政策壟斷全歐的鋼鐵生產事業。自魯爾佔據以後，法國已操有鋼鐵業總額的五分之三。法國欲得歐州經濟霸先

標的蒨夢，於今是實現了。

英國報紙對法國這種發底，表示掛慮，可謂情態畢露。還有今年二月二十五日滿鳩斯特導報 (Ma ches er Guardian) 商業欄說得更是明顯：

魯爾佔據必可使法國鋼鐵工業優先權超過英德工業之事，完全實現。並且使法國能與美國並駕齊驅。法國或把德國的工業完全毀滅，或建設法德聯合的鋼鐵托辣斯，都可以達到這個目的。這兩者如出於任何一途，大不列顛的工業必要處在一個嚴重困難的地位。英國的鋼鐵工業一方面要受與法德競爭的影響，一方面又受與美國競爭的影響。

還有一位英國電氣工業界領袖倫敦電氣總公司總理漢時提 (Hirst) 在該公司七月十二的大會席上說得更是振振有辭：

我相信我們同業都從法國在魯爾流域的行動多少各自得了一點，暫時的便宜。就是電氣工業界也得了一種權利，在現在的德意志是不能有所作為了。但是我們若要全盤觀察起來，法國的行動卻是破壞德國以及全歐購買的能力。

馬克的跌落就是南加謝（Lan ashire) 與約克謝 (Yorkshire) 失業增加的原因。倘若南加謝與約克謝多些市場，豈不更好嗎？而馬克跌落的結果使印度，中國，與洲，阿根廷，等地不能賣出他們的原料之大部份。

這種事實就間接影響於這些殖民地之貧困，換言之，即是他們再也不能來買我們的貨物，而我們的貨物卻是要快快銷過迫得利害的時候，又不能自己利用他的商品送到世界各市場，結果，仍妨害我們大不列顛的工業。我們要知道，當著某一國的商品是這樣地勉強抵發送入世界的市場而不顧及其他各國的商品的生產價值，那一定會使各國的工業都大受打擊而失業大大增加。

我們從上面的說明，那一定可以覺出下列兩件事：

1. 法國魯爾政策從此繼續下去——姑且不說德國革命——英法兩國資本主義是日趨破裂不可彌補的。

2. 上面幾段話都是我們馬克思主義者研究政治經濟問題從敵人口中得的不打自招的絕妙口供的材料。

餘　錄

二月二十七日上海申報上，有「青年快注意國內的現況」一篇文章，茲摘錄如下：「可愛的中國青年啊，你知道嗎？金法郎案是怎麼一回事，中國的關稅為什麼落在外人手裏，中國的鐵路那裏的幾條為什麼緣故也已經抵押給外國人了，漢治萍公司的近況怎麼樣，蒙古西藏，現在怎麼樣了，威海衛的收回問題結果如何，電話借款，是何等樣的一回事呢，這回日本的政擬於中國有什麼影響，英國工黨政府現在怎麼樣了，成立了一件事。遠一點，這許多問題你都能切實的知道嗎：你要是不知道，請你應用你那統計的頭腦，敏銳的眼光，靠歷史和地理等的幫助，作深沈的澈底的研究吧。你要知道做中國的國民不知道中國的現況，是很可恥的事，也是很危險的事啊。有許多很好學很有志的青年，跟著梁任公胡適之做整理國故的事業，這原是很好的事，比諸一般孜孜於墮落勾當的人，相去何止萬倍，不過大家要明白整理國故，卻作文藝的事業，都是少數有奈養的人的事業，不是我們青年不可或少的研究，我們為家計為自身計，與其幹那些不甚必要不一定可能的事，不如研究研究中國的現況，打算怎樣拯救我們的祖國吧！」

The Guide Weekly.

導

週報

第五十六期

每星期三出版 發行通訊處

定價

每份三分全年大洋
一元三角半年七角
國內郵費在內

（中華郵務管理局特准
掛號認為新聞紙類）
一九二四年二月二十七日

分售處

太武上廣巴
原昌海州黎

長沙

濟南

成都

杭州

雲南

丁中時中文時共民
卜國智智華語進書上
智香書香書報流報海
香報局報報社通社
書社社社店店社亞
古今圖書局
新亞書店

北京大學第一院法政專校馬坡巷安慶寄售處
發收課劉伯青轉

時事評論

商界反對外人干涉中國內政第二聲

獨秀

去年外人干涉吾國禁止棉花出口，上海商界起來反對，帝國主義的代表者（使團）終以不平等條約壓得他們忍氣吞聲下去。現在英美兩商會，對於外人商標註冊，又要求修改商標法，并且要求列國共管，實是欺人太甚；上海總商會對於外人這樣無理的要求，極端憤慨，致電北京商標局如左：

北京商標局鑒，報載上海英美兩國總商會，為修改中國商標法一事，於上年十一間，開聯席會議，臚列應將現行商標法，予以修正者有十餘條之多，而其議決案末節，又謂，總之本會以為中國商標局行政方面，不宜單由中國主持，一切須有列強共同管理。又本年一月三十一日英商會在滬開聯合會，其電致北京外交團有云：苟中國商標法條件，與馬凱條約第七條之精神不一致之時，吾人實不承認等語。核其要旨，不外兩端，一則欲干預商標之立法事宜也，查吾國與各國所訂條約，雖多失敗，然祇有關稅須由協定之文，而無法律亦須協定之說，徵諸中央商約第七條，所謂牌號註冊局者，章程應如何規定，約內並無一語道及；而美約第九條，更有由中國官員查察後，經美國官員繳納公道規費，並遵守所定公平章程，即由中國官員出示禁止冒用等語。就以上兩項約文而論，足徵此項商標，我國有制定之自由，並不受如何之束縛，即謂此項法文，關係中外互市利益甚大，亦祇能於事前容納外人一部之建議，而據歷來經過情形論之，此項法案，自前清迄今，已修改至六七次之多，外使建議，亦已迭有容納，對於外商利益，實已兼籌並顧，委曲周至。關於去年五月間，此項商標法令文，自較外人經商在華者為鉅，若事事欲得洋商之意，將置華商之經合法國會之議決，通行頒佈，則外商欲保全其約定之權利，自有一體遵守義務，而乃多方挑剔，強令修改，是非特曲解訂定之約文，且以中外互市利益言之，商標法之影響於華商利益者，即以中外互市利益言之，利益於何地，以該兩商會此次所擬修改條文而論，第四條之繼續使用在五年以上，忽議改為十年以上，是此說一經採用，現時援照第四條之使用年限而核准註冊者，距非悉歸無效；此

華商所萬難承認者一也。二則欲以商標行政，由列國共同管理也，查英約所謂由南北洋大臣派歸海關管理，係因商部尚未設立，故關於商事行政，暫交由關員管理，而特以南北洋大臣總攬其成，猶之郵政未設專司時，歸總稅務司赫德兼辦，交通未設專部時，海關雖歸海軍衙門，繼歸外務部彙辦也，蓋海關雖屬用洋員，而嚴格言之，仍係中國國家之機關，吾國因官制之變遷，而定其管理權之誰屬，純係國內行政，決不受約文之束縛，若謂海關二字一經列入約文，即無變更之自由，則約文所載，尚有南北洋通商大臣字樣，此缺廢置已久，何以未聞有所異議。無怪日人之論此事者，謂由海關而移歸商部，不過一地方官權限之變更，決不能謂爲違反條約矣。然此猶得曰誤解約文也，至於該兩商會所謂商標行政，須由列強共同管理，是非特望文生義，抑直無中生有，充其意，凡事一經涉及外人，即須由外人共同管理，則所謂商業大臣字樣，即無一事不可謂與外人有關，即無一事不可由列邦共同管理，國家所餘之主權有幾，此尤全國人民之義務，僅以國家趕緊設立註冊局所能限；我國既於上年五月份須布法令，籌設專局，一再勸告外商實行註冊，則約定之義務已盡，其餘約外干涉，萬難讓步忍受，應請轉呈，將外商要求各節所能承認者也。總之，外人條約上之權利，自應尊重，然約定之外，嚴加峻斥，以重主權。上海總商會叫。

這是中國商界反對外人干涉內政之第二聲。我們更有進而忠告於總商會的是：此電文中所謂「外人條約上之權利」之觀念，你們應該拋棄了。自通商以來，外人脅迫我或要我立下了許多侵害我國主權的條約，尤其是制我工商業死命的協定關稅制，所謂外人條約上之權利，就是中國主權上之損失。這些條約不廢除，外人勒逼，援

意械事件

獨　秀

引他來干涉我國內政，我們中國人便永無抬頭之日。若主張須永遠尊重外人條約上之權利，即等於主張中國人須永遠聽受外人之挾持；所以我們希望總商會由反對外人干涉中國內政，進一步而主張廢除各種侵略中國主權的條約！

中國軍閥之亂，大部分是由於帝國主義之借款及軍械的援助，這是很明顯的事實。英國供給直系三項借款，意大利供給直系大批軍械，正是眼前的事！

意械價值：據東交民巷方面消息，確數爲四百八十七萬餘，已付過二百萬元；據上海大陸報說，值價五百五十萬元。軍械數目：據京津泰晤士報，有來復槍三萬枝，子彈四千萬發，及大砲彈砲車砲架野戰砲等。其巳由天津運往北京的：據上海申報說，大砲十二尊，砲車砲彈五百五十箱，步槍二千一百廿箱（每箱廿四枝）；野戰砲十五尊，機關槍六架，炸彈七十百廿五箱（每箱一千四百粒），水壺乾糧袋二百箱。據大陸報說，共用貨車七十輛，始運送完畢。直系軍閥何以有此巨款買此大宗軍械，則特有英國三項借款或以津泰晤士報，所有運送檢驗之事，均由意水兵與曹錕吳佩孚之委員會同從之。如此，我們應該徹底認識：帝國主義的列強，援助中國軍閥殺害中國人民，是何等明顯的事將來勾結英美所得之捲烟附加稅擔保借款，都是意中之事。直系既有錢又有械，越發要大顯其作戰殺人的手段了。如此，我們應該徹底認

土耳其放逐教主

獨　秀

三月二日君士坦丁電：本日國民黨討論重要議案：（一）廢教主，將來勾結英美所得之捲烟附加稅擔保借款，都是意中之事。（二）廢宗教部，（三）廢宗教學校。第一案規定取銷教主職位，於十日

內永遠驅逐教主及其眷屬於土耳其境外，沒收其宮室，以大多數通過，提交國會。

三日電：國會已通過廢教主議案，安戈拉政府命君士但丁總督於十日內執行。

四日電：國會開會時，基瑪爾將軍演說極言政教分立教育統一澄清司法之必要，除少數宗教黨及保守黨外，皆歡呼不置。廢教主案全部通過；基瑪爾將軍建議教主眷屬婦女免加放逐，亦經衆否決。四日晨君士但丁總督率同警察赴教主宮，向教主宣讀廢位文，即令離境，教主旋乘車馳起身往瑞士。

國民黨之模範的改造　獨秀

我們要知道土耳其政府這種偉大的舉動，乃自復國以來，經國民黨為長期間的宣傳運動，此時才能夠實現出來；廢逐教主的理由，不但是教育問題，而且是政治問題，因為教主及其爪牙素來是勾結帝國主義的英國想推翻安戈拉革命政府，所以廢教運動頗得一般愛國羣衆之同情。

以前曾有人說，東方有兩個老大病夫，一是土耳其，一是中國。土耳其年來的偉大舉動——一是毅然決然聯絡蘇俄恢復國土并否認列强之治外法權，一是此次毅然決然驅逐教主——已經證明他不是老大病夫了；而我們中國還俯伏在列强軍閥及禮教之勢力之下，今後能否改變老大病夫的現狀，改造後的中國國民黨至少要負一半責任。

國民黨浙江省黨部籌備處，茲發出黨員登記通告如下：「凡在此次第一次全國代表大會以前加入本黨的為舊黨員，舊黨員須經過登記，方得為本黨黨員。從前「國民黨」時代，各地羅致黨員，單求其多，不問關於主義瞭解與否，所以明白分子，都發生「只要化一塊錢，不問什麼人都是黨員。」這種歎聲，分子的複雜，單就這種歎聲裏已經贊成接受本黨第一次全國代表大會議決的宣言；（二）須絕對服從黨律；（三）須知經登記後，不復由個體自由支配。具此三者底覺悟，才是本黨同志；因為本黨做的是革命事業，其在物質上到自身底生命，在精神上到個人底自由，不復由個體自由支配。

利益全在民衆，黨員自身，無論革命成功以前及成功以後，只有犧牲，沒有權利的。明白我們的民族我們的國家，在國際帝國主義和軍閥壓迫下面以自力要求解放的舊黨員，請按手續來登記！

在這一個短短的迫告示裏，充分表現出他們服從和犧牲的精神；必須具有這兩種精神才能算是一個革命的黨。

我們希望浙江的黨員都能這樣切實做去，我們希望各省的黨部都能照浙江同樣的辦法；如此中國國民黨才有真的新生命，才不至使全國大會所通過的一切決議案僅僅是白紙黑字的決議案。

荷蘭與遠東　獨秀

荷蘭各政黨間最近之大衝突，為數年來所沒有，其原因不在對內政策問題，而在關於遠東問題。帝國主義的荷蘭政府，擬在東印度建設一個海軍港，以保護荷屬殖民地，并組織一强大的海軍隊；其預算目前經費，即需荷幣幾萬萬，荷京阿姆斯特丹發現荷蘭從來未見之大示威運動，參加者八萬五千人，計社會民主黨七萬人，共產黨一萬五千人，特三萬萬，將來還不算。因此惹引國人之反對，勞動界反對尤力，

壓迫遠東之南洋羣島各民族及華僑的是歐洲兩個魔王：一是英國，一是荷蘭。

反對海軍計畫及帝國主義之聲，偏於各地。其結果，海軍擴張案提出國會時，雖羅馬教議員也不敢投贊成票，因爲恐怕招羅馬教工人之怒，政府計畫遂以失敗，內閣且因此而倒。

繼任組閣的是衆院議長羅馬教議員柯倫氏，柯倫當然是守舊人物，今後海軍擴張案是否復活及興勞動羣衆有無衝突，其結果關係於遠東被壓迫的馬來民族及華僑的利害很大，這事很值得我們注意。

蘇聯對日賑濟計劃變更的原因　維英

蘇聯因鑒於日本地震後的災民難以爲生，特表示願以漁區七十處及林地五十萬俄畝，按常價四分之一租與災民接受，以事賑濟，並聲明由蘇聯中央賑日委員會派代表，會同日本政府與災民接洽。日本災民對此自然是得一無上的生機，歡喜了不得！

不料黑暗的日本政府，故意與災民爲難，拒絕贊助蘇聯劃地賑濟本國災民；拒絕蘇聯中央賑日委員會派代表赴日，會同日政府與災民接洽；不願災民接受蘇聯漁田林地，願由日本實業家出而承租，將實業家所得的利益以外之贏餘，賑濟災民。

蘇聯旣要爲賑直接菏分賑濟災民起見，已將上項計劃變更，改由以現款原料放賑。如此，日本政府自難再從中作梗！如再從中作梗，顯係故意陷死災民。

中國承認蘇俄與東交民巷　巨緣

蘇俄成立以來早已決定和中國恢復平等的邦交，中國不但軍閥政府不而毅然決然的承認他，而且軍閥政府之上還有東交民巷的太上政府，——所以一直遷延到如今。

中國向來受英，法，日的壓迫，英美法日自已侵路中國霸佔租地，却還要替舊俄帝國來霸佔中東路！這不是顯然的陰謀是什麼？

現在中俄交涉已經狠狠接近。忽然日本公使和法國公使說在本月以前中俄國政府應當先和他們交換意見。又說是與華府會議的議案有關。中東路的問題——是中俄兩國的事情，用不着第三國干涉！

他們屢擬干涉的原因，不僅在於具體的利益衝突，而且還有原則上的意義；列强向來欺凌中國慣的，如今俄國變成了無產階級的國家，獨自否認一切對華特權，更是明顯的侵略主義。所以屢屢掣肘，以中作梗。

況且現在國際間的形勢是如此：世界各國顯然分出兩個營壘互相對峙，——一方面是英美法日等帝國主義的列强，別方面是蘇俄及東方各弱小民族，如土耳其，印度，中國，高麗等。東方各弱小民族受帝國主義的壓迫，可是一九一七年以來帝國主義的內心生長出社會革命的運動，第一個勝利的便是蘇俄，他是帝國主義的勁敵，是扶持弱小民族以反對帝國主義的唯一的實力。蘇俄與弱小民族接近一步，帝國主義的勢力便弱一步。所以中國承認蘇俄，不僅是蒙古或中東路的問題，而是中國接近蘇俄的第一步，亦就是反帝國主義同盟的第一步。

帝國主義的列强，如何能不起恐慌而竭力阻擋呢？

『或者可以說●軍閥政府的承認蘇俄，還不足以算做反帝國主義同盟的第一步。然而軍閥政府的所以有承認的傾向，却在於中國平民意志之表現●中國平民應當念起直追更進一步，主張北京政府直接承認蘇俄，決不要受第三國的干涉，完全實現反帝國主義的同盟。假使北京的軍閥政府不能脫離東交民巷之太上政府的束縛，不能代表中國平民的利益，中國的平民便應當用自已的力量來實現這個同盟。

合作社是階級爭鬥中一種工具，不是一種免除階級爭鬥的工具，這個定義，合作社運動幼稚的我們此時未必相信，然而將來總得相信。近見南京東大附中合作社的宣言，覺得他們或者沒有拿合作社運動來免除階級爭鬥的妄想與取巧的心理。因此，敢將去年六月第三國際擴大執行委員會所議決的合作社問題譯奉這班同志們：

合作社問題

（A）法西斯主義與合作社

1. 法西斯蒂主義直接的，就是有系統地破壞工人組織，剷除工人運動底一切靠山。在法西斯蒂派發達之地，尤其是他們得到政權之地，他們最粗暴地用末攻聯合作社的。

2. 為這原故，法西斯蒂主義應為我們視為直接恐聯合作社底發展上，不單在合作社底發展上，而尤在他的生存條件上。所以合作社中共黨員應該作一種強有力運動，使合作社加入反抗法西斯蒂主義底鬥爭之場。

3. 在法西斯蒂主義方式之下底資本主義發展明白地指出那一般自命為「純粹」合作社員以為在資產階級社會中合作社織底發展有達到工人階級解放目的底可能，是一種危險的幻想。「合作社一變為資產階級底眼中釘時，他們不容氣地馬上把「和平」派社員抱有無限希望所有無產階級運動底失敗，直接地反映到合作社門前，使他不能再守中立了。相信合作社運動不受階級鬥爭底影響，這種幻想是帶有危險性的。底機關搞得粉碎。「國內」戰爭逼到合作社底，合作社以前所能活動地域已經乾枯，再無生產之可能了。

4. 僅僅在蘇維埃俄羅斯境內，合作社才能照着工作組織計劃發展上之異點很值得我們注意的。在社會主義建設底下，他才能有安全的生存和作用。在資產階級專政和無產階級專政兩種國家底下，合作社運動發展上之異點很值得我們注意的。

5. 反抗法西斯蒂主義鬥爭底經驗可以證明那些有多數無產階級羣衆為根柢底合作組織方能抵抗法西斯蒂派。那些獨立的和分散的小組織，在抵抗資產階級進攻底自衛鬥爭裏頭表現出來不僅是有多數無產階級羣衆為根柢底合作組織方能抵抗法西斯蒂派。為什麼要聯合戰線？因為合作社所得利益所處危險與整個工人階級同。

6. 為什麼要工農政府？因為只有勞動羣衆奪得政權才能免除合作社底破產和給他以充分發展之可能。要達到這個目的，合作社應作反抗法西斯蒂派得到政權以後，迫害合作社手段。

7. 勞動羣衆從法西斯蒂運動初期起，便應立定腳跟制止法西斯派勢力增長並不使他們奪得政權。

8. 反抗法西斯蒂派鬥爭底經驗又告訴我們，改良派首領所宣傳的無抵抗方法是不能用的。法西斯蒂派得到政權以後，迫害合作社手段聯合戰線和工農政府兩個口號恰好適合於合作運動底需要。為什麼要聯合戰線？因為合作社所得利益所處危險與整個工人階級同。勞動羣衆從法西斯蒂運動初期起，便應立定腳跟跟制止法西斯蒂派勢力增長並不使他們奪得政權。要達到這個目的，合作社應作反抗，並令各社員參加組織無產階級戰線以保衛工人團體及壓迫反革命傾向。法西斯蒂派得到政權以後，迫害合作社手段

只有加增再無減少希望。因此之故，反抗法西斯蒂派底鬥爭更加要揮發力量幹。無論如何務必做到救護合作社安全而後止。共產黨人應該在合作社中繼續工作，縱然合作社爲法西斯蒂派所得，也不應當工作中止」。一個强烈運動應該舉行以阻止勞動者，因合作社爲法西斯派所得或爲其所搗亂而遂行退出。

（B）關於工會與合作社底共同行動

這一點，我們很值得提起來說：合作社國際聯合已經放棄了以前政治中立底原則。他不得不承認現在無產階級勢力聯合問題爲合作社底生死關頭問題。如果工人合作社不願意投身賣本家經濟崩裂底漩渦中，如果他也不願意當商業與財政資本底奴隸，他應該參加工人階級鬥爭底政治和經濟組織。

安姆斯坦國際與合作社國際在不律塞爾訂條約並不差工人階級反抗資本進攻底武器。理由就是這兩個國際底同盟不允許有幾百萬革命工人底赤工國際加入他們的同盟裏頭。實際上說，這個同盟不過是擁護資產階級利益而阻止工人組織鬥爭底團體罷了。他們並未曾眞正做到各國工會組織與合作社組織相互間堅實的聯絡。

那麽，共產黨底合作社員任務自然把這個同盟眞相向都會與農村底合作社羣衆宣布出來，並組織合作社勞動者與工會勞動者底聯合戰線來抵制這個同盟。在赤工聯旗幟底下底革命團體，絕對應參加在這戰線裏頭。工會組織與合作社組織，應開一個國際的代表會議。他的行動大綱應隨其體地規定如下：反對法西斯主義底理論和組織，反對掠奪勞動者，反對減少工資和延長工作時間，反對武裝和資本主義國家底挑撥戰事，反對壓迫革命黨底課稅，廢止凡爾養條約，要求赦免在獄的革命黨人，從事無產階級武裝，宣傳工農政府原理。合作社特別應密切地聯絡城市工業無產階級和鄉村底勞動者。

「合作社應該參加所有革命無產階級底行動。我們必須要求工會和合作社底首領出來與佛蘭克福會議中因反對戰爭危險與法西斯蒂主義而產生的國際行動委員會合作。如果首領們不答許我們的要求，那麼我們即刻向合作社和工會羣衆進行聯合無產階級戰線，擁護本階級利益而反抗反叛的首領們。」

（C）關於組織問題

在明年合作社國際會議中，我們不免要做一番運動攻擊那聯合於反動派底中立論者，並要求有多數共產黨代表參加會議之中。

共產黨合作社員國際勢力組織是必要的。因此，各國共產黨所組織的合作社運動機關應開始把合作社底革命羣衆集中起來，並組織戰鬥團體同赤色工聯，共產黨取一致行動，預備必要時底鬥爭，以擁護合作社革命底利益。

各國合作組織和工會，黨之間又總有密切關係和共同行動。

國家合作委員會負有組織機關以指導共產黨員在合作社行動底責任。這個組織工作是經共產黨合作社員第一次國際會議所規定的，且

得黨執行委員會同意，能在第三國際中設合作部。這個合作部由下列機關組成：合作委員會（會員為負責的共產黨戰士）合作社，黨工會部代

表，婦女書記部，青年團及赤色救濟會。這個委員會定期開會，以

（A）在執行委員會之旁組織一個合作部。組織規模（國家的）大略如下：執行委員會委員為主席並須報告合作社問題於執行委員會之責。這個委員會討論和報告一切關于共產黨員在合作社行動問題。

（B）在黨底執行委員會：旁又組織一個書記部。合作部在可能範圍內應出版共產黨合作社機關報。此報應供給文章和消息於共產黨出版物，聯合工會政治經濟行動，與第三國際合作部，共產黨議員團，工廠委員會諸團體發生關係等等。合作部底決議經執行委員會通過後，由書記部實行之。書記部又自普通工作：通訊，編輯等等。

各行省各地方共產黨合作部依同樣方法組織。黨底地方執行委員會指定一個共產黨合作社員在真協社中指揮共產黨小團體。這個小團體任務是以

底行動。他方一切合作社行動中負責的共產黨員在真協社中指揮共產黨小團體。共產黨員若與其他革命分子聯合時，在這聯合中，必須再組織共通共產黨底小團體。在合作社中和在工會行動中，共產黨員為主席指揮這一地方共產黨底合作社行動。第三國際合作部負有審查和規定在合作社中共產黨與其餘革命分子共通行動底方法，在共產黨合作社員第

共產黨為中心去造成革命環境。

二次國際會議中報告。

寸鐵

新聞記者與土匪軍閥

軍閥們覬覦青島，强提路款以充海軍餉，濫提鹽款，强截捐稅，種種烟販烟，這些舉動我們當然應該反對。但申報記者因此責備他們不計日人之反對，不願外交上有約束，不問條約之信用；可見日人之反對，在這班新聞記者心中，比在軍閥心中更為可怕；可見制中國人死命的什麼外交約束等條約，在這班新聞記者們，對於外人比媚外的軍閥還要恭順。他又責備土匪隨地擄劫，屢及外人；他又

責備武官强迫開車，毆擊洋員：『外人』洋員，在這班記者心中眼中，都是神聖不可侵犯，中國人便是該死的奴才；所以臨城案起，他們便如喪考妣的亂號，外人在上海打傷樂志華，在漢口逼死田仲青，王希天及許多華工冤死在日本，他們都閉着口一屁不放。

中國幸而還有一班野蠻的土匪和軍閥，偶然還無意識的冒犯冒犯『外人』『洋員』；若都像這班軟骨頭的新聞記者，外人洋員們在中國更是如在無人之境了！

聯省自治的下場

主張聯省自治的先生們，向來都以趙恆惕陳炯明為中堅人物；現在趙已召集全省軍官商議附北問題，陳則打算委令部下附北，自己退

（獨秀）

巷真是中國的太上政府，這幾句話使我們益發相信中國人民反抗帝國主義的列強比反抗本國的軍閥更為要緊；除英美教會學校的學生及美國青年會的朋友們外，凡是愛國的中國人，總應該有這種觀念能！

　　（獨秀）

陳炯明趙恆惕反對中山先生

　　陳炯明趙恆惕反對中山先生，本是標榜一塊聯省自治的招牌，可是現在國民黨大會宣言中，明明容納了省憲的主張，而北方與大軍閥卻非逼着陳趙取消省憲的主張不可；我們要問問陳炯明趙恆惕，到底為什麼要反對中山先生，今後是否要幫助反對省憲的吳佩孚來攻打贊成省憲的國民黨？

　　（獨秀）

處海豐，不問政治。嗚呼聯省自治的下場如此！

　　（獨秀）

『我們不問政治』

　　黑暗的政治天天壓迫着我們，令我們失了一切自由，而無政府黨人說：『我們不問政治。』馬聯甲正在嚴禁安徽學生的政治集會及一切政治運動，而無政府黨人說：『我們不問政治。』

　　（獨秀）

中俄交涉與東交民巷

　　三月八日申報上北京通信說：『微聞中俄交涉之完全解決，尚非三數日間可能之事；至其原因，不必求之於政府，亦不必求之於疆吏，求之於東交民巷足矣。蓋中國年來政治經濟上之重大變遷，操縱於幕中，省有外人在，亦非獨中俄交涉為然。』這幾句話形容出東交民巷打贊成省憲的國民黨？

　　（獨秀）

┌───────┐
│ 什麼話！ │
└───────┘

　　二月十八日上海申報說：『吾所謂俄之改革為北方之強，印度復為南方之強，而吾中國孔子之遺訓，亦明示南方之強為君子，北方之強為強者，抑揚之意確然分明。』又說：『日本平民之程度較我國為尤低，禁拜勢力，顛倒金錢，品格固下於我國國民甚遠也。』

　　★

　　三月六日申報說：『共產主義為有產與無產之爭，全國無一人能有產，其成為產業者皆為之國有，人民皆執勞工於其間，不能作勞工而平日倚產為生者，乃其產悉被沒收，而其人則轉死溝壑，散之四方者，俄國乞丐之接踵於世界，度無一地無一人不接於其目之前矣；有產者受此報復，無產者當引以為快。惟國有產，惟民皆工，在吾國本三

　　★

人人無產而作工，勤工則納於國者多，身無加益……共產主義與新經濟主義之交爭，則為勤儉治產與不勤

　　★

代以上之所常行。』又說：『俄國之新經濟實非井田與阡陌之界畫，而儉治產者多，身無加益，惰工則納於國者少，身無加省……共產主義與新經濟主義之交爭，則為勤儉治產與不勤儉治產之爭，破壞之時已過，人將安居是樂其業，則不樂治生之八，未必較樂於治生之人為多數，此新經濟主義之所以可行。』

　　★

　　唐繼堯通電說：『繼續去歲率師護送副帥劉公回黔，事定之後，即擬整裝東下，為國前驅，蒙劉公以給中軍事善後事宜責令辦理，固辭未獲，勉為就職。』英國殖民部大臣湯姆斯說：『英國受其屬地及保護地億兆人民之委託。』楊度也曾說：『滿洲統治中純粹是辦義務

The Guide Weekly.

嚮導

週報

第五十七期

每星期三出版　發行通行通訊處

（中華郵務認為新聞紙類）
掛號四年新聞紙類
一九二四年三月十九日

定價
每份三分全年大洋
一元五角半年七角
國內郵費在內

分售處
巴廣上武太長成漢杭濰
黎州海昌原沙都口州縣
中丁民時共中文古新齊
國卜國報華智海化今洋
圖書書書書書書書報報
書店局社社社社店報流社
社　社　　　　　社通亞

杭州馬坡巷法政學校內
北京大學第一院收發課
存安徽蕪湖伯英

時事評論

上海織綢廠焚斃女工之責任者

獨秀

二月十日，上海閘北川公路祥經絲廠棧織綢廠，晚間失火，焚斃女工多名，已檢出工房身六十一具，其餘不知下落者還有數十人。該廠工人共計五百餘人，除男工五六十八及本地女工三十餘人不住廠外，其餘由外埠招來之女工四百餘人，皆分住廠中底層及二層樓，起火時都已入睡，住底層者多已逃出，住二層樓者，因只有一門三窗，各窗都有鐵柵，不能跳出，門口及樓梯均極狹小，人多搶出，反將門口堵住，故多在屋中燒死。救火會聞警馳來，乃因水管不靈，無法拯救，途至焚斃百餘人。

此事件之負責者，一是祥經廠主，二是江蘇省長。上海一般絲廠織綢廠的廠主，都防備工人如盜賊，不但門禁而且窗禁也甚嚴厲；祥經廠不但建築多用木材易於延燒，而且每窗都有鐵柵，數百人的臥室只有一門，門梯又均極狹小，豈不是將工人們活活地閉在屋中燒死！廠主燒點房屋不打緊，而且他還可以向協隆保險行拿得十一萬保險費，工人們的保險我向何處去拿？在這件事，我們應該看出工人保險法及工廠法的必要。

閘北官辦的自來水廠，萬分腐敗，居民拿出自來水捐錢，一月中總有幾次一兩天無水吃用，這種可恨的情形，凡是住過閘北的人都應該知道。閘北人民因為這種情形，極力爭持將水電廠改歸商辦，而江蘇省長始終不允，以至自來水廠至今未能改良，水力甚弱，祥經廠火起，雖救火會與警察同時馳至，而無水也無法拯救。因為救火這一點，閘北居民更有向江蘇省長將水廠爭歸商辦的必要。

工黨政府下之英國工人罷工運動

獨秀

在資本進攻的歐洲，首先反攻的要算是英國工人。即最近工黨政府成立以來，鐵道罷工等解決，而礦工聯合會可要求增加工資，礦主允將最低之工資，增加至比一九一四年者高百分之三十決，礦工代表未接受，雅允交各還討論，三月廿六日，再集大會議決。又倫敦運輸工人聯合會，近亦要求將倫敦電車屬工一萬七千八工之工資，每週增加七先令。

礦工將大會延到二十六日，意欲在此期間督促政府提出最低工資議案，能由法律獲得較優之工資；倘此目的不達，則各代表必將二十六日決定俟四月十七日。目下之合同滿期後，在各礦區投票表決全國罷工事。

此事將為英國工黨政府至難解決之問題，蓋英政府前曾決議在本財政年度終止前儘先討論公共議案，工資案乃他們所謂私案，在此期間勢不能提出；政閣若推翻前議提出此案，必受保守自由兩黨致命的杯葛而倒，若不提出，又必失工界之擁護，工黨執政到底有利於工人階級的是什麼？所謂不革命而得政權的工黨政府，原來不過如此這般，他的對蒙政策如下：

三月十五日的時事新報上有一篇曾大人友豪的論外蒙問題的文章

時事新報之理藩政策

巨緣

（一）防守外蒙的軍隊，不可因北京政治的變換即進退，須長駐該地。

（二）速改外蒙為行省，使其政治設施，受各省同等待遇。

（三）勵行殖邊政策，運輸內地膃餘的人民以實定地，及獎勵資本家前往開發富源。

（四）速施行感化蒙民的教育政策。

這種政策，比較起日本治高麗，法國治安南的政策來，有什麼兩樣！

「中國的平民與蒙古的平民同受列強的壓迫，同受中國軍閥的壓迫，自然應當聯合起來。可是怎樣才能聯合起來呢？祇有大家互相承認絕對的自決權，方能有友誼的結合。君即使中國人僅僅要求『統一』，說什麼『事實上法律上』蒙古應當屬於中國，尚且可以惹起外蒙的反感，過比較今日價低欲較大槍支較多罷了，然而正給了我們一個機會，可以說所以中國平民的主張應當是：『國民革命運動之聯合，反對軍閥的使我們見識見識所謂一九一九的條約到底是甚麼意義？尤其重要的藉

彈壓政策，協助外蒙的獨立自治；國民革命成功之後，漢蒙自由結合而成統一的『共和國』必須如此。亞東的弱小民族方能團結起來，共同抗禦歐美日本。

如今時事新報的主張是：『派兵鎮壓，改置行省，拓邊侵佔，感化懷柔』，無非是多派幾個督軍，省長、富豪及教育光棍等去敲詐搜括欺圖掠奪外蒙的平民。這完全是代表軍閥官僚政客資本家的話。二十世紀的中國裏，居然還有人主張這種理藩政策，真是奇妙不可思議

！——實行反帝國主義的世界革命。並不是蘇俄撤了兵，就可以讓中國軍閥來行那種理藩政策的！——

蘇俄應允撤兵，是贊助蒙古國民政府成立後，功成身退，表示絕無侵占野心的舉動。從此蒙古的平民和中國的平民應當自己起來，努力破壞那種野心的統治，建設平民的邦聯，並謀發展實業，增進文化，首先是購區器械，於是他們舉平日窮搜極括扣軍餉的冤孽錢大半都報效給私售軍火的洋商了。這宗大好的買賣，自素以助長中國內亂為樂禍的各國政府看來，心中着實得意，不過表面上總是虛詞掩飾不留「助長內亂之嫌」。他們說得很響，認爲眞有其事

意械問題與外交團

章龍

各國僑商在中國發財的營業要算以販賣軍火為最獲利，最爲本國政府所贊助。國內軍閥共同的野心，在增加個人的兵力；而補充軍實，決不單別辨力薄弱的國人們聽了覺認爲眞有其事，以爲是洋人八種有一番好意！

不得最近發生一個大破綻，貯存天津價值四千二百萬元的大批軍械忽爲賣英諸人全歡買去，固然就此事的本身說并沒有甚麼希罕，不

此可以看看外交團如何擁護他們簽訂的條約。現在我把報效東交民巷各方面對此問題的態度介紹於下：

「此案發生後，各國公使願為不滿，以為意國首先違反條約，售賣軍火，他國倘相舉效尤，豈非助長中國內亂，破壞東亞和平？苟一任意人之所為，不加制止，則意國獨佔售賣軍火之利益，他國商人則咸向隅，豈事理之平？」

「日本政府以最近法美兩國盛行密運軍火來華，恐其助長中國之內亂，曾由日使暗中活動，欲召集外交團會議，討論此事，不料法義兩國絕對反對，英美兩國亦不贊成，此事遂無窮延擱」

「意使館方面某外交官員意見云：吾今以私人資格言之：列強自身，亦不乾淨，（指販賣軍火）奚能獨干涉意機之運橫？如謂意國偽軍械於中國係否合，試問美日英法諸國以前是否曾有此事？何以當日來有如今非難之聲？……」

耕看上面的文字不是列強平日共同販賣軍火的一篇絕好供狀麼？不消我們費一詞說明，他們已將自己的黑幕內的把戲和盤托出了。同時要明白，他們這樣毫無顧忌的互相揭發，并不是為中國人發憤，乃是隱然以華府會議『機會均等』的原則作揪揪，協謀未來的販賣軍火，由此我們可以斷定今後軍火的來源將愈益擴大而無限制，因為這是『機會均等』所造成的必然趨勢，國人如果要明白意機問題的意義，首先便要注意這一點！

降直者可以為鑑　　為人

流定楊森特贊與打了年多的四川，殺得四川雞犬不寧，對於曹吳總算是勞苦功高了的。然而依前幾天的北京專電看來，至多不過一川東護軍使！

溫樹德，叛藏叛孫，大遭直系內部的反對，至多不過得一北庭所任命的海軍少將的頭銜，始終蟬不了要受杜錫珪的指揮！

沈鴻英前勾結直系向廣東人民宣戰，至今被在廣東內部的聯軍打得七零八落，北無功於曹政府，南不容於兩粵人民，乃翻過身來想要向孫中山投誠受編，如此反復無常，倒也是降直的一個好模範。

助曹賄選小孫派，除五千元什麼也沒得到，然而至今猶不悔悟，不為革命奔走，而為齊燮元奔走於各軍閥之間，不知是何心肝？其他降直的趙恆惕陳炯明等將來怎樣？我們更可想而知了！

現在要降直而尚未降直的各軍閥及各政客，很可以此為鑑。

英國勞動黨成功之經濟的說明及其與社會主義之關係　周佛海

（一、緒論　二、勞動成功之經濟的說明　三、勞動成功與社會主義　四、餘論）

緒論

英國勞動黨這一次的組閣，不待說是在英國憲政史上開一個新紀元，但是他的意義，決不只這樣淺薄。我們決不能以這件事，當做並國政黨的單純的勢力消長看。如果只當做單純的政黨勢力的消長看，那就決不值得我們大的注意。然而我們要注意的，就是勞動黨在英國組閣，此為第一次，以及他們所代表的，乃是勞動者。代表勞動者，為勞動者利益而奮鬥的勞動黨，竟在資本主義發源地，素稱穩健的英

國，選舉上得了勝利，以致于組閣，他的意義，就決不只是平素的內閣更迭，政黨消長，乃有更深更遠的意義了。這樣更深更遠的意義

就是表示資本制度在英國，已經是日暮途窮，差不多要與世長辭了。

我們對于此次勞動黨成功，有兩件事要研究：一是關于英國勞動黨的過去；一是研究他成功的原因

二是研究他將來的建設。

考勞動黨在英國國會，一九〇〇年只有兩名議員，一九二二年，竟有一四二名，到了去年一九二三年總選舉的結果，竟有了一八五名

。二十三四年之間，竟有這樣的發展，不可不說是迅速了。勞動黨的發展，這樣迅速，竟致于開英國未有之先例，出而組閣竟是甚麼原因

？大概政治的礎基，是經濟狀態，這事馬克斯的唯物史觀，已經明白教訓我們了。就是經濟狀態一有變動，政治就不得不隨之變動。反過

來說，就是政治上有了變動，一定是因經濟上有了變動。所以英國這次政治上的變遷，也不過該國經濟變動的反映。反過來說，就是英國

此次政治上的變遷，其原因實在經濟上的變動。拿最近英國經濟狀態，來說明此次英國政治變遷──勞動黨成功，保守黨失敗──乃是本

文的第一目的。

勞動黨成功究竟和社會主義有甚麼關係？有些人以為勞動黨乃是灰色運動。他們的目的，只在減少勞動時間，增加工資，改善勞動者的境遇和待遇等問題，對于資本制度，沒有根本

推倒的勇氣。所以他們雖然成功，對于實現社會主義，是沒有甚麼希望的。究竟英國勞動黨對于社會主義的關係是怎樣？研究這個問題，

乃是本文的第二目的。

本文的兩個目的，既如上述了。就是在研究英國勞動黨成功，保守黨失敗的一種政治變遷的經濟的原因，和勞動黨執政與社會主義實

現的關係。這兩個問題本來狠大，不是一篇短文所能詳論的，幷且我現在因為時間的關係，也沒有工夫詳論，所以以下只簡單的把要說的

話略述一些，語焉不詳的地方，還希讀者原諒。

二 勞動黨成功之經濟的說明

勞動黨的勢力，日形膨脹，以及此次出而組閣，不待說原因不只一個。然而歸根結局還是個經濟的原因。因為政治乃是經濟上利害關

係的表現，政治和經濟之間，有密切不可分的因果關係，經濟生活一生變化，政治形式一定要隨着生變化的。所以我們要知道勞動黨成功

的原因，最好是看英國的經濟生活，最近是怎樣發展的，生了甚麼變化？

英國的社會主義運動，也和其餘各國的一樣，當初不過是一部分的思想運動，以後才慢慢的成為勞動者全體的要求，而以具體的形式

表現于議會。其所以能夠這樣的，不待說直接原因，乃是因為政府對于勞動運動的壓迫──至少是因為勞動者生活上的要求和政府的實際

施設之間，有狠大的溝渠。我們若稍為研究英國政府最近的政策，就知他的動機，大概是想低下勞動者的生活程度，而驅逐他們政治範圍

以外。勞動者因為受了這樣的攻擊，所以越覺得狠立奮鬥的必要。他們努力的結果，才有今日這樣的成功、

勞動者因資本家的攻擊，所以努力抵抗，才有現在的成功，這還不是直接原因。我們這須再進一步，研究資本家為甚麼要取積極的攻勢，而攻擊勞動者。換句話說，資本家為甚麼覺得有攻擊勞動者的必要？資本家也有感情，也有理性，決不致無故的採這種惡意的，非人道的政策的。他們之所以如此，實因為有不得不如此的必然的要求，就是英國最近的經濟地位的變化。

英國資本的勢力，就大體說，戰後比戰前，要大得多。這是因為英國資本主義經濟組織，在戰爭中受了兩個特別的變化。第一個變化，就是生產力和工場的擴大。因此煤炭船舶，軍需品等事業，利潤和公積金，都逢了非常的巨額。鐵，鋼鐵，機械等事業，戰時中都盡力擴張了生產力和工場。第二個變化，就是政府和事業界間的關係中所發生的現象。這就是說政府的政治和行政，多歸資本家所掌握。因為歐洲大戰，是所謂工業戰爭，勝敗決定的最大原因，全在武器。所以交戰國舉其生產力的大部而從事于武器的製造。其結果就是政府無論就生產方法，或原料供給方面，都不得不借資本家和技術者的幫助。一九一六年以來，對于決定英國的政治和輿論，有絕大勢力的「英國工業家同盟」，(Federating Bisford Padutmy) 就是担任這種事務的資本家的一大集團。戰後政府將這些事業改為民營的時候，都努力確保他們的利益，而不十分顧慮國民一般的利益。

等到戰爭一終結之後，英國的事業，越行集中，資本家的生產，越行完備。這個時候，英國的資本家，遂際遇空前的好時機。無論國外或國內，對于英國製造品的需要，都風起水湧的發生出來。因為世界國民，于五年的大戰期中，貧困缺乏，已逢極點，有許多東西要恢復一九一九年和一九二〇年間，對于商品的需要，實在是非常的大，就是以資本者戰時大加擴張的工場的能力，差不多都不能充分供給。形勢既然是這樣，所以戰時已經顯著的聯合企業的大勢，大加促進，各方面都計劃或實行事業的發展。那個時候，歐洲其餘諸國，內政的秩序尚未恢復，貨幣制度又形紊亂，以致經濟生活動搖不定。所以沒有充分的國際競爭的能力。英國遂乘這個時候，為所欲為，大大的擴充海外市場、事業既然發展，大公司因為生易茂盛，不惜出高價以買收其競爭方面的小公司。一九一九年一九二〇年之間，英國的企業資本，實在空前的(恐怕會要絕後)擴大增加。

英國事業發展和集中的具體的實例，實在是舉不勝舉，我們現在也沒有餘暇多舉例證明。只說一兩個來看看，英國肥皂事業中的「勒巴兄弟公司」的資本，在一九一三年，只有一千一百七十一萬磅，到了一九二一年，竟有了五千萬磅，并且一九一九年和一九二〇年之間，所分的紅利，竟至百分之二十以上。這是因為這個公司，以合同的手段，竟獨占了英國肥皂及其附帶事業的十分之七。又如全國的鐵路，因為種種競爭的結果，竟合同而為四大鐵路。以外如紡績界，製粉界，沒有不擴張和集中的。具體的例，實不能盡舉。總而言之，英國資本主義，這個時候，實在發達到了絕頂，所以資本集中的事實，也就顯著、

但是這種隆盛的狀態，沒有長久繼續的，到了一九二一年，恐慌就隨着來了。恐慌的原因也很多，共中最重要的，就是戰後的好生意，並不由于其正的「有效的需要」的。因為戰時通貨膨脹到極點，國民戰後所有購買力，都是空虛的。那一時發生的需要，實在沒有具着實力。第二因為中歐各國的經濟制度，已徹底破壞，世界的商品，至少其半永久的失却了販路德、奧、匈、波蘭、俄國的販路，都已失去，也

界經濟，自然的是不能圓滑進行。

一方面沒有販路，一方面擁有比戰前多至幾倍的巨大資本，資本家的窮途，于是就到了。因為資本家的生產，不是為生產而生產的，不是為消費而生產的，乃是為交換而生產，為利潤而生產的。要實現利潤，就不得不販賣生產物。然而世界市場，大都閉鎖，（中歐）國內的需要，又不充分。所以堆積的貨物，竟找不到販路。貨物一不能販賣，利潤當然不能實現。資本家眼見着非實現不可的巨額利潤，竟不能實現，他們的苦境也可想見了。

然而高明的英國資本家，他們決不坐以待斃的。他們努力設法來打破這種窘況。他們所選的第一方法，就是制限生產以維持價格。例如一九二零年及以後的禁止埃及棉花栽培的命令，同年馬來半島政府的橡皮輸出禁止，同年減少印度製茶十分之二等事，都不過是英國資本家制限生產的活動的反映。此外如英國內地各工業聯合會，制限其會員的生產額，如有違反的，就科以罰金，而把這個罰金，給與出產的分量，在制限以下的資本家。這都不過是資本家最後救亡的辦法。馬克斯所說的生產力和社會組織相衝突，受社會組織的束縛的，正是英國當時的現狀。這就是資本制度要倒的一個大原因。

然而資本家雖然努力制限生產——束縛生產力——他的窮境還是如故。所以資本家更進而節約勞動減少工資。一九一三年英國工資的總計，約有八億磅，一九二零年，增加了百分之百五十，然而到了一九二二年，竟低到百分之百二十，而這個時候生計費，已騰了百分之八十。所以英國勞動者的狀態比戰前壞多了。加之，失業者竟到了百四十多萬。從這裏看來，英國資本家的攻擊，實在是非常猛烈。

英國資本家雖然用上述的方法，來維持其地位，然而他們的利潤，還不能維持。所以他們再進而取別種方法，這就是政治的方策。這種方法的第一形式，就是由政府給與補助金。以保護各種事業。第二形式，就是重課保護關稅。第三形式，就是盡力轉嫁直接稅于間接稅。例如英國各輪船公司，戰後特受巨額的補助金，印度，巴西的砂糖咖啡，栽培公司，也受巨額的補助金諸事，乃是屬于第一形式的。又如一九二一年的「通商保護法」，一九二二年十一月的「輸出信用法」，同年同月的「染料公司法」等法令所規定的巨額的補助計劃，都是這一類的。又如一九二二年的「染料輸入禁止法」，及「工業保護法」，是以直接保護染料及化學工藝品為目的的；還有其餘保護一般內國產業的保護關稅，都是屬于第二形式的。又廢止戰時所制定的戰時所得稅，和漸次減低所得稅，乃是屬于第三形式的。

總而言之：戰時和戰後的經濟的變化，使諸資本家集中資本，增加利潤，此後的變化，就使他們不能實現其所增加的利潤。在第一時期，資本家主要以競爭而打倒弱者，以增進強者的利益；在第二期，資本家則想犧牲性勞動者，以維持其既得的地位。然而無論在第一期，或第二期，換句話說，就是無論是資本家之間的互相競爭或資本家攻擊勞動者，資本家要達到目的，總要接近國權，使國權能供己用，資本家對于其獨占的大規模軍事工業的支配權。不待說是由政府之力而獲得的；就定戰後的貿易保護政策，植民地檔，使國權能供己用，

維持政策，勞動者壓迫逃政策，租稅逼逃政策，沒有一個不是由政府替他們行的。資本家既然是這樣利用政權，以維持其地位而壓迫勞動者，勞動者若要抵抗資本家，以保持自己的存在和利益，就非把政權從資本家手上奪來自己掌握不可。勞動者既然覺到掌握政權的必要，所以努力奮鬥，才獲得此次的成功。所以勞動黨此次的成功，完全是英國最近的經濟狀態的必然結果。我們如果研究最近英國經濟的變遷，是不能否認這種事實的。

（禾完）

寸鐵

統一

土匪式的軍閥各霸一方之中國，在政治上在經濟上都需要統一，所以我們并不反對統一，無論是和平統一或是武力統一，我們都不反對；因為統一并不是反對和平，統一也不是絕對不需武力。

但我們必須明白：統一是手段不是目的，我們的目的是排斥外國的侵略及國內的軍閥以救同胞於水火，若是以統一來達他們什麼軍閥統一什麼北洋正統的目的，與結果不但不能救同胞於水火，而且兵連禍結，使同胞更不堪其苦，這種統一，我們如何能贊成！

（獨秀）

慎重與上當

北京政府對於帝國主義的英法美日之外交，一向是有求必應，從來也不怕上當。此次中俄談判的大綱俄國確已放棄了租界，放棄了領事裁判權，放棄了庚子賠款，這是中國外交上從來未有了勝利，而上海字林西報說：「中國讓步較多，將大為蘇俄之利。」我們試問字林西報的英國人，我們也想對英國讓步較多大為英國之利，但不知貴大英帝國能夠放棄租界及領事裁判權與庚子賠款嗎？王買辦等閣員對於俄約簽字主張慎重，以免上當；他們對於金佛郎案臨城案威海衛案，都絕對不慎重，不怕上當，強於能夠收回租界領事裁判權及賠款的協約，都主張慎重，以免上當，實出人情之外。我恐怕他們越慎重，越要上英美法日等公使的當。因為英美法日等帝國主義者，眼見中俄全議成功，俄國將實行放棄租界領事裁判權及庚子賠款，他們心中萬分難受，怎能不設法從中造謠離間破壞！

（獨秀）

恐嚇我們的唯一法寶

近來帝國主義者對我恐嚇許我的利益。不答應他們的臨城案的要求，他們也要取消華府成議；不答應他們干涉中東路的要求，他們也要取消華府成議。就算華府會議是有厚賜於中國，勸輒便要拿回去，這種小兒間贈餅的笑話，都是一些堂堂大帝國的代表！如何好意思說出口？況且所謂華府厚賜，不過取消一軍裁判權及關稅會議二事：關於前一項，俄羅所將要先他們實行；關於後一項，議來議去，無論增加若干，還得是和他們協定，本來是應該行使主權自由增加的關稅，現在由他們協商增加些須，他們便看做深恩厚賜，勸輒以取消成議的要挾，此話怎講？

無槍者連拍拍馬也不靈！

吳佩孚想奪得山東省政權，一班無恥的省議員，以為到洛陽去敷衍現在的熊省長，必然是最美滿的投機事業，郎却被吳大軍閥申斥道「我對魯政，自有主張，你們不必來搗亂。」

（獨秀）

餘錄

上海新聞報時評「內亂之源」說：「兵猶盜也，盜非藉能殺人者，必先有殺人之器，而後方有殺人之心。故欲弭盜，必自禁盜得殺人利器始，正本清源，莫善於此，含此省枝葉之談，了無裨於實際也。據確實調查，最近一年中，各國運銷南北軍械，總數達二千萬元以上。此二千萬元以上之軍械，皆殺人之利器也。今者意國存械，公然購入，載運而朝，萬牛囘首，此纍纍之殺人利器，一旦安然入於直系之手。在直系方面，大可顧盼自豪，而同時奉張亦得一九一八年大戰停後墨西哥輸入荷蘭之大宗軍械以為抵制，奉直兩系，勢庭水火，今一方方為寇兵之藉，一方亦即為盜糧之窬，再證以奉方備戰之消息，洛陽方面擴張軍力之計盡，各不相下，意者內亂之窬殺，為期亦不在遠乎！」該報又有一段「武昌市政借款」的時評說：「武昌市政借款一事，喧傳已久，今更有積極進行之訊，諒距成功不遠。惟此項借款，為數極巨，與外人所訂條約如何，乃秘不可聞，但知已扣一項，竟有五十萬元之多，市政籌備委員之諮議，已達一千一百餘人，黑幕重重，不可究詰；而該省除善堂少數人開會反對外，其餘紳商士民，均不聞有反對之聲，其為官紳勾結賣省，則莫不反對，不謂鄂人心理獨異，往往假借名義，藉資籌款，而人民對之，覺廿與痛癢無關之人勾結，以貽禍於桑梓之邦。是誠罕見之事也！」

The Guide Weekly.

（中華郵務管理局特准）
掛號認為新聞紙類
一九二四年三月二十六日

定價
每份三分全年大洋
一元三角半年七角
國內郵費在內

分售處
太平洋 武昌 上海 巴寶
杭州南沙鳳昌 海州冀
開封寧波 南州
豐濟州封
工文明新古齊文晉共時民上中
化星亞今智化華進智海卜國
學書書書書書書書報書書
社社局社社社社社報店社

導 週報

第五十八期

每星期三出版　發行通訊處

杭州馬坡法政學校轉
北京大學第一院發收
孫伯騫轉存安

導報週
（第五十八期）

中國工人運動之轉機

獨　秀

前年一年中，中國工人運動各處都風起雲湧起來，自唐山礦工京漢路工罷工相繼失敗，各處的工人運動便隨着一落千丈，去年一年中，簡直沒有工人運動可言。在客觀的條件上，中國既然有了許多工人，這種壓迫的沈寂的狀況理應不能長久如此，今年或者是工人運動轉機的時期了。

最近有幾件事已現出轉機的徵兆：（一）膠濟路罷工的勝利；（二）好幾條重要的鐵路工會（非公開的）已集議組織了一個全國鐵路總工會的雛形；（三）上海華界電車工人已設工會籌備處，並開始向公司要求各項條件最要的是承認工會；（四）上海祥經廠失火燒死一百多女工，山東坊子煤礦出水淹死工人七十五名，這兩件大慘事，都可以激起工人階級的覺悟及一般社會的同情。

我們希望全國工友們及幫助工人運動的知識階級勿輕輕放過這個轉機的時期！

中俄會議之成敗

獨　秀

列強對待中國的外交，向來只有兩種形式：（一）是列強間自己協定處置關於中國的問題，然後通知中國照辦；（二）是直接威嚇中國承諾他的要求。獨有此次中俄交涉，俄國以平等的原則對待中國，與中國直接交涉，並沒有漠視中國的主權先向他國協商關于中國的問題，而且王加談判間顛顛表現平等至護的精神，「歸還中東路」「蒙古撤兵」「取消租界及領事權」「退還庚子賠款」像這種中國外交上空前的美滿，就是以前對蘇俄十分懷疑的人，也都大致表示滿意。

照最近的消息，中俄交涉將結成的美果，恐怕要變成空花。此政府所持的口實，都是一片鬼話；實在的暗礁：（一）是日美的阻撓，（二）是直系軍閥利用中俄會議不成，一以防奉天，一以倒孫閣，顧維鈞是前者的代表，陸錦是後者的代表，所以在閣議席上顧陸二人挑剔王加協議的大綱最力。

我們以為中俄會議不成，也好也不好。好的方面是：蒙古人民免的馬上就要受中國軍閥的枇治及中國兵的姦淫焚掠；在中國兵未去以前，他們可以多得時間充分準備抗鬥自衛的武力。不好的方面是：此次交涉破裂，俄國不得不轉而與日本法美等國有所接洽，中東路問題及蒙古問題，

煤油戰爭

獨秀

英美日法四個帝國主義者，對於煤油礦之爭奪已十分劇烈，未來的世界大戰爭，或以此為導火綫。

三月十七日東京電：美國測勘員麥古魯少佐及麥克勞林氏墨若多，乃爾民打算到北庫頁島測勘煤油礦，在愛來桑特洛司克被日軍官逮捕，釋放時附以警告，以後不得再入庫頁島。日本當局宣稱：蘇俄所租給美國新克來爾油公司之油礦，日本未經承認，故決計不准美公司從事行測勘。這是日美間煤油之爭奪。

英美間在美索不達來亞煤油，爭奪還未解決，在墨西哥的爭奪又將開始。據路透電，墨西哥總統說：「墨國的叛亂，是受了英國煤油公司的贊助。」而美國則明目張胆的幫助墨政府，如此，墨西哥此次革命戰爭，內幕裏就是英美兩國的煤油爭奪。世界煤油產區，美國居第一位，墨西哥第二，高加索在大戰前本居第二，今則第三，這是世界上三大煤油礦，三區中美國占有其二，英國煤油公司如何不贊助墨西哥革命黨。

英國的英波公司與美國的新克來爾公司爭先重賄管理波斯北部油礦之波斯當局，這又是英美兩國在波斯的煤油爭奪。

因戰爭而需要煤油，又因煤油而引起戰爭，煤油本是人類有用的東西，只因遭逢帝國主義的時代，他便成了殺人的禍根！

飛律賓之獨立運動

獨秀

三月十六日馬尼拉電：飛律賓革命老盜及工團學生等，今日整隊遊行示威，馬尼拉市民勸募獨立經費，兩日間得款二萬元。十七日電：富商拉麻氏獨捐獨立經費二萬五千元。十九日電：今日新建飛律賓科崙比亞協會豎立石禮，國民黨諸領袖演說，公然鼓吹飛島獨立。

飛律賓獨立委員團向美國請願獨立，而美國總統柯立芝致函委員團主任說：「美國深信伍特總督之能幹好意公正誠實，美國在世界關係目下之狀態中，須仍負保護飛島人民之義務。」如此看來，他們這種請願的辦法，除損失自己民族的尊嚴外，可以說毫無效果。本來民族獨立決不是請願能成的，飛律賓委員團到美國去運動獨立，和印度不合作黨到英國去運動獨立，都同樣的錯誤，都同樣的無結果。馬尼拉的工人學生們：

要想獨立，便勿怕革命！

要怕革命，便休想獨立！

行憲會議——憲法運動的葬儀！

章龍

國內憲法運動在過去的某一個時期內曾為一部份議員記者們的標榜，認為解決時局的唯一方法。當時我們雖明白指出這樣自欺欺人的方法毫無用處，但是那些醉心和平的憲法運動者仍是一片癡念，想像憲法公布後的太平世界，當與京滬漢用黃緞填寫那許多憲法條文懸掛國門的時候，他們得意忘形，可想而知，萬料不到這神怪的國憲只做了裱糊曹錕坐椅的一張破紙！這前後種種經過在憲法運動者看來，真是「憲政史」上一場大冤案，而一般民衆卻因此認清這條歧路知道是那幫生們，院內買賣生涯的時代，何事不可以升官發財，正冊須再肩此無用的招牌來鬧笑話。乃他們偏不知趣，近來在京滬報紙上又有甚麼行憲會議的活動，這大概還怕憲法運動的死訊訃告未周，又要行憲會議來替他舉行最後的葬儀吧！不然，簡直找不到別的解釋。

若由他們協商而有所決定，那時中國國宇的資格怎麼樣？那時顧維鈞陸錦又將如何慎重免得上當？

就一般的法理說，憲法裁定原含有普遍的行爲性，憲法公布便生

效力，這是誰也知道的，也是當初所謂憲法運動精神寄託的所在，我們反對憲法運動，幷不是絕對否認任何憲法的存在，正因爲眼看在這樣軍閥封建政局之下，憲法運動的人們偏將這一點忽略了，渡了很久的幻想生活，到如今才知道「製憲」之外，遠要「行憲」？不覺得太奇怪麼？固然，就憲法運動者的本身說，到今日發明這種「行憲主義」總可說是他們夢境中的大進步，不過試一致其運動的方式又不免令人失笑，因爲他們所取的方法仍是兩條不通行的死路：第一是游說軍閥，希望軍閥悔禍；第二是拿空洞無遗的全國公圑作武器，想借這些公圑的虛聲作實行憲法的勁力。前者如某議員奔走吳佩孚之門，後者如葉夏聲，蕭錦輝等提議在滬漢開行憲會議，我們苟一推究其將來逆料不會有結果的。

因爲軍閥悔禍決不是由議員先生們主觀可以希望得到的，從這一點說，軍閥的生存與繁榮，有他本身的元素—國際帝國主義，卽就其自身利害上說，又怎樣能容納有利於民衆的建設？所以像這樣的妄想，可以說是與以前勸學先生們上萬言書規諫皇帝正心誠以賀天下太平同樣的愚妄，又可以說同章太炎謳歌趙恆惕護憲一樣的滑稽。至於目前國內一般的招牌公圑，原爲各處少數劣紳，惡棍，流氓操縱的武器，他們平日獻媚軍閥官僚之不眼，那裏還有半點勇氣去干北洋軍閥之怒呢？那麼，所謂行憲的將來也徒然是一個名詞的起滅，決不會與社會發生關係是無疑的，憲法運動至此全國國民自然更有進一步的認識。

而他的命運也就深墮九原再無人能起死囘生了。

北洋大學學生眞正的對敵　爲人

▲不止是校長！

▲奮鬥的戰術須改變！

北洋大學校長留美學生馮熙運，是曹錕底私人，平時橫壓學生，取締學生底學術研究會，辯論會，學制會，禁阻學生言論思想自由，這次因反對改組學制，如是久被壓迫和躍躍欲動的久未奮鬥的學生，起而發難，罷課相抗。以曹黨底私人—該校校長如此激成學潮，不本足怪。該校學生眞正的敵人，豈只校長？校長底上司—曹錕一日存在，卽學生一日不自由和受壓迫。

果然，學生去見什麼省長—王承斌，王承斌囘答：「本省長不知道甚麼是學制，不知道甚麼是董事會，你們還是還校上課的好，不然，我自有辦法。」於是，乃派出大隊武裝保安隊，包圍學校，收捕學生代表。將全校學生，趕得雞飛狗散。至此，該校學生自然是要到北京曹政府教育部去請願，自然是要始終反對校長。

其實這次風潮，明明主犯是曹黨部下的走狗。學生眞正的對敵乃是曹黨，若不反對曹黨，而只反對校長，最後最圓滿的勝利，是不會得到的。就是到北京教育部去請願，然而北京教育部不辦或不能辦，請問，又怎樣？

確實，北洋大學這次學潮，不是學與校長之爭，而是學生與曹黨之爭。；不是學生與校長學制上之爭，而是學生與曹黨政治上之爭。希望該校學生要從政治上作長久的反對曹黨才是！

英國勞動黨成功之經濟的說明及其與社會主義之關係　周佛海

三　勞動黨成功與社會主義　（續前）

英國勞動黨成功的經濟的說明，已如上述，雖然簡單不詳，也可略知大概，以後再稍說他的成功和社會主義的關係，

前面已經說過，有些人以為勞動黨的成功，就是社會主義的成功，這話若就現在說起來，確是不錯，然而英國勞動黨，最初并不是信

奉社會主義的，我們只要看看一九一四年八月歐戰開始時英國勞動黨對于戰爭的態度，就可知道，不待說，就是他們不但有沒積極的反對戰爭，并不是社

且積極的贊資本家幫忙，但是以後因為經濟狀態的變遷，勞動黨才漸漸的信奉起社會主義來，不待說，就是以前，勞動黨中并不是沒有社

會主義者，不過社會主義，還沒有成為黨的主義，到現在勞動黨，已完全是社會黨了，可惜我現在無暇詳述勞動黨的社會主義化的過程，

但是只要把一九二三年（去年）三月二十日，當時勞動黨的議員，現任英國財政大臣士諾登（Philik Snowden）提出國會的議案，介紹一下，

就可知勞動黨對于社會主義的態度了，該議案如下

「資本主義的制度，無論就適當的利用和組織自然的資源及生產力方面看，或就供給大多數國民以必要的生活標準方面看，都是失敗

了的，而這個失敗的原因，確在生產和分配的手段之私的管理及私的所有，所以議會宣言將來立法的方針，應轉向漸次壓制資本主義

的制度，而以立于生產分配機關的公有和民主的管理之上之產業的，社會的秩序代之」。

我們細細的研究下上述的提議，就可見勞動黨的精神，是在根本推倒資本主義，而以社會主義代之，士諾登于提議之後，再加以說明

他說現在世人懷疑的制度，并不是社會主義的制度，乃是資本主義的制度，他又說英國的國富，雖和機械文明的生產力的增加，成正比

例而增進，然而國民所得之統計的研究，明白的表示無數的窮人的存在，他又列舉許多現在社會的缺陷，說其病源，是在資本的私有，換

句話說，就是在資本家的生產制度，

他說現在社會的病弊，最大的是失業者有一百四五十萬，和工資的非常低落，以及住宅的不足，他以為這樣社會的常病，一見似乎是

戰爭的餘殃，一時的現象，然而戰爭既然是資本家的生產制度的必然結果，所以這些弊病，就不得不說是資本家的生產制度的必然結果了

●現在所使用的機械和其餘器具的生產力，超過以前幾百倍，而社會的弊病竟這樣深，不過是表示資本制度的缺點罷了，就是「全國之富

的百分之八十，為百分之二的少數人所得，雖比一八五四年的，增加了十二倍，而勞動者的工資，實質

上却沒增高，」託辣斯的出現，雖然生出生產上的利益，也非常之大，他以低廉生產而獲得的利益，不歸社會而歸個人，

這個罪惡的原因，寶在土地和生產要素的個人私有和管理」，以上就是現任財政大臣士諾登的意見。

當時這個議案提出以後，自由黨，保守黨，不待說是反對的，所以當時議論非常激烈，等到七月十六第二屆開會時，還是議論，當時

勞動黨議員，現在國務總理麥克唐牽（Ramsay Mac-Donald）總括的終結道：一對于這個議案，雖然有許多議論，然而沒有一個人能夠為資

本制度辯護成功，却是不可掩的事實」，他說，社會主義者，是承認資本主義過去是有些功績的，然而社會主義，却是改善將來的制度，他又說資本主義者說資本主義的弊病是可以緩和的，然而「託辣斯和獨占，究竟怎樣處置！競爭乃是資本主義的真髓，事業以競爭而開始，以競爭而進行，然而結局却成託辣斯和獨占」，所以他說「政治只能有兩個政黨，或是資本主義的政黨，或是社會主義的政黨」。

以上是勞動黨中最重要的兩個人，對于社會主義的態度，直言之，他們都是社會主義者，然而除他們以外，其餘勞動黨的議員，是否贊成社會主義的，所以英國勞動黨，現在完全是社會主義黨，可以說就是社會主義的成功，

社會主義者，當該議案提出的時候，自由黨和保守黨，是不待說的，就是一般人都以為這個議案，反足以促勞動黨的分裂，因為他們以為勞動黨中，反對社會主義的議員，實在不小，那曉得投票的結果，士諾登的提議雖然否決，却證明勞動黨議員的全部，都是社會主義者，就是反對該議案，如三六二票，而贊成該議案的，為一二一票，當時勞動黨議員，共有一四二名，除去十幾名缺席不算外，差不多全部是

不過我們要注意的，第一就是英國勞動黨，現在在議會，不是占絕對的多數，處處要得自由黨的援助，而英國立憲的精神，又非常發達，所以麥克唐勒說：「如果下院關于重要問題行採決的時候，其結果若是政府失敗，我們于五分鐘內即行辭職」，勞動黨在議會既非絕對多數，所以將來勞動內閣，或歸瓦解，亦未可知，因之我們決不能以為此次勞動黨成功，即為社會主義的最後成功，第二要注意的，就是英國之民性，是穩健而緩進，不喜歡急激變更的，所以勞動黨即使能夠維持政權，却難即刻實行純粹的社會主義，因之我們決不能以次勞動黨成功，為社會主義的完全成功，然而如果勞動黨能夠維持其政權，他必定漸漸向着社會主義去建設，却是敢斷言的，所以此次勞動黨的成功，却可以說是社會主義的最初的成功。

四　餘論

本文的主要目的，已經寫完了，現在要附說幾句，就是我們切不要看見英國此次和平的革命成功，就反對馬克斯的暴力革命論，馬克斯雖然是主張暴力革命的，同時却承認和平革命之可能，（關于這一點，現在不能評論）然而和平革命，要在英國這樣憲政發達的國家，才是可能，若是憲政沒有像英國這樣，而想用議會政策來革命，那是萬做不到的。

●●●●●●●
—華官與西人不睦便須更換—
王克敏派人向吳佩孚說：「項驤與西人不睦，擬更換。」吳說：「

項是中國人做中國官，不必一定要滿西人意。』王買辦是曹的人，項是吳的人，與靠項為他弄錢，他祖護項的用意，自然很容易明白；但求可以入廗言，與佩孚這幾句話，究竟比王買辦這班賣國奴稍稍有點人氣。

●●●
曹錕的妾舅與洋大人

一方面要不得罪軍閥的妾舅，一方面又要不得罪洋大人，於是才想出一個兩全其美的妙計，對妾舅則勉勉強強只拘留了廿八天，對洋大人則說監禁十個月。那知道被洋大人識破了前來嚴詞責問，堂堂中華民國的外交部陸軍部臉面何在！
（獨秀）

●●●
娼優

西洋人重視優伶，因為他們優伶的藝術實在有重視的價值；中國人若是盲目的摧做歐風，把中國現在的優伶也抬舉起來，那便是天大的笑話！論他們的人格：從前北京的優伶多半彙營業像姑，鼎鼎大名的王鳳卿朱素雲都是這個出身，梅蘭芳到現在還不乾淨；湖南唱旦角的生活，向來都必須如此這般；至於南北各省淫伶所作欺騙姦拐的罪惡，誰也不能否認；社會上娼優并稱，其實優伶比娼妓更下流。論他們的藝術：請看上海新編的所謂新戲，如「諸葛亮招親」「閻瑞生」「狸貓換太子」「朱洪武出世」等，其鄙陋不通，真要笑死人。這班東西被那捧角的斗才名士無恥伸商捧的忘其所以，忘其為娼優的身分，對于社會上輿論之制裁，不但不自省愧，還居然拿什麼伶界聯合會的名義來抗辯，這尚成何世界！
（獨秀）

●●●
利用國民黨

共產革命是勞資兩階級間的爭鬥，國民革命是各階級合作對於外族及軍閥的爭鬥；可以只有國民黨能利用共產黨，而共產黨決不能利用國民黨。
（獨秀）

●●●
造謠中傷

兩黨相爭，用實力用理論都是可以的，最下流是用造謠中傷的手段。無政府黨不贊成共產黨，儘可在理論上并在實力上反對；陳炯明等不滿意於國民黨，儘可在理論上并在實力上反對；然而他們卻都不肯拋棄造謠中傷的武器。大凡一個怯懦的個人或民族，對於敵人每每缺乏公開爭鬥的勇氣，他們最得意的手段，是藏在暗中造謠中傷。（獨秀）

●●●
武力統一的榜樣

從前黎元洪不能令湯薌銘到湖北省長任，還可以說黎元洪不是直系的領袖；現在曹錕吳佩孚確是直系的領袖，而且在他們直系的一統江山之下，曹擬添派江西省長，吳擬添派湖北省長，只因蔡寬熙兩督軍們反對不能實行，這就是直系武力統一的榜樣！
（獨秀）

江亢虎南游追憶記上說：『聞中山近已加入莫斯科第三國際，俄國特派專員來華改組國民黨，訓練革命軍，試驗共產主義。非常之原，奧賾繁博之旨，無詞藻之可言，非若古代文詞，包含諸神名，蘊發寄託語，幽奇綿密，一覽不能遽也。』

上海申報上中政通信說：『誠以近代西文，字面過於簡淡，絕鮮，黎民懼烏，謗議繁與，事無足怪。余所望者：第一中國常自力奮鬥，不可間接聽人指揮；第二俄國革命已得之教訓，我常善為法戒而已

★ ★ ★

★ ★ ★

緬甸通信

緬甸青年原有Y.M.B.A.之組織，頗傾向社會主義，英政府忌之，將其解散，且將發起諸人牽辦，未被牽辦者亦多自行脫離。去年又改名今G.C.B.A.為公開的活動，以自治為目標。但未久即分為二派：（一）為二十一人之G.C.B.A.，此派分子多服務於英國之殖民政府中。英政府多以厚祿餌之，緬人惡其不忠實，呼之為半自治派。（二）為全自治派，其勢大頗大，首領為Hlne, Pu, Ygam.等，以不合作為口號，時表現民族自決精神；然他們的大病在認不清敵與友，畏英人勢力而不敢公然反抗，對他人及印度人反極力排擠。

旅緬甸之印度人，近作回教運動者頗多，對英人反抗甚烈，英人亦頗畏之。前此緬人之青年組織極不願與印度人合作，其意恐怕脫離

英人羈縻，又入印人牢籠，幸現已了解，時取一致行動。

至旅緬之華人，視印人緬人均有愧色，不但無什麼好的組織，非且一般自號為知識階級的人，反以不問政治相號召，而實際行為上，則努力代帝國主義的英政府宣傳其政策，言之真可痛心！旅居華八不及海峽殖民地及馬來聯邦之多，英政府不甚注意，因此比旅居其他英屬稍覺自由。

英人在政治上取懷柔政策，加多緬人做官，并准其作自治宣傳；至對於軍事則取嚴厲辦法，全緬甸無一緬人為兵，雖歐戰時招募少許，停戰後即行遣散，或調往海峽殖民地及馬來聯邦。經濟權完全操諸英人之手，印度人次之，中國人又次之，緬甸人多事農業，在經濟界勢力甚弱。

The Guide Weekly.

嚮

導

週報

（中華郵務管理局特准）
（掛號認為新聞紙類）
一九二四年三月二十六日

定價
每份三分全年大洋
一元三角半年七角
國內郵費在內

分售處
太原　武昌　上海　巴黎
杭州良冠　漢口　溫州
寧波南昌　長沙
開封　雲南

民共時文古新明工
智濟進齊亞今圖化
海青書華圖書書社
書報報局社店店社
社社

第五十九期

每星期三出版　發行通訊處

杭州　北京大學第一院發達課　馬裕藻
政存安轉校馬裕藻
育伯編輯發院一第大京北

時事評論

工界最近之慘劇

述秀

最近中國工界發生三大慘劇：第一是上海祥經絲廠燒死一百多女工；第二是山東坊子煤礦淹死工人八十五個；第三是唐東煤礦壓死工人五十三個。

第一件事，工人的家屬還在交涉，一般社會也還有相當的同情援助；第二第三件事，工人及社會兩方面還有什麼表示，還是什麼緣故？

坊子煤礦是日本經營的，其所定礦則章程，凡是因公致死的，每人應給卹金五百千文（合銀三百元以上）；唐山大部外資本及管理權是在英國人手裏，那班洋工程師們虐待及薄待中國工人的事，是一向著名的。以前唐山工人因公致死，只撫卹數十元，一條人命只與普通的騾馬相等！

有一位唐山工業學校校長（資本主義的學者）曾說：「社會主義者所說的話，我們不必理他，惟有他們攻擊資本家苛待工人這一層，卻成一個問題。即以我所知道的唐山為例，隧道中預防坍落的工程十分重要，而洋工程師以所費過數百工人卸金之數，不肯設置，彼等如此玩視人命，所以唐山煤礦隧道中，歷年以來，屢次發生變故，這次（三月廿五日）的慘劇，也是因為隧道頂層突然坍落，活埋工人五十七人，傷者無數。」

全國工人們！全國有同情心的人們！對於工界這三大慘劇不但須注意現在的撫卹，更須注意將來的預防！

評中俄協定

獨秀

關於此次中俄協定各方面之意見：在北京政府方面，一部分人想用以掀起政潮，一部分人向來是看東交民巷空氣來決定外交方針的，他們不滿意於王加所定草案，吹毛求疵，本不足責；在議員方面，一部分曹家嫡系，對協定草案竟有喪權辱國的惡評，這種話匣子的作用，又何足論；在外人方面，帝國主義的列強，眼見他們不願意的中俄直接談判與恢復國交行將實現，并且協定

中，俄國已放棄了他們所不願放棄的許多權利，他們在中國的機關都怎待不忌妬毀謗！所不可解的是中國代表輿論的新聞記者們，覺謂俄代表態度無異於日本過認廿一條件，這實在錯誤極了。第一，我們須知道日本廿一條之要求，是日本逼我要消；至今不容許我取消；此次中俄協定，是承認或取消都隨中國政府之便。第二，我們還說是日本廿一條之要求，其內容，一方面是日本絕大的利益；一方面是中國無窮之患；此次中俄協定，的確是雙方的利益，宇林西報還說是中國片面的利益，因爲所給予中國東西甚多，俄國并未牽去一件。

協定之內容，果於中國方面有利益或是損害，不可憑空瞎說，看國務院王正廷通電可知。據國務院號電及王正廷之梗電所說，中俄協定中，廢棄妨碍中國主權及利益之舊約，承認中國在外蒙之主權，拋棄租界租地及庚子賠款，取消治外法權及領事裁判權，關稅規定平等，都已有成議，誰也不知道這些都於中國有莫大的利益。

事實擺在我們的面前，我們并未吃醉酒，不可以隨便亂說。大家若要亂說，我就問問大家，請你們試問英美法日意等帝國主義者，去要求他們同俄國一樣，放棄租界租地及領事裁判權，廢棄妨碍中國主權及利益的舊約，關稅平等，看他們肯是不肯？

中國的對外交涉，歷來備受損失與侮辱，大家都隱忍着莫可如何；獨於此次中俄協定，得了無窮的利益，全國朝野絲毫不感覺蘇俄扶助被壓民族的苦心，反而藉不成問題之細故（如曹黨所爭三點，俄國既已承認中國在蒙古之主權，則廢約撤兵均不成問題，移交敎堂財產，本不成問題。）橫來挑剔疑謗，大放厥詞；人家強暴，我們便跪在他的脚下，人家好說話，我們便欺上他的頭去，我們當眞如日本嘉納治五郎所譏誚是「只是強權不服了理」的民族嗎？

我們對於中俄協定，也有一點不滿意，就是蘇俄承認中國在外蒙之主權，輕輕將外蒙獨立的國民政府否認了。或者蘇俄也有一種苦心，以爲帝國主義的列強所取，不如歸之中國，中國侵略的力量究竟不及列強。雖然如此，中俄協定若眞照草案決定了，中國固然得了許多利益，而中國人却不欲以日本待朝鮮法國待安南的心理待蒙古者，終不能不爲蒙古民族十分危懼。我們不願爲他人奴屬，也不願奴屬他人，換句話我，我們既然不欲他人牽帝國主義來壓迫我，我們便不應該牽帝國主義去壓迫人，這就是我們的民族主義之定義。

日本清浦內閣第一次向我武裝示威　（人）

▲鬭艦列華
▲中國官場加以歡迎

日本地震後的清浦貴族內閣，在日本政治上固然是極反動。就是對於中國也極與西方帝國主義者取一致態度，向我武裝示威；秋風，太力風，帆風，羽風，澤風，冲風，峯風，野風，沼風，浪風等十三艘魚雷艦隊與旗艦北上號已於三月廿二日到滬，準備赴長江漢口一帶示威。中國官場對此不以爲恥，反大歡迎？難怪各國帝國主義任意調兵派艦來華，奴隸性成的中國官僚武人，與甘心亡國，一般軟骨頭的新聞記者對此也一聲不做，中國不亡，更待何時？

藥山農民反抗貪吏劣紳　（人）

▲貪吏劣紳侵佔農民土地

民國日報三月二十日濟南通信云：「洛口鹽金局長崔秀如，聯合劣紳段某等，承領藥山一帶民田，計地四十餘頃，創辦森林局，惹起鄉民反對，日前率赴省縣兩署請願，未得要領，當經前往藥山強埋石界，當經該山五莊頁，欲劃出界外者，每戶須納錢一百千，以作此次立案之賠償。但農民仍不肯承認，又聞歷城紳士等，見崔與農民，已成鶴蚌，遂思收漁人之利，不如同作，形同強盜，一舉兩得，計英善此。現已將章程擬安定同益森林公司，日內即呈請備案，但崔某對此，決不甘心，將來尚不知若何了結也。」

白旗上書「要求撤銷森局，懲辦包辦人，誓死力爭，反對賣官地帶」字樣。至省聚遞請願書，熊仍派代表勸衆回去，靜候批，該農民等，逕又散去。前後兩次請願，均未得有具體辦法。現經調查，該山附近居民，共一千餘戶。崔等所承領者，現價已達一萬餘元以上。崔等所以能承領者，蓋崔所以能承領者，一因金錢之運動，一因其妻兄前鹽運司長夏鎔泉爲之撮合，故能如埋石而去。至次日藥山農民，又集合七百餘人，並謂我們藥山一帶農民，已呈控省署和農商部了，等兩天見了，再埋不晚。陳某不肯，謂我奉縣委，欲隨之進城理論，陳某大恐，遂停此可。

事連累亡某等，向陳勘阻，遂倡言崔氏霸佔民田，見崔與農民不利，欲劃出界外者，每戶須納錢一百千，以作此次立案之賠償。但農民仍不肯承認，又聞歷城紳士等，見崔與農民，已成鶴蚌，遂思收漁人之利，不如同作，形同強盜，一舉兩得，計英善此。現已將章程擬安定同益森林公司，日內即呈請備案，但崔某對此，決不甘心，

鄉民反對，日前率赴省縣兩署請願，未得要領，日咋又有力抗。又聞崔見民氣激昂，恐釀巨變，遂用和緩手段，對衆宣言，如欲劃出界外者，每戶須納錢一百千，以作此次立案之賠償。但農民仍不肯承認，又聞歷城紳士等，見崔與農民，已成鶴蚌，遂思收漁人之利，不如同作，形同強盜，一舉兩得，計英善此。現已將章程擬安定同益森林公司，日內即呈請備案，但崔某對此，決不甘心，將來尚不知若何了結也。」

平時輕視民衆及懶惰性成的人們，都說：「革命要荒農工是不成的。」我們固然要可憐他們底知識幼稚，同時，我們要誠懇的告訴他們——誰不愛惜自己底生命及利益？我們若爲了麼工羣衆的生命及利益去革命，農工那有不樂從呢？那有不奮鬥呢？藥山農民之反抗貪官劣紳侵佔土地，便是以證明農民之愛惜生命及利益！

蘇聯憲法與共產主義

秋白

1 駁心史之俄國憲法上共產主義之變化（申報）——

俄羅斯社會主義蘇維埃聯邦共和國（蘇俄）於一九二二年十二月聯合各蘇維埃共和國組成蘇維埃社會主義共和國大聯盟（蘇聯）。這是世界史上狠重大的一件事。在帝國主義時代之反帝國主義聯合戰線裏蘇聯要算是最密切的形式。蘇聯的成立，就是由各國訂一聯盟條約，作爲大聯盟的根本法（憲法）。蘇聯之中，蘇俄當然是中堅份子；然而蘇俄也和其他各國一樣，仍舊有自己的憲法，因爲蘇聯是一種邦聯的國家，各國自有對內的總治權。所以蘇俄的憲法（一九一八年的）仍舊有效力，并不因爲和各國訂了聯盟條約便取消了自己的憲法，亦無所謂新憲法與舊憲法。

心史（三月十四五日申報）說：「俄自我民國六年革命，七年七月宣布憲法，純爲共產主義，至十一年十二月再宣布大聯合新憲法則爲新經濟主義」

心史的第一個錯誤，便是以爲聯盟條約是蘇俄的新憲法，第二個錯誤是以爲代所謂舊憲法是純爲共產主義的，其實共產主義，照經濟學上的嚴格定義，決不能與憲法幷存。現在世界上還有資產階級的列強，俄國內還有資產階級的反革命份子，—客觀上非有國家不可；—即非有法律不可。所以旣然稱爲某某共和國，旣然有憲法，便還決不是共產社會。況且俄國現稱社會主義共和國，亦僅僅因爲俄國是無產階級執政的國家，以社會主義爲目的；並不是說十一月七日後俄羅斯，便突然變成了純純粹粹的社會主義的經濟制度。共產主義的實現，必須經過這種社會主義國家多年的奮鬥（永久的破壞與建設並進），方才可能。蘇俄的憲法（一九一八年）僅僅是無產階級革命勝利的政治上的表現—剝奪資產階級的政權，—從此才能着手于社會主義的建設。可是僅剝奪資產階級的政權還并不就是共產主義。心史卻以爲他所謂『舊憲法』的共產主義就在於此。

心史說：『…勞動者皆爲公民，限制可謂寬矣，其所限制…足爲主義之標幟者則有四項：『一、雇備他人以謀利者；二、恃產業以爲生者；三、商人之代理人，中間販賣者；四、敎士。』然則夥伴可雇，勞工不可爲，直接之商販可爲，間接之商販不可：是驅一國而此爲小農小工小商，不容大農大工大商之發生也』

『樑』蘇俄憲法第六十五條原文是：

『（一）以營利爲目的，用雇備勞動者；（二）以非勞動的收入爲生者，如坐食資本之利息，產業之收入，企業之進益等；（三）私人商販，商業的中間人；（四）僧侶及敎會或各種宗敎團體中之敎士；（五）舊帝國時代之警察包探憲兵及俄皇家族』不得被選，亦無選舉權。

這種憲法上的表現，顯然是在資產階級及無產階級並存的社會裏的現象：假使已經沒有資產階級，已經沒有利息制度，已經沒有私人企業家（承祖國家企業的私人）已經絕對沒有私人商業，—何必又在憲法上定出坐食此等利息的人沒有政權呢？憲法上規定此等人沒有選舉權，並不會用刑律禁止人民做這些事，—心史卻說『夥伴可雇，而勞工不可雇』。他不知道這幾條選舉權的規定剛剛適用於新經濟政策，並不是什麼從共產主義。他不知道現在莫斯科許多商店主人，私人企業家瞞着自己的工人或夥友在蘇維埃裏選舉議事，—他們自己卻已經不服從這幾項規定。至於他所謂『關一國而此爲小農小工小商，不容大農大工大商之發生』，尤其荒謬絕倫。他這個市儈，祇知道商店老班，工廠總經理或是地主鄉紳總會經營大農大工大商。社會主義的無產階級政府難道不能經營嗎！無產階級政府的限制使私人的資本主義不能憑藉政權剝削多數民衆，而政治的運用正在努力經營大工大農（在最初一期還有大商），以此建築社會主義之基礎，以便多數民家漸漸脫離私產之束縛，共同生產，共同消費。那時才有共產主義，—而心史卻以爲共產主義就是中國古代道家之高論，說什麼『剖斗折衡，民自不爭』等的謬論！

蘇俄社會主義的建設既在大工大農，在最初一期還有大商，那麼，經濟生活裏所應用的度量衡以及貨幣，愈有規律愈有系統則愈便利，以至於內外公債及信託事業，在一定的場合裏，都有必須之處。無產階級的國家已經宣告一切生產資料如土地工廠鐵路銀行等為國有，一方面暫時利用出租的小企業，並非沒收之後都關上大門，停止進行，——而是要運用這些國有大企業去和那些還沒有能消滅淨盡的資產階級競爭……企業生產之不足，以應現時國民之需要，別方面規並全國經濟財政租稅運輸等政策，使國有企業漸漸發展，以至於完全圖消滅市場消滅商業，而行社會主義的共同分配，——以直達共產主義。

（案）蘇俄憲法第七十九條原文：

心史說「尤可駭者為憲法之規定財政，第七十九條：——「在平民獨裁政治之過渡時代所採財政政策，專在沒收資本家之財產，使全國人民生產分配平等，國民代表認為關于特定情形，或全國公金應侵犯私有財產之權利，本共和國當竭全力助成之」此段譯文幾乎完全錯誤。——是為舉一園而优少數資本家……凡私有財產皆以國力助其侵犯。其他別見於憲法宣言中者第三條——「一、土地宣告公產，對原地主不給價；二、森林礦產水道六畜及田地附屬品，宜告為公產；三工廠鐵道及生產交通之具已批准收為公產之法案（譯文不通，對原文太略）；五、一切銀行收為國有」……其行政機關所謂中央執行委員會者，憲法所定職權，則又有制定度量衡及幣制之權，又有發行公債之權。度量衡及貨幣其用固微（奇怪！）又人無餘資，私人間不准舉債（何所據而云然！），又何能應公債之募（俄國募公債的成績比中國好得多呢？）則豈非公債即外債之謂耶•一時大敗決裂之效，蓋有可觀（不通之至！）」

蘇俄憲法前文之宣言第三條關於債務之規定，原文是：

「（4）第三次蘇維埃政府以法令取消俄皇地主及資產階級之政府所訂借之債款，認為是對國際，銀行，財政資本主義之第一次打擊，深信蘇維埃政府能堅持到底，直至國際勞工革命完全勝利之時。」

『蘇俄之財政政策，在現今勞動獨裁之過渡時期，以符合沒收資產階級及準備國民生產與分配普通平等之根本目的為標準。內欲達此等目的，蘇維埃政府機關當能處置一切必要的資財，以應蘇維埃共和國全國或地方之需，即欲侵犯私有財產權，亦所不顧。』

此處所謂取消債務，指明俄皇（即地主及資產階級）之政府所訂借欵而言。況且革命政府之下不准私人借債。況且革命政府取消舊俄政府的債務，沒收資本家的生產工具及地主的田地，——乃是革命行政，是合於勞動民眾的意志的；在精神上是俄國勞農取得政權，着手于經濟建設（沒收資產階級）及反抗國外資本家（否認債務）的表示，而且是世界社會主義實現之精神上的先聲。革命是實力的鬥爭，實力的衡比。所以俄國勞農（第三次蘇維埃大會）雖然主觀上希望「深信」政府能完全否認列強舊債，與以財政上之打。

，然而客觀上世界無產階級一時不能完成革命，與之相應；……因此，蘇俄政府不得不暫時承認一部分舊債，所以俄國勞農既然克服國內資產階級及地主階級，沒收她們的財產來用於全國經濟之社會主義的建設及其財政政策（強制資產階級出重稅）；……因此，蘇俄政府至今還是全國土地及工廠鐵道銀行等的主人，在可能的範圍能夠維持自己的政府及其建設。瀋經濟政策的所以能夠施行，正因為有過那宣言上所說的一番沒收的事實。現在蘇維埃政府能以小工廠出租於私人。假使當時沒有沒收，王廠仍是資本家的，資本家又何必出錢來向勞農政府承租呢？

總之，心史所謂『舊憲法』，——蘇俄憲法，並不是共產主義國家的憲法，僅僅是無產階級國家的憲法；——一切選舉權及預算權等仍其為，雖有新經濟政策，而決沒有絲毫變更，蘇俄以及其他一切蘇維埃國家裏，資產階級仍舊是沒有選舉權；預算及財政的總計畫仍舊以發展無產階級國有農工業而逐漸掃除私人資本為原則；田地工廠鐵道銀行信託事業等，仍舊完全在無產階級政府手裏。完全歸他自由處置：或出租，或自辦，或徵重稅，或徵輕稅。可見憲法上並無所謂共產主義的變化。現在中國人往往以為俄國行新經濟政策便是廢棄共產主義，重新收回沒收政策，（如東方雜誌第二十一卷第一號D十八頁上說：『——工廠公有，礦山公有，銀行公有，赤俄固實行之，然自新經濟政策頒布以來，列甯亦自認以前措施未盡妥當。』），其實沒收政策是實行共產主義的第一步，新經濟政策是實行共產主義的第二步。沒有第一步便不能有第二步。至於憲法，却是包括這兩步驟，以及以後許多步驟的法律上的表現而已。等到經過許多經濟階段，而實際上能實現純粹的共產主義之時，那國家和憲法便要消滅了。

這樣的國家——勞農專有選舉權，一切生產工具國有的國家，就叫做蘇維埃社會主義共和國。許多這樣的國家聯合起來便是邦聯式的蘇維埃社會主義共和國大聯盟（蘇聯）。俄羅斯，烏克蘭，後高加索等，已經成立這樣的國家，有的已經五六年，有的祇有一二年；這些國內革命早已成功，各有各的憲法，選舉權及國家組織等早巳規定，如今聯合起來，祇要互訂盟約，——所以憲法本文叫做條約。這種條約上面，自然不必重複載及各國內的選舉限制及選舉手續等；祇要規定這邦聯政府怎樣組織，規定那幾種是邦聯政府的職權，那幾種是各邦政府的職權。這些國家既然都以社會主義為目的，他們的大聯盟當然要定一總的經濟計畫；各國所有大企業需用外資者，當然要由邦聯政府代表全體，對外訂立借租借款條約，以謀社會主義的逐步建設。

心史對於這幾項的意見，以為：『……（第八項）至少可知其沒收之工廠，非復以國家為廠主……（第十二項）信託制度既開，則純乎代理人之行為，……其為提倡大農大工大商可知。至第十三次，規定大聯合全境土地之分配及礦產森林水道之開採各原則，則語意含渾，不甚露重租資本之意。但要非前憲法裁然收歸為國有之』。

〔案〕蘇聯憲法第一條規定邦聯政府之職權的第八項：『規定聯邦內國民經濟之基本的及共同的計畫，確定實業之種類，即確定與

「聯邦有關之各種實業之種類，締結各種租借條約（關于聯邦者，或代表聯邦中數共和國者）」。

同條第十二項及第十三項原文：

『統一幣制暨信託制度之規定』。

『蘇聯境內所有關於土地建築，土地享用暨地下富源，森林，飲水等享用之規定』。

於此可見：一，確定實業之種類及締結租借條約之權，在於邦聯政府；與心史所說『國家非復版圖』實風馬牛不相及。況且，假使心史亦與心史所謂『提倡大農大工大商』了不相關。銀行完全國有，信託制度，當然依無產階級國家的利益而規定，權在邦聯政府；又該有房屋，出租給房客，——依他自己的邏輯，——出租之後，他便不是房主了，豈非千古奇談。二，信託制度之規定，務使便於發展國有的大工，大農，大商，心史以為大工，大農，大商，便一定要大資本家才能幹，也是奇事——三，規定享用國有的土地森林等之權，在邦聯政府，與心史所謂『已非前憲法截然收為國有之意』恰恰相反。假使沒有前憲法的宣言，就是沒有收歸國有，那些土地森林等，都屬於大地主，如何容得勞農政府來規定享用他們的辦法——

總之，蘇維埃憲法的意義，是各蘇維埃國家（烏克蘭，白俄，後高加索，俄羅斯等）之大聯盟的條約。各國同是一社會主義的國家，大家聯合起來。共同努力於經濟改造，反抗世界的帝國主義，——是世界史上一件極重大的事實。那憲法的宣言裏說得明明白白，——是社會主義的國際主義實現的第一步。心史先生把他弄得一塌糊塗。（甚至於蘇聯的國徽本係：一鎚一鍾交叉於地球之上，因圍繞以禾穗，上書六種文字『各國無產階級聯合起來！』的題詞，幷有五角星一枚。——心史卻說是：『地球形上插鎌刀與軍器，架以穀穗』，還要附會些什麼以農立國的謬論。這點小事都弄不清楚，心史先生真可以算是社論界裏的草包）。

心史對於蘇聯宣言的意見是：『……和平經濟政策，目為建設之工作，是其先固純然破壞耳。……』非承認債務不能加入國際，不曰屈從，而曰公共防禦，抵抗包圍，立言固可以如是。又曰『最後，蘇維埃權利上之組織，因受迫於蘇維埃之勞動羣衆，遂按聯合之途徑而有一社會主義團體之結合』。然則長此共產，其勞動羣衆，已足使權利上之組織受迫，是明言羣衆之不可久放任矣』（什麼話！——真正不可解）。

新階級與起，第一步建設，便是破壞舊階級的政治經濟制度。難道不破壞舊的，能容得新的建設麼？『勞農平民的國家，受外國資本主義國家的壓迫，當然要聯合反抗。難道聯合圖結以備反抗，便實際上是『屈從』，不過立言如此嗎？至於承認債務，完全與此不相關涉。所謂國際主義是社會主義的要求，決不是承認了債務來哀求加入英美列強的『國際』。我真不知道心史怎樣的胡牽亂說的——

蘇聯的真意義是：

『蘇維埃政治，於其階級之天性上，係屬國際性質：』『一經組織，自能使就其聯合之道，而成為一社會主義之家庭，』

（蘇聯宣言），參看：東方雜誌第二十卷第十五號及北京中國大學晨光雜誌第二卷第一號。

寸鐵

國故黨與復辟黨

曹慕管先生曾函諷北大教授們做事勿虎頭蛇尾（大意如此），他在民治週刊時代，也還表示一點革命傾向；但現在可被楊賢江先生「豎起反叛之旗，大喊一聲革命」一句話嚇得向後倒退。文學革命運動中，願現出復辟的傾向；文學的復辟如果實現，政治的復辟也會跟着來。因此，我以為楊賢江先生所用復辟二字，硬是預言不是譬詞。而且我以為反文學革命的國故黨和反政治革命的復辟黨，本是一家眷屬，決無所謂『與性不合』的話。我絕對不承認楊賢江先生所用復辟二字是譬詞，這是陳望道先生解釋錯了。望道先生你太過客氣了！

（獨　秀）

老馬與小犬

楊賢江先生用「復辟」二字批評曹慕管，曹先生勃然大怒，而他致楊賢江的信，卻也自比「老馬」，這雖然是個笑話，俗傳有人對客稱其子為「小犬」，其子遂推論其父為「老犬」的推論。可見譬詞這一個方法，在文字上在語言上，都容易發生極大的誤會。

（獨　秀）

拜壽的吃耳光

照例拜壽的人必有壽吃麵，而湖北商界萬某高高興興去向蕭督軍拜壽，不但未吃着壽麵，倒吃着蕭的衞兵一耳光，這可為「壽界」開一新紀元。

（獨　秀）

反動

季陶先生近作題名『反動』的一篇小說（載三月廿五日覺悟），是一篇四川社會現象記，研究中國現代社會的人不可不讀，不可當一篇尋常小說讀。全中國此時都有同樣的現象，而四川特甚。這是什麼緣故？是產業科學不發達而兵戰民疲的社會裏自然現象。這種社會裏的人，也有他們主觀的人生觀，而且他們的人生觀很強固，但不知張君勵先生以為他們這種反科學的人生觀如何？

（獨　秀）

肉麻世界

曹慕管致楊賢江先生信說：『僕於教育縱鮮常識，亦嘗從吾浙前覽諸先生游，衆獲交於令師經君子淵，略具師資。世變滄桑，憂患飽黨，學殖荒落，自知不免，研究國學日的何在，方法若何，竊敢自比於老馬。』又說：『新人提唱平民教育，而敝校設立圖書館，遠在十年之前之；近人提倡圖書館，而僕手創貧民校校，始自丙辰，發書之富，大學莫及，僕雖無似，十五年來民間運動，復辟徽號，始自君賜●他致邵力子先生信說：『實緣直覺「復辟」二字，與性不合，不禁深惡而痛絕之；用引民間運動，即所以證弟非不知盡力於革新事業者。』

★

…闕名請見，言資本主義首領願與社會主義首領接洽也。』

★

江亢虎南游追想記上說：『此間大資本家，首推閩人黃仲涵君

The Guide Weekly.

嚮導

週報

第六十期

每星期三出版　發行通訊處

定價

每份三分全年大洋
一元三角半年七角
國內郵費在內

一九二四年四月二日

（中華郵務管理局特准
掛號認爲新聞紙類）

分售處

上海黃　巴
海浦笑
書　州
店　文明書局

丁上武
卜海昌
國中
書國
報書
社報
社

民上
智海
書時
局事
新
報
社

時共
進進
書化
報書
社局
社

長晉
沙中
華
書
報
社

古齊
今魯
書青
店年
書
社

明　文
星化
書書
社報
社

杭七　
州友
時公
報司
社

寧濟
波南
青
年
書
社

常蕪
熟湖
文
化
書
社

福開
州封
工
學
社

杭州第一大學　北京大學院一發課收發處　法政學校坡馬巷　眞存安韓校　青伯劉輯課

時事評論

湖南廢省憲運動

獨秀

以前趙恆惕做省憲運動時，引得一般迷信聯省自治的先生們興高采烈；現在趙恆惕仰承洛陽王意旨，暗地裏做廢省憲運動，不知道迷信聯治的先生們感想如何？除章炳麟電湖南省議會外，不知道聯治社一班人還有何動作？

湖南省議會爲何敢違抗趙恆惕的意旨，反對廢止或修改省憲？不用說有多數軍官在他們的背後。湖南省憲不是今天才有的，葉德輝爲何現在才明目張胆的反對省憲？不用說有趙恆惕葛應龍在他的背後。

趙恆惕若明白的主張廢省憲，馬上便要失去湖南軍界大部分勢力；若明白的主張護省憲，馬上便要受北軍的壓迫；他在進退兩難之際，便好想天開，一兩佰集軍事會議來疏通軍人，一面製造廢省憲的輿論來壓迫軍人，好達他藉口軍民人等公意來廢省憲的目的。他所想製造的輿論，分新舊兩派：舊的卽葉德輝等；新的乃是一些做社會運動的青年，所以列甯追悼會趙恆惕也出來贊成。舊的方面他已經達到目的，新的方面恐怕不易利用能。

趙恆惕何以想利用青年？他以爲青年們向來反對神省自治，此時他卻用得着了。他不知道青年們的政治理想是國民革命，對於軍閥的聯省自治固然反對，對於軍閥的統一也同樣的不贊成；所以決不會在趙恆惕仰承洛陽王意旨的情況之下反對省憲。恐怕趙恆惕枉費心機！

仁靜

收回上海會審公廨與租界取締印刷物

上海最近有兩件可注意的事：一是交還會審公廨之談判，一是公共租界納稅外人年會，將討論印刷物取締附律。

會審公廨原是領事裁判權之一種，以前爲中國所主辦，受理華洋訴訟。當時會審公廨這是中國的機關，其有關於民事案件涉及西人的，始許西員出庭陪審，但自辛亥革命後，外人藉口於經費無着，乃改歸領事團管轄，相沿至今，已十餘年。會審公廨自爲領事團管轄後，司法大權旁落於外人之手。以前是涉及西人民事案件，始許領事陪審的，今則無論刑事民事，無論

華人間，或華洋間的訴訟都有領事陪審了。以前在前清時公廨判處刑罰，最重不過監禁五年，今則判處死刑者不可勝數。華人之受族統治，凌辱，在此十餘年內可謂痛苦飽嘗。

本年一月二十六日外部照會駐京使團，收回公廨，由我主辦。但中國固有利權一落外人之手，不論其為積習相沿，或條約保障，欲其交還，直等於哀求施與一般，便要受洋人的敲詐，凌辱，藉此奪取更大的利權。所以外交團決定交還會審公廨，但附以推廣公共租界之條件。是議曾於一九一五年及一九二一年兩次提出，以中政府未允而止，此為第三次了。但第三次之交還條件還不止此，他還要求指定關稅一部份作為公廨經費。由此看來，代價的要索更是日高一日了。

會審公廨之蹂躪我國主權，侵犯中國司法制度，有常識者自能知之，不待我們縷說。但我們要指出的是，會審公廨若不力爭交還，以後便會為外人引為先例要求推廣至於各地，如關稅之用人權一樣（去年臨城案以後即有人提此利權之討論）。但我們如賴北京政府請外交團交還，那便是準備外人無理的勒索和大批利權之出讓罷了。

其次是本月十六日納稅西人年會中取縮印刷品附律之討論。工部局為箝制出版自由，小冊，傳單，招貼，新聞消息，事項，評論，意見之紙件，須於事前向工部局註冊，填明姓名，居住地址與營業地址。否則須處以三百元以下之罰金，或三月以下之監禁。工部局之提出此附律，本年為第四次，前三年提出時，均因特別會未足法定人數，未及討論。但工部局凡有小紙片式之廣告實為違反洋涇浜地皮章程，而且此種附律通過，以後之制定此種附律實為逼受嚴重的監督，中國人在本國的言論出版自由，將被外人剝削無餘了。差舉此事已能引起上海商界之注意，將由各

馬路商界聯合會開會召集大會反對。海甯路商界對此事之公函，指摘此律尤為淋漓痛快，我們將照轉錄在下面。

上略、一工部局自治權限以外，另行制定各種規例、以冀束縛市民自由、即屬於上開列舉範圍以外、或謂工部局既有設立之權、為保持公案起見、基于警察權之作用、發布單行規例、似徇與租界章程第九項第四款不相抵觸、如、唯查華商寄居租界、仍係受治於本國法令、而非隸屬於領事公堂、故關於著作印刷各事、只有服從本國各種法令之義務、即工部局亦無權強令華商企棄本國法令、服從其另定規例。如有違背公安情事、儘可依據中國法令、以整權向公廨起訴、租界與割讓地不同之處、在此一點、應請諸君向工部局鄭重聲明、打消此議、實為至幸。」

中國商人將如何希望列強？

仁靜

全國和平的資產階級對華會會議之所以，功領德，感激涕零，完全因為軸交還青島，允許加增關稅，和派員調查司法為撤消領事裁判權的預備的三事議決。除青島及膠濟路之交還路有成績外，其餘二事遂在虛無飄渺之中，不知何日始能實現。前年華府會議，因中國預備不及聲請展限一年。至上年春間限期已滿，中國準備雖然妥當，但各國會派考查司法委員來華，常時明言閉會三月後即實行，因中國預備不及聲請展限一年。至上年春間限期已滿，乃改定本年十一月一日。但今日帝國主義對此事竟索性放下面皮，無限延期。我們於此亦可領略帝國主義的諾言有如何的價值。至於全國所翹首企盼的關稅會議呢，則列強有一千個，一百個理由妨阻其開會。不說金佛郎案未承認不能批准華府協約，即說中國內爭不息，武人截稅，與華會最固中央政府增加二五關稅，即說不裁厘即不能增加關稅，即說二五關稅施行須以之償

付之償本息，由外人保管。中國政府對使團向來是先意承志恭順惟謹的，乃提議開關稅預備會議，先議列強分贓的條件。但是此種提議也為公使團拒絕了。看中國的商人對列強再還敢存何希望否。

導淮與外患　仁靜

齊協元的導淮督辦，慘經苦心經謀，終於得到手了。齊燮元就任導淮督辦以後，可以有兩種結果：第一是齊可藉導淮名義，進行一筆大借款（如美衆院已通過之二千萬大借款）以爲剏選或平津的經費。另一結果是，因爲在齊背後的是美國人操縱的華洋義賑會，即令導淮成功，亦使中國河道化爲鐵道其管之續，爲外人所監督，或者是河道開濬，可補助美國商務侵入內地以發展。自督辦命令發表之後，旅京蘇皖預人同起反對，他們反對軍人爲督辦，而賀成三省人民合組導淮委員會，以辦理導淮會。但我們以爲單單反對軍人爲督辦是不夠的，更要反對藏在華洋義賑會幕後的美國人的操縱與侵略河道。我們不僅要注意外人之包抱導淮而且我們要注意代浚漅卿河，疏浚廣州之西江，東三省之遼河，外人均含有管理河道擴張商務之意。我們更要聲明中國的河道是必需中國人疏濬的，是絕對反對任何列強染指的。

中俄交涉雜評　仁靜

中俄交涉之停頓，中俄協定簽字後之決裂，人人都知道最大原因是日法美帝國主義作梗。人人更知道法國是爲保障中東鐵路的道勝銀行的血本。但最近法國居然干涉變更漢口俄租界之變更，謂如有變更須得法國同意了。中俄協定中明言俄國願取消在中國租界，中國偏不接受此提議，而不簽協定。慈得法國在旁着惱，說你們都不要，這給我不能。所以法公便派委攜贊致外部牒文，根據……條約，要中俄兩國先得法國的同意。

中俄交涉聲中的讕言　章龍

中俄交涉破裂，人多傳其原因爲鄰邦蘇俄與蒙古之密約而起，其實若深一點觀察，一定知道這是鬼話。俄國既然承認中國在蒙之主權，則蘇俄與蒙古所訂密約，不廢而自廢。不然，她何所取於中國而甘其賣身當中國主權？所以她不允照中國視牒修改協定的，只是因爲協定已成事實，不容許零碎的修改，更表示她現在國際地位已臻強固，不必討價還價的講條件以換得人之承認。但帝國主義者與軍閥走狗的新聞記者偏要誣蔑的藉蒙古問題宣傳仇俄的空氣，激起狹義的愛國主義心理。如說她預備將來反汗，則她何須有此聲明，以自損其國家信義？

實則蘇俄於蒙古問題上上之新紀元，中國第一次與世界第一大國締結互惠的平等的條約，撤廢領事裁判權，租界，賠款，訂立關稅平等之原則。中國一方面得着賠失了數百年的利權，一方面可援例向帝國主義作同樣要求。此在官僚如王正廷竟亦聲明瞭此次協定在中國之重要了。北京學生首先認識他們此次力爭國權的責任，故舊起而與北京政府奮鬥，對此次承認蘇俄此催簽中俄協定進行不遺餘力，致有二十九日示威遊行散發傳單之舉。雖以警察圍困學校，槍傷學生，未能遊行，但北京學生之英勇奮鬥，至少可爲全國愛國學生所效法。全國學生當起而與北京學生爲同樣的表示。

這次對俄交涉中斷，雖引起國內民衆的大不安，但是我們并不十分痛惜。第一因爲國人了解蘇俄的程度已隨帝國主義的壓迫而日甚，今後中俄國民的連合，決不會受暫時交涉停頓之影響。第二在中國尚無眞正國民政府以前，中俄交涉，處處受列强的挾制，與其不能圓滿實現兩民族眞正親善之基礎，倒不如靜待機會，別謀解決。最難忘的便是當此交涉停頓中，我們在國內各報上居然看見不少的怪議論，這些議論都是快心於交涉破裂爲北京政府辯護而發的，我們爲求國人眞能了解此次交涉的意義起見，顯申所見，以告閱者。

有人說：英美帝國主義的侵略國人固然要反對，蘇俄的侵略也是應該反對的，因此斷定北庭這回舉措，并不爲過。這樣目空一切，不問是非的話最易益惑一般政治觀念薄弱的國民，忠厚點說，他們是享不懂得目前政治現狀是甚麽，根本就不配談外交；若是誅心推究，簡直是故造危詞，聳人聽聞，間接爲英美帝國主義者張目，這正如當國人反對北洋軍閥最激之時，偏有人造出『南北政府，一邱之貉』的話去牽制革命的勢力，暗中爲曹吳等效力一樣的下流！現在我們且不必問蘇俄怎樣與英美不同，大家都有耳目，對於五年來蘇俄反帝國主義奮鬥，第三國際召號全世界平民抵抗强暴的事業，總該知道一二；再不然，看看這回的協定，到底與歷次喪權辱國的條約，比較就得就失，而總該知道一二，更退一步，撇開這些不談，試問當此帝國主義包圍我國被囚在垓心的時候，是不是急需要一個同情於我國的隣邦援助？而頭頭腦腦并且能夠實踐這個任務的捨蘇俄以外更有何國？如果他們連這些均不承認，不然，這樣空洞而含有惡意的宣傳，我想稍爲明白的國人們斷斷不會受他們的欺騙的。

也有人說：國民對於『政府』平時儘可反對，獨於外交發生時應與『政府』一致對外，才是國民正當的態度。其實這也只是片面的見解，又有人說：北政府的顢頇誤國，固然可惡，但是加担罕覆轍，態度驕橫，有失國際禮儀，即此一點，也是應該反對的。這樣的說法，似是而非的。因爲如果異有代表人民的政府，他的內政外交斷不肯與人民的意思相反，無論甚麽時候國民都會擁護他的。可是現在的曹錕政府那裏配說呢！臨城案前後大大小小的寶國案沒有一件不是他們的主動，也沒有一件不是喪盡國權丟盡體面，他們素習於取媚列强，甘心做外人的走狗，難道國民也當和他們一致嗎？所以我們今日只當問中俄交涉對於人民的利害究竟怎樣，所謂『政府』的態度是不相干的，因爲現在的軍閥頭目，只是外人的傀儡，連他自己都沒有獨立的態度可說。

加氏只主張簽字或則草案作廢，并沒有追北政府承認；照協定內容看來，大牢有利於中國，俄國所得的僅僅一個空洞的承認，那更可笑了。國人應當注意的，還是交涉的內容，政治經濟的實利，外交上的爲仇爲友，變化無定，甚麽國際禮儀，都是騙人的廢話。何況我們眼前所見的：像交民巷前安置的大砲，長江上下游各國無數的示威艦隊，安格聯高踞稅務司頤指氣使奴畜北京內外大小官僚，這都是外人對於我國『失儀』的地方更有甚於加拉罕萬萬，何以國人忍辱含詬，安之若素，獨逢這等小節便如此義憤呢？顯見得并不是由衷之言了。

最後我還要忠告大家的，像這些讕言，出自官僚及其走狗，自不足責；出自無知無識的記者，倒也能了，因爲他們終有明了之一日。

最可悶的是一班帝國主義者，他們本國政府有的已承認蘇俄，（如英意。）有的已暗中進行交涉（如日本，法國。）

但是一方面却盡力阻止中俄恢復邦交，他們亂造謠言，更不只此。甚至說「蘇俄併存蒙古」，鼓吹列強「援例」「干涉」，這些舉動，到底是善意

還是惡意，我想大家稍一思索，自然會明了的。語有之：「上兵伐謀，其次伐交。」他們正在運用這種伐謀伐交的手段，要使我國永遠陷

於孤立無援之悲境，永遠讓他們搜括財富的殖民地，凡有血氣的愛國同胞，又怎能輕率立言，推波助瀾，爲帝國主義者利用呢？

寸鐵

●○● 美商底廣告板 ●○●

華商到我國入境時的留難，入境後的苛待，生命財產時在危險之中，這是人人都知道的。然而美商在我們中國境內怎樣？請看上海美總領事致浙江交涉員的電：『……克勞廣告公司廣告板，被警察遷移一二，前准二月二日來函在案。現據聲稱他項廣告板亦被遷移；如果屬實，本署當嚴重抗議。且廣告係美商私有物，故其中如有遺失毀傷或損傷情事，本署惟地方官是問。』這種命令式的電報，不但無視中國之主權，並且拿中國地方官當作替他看守廣告的夫役！（杭州并不是租界，警察取締廣告之權，完全是中國之主權），並且拿中國地方官當作替他看守廣告的夫役！

（實人）

●○● 護教的北政府 ●○●

基督教在中國，明明是帝國主義之先驅與爪牙，中國所受的教禍，三天三夜也說不盡。現在北京政府居然向蘇俄拒絕交還舊俄國有的教堂，不惜破壞有利於中國的中俄協定來爲俄國教徒保鑣，豈非怪事一？

●○● 英資是資本家與娼妓 ●○●

娼妓是資本主義底產物，是資本家底玩物，世界各國都是如此。

（實人）

英國工黨議員史萊爾氏質問殖民大臣：「其知許青年婦女爲妓，亦爲香港官員職務之一部分，政府對於此事，不知將有何行動？殖民部大臣答稱：『此種習慣，其目的純爲保護起見。』

（實人）

●○● 外交失利？ ●○●

上海字林西報論中俄交涉說：『中俄協定草案內容若果如十四日所公布者，……吾人苟欲究一較此更片面的協定，殆爲甚難。依此草案，凡俄皇時代所訂條約概行廢止，新約依一九一九及一九二〇年蘇俄宣言之精神而縮結，外蒙交還中國，駐蒙俄軍全部撤退，拳亂賠款退還作教育經費，中東鐵路實際上歸中國主管，在華租界及領事裁判權均取消，凡此種所換得之者，不過一空洞的承認，而此承認俄若得之於兩年前，尚可利用之以實列強，今則并此利益也沒有了。』然而愛國的上海新聞報記者却大聲疾呼『外交失利』。

（獨秀）

●○● 嗚呼改大！ ●○●

在主觀上，我們同然希望中國有許多大學出現；在客觀上（人才與經費），中國此時却没有多辦大學的可能，即已有的大學已前陋得不成話說。在此情况之下，偏偏南北各省學生都熱心思來做什麼改大運動，許多高等師範及專門學校，内中還有幾處極簡陋遠中學程度還不及的專門學校，都紛紛起來要求學校改辦大學。

青年們！你們這樣重名忘實的運動，說你們要求『改辦底大學』，不

如說你們要求「改稱」大學！

青年們！你們這樣重名忘實的運動，與其要求學校許可，不如要求漆匠店改做一塊校區便得！

青年們！你們的目的是在學問，大學不大學有何關係？你們倘不

南京通信

嚮導記者：

我現在又飄泊到南京了。誰敢說明天不又到別的地方去了呢？人生真不可測喲！粵地近況何似？

南京是個奇奇怪怪的場所，人們卻多稱它是東南文化之中心地，甚至說這邊的市政，民治……乃至於軍閥都是可作模範的。內地來此讀書的可謂肩摩踵接，絡繹在道。但它究竟怎樣呢？讓我來略略談談。

一、軍閥與政治——當這個奴才武人專政時代，我們簡直可以毫不加考慮地說，三千三百萬方里廣大的中國，到處都染徧了洋大人和奴才武人們底蹤味，到處都給直接或間接蹂躪得不堪而無一片乾淨土了。何況洋大人們飲馬的長江口，北洋軍閥虎踞的重鎮，南京這個所在呢？哪兒會有政治可談？實權操諸北洋軍閥底掌握，背景裏有研究係在搗鬼，實在談不上什麼政治喲！

注意物質的設備（實驗室圖書館等）及師生兩方面之學力諸條件，一味的保望目的希望「改稱」大學，你們這種虛榮心，怎不令愛你們的人們痛心疾首！

（獨秀）

便久也不願參與了。甚至於還有因此稱他底寬仁之政的，雖則捧大令的保安隊已同時成羣結隊着彈不住地到處眈眈尾隨着呀。

他既然乘了曹三收買豬子議員的機會供奉了百萬元搏得了所謂巡閱使的頭銜，又連絡了杜錫圭以圖制吳佩孚底死命，這是人人知道的。現在九龍二虎之力找來了溫樹德拚命地從中祖護，弄得吳軍閥費盡他又在討好於曹傀儡想掠奪長子（吳佩孚）底實行過起他們底副大總統的糦來。明眼人誰不曉得這個？

這次馬聯甲蔡成勳所以都廿拜下風擁戴他倆底巡閱使的緣故有三：第一，與軍閥野心太大又不能容人，天天唉使孫傳芳去霸佔江西，弄得蔡成勳坐不安席臥不安枕，馬聯甲也想不擁齊的好。第二，齊不連絡這幾省，他啣在口裏的一塊肥肉，是易給吳佔布掉的。第三，曹锟也樂得如此，以分在他肘下跋扈的長子底勢力，何況齊又曾時留心去表示隋楊廣式的孝敬於他呢？

寒假中馬聯甲在安慶排演好幾幕改革教育的滑稽劇，大概八人都知道一些了。我也不必細說。我單就幾段頂有趣的吧！一●他想把甲工和甲農歸併。二●他以爲安徽各校中「最好的要算蕪湖口口女師」（是乎就根據了他的「北大南高底學生太新不可要」的原則，請這位校長先生也走路——雖則在一般人看起來南高分子是十分沉悶呀！三●他當着學生會照例舉行故事遊行示威的時候，齊軍閥表面上向持不干涉主義而晤晤中實行捉拿。雖則每次學生會開會時總有警察去監視，學生們並不覺得這是干涉。佢們多墮入他底奸計了。

空跑一陣，威一點也示不出來，猶之乎「持刀斷水」擧艇擊空一般，，馬聯甲恨死了安慶學生專門同他搗亂。他底新仇舊恨都要在此時報

復一下。所以他一定要驅逐安慶教育界向佔勢力的某校校長叫做什麼徐泉甫的出境，一直到他央人懇求，費了押，其了保證書擔保他底學生從此不鬧風潮（就是不反對他底橫行）才了事。這是向來有過的奇聞麼？四，五，……凡此種種，也許竟全出自馬聯甲自己底心裁，但是馬聯甲這次從蚌埠到安慶時會親身來南京請教過的，這是人人所曉得的。並且他底難弟現在就住在南京便不時請教於齊軍閥，轉遞命令式的消息給乃兄哩。可證這多是齊軍閥底指使了。

可是內幕雖然如此，一般人怎樣在談論呢？我親身聽着幾位安徽籍的大學生說『都像江蘇督軍倒還不錯！安徽，唉，真倒了馬聯甲的霉！』安徽覺不曾有過一個好督軍！『大布與人皆有兄弟我獨無』的悲傷的神氣。這固然由於書呆子學生們腦經太簡單，也由於齊軍閥善自韜藏其狐狸尾巴唎——

一切的軍閥都不過是紙老虎，戳破便不值半文錢。而尤以當今的軍閥變元爲甚。他猶之乎前日的湖北王占元一樣，王占元有心腹兵！師而一敗塗地了，他呢，親信的不過一旅。

唉——這些黑幕重重的詭計險謀，怕都是他們所謂的政治行爲吧！

......

二●教育與文化——武斷些說，南京教育界底空氣同華盛頓，紐約沒有什麼兩樣：第一，這裏所謂鼎鼎大名的教育家都是美國留學生，但們也許是爲了報「師恩」，但們認爲美國是可親的，甚至還有以爲美國一切行動都是對的（資本帝國主義當然也是可以的）。但們言必稱歐美，尤其是脫離不了美國。但們講起書來口口聲聲稱美國鄙視中國（因有時候但們也說出不滿意中國現狀的話）。美國人做教授固然是如此說，中國人做教授也是如此說。但們口中的歐美或美國算是孟軻口

中的堯舜了。唉！華盛頓或紐約的大學教授們蔑視中國的神氣也不過如此吧？

第二，所謂鼎鼎大名的教育家們多是基督徒。但們對於「中華歸主運動」都直接或間接地盡了不少的力。前年非基督大同盟澎湃一時的時候，但們男女老少都誠惶誠恐地聚議：或則分途講演，或則四出張羅……。新近風麾一世的平民教育運動（其實還平民識字運動最低的限度都沒實際辦到）內幕主持的不過是幾位有名的基督式的教育家。至於南京平民教育運動，可說要旁落在基督徒們手裏。基督徒們利用了這個千載一時的機會底實現但們的議決案：從中小教育上下手，

所，其他青年會，會堂等等根據地尚不在內。這四十三所學校內有小學二十九，中學十一，大學三。青年男女們受但們誘誤的機會可算多極了。華盛頓或紐約基督徒之盛行也不過如此吧？……

除了一般基督徒學校以歸主爲教育目的和少數學者以研究學術爲教育目的外，其他的所謂教育家們天天上堂拍賣「外貨」；中學教員，拍賣 新貨」，小學教員呢，便只得「新貨」「陳貨」一並推銷了。但們生活是懸空的，所以就忘了社會現狀。但們對國事的態度，猶之乎鄉里貧困的懶民一樣，一直

住到小小的茅棚搖搖欲倒，決不設想努力建造一座新房，却祇顧續地在牆後增加了無數的撑支的木頭，今天向這個頑童作揖請不要搖動這些木頭，明天向那個浪子叩頭請不要拔去了這些木頭。但們是這等昏憒。所以就弄得多數學生們同發附和着對於齊軍閥「欺功頌德」。

在這種教育狀況之下，文化運動的情形可想而知了。舉個顯明的例吧，婦女運動是多麼重要的事，但是這邊超全體學生三分之一的女

學生，却個個都是小姐太太式的婦女。女子剪了髮是多麼方便的事，但是在南京街巷往來的剪髮女子，沒一個不是外省人。男女同學是多麼經濟可行的事，但是佢們底議會通過了中學禁止男女同學的議案，到如今還沒會有一個人說一句話。當着佢們崇拜的美國總統威爾遜出風頭的時候，佢們尾隨着高談德謨克拉西，一直到現在還餘下繽紛地爆竹般的聲響。再如，佢們對於戀愛的觀念，不必說是以美國爲極則了。——

三．平民與勞工——南京思想界雖給美國的拜金主義酺醉了，可大多數對於政治漠不關心，因爲佢們知道美國學生除了熱心打球跳舞外是絕口不談什麼的。因此文化運動到了將與黑幕下的武人政治接觸衝突時，便戛然終止了。所以南京青年界底空氣就同隆冬冬眠的龍蛇也似的，死了一般的。——藉此種種可見一般了。

也同其他各省一樣，有時督署下了一通上論到省署，省長再拜而受了就轉到警署或教廳，人民們底集會結社言論……等應享的權利便給剝奪得血肉橫飛了。堂堂自負不凡的大學生們也都嚇得魄不附軀跑到自修室裏去抱起書本扮出埋頭讀書不問外事的用功底樣子，以固其在學校裏底地位。教人看了這種情形，真是又好氣又好笑。警署也和省署一樣，很殷勤地拍他們底齊督軍底馬屁。這在全中國本來是極普徧的現象，沒有什麼可怪的。近來又將北極閣一帶換上了武裝警察，做出愼重其事的樣子。到處墻垣上塗上了粉壁黑字，有什麼『禍福無門惟人自招』，『有忍乃有得，有容德乃大』，『豹死留皮，人死留名」……凑出昇平之世底景象，務求人民們更是「不識不知，「順帝之則」好做他們底齊督軍底馴良百姓，而後才敢安枕而臥。民國是什麼，他們決不願與聞的。

是資本主義並不發達。其經濟狀況同歐洲十八世紀以前的寥落荒涼的都市沒有什麼兩樣。談起平民底地位和勞工狀況來更是可憐。南京勞動界底狀況呢？除了令記洋行（在下關）外簡直可說沒有大規模的工廠。造幣版要算第二。省立第一工廠，電話局，電燈廠規模都很小，用的工人自然也很少。自從歐戰終了之後，世界經濟情形變更，令記洋行大受打擊，以前工人數在千人以上現在則不過三百左右，還天天謠傳着要倒閉。去年京漢鐵路二七流血後，南京齊軍閣把津浦渡輪上的百餘工人盡行撤換了北方人——督軍底同鄉（齊以同鄉名義連絡工人）。所以失業工人至少要在千人以上，弄得進退兩難，生活艱辛，自不待言。據說這些工人大多數上有老母下有妻兒。平均以每家三口計算，是南京這所荒涼都市已至少有了三千人以上因失業而受飢受寒的了。

此外尚有機房工人。爲數至少當在兩萬戶以上。作工者多女人及兒童。綢緞或布莊上分送各戶若干絲，織一尺算一尺工錢。因此佢們除了日夜加工多趁幾尺外，什麼慾望也沒有。汽車夫極少，馬車夫稍多，其中自然以人力車夫爲最多。人力車夫顏不易與接近。因爲失業的人太多了，他們絕對不敢在行主方面說一聲車租價太高的話。往往有父子二三人祇有一乘黃包車拉，其不敢疏忽可想而知了。

照上面情形看起來，南京底對症藥是：（一）揭開齊軍閥底假面具，（二）促進青年學生覺悟和團結並助長其反抗性，（三）勸勉青年學生担任平民學校教務以助長民氣且殺基督徒勢力，（四）宣布基督教歷史上的罪狀並揭穿其黑幕，（五）在下關開設平民羣校專教合記及失業工人並酌設法介紹失業工人到上海漢口……各工廠作工。

再談

園丁三，二六。

The Guide Weekly.

導 週報

分售處

定價

（中華郵務管理局登記認爲新聞紙類）

一九二四年四月十六日

每份三分全年大洋一元三角半年七角

國內郵費在內

巴寅上武
蜀州海昌

杭昆濟阿新
州明南陽鄉

杭汕南沙
州頭波...

丁上中時共文古寶中
卜海智華進化今亞明國
智書深報書書書書圖書
書報店社社局社社報局
社

第六十一期

每星期三出版 發行通訊處

北京大學第一院政治系馬君武先生轉交

賣存安轉校課發政院一實伯

時事評論

上海租界三大問題

獨秀

上海租界近來發生三大問題：(一)是公使團要求推廣上海租界，以爲交還會審公堂的條件；(二)是工部局在本屆納稅西人會提議取締印刷品之附律；（三）是工部局在納稅西人會提議增加碼頭捐。

會審公堂初只爲華洋間相互訴訟而設，按洋涇浜條約，權限範圍，本有明白的規定，自辛亥革命時，領事團藉口民國政府尚未得各國承認，攘爲己有，途至完全華人訴訟，也須聽領事裁制，視租界爲他們的屬地，違背約章，侵犯主權又在普通所謂領事裁判權以上；上海領事團所享此種非分之權，本應據約取消，因何理由須以推廣租界爲交換條件？而且公共租界永不推放，也載在條約；他們向中國索取庚子賠款，不許中國自由增加關稅，不許中國禁止棉花出口，都是口口聲聲責備我們須遵守條約，何以他們對於上海會審公堂之權限及推放公共租界，便不說遵守約法及其他法律一樣，凡是與他們有利的，他們便抬出來壓人，與他們不利的，他們便悍然不顧了。

可見帝國主義之責弱小民族遵守條約，也和軍閥政府責人民遵守約法及其他法律一樣，凡是與他們有利的，他們便抬出來壓人，與他們不利的，他們便悍然不顧了。

「租界不是英美的屬地，住租界內之華人仍應受中國法律之支配，也載在中國與各國所訂的條約」，所以一八九九年推放租界時，上海道曾以告示一紙附於致葡總領事兼領事之公函中，曉諭公衆，該告示中明說：「所有租界內關係華人之一切章程，如未經當地中國官廳認可，不得發生効力。」(此公函會載一八九九年工部局報告册第二六二頁)。工部局自己也知道，外人來中國通商，沒有代中國政府及國會來制定法律之權；所以他們將要提出的印刷附律，擬附在洋涇浜章程三十五條，名曰第三十五條甲。我們以爲不但三十五條原文，乃取締馬車疾馳，與印刷毫無關係；而且此項洋涇浜章程，從來未經中國政府批准過，根本上不成爲法律，今所謂印刷「附」律，試問「附」在何種法律上面？因此，我們可以說：此次印刷附律，即使通過於納稅西人會，並究得上海領團北京使團之核准，也只對於西人營印刷業者有效，中國人沒有服從之義務；兩爲上海租界還未割讓給外國做他們的屬地，他們絕對沒有自定法律來責罰中國人服從的權利。工部局對中國

印刷業四所總代表說：「如華人對於工部局行政有不滿者，盡可移居租界外。」四代表應同道：「上海是中國的領地，中國人當然有居住的權利；如外人對於中國人反對印刷附律之舉動不滿意，盡可移居中國外，不來中國經商。」

碼頭捐原定照貨價抽捐千分之一，現在要改為照關稅抽百分之三（照關稅現制，常貨值千分之二‧五）。當此工商業不振之時，照舊額加捐一半，以後還須隨着關稅增加，固然是商民負擔太重；根本問題還是：在中國領土之內，在中國主權之下，外人可任意收捐并加捐，而中國官廳收點紙烟捐，他們反出頭抗議，這是何等喧賓奪主的世界！

我們忠告上海市民的是：『此次三問題，都還是枝葉問題；根本問題是要取消租界，取消領事裁判權，無論英法日俄美德等何國人，要想在中國經商，必須以服從中國法律，遵守中國稅則，不侵犯中國國家司法與收稅的主權為條件。』

上海市民對此三問題的反對運動，甚為熱烈，加入運動的有二十五個商業團體，我們的同胞已漸漸的醒覺了！

法意今後的政局　　公人

在前幾天的路透電所載：法國普恩貿軍新組閣，並得到國會多數通過信任政府案；意國墨梭理尼亦得到國會多數通過信任政府……，這兩國底現時政府好像日趨於穩固，顧值得我們注意：普恩貿是法國資本帝國主義者底代表。占領魯爾，壓迫德民，擁有最大之陸軍和世界第一位的飛艇，仇視蘇聯，是他底根本政策。占領魯爾的所得反不如所失，且徒增加德民仇法的惡感，增加英法間的衝突，使本國已形凋敝的財政，維持如此重大的軍事，影響於佛郎的價格日益暴落，引起國人對於現政策的恐懼和對於現政府的疑慮。假如新進派此時勢力充足，準備完善，普恩貿早已被推倒了。

已成險惡的法國政局，新進派既沒力量起而代之，其他各派又沒胆量擔此無法可救的法局，如是早當崩潰的普恩貿內閣，得以苟延生命。在此苟延生命的期內，其政策當然無什麼變更，德民當仍受之對遭的壓迫，我們極希望法國底新進派，在此期內努力準備一切戰鬥力。

墨梭理尼是意大利西斯特底首領，在法西斯特勢力之下底意大利國會，當然是墨梭理尼底附屬機關。以墨梭理尼底附屬機關而通過於信任政府案，不算什麼一回事。如此，我們可以斷言意大利若不經過一次革命，政局必無多大變更，法西斯特在政治上必日益專橫。

英工黨住屋提案之失敗　　仁靜

英國工黨自奉英皇之命，組閣執政以來，首先即有不做美的鐵路工人發難能工，以次船港工人，電車工人的能工相繼而起。英國工人見代表自身的工黨得勢，以為有改善自己的境遇可能，要求增加工資，這是理之當然。但英國工黨得自由黨大工業家之奧援而組閣，如何敢過分援助工人以開罪自由黨？他既因怕自由黨反對而為英國會反對。……最低工資案，即其已提出之利於工人的收回住屋案亦為英國工人所……最後工黨政府努力遷就自由黨的意見修正條文，至完全失去原提案的本意，亦不免自由黨的攻擊以至失敗。可見工黨政府的政策要合自由黨的脾胃的才能在議會中通過，有一點違反意旨的行事，自由黨即要大掃其臉。工黨在英國將來的成就就可想而知了。

太戈爾的國家觀念與東方

瞿秋白

東方的詩聖太戈爾來到中國了。東方的偉大民族，印度和中國，各有幾千年的文化，幾千年歷史，如今同處於西方壓迫之下。東方的事人來到，又有怎樣的妙論教導我們呢？縱使我們受過一二千年的佛化，相信「返於梵天」的真理，──然而我們已經竭力向後退走，走了二千年，結果卻落得儼似天羅地網的中國，輪船火車載着一羣一羣的刼賊來掠奪我們。這當然不是什麼梵天，並且連東方的舊態都已經失去了。真使我們大惑不解！究竟怎樣才能返於梵天呢？孔子的仁義，未必遜於太戈爾的廣愛；老莊的以退為進，未必不同於太戈爾的和平運動。然而中國聽了他們的教訓，到如今仍舊在西方的刀俎之間，而且仍舊自相殘殺不已。究竟世界的無國家的理想社會怎麼樣纔能實現呢？難道仍舊是天天向那一羣羣的刼賊宣傳仁愛？太戈爾來了，請他告訴我們罷！」

★

「太戈爾的意思，以為西方的毒害純粹在他們的國家主義，我們東方向來不知道國家的，──這是東方世界主義的使命。」

誠然不錯：「我所要說是：無論你怎樣看她，印度最少有五千年的歷史，勉過和平的生活，思深慮遠，沒有政治，不是國家，她唯一的野心在認知世界為靈魂世界，時時刻刻在和善的崇拜精神裏生活，在我們和這精神崇拜有一種永久的和韻人的關係的感覺裏生活。」此印度對於她古史中所有一切戰爭陰謀和詐欺，向來是袖手旁觀；因為她的家庭，她的田園，她的寺廟，她的學室，她的鄉村自治──凡⋯她們好像天上的浮雲，忽然幻作紫色，忽然變作黑色，是她所不注意的」（太戈爾之西方的國家主義，下同）。

★

「東方的民族，沒有發展到資本主義，沒有複雜的經濟生活，當然沒有政治的嚴密組織，不論是平民是富豪，都還用不着政治的手段來調節經濟，以求達自己的目的。可是到了現代，印度和中國都已受資本主義的客觀的支配，滾入世界政治的旋渦。難道還能絕不注意嗎？統治印度的，表面上雖是英國的國家主義，實際上卻是英國的資產階級。那大不列顛的國家愚英國資產階級的組織。他們很有系統的，很有組織的成一強暴的力量，統治着印度。不但如此，他們還能把印度人糾在這一組織裏，來統治中國人，──譬如上海的中國人，──印度人現時已經在英國『以夷制夷，以漢治漢』的組織裏，而他們卻還想着，以為自己并不受狹隘的國家主義之毒。他們的聖人還勸他們回歸自然，『不要政治，不是國家』。誠然呵，印度人那裏還有自己的國家。上海實興路有所謂紅頭阿三的總會，裏面一樣的供着佛像，一樣是恬靜無爭的世界，仍舊是古代渾樸的印度的小影。自己不組織起來，去反抗強暴的英國組織；那就祇有任受英國的組織，做英國的機械，──而一方面却夢想着『家庭，田園，寺廟，學室，鄉村自治等等實實在在地附屬於她』。

「僅僅對於政治不注意，對於國家不注意，便算是世界主義嗎？國家的組織固然是種種罪惡的表現。然而他并不是一個抽象的制度，他

是代表二階級的統治權。若要反對國家，首先便應當反對那些根性上不能沒有國家的階級制度。然後從客觀的經濟制度上求那怎樣消滅階級的方法，階級消滅，國家才能消滅。

太戈爾批評國家主義的謬誤，誠然是很合理的，

，—— 他說：『當這國家（西方式國家）來統治我們以前，我們已經有了別種外來的政府，這種政府也像一切政府，都有多少機器的原素存

在裏頭。但是這種外來的政府和「國家」所設政府的異點，好像手機械和力機械的異點。就手機械的產物而論，人們手指的魔力得以表示出

來，而牠的輪廓也能和生命上的音樂調和，但力機械的生產是無生命的準確的，而且單調的』。

那所謂『手機械』生產裏的生命上的音樂調和以及手指魔力的表現，—— 我真有些不懂，難道是指東方式國家裏的賢君仁主？我們不能

直接返返於梵天，便暫時應當先囘到東方專制制度去嗎？那就中國現有的閻錫山，椆增新已經算是理想的君主了，—— 太戈爾的勸導豈非多

事。幸而好，太戈爾的最終目的不止此。他不過借此咀咒那所謂『力機械』的現代式國家罷了。

其實手機械式的國家所以變成力機械式的國家，正因為經濟生產的手機械真正變成了力機械。手工業變成汽機工廠的工業了。印度小

手工業者的地位被英國大工業家完全占去了。國家是這些大工業家的組織。要反對這種西方式的國家，必須組織那些漸漸破產而變成工人

的印度各工業者和小農，使他們成一強大的力量，足以推翻英國的大工業家之政治統治。英國大工業家的國家對於印度平民自然是單調的

，無生命的。然而他對於英國大工業家卻很便利，很順手，很有效用。

太戈爾卻說：『當這種政治和商業的組織——牠的別名就是國家！犧牲了高等社會生活的協和而極強盛時，牠實在是人類不幸的日子；

—— 當父親變為賭徒，不甚注意他對於家庭所負的種種責任的時候，他豈在不是人，是受貪心支配的一種自動機。那個時候，他會做出他心

裏狀態平常時所不肯做的事。』這裏太戈爾給國家下的定義所謂『政治和商業的組織』—— 非常之正確。然而他自己卻這看這種商業組織……「國

家」是人民的父親。這種「父親」，難道還有平時心理所不肯做的事？英國資產階級決不是印度的父親；他對於印度，除竭力剝削以外，並無任

何責任，—— 他有那一件事是平時所不肯做的！他又何必不犧牲高等社會生活的（？）協和呢？太戈爾以為國家僅是一個抽象概念，道德亦是

一個抽象概念。所以他以國家與道德相對待；以為道德的唯一阻礙就是國家，—— 就是西方式的機械國家。他以為祇要沒有機械式的國家，

人的心靈便能自由發展了。殊不知道人的心靈要有組織有規律之後，才能真切的感覺道德上之責任心。若勞動者的組織力量充足，譬如工

會工廠，以至於能自己組織國家，那便是反抗資產階級統治的偉大力量，—— 那樣的國家，對於平民不但不是機械，而且真是自己的工具

；然而他對於資產階級卻成了約束他們的機械了。正如現在的國家對於平民是束縛人性的機械，裝出很輕蔑的樣子，對於資產階級卻是稱心如意的『心腹』。太

戈爾自己說：一總督不必懂我們的方言，不必和人民發生個人的接觸；他們站在遠方，裝出很輕蔑的樣子，能夠鼓勵我們的意氣，這就因

為我們的志氣，他們會引我們到某條政策上去，然後又藉官場中繁文縟體的作用把我們拉囘來；英國報紙登載倫敦市街上的消息，都存有

多少悲傷的感情，但是對於印度的大英狠少注意。」英國資產階級的國家對於「自己」豈不是狠關切的？然而太戈爾還不信國家的實質是資產階級，——絕頂聰明的詩人，明明知道(？)真實，却爲情感主義所犧牲：只肯反對制度而不肯反對人(階級)。

因此，他雖反對國家，却不肯反對英國人。她菲且倒造了偉大的文學。他說：「我對於大不列顛族之爲人頗有一種極深的親愛和尊敬，但鑒這國家而論，牠實在是一層密霧，把太陽遮住了。」……反正都是一樣，可以不必反對英國民族，壞的祇是英國的國家制度，所以他說：「我們的政府儘可以是荷蘭的，法蘭西的，或蒲萄牙的」……反正都是一樣，可以不必反對英國民族，祇要反對國家制度好了。實際上說來，現代的英國人已經不是一個抽象的民族……祇有這種方法是反對國家制度的第一步。既有階級的社會裏，要保證平民自己的國家，

英國的資產階級和無產階級，你須令印度平民亦得有同樣的工具去反對他，英國資產階級的「美德」和「偉大」祇是他自己的優點，他所以能克制印度的工具。你不特敬這些美德，你須否認國家制度。

既有組織的行動能直接去反抗壓制平民的資產階級，——非有組織不可，因爲強暴的資產階級是有組織的。那就平民祇有組織起來，逐步消滅階級的差別的時候，——國家才能完全消滅。可見要想越過「反對英國人資產階級」的一階段，而直接否認國家制度，——必定不可能。

太戈爾反對國家制度的步驟，却正是如此。姑且讓一步，間他反對國家制度的方法究竟如何呢？他說：「我曉得你們的忠告是怎樣。你要說：「把你們也組成一個國家去反抗這國家的侵略。」但這是一件忠實的忠告麽？……爲什麼這是一件必要的事？……難道你一定不必這樣？……假使逼迫勞動平民不以果決的手段來組成一種力量，永久是沒有辦法的。

器要和機器，國家要和國家，作政治上永久的戰爭麽？」既如此，他是不以政治上的鬥爭方法爲然的。其實假使逼迫勞動平民不以果決的手段，那就反對一切列強須有平民的利益，——國家才能完全消滅。可是在有階級的社會裏，要保證平民自己的國家，加政治鬥爭而取得勝利，那時，總眞使資產階級內部的政爭及各國資產階級之間的戰爭永無止境。太戈爾的意思却以爲祇要「讀孝經退賊巾賊，」他說：「現在已到了一個時期，當這時期歐洲爲了全世界被壓迫民族的利益，列強居然能爲着他們奴隸的利益來廢除國家嗎？奴隸自己不組成一種力量，永止境。太戈爾的意思却以爲祇要「讀孝經退賊巾賊，」他說：「現在已到了一個時期，當這時期歐洲爲了全世界被壓迫民族的利益，列強居然能爲着他們奴隸的利益來廢除國家嗎？奴隸自己不組成一種力量，永全曉得國家一物是荒謬無理的。」好高明的哲理！歐洲的列強居然能爲着他們奴隸的利益來廢除國家嗎？奴隸自己不組成一種力量，永

「東方的精神文化，人家說是慈愛忠恕，——其實是宗法社會裏無可爭而不爭的心理反映。歐洲資產階級的社會基礎，在以競爭爲原則的資本主義上，——物資生產的膨脹，使他們不得不侵略，私有生產工具的大企業制度，使他們不得不建設「法律和秩序」，以保障資本的發展，鎮壓勞動階級。他們已經不能有慈愛忠恕，——如果有慈愛忠恕，資本主義便不能存在。祇有利益相同患難相共的勞動者，——若能有組織有系統的結合，——才能表現眞正的慈愛忠恕勇猛精進的精神。宗法社會的慈愛是家長或君主的恩惠；勞動平民的慈愛是自己的團結。如今太戈爾祇希

與資產階級賞賜和平，賞賜自由，却怕組織自己。假使中國人還願哀求苦告的乞人憐惜，——那麼，快快跟着太戈爾去哀求資產階級了解

『國家是荒謬無理的』能？假使不然……」

『東方和西方能否調和呢？無所謂東方，無所謂西方，——所以更無所謂調和』太戈爾若真是『平民的歌者』，『奴隷的詩人』，——他應

鼓勵奴隷和平民的積極，勇進，反抗，與奮的精神，使他們親密友愛的團結起來，頗掮資本主義的國家制度，——『有組織有系統的經營

自己的共同生活；爲鎮壓資產階級的反動起見，在最初一期，尤其應當組織自己的國家。這才是眞正向世界的文化的道路。然太戈爾却

『然，他却想調和東和西。怎麼是西方的優點呢？他說：『我們必須承認當前此「人的政府」時候，也有過暴虐，不公道和勒索種種專情；

還種種專情惹起了許多痛苦和不安，幸而我們現在已經救得救了。法律的保護不但是一種恩典，并且是我們一種有價值的教訓。這種教訓是

文化的穩固和進化的繼續所必須的。我們從法律裏可以看出世上還有一種普遍的正義標準，無論那一階級和那一種族的人，對此都有他們

的平等要求權。印度現政府中這種法律的統治，能夠在這種種族和習慣各不同的民族所住的大地內維持秩序。……但是這種對於印度

各種族間有了一種共同的友誼的希望是西方精神的事業，不是西方國家的事業。……』此處太戈爾陷入絕大的矛盾。法律和秩序旣然

是西方精神的事業，却又不是西方國家的事業——法律可以離開國家制度而存在嗎？法律和秩序旣然容許無論那一階級無論那一種族的平

等要求權（？）——太戈爾又何必反對國家制度呢？慈愛忠恕和法律秩序誠然是有互相調和的可能和必要，——然而祇在勞動階級絕好的

裏。若是資產階級對於勞動階級，那麼，太戈爾旣要求他們慈愛待遇，又請他們以法律制裁，——太戈爾不是資產階級絕好的『王者之師』

嗎？怪不得中國人這樣歡迎他，原來他和孔孟是一鼻孔出氣的。孔孟游說諸侯，原祇爲貴族說法：『你們待平民好些能，不然，平民就要

作亂的。你們快些嚴設禮法，不然，平民就要紊亂秩序。』

★

太戈爾先生，謝謝你，我們國內的孔孟多着呢！

★　　★

★　　★

一九二四年四月三日

中國人的言論自由與外國人的政府

巨　緣

中國人的言論自由本來就沒有保障，不用說什麼暫行刑律上有種種取締限制的辦法，使受壓迫的人民敢怒而不敢言。而且在法律之外

還有中央地方的大小軍閥隨意摧殘。如今更好了——外國人的政府居然也來侵犯中國人民的言論自由。讀者諸君，不要以爲我所謂『外國

人的政府』是在華盛頓或倫敦，他却在我們中國上海——就是工部局，工部局儼然是上海政府，一切收稅警察等權完全歸他掌握，——但

在租界裏的中國人，（雖然前淸的遺老，革命黨的亡命客曾經冨租界是世外桃源）——而實際上却完全變成這一外國租界政府之下的臣民，

一切都唯命是聽。

這次工部局取締印刷品的議案根本要想壓迫租界內的言論自由。各商界聯合會已經抗議，滬西四路商界聯合會的決議之中更有『......促進收回治外法權，撤銷會審公堂』的宣言，中國市民公開的反對外國政府，這算是第一次。可是，外國政府對這種抗議的態度是怎樣呢？

請看：

書業商會，書報聯合會，日報公會，書業公所的代表去和工部局『交換意見』，工部局叵他們道：

『此案事在必行，......如華人對於工部局行政有不滿意者盡可移居租界外呵！你們真正移出租界去呢？還是......』

工部局的意思是說，租界早已不是你們中國的領土，由不得你們，——我們要怎樣便怎樣；你們若不願意，滾出去罷！已經亡國的上海市民呵！你們還是低首下心的去訴苦呢？還是......

同時，商務中華的代表去，工部局又對他們道：

『工部局不能於此時因代表來說而改訂此項議案。唯此後關心於此事之人，如以為因印刷人註冊而遭困苦，則工部局隨時肯聽人訴述苦處......』

是了！中國人居住在中國境內，言論出版而不得自由，要向外國人訴苦！工部局肯聽中國人訴苦，已經是深恩厚惠了。已經亡國的上海市

寸鐵

美國駐華海軍

朱兆莘電北政府：『英對威海衛條約不允讓步』。法國對金佛郎案要求正在猛進。美國議會通過了加造駐華兵艦的議案，三月二十日馬尼拉電江示威。『美國驅逐艦十二艘將於四月間赴華』。四月五日上海時事新報京訊：『美國巡華海軍楊子江總司令麥克維氏說：吾美在長江海軍之最大目的，甚得中國商人之信任心......地方當局對於吾海軍之信任及感情甚當也』。林長民說：『鄒意如蒙古所駐俄兵不允撤退，對俄非惟可不承認，即可不必與之交涉』。我們很敬佩林先生的愛國熱忱，我們稽了！

（獨秀）

部落主義與世界主義

人類社會之政治觀念及組織是由部落的而國家的而世界的，印度及中國民族之非政治非國家的觀念，是由不進化的部落主義，不是由更進化的世界主義。部落主義和世界主義雖然都反對國家主義，而其立腳點卻大不相同；還在部落時代的中國人印度人，遠沒組織近代國家的能力，至於國際的組織大家更是未會夢見，若見他們反對國家主義，便說他們是世界主義，實是天大的笑話。

部落生活的印度人中國人，世界知識簡直等於零，他在國內國外，關於國際的運動，也簡直等於零；若說他們是世界主義者，未免太滑稽了。

并希望他們對於英法日美都取同樣的態度！

（獨秀）

讀書時代不許干政

北京學生，去年因為反對軍閥而請求外交團勿承認曹政府，卻被外交團向曹政府告發他們；現在又因為贊成速簽中俄協定而到洛陽去請願，卻被吳佩孚拒絕，并傳諭讀書時代不許干政（見四月十日申報）。

北京學生們口裏雖反對帝國主義的列強與軍閥，而實際行動上，仍想在列強或軍閥勢力之下討生活，這是何故？

（獨秀）

帝國主義者制取殖民地的公式

申報記者心史說：『蒙古習於階級制，汪王公之勢力未墜，又有黃教喇嘛輔翼之，蒙人既懾貴族之尊嚴，復堅佛教之信仰，雖在平民，及今以蒙收蒙，尚未至不易收拾之境；中國之馭蒙，蘇俄之結蒙，結其平民，而平民之可與蘇俄相結者實為少數，此今日千鈞一髮之時會也。』又說：『對此藩部之告急，宜如何剴及屢及，以負宗主國之責任。』心史這前一段話，的確是蒙古的實情；後一段話，十分誠實無欺，不似別的新聞記者，心目中對蒙古分明是懷抱着藩部與宗主國的觀念，而口中還說什麼五族共和的假話，并不顧有人說他們是理藩政策。扶助貴族軍閥宗教等舊勢力，摧殘平民的新勢力，以這義制收本版某某主；者國某敗帝殖民地半殖民地的公式；但是可憐的中國帝國主義者，以前李鴻章袁世凱曾應用此公式於朝鮮（即勾結宮廷與東學黨摧殘新黨）而失敗，現在還想應用於蒙古哩。蒙古的平民呵！中國的平民呵！……

（獨秀）

有人問我：『中國人對於肯以權利歸還中國的俄白黨，反極力供給援助，這是什麼心理？』我說：『千不是萬不是，都是蘇俄自己的不是，誰叫他們不而對於反對蘇俄以權利歸還中國的俄白黨，十分疑謗；誰叫他們不要皇帝！』

（章龍）

要皇帝！

三位一體的國故孔教帝制

國故大家葉德輝，他曾著瓔教叢稿，他曾奉湯薌銘的命令為袁世凱包辦湖南籌安會，他現在又奉葛應龍抵湘後，陸薌發現之誹謗憲之文字，湘紳葉德輝論省憲『自洛代表葛應龍抵湘後，陸薌發……如前此之列名者，全為「孔道學校」之教職員，「復辟派」「王湘綺門徒」與「葉沉瀣」氣者』。國故孔教帝制，本來是三位一體，葉德輝康有為都是這三位一體，已為外顧所收買，今日在議會中大發其堅持三點之論調，并申述其不許國民談改建共和問題，否則嚴懲。

四月七日上海商報北京通信中說：『研究系之藍公武籍忠寅一派，更不足論，至滬上方面，則某報駐京記者張某，已於昨日由外交部實任主那，（見當日命令）』原來如此！

（為人）

申報九日北京電某公使說：『臨城案賠償全案，中政府不能將第二種間接損失吸援；因去年曹來京，外交團觀見問題（）發生爭議時，中政府已承認甲乙兩種賠償，因之甲乙兩種賠款不能吸援。』堂堂一表的大口國公使，平日卽模倣樣，擺出莊嚴美妙的面孔，最講究的是國家榮譽，原來不過如此！

（為人）

四月十一日申報上長沙通信說：

The Guide Weekly.

嚮導週報

（中華郵務管理局特准
掛號認爲新聞紙類）
一九二四年四月二十三日

定價

每份三分全年大洋
一元三角半年七角
國內郵費在內

分售處

巴　上　武
文　海　昌
江　　　
杭　灣　
濟南　
寶　　
開　　
廣州　

丁　中　民
卜　青　智
青　年　書
年　書　報
書　報　社
報　店　社
社　社　　

文　古　晉　共
化　今　華　學
書　圖　書　書
局　書　報　店
社　社　社　社

嚮導週報
（第六十二期）

第六十二期

每星期三出版　發行通訊處

杭州　京　北京大　法政　馬坡　安輝
發行校　學一　第　敬曉
通訊處　安輝校　

時事評論

導淮問題與政治

獨秀

導淮和江蘇安徽兩省民生問題關係極大，我們應該舉起雙手來贊成，這是不須討論的；所要討論的乃是經費問題。

經費約需二千萬元左右，所謂中央政府或地方政府，都不願担負，遂仍舊提出借款的妙計。借款導淮之流弊，不但像十三日北京晨報所言（向美國借款三千萬元，蘇齊張謇及北政府各私得一千萬元。）十分要不得；即果借美款實行導淮，將置沿淮三省之地於美國勢力支配之下，那更是加倍的二十分要不得。華洋義賑會裏美國的偵探，想支配導淮事業已經十多年了。他們想壟斷導淮的工程，想支配長淮的運輸，想利用隴海鐵路，想開闢海州商埠，果如此一帆風順，海州將爲第二上海，而中國蘇皖豫三省腹地逐入大美國的勢力範圍，這件事并不是他們的空想，實在有此可能。

所以現在導淮當以不借用美款爲第一條件，至於是否蘇齊任導淮督辦，還不是什麼要害問題，因爲導淮督辦由財閥或巨紳担任和由軍閥担任，都是半斤等於八兩。我們主張應以江皖兩省每年精糧撥爲償還本息，向國內銀行團借款；不及十年，即可擬還清楚。南精本是東南數省人民不公平的特別負担，撥歸導淮經費并以後開發沿淮事業之用，本是情理之常。若說此項辦法必至牽動全省財政預算，牽動全省軍費，兩省軍閥政府如何能贊成；這便歸到根本上政治改造問題，不單是導淮問題。因此可以證明若不根本改造政治，別的事怎樣能夠着手進行？

誰是帝國主義者？

巨緣

最近幾天的報紙上我們可以看見：

一、外交團密議分區駐華艦隊辦法；

二、列國決意拒開關稅會議；

江蘇的紳士們未嘗不想在地方做點事，但總想避免觸接到政治改造問題，無論他們如何努力，將來的成績都可想見。

三、外人主張非三十年後不能取消在中國之治外法權；

四、日本想利用中國廉價原料及工力在華開設工廠；

五、英國商人主張堅持對中國商標法的抗議案；

六、東交民巷裏有擴充上海公共租界的陰謀；

七、上海工部局提出三案：取締印刷附律，取消交易所，增加碼頭捐。

這些非實顯然的告訴我們誰是帝國主義者，誰是我們的統治者，

「英美法日等列強派軍艦來鎮壓我們，拒開關稅會議使我們永久處於不平等的稅則之下不能發展實業，我們的保護自國商業的法律不得列強允許使不能實行，列強卻大家都想來中國開工廠辦路礦——中國的勞動者都要變成列強資本家的奴隸。中國難道不是他們的殖民地嗎？不但如此，他們一方面已經在上海實行統治中國市民，別方面還想逐步侵占中國領土——擴充租界。

可是有些人說，與中國協定歸還一切租界，取消治外法權，採用平等稅則的蘇俄也是帝國主義者。讀者想一想，究竟誰是帝國主義者呢？」

美國移民案與海軍案　　獨秀

四月十二日，美國衆議院通過峻森氏外人入境案，決定每年入境人數不得超過一八九○年在美外僑統計百分之二。照此辦法，日本一人無從入美，因此，日本駐美殖原大便向美政府嚴重抗議，日本輿論更爲激昂，竟有向美國開戰的論調。美國參議院本有和緩之意，乃爲日本大使恫嚇的抗議所激怒，十四日參院討論此案時，洛志氏痛詆此地係中國領土，外人可走，何本國人獨不可走？

日本抗議失禮，參議員波拉氏及其他共和黨與民主黨議員，均贊同洛

志之意見，以七六對二票否決委員會之修正案，十七日以五三對二五票通過和衆議院相同的移民案。

同時，十五日華盛頓電：衆議院海軍委員會贊成議案，許造每艘一萬頓之快巡艦八艘，每艘需費一千一百萬元；拜造砲艦六艘，每艘需費七十萬元，此砲艦專爲駐華之用。

我們第一要問：美國一面向中國抗議京漢路增加外人運費是差別待遇，他們限制移民是否差別待遇？

我們第二要問：美國限制移民（中國人當然在內），一面特造砲艦來中國駐防，這是何等差別待遇？

我們第三要問：日本人嚴斥美國限日僑不公道，他們排斥華工公道嗎？

我們第四要問：日本因爲海參崴逮捕日人，要和俄國開戰；現在因美國限制日僑，又要和美國開戰；日本到底有多大力量同時和兩國開戰？

麻木的北京城中一個兵　　尹人

華兵李義元於本月十三日晨，在北京使館界水關城牆上毆及英人康培爾，又同日毆及美人白馬雷夫婦和意人蓋斯墓利。而其毆及逼三個洋大人的動機，據順天時報所載：「該兵自毆及康培爾等被拘入使日以前（即星期六日），該兵游行於使館界城牆邊，欲登城縱覽，被城日巡捕橫阻，告以此處定章，非外人不能登城散步。該兵不服，且謂巡捕違犯，何外人獨不可走？巡捕遂以武力強其退出，該兵猶絕口叫罵，意圖攀登，巡捕乃將其拘束，送入使館界捕

房，轉送警署交遞所部兵營，經該營官長訊得詳情，責以軍棍四百。該兵受刑究憤，遂起抗強復仇之念誓欲手毆外人四百以償。今在押中猶謂一旦釋出，決定不後悔，必補歐足外人三百九十七名⋯⋯」

此事發生後，雖巳將該兵引渡警廳，依法檢訴，而英使猶極力要求於審訊之時，應許英員觀審，鬥毆小事，竟成國際交涉。然而外力布滿和麻木巳極的北京城中，有此一小小抗強的擧動，我們不禁敬佩李義元底勇敢和覺悟，以較那恭順洋大人和服從洋大人的官僚政客軍閥總長等賣國賊，不曾有『天淵之別』！

自從洋大人侵入中國以後，一般國民受了各國底教徒和國內吃教的教徒迷惑，受了外交系賣國賊等的宣傳，多視洋大人為神聖不可侵犯，使洋大人器張無忌，白日青天常在上海漢口各地，任意踢死我們的苦力同胞，毆打我們的同胞，是可空見慣，無故拘捕我們的同胞，酷刑拷打我們的鬧胞，凡此，他們都以為是司空見慣，我國巳麻木的人亦以為這不算什麼一回事！有些媚外的洋奴，甚至於仰仗洋大人的勢力來殘害本國底同胞，以致種種傷心可恥的慘案層出不窮。此次李義元僅僅毆打了毀個洋人，算得什麼！

前次陳國賢案英使要求觀審，現在李義元案又要求觀審，照此下去，租界上的使領裁判權要推廣到北京了！

國民黨左右派之眞意義

獨　秀

凡是一個大黨，內中總難免含有若干派別，簡單的分左右兩派，複雜的還分左右極左及中央五派，這是主義及政策實施時自然的結果。中國國民黨之改造方在萌芽，此時不但不應各懷意見，且實際的政治運動未認眞活動以前，也斷然沒眞的左右派之意見發生，即有意見，也不過是私的感情衝突，決不是公的左右派政見之不同。但將來國民黨在政治上實際運動豐富時，左右派政見不同，也是不能免的事。他們不同之點，所有者自然屬於具體的政策，此時我們還不能夠預知，惟那時採用政策之主張所以不同，必然由於兩方之出發點有一些不同的根本觀念，此不同的觀念，乃是左右派之眞意義。

將來國民黨左右派之不同的觀念，即不同的出發點究竟是什麼？我們可以說：採用革命方法的是左派，採用安協方法的右派；兩方的觀念不同出發點不同，兩方所採用的方法與具體政策，便自然不同了。左派的觀念與出發點，是忠誠的要買徹國民主義，對於任何列強與軍閥，終以羣衆的反抗為目的，而不肯出於根本的安協；右派的觀念與出發點，是急於急的勝利，甚至於是急於自己個人地位的成功，主張在與列強或軍閥安協之下，靠少數人的武力與權謀，獲得若干政權。

這是將來國民黨左右派之眞意義，照這個意義，左派乃是眞的國民黨眞的國民主義者，右派乃是拋棄了國民主義，實際上可以說不算是國民黨了。

怎樣才是國民黨的左派或右派，本應該是如此解釋，有人以為國民黨中相信社會主義的是左派，不相信社會主義的是右派」，這個觀念是完全錯誤。例如高一涵君前曾表示國民黨若採用社會主義他才肯加入；又如國民黨某君曾在廣州支部演說國民黨應採社會主義，否則便不是國民黨了。

是官僚黨；他們這些錯誤的見解，乃忘記了國民黨不是社會黨，忘記了國民黨的使命和社會黨的使命不同，國民黨的使命是各階級合作為國民的革命而奮鬥。國民黨固然也可以採用若干社會主義的政策，而他的使命究竟與社會黨不同，所以決不能拿相信社會主義與否為國民黨左右派的標準。而且社會黨的右派（即反對革命的改良派），在世界革命的工作中，其價值遠不及國民黨的左派，尤其是在殖民地半殖民地。

因此，相信社會主義的人也肯加入國民黨；但他們加入國民黨，是為國民革命而加入的，不是妄想赤化國民黨利用國民黨來做社會主義的運動而加入的；因為真懂得社會主義的人，應該很明白國民黨的分子及使命和社會黨的分子及使命根本不同，不是可以隨便去瞎來的。

社會主義者在國民黨中，理論上固然應該屬於左派，但事實上將來是否左派，還是個問題。因為所謂國民黨的左派，他的真意義乃是「始終採用革命方法，忠誠的做國民主義，不肯妥協。」并不單是唱些共產主義社會主義的高調，便算是左派。口唱什麼共產主義什麼社會主義，或什麼無政府主義，而實際上不去做革命的工作，這種分子在國民黨中是右派不是左派；因為負有國民黨的國民，他的左右派，應該以革命分子非革命分子為標準，不應該以相信社會主義與否為標準。

我們希望國民黨對於社會主義者之加入，及一切社會主義者之加入國民黨，都有一個明瞭正確的認識；同時，我們又希望自命為國民黨左派的人們，對於國民黨左右派之真意義及左派之使命，也要有一個明瞭正確的認識！

寸鐵

●外人──外交當局●
──中國報館

中俄協定上俄已承認蓋撤蒙古駐兵了，而京滬各報仍然為了外蒙撤兵問題激昂慷慨的鬧個不休；同時，美國增加駐華艦隊，在華聯合組織三大艦隊分區駐防等警電紛傳，而京滬各報卻一屁不放，這是何故？

外人收買外交當局，外交當局收買報館，這一串勾當，誰也看得出！

冤大頭！

中國中央及地方政府花費鉅額經費養了許多外國顧問，其實都是外國偵探，這與是冤大頭！……上海新聞報哈爾濱電：奉張俄國顧問葛民潛赴北京，將三省對於東鐵主張密洩於法，被張查知，斥逐囘哈。「其實北京政府整大批的外國顧問，那一個不和葛氏一樣，最著名的像坂西和青木，中國人真是冤大頭！

（寶庵）

●象的民族●

在無美不備的軍閥壽禮中，最特別的是使國以一象壽吳佩孚。這種特別壽禮中所含譏笑的意思，未免太刻薄了！太戈爾來華，有人發起蜾象黨來反對他，拿象來比譬東方民族的性質，卻十分恰當。

象之龐然自大而實際無能，象之蠢然大物而俯首帖耳受象奴指揮，象之頹然安而不知恥，皮破血流而不知痛，動物中這樣龐大而麻木的沒有第二個。

（寶庵）

●復辟預言●

前月溥儀授張英麟太子太保銜，朗頂往賀的蠢勵了濟南城，張受

賀演說，大頌其皇恩浩蕩，本月十九日，天津舉行民國以來久經禁止之臬會，會乘全穿滿清制服，全城若狂。我所以說：極贊江攻曹（是曹嘉管不是曹錕）文中所用「復辟」二字，是預言不是譬詞。

（實庵）

天下沒有不吃飯的聖人

美國報上發表了一篇「兩面的教士」論文，中國報上也攻擊美國駐華教士一面傳教一面經商發財，假上帝濟私；其實在此資本主義制度之下，沒有一件事能免掉資本主義化，何必單責美教士。中國的康聖人若沒有生財手段，如何能周游世界只憂道不憂貧？印度詩聖太戈爾倘沒有豐厚的家產和諾貝爾賞金，又如何能見天冥想三小時到處吟風弄月只營求心靈生活而不顧慮物質生活？古人說：「天下無不是的父母。」今人說：「天下沒有不吃飯的聖人。」

（實庵）

馬蜂窩與曹錕

有人問我：「研究系為什麼代曹政府大鼓吹其承認憲法，大鼓吹其派兵征服蒙古？」我說：「請看申報京電：參議員政府黨新成立，研究系為裏子，會所馬蜂橋四號！

（實庵）

反對曹大總統？馬蜂橋四號！

有一小研究系，向散佈反對太戈爾傳單的青年說：「你反對太戈爾，何不去反對曹錕？」這位青年應該回答道：「有班人正在仰望曹大總統派兵征服蒙古，怎地又要反對他？」

（實庵）

崇拜太戈爾的主張派兵征服蒙古

太戈爾在杭州演說：「印度大師……使我們人類從友愛上尋光明的路，他們來中國，不像歐美人帶了槍砲等等而來。」研究系的人，一面崇拜歡迎太戈爾，一面卻主張中國人帶了槍砲到蒙古去！

（實庵）

察哈爾通信

記者：

承詢察哈爾現狀，略陳如左：

察區集甯縣

（名稱）集甯縣土稱原名為老鴉嘴，京綏線稱平地泉。

（地勢）平地泉為京綏中段要地；在察區將為政治軍事及商業之中心。

（市面）東西十餘里，南北七八里，只三年前建築，街上曾大馬路，東西行者，約平列二十餘條。火車站在中部，截全市為東西兩部；站為二等站。現於市之東部劃出一城，握溝取土堆於裏面如城，城口外新城省如此作，可以拒守。城內有為區都統劃出之公署地址，閒察區現住張家口之都統將移住之。

（居民）多山西人新移居者。其次直隸亦不少。又因地始開，民性強悍，（蓋此方新住多系內地豪強，敢作敢為，甚少忌憚）常有白晝平庸無異之農人，到晚即跨馬帶銷，出行搶掠，各省人民皆有之。

位蹬在豐鎮西北百二十里，西距綏遠十站（火車站）；管轄有三百里寬；

（市面）東西十餘里，南北七八里，只三年前建築，街上曾大馬鎗彈。蓋此地居民多有鎗者，富戶在官廳註冊領鎗，即貧者亦不難買得。蓋軍匪不分，急則受撫為兵，緩則轉變為匪。

職業以業農者為最多。——大地主甚多。皆有數十頃地，（口外地二畝的有內地一畝的有奇。主亦不少。而每個地主，外視皆素衣無異常人。常於若干地畝之內設一伙房，以俱集工人；常有一個伙房聚居數百人者。蓋口外地方土匪橫行，出沒無時，故一般人民常聚居住札軍隊之地市中，（此口外大城獨多，而小村絕少之故）大地主常區分田地，於春夏耕種之際則設立伙房，任專人經理其事。

〔狂工〕工人多山西或直隸人；每於務農時期，則結夥出口，山西俗稱「狂工」。開平地泉或直隸人，每年夏季，常有外來找工之工人五六萬。此地工資較內地為高（如山西應縣春際作工，日資僅念四個銅錢，即夏日最忙之際亦不過十二至念個銅子）但生活費較內地亦高。（平地泉普通店中房租費—小房一人住的—的須一角至二角）故山西工人恆於賺得錢後，而稱閒時，仍回家居住。

（出產）麥與小麥為大宗；畜類馬與羊最多。（缺乏木料，故房苦貴。）普通人出行多乘快馬；大街上塔塔不絕者馬行聲也。

（宗教）天主教最有勢力。當集甯未開闢以前，平地泉已為天主教勢力，教堂中有鐘有馬，土匪不敢犯，故人多入教。及集甯擬建築時，官廳與教堂交涉，欲買其教民地，雖特別區為軍事區域，教堂拒絕，亦無可為何。本於平地泉之北，俗稱老

每個有名之地主，皆嘯者建城；今集甯亦稱平地泉者蓋隱報政府也。——又有同善社，即數百頃地之地主，極拉籠地方紳士官吏。

（政治）政界多直隸山西人。官廳權力極拉籠地方紳士官吏。——又因匪土多，人民甚仰與官廳，但民性強悍，官廳亦不敢嚴格辦事。

（兵力）地方游緝隊人數的兩營半，皆騎兵；（兵力最強，打匪報著名；營長一人武萬義原系土匪出身，故游緝隊亦多本地匪徒好手。孟論個人戰鬥力，較其餘住軍皆強）（兩營半分住豐鎮一營，本地一營，隆盛莊半營，中央第四旅（在此地一營，係直系勢力，豐鎮一團設旅本部。騎兵團一團（察西鎮守使翁管轄，計住陶林一營，其餘分住各卡）警察六區，各設巡官一人，每區騎十名，餘系站崗步兵，皆屬警察所長管轄。

（商業）粮店最富約二十餘家，資本在十萬元以上，大小字號千五百家。；小商號多直隸人，粮店多忻州人。

（教育）只有高小一座，國民教育亦甚替。

附注一、夏日工人的五六萬，或聚居城市中，或聚居大伙房。
附注二、教育須人材。
附注三、初開闢時期，只須勇敢有為者即不難入手。
附注四、房屋貴，土匪多，找工之人不能久居。　　——鄭業白

國民常識

庚子年義和團起事時，北方士大夫都說：『香港有個梅花椿，洋入到中國來除此無別路可通。今梅花椿已為神兵塔塞，洋兵不能來到中國了。』

　★　　★　　★

十餘年前，我有一位鄉間朋友，在外洋留學回家，鄉間鄰舍都羣來問他何以剪去辮髮，他答以外國人都沒有辮髮，我們在那里獨有辮

，太不方便。

鄰舍們更驚異道：「他們都沒有辮髮，咱們皇上願意

什麼話！

申報記者心史說：「耶教以改革爲宗，爲歐洲政體易生變化之根本；即佛教亦高踞一切有爲法之上，籠罩帝王，而不受帝王之支配，以故印度用佛教爲國粹……并非帝制之輔佐品……孟子之不非革命，不親民權，世已無異辭矣；即孔子又何嘗不以君臣爲對待，何嘗以君之尊爲無對，而臣民爲其自由處置之物品乎。論語中明言民主政治者……用諸夏之道而無君，周召共和（記者按：現在何嘗不是曹吳共和！）是也，此則儒家民主之眞諦矣。」

★

復辟派而兼同善社妖王士珍王芝祥江朝宗（江朝宗在北京辦一銀行，行長是呂洞賓，現在連神仙都已資本主義化了！）等，呈請北

政府明令通國尊經，并以江希張（即所謂江神童）新注四書白話解說，令各學校一律採用。并呈學校一律採用，不用說都是「什麼話」中的材料；最可惜的是江神童的大著未獲一讀，滿紙尊經尊教，不用說都是「什麼話」！王等呈文中，略窺一二如下：「至於江希張四書白話解說，繪圖立義，紕繆之處，不一而足；其解釋孔經，穿鑿附會，如學而篇全篇演說，至謂親見孔子，周游法界中，講演大同學說，開宗明義，即屬荒謬不經，他如遊王宮殿，道家三尸，述大同學說，開宗明義，即屬荒謬不經之旨。如文義矛盾之處，如旣以告子爲時人，又將篇名告子二字，解爲告天下萬世弟子之言；繪圖不合古制及錯誤之處，如馮婦搏虎圖，繪馮婦爲一女子，孟子自梁之齊圖，繪兩人持蕭靜迴避牌一人手執幾裝且似洋裝之書，伯夷叔齊隱於首陽山圖，繪兩人持蕭靜迴避牌爲前導；凡此種種，祇成笑柄。」

★

蕭耀南禁止女教員學生剪髮令文上說：「聖人垂訓，視聽言動，必以毀傷爲戒；誠以不偏不易，方是中庸，異服異言，近於邪僻，男子宜然，女子尤甚；稍不自檢，小之爲名譽身家之累，大之爲人心世道之憂，關係至鉅，不可忽也。」

★

馬聯甲說：「教育已經是過激了，平民教育更是過激！」

★

悉惟禮法是遵；孝子事親，身體髮膚……

河南開封新中州報「潘烈女殉節感言」上說：「耳不聞節烈之事久矣，今忽於將門中得一孱弱之奇女子，居然從容殉節，視死如歸，豈非國家禎祥，天地間一大盛事乎。」

★

上海新聞報記者說：「淫書之傷風敗俗，夫人而知之，固自昔懸爲厲禁者也；至於今日，則提倡戀愛自由之不已，甚而提倡公婆，潮流所趨，久已恬不爲怪，區區淫書又奚足論；此而猶勞勞種士之諜禁，官吏之令行，得毋爲新文化家所睡罵歟。」

廣州「聖三一」學生宣言

我們〔聖三一同學，謹以最誠懇的態度，忠忠實實的報告我們所受的種種可憐的壓迫與痛苦於親愛的全國同學，尤其是同受煎熬于外國人所辦的學校的同學，以至于全國同胞，使明白帝國主義者對中國人的苛待，帝國主義者侵略中國教育的可痛，與在外國人所辦的學校學生底可憐，而起來援助我們，並且反對那「奴隸式」的教育，反對帝國主義者的壓迫與侵略。現在且一五一十的申訴我們所想說的話：

我們受那「奴隸式」教育的學生，總是受過了洋大人的話，現在為什麼而有這一回事呢？那就要我們報告事實的經過的。「聖三一」學校，是一間英國人所辦的學校——

沒有說過得罪洋大人的話，很少或者可以推測到我們同學所受的汙辱與痛苦。我們貴國人向來都不在洋大人眼上，從此可曾過「獨立」所辦的學校。

「聖公會」

更作威的說：「…是英國人的學校，有英領在廣州，斷不能徇你們的惰，任從你們中國人的自由」唉！中國亡了未？未罷！然而，我們所受的完全是『殖民地』人民的待遇呵；他們！洋大人想破壞我們的進行，已于本月九日放了假，且硬要強迫我們不准住校，禁止開會，更不在話下，現在且開除同學幾人。

我們很知道帝國主義者在中國辦教育的用意，而受過那種教育的我們更是明瞭。國外強盜祗顧劫掠中國？並不是厚愛中國而來教育我們。他們的教育並不是中國所需要，更不必什麼適應時代。他們所

需要的，是製造幾個洋奴，好替他們做買賣，替他們宣傳，侵略中國，還是從他們平時灌輸給我們宣傳與學科，可以知道的；他們是想引我們背着進化的道路後退，製造成頭腦單簡奴隸性成的民族，任從他們宰制。

聖公會白會吏長（英人）對我們說：『學生會是有政治意味，不准組織…』呵，我們可明白了。再看！外國人所辦的學校一切的教科書，那幾種不是十幾世紀以前的？可憐！活潑潑的中國青年，活活的裝入那種「車床」，變成了機器。我們受慣「奴隸」教育的人，他人或者以為感覺遲鈍，然而，現在也使我們不能再受了。

我們再也不感謝帝國主義者的盛意，在中國辦學校，然而，非實上外國人的教育，在中國已佔勢力，尤其是在廣東佔了不少的勢力。我們中國人所辦的學校——

我們中國政府沒有力量去支配或取締那種直接貽害中國青年，間接滅亡中國的教育，眼光光看那許多好好的青年，活埋在深深的地窖，任從那帝國主義的勢力，日加澎漲，好來侵略中國。像這次英人對我們說：『英人所辦的學校，有英領事在廣州…』這是什麼一回事，這是何等痛心的事！（中略）從前南洋中國人所辦的學校，英人任意來取締，硬要路奪我們的教育權，然而，還說南洋不是中國的領土；現在以在中國境內的學校竟亦不准我們中國政府去支配與取締，帝國主義者的野心，實在無處看不出來。（中略）現在我們表示堅決的主張：

在校內爭囘集會結社自由；

反對奴隸式的教育，爭囘教育權；

反抗帝國主義者的侵略。

The Guide Weekly.

嚮

導

週報

（中華郵務實理局特准
掛號認爲新聞紙類）
一九二四年四月三十日

定價

每份三分全年大洋
一元三角半年七角
國內郵費在內

◀ 第 六 十 三 期 ▶

每星期出版三期發行通訊處

分售處

巴 襄 上 武 太 濟 長 杭 雲 常 開 臨
縣 沅 海 昌 原 南 沙 州 南 州 封 邛
京 州 波 南

丁 上 時 共 晉 齊 新 古 文
卜 海 中 進 華 亞 書 化
國 智 書 書 書 書 書 書 星
書 書 報 報 店 店 社 社 社
局 報 社 局 社
社

天 工
一 學

嚮導週報
杭州大學第一院收發部主任課處
北京大學馬克思坡巷政法學校注冊處
朱伯蠶轉交在安轉育

（第六十三期）

今年「五一」節與中國工人

「五一」的起源，是離今年三十八年前，西歷一八八六年五月一日美國芝加角工人爲要求八小時工作制之罷工和流血的日期；在此年此日以前，歐美工人，尤其是英國工人，因爲每日作工時間由十二至十五不等，已經做過不少的減時運動，一八八九年國際社會黨在巴黎開會，因爲當日芝加角工人的奮鬥最爲劇烈，而且唱出了「勞動八小時，教育八此日爲國際勞動節，是因爲當日芝加角工人的奮鬥最爲劇烈，而且唱出了「勞動八小時，教育八小時，休息八小時」的口號。自此以後，每年到了五月一日，各國工人都有過劇烈的示威運動，被捕流血當做家常便飯，各國政府的軍警，年年此日都不免飽受虛驚。

「五一」節有兩個重大的意義：（一）是紀念三十餘年以來年此日各國工人奮鬥流血的悲慘，（二）是表示全世界工人階級對于全世界資產階級的政府之反抗，決不是單純的要求減少工作時間。

「五一」這個名詞輸入，至今只有七年，最初是一九一八年，俄羅斯勞農國家都已出現了，而中國才有勞働雜誌創刊「五一」紀念號；其次一九一九年，北京晨報出了一張勞動節紀念號；一九二〇年，新青年月刊出了「冊」「五一」特刊，自此「五一」這名詞才傳遍了知識階級，工人階級知道這名詞的還是極少數。

自一九二〇年至今五年中，每年此日，除產業落後文化落後的中國，「五一」這個名詞輸入，至今只有七年，最初是一九一八年，俄羅斯勞農國家都已出現了，而中國才有勞働雜誌創刊「五一」廣州各業工人無意識的開一次遊劇的紀念會以外，他省工界可以說沒有過舉動。

一九二二年中國工人頗有奮起之勢，五月一日全國勞動大會開會于廣州，倘沒有一九二三年二月七日京漢的慘劇，是年「五一」必有可紀念的表示；可是中國工人幼稚的組織，竟被「二七」之變打得粉碎。至今被軍閥們壓迫得不能恢復團結，不但沒有公開的全國組織，連地方的組織也幾乎全部消滅了　在此狀況之下的今年「五一」，中國工人的消沉態度，自必比前數年更甚了！

處此壓迫及消沉的環境，進行公開或不公開的組織及參加國民革命以圖獲得政治上的自由（如集會結社）這是中國工人目前必由之路。

全國工友們！　其速向此必由之路上努力前進呀！

時事評論

臨城案件與地震慘殺案

正廠

國民呀！　你還不起來麼？

臨城案件到了現在，大家已經忘記了。公使團底賠償損失數目，已經送交外交部。因為曹錕上台時應允過，現在已無可議之望。寬洪大量的中國人，只求洋大人不勤怒，這麼二十多萬，也不在乎此。不過我們同時不能不同想到日本地震時華僑遭難事件。兩兩對照，不動于心者非中國人也。

事項	搶叔二十餘人		
凶手	土匪	軍警	殺死一百多人
結果	督軍省長免職	判決無罪	
	賠償損失二十多萬元		

哈巴克心格底不幸和我們底不安

正廠

四月廿一日上海各報都登載印度人哈巴克心格氏因著賽被捕事。我們在一方面，固然替哈氏嘆惜他不幸。因為他假使唱唱以精神反抗物質，吟吟詩，不但可以風行天下，還可以得什麼賞金呢！然而哈氏竟想不到此，自然只好被捕了。可是在另一方面，我們覺得深抱不安。因為他底著作出版和被捕地點，同在上海。住在上海的人，還沒有出來說句公道話了。他說上海是一個大沙漠。真不錯！　上海縣還是中國地方，而上海底中國人却不見了。

國際共管在上海開刀

正廠

四月廿一日上海各報登載櫻木氏對租界行政之意見一文．說是說得很好聽。

什麼天下為公，一律平等，最合中國人胃口的話，統統用了上去。　不過我們真不知道為什麼先要在上海施行國際精神呢！朝鮮人呀，印度人呀，斐列濱人呀，中國人呀，以及其他弱小民族中的人呀，走來走去，得不到平等待遇；如今一到上海，便會和英美人呀，日本哥哥弟弟起來，真真奇怪得很！　素抱國際主義的中國人，（尤其是上海人）聽了這篇什麼孔子天下為公什麼東西文明結合什麼樹一模範，一定要浮三大白的。　不過當心的就是──國際底下還有共管。

喪權辱國之無線電密約

獨秀

美國和日本兩年來在中國獨占無綫電台之爭，也就是美國和日本在中國軍事上商業上重要的交通機關之爭；最狠毒的是他（美國）要占中國最重要的交通機關至二十年之久，而建設這機關的經費及其損失還要中國負擔，其實中國的軍事和商業眼前并不需此。　中國無力負擔，便要向他負借款的義務；民國十年所訂此項借款密約及續約，據日來上海各報所傳，說是：電台開辦以後，有利益即與中國為分，但中國所得之一半須存美國銀行，充作償還借款之用；倘開辦後幷無利益，或有虧折，此項借款本利必須於十年還清。　電台以外所有交通部一切財源，全數作為償還之擔保。

利益是美國的，損失是中國的，這才真是喪權辱國的外交，反對中俄協定主張派兵收蒙的愛國諸公何以不出來說話？

關稅會議的「時機」

章龍

二五附加關稅是列強在華府會議中給與中國最慷慨的布施，年來外人藉此宣傳，博得中國國民的好感心中着實得意。在協定關稅制下民巷的一聯強徒，居然胡亂扯拉，輕輕以時機未遂硬將九國會議諸生活的國人，果能得此涓滴之惠，自然是聊勝於無！　論理，各邦的條約一手撕碎，弱小民族的動輒得咎一至於此！　我們眞不匡不諒賣產階級的政府，平日強買強賣，巧取豪奪，佔盡中國所有經濟上的異他們詞令的滑稽，更不能不佩服他們爲惡的勇敢了！

大便宜，假如稍知較遠的利害，稍爲顧及中國國民對於帝國主義侵略因爲金佛郎案一轉口問便要損失七千餘萬，所以全國國民奮起力的義憤，無論在『政策』上，在『國際條約』上，在『正義人道』上，都無爭，曹錕王買辦等人，見衆怒難犯，才略知顧忌。初不料關稅會議竟斬而不與之理。　然而侵略家的行動，畢竟不可以常情相度，喧傳許會因此發生所謂『時機』問題。

久的特別關稅會議最近是被列國府一致拒絕了！　這事見本月十二日國，也不畏是金佛郎案一事，是藉口誣詐的陷在皆有，照此推論，大阪每日新聞，有如次之紀載：『前此中國政府根據華府會議之決定從今以後，國人除非干依百諾承受帝國主義的種種敲詐外，更有何，爲促進特別關稅會議起見，曾對關係各國政府，要求召集開會議，法，可以使關稅會議實現？那麽所謂關稅會議的時機，簡直是宰割會議，各國政府對於中國政府之該項要求，以取一致行動爲便，乃在中國國命的利刃，國人未蒙其利，先受其害了，這是帝國主義者怎樣北京召集公使團會議，討論應否允許中國之要求，并開誠交換意見。　狠毒的陷阱呀！

惟法國方面以華府會議條約目前無批准理由，絕對反對會議之召集，英國我們希望國人的，不必徒怨華府會議的破產，正宜在這個問題上以華府會議條約尙未遠其時機爲理由，決定拒絕，由各國公使將議決看淸一點，便是協定關稅制度，永遠是我國國民沈重的枷鎖，在協定則以法國旣求批准華會條約，特別關稅會議何時可以開會，尙無把握意義下外人所主張的無論甚麽『會議』，都是於我國民無利，現在卽開預備會議，亦無結果爲言、而贊成法國之主張。　美國對益的，我們所要的是運用國民革命的力量根本取消這種畸形的制度！之意，各自報告本國政府、各本國政府依其報告，近日當各自訓令其公使，對中國政府答覆拒絕焉。』

於召集此會，亦似不甚贊成。　日本一國對於預備會議之召集，雖無反對之意思，但此會若有一國反對，卽不成立，故認爲旣有反對之國承認蘇俄，自然是英國工黨內閣底第一個政策。繼續承認蘇俄以後，亦不必不顧其反對，而故意贊成。　其結果途以中國政府希望關稅的英俄會議，這就可是一個難解決的問題了。　若英國工黨內閣操有預備會議之召集尙未達其時機爲理由，決定拒絕，由各國公使將議決實權，不必願從自由黨底主張，如蘇俄代表所說：『如兩國政府以尊從這段空空洞洞不能自圓其說的記載看來，顯見得所謂時機未到，只是因爲沒有承認法國佛郎用金案的一種懲罰。　金佛郎案本來同實權，不必願從自由黨底主張，如蘇俄代表所說：『如兩國政府以尊

英俄會議與日俄會議　　　爲人

現時正在開幕的英俄會議和正在進行的日俄會議，在世界政治狀況變化上有極重大的意義。　究竟英俄會議和日俄會議的前途如何？現時的實情如下。

承認蘇俄，自然是英國工黨內閣底第一個政策。繼續承認蘇俄後的英俄會議，這就可是一個難解決的問題了。　若英國工黨內閣操有實權，不必願從自由黨底主張，如蘇俄代表所說：『如兩國政府以尊

重東方國家主權之原則爲起點，則不難解決關於東方利益之各種問題。

我們也可以說，如英俄兩國以尊重兩國底主權爲起點，則不僅解決關於兩國利益之各種問題，如此，則英俄會議自易成功。關於收回住在中國底問題被自由黨斷難反對以後，工黨底原來的與蘇聯會議；自麥克唐納爾所提英國工黨內閣若以自己原來的主張，提出於英俄會議，上就要受自由保守兩黨的攻擊而不能存在。

英國銀行家對於英俄會議的意見又已提出如下：（一）要蘇俄承認公私債務；（二）給還私人債；（三）尊重私人合同；（四）保障不沒收私產；（五）商人在俄不受政府干涉…」麥克唐納爾對此若容納，即是完全抛棄工黨本身對於蘇俄底主張，使英俄會議無成功之望。

莫斯科電所稱：

蘇俄對此意見亦已表示反對的意見如十七日的，然後才承認蘇俄。

「俄人聞英相麥氏在英俄會議開幕時之演說，大爲失望。

俄報稱英相之言，表面如紳士說法，內幕與英人銀行家之惡魔，若俄國果接受之，則全部蘇維埃制度悉將更變…」如此，我們可以知道英俄會議中的英國工黨內閣要想英俄會議成功，只有一條路可走，即不以銀行家底主張爲主張。然而如此，英國工黨內閣又將受資產階級底反對而不能存在。

是英俄會議的成敗，實是英國工黨的成敗。

日本清浦內閣之仇視蘇俄。

日本清浦內閣對外的一個根本政策。如無理拒絕蘇聯人民賑濟日本災民，派武員在海參崴等地密謀不軌，與法國資本帝國主義者勾結謀害中俄底密謀中東鐵路。蘇俄至此，不得不與日本停止郵件交換，依法拘捕在海參崴密謀不軌之松井大尉等十二人；日政府至此，也不得不向蘇俄表示一點好意，要求釋放被捕人員，允開日俄會議，在日政府底目的有四：（一）先要蘇俄釋放被捕人員，然後才開日俄會議；（二）要求蘇俄對於廟街事件須向日政府道歉，並宜以北庫頁島作爲此案的賠償品，（三）要求蘇俄以沿海州省的大漁業讓與日本；（四）要求賠還舊債。如以上四條達到了目的，然後才承認蘇俄。

在蘇俄底目的則不以此爲然，（一）被捕之日員須依蘇俄法律解決，不能作爲開會的交換條件；（二）恢復邦交後才開會；（三）北庫頁島係蘇俄領土，日本不得侵占；（四）舊債及廟街事件，蘇俄政府均不能負責。在這種情況之下，日政府如不抛棄仇俄的成見，任蘇俄如何讓步，日俄會議是難成功的。處處要蘇俄吃大虧，蘇俄又不是戰敗國，如何能忍耐得住？

投降條件下之中國教育權

獨　秀

去年上海三育大學的美國人說：「既入教會讀書，應當斷絕國家關係，愛國二字斷無存在之餘地。」今年廣州聖三一學校的英國人又說：「這是英國人的學校，有英領事在廣州，斷不能徇你們的請，任從你們中國人的自由。」英美人這樣反覆聲明他們在中國辦教育的宗旨，昏瞶的中國人網應該覺了罷！

中國人果然有點醒覺了，效法清華留美之陰謀侵略的日本對華文化事業，朱經農和懷疑於先，北京學界戒嚴於後，同時奉天教育界且有收回教育權之實際運動，遲至腐舊申報記者亦表同情於收回教育權之主張，（見四月二十六日申報）他并說：「外電并謂國際間尚受投降

依件之支配（即外人教育權），現惟有中國一國；此乃國向所未聞之意義也。）」不過我們在「以後一切對華侵略，將以教育的形式出之」

（見本週報二十一期「帝國主義侵略中國之各種方式」）（見前鋒月刊第一期「中國教育問題」）（見前鋒第二期）等論文中，都大聲疾呼的說過，

可惜申報記者心史君都未曾注意。

申報記者心史君拜詳論最近土耳其收回教育權及奉天收回教育權兩件事，這兩件事實是我們收回教育權運動之實例，都是值得我們注意的。

歐戰以前，列強在土耳其設立的學校，中小學女學和大學都有，最多的是法國，其次是德國美國，不用說，這些學校之目的和在中國的教會學校一樣，都是養成奴隸人才，為他們的帝國主義之前驅；大戰發生後，土耳其政府否認了以前與各國所定條約，於是法國在土耳其的學校都關門了，美國的和德國的仍舊開着；一九一八年協約戰勝後，德國在土耳其的學校，也都破壞了，惟有美國的學校，一直到洛桑會議，尚為土耳其所應許。可是現在土耳其人已明白美國人對他們的教育侵略，和法德并非兩樣，所以在收回司法權和關稅權之後，最近更收回教育權，凡外人在土耳其所設學校，一律勒令停閉，即美國新在君士坦丁設立之醫學校以及六萬鎊經費開辦之女子專門學校，亦在勒令停閉之列；這就是所謂「不受投降條件中最末之一權利」。土耳其人這種獨立不羈的氣概，實在令有奶便是娘的中國教育家愧死了！

外人替他辦教育便謳歌外人；軍閥捐錢給他辦教育便謳歌軍閥；「有奶便是娘」，還論什麼條件？。

中國所受列強教育的侵略狀況是怎樣呢？全國大點的城鎮幾乎無處沒有教會學校；除無數小學普及窮鄉僻壤不計外，即在城市之中等以上的學校，據中華教育改進社報告：全國一，三七五校中，外人設立者占一，六二校；男女學生二六九，一〇八人中，外人所設學校之學生占二八，五三四人。他們在中國所設大學，幾乎無一省沒有；他們勢力最盛的是南京上海廣州三處，最可恥的是廣州南京，教會學校以外，即中國自設的大學及高師中，也有許多留美學生或教徒為大美國及教會宣傳德意，這是中國教育界第一傷心之事。至於外人直接設立的學校，不服中國政府管理權，以耶教經典代替中國的倫理道德功課，更不用說了，所以外人電說：「國際間倘受投降條件之支配者現惟有中國一國。」，試問謳歌教會學校及歡迎日本對華文化事業諸君，對此外電所云作何感想？。

日本人宣傳教育的本領及工具遠不及美國人，所以中國人反對日本的潮流，比反對美國不知要大過幾千萬倍。日本人現時雖然知道，然而他的手段仍是異常笨拙，他方在模倣美國清華式的運動，馬上即被中國人看出破綻，尤其是被謳歌清華學校的歐美留學生看出破綻；同時，他在奉天方面的教育侵略也過於肆無忌憚，引起世界上最麻木的中國人也起來反抗了。

日本在奉天教育侵略的方法，是在南滿安奉兩路線各站，迭次添設公學堂（即小學）添設師範學堂，招收中國學生，推行日本風的學校，以造就日本化的中國人。去年奉天省教育會開常會時，教育廳長謝蔭昌曾提一案，凡無中華民國國籍者，不得在奉省政權所及之地域，對於奉省人民施行師範教育及小學教育。此案通過後，即由應派調查員調查兩洮各站之前二項教育，報告結果，一體認為應予收回。

日本聽得此消息，遂向交涉署　教育廳質問，謝廳長則主張由中國計費償還，收回自辦，日本人仍不服，最近奉天政府決定召集省教育會議時會解決此案。

日本外務省派員質問謝教育廳長時，問他是反對日本辦學之人，謝答道：

「兩者都不贊成，對於用人，日人決聘不到好的中國教師，中國人稍有智識血性者，多不肯爲日本用，故公學堂之中國教員，多半爲中國不用的腐舊老童生。各公學堂在辦得不好，女纏足，男剪辮，學生但知有清國日本，不知有中華民國。其餘功課均無足觀。辦法更令人不滿意，學生聽講時，巡警監視，不准教員講中國人之愛國話。」

在這一段話中，我們總可以看出日本人在奉天之教育的侵略，是何等肆無忌憚！但我們同時應該知道英美教育會在中國各省所辦的學校，何嘗不和日本人在奉天辦的公學堂是同樣宗旨，「三育」和「聖三」便是標本，決不可像英美留學生一面懷疑日本對華文化事業，一面却謳歌英美對華文化事業！

我們希望奉天人，收回教育權更進一步勿以小學師範爲限；我們更盼望全國教育界，不但對於日本在華文化事業應該懷疑，對於英美在華教育侵略也應該反對；就是對於教員中美國化的留美學生及教徒也應該廓清；勿讓收回教育權不受投降條件之支配的主其其人專美於前！

寸　鐵

太戈爾與梁啓超

得過諾貝爾賞金的太戈爾和做過財政總長的梁啓超，現在北京攜着手大倡其心靈生活與精神文明，他們都得了飽煖以上的飽煖，却忘了普天下衆人的飢寒，好個沒良心的東方文化代表者！（實庵）

中國土匪軍閥之來源

吳佩孚對英人說：「中國土匪之來源，全由外國人及傳教者養成，將外國鎗炮等殺人之器，源源運到中國，以至中國土匪愈弄愈多」。（四月十七日上海新聞報北京通信）此話傳到北京，京中人傳爲笑談；其實吳佩孚幷未說錯，土匪下若再加寶閣二字，那更是快語！（實庵）

好個友愛無爭的詩聖

江亢虎南游追想記上說：「中國之招商輪船局與日本之郵船會社同年成立，四十餘年來，彼則巨艦百數，縱橫五洋，船長技師人才如鯽；我則長江近海尚不能與怡和太古日清爭衡，幷大副二副無本國人，其他更無論矣」。我想太戈爾若聽了江先生此話，必然又要說：這些物質文明我們不必羨慕，我們『東方文化重道德』，我們重在「回復精神上的樂土，」「固不在目前侵奪勝利」。在友愛無爭的詩聖看來，不但江亢虎所見不廣，即哈巴克沁格在上海爲英人之階下囚，也未免自討苦吃，你看我友愛無爭的詩聖，是何等逍遙自在的在北京爲（實庵）

英人之坐上客！

洛桑議約與中俄協定

申報記者心史君說：「土耳其為新興之國，朝氣勃勃，一躍而入於獨立不羈之位置，凡東方病夫向有之一切沈疴，若外國駐兵，若領事裁判權，若不平等之稅則，洛桑議約，一舉而空之，久已勸世人之驚歡」。心史君所驚歡的土耳其這些獨立不羈之位置，中國在中俄協定都得着；并且中俄協定明認中東路可由中國贖回及中國在蒙古之主權，而洛桑議約則土耳其不能收回幾字爾油礦及許外國軍艦自由通過海峽，兩下對照起來，中俄協定更好過洛桑議約，何以心史君祇下驚歡呢？

（實庵）

讀者之聲

外力宰制下之華人生命

育南

南京事件，中國殺日本二人，價值六十九萬元，廟街事件，殺日本三人，價值一百萬元，日人以為輕，怒怒不已。

此次日本地震，日人於大亂之中，無端殺華人至四百二十五人之多，中國要求賠償三十萬元，以之相較，華人四百二十五人不及日本一人之價，而日人猶以為分外之要，遲遲不復。

中日兩國人之價值，何如是之懸遠乎？

然此雖不平，猶有價也。最橫暴無理者，莫如近三個月間，外人在漢口慘殺華人之暴行：（一）去年十二月漢口日商多本洋行日人無端經廚夫華人田仲香為盜，送至日捕房非刑斃命，經中國官廳及人民團體嚴重交涉，至今毫無辦法；（二）本年正月漢口日商孚洋行日人逼殺華人西人邦敏，證據確鑿，中國官廳與之交涉，至今仍無結果了（三）二月十三日漢口英商怡和洋行英人當頓之婦，拋球入水，威逼看役余漢平入水取球，致遭溺斃，亦無效果；（四）二月二十四日日商水谷洋行日人，因女工屠氏稍有錯誤，竟行兇舉打腳踢漢婦命在垂危，若無事然，日人亦仍以不理對之；（五）美商大來洋行之美仁輪船船主失檢，致令汽管炸烈，蒸製華工人二人，傷四人，船主雇小划送死傷者上岸，覺置之不理，取船而去。其他工人與之爭，亦屬無效。

三個月間，外人有覺或無意殺斃華人五人，傷五人，竟一錢不賠

日本大坂日日新聞有言：「華人有價，每個約五十元」。

嗚呼！今竟五十元也不值，甚至一文也不值！

嗚呼！外力宰制下之華人生命！

通信

獨秀先生：

外人假傳道為名，收奴隸我國智識階級之實，其危險似乎不亞於經濟侵略，何響導對於此種行為竟少加痛斥？茲鈔此間一種事實，和我個人一點感想寄上。是否有當尚祈正之。

真茹是一個荒蕪的地方，自從暨南學校由江南移來後，無微不入

的外國傳道師，居然也跑到這荒野中來設禮拜堂。他們作事的果敢，誰也不能不佩服，可是我們暨南的同學都是由國外回來的，僑居的時候，已經受盡外人的優待了！並且也大多數嘗過教會教育的味道，和傳道師的博愛，早已深惡而痛絕之了！可是，他狠明白青年的心理，每逢禮拜，總由傳道師的手段實在高強，上海帶些女學生來●因此，我們的同學就不知~覺上當了！

我想傳道師這種手段，一定不僅施在眞茹，因此，不禁要對親愛的同胞們說幾句話：　全國的兄弟姊妹們！　宗教和科學是背道的，在這科學昌明與時代，宗教的觀念應當放棄了；且加以外國傳道師用心之險，尤常痛惡之！同時更希望姊妹們，勿假外人作爲抗殺自家兄弟之利器！

S.C.
十三，四，十三●眞茹暨南學校

余錄

駐德公使魏宸組在武昌商業大學演說，講到國際聯盟他說道：「其實這種機關，（指國際聯盟）乃是各強國的武器，國際聯盟會中各國雖皆有一分子，然英國有十幾分子，各屬地皆有一票，如過有重要的事，而以多數取決，英國可以獨佔多數票。又如法國自戰勝後，巴爾

幹各小國因爲法國戰勝，皆特爲組織一小協約國，而服從法國，每國皆有一票，而此種小國之一票，即投法國票者，故去年改選時中國因無代表出席，以致落選。法國又與捷克聯盟使其加入聯盟，而排斥中國。……此種機關簡直是英法宰割的利器。天下不講公理之極，莫過於國際聯盟了。至於國際聯盟所需的費用，除英法外可算是中國出的最多，像這種和平的機關，我們要倚靠他，那就糟了……」

五〇八

The Guide Weekly.

嚮導

週報

◀ 第六十四期 ▶

每星期三出版 發行通訊處

杭州馬坡巷法政學校若存安校內
北京大學第一院收孫伏課轉鄧仲澥存

定價

每份三分全年大洋
一元二角半年七角
國內郵費在內

（中華郵務管理局特准
掛號認為新聞紙類）
一九二四年五月七日

分售處

巴黎
上海
太原 昆明 杭州 雲南 富開 福州 南京
武昌
中丁 國上 共晉 文今 新古 時中 智海 國丁
一書
書智海書中書亞國文華香書卜香中
局社社店社社社社社報社
天工
文工
化學
書社
局

國恥紀念日檄告全國同胞

今日何日？

是國恥紀念日。

我們國恥重重，今日紀念何事？

是紀念九年前之今日，帝國主義的日本以武力迫我承認他二十一條要求。 至今旅順大連灣

，過期一年不肯交還，日本便是根據這二十一條要求。

日本壓迫我們，只有二十一條要求和不交還旅大兩件事嗎？

別的且不說，但說眼前事：（一）日本地震時，無故打殺華工四百二十五人；（二）漢口的日本商人，兩三個月內，一連逼死田仲香買邦敏二命，打傷屠氏女工一名；（三）十餘艘艦隊來到長江示威，四月十日在黃石港撞沈民船，溺死十餘人；（四）在奉天的撫順日本守備隊包圍縣署，日本總領事逼迫奉天官廳飭令主張收回南滿附屬地教育權的奉天東報停刊，總領事向奉天當局要求日本在奉天辦教育辦實業的權利。

多得很！多得很！

日本以外的各國怎樣呢？

自來壓迫我們的不只是日本一國，自從華盛頓會議，帝國主義的英美法和日本訂了一個四國協定，遂由單獨壓迫我們變成公同壓迫我們的新局面。

臨城土匪擄去幾個洋人算不得什麼大事，各國竟因此公同迫我罷免地方長官，付給巨額賠款，更進而要求由外人管理路警；無恥的帝國主義者，竟以此案要求作觀見賢覬之條件。

此外如金佛郎案，如拒絕中國禁止棉花出口，拜拒絕增加棉花出口稅，如拒絕中國商標法，如組織駐華警備艦隊，各國部公同一致向我進攻。 他們的公同行動外，還有單獨的進攻：

若法使干涉中東路及漢口俄租界；若美國添造駐華砲艦，不但值百抽一二.五不談起，即既在奉天之行動皆是。 他們在華會欺騙我們的增加國稅，不但值百抽一二.五加稅也藉詞拒絕了！ 他們在華會欺騙我們的取消領事裁判權，不但藉詞不實行

定之二.五加稅也藉詞拒絕了！

，而且要將領事裁判權推廣到租界以外（若陳國賢案及李義元案），而且要推廣上海租界，而且不待租界推廣，便要在華界行使租界工部局之職權（若五月一日上海泰利洋行舉領武裝巡捕拆毀閘北宜樂里房屋驅逐房客事件），他們欺凌我們中國是何等肆無忌憚！對李義元案與西人互毆案，和英人威德比抗稅毆巡十案，前後只隔十天，而情節較輕，英美在華的機關報對威德比案一字不提，對李義元案，大陸報則狂呼『中國學匪精神未死』，字林報則狂呼『列強對華德討戰爭』，并以墮落者罪犯等名詞加於我愛國學生之身，試問我們同胞在英美有沒有如此不法的言論自由？我們同胞竟容忍他們在中國如此言論自由，這是何等的恥辱！

同胞們！帝國主義的英美法日等列強，已合起夥來壓迫我們侮辱我們令我們不能再忍了！

『我們抬起頭來罷！或者是死！』

四月

一日　日本外務省對華文化事務局委贊朝岡健到上海，擬以庚子賠欵一百八十二萬元作對華文化運動之用。

　　　英法兩使照會，均不允開關稅會議，法使提及金佛郎案，謂中政府不履行前次協定，法國決不批准華會條約，即關稅會議，無從召集。

二日　使團函催外部，速償臨城案三十五萬元。

　　　法使通牒外部，謂漢口俄租界如有變更，須先得法國同意，若中俄自行解決，法國決不承認。

　　　使團向外部質問商標法不保障外商權利。

四日　使團開會，對商標法堅持前議。

五日　意使答復外部，意使館自設無線電台，不受中國干涉。

六日　是佩孚向英人商借道口濟南鐵路款，日使提出抗議。

　　　美國巴克門林登建築公司獲得承辦哈爾濱電車專權。

八日　施使電：美國務卿休士主張綏開關稅會議。

十日　使團照會外部，上海會審公堂祇允將華人民事案交還中國法庭，并要求以推廣上海租界為條件。

　　　英使又向外部要求取消蘇省紙烟稅。

　　　華盛頓電：衆議院贊成海軍委員會議案，添造駐華砲艦六艘。

十一日　在中國長江示威之日本艦隊，經過黃石港時，撞破民船，溺死十餘人，該艦隊揚長而去，并不施救。

　　　駐中國各地日本領事在北京日使館會議；討論向東三省當局提出要求條件。

　　　交通部擬增收各路外人運送貨物之運費，使團向外部提出抗議。

十三日　日商三井洋行西海軍部，拒絕試驗雙橋無綫電台。

　　　英使因華兵李義元與英人鬥毆，將李拘入英使館，要求許英員觀審方能移交。

十四日　英使又向外部要求取消蘇省紙烟稅。

十五日　華盛頓電：衆議院贊成海軍委員會議案，添造駐華砲艦六艘。

十六日　上海公共租界工部局，向納稅外人會提議增加碼頭捐取結印

閣附律及交易所註冊三案。

世界新聞社東京消息：日本糖業中人鑒於該國各秒廠將工廠移建於中國，利用中國廉價之原料與人工，獲利非淺，亦擬仿照進行。東京明治製糖會社，以日金三千七百四十五萬元，在上海楊樹浦設立明華煉糖廠。又日本駐烟台領事，亦以同樣理由勸告日本火柴等製造家在中國設廠製造。

十七日 使團密議，列強在華聯合組織三大艦隊，分區駐防：第一艦隊任遼東直魯沿海之警備；第二艦隊任長江一帶之警備；第三艦隊任浙閩粵三省之警備。法使照會外部，今後中東路辦法，法國必須參加。臨城案賠款，英意美三國又追加十六萬七千。

十八日 英使親至外部，要求陳國賢案李義元案均由英員觀審。

念一日 漢口日商東孚洋行大班烏羽田藏，逼死華商買邦敏一案，由日領署宣告烏羽無罪。

念三日 美商運勵蘇督，允其在蘇州築無線電台，以為導淮借款之交換。奉天東報因反對撫順日本守備隊包圍縣署，及主張收回南滿附屬地之教育權，逐怒日本人，日本領事要求官廳，飭令該報停刊。英商威德比抗納北京崇文門關稅，并毆傷巡士劉魁元。

念四日 直隸定州基督教堂侵佔孔廟地，省長電外部交涉。英使向外部抗議江西舉辦紙烟特稅。

念五日 英使向外部抗議綏遠紙烟特稅。

念六日 上海大陸報，因李義元案著論題目『奉匪精神』極口侮辱中國國民。

念九日 意兵毆傷稅吏案，意使復稱該兵已回國，無從懲辦。

三十日 施使電：美政府抗議中國各省徵收紙烟特稅。

時事評論

英意人毆傷巡士稅吏 獨秀

四月廿三日，旅居北京之英國商人威德比，坐汽車到郵局領取包裏，意欲圖漏稅，當經崇文門郵包稅局巡士攔阻，告以須到局查驗，該英人置之不理；繼由郵包稅局主任稽查專員等，出而用英語再三開導，該英人不但不聽，竟持包強行登車，巡士李德新劉魁元梁桂棠向前攔阻，該英人竟下車用拳將劉魁元之嘴打破，比由正陽門稅局將汽車夫連同包裏一件，呈送警廳押留。

英使館聞信，以使領裁判權，得護庇為外人服務之中國人，函請政府釋放，警廳途將該兵夫收保放出。同時由外部照會英使要求嚴辦該英商威德比，并須准我派員觀審。

四月廿九日北京電：意兵毆傷稅吏案，意使復稱該兵已經回國，無從懲辦。

李義元打了洋人，上海字林西報便鼓吹列強實行對華『懲罰戰爭』，而英人意人毆傷巡士稅吏，却逍遙法外。帝國主義者動輒以違守條約責備中國，不知道他們這種自由毆打中國公務人員之特權，載在何項條約？使領裁判權，不但護庇在中國犯法之外國人，并且庇及在中國犯

上海租界工部局能在華界行使職權嗎？

獨秀

奸商賣國賊鄭伯昭，爲圖上海閘北宜樂里房屋加租翻造，被衆房客所反對，途籍洋勢，假託英商泰利公司領換道契，於五月一日由泰利洋行大班白蘭特，在工部局領取執照，帶領印度巡捕二十八人，馬隊一排，西探十二人，荷槍實彈，督率小工五十餘人，到宜樂里，將該里沿馬路一帶商店，實行動手拆屋。時在早晨七點鐘，住在該里各房客均由夢中驚醒，一般婦女小孩搬運什物，如遭大難，哭聲震天。當拆屋時，一部分工人湧入各商店內，拆除樓板地板，一部工人上屋抽瓦，一時磚瓦亂飛，有房客趙子祥及某姓小孩均擊傷頭部。閘北底房客聯合會及閘北國土維持會均召集緊急會議，以圖對付；閘北各公團也都憤慨，開會討論設法援助。

我們若問：工部何故派人到宜樂里拆屋，他們必說爲保護泰利洋行產業。

我們若問：外人開的泰利洋行何以能在中國內地置產，他們必說泰利洋行在宜樂里置有房產，曾得中國官廳准許，因執有道契的綠故。

外人在鄰近租界之內地（如閘北浦東等處）置有產業者很多。如此，我們便要問：閘北宜樂里房捐門牌向歸中國工巡局辦理，明明不在租界之內，卽泰利洋行翻造該里房屋亦曾向中國工巡局請領執照，此次泰利洋行何不仍在工巡局控告，或請英領向中國交涉署交涉，而控之租界工部局；工部局又遵何條約有何權力能派武裝巡捕到法而爲外人服務之中國人，所謂「治外法權」，竟擬大濫用到如此地步！

完全華界拆毀房屋？　他們敢說：「租界工部局照條約能在中國任何內地行使職權」嗎？

我們敢告維護國土反對推放租界的全上海市民，此次工部局拆毀宜樂里房屋，決不是單純的宜樂里房客被壓迫問題，乃是工部局越界行使職權侵犯中國國土國權問題呵！

好了，現在否極泰來，不但北京武昌學生會漸漸活動起來，而且廣州學生會及全國中最有力的上海學生會，都已恢復他們的組織了！

三月九日復活的廣州學生聯合會，在改組宣言裏，已顯現他們徹底底覺悟。

我們更忠告全廣州的學生，今後將地方觀念宗教觀念盪滌淨盡，堅固的團結整個廣州學生會，永遠勿從安那其的謬見，自由退出而分裂而自殺！

歡迎廣州上海兩學生會

獨秀

中國愛國的青年學生，自「五四」「六三」後，幾乎一蹶不派，各地學生會大半有名無實，尤其是學生之重鎮上海廣州學生會，連名也沒有了！

「六三」運動的青年英雄──上海學生，亦於「五四」紀念日，將可敬的學生聯合會重整旗鼓，出席者三十餘校代表，會中職員都已選出了。

我們更忠告全上海學生：（一）今後之活動應全體動員，各個都施遊職，勿但責難少數領袖；（二）應視全國學生爲一體，勿存南北之見；（三）勿以宗教之故心裂上海學生團體。

我們更有忠告於上海廣州學生會的是：全國學生總會是學生界必需的組織，是學生界作戰的重要工具，是敵人──列強與軍閥──所疾視的，是學生界所應擁護的。

學生總會應發見以前的錯誤，努力

與上海學生羣衆攜手合作；上海學生亦應捐棄細故而謀全國學生的大團結！

愛國的青年們！　我們應該只看見敵人們——列強與軍閥——壓迫我們侮辱我們是何等兇猛，我們不應該單看見弟兄們的小過，大家親密的團結起來吧！

歡迎奉天東報復刊

獨　秀

愛國奮鬥的奉天東報，受帝國主義的日本之壓迫而停刊一星期，現在又於四月三十復刊，我們心中是何等快

我們心中是　等難受！

不但復刊，而且增加張數，鄭重宣言決不畏難；同時對於收回教育權充分發揮，更作明恥一篇，以針日人所辦盛京時報之中國記者；此外復於日本運動辦理奉天市內電車表示反對，至勞日本軍閥再向奉天當局要求永禁東報。

我們一方面敬佩東報記者們勇於愛國奮鬥不屈的精神，一方面覺得勇於收裝的上海各報記者們：對於英美法日接二連三的最近壓迫，大都「獨容可拘」

排外與排內

章　龍

「排外」二字就字義上說我們自然是不以為然的，因為現在壓迫中國平民階級的勢力并不以內外分野，而外人的侵略中國亦只限於列強特權階級的政府，其餘各國盈千累萬的平民卻與我們處於同樣的悲運。所以我們的主張是聯合世界被壓迫的弱小民族和強大民族中被壓迫的勞苦階級，作反抗帝國主義的運動，要將這個含有世界性的革命問題，付與全世境遇相同的民衆解決，這才能集中我們的力量，打倒我們共同的敵人。

不幸所謂「排外」兩字，近來經一般洋記者們的運用，平空添了不少的新解釋。自交民巷李元義登城被捕案發生以來，上海的外國報紙議論蠭發，接連不斷的鼓吹中國國民「排外復興」，主張各國政府採取有力之對村。他們為激勵僑商的敵愾，將自義和團起至臨城案此中國內地所發生的大小「教案」及僑商受損事件，繪影繪聲地寫得淋漓盡致。又為證明目前排外的聲勢浩大起見，舉凡中國國民所爭的旅大案，威海衞案，金佛郎案，關稅會議案，推廣租界案，領事裁判權案，……等等，籠統加土他一個「排外」的惡諡，自這班記者的心理看來，中國人過去所受「排外」的嚴懲痛創儘夠受了！（單是庚子賠款連本帶利九萬八千萬多兩，太平無事須到民國卅四年才能還消。）

所以他們對這兩個字便不由得心驚胆落，現在又唸出這一套「緊箍呪」是很能鎮壓中國人們的心靈的。

我們致說中國年來反帝國主義的運動較有進步，并不是少數人的倡導所致，也不是一般民衆從前恐外國記者們為護持各國在華的「威信」，為抵頼華府會議所說的甘言，不惜用盡心機，搬弄這些名詞來償眼中國國民，本來是無足怪的，只是像這樣的說法未免太簡單了。

笨，現在忽然聰明起來。這純由於華會以來國際帝國主義的進攻愈接愈厲，逼得太多數國人無路可走，於是自然而然的在實際生活中體驗出他們生活悲慘的眞原因了。

難道這些經驗的智識是⑴以拿空洞的名詞能嚇退的嗎？

你們所舉『排外』最力的論證，自然要以義和團案為最得意之事，就拿這案說吧！義上說，只能認為是帝國主義進攻一點小小的反映，雖然他們的方法幼稚得可笑，卻不能算什麼滔天的罪惡。傷了幾個僑民和偽善者（傳教師）訛索去空前鉅額的賠款，使中國因此夷爲殖民地而不能自振，試問天下殘忍的事還有比這個利害的麼？我想中國國民縱一時能力不足以反抗，這點淺顯的利害却非是能辨別的。

至於說我們現在要收回關稅主權，要取消一切不平等條約，要收回租界，要打破外人種種特權和奴辱這都是『排外』的舉動，那麼我們可以明白宣言，現在中國國民的自身解放，正是要努力做這些『排外』的運動，我們不獨不稍有顧忌，還要勇往前進，就說這是『罪惡』，但是自衛的罪惡，總比侵略的罪惡小些！

試問你們英美法日各國，那一國關稅容外人協定，那一國肯與外人定不平等的條約，那一國有外國的租界與領判權；你們是何等排外！

你們不但排外，而且你們跑到中國硬要設通商販賣鴉片，硬要管理中國關稅，硬要開租界設領事裁判中國人，硬要在中國辦實業（工廠礦山鐵路等。）辦教育，硬要在中國打死人而無罪（最著名的若上海樂志華案漢口田仲香案）。硬不許中國人增加棉花出口稅，硬不許中國人徵收紙煙稅，硬不許中國人領港，硬不許中國人禁止棉花出口，

由以上等等看來，你們不但在本國『排外』，還要跑到中國『排內』；你們明目張膽的在中國『排外』不算，還要大聲疾呼的說中國人『排外』，說列強應對華實行『懲罰戰爭』，這是何等喧賓奪主！

我們中國人！

煙台調查

郭壽生

一，人民狀況

煙台戶口據警察方面調查，總共一萬四千六百六十三家，男子約有六萬二千二百六十餘人，女子約有二萬七千零六十餘人。人民性極遲鈍，喜保守，俗尙樸實，勤勉耐勞，身體偉大強壯。農力于野，商勤于市，就是婦女男童亦多從事工作。他們又好積蓄，殷實的十有八九，貧民自食其力，穿襤的很少。他們長於經商，喜到外省或外國活動，如滿州直隸北部蒙古海參崴及俄國邊境，隨地都有山東他們從陰曆正月末，各向目的地出發，以陰曆二月三月將最多，

勞動者，(俗稱苦力）多半從事開墾做工，每年山煙台出口在大連發屠的勞動者，敬達數萬。

從山東每年出備於滿蒙及俄領的苦力，大約三十五萬人，青州沂州膠州次之，西部產于山東半島從前的登州萊州兩府爲最多，他們生各地較少。　今將各地方每年出備者勞動者之路數，列于左邊：

登州	一五〇，〇〇〇人，	萊州	六〇，〇〇〇人，
青州	六〇，〇〇〇人，	沂州	三〇，〇〇〇人，
膠州	二〇，〇〇〇人，		

至四月就漸漸的減少。　他們得了相當的積蓄以後，常于陰歷十一月下旬至十二月中旬還鄉度歲。　過年後，其行程在東方的，經由煙台礮口青島各港，從海道而赴海參崴，或安東大連等處。　其行程在西方的，乘津浦火車，至天津入營口；或由濟南航行小清河至羊角溝，改乘小火輪以達滿州。　今將經過煙台的勞動者的數目及範圍，述之如左：

一，經過煙台的，　一二〇，〇〇〇人，

　登州　九，〇〇〇人，　萊州　二〇，〇〇〇人，

　青州　一〇，〇〇〇人，

經過這地方，以舊登州府東部的榮城文登牟平萊陽海陽福山棲霞等地，占大多數，也有遠從萊州青州來的，其大別如左：

此外又有經過別的地方，列表如下：

二，經過龍口的，　一〇〇，〇〇〇人，

三，經過青島的，　九〇，〇〇〇人，

四，經過羊角溝的，　二〇，〇〇〇人，

五，經過津浦鐵路的，　二〇，〇〇〇人，

他們當出發及歸還期，業客棧的，多特派接客，至營口大連各處招呼。　他們之乘車搭船，都是客棧替他們辦理。　他們過着費用不夠的時候，旅館代付，由把頭作證，等到回鄉的時候，必照數歸還，沒有失信的，這是山東勞動界的特色。　　近因俄國內亂，勞動者無工可做，影響他們生活很大。

二，軍政機關。

煙台在滿清的時代不過是一鎮，設巡檢守。　從開關爲商埠以後，總設立有海關道與巡警廳，而登萊靑兵備道及駐防軍隊是駐紮在登州。　辛亥武昌起義，煙台于九月二十三晚光復，王傳炯爲煙台軍政分府司令，府內設民政外交財政庶務各部。　南北統一，北京政府成立以後，陸軍部派曲同豐來煙台結束軍事，總設民政事務所，分民政外交警察三廳，分掌政務。　以後王滋閣被任爲關監督，鎮守使署張樹元被任爲道觀察，煙台機關總有可觀。　現在政務約分三大派別，并海陸軍團營爲軍政機關。　膠東道尹公署及警察廳并各局署爲民政機關。　其次司法機關，如審檢兩廳爲專理司法部分的事務。

三，教育狀況

煙台教育機關有國立學校三所，私立學校三十五所，平民教育點二十九處。　茲將其分別列表如左：

國立學校

校名	校址	校長姓名	學生數目
海軍學校	煙台東山	林穎啓	六十餘人
蠶絲學校	養老山	王嘉獻	
水產學校	水產試驗場	于芹泉	四十八人

私立學校

校名	校址	校長姓名	學生數目
私立甲種商業學校	新開街	張本政	八九十八
崇文學校	毓璜頂下	畢維廉	四百二十五人
先志中學	三馬路	李鳳梧	二百餘人
私立養正國民高小	張裕路	孫日溫	二百八十人
模範高等小學校	平安巷	解悅廷	八十餘人
崇正國民高小	東昇街	黃烈卿	一百五十人

彭城國民學校　　所西南關　　劉如川　一百七十餘人
振華國民學校　　奇山所西門裏　張彤南　九十餘人
新民國民學校　　之罘屯村關帝廟右　孫世忠　三十餘人
養性學校　　　　海陽村　　　汪萬言　八十餘人
華興學校　　　　西園子外北　李華亭　一百二十六人
養儁工藝學校　　西沙旺道北　陳成九　一百四十人
平壽國民學校　　東海關監督公署前　高乙垣　九十人
長國國民學校　　毓皇頂下小海陽街　李作卿　五十二人
崇文國民學校　　文登同鄉會內　徐恩桂　四十人
煥文國民學校　　世和村　　　張百川　九十六人
敬義高初小學校　二馬路義記胡同　姜　茱　一百餘人
敬文國民學校　　通仲三元廟　姜　茱　一百餘人
守先學校　　　　西海陽村　　張紹堂　六十餘人
普濟學校　　　　三馬路　　　張印川　六十餘人
廣仁學校　　　　南横街斜竹巷　李尊一　七十餘人
廣東學校　　　　廣仁堂內　　姚明仁　七十餘人
育才日俊學校　　北馬路　　　北淑瑜　四十餘人
成美小學校　　　東馬路　　　袁文星　七十餘人
其光女子中學　　毓璜頂北坡　于子明　六十八人
第一女子國民學校　東馬路　　奚淑如女士　八十人
東明女子學校　　廣仁路街南　陳季安　四十餘人
端本女子國民學校　通伸村姜家祠堂後　姜瀾庭　三十名

崇德女子學校　　愛德路
威靈女子學校　　毓璜頂下　　四十餘人
廣仁女子學校　　廣仁堂
培真女子學校　　三馬路　　　馬師娘　七十餘人
橄欖枝女學校　　廣仁路　　　四十餘人
東門裏

（未完）

寸　鐵

太戈爾與清帝及青年佛化的女居士

太戈爾在杭州上海的演說已經荒謬，他現在去到北京，索性在清宮和廢帝在法源寺和青年佛化的女居士們混做一團。他若在東方文化隆盛時來到中國，得和女皇帝而兼女菩薩之武則天合掌相見，大談其愛與和平，不但『口發微笑』，比今日更是『歡喜無量』，可惜他來遲了！（寶庵）

無聊賴無意識的中國報界

張嘯奔致天津東方時報函說：『中國目下報紙…本不在齒數之列，然以爲此我國無聊賴無意識人所爲耳。』試問中國報界是否都是無聊賴無意識像張大實業家所罵倒？（寶庵）

懲爵戰爭

上海字林西報說：『最好是列強對華實行懲爵戰爭，假使各國不願參加，英美人便可以獨自進行。』我們很感謝字林報記者肯這樣坦白的指教中國人，他這樣坦白的表示英美人對華態度，實在比以前辦什麼中英睦誼會什麼中美協會，着實有益於華人。不過他們英美人覺得對於愛國的華人應該懲爵，我們愛國的華人則覺得欺待中國的英美人更應該懲爵！（寶庵）

The Guide Weekly.

導

嚮

週報

◀ 第六十五期 ▶

每星期三出版　發行通訊處

杭州馬校場蔡省三轉存

北京大學第一院政治系學術演講會轉

每星期三出版

定價

每份三分全年大洋
一元三角半年七角
國內郵費在內
一九二四年五月十四日

（中華郵務管理局特准
掛號認爲新聞紙類）

分售處

巴黎　上海　武昌
太原　沙南　濟南波封
昆明　杭州　雲閩南
京　（嚮導週報社）
天一　工　文明　新古　今　亞上　民共　丁中
一　智海卜國
化星　化華逆　時上　中
書　圖書書報
局社　書書局社局社社局社社社店社社

（第六十五期）

五一七

美國退還賠款的陰謀

章龍

日本前爲和緩排日空氣起見，也想忍痛退還庚子賠款一部份爲對華文化投資之用，他這樣抄襲美國的老文章早給一班稍明事理的國民看破了，所以連續引起國內不少的反響。在這個意義之下，我們一方面看出國人對於日本的侵略方式已有進一步的認識，一方面也就反映出美國在華的文化事業，漸已爲多數有識的人所深惡痛絕了！　這是反帝國主義運動中一種進步的現象，很值得我們注意的。

據本月六日路透電訊美國下院又有通過繼續免付庚子賠款之事，總額爲一千五百萬美金，此消息傳來，正告訴我們，美政府又在擺佈甚麼侵略的疑陣。　不消說帝國主義的政府自他的錢罐中掏出大堆洋錢，斷然是不懷好意的，如果沒有附帶的條件，誰也不相信代表資產階級利益的議會能予以通過，那麼，他們這次送中國的厚禮，到底所爲何來？

據外報所載，美政府所指定的用途有五六種，除繼續文化投資外，尙有一種爲外間所知道的，便是導淮，這顯然是美人侵略政策中的又一戲法了，我們於此只有痛恨，痛恨他們手段的狡獪和狠毒！

大家都知道美國政府近來受銀行圈的牽制，不能在中國境內放手投資，暢所欲爲，滿足他的最大慾壑，於是不得不另出花樣，借退還賠款的美名來誘惑國人了。　他的用意是要藉一種事業，動用賠款，便須由他們參預，旣得參預，便可乘隙而入，另闢一侵路的新局面。　無論導淮也好，築路也好，建設無線電台也好，只要動用賠款，就給了他擴張勢力的好機會。　這豈不是變相投資的絕好方法麼？　我想這樣名利兩全的妙計，將來彷而行之，恐怕又不止日本一國了。

這并不是我們的多心，我們試看美人主張設立監督賠款用途的委員會，他的計劃是何等精密週到！　便可以窺見其野心的一斑了。　所以像這樣的美政府的『好意』我們竟是不敢領情，假使不能無條件退還，我國民寧願忍死熬痛償清此等寃債，倒還沒有引狼入室的危險。

關稅會議的效用

正廠

是一根金插棒

華府會議中恩賜的進口稅加二五，一方面還要列強派員會議過後，才生效力。在中國人看過去（尤其是軍閥），是塊天鵝肉；而不料列強卻常金插棒用着。無論什麼交涉，到了中國人不肯答允時候，他們就說，「喂！關稅會議，關稅會話」！軍閥聽了，以為眼前的吃虧，和我不相干；增加的關稅，倒是我錢袋中的貨。於是乎政府就答允了。

國民本無力量；況且口液也滿着，自然也不響了。法國拿着關稅會議來要求庚子賠款改用金法郎。英國美國也拿了關稅會議來要求取銷江蘇浙江底紙煙地方捐。關稅會議不知幾時才開，而效用卻已不少了。你們不要只看着洋大人手裏拿着天鵝肉，就不見他那隻手拿着槍向我們喉頭很近呢！

反對推廣租界和收回公廨聲中的宜樂里

正廠

拆屋案

宜樂里不是租界，我們退了一萬步來說，那房主和房客打官司，當然要中國法庭審理。可是現在的房主借了洋大人勢力，向會審公廨起訴，並且誘被告到租界上捉了去。這樣看來，租界沒有推廣，而權力卻已推廣了。這個例一開，將來無論什麼地方的漢奸，委托一個洋大人出面向上海會審公廨控告，會審公廨就可以派人誘被告來審理。于是乎全國的司法機關可以全數關門，讓會審公廨來代理了。所以我以為對于宜樂里案，先要做到中國法庭審理。現在中國官員，還沒有出來開口。而少數腦子昏迷的新聞記者卻以為既然由會審公廨審理了，大家應該靜待法律解決。咳！理。

上海人，上海人！租界就算不是中國領土，宜樂里還沒有割讓呀！

美國移民案與我們

正廠

美國移民案，現在又緊張了。對于柯立志總統提議展期至一九二六年三月一號實行的決議。兩院聯席會，已通過定明年三月一號起實行，加以否決。而同時參院議員，又反對展期實行。照此看來，移民案已成鐵案，所討論的不過實行時間吧了。我們對于移民案，當然和日本一樣地反對。不過日本現在高唱的中日親善，亞細亞民族聯合；我們也該加以致慮。我恐怕和平的中國人，聽了移民案，以為中日真真親善的時機到了。其實，中國工人到日本去，已經屢次被逐了。就是在日本作工的，也備受虐待。所以我們要和日本共同去反對美國移民案，我們先要反對日本虐待僑日同胞。

上海租界的最近治安

為人

九號晚，租界上發生大劫案三起，越翌日，亦曾不斷的發生大殺案數起，這都是在洋大人統治之下的現狀，任洋大人如何狡猾，也不能否認此等事實。

洋大人在中國境內，稍見打劫情形，便張大其詞，說是中國人民沒有治理治安的能力，要主張調重兵來華駐防；洋大人在中國境內如偶被刧，便向我們提出最嚴重的無理要求，藉此向我們奪將重大的代價。

如今，我們又向洋大人說：你們沒有治理治安的能力，租界要由我們駐兵和負保護治安之責，對於已在租界被害的人民應由工部局賠償損失，不知洋大人對此何以答辦？

日法合作

為人

日法兩國，一是東方最頑固和強橫的帝國主義者，一是西方最頑固和強橫的帝國主義者。日政府之壓迫朝鮮中國台灣人民，已引起了東方弱小民族底最深惡感，法政府之壓迫魯爾及一切德國人民，已引起了西方弱小民族底最深惡感。同時日本向美洲殖民的政策，又見被排斥於美國參衆兩院。英國因與美國有經濟上歷史上的種種關係，又不能助日以對美。且日政府曾因啟視蘇俄的原故，已爲英國所不滿。日政府至此，真可說是孤立無援了。法政府因向德國單獨行動的原故，亦與英國起了莫大的衝突，向與英國有關係的美國，她當然不能助法以對英。法政府至此，亦可說是孤立無援了。日法兩國在此孤立無援之中，日法合作的聲浪，遂由此而起。論理論情原來如此，我們至少也可以知道日法合作的影響是：：

（一）關於英美日法的——英美日法，是現在世界上的帝國主義者的代表，在現在世界上的一切問題，都要被他們擅自處置，不容他人參嘴，現因爭奪一切利金的關係，彼此衝突起來了，由英美日法四國向弱小民族進攻的聯合戰線，變爲日法對英美的兩大陣壘的趨勢了。世界上的公共和平，將由他們撕得粉碎！ 是日法合作，不但是英美日本身破裂的導火線，而且是破壞世界和平的導火線。

（二）關於世界弱小民族的——日法合作成功，孤立無援的日法，從此彼此勾結，必更胆大敢爲，壓迫朝鮮西伯利亞及中國各地人民，壓迫德國各地人民。

彼帝國主義者猶知道合作，我們被壓迫的人們，我們救國的革命黨人，尤要知道合作才是。

我們底出路

這一次在天后宮開的國恥紀念會，已把五月九日換了一個新意義了。

這一個新意義，把五九紀念改爲五九運動，不能不認爲我國人底猛醒，和我民族前途的一線曙光。

紀念當然不是只要不忘，終想雪恥。然而方法呢？ 九年來所告訴我們的，不過提倡國貨。因而經濟絕交，抵制日貨，雖然洋洋盈耳，而日本貨還是充塞市場。在列強支配底下，我國實業除商業和銀行外，萬無發展希望。

所以我們要雪恥，我們先要推到軍閥政府而建設能夠爲我們反抗列強壓迫的政府。

列強的政府是一枝機關槍，我們底軍閥政府是枝毛竹槍；所以毛竹槍擋過頭來剌我們動，我們要先對內團結。

推倒軍閥政府爲我們民族獨立運動的第一步。

我們要對外有所舉動，我們要先對內團結。

已找不到開國恥紀念會的地方。

這是我們底出路。

正厂

實在說起來，我們底國恥多至不勝紀念；我們只好拿五月九日來作一個例子。所以收回旅大取銷二十一條，也不過是個口號；我們該收回的和該取銷多得很呢！

這一次的紀念會「已還把沒滿的對日收回旅大和取銷二十一條，改爲堂堂正正的民族獨立運動了。

因此，我以爲以後的五九，已不是紀念著民國四年的國恥，而是中華民族獨立運動對于列強的一種定期警告，同時也是鼓勵國人前進的日子。

九年來的五九，不過是紀念吧了。可是我國國貨納稅比外貨重得多，哪裏敵得過？ 這不是國人沒有愛國心，實在是國貨太不能產出。而同時他們又指揮北京政府，供給武器來壓迫我們；北京同胞未曾亡國而在列強支配底下。

，本來是被機關槍壓服了緣故。··所以我們非打倒了毛竹槍，造一枝機關槍，便難抵抗。而且現在的軍閥政府把國家弄成一個兵匪混亂

世界，許多的國民早已投降為亡國奴，靠著洋勢力來安身立業。所以我們現在要推倒軍閥政府，第一要懲罰不願為中國人的中國人。

第二，我們要注意于組織。如果我們有了幾十萬有組織的人，我們底目的就可以達到了。因為機關槍就是許多人的組織；一兩個人，

便只是一枝毛竹槍。我們為進行加速起見，我希望國內同情于推倒軍閥政和建設反抗列強侵略的國民政府的人，對于現行，大家實行

不合作主義。··惡勢力底下少一個人，便是惡勢力力量少一份。可是在同時，又希望反抗分子集中。中國人最大的毛病，就是不認清楚

仇敵和朋友。··往往兩個人意見稍有不合，便成仇敵；而對于他偏底共同仇敵，反而讓他安坐了看打架。所以我希望贊成中華民族獨立

的人，都集中在一起，合力去起。

有許多人以為一個日本還對付不了，何況又加上列強呢？可是壓迫我們的，不只是一個日本。而實際上，列強又是結合了來壓迫

我們的。我們似乎非反抗列強，就不能獨立。因此，有些人覺得中國比什麼都為難。別的民族如朝鮮印度等只要反抗一國；我們要

反抗各國。其實，幫助我們的也正多著；不要說同是被壓迫的民族如印度朝鮮；就是俄國以及其他英法日美民族中覺醒分子，也是我們

底朋友。

總之，我們底出路，便是我們底找出路。

煙台調查

（續前）　　郭春生

煙台除國立學校三所以外，都是私立學校，而私立學校屬于教會設立的不少。

國立海軍學校係養成軍官性質，學生學天文駕駛專門科學以外，與外界完全斷絕關係，不相往來，所以思想很簡單幼稚，差不多變成特別階級的人物。

私立學校中以金文志兩校的成績為最佳，學生多參加社會運動。

烟台平民教育運動，起始由青年會集合各界要人，討論發起，使本市貧塞子弟得以讀書識字，建設普及教育的基礎，結果一面募集捐款，一面籌劃進行。特舉滄台玉田為正校長，于子明為正部長，其餘各委辦均選各界要人與熱心教育的担任。並請上海要陽初劉漢恩

傅若愚三博士，來烟演講，開露天大會，請各校學生担任招生，一日間招足目不識丁的學生二千餘人。第一次招生，共計男生七十班，女生三十班，年大的六十五歲，年少的八九歲不等。每晚七句鐘開課，教授二句鐘。共分烟埠為四大區，學生二十餘人。每區有視學員二位或一位，日查視。四個月後即學完千字課，去年八月一日舉行第一次畢業，共計不廢學的有一千五百名，確熊希齡夫人來烟分贈文憑，是日并開畢業大會。

平民教育分為四大區：一，西南河以西為西區。二，孟蘭會以南為南區。三，孟蘭會以北為北區。四，東河以東為東區。

區為有專人負責，茲將各區列表如左：

西區領袖曲子元，幹事徐宗民荊峻峰周紹五，

區域地點	負責

西沙旺　東海洋瓦廠　暹繼志
西沙旺　福音堂　李子容
芝罘屯　三金學校　毛麗泉
大海陽　敬文學校　荊峻峯　劉開華
西馬路　羣英學校　元崇山　范魁五　黃東旭　黃枝一
西南河　張校舍　張秀峯　梁子謙
小海陽　福音堂　張宗岳　連子舟
西南村　初小學校
南區領袖張星南，幹事王震東
區域地點　負責
東區領袖袁潤甫，幹事王漢封
所南關　振華學校　于復初　郭鳳崗
所西關　二區小學　張星南　王震東
區域地點　負責
三思路　育英學校　袁潤甫　劉春山　李子春
廣仁路　青年會　周緒五
東新莊　馬君住宅　馬成二　王敬五

西沙旺　稱順成　牟墨齋
芝罘屯　億中工廠　譚澄清
通伸村　敬義學校　姜少猗　周緒五
中海陽　養性學校　汪心齋　隋子中
南鴻街　福音堂　趙君
天合巷　華興學校　陳鳴崗　李華亭
大新莊　幼稚園　曲子元
福音村　內地會學校　荊本和　王漢封
北區領袖鄭文應，幹事劉桐軒
窩域地點　負責
東會館　平壽校　汪心齋　荊海峯　王子欽
北馬路　浸信會堂　姜少猗　周緒五　林占人　王洗凡
區域地點　負責
西會館　二區學校　鄭文應　譚恩浦

四，新聞事業

煙台新聞界計有十家，卽芝罘商報，膠東新報，鐘聲報，愛國報，大民報，新報，金文報，英文日報，晨星報。這各種報紙所登的新聞，多半實是上海天津出版的報紙轉載下來。其中以膠東新報，大民報，鐘聲報較強一點；鐘聲報已滿十週，爲諸城丁訓初所創辦的，其言論很少看見過，實在沒有什麼價值。還有大民報，爲當地國民黨機關報，銷行很廣，編輯有林竹岡暎天一鶴等。附設明星晚報爲白話性質，多載社會的事情，頗得社會人的歡迎。

五，工業狀況

煙台近來小工業日見發達，如髮網，花邊，繭綢，抽織品，線襪，火柴，葡萄酒，啤酒，精鹽，罐頭，肥皂，洋燭，洋瓦，麵粉，洋傘各種，成績很好。今試述其概要，髮網工業占全埠工業中最優的地位，每年輸出額由六十五萬兩（民國六年）增加至八百八十餘萬兩（民國十年）。線織花邊工業與繭綢製造的手織品，近年輸出額約有七八十萬兩。毛巾線襪工業是五六年以來的創業，工廠有十餘家，機械約有百數十架，每月出產額約在萬打上下，不過所用的棉紗是取給于上海或外洋，是一種的缺憾。火柴工場有中蝶牌火柴一處，一年出產額不過數千大箱。張裕公司是中國獨一開創的釀酒公司，製

造的葡萄酒白蘭地的成績很好；又有體泉啤酒公司製造的啤酒汽水，都是用機器製造的。

西沙旺地方設立工廠很多，以通益精鹽工廠為最大，製造白鹽，每年出口額有廿六萬擔，可與天津久大精鹽公司相比。罐頭業有東亞公司利豐公司兩家。其餘的製造肥皂，洋燭，洋瓦，麵粉，鐘，傘等，都有大小的工廠。今就其最要的工業工廠逃之如左：

（二）柞蠶絲業　柞蠶絲（卽野蠶絲是我國的特產，每年蠶之產業東為第一，每年約有十萬擔內外，大連有四萬擔；營口不過

三千擔。絲之輸出最盛的時候，約有七八百萬兩那麼多，其輸送多由煙台直接的輸出海外，輸出以歐美為最多，日本及南洋在其次。

由柞蠶繭製成柞蠶絲，或織物（卽繭綢）的工業，以烟台為最盛，而原產地之關東地方，反不如這裏。舊時柞蠶之本坊在山東省，而農家飼養野蠶，抽絲製綢以助生計，後來山東人口漸多，漸向對岸的滿州發展，每年將由滿州所收獲之繭，輸送於故鄉之山東省，抽絲製綢再輸出于海外。

讀者之聲

外人在中國內地設立教堂案

帝國主義壓迫者，無時不向我們中國進攻。他們的壓迫，一天重似一天。他們的毒計一天似一天。計圖物產豐富的中國，作他們的殖民地，中國人，作了他們的奴隸。他們佔了中國的土地，侵略了中國的主權，壓迫着中國的民族，但是又恐怕中國的國民起來反抗，於是又利用時機，在中國廣設學校，教堂，恐怕麻木中國青年的思想，使中國永歸於無望。他們方可享受侵略中國的效果。哈哈！國民啊！他們這種政策，在中國確是收了不少的效果！居然有多數的同胞吃了他們的毒藥，所以中國現在的青年，死沉沉毫無生氣的，奄奄待斃的！這種滅國亡家的政策其毒真勝於舉領百萬大兵向我們開戰，因爲戰敗了我們，或是滅亡了我們，是因爲我們一時之强力不敵，向其逢勃雪恥之念更勝於前，不難一戰恢復。

這種政策却使我們永遠絕種啊！國民！放開你們那久閉的眼睛看一看現在的英法美日，都利用這一種政策，施於東三省，及山東。試看一看自北五省旱災以後，他們施這種政策不止在都市商埠，各鄉間都有巍立的洋樓，各幽僻的地方，斷不了摩托車的行經。在鄉間每鄉入數的人數總佔三分之二，其侮辱國人事件不一而足，因爲他們有錢，又誰知是剝奪了我們國民的脂膏，得來的錢吸！而國民都還不覺得總覺得洋大人是慈善的，他們總是說；洋大人拾給我們一斗糧食，給我們二十銅子，所以一應事件都惡洋大人的指揮。無形中已入外國人的掌握了！這是一個多麼大的危機！可憐我們的軍閥政府，及麻木的國民，還表示謝忱呢！他們又豈懂得什麼政策！只惟利是圖，所以洋大人用錢來賣中國，他們想作這一大宗的買賣，又爲什麼不幹呢！我們愛國的同胞應當若何的負這一種反抗的責任去抵制列强的◯

喚醒麻木的國民呢！

巴黎通信

法國底政治經濟狀況

資本主義的法蘭西，是從世界大戰底勝利中出來的。以亞爾薩斯和羅蘭之合併，魯爾和萊拉里(Rhenanie)之佔據，牠算是正在往世界最大工業國底路上走。法國多鐵而少煤，自去年一月十一以後，亞，羅底鐵與魯爾底煤已經配合起來，現在只是採礦問題了。這可算對於牠稱霸於工業界底慾望，滿足了一個。至於國內農業，雖比美，德為落後；然土地肥美，對於本國食料，尚能夠自足。因為在工業農業中底經濟平衡，所以在一九二〇至一九二一年勤格世界資本主義底大恐慌之危機，法國却減了受害很小很後的地方。

佛郎底兌換，比較尚爲平穩。生活也是這樣的。只是去年冬季，佛郎跌價，由七十多方一鎊英金的，低落到今年二月，成為百一十多方一鎊英金了。在這個期間，生活逐漸高漲。可是到最近一月中，佛郎又以法國諸國比較，法國之維持和借債，還了原價。惟生活尚未低減，但是與大陸諸國比較，法國可算是工商繁昌，經融安穩之最享有特權的國家了。

就政治來說。法國對於英國，勢不兩立，而互相爭霸。在歐洲德意志帝國主義既倒，而能與法國對壘者，只有海上底英吉利。然在英吉利方面說來，牠現時在歐洲底勁敵，第一個也只有法蘭西。這兩國底利害衝突，從對德對俄底政策中，表現得最明瞭。自從去年一月巴黎會議英法為賠償問題決裂以來，牠兩國便分道而馳，協約國於是破壞。雖

然去年之末，法國曾邀請英國共商分割地佔據傾爾斯得底勝利品，今年二三月英盛麥克朵拉首相會與法國普思加費總理當道往來，然而質在是表面上底敷衍。牠們都不能和解，亦都不願和解，各個都在做破侖底迷夢！

意大利底墨索里尼把國內工人壓服了，便宣言over國的內海。法國對牠，當然要看做大陸上底第一個勁敵。在近來，牠們也毫日益鉤心門角，互相競爭。此兩情形，在中歐東歐，表示得最明白。當法國與捷克斯拉夫訂約之後，意大利馬上就與亞哥斯拉夫聯盟。羅馬尼亞從前是借法國債款的，而今則聲言拒絕，要與意國往還。因此，法國與意國亦立於對抗地位。

德法是世仇。自凡爾賽條約以來，法國已經締結共戎頭了。可是要一勞永逸，把德國淪於萬劫不復之禍，所以除用經濟壓迫政策，加重賠償，佔據魯爾(產煤區域)外，還要用土地分裂政策，把德國折散成無數小邦。自去年進兵魯爾後，便慫恿萊因獨立，要建立破徹國，直隸於法蘭西帝國主義之下。近來賠償問題雖然呈停頓現象，可是法國毫不讓步，而且還要加上牠的安甯問題。

法國是帝國主義的國家，同時，亦是反革命的國家。在內壓迫無產階級底罷工，共產黨底活動，提出命令法律(Diorets-low)於國會，簡直要撕破德讓克拉西底面具。在外對於萊俄，英意都承認了，牠還是不肯承認，亦不與通商。對於去年德國底革命潮，亦盛加防過，從前當法國有產階級革命時，奧地利是最復古的國家；現在當俄國無產階級革命時，法蘭西要算是最復古的國家了。

因為法國是帝國主義的國家又是反革命的國家，所以在中歐東歐

，不遺餘力地操縱那些新興的和戰敗的弱小國家。對於波蘭，捷克斯拉夫等，都與以鉅款去武裝牠們。去年，牠把比，捷，波和牠自己，結成一個大派，包圍德國底革命，並隔絕俄德底聯絡。奧匈底經濟權大半落於法國之手，幾於如牠的附庸一般。聯羅馬尼亞，是牠擢截萊俄南下底計劃，至今雖因與意國競爭，尚未知鹿死誰手；然其用心實可想見。從此可知普恩加賚還是在繼續伯里安一九二一年在華盛頓會議上所宣布法國以防止布爾塞維克西侵為使命底政策！

總之，自凡爾賽條約以來，法國因大戰而停止了底殖民地擴展和爭工業霸權，又一天一天地恢復起來，高漲起來。因為牠的經濟還固

定，地位也優越，所以飛艇之多，實超英國而上之，論到陸軍，則亦有七十多萬人可算擁有世界上一個最大的軍隊。然英國近來，亦在添造戰艦，擴充飛艇隊，與法競爭。差不多現在牠們又恢復了大戰前武裝和平底局面。

不過法國現在底財政，仍然沒有還原，預算裏的虧空，日益增加。而對外則幾呈孤立底狀態。從前被兵災的省分，亦復凋零如故，國內生活漸高，又與現內閣反對派以口實，在將來選舉時，高擧法蘭西帝國主義之旗底普恩加賚，要被伯里安這一派人打倒，也未可知例！

任卓宣

四月二日

國民常識！

上海萬年會倉聖會在申報所登廣告說：「農工商賈無一人不受字之益，即無一人不當敬惜字紙也；人人知敬惜字紙，即人人當知誇倉聖。外國人不敬字紙，而歐戰四年，死亡千八百萬，日本去秋地震死亡亦慘，其不敬惜字紙，何是效尤。」

The Guide Weekly.

嚮導

週報

（中華郵務管理局特准掛號認爲新聞紙類）

一九二四年五月廿一日

定價

每份三分全年大洋
一元三角半年七角
國內郵費在內

分售處

上海 武昌
南京 溫州 甯波 濟南 長沙 昆明 大連 廣州 杭州

丁卜中共濟民青時文共進文明古雲書報
國智化星亞今別化報星社局
一書報書局社社社社社社社
工學

▸第 六 十 六 期 ◂

每星期三出版 發行通訊處

北京大學第一院 馬神廟 汪校長轉 注意安徽

每星期三出版 發行通訊處

（第六十六期）

時事評論

工界厄運重重

述秀

自「二七」後，全國工界（只有廣州除外）都在軍閥及中外資本家猛烈的進攻之中；最近流血的慘禍又將復現了！

第一件事就是本月十三日漢口工人楊德甫周天元黃惠蕭晉德許白豪吳玉山犧牲財權海丞黃于璋等被捕，目下尚在稽査處審訊中；他們大牛是京漢失業工人，落在正面的敵人直系軍閥手裏，自然是有凶無吉！

第二件事就是湘潭生礦運工罷工，公司向官廳請兵彈壓，前由湘潭縣署派兵拘去工人仇六生放槍示威，幷拘去工人及勞觀者四人，公司且有賄請縣知事槍斃此四人之說。此礦運工罷工，向來按照斤兩計算，裕牲粧礦公司在官廳立案，以二十四兩爲一斤，已經出乎情理之外，乃該公司復達反成案，竟私以三十六兩爲一斤，工人等終日拚命搬運猶不得一飽，迫不得已乃爲要求減秤而罷工，要求不着還要被抓流血，世間竟有此不平之事！

第三件事是開灤煤礦礦井，前曾壓斃工人五十餘名，事後只挖出屍身十七具，所有被難家屬境況極其慘窘，乃礦局撫卹只給有親無屍者二百二十元，有親有屍者一百十元，此數只等於購買一匹馬之價，雖工人家屬備極哀求亦無效。

我們的生活必需品，那一樣不是工人血汗所賜，而軍閥資本家竟這樣毒殺虐待工人，一般社會倘竟不爲工人表示同情，那眞是工人無負於社會，而社會有負於工人了！大家還要明白：中國社會若始終是這樣冷酷，必不單是工人階級之不幸！

漢口之黨獄

莪秀

直系軍閥吳佩孚之走狗蕭耀南，近又在漢口逮捕多人，外間傳爲壓迫工人過激運動，其實是破壞國民黨運動；因爲楊德甫等九人雖是工人，也都是國民黨黨員，幷且是漢口黨部之重要職員，同時被捕的律師國民黨黨員劉芬（卽劉伯垂）和工會向無關係，況且自「二七」以來，漢口工會運

勤異常沈寂，那里還有什麼過激運動。

國民黨是創中華民國的政黨，中華民國的招牌一天未下，國民黨當然在任何中華民國領土上內有公開的活動之權利。創造中華民國的黨不能在中華民國領土上有公開的活動之權利，這豈非奇了？不但不能公開，還要因為是國民黨而被捕，豈非奇之又奇？

最近改組後的國民黨和黨魁孫中山先生為中華民族獨立奮鬥的精神與決心，已漸漸得全國民眾的同情。賣國媚外的直系軍閥見了廬眼紅，一面在香港北京製造傳播中山先生逝世的消息，一面在漢口大捕其國民黨黨部人員；他們這樣倒行逆施，愛國的民眾應該對他們更加一層深的憎惡，因為得罪國民黨其罪小，摧殘的國民黨其罪大。摧殘為民族獨立解放運動的國民黨，實際上便是幫着外人壓迫中華民族。

世界的反動政象之轉機　　獨秀

一年以來世界的反動政治之表現，最顯著的便是意大利之穆素里尼內閣法蘭西之普恩賚內閣及日本之清浦內閣。但就近日新選舉之結果看來，這種反動的政象已略有轉護了。

意大利之選舉，國民黨從一百零六席降至三十九席，社會民主黨從二百二十二席降至四十八席，獨有共產黨從十三席增至十七席。

法蘭西之選舉，左翼諸黨共得二百九十六席，右翼諸黨二百七十四人，社會黨一○一人，共和黨二三九人，內計穩健共和黨一三七人，左共和黨二七人，獨々急進黨三四人，保守黨一一八人；政府黨既失敗，普恩賚勢必出於辭職。

日本選舉之結果，憲政會得一五三席，政友會得一○一席，革新黨得二八一席，以上反對政府之三黨共得二八二席，政友本黨即政友俱樂部得二八席，此外商業同志會一二席，中立派五七席，政府黨只得一一○席，在國會所占議席勉強只及三分之一，清浦內閣已無留戀之餘地。

此中更可注意的，獨於第三國際之共產黨，不但在法國選得勝利，而且在備受意大利政府壓迫摧殘之下，倘能夠得工人之擁護增加議席。

請看帝國主義底「自供」　　楚女

帝國主義者，惟恐中國太平了失了他們底市場。所以他們除了明目張膽地在政治上贊助反革命派，在經濟上監借鉅款給擾亂軍隊之外，「私運軍火」接濟軍匪，若不多更玩了他們底一種有組織的國際貿易。我們對於他們會經不斷地控訴，他們不是資之不理，便是否認。現在，我們且看他們自已底「不打自招」。

字林報對於該報十一日倫敦通訊所述最近捷克斯拉夫希圖私運軍火之醜體值二百萬鎊之軍火來華一事，論云：「藏吾人所聞，私運軍火之關體既有三四起，約有大規模組織良好者。其一在日本，一在北美，一在歐洲。數星期前，上海有少年私毀手繪被盜於英警務公堂，微彼供稱稅不過一大機器中之極小零件，警察頗再訪查其中之大人物云々。日下對華私運軍火之多，足見其背後財力之雄厚。中國各大埠及香港近來無一星期不發現私運軍火，其中有數批為數甚鉅。然則何羞殺人越貨為之，南府見送出乎？……近來破獲之武裝盜匪，無不攜有新式外國槍械，海盜則往往用新式機關槍，其蒸可畏夭」！

對於「中國協會年會」底批評

楚　女

　　此英國人爲主幹的中國協會，最近在上海開年會，主席報告中國情形說：——

　　第一，他說：『自五月六日慘案以後，國內匪亂，迄未平息，撻虐外人之事，時有發生。使館界內，並有毆斃外人案件。此時期內受害外人總數，本會列有詳表，刊在年報，閱之可爲震慄也』。

　　這有三個來源，我們須爲中國協會指出：一是帝國主義者，不顧中國民意，歷年以來：『臨案以後，國內匪亂』，是沒有平息。然而這「國內匪亂」，景從哪里來的呢？二是由於資本帝國主義之相繼的掠奪，致使中國的政治無由澄清，財政紊亂，兵多無法裁減。一方面使中國國內的手工生產業日即於死亡之途，一方面使中國人過着物價昂貴的高程度生活：因此，中産者日漸陷於無産，而其南方政府於不同，而一意協助反革命派的軍閥，致使中國的政治無由澄清，失業者日漸入於失業。

　　三是你們這些外國人專門私運軍火，接濟軍閥。『使館界內，毆斃外人』這說然是中國人對於洋大人的無發了！然而李義元不過是一個中國與會議員張金芳的馬車，歐傷馬夫』。中國人在中國自己底城上不能行走，疑算我們自認晦氣！但『在中國境內，毆斃華人』：或是，這死華人總數，列爲『詳表』，怕不更其『閃之合人震慄』！

　　又說：『關稅通例，凡貨物徑一度完納入口稅或出口稅，在國內便可自由轉運不再納第二次之稅。中國情形獨異於此，種種複雜及不規則之稅，幾於無省無之……』吾人當視爲阻礙貨物分配之大敵。再如子口一稅，雖由海關承辦，然其妨礙各口間商業，仍與厘是的——中國底關稅，誠然是一種極討人厭而阻礙商業的東西。而這只可以對於中國國內的負販華人說，洋商何曾受到這種痛苦。不但並未受到這種窘苦，卽是正當的值百抽五之正稅，洋商又何嘗完納足額？中國底關稅制度不好，中國久已自己知道，久已就要改良；無奈你們洋大人死保住你們底戰利品旣得權，一手把住這現行的協定關稅制不肯放鬆，叫中國又何從替你們設備那利便商業的稅制？

　　關稅會議，你們又延不肯開，那「裁厘加稅」，「廢止子口牛稅」，又何從實行？此外，又說『中國亟應發展』的商業，顧其所取增加內國租稅之政策，如新近之創收紙煙特稅，實與發達商業，背道而馳——我們不知道這種「紙煙稅」麼？不發展也耶！我們底國民實在經不起你們這樣地敲骨吸髓呢！謝謝洋大人的教訓，我們所謂『亟應發展』的商業，顧其所取別國對於紙烟稅收稅百分之百的又怎麼樣？

　　至於四川江方面，因輪運發展，原有運貨之中國船戶，對於輪船，頗生惡感，至有威嚇領港華人，要求某種貨物於江水低下時，須由紙烟特稅，便與發展商業，背道而馳！

航船轉運，現以強壓及變通辦法之力，反抗之勢漸減——但欲帆船完全停止輸運川貨，恐尚在數十年之後」云云，倒真把洋大人咁嚇中國人膏血的實話，直陳不諱地說出了！

原來洋大人的目的，是在要『欲帆船完全停止輸運川貨』；而現在方正以『壓迫』與『變通辦法』進行這種完全不許華人吃飯而只使之餓死的侵略！

『北京政府僅屬傀儡，各軍人維持之，藉以作對外國政府之緩衝而已』

這句話應該照下面的說法：『北京政府僅屬傀儡，各帝國主義的列強，利用直系軍人維持之，藉以作侵掠中國國民的緩衝而已』

南方的大局，洋大人以為很壞，——這也是不錯的。但這壞的南方，洋大人們却只指出一個『福建』；而其痛斥者又復類皆屬於舊勢力下之人。

是的！『中國方面未嘗無具有才幹之政治家及領袖人物』，顯見是故意抹煞中國底真正民意代表孫中山派，而為混亂是非之言，間接的為其便於利用的反動派張目。

籠統地加上一個『南方』，當此之時，其大部分之注意力，皆施於保障自身之地位』。然而這些在實際上，並不就是什麼真正的『具有才幹之政治家』，更其不能算是『領袖人物』。真正的『具有才幹』而又不把他底『大部分注意力，施於保障自身之地位』的政治家——領袖人物，現在正在南方為全中國人民底幸福而奮鬥着；不過帝國主義者不願意承認他是政治家，是領袖人物罷了！因為他要收回海關，只這一件事就已大大地傷了帝國主義者的心了！

最後，它——中國協會——對於我們底太上政府——外交團所感的❍華『應付之困難』，主張『惟有聯合取一致行動政策』。說：『吾人既得之條約權，吾人以為無論如何，應常保全；如中國官場有規避義務之點，各國當作一致行動』。而最令我們怒髮裂眥而且傷心的，是接着說：『凡各國一致之行動，吾人以為决無損害於中國，且為一般壓迫下之華人所歡迎也』！ 可憐的中國，哪里還妥要洋大人來唱這種所謂『一致行動』的實際『共管』呢？ 哪里『一致行動』，你們不是要禁止中國同俄國和好，而中國便卽不與俄國和好了麼？ 有求必應，來者不誤，東交民巷底一致行為早已行着！ 只不過我們到底要看一看這種『一致行動』，是不是『一般壓迫下之華人所歡迎』耳！

煙台調查

（續前）　郭壽生

烟台之製絲工場，俗呼纊坊工坊，共有三十餘家，機械纊車連一萬三千餘支，今將所有柞蠶絲工場，幷其纊車支數列表如左：

纊廠字號	纊車支數	纊廠字號	纊車支數	纊廠字號	纊車支數
義豐德	六百	義孚同	六百十四	義昌絲場	三百二十四
義豐恆	四百七十	義昌東場	三百〇六	雙聚興	六百十二
盛記纊坊	三百九十三	裕記纊坊	五百七十六	裕德源	五百〇四
東德記	三百四十六	德記纊坊	三百七十五	源記纊坊	四百
				公普和	五百〇六
				祥茂公	五百〇三

字號	工人		字號	工人
裕興昌	二百十二		裕生祥	二百五十
成和昌	三百四十八		泰安繅坊	四百四十
敦化絲廠	五百二十七		發記繅坊	五百四十
和記繅坊	四百五十九		東生德絲廠（牟平德記）	二百七十六
東生德絲廠（泰成東）	三百四十八		東生德絲廠（盛豊同）	二百
成聚祥	二百二十		恆記繅坊	一百五十二
順記繅坊	二百三十四		西裕記	二百四十
源記繅坊	一百八十八		人和昌	三百
恆昇春	四百		福勝利	一百七十六
同興德	一百八十四		和興德	二百二十
德和永	一百七十八		德興繅坊	二百四十

字號	營業	地址
源昌公司	全右	大馬路
豊盛和	全右	大馬路
裕豊公司	髮網兼花邊	海岸街

（各廠工人多少未詳）

（二）髮網業　髮網工業在煙台已視爲重要部分，這種工廠設在東馬路一帶。數年以來所得的利益不少，工廠裏邊以女工爲最多，其工作又分製驗等級。大概多由各縣鄉鎮的女工織好，交本埠女工驗補以後，再裝箱出口，因爲當地女工的工資不及內地女工的工錢便宜。茲由髮網花邊公會調查出來的各工廠，列表如左：

字號	營業	地址
恆祥號	髮網兼花邊	張裕路
億中公司	髮網兼花邊	中法公司

工人逾萬人以上，工廠約有百餘家。

以上所列的以入髮網花邊公會爲限，此外還有各洋商的工廠，有遠東，招德仁德各行，并昌興開源開門各公司之驗網工廠，爲數很多。

字號	營業	地址
義和公司	全右	大馬路
慎豊公司	全右	大馬路
德合湯	全右	同德恆
萬利公司	全右	朝陽街
裕華豊	全右	悅來里
春華昌	全右	成記
遠豊公司	全右	豊顆祥
髮業公司	髮網	益記
和順號	全右	廣益興
崇德公司	全右	十字馬路
協和公司	全右	蛱祥公司
華成和	全右	南山路
		成豊號
		同興公

（三）花邊業　鏤空花邊在從前很盛，最近受日本并蘇浙之競爭，漸趨退化。因爲手藝與北紋不能鉤心鬥角，花樣又不能更換新式。這種工業多由髮網莊兼營，全年出口經東海關估值約二三百萬兩○茲將花邊同業表，列如左邊：

字號	營業	地址	字號	營業	地址
恆祥號		大馬路	和聚號		張裕路
德盛順		大馬路	東泰成		大馬路
和泰興		大馬路	福華公司		廣仁路
新德號		十字馬路	天來號		大馬路

合豐祥　　大馬路
同義號　　大馬路

源順祥　　大馬路
元成與　　大馬路
同順德　　大馬路
華利公司　大馬路
晉達公司　張裕路
成順祥　　中西堂胡同
恒發祥　　十字馬路
豐盛順　　愛德路
德泰祥　　愛德街
義生福　　大馬路
德順永　　大馬路
義興德　　朝陽街
振泰德　　大馬路

恒順祥　　大馬路
普東公司　大馬路
祥華公司　南山路
德興公司　十字馬路
藝業公司　愛德路
寶生昌　　張裕路
恒德號　　大馬路
永盛與　　大馬路
陳裘蓑　　東昇街
義順與　　廣仁路
同和祥　　悅來里
協成永　　張裕路

（四）張裕釀酒公司　該公司的創辦人爲張弼士，構造樓房，建築房棧。酒窖等屋，佔地六十餘畝；栽植葡萄園，佔地數千餘畝，常年僱用工人有千餘人，酒窖方廣有百餘丈，完全用堅石拱成，出品計有十四種。現在總經理爲張秩裙：在東山西山建有葡萄園，廠內釀葡萄酒機器酒房地窖及貯酒桶等，構造奇妙。并有自己建築的玻璃廠：自製的玻璃瓶，全部酒工及園工達百餘人，爲烟台最大的工廠。

醴泉啤酒公司　該公司設廠於老虎眼，工人四十餘名，全年出品啤酒約有三四萬箱，汽水萬餘箱，機器冰日四噸，其廠基佔地不六敏，總經理爲王金齊，工廠執事人爲李介臣，該廠待遇工尚不

惡，按竈工人每月可得工銀七八十吊不等，伙食宿舍均由廠中供給爲烟台獨一無二之專利事業。

通益公司精鹽廠，廠設西沙旺大街，佔地二十七畝，裏邊有工廠五座，專製精鹽粉鹽粒鹽以酸美牙粉等。全年產鹽有二十萬挑，銷行于長江一帶及山東沿海口岸各處，製不供求，爲天津久大精鹽公司的勁敵。

廠裏邊的工人有機匠常川八人，臨時沒有定額，泥木匠常川七人，臨時沒有定額，煎鹽工每廠三十八人，四廠共計一百二十人，打包工三十人，容鹽工三十五人。其待遇工人比較別處特優，機匠泥木匠每人每月可得二十五圓至十八圓，煎鹽打包工計工，工頭每月可得三四十圓，小工每月也有十三四圓之數。其辦工鐘點，晝夜分做三班，爲實行八小時工作的制度，煙台有這項工業，就是他一家。

六，商業狀況

煙台輸出入的貿易在從前很發達，實占北洋貿易港的中心。以前歐洲雜貨要輸入于滿州，必經過這個地方，再向安東本連牛莊等處運送。從日人經營滿州租借旅大以後，船舶的航路爲之一變。等到膠濟鐵路開通，本省南部的市場又全歸于青島的商權範圍，因爲這個緣故，煙台貿易就現衰落的狀態：一九一五年，歐戰發生，船貨不足，加以運費及匯兌昂貴，因此貿易愈變不振，其重要的輸出品，不能輸出歐美，一部分的貿易又爲青島天津等處所奪，因此愈變蕭條現象，這是中間衰落之一時期。

富俄幣暴落時候，受害的除滿州以外，以煙台爲最大。本地商人自營的商業銀行，因而倒閉，經濟上大受虧損，這又是衰落之二時

請看！美人自供

民國六年間，日幣代興，其流通市面，一躍達百萬元以上，是年十月間，日幣又忽然暴落，所受損失雖然不及俄幣那麼利害，一時那個時候，青島歸于日本，煙台原有商業，又漸向于莊破產的不少。山東鐵路沿綫及青島等處。加以膠東一帶農田歉收，匪徒蜂擁（日本浪人勾結土匪），貿易上現出不好景象，這又是衰落之三時期。

十一年六月間，本地市面以銅圓及紙幣充斥，加以各處銀價高漲，平常的二千二百餘文之銀價，飛漲到二千八九百文，可算從來沒有的，這為衰落之第四時期，實在是煙台商業的一時錢，之銀荒，商業上大受影響，這為衰落之第四時期，實在是煙台商業的以後煙灘建築鐵路可以直達濟南，那個時候，運輸便當，才有興旺的希望。

（未完）

寸鐵

中國命運已在華盛頓會議決矣！

去年上海三育大學的美國人說：「既入教會讀書，應當斷絕國家關係，愛國二字斷無存在之餘地」。今年廣州聖三一學校的法國人又說：「中國命運已在華盛頓會議決定，爾等學生無須去救，亦不能救」。

說：「這是英國人的學校，有英領事在廣州，斷不能徇你們的請，任從你們中國人的自由」。現在廣州聖三一學校的英國人運已在華盛頓會議決定，爾等學生無須去救，亦不能救」。（獨秀）

熱心收斂的先生們那里去了？

英兵侵入西藏的消息，一天緊似一天，班禪且被逼來京了，熱心收斂的先生們也應該熱心收斂，現在何以一聲不響？難道主張只英國應該有藩嗎？（獨秀）

黎元洪又縮頭了

黎元洪來校不成，已厚着臉皮回到天津了。他自己說一生為人利用；其實有機可投時，他便由大都督而大總統，無機可投便將頭縮進去，誰能利用他？（獨秀）

通信

獨秀先生

我們數年來，在北京看的玩意兒，雖然很多，但是總沒有看過現在曹三所演的過癮出神。我舉三件事告訴你……也許你全知道！第一件是曹三治下的北京戲園裏不准貼「捉放曹」「罵曹」「戰宛城」一類的戲報，恐怕侮辱了他的祖先，又恐怕人家聯想到他同他的祖宗都一般叫做「賊」。

曹三所盤踞的新華門，不准過路的學生們，穿白大褂，穿白布靴經過，怕人家是預祝他歸西天，預為他服孝，其實他那裏配？

第三是北京久不下雨，一大串同善社悟善社的大妖小怪盡力活動，一面糊弄天地，曹三覺鄭重的說：「萬方有罪在予一人」。他近來居然想學袁世凱，其實他太美了！一面叩求曹三悔恐不可及的讚歎飭令圍城禁止屠宰，迎接「鐵牌」，其實他太美了！他那裏配？

因為實在悶不過，特地將這些新聞告訴你，不知你聽了是氣這是笑？

嶺南挑　五月十三日

顧維鈞及時事新報申報新聞報記者們一齊諦聽！

世界新聞社云，前大陸報主筆美國人Pefler 氏近在美報發表一論文，指斥列強破壞中俄交涉，摘錄如左：（前略）中俄經長期之談判後

，交涉完全停頓，夫其直接責任，自在中國，特中國究以何故而于最後之時變更態度？ 此其理由．至為複雜，但其主因則為受美國務卿

休士君之指示而有所怵惕。

俄於歐戰停後，即向中國接洽恢復邦交，顧放棄俄皇時代所索在華之一切權利及土地，以平等根據重新訂約，此極貢獻，乃自中國為

歐洲列強之戰利品以後第一次之貢獻，而中國亦第一次得有恢復列強所攫權利一部分之機會，故任當時如即與俄締約，中國實有百益而無

一失。 乃中國接受其歡勸，仍未與俄復交，且未與談判，則亦因被列強禁阻而不敢為也。 列強通告中國，若與不法之紅俄談判，將為

列強所不悅，而中國早有經驗，知列強不悅，遂斂手不敢復動，法日英既發言，美亦示意。 美之示意也，不用正式文書，以防

釁院究問，而在北京以私下談話出之，北京閣員最能望風承旨，且懍受列強外交家之訓練，則惟有俯首聽命耳。

如是中國因列強之不悅而自棄有幸福利益，忽忽數年，直至近今，歐洲大國已有許俄國與之握手言歡者，中國始敢步武彼等之後塵，

與俄國開始正式談判，而得締約簽字之結果。 但中國最後忽又變卦，此中自有國內政潮及個人忌嫉之原因，但最大原因則仍為列強之干

涉耳。 干涉之國，厥為法日美，法之干涉態度乃公開者，係以對於中東鐵路之要求為根據；日本之行動，間接而暗昧，彼蓋欲先與俄訂

立條件，故離間中俄，其於中東路之提議，吾人固無法證明之，但於外交上之意志，原無公然宣白之必要，然其終為中俄交涉破裂之一原動力，則無可疑。

夫謂美政府曾為正式阻使，則暗昧屈曲更甚，美政府對蘇俄之態度，世人知之已久，而最近

且知休士國務卿認俄布薰之舉動為不道德，遠不遠彼為國務卿之政府之道德高尚，故絕不願與俄接近，此乃中國所知，美使舒爾曼之

，故休士不必以其對俄政策電告舒使，令其轉達北京政府，固已足。 第一次中國欲承認蘇俄時，列強即以此法止之。 余前在北京所目覩之此種舉動，固已多矣。

（中略）

中國受支配之道有二，其一，盛稱「美國為中國之友」，美所不贊成之政策，中國不宜為之；其二，中國現任外長顧維鈞，曾為駐美公

使多年，彼與美當局頗為投契，當局亦深悅其人，彼於美國政策及報紙心理之趨勢，最善揣摩，為中國其他官員所不及，凡足以招美國

務院不快者舉動，彼斷然不肯為之，況據余所知，顧氏於尤任外長之先，實曾商諸舒爾曼氏，則其易受美國方面之指示，又何疑哉。

（中略）

夫阻止中國對俄承認，法可從奧思科索取若干利益之交換，日本可鞏固其在北滿之位置，而美國之所得又安在耶？ 日試觀最近美國

對日之大借款，倘日本能保其北滿位置，其對美國銀行界又負有一大債務，則彼必顧意或被迫而割讓其在北滿之利益；固無疑義；中東鐵

洛者乃北端（且不止北滿）之鎖，其經過處多為天產富饒之區，药此路握於一般中國強武之任何閣之手，足為抵抗俄國之一種可怖武器，美

當局於此固善之熟矣。

（後略）

The Guide Weekly.

一中華郵務實現局特准
掛號認爲新聞紙類一
一九二四年五月廿八日
國內郵費在內

定價
每份三分全年大洋
一元三角半年七角

嚮導
週報

分售處

上海　巴黎
武昌　長沙
廣州　寧波
南京　汕頭

上海丁卜書報局
中國時報代賣處
共進社
智識書報社
文化書社
古今書報社
新文化書報社
明星書報社

◄ 第六十七期 ►
每星期三出版　發行通訊處

杭州　北京大學第一院　馬克思學說研究會政治課發賣處
注意　讀者存安鳳校售青年叢書

告勞動平民和青年學生！

（寫漢口　北京黨獄）

中國的平民呵！去年二月七日湖南吳佩孚殺了施洋林祥謙和許多工人，監禁了許多勞動同胞，現在軍閥又來摧殘工人運動和平民運動了；最近王懷慶的電報，要北京政府通令查禁所謂過激運動，所謂公妻主義，這都是他們自己妄想出來的謠言。

這電報發現之後，不出幾天漢口的軍閥便於本月十三日逮捕去九個工人，一個律師，有六個工人解到洛陽槍斃了，武昌師大教授李漢俊亦有被逮的消息。

北京的軍閥又於二十一日捕去男女學生五人，且有驅逐北大教授學生有赤化嫌疑者二十餘人之說。可見這種荒誕的謠言都是他們故意造作出來，以備四方八面向工人及智識階級之領袖進攻。同胞呵！

王懷慶這種電報是我們中國的平民的恥辱。祇有認爲我們平民是奴隸的人，才敢聲言禁止平民運動的宣傳。亦祇有有意誣陷平民運動的人，才敢亂放公妻主義的謠言。

歐美的資本家曾經說俄國行公妻主義，現在早已證明這全是謠言，在歐美已經不能再放了。；他們現在又教唆軍閥在中國如法泡製。

中國的軍閥們也正好藉此謠言，來逮捕平民，實行殘殺的舉動。去年蕭吳殺戮了許多工人，監禁了許多勞動者，不過因爲工人要組織工會來保障自己的生活。

退一步說，總算當時的能工可算是那種殘暴政策的理由。這次蕭耀南，吳佩孚之間互相戰爭，他們明知道平民決不贊助他們，所以還要十分討好，想外國人看見他們壓迫平民的本領，賞識他們，幫助他們。

工人和學生們呵，你們知道不知道：武漢方面近來并沒有罷工，大概因吳佩孚蕭耀南，這次想討好。軍閥之間互相戰爭，他們唱過一次工人的血，至今還是醉夢顛倒的，意想預先阻遏工人恢復工會。這次更想討好。

佩孚，王懷慶，曹錕的舉動，連這種形式上的理由都沒有。

還記得當時英國資本家報紙稱賀他們能幹——會壓迫工人。二七的流血紀念永久是蕭吳屠戶的咀咒日子，永久是你們憤恨的目標，反抗軍閥和列強的動機呵！

你們知道不知道：這次蕭吳殺裁工人是壓制工人階級恢復勢力，是破壞爲中國民族解放運動及民權運動的國民。

和工人攜手，是對於中國全體平民宣戰，這更是爲外國人做走狗，這更是背叛祖國陷害同胞的賊子！

這次王懷慶等逮捕學生，乃鬥爲他們爲李義元報仇反對過英國人，

蕭吳對待工人，向來都以軍法處置不交司法。哼！原來軍閥看反對專制政府和列強的解放運動者都是破壞他們軍事行動的罪犯！

可是，殘暴的軍閥應當知道：這些解放運動者是平民的代表。逮捕幾個殺裂幾個，其結果祇有增加幾百幾萬個

工人和學生呵！我們的責任，就是喚起全國的抗誘聲。全國的工人，學生，全國的公民應當毒恨這一班軍閥和民賊。

凡是信賴我們不民自己的創造力的人，凡是真正要解放自由的中國公民，都應當團結起來反抗軍閥，反抗軍閥的主人——列強的帝國主義。

工人們，你們應當知道：一切軍閥都是你們的仇敵，無論那一省的軍閥都是一樣的。這一次蕭耀南吳佩孚殘殺湖北的工人，下一次

別的軍閥又要在別處可行殘殺了。你們有幾百萬人。假使你們組織起來，你們一定能夠得到勝利，各國歷史上都和證據的。蕭吳的打

擊只會鞏固你們的團結，團結起來反抗軍閥和列強。

學生們，同時曾錕王懷慶吳佩孚蕭耀南正在竭力擁護舊思想，想阻遏中國政治上經濟上思想上的解放。你們應當

證實自己的力量，你們不是恐嚇手段所能鎮壓的。趕快組織起來，反抗軍閥，反抗這些復古派的魔鬼：他們祇想教中國退化，去受外國

帝國主義的剝削。你們的新道路是幾萬萬中國平民的道路，你們和中國工人及農民是同道的。——這是你們勝利的保證。不管他們軍

閥和列強用怎樣卑鄙的手段，怎樣殘暴的鎮壓政策，我們是不怕的。

推翻軍閥！

推翻帝國主義者的走狗曹錕王懷慶吳佩孚蕭耀南！

推翻軍閥的主人——英法美日帝國主義！

中國工人階級萬歲！

中國革命的學生萬歲！

中國民族解放運動萬歲！

時事評論

英兵入藏窺川　　爲人

藏人未獨立以前，西藏還是中國底領土，英國帝國主義者有何權利可以任意駐兵？今復調大兵布滿全藏，並進而向四川侵犯，掠奪西藏一切政權，強迫藏民改用英語，摧殘藏民愛國，直用對待印度緬甸的狠毒手段，來對待我們藏民了，我們人心未死的中國國民，豈能低首甘受？

獨賣國的北京政府，對此反爲英人辯護不已，說是：「關於英兵

迫令藏民習用英語，為消滅中藏文化之第二步。一節，殊覺此項報告之毫無意味。關於英政府密令印邊英兵向藏進發，現經由聚永以抵白馬崗一節，如果屬實，何以藏至現時止，政府方面以及外交方面尚沒接到任何方面之報告……」英兵入藏窺川已有事實可證，任賣國政府如何為英人辯護，都是枉然。

履據康定等處來電，均云：「此次英兵侵藏，係襲光緒十四年之故智，一面由南路進兵，以武力壓迫藏民，並進兵於白馬崗一帶，以阻止華兵入藏和便道進行謀川；一面勾結親英派以作內應……。英兵凡關於行政事務，舊時沿用中國名稱者，現為強迫藏民改用英語，如將。

中國原名　　英人改稱
警察……　　搶力思
郵政……　　詐
官長……　　臥酃
電報……　　打日（連音）
工役……　　古里
火車……　　日里（連音）
汽車……　　哈瓦鳴日……

（按以上等名稱，係由英語譯為藏語再譯成漢文者，故與原晉稱有出入。）

以上等等情形及此次班禪之被逼來京，均是事實上的事實，誰也知道無疑。

五三五

一般極力贊助北政府派兵入藏的先生們，至今為甚麼不極力贊助北政府派兵入藏，難道都已去歡迎英兵入藏窺川了嗎？狼毒的英國帝國主義者，其他陰險的，亦正在那兒一心的侵殘謀川，獨中國民賣國賊和洋奴等，還在那兒自欺欺人，難道我們﹝？﹞民衆都是麻木可欺的嗎？

北京之黨獄

　　　　　　為　人

本月二十一日國民黨人張國燾等五人在北京被捕，並未聽說有何舉動，只在他們的屋裏搜出本報數份，然而關本報的人不知多少，豈只張國燾等數人？就是最頑固的帝國主義者，他們也曾購閱本報，直系軍閥為甚麼不去逮捕他們？如說他們與廠案有關，要知道國民黨底敵人是帝國主義者和軍閥，顧小子不遇是一帝國主義者底走狗，是一軍閥底爪牙，那配被國民黨黨員去炸她。至於說到與工人運動有關，這更不值一辨，查北京近來並沒有罷工事件，張國燾等有何所謂運動工人要案？

啊，我們知道了，產系軍閥一方奬勵陳炯明林虎馬濟楊森等去攻打國民黨政府，一方面在南京漢口北京等處逮捕國民黨黨員，無非是要撲殘國民黨殆盡才甘心；換言之，就是要撲殘中國國民革命運動殆盡才甘心。

受奇恥和熱烈愛國的同胞們！眼看得這樣橫暴的事，可以忍得住一聲不做嗎？果如此，則軍閥之狗胆將來更大，這種橫暴的舉動馬上會臨到你們的身上，除非你們時刻恭順的跪在他們的脚下！

七，農業狀況（附漁民狀況）

農業不振的原因　山東全省地勢可分為山帶地與平帶地，山帶地在東方之牟島，（煙台膠東沿海數縣），平帶地沿黃河流域。以地方

五三五

比，平帶地較肥沃於山帶地；以人口計算，約共三千三百萬，日本人

稻山東爲苦力之本場，因本省人多從事勞役，每年至海參崴及滿州方面充勞動者有三四十萬。

則很少。　他們每年於三月中出鄉，至十二月囘家省親，所以家中多不事農業，有從事農業的多付與婦人女子，這是農業不能進步的大原因。

主要的農產品　山帶地的主要農產品，以黃粱粟甘藷，稗等爲最著；平帶地的主要農產品，以麥爲最多，落花生的產額也不算少。

地主與佃戶的關係　地主與佃戶的關係，不一；有的地主將田產耕種權，全委給佃戶，只按期徵收糧米若干石，歲之豐歉，地主是不管的。　有的將田產委託佃戶耕種，地主供給工耕操其牛，所收穫的地主與佃戶均分，而地主有保護佃戶的責任。

農民生活的狀況　鄉村農民的耕作很勤，平常飲食多半是白水與粗糧，穿的是粗布，住的是茅屋，生活狀況極爲儉嗇。

漁民狀況　山東沿海一帶多產魚，煙台產魚區域，多在芝罘島崆峒島及城西北之八角口。　煙台漁戶，據詳細調查有四五百家，漁民約有二三千人，網船有三百餘隻，釣船有二百餘隻，所收穫的不少，可惜不能用新的方法採漁，所以沒有一點進步。

八，宗教情形

　　烟台的各種宗教以基督教（耶穌教）最有勢力，這種教傳入烟台，起于前清同治元年，有美國長老會教士麥嘉締到烟傳教。　同治三年又有郭顯德教士，到烟傳教，郭在烟有五十餘年，開創學校數處，博物院一處。　又有韋豐年牧師在烟傳教最得力，創寶金學館（金文學校）。

　　至於其他教會大牛都跟着長老會後邊，次第成立，對于社

會事業，多半有他們的分子在裏邊做事，所以引起社會的注意。茲將

烟台基督教各教堂派別如下：

烟台基督教聯合會

- 毓璜頂長老會
- 中華基督教會
- 東馬路浸信會
- 奇山基督教會
- 東山內地會
- 基督教青年會

聯合會裏邊分做四部，即講演部交際部庶務部佈道部。　茲再將各會的附屬機關列之如左：

長老會附屬機關有：益文學校，高等學校，協理會，差會，毓璜頂醫院，博物院，信義女校，女聖經學校，幼稚園一處，啟瘖學校，女士佈道會。

浸信會（東馬路）附屬機關有：衛靈女校，煥文學校，橄欖枝學校，橄欖枝女校。　奇山基督教會（三馬路）附屬機關有：培眞幼稚園，培眞小學校，育英學校，培眞女學校，孤貧院，晨星報

內地會（東山）附屬機關有：體仁醫院，初等學校。

九，社會事業

　　烟台社會事業多半是教會裏邊的人出來辦的，其中可以爲我們注意的就是益工會，貧民工廠，幼童孤貧院。　茲將其內部的情形記之如左：

　　烟台益工會　烟台從有髮綱營業以來，婦女界的生活大頭活動。在營業最盛時候，計算各出口家所用的女工，足有兩萬餘人，每月

所得的工資，每人約在十元左右，此等女工來自各鄉間，多數沒有受過教育，因爲生活所壓迫，出來做工。最足使人注意的就是婦女道德問題，因爲沒有人指導，所以醜藝的事，常常發生，益工會就應時組織起來。該會初創的時候，規模狠小，不過在各工廠裏邊，中午時間，派會中人輪流教授他們手工習字並演講道德。現在屢次開演講大會，女工大受好處。聽見近日該會更欲應時勢的要求，提倡天足會，衞生會等等，他們計畫在烟台建設一個工人模範村，不知道能否成功。

會長狄師娘Mrs.E.E.Diley，袁潤甫。 副會長李師娘Mrs.H.BhoIkley，吳厚臣。

書記鄭文應，司庫與厚臣師娘。

宣道部長李師娘(Mrs.Bhelkley)，委辦杜姑娘(Mirs Trudinges)曲子元，徐宗民。

演說部長吳厚臣，委辦袁潤甫。

進行部長徐宗民，委辦劉滋堂。

書報部長杜姑娘，委辦袁潤甫。

招待部長鄭文應師娘，委辦候梅生師娘，劉潤之師娘，連之舟師娘。

（平民教育）東部部長鄭文應師娘，西部部長劉潤之師娘，（夜校）東部部長候梅生師娘，西部部長連之舟師娘，募捐部長狄師娘，委辦慕雅各Mrs.Moore等，教授女工部長凹姑娘(Miss Brarkamp)，教授男工部長曲子元，徐宗民等教員及女佈道士有美貞華李志正等女士等六七人。

烟台貧民工廠　澄台玉田因爲廣仁堂辦理腐敗，發起開辦這個工啞，敬設在華豐里街路南，民國八年開幕。廠裏邊有職員八人，藍工工藝分做染織藤竹織帶攻水毛巾紡綢綾緞鞋工人部，工徒二百名，以十二三歲童工爲最多。每日做工以外，輪流上班練習漢文，製造物品的成績很好，常年經費約需一萬四五千元，工作所餘有四五千元，不敷的款由商會設法維持。

烟台幼童孤貧院，係教會方面的慈善事業，分英人馬茂蘭主人所建設。烟台幼童孤貧院，分男女兩院，幷有男女工廠，所出的布正多爲出口家所採購，木器等品亦爲中西人士所歡迎。計有男女生徒有百餘名。

十，外交事件

烟台關於外交事件可以記的，就是抵制日貨的大成功。本地商民于民國四年因爲日本強迫我國承認其二十一條的要求，一度抵制日貨，成績很好。以後以袁氏稱帝，取締很嚴，加以別處商埠都不一致，中止一次。青島事情發生，山東人民受外力的刺激，比別省加倍利害，故恨日本達于極點。五四運動發生，抵制日貨忽然起來，能夠堅持到底就是烟台一埠。起先組織國貨團隸屬于國民外交後援會，抵制日貨堅持四年之久，不特將劣貨抵得絕跡，其秩序的整齊，外人亦相稱譽。青島交還以後會宣告解除抵制，以後因旅大租約期滿，日本抗不交還，又引起商民的反響，又宣告續行抵制日貨。就年來日貨輸入口的成績，製表如左：

進口船舶及日本大宗貨物之比較

貨物	民國八年	民國九年	民國十年
船舶	256隻	140	12
日本本色市	13・128疋		

日本細布粗布 24.545 正 40

日本洋標布 15.092 正 40

日本細布 4.383 正

日本綿紗 2.571 擔

日本白棽火 4.02 羅

日本煤油 2.500 加侖

又復出口類

6

日本火柴 30.514 擔 49.382

日本綿紗 124.032 羅 49.382 1

此外如罐頭海味鐘表食品，并一切的小玩物雜貨等類，民國八年間輸入很多，抵制以後都變絕跡了，這可以表現煙台的民氣到什麼地步。

一九二四，二，九號。郭壽生

寸鐵

太戈爾與北京

北京城裏提倡道德的大官，正在嚴禁共產公妻的邪說；社會上一班同善悟善等提倡東方文化派，也相和着齋戒禮佛迎接鐵牌；似乎如此一般的東方道德神已充滿了北京城，用一百萬倍的顯微鏡也尋不出那偉大的東方精神，比起北京社會還是小巫見大巫。 太戈兒在北京亂吼了一陣，其實他康有為的道德。

（獨秀）

此時社會上最時髦的名詞是『道德』。究竟什麼是道德？康有為於二十四日在青島講演道德，不知道他所講是復辟尊君等公的道德，還是刼奪經像戲索皮袍等私的道德呢？

（獨秀）

巴爾達里尼與太戈爾

意大利巴爾達里尼教授對中國青年說：「余雖主張和平，然為弱小民族計，則自衛之戰，亦認為不得已」，余亦不反對君等之主張。」 巴氏這樣主張和平，還算比太戈爾說得有分寸。 我的朋友說：「巴

民和平運動是積極的向統治意大利的法西斯蒸反抗，太戈爾那比得他；太戈爾的和平運動，只是勸一切被壓迫的民族像自己一樣向帝國主義者奴顏婢膝的忍耐，服從，犧牲，簡直是為帝國主義者做說客，所以在北京的英美人尤其是宰制中國的舒爾曼安格聯都很歡迎他，第二次諾貝爾賞金——和平運動的賞金，太戈爾詩聖或者可如願以償！

（獨秀）

可憐想吃天鵝肉的中國人！ 美國人以庚子賠款充中國學生留美學費及在中國辦清華學校，一方面可以造成許多親美的奴才，一方面名為退還，其實這窮錢仍舊用在美國，并且博得無知的中國人歌功頌德，還是何等巧計！可憐上海的平民教育促進會和道路建設協會都想吃點天鵝肉，這是何等癡想！

（獨秀）

軍閥是帝國主義者的工具又一證據 一班賣國賊合夥湊攏的所謂北京政府，覺接受日本公使的照會，適令全國嚴禁人民「五七」「五九」開會紀念國恥。 湖北的軍閥近又禁止在全國運動何散放排日的傳單，且逮捕散傳單的人。這班軍閥們不此是帝國主義者的工具是什麼？

（獨秀）

太戈爾初到中國，我們以爲他是一個懷抱東方思想的詩人，恐怕素喜空想的中國青年因此更深入魔障，故不得不反對他，其實這是高看了他。他在北京算未曾說過一句正經，只是和溥帝，舒爾曼，安格聯，法源寺的和尚，佛化女青年及梅蘭芳這類人，周旋了一陣。

他是一個什麼東西！

（實庵）

賣階級的工黨政府

全世界的階級對抗與階級戰爭，已緊迫而且需要得萬分，却只有英國工黨政府的殖民部大臣湯姆斯，還閉着眼睛向各殖民地代表演說：『請各銷除階級戰爭，勿發階級議論』。

聽你如何銷除階級戰爭，勿發階級議論，——保守黨及自由黨，在他們所代表的階級勢力瓦解以前，而資產階級的政黨——除非工黨政府絕對不能容忍工黨，他們終於不能容忍工黨久握政權，利益事事惟資產階級的利益是圖，這是很明顯的事。

湯姆斯在世界社會黨人中，是一個賣階級的老手，他這種論調，也正是想買資產階級之歡心，以苟全他們的所謂工黨政府這塊招牌，只恐怕英國的工人階級終不能這樣可欺騙！（實庵）

中國青年之共同抱負

意大利巴爾達里尼（Bartalini）教授，以主張和平爲法西斯政府所逐，逃至法國，向中國學生程鵬君詢問中國青年之共同抱負及計畫，程君說：『我國青年之共同抱負無他，惟志在排除列強在華之壓力，以求中華民族之真正獨立與自由而已。欲達此目的，固不能不求各國和平派之同情，尤不能不預備本國自衛之能力，他日和平無效，終將出於一戰，一如今日土耳其之所以對列強。吾人爲防禦而戰，自問理由正大，予在法（程自稱）學習陸軍，即爲保護祖國之預備，此則對君不能諱者也』。

巴氏又問：『貴國青年何以對列強懷恨如此深，今日遠東之地位，得毋懼再演拳匪之亂？』程答：『君言未卒昧於遠東情勢，今日遠東之地位，一如戰前之巴爾幹半島，因而吾人所以求中國，爲列強共同競爭之場所，實在不堪言狀，例如「關稅權」各國皆爲列強所制，進口稅祇許值百抽五，使幼稚之中國工商業不得政府供護，永遠不能與他國競爭，經濟上爲人制其死命，此吾人所不能忍者一也。又如「外交權」各國皆係自主，而中國則勤受列強之牽制，參加歐戰須得列強之允許，亦遭乙國之干涉，外交失其自主，國家何能獨立，此吾人所不能忍者二也。又如「司法權」各國皆係自主，而中國則有領事裁判權淆亂本國之法統，此吾人所不能忍者三也。又如「路政權」各國皆係自主，中國則勤遭列強之干涉，而且沿路礦山，亦復任其採掘，一隅之匪亂，遂欲共管全國之鐵路，此吾人所不能忍者四也。

此外如强迫地派兵示威，種種無理之暴行，皆非獨立國所能受，吾人爲求祖國之生存計，不筮不出於反抗，此乃「國民意識」發達之結果，與義和團盲動之舉，豈可同日而語。吾人今固尚無能力反抗列強，然列強不終止其侵略之行爲，對華爲繼續的壓迫，則民族革命之怒潮，終有爆發之一日，此固無法避免者也。

中國今日所處之地位，正如貴國當年受奧大利之壓迫，普國當年受拿破崙之蹂躪，故「外抗强權內除國賊」之呼聲，已彌漫於全國，吾輩青年肩此重任，實無勞貸，義不反顧，寧爲自由而死，不作亡國之民，君爲提倡世界和平

之人，試爲中國青年設想，除以武力自衛外，果有何法自拟於危亡之境乎」？

「聖三一」學生第二次宣言

我們前次的宣言，已將我們所受的痛苦與壓迫，不得已的苦衷，申訴於全國同學及各界同胞之前，我們十分感謝，同學們及輿論界，肯爲我們說句公道話，實力援助我們。現在再將我們前進的情形，報告一下，希望同學們及各界同胞，指示我們前進的方法。

要求：

在校內爭回集會結社自由；

反對奴隸式的教育，爭回教育權；

反抗帝國主義者的侵略。

英國人對于我們的舉動，不但不在意，壓迫反更加厲害。仍然禁止開會，而且再次開除同學，我們向校長（英國人）提出三條要求：

一●收回被開除同學；

二●校長汚辱中國，須向學生謝罪；

三●不得干涉學生集會結社。

而校長一味不管，他說：『被開除這幾位學生，是經過教員會議議決執行的，斷不能收回」。當時我們以爲校長故意將這件事情推過教員身上，因教員俱是中國人，斷不肯爲外人來煎熬同胞。所以就根據校長的說話，致函叫他們解釋有什麼理由來開除學生。若是校長的說話是錯的，他們就應馬上解釋。他們既不解釋，反大罵起來，這是他們承認他們自己是幫洋大人煎熬同胞了。呵！我們明白了；原來他們是在後搞鬼專拍『洋馬屁』的。但是他們都是受過奴隸式教育，當然怪不得，然而從此一點，就可知道他們學校有幫美國在裏面把台，校長與幾個教員，也是受過奴隸式教育的。呵！我們更明白了！外國強盜，始終想以教育方式，侵略中國，滅亡中國。我們不願做亡國奴的人，那能輕輕放過這回的運動？

我們更明白表示：我們是始終堅持前次的宣言，與向校長提出之三條，而尤是要

爭回教育權。

同學們！全國各界同胞！我們起來了！趕快起來和我們一塊兒去奮鬥，和我們一齊走上戰線去打倒帝國主義，這是責無旁貸的。那麼，不特是我們的榮幸，也是中華民族的榮幸。

廣州「聖三一」全體學生謹告

The Guide Weekly.

嚮導

週報

▲第六十八期▶

每星期三出版　發行通訊處

定價

每份三分全年大洋
一元三角半年七角
國內郵費在內

（中華郵務管理局特准
掛號認為新聞紙類）
一九二四年六月四日

分售處

武昌　上海　巴黎
太原　杭州　濟南　福州　南京
長沙　南昌　寧波　開封

中國青年社　丁卜海書報社　上海書報社
民智書局　文化書社　共學社　晉華書局
古今圖書社　亞東圖書館　新星書店
文明書店　工學書店　天化一書局

嚮導週報
（第六十八期）

「六三」紀念與最近軍閥列强之聯合進攻

「六三」紀念什麼？不用說是紀念當日上海市民對帝國主義的列强及北京軍閥政府宣戰。

我們不但要紀念過去，更要看清現在，將來！

現在！為李義元案，帝國主義者任中國的機關報，是何等向中國國民進攻！為宜樂里案，中國的軍閥官僚是如何眼見帝國主義者向國民進攻而一聲不響！帝國主義者是如何一面把持關鹽稅供給直系軍費去平川平學；是如何一面指使王懷慶逮捕反對英國•（為李義元案）反對日本

（六一示威運動）的青年！

青年們在北京被捕，有何罪名？不過因為反對英國日本，不過因為加入國民黨反對直系軍閥，別的罪證絲毫沒有。工人們在漢口洛陽被殺，又有何罪名？不過因為加入國民黨反對列强及軍閥，別的罪證也絲毫沒有。

帝國主義的列强，知道民黨得勢便不容他們在中國無理橫行，所以始終扶助中國的舊勢力抑制民黨，這是列强對華共同不易的政策。

「北洋軍閥，也知道在中國只有為民權奮鬥的國民黨，是他們始終不能妥協的唯一敵人，別的黨派全不看在眼中，所以「鞏固北洋」，「剷除民黨」，是他們自衰世凱以來的傳統政策。

他們（列强及軍閥）共同憎惡的國民黨，改組以來，為國民奮鬥之前驅的色彩更加濃厚而鮮明，他的勢力已達到政治中心之北京及商業軍事中心之武漢，他們（列强及軍閥）之聯合進攻益急，最近漢口北京之黨獄乃同時發生。

他們（列强及軍閥）很看清他們的敵人（中國國民），聯合進攻；我們（中國國民）如何不看清我們的敵人（列强及軍閥）聯合反抗？

工人們！青年學生們！一般市民們！凡不願跪在敵人脚下做順民的人，一齊聯合為民族民權民生奮鬥的國民黨向列强及直系軍閥反抗！

我們反抗的口號是「**外爭國權內除國賊**」。

外患日誌

五月

一日

上海租界工部局派馬隊一排印捕念五人西探十二人，荷槍實彈，隨同泰利洋行大班白蘭特，越界折毀閘北宜樂里房屋，驅逐房客，毆傷房客趙姓男子小孩各一人。

上海字林報（英國在華之牛官報），因李義元案鼓吹列強對華應實行「懲罰戰爭」；并謂各國若不願參加，英美便可獨自進行。

二日

上海租界西探越界拘捕宜樂里房客馮明權君。

美使照會外部，美國對中東路依據華會協定干涉。

六日

北京電：日英美法四使組織常設委員會，專為聯合對華之用。

上海海關在法公司輪船查獲法人私運大批手槍及子彈。

八日

日本水兵在北京凶毆人力車夫。

日本官商在哈爾濱會議北滿銷貨及投資問題。

十日

法使對中俄自行解決中東路事，再向外部提出警告。

英兵在北京闖入議員張金芳宅，強乘馬車，又有校尉管住戶某姓女，被洋兵強姦。

十二日

北京電：使團答覆外部，煙台領事團反對煙台築壩附加稅。

十六日

日使照會外部，要求准日商在上海設立明華製糖廠有免稅特權。

十七日

濟南電：日本漁船侵入我國領海捕魚，龍口漁戶致電省議會呼籲。

十八日

北京電：使團抗議華兵駐紮唐山等處，謂為美兵駐防地。

外交團消息，英兵兩路入藏，一由薩拉進占全藏，一由片馬進川邊。

十九日

使團會議，（一）英使因豐台白錫爾案，法使因金佛郎案，均對華表示不滿，主張關稅預備會延期；（二）不承認中國要求對於臨城賠償審查實際損失。

念一日

哈爾濱電：由美國輸入大宗麵粉，麵粉公會大起恐慌。

日人私將天津東南城角界石挖出，移至數丈以外。

念二日

北京電：滬領團堅持擴充租界，使團中各大國均與滬領團同意，各小國無主張。

念三日

長沙美領致函趙恆惕取締外交後援會。

念四日

使團照會外部催答商標案，并堅持雇用洋員。

念五日

英美兩使因外人在閘北被捕案，要求嚴懲地方長官。

念七日

駐豐台英兵包圍毆打司機之華兵。

念八日

哈爾濱電：阿什爾法國糖廠強迫雙城農民種蘿蔔，農民大憤。

念九日

日海軍司令野村，乘去年慘事之安宅艦來長沙。

三十日

日本公使照會外部，禁止全國學生及長沙市民「六一」示威運動。

時事評論

楊德甫等冤殺與國民黨　獨秀

據近日上海各報電傳，五月十三日在漢口被捕之國民黨黨員工人楊德甫周天元羅海澄黃志章許白昊五人及律師劉芬，確於五月二十六日由漢口解赴洛陽：二十七晨，由吳佩孚親自審問數語，即將楊等五個工人拋出鎗斃，惟劉芬因湖北省議會電保，尚在押候訊。

他們被捕被殺的罪名，據申報五月二十九日漢口通信說：「軍署保先得滬探密電，謂楊受粵孫密令，糾集黨徒囘鄂，圖結工人，故軍署飭令稽查處逮捕，而工黨之獄遂起。」又據舊煙南所給湖北教育廳密令說：「案准府軍事處據滬探稱，此間過激黨裝承孫文，聯絡蘇俄，實行共產主義，派遣黨徒，分往內地。」

原來楊德甫等是奉孫中山的命令囘湖北實行共產主義，莫奇過於此了！

（第一）孫中山幷未在他政權所及之地鼓吹共產主義，何以能夠派人到湖北實行共產主義而在漢口黨部担任職員，這都是事實；然周羅黃許四人幷未到過廣東見過中山，楊德甫去年雖見過中山，新近個人由上海囘漢口，那裏有什麼受密令集黨徒之事；而且中山先生即有密令囘鄂，怎會給關係很淺的黨員楊德甫？（第二）爽直的工人們，他們加入了國民黨，向人直言不諱，楊德甫素好大言，又不擇交，聲稱受命來鄂，因此召禍，這都是意中的事；然而說他是過激黨囘鄂想行過激主義，則未免太冤了，因為楊德甫周天元在上海在湖北都曾極力反對過激黨反對共產主義。

極力反對過激黨反對共產主義的人，竟以恭維共產運動之罪名面被殺，世界上奇案冤案豈有過於此者！

可是軍閥官僚們所視為過激之內容和我們大不相同，例如馬聯甲所謂教育已經過激，平民教育更是過激，則全國教育界都是過激黨，何況工人楊德甫！更何況革命老祖孫中山！

軍閥官僚們眼中心中的孫中山國民黨，始終抱定三民主義努力黨人，實在是北洋舊勢力唯一的敵人；國民黨改組後，他們更忍無可忍，所以一面增加兵力壓迫川湘閩粵，一面在北京營私無法亂國殘民的軍閥官僚們，他們這種行為本不足責，我們所希望的是有良心有判斷力的國民，能在這些具體的事實上分出是非向背，然後國事才有可為。

中俄協定簽字後之蒙古問題　獨秀

停頓日久之中俄協定，忽於五月卅一日正式簽字，其中有無特因，我們不必揣臆，我們所要討論的是今後蒙古問題。

在中俄國交上論起來，俄國撤退駐蒙兵，承認蒙古是中國之領土，都是應該的；但在歡年來努力建設的外蒙自治政府而論，便有問題了。

第一不幸是中國猶在極橫暴不法的軍閥統治之下，決不會有絲毫尊重蒙民自治的觀念，他們如果實行派兵收蒙，所派的兵無論是直方或是奉方，都一定要重演燹戰焚殺淫掠故事，可憐素受中國軍隊蹂躪的庫倫市民，才平安了數年，現在又要重遭浩刼，這是何等不幸！

第二不幸是蒙古民族中還有與平民對抗的舊勢力王公喇嘛等特權階級存在，這些守舊的特權階級，本來憤恨新得政權的平民新黨，權

來天天在那裡做中國軍閥扶助他們復辟的夢，現在他們的夢早真有實現的希望，這件事不但是蒙古現代政治進化史上一大關鍵，并且是蒙古現代文化史上一大關鍵。

在中俄協定簽字之後，蒙古民族中新起的平民階級，如何能夠繼續支持他們數年來新的政治新的文化之建設，而不為王公喇嘛等和中國軍閥相勾結的窘勢力所傾覆，中國及俄國有理想的平民，對於這件事似乎都不能對岸觀火！

外人對於商標之無理要求

獨秀

據本月二日申報北京電：荷使新照會，對商標要求，（一）商標公報應用英文；（二）商標局應聘外人為顧問；（三）反對第十條更換代理人之規定；（四）反對六個月期限。　農商部決採納前兩條，駁覆後兩條。

此消息若確，北京的農商部真是昏瞶極了！　他所駁覆的後兩條，第三條不過防杜流弊，第四條更無關重要，到是第一二條關係重大；他反而採納了。　商標公報用英文，不但於一般華商不便，而且中國還不是英國的屬地，為什麼政府所刊發的公報定要用英文？　無論公私何種機關，若自動的聘用外人辦事，本是很尋常的事；若以外交的拘束必須聘用外人，便於國家用人行政的主權有碍。　在此互市時代，無論何項行政機關，絕對沒有關係外人事務的很少；因有外人事務的關係，便須聘用外人；中國還成何國家！

海關必須聘用外人，稅務處鹽務署稽核所都必須聘用外人，鐵路也必須聘用外人～司法方面更加有會審公堂和使領裁判，現在商標局又須聘用外人，從此擴充起來，將來因有外人設立的學校之故，教育都也須聘用外人，外交部更是不用說，再擴充到海陸軍都及各省軍民長官署，那時候中國更加體面了！

廈門大學學生也有今日

獨秀

陳嘉庚出資興學，一時顧博得社會稱讚，其實他完全是個市儈，不知教育為何物，不但把學生當奴隸，連職教員也都是他的雇用人，精衛杜威先生都曾說這校將來必糟；後來他又雇了一位孔教國學大家（其實是一個識字不多的華僑）林文慶當校長（陳嘉庚向來自稱校主），自然更大精而特精。

雖然如此精，而學生從無動靜，我們時常嘆惜這些青年真真麻醉死了；豈知不然，今日竟詬醒瞶起來，驅逐校長林文慶。

起事之遠因，不用說是這位校長林大孔教徒鬧的笑話太多，其近因，乃五月廿六日林文慶挾嫌辭退未滿約期之主任數人，學生抗爭無數，風潮逐起。　三十日全體學生能課，電新加坡陳嘉庚撤換校長，三十一日在教育會招待各界，宣布林文慶罪狀。　林文慶請求軍警捕拿學生，學生推代表向海軍及警廳說明罷課原因，請勿干涉，林計不售，又於本月一日使建築部主任陳延廷教員林幽率土木工人及流氓四百餘人，圍打學生，學生會主席羅士清，糾察主任林作楨，頂科代表林築模，均受重傷，海軍到場彈壓始止。　地檢廳將毆傷學生之陳延廷林幽拘收縣監，各界多主調停，惟陳嘉庚復電仍信任林校長，則實廷林幽收縣監，將來該校能否掃除林毒，能否有改善希望，全視學生們能否奮鬥到底。

林文慶不但盲目的擁護舊思想，而且在南洋詔媚外人壓制同胞，這種人當校長，不單是廈大學生的不幸，實是中國教育界的恥辱！

大連調查

沈實

大連是渤海的門戶，東北的要港，火車兩小時可達旅順，水程八小時東南可達烟台，西南可達龍口，廿四小時可達靑島或天津。此外又常有定期輪達連上海·仁川·海蔘崴·日本等處，爲期亦不過三四日即達。由烟台至威海劉公島亦不過四小時。

此地是日本殖民地，所適用者是日本法律，各政派之失勢者，多來連等待機會，其目光賞未注意及此地之革命運動，奧日人相安甚好。

茲先介紹該地之實況爲左：

（A）人口——華人十三萬，日人八萬。其警察組織甚精密，調查戶口手續甚繁。如行動稍被注意，關係稍不明白，即不能一日留。

（B）法定團體——只有西崗子公議會屬於華人，會長安徽人王某，此會性質有類他處之「某地總商會」。

（C）各團體——

1. 中華靑年會
性質爲社會交際及敎育機關，會員兩千餘人。會長傅立魚，安徽人，前民黨現充富。

2. 基督敎靑年會
贊成排日，時被檢查，在本地無何勢力。

3. 沙河口工學會
係南滿線工人的大本營。該十七職場中共有華工一千四百餘九人，現加入此會者得七百人。每月收到會費名可五百餘人。附設補習夜課兩班。

4. 電鐵靑年團
爲市內外中國電車工人所組成，共四百餘人，設有英文夜班。

5. 培德學校　（小學）敎會辦

6. 沙河口工學會補習學校　（由中華靑年會分裂

（D）勞工

路工：	1,409人
電車工：	400人
碼頭工：	40,000人
印刷工：	2,000人
店伙：	10,000人
鐵工：	1,000人
油坊工：	6,000人
洋車夫：	2,000人
總計：	62,809人

5. 中華印工同志會
此地共有印工二千人，加入此會者已有二百五十人。

6. 華昌工人寄宿舍
專容納碼頭工人寄宿，地點花寺兄弟。

7. 滿蒙文化協會
是日人侵略滿蒙的棋餞關，專從事統計調查。傅立魚被請爲顧問，每月出三百元。所出版書籍皆爲關於政治經濟的好材料。

（E）華人敎育

1. 公學堂三處，係日人由滿鐵出貲專爲華人辦的，華人入學不收費。敎育結果：甚至於不知中華民國四字者，完全爲洋奴的養成所。所用華人敎員，非該校畢業生，不能合格。

2. 中華靑年會　日校100餘（小學）夜校10餘補習（初中）

3. 增智學校　日校30餘（小學）夜校40餘補習（初中）（由中華靑年會分裂

7・三一學校（小學）四十八人　夜校（補習英漢文）三十八人

8・華商英文補習學校　六十人（由基督教青年會分裂出來）

（F）新聞事業

現存者日文報三家，華文報三家，華人有板權能出版的雜誌一種。

（A）遼東報（日）大連新聞（日）滿州日日新聞（日）

（B）華文報——

泰東日報　每日出版六千份　開辦已有九年　論調隨奉天政治主張為轉移。華人創辦，日人後來收買過去的。

滿州報　每日出報三千份，為日人自辦者。開辦年餘。

關東報　每日出版一千餘份。

新文化雜誌（月刊）中華青年會的機關報。現改為「青年翼」，仍為月刊。前為傅立魚自己的板權。

寸鐵

太戈爾初到中國，人家都稱他是詩聖或詩哲，他自己最後演說也，說：『各國之有名哲學家，政治家，社會家，均系過中國演講，供獻甚多，余乃區區之詩人，如何能應諸君之要求？』太戈爾果以詩人身分來中國談詩，我們雖不會做詩，也決不反對歡迎一個詩人，尤其不反對歡迎一個被壓迫民族的詩人。所以吳稚暉先生說得好：太先生，你做詩談詩能，管不了人家的家國，你莫談天下事！可是太戈爾在中國始終未談過一次詩。

（實庵）

・以偽亂眞・

日本人想冒充中國貨，於是在劣貨上大書『毋忘國恥』四字。賊人也大呼捉賊，因此竟逃過追賊者之眼而遁去。

・工人自己幹・

有一班穿長衫的人，想混進工人隊裏利用工人，於是也大呼逐出穿長衫的，工人事由工人自己幹。以偽亂眞，天下事眞是無獨而有偶！

（實庵）

・太戈爾與金錢主義

我們不佩服太戈爾，明明白白是因為他反對科學與物質文明，此事任何人都應該知道。然太戈爾卻妙想天開的說：『今有人反對余，或係恐懼余反對一般金錢主義之人。』難道科學與物質文明就是金錢主義嗎？太戈爾在北京未久染了軍警和研究系的毛病，造謠誣陷北京有人說他，是一個政客，不是詩人。而且太戈爾自己如果反對金錢主義，便應將他所受物質文明社會的造孽錢——諾貝爾賞金，散給無衣無食的印度人。

（實庵）

・大同主義與弱小民族

大同主義，世界和平，廢戰，博愛，人類的努力本應該奔向此路走；但有何方法使我們能夠朝步向此路走，能夠除去橫梗此路之障礙物——強大民族？倘無此等方法，只空喊這幾個名詞，在強大民族口中喊出，雖未必有益而卻無損，在被壓迫的弱小民族口中喊出，則是何等可怕的麻醉藥催眠劑！是何等昏聵無恥的話！

（獨秀）

亞洲民族聯合與亞洲平民聯合

日本人因為美國通過了限制移民案，轉過頭來鼓吹什麼亞洲民族大聯合，還要組織什麼亞洲聯合會。我要請問日本人：你們最得意的主張是『日本中國軍閥政府及一切特權階級除外之被壓迫的亞洲平民大聯合』，不是整個的亞洲民族大聯合』。

的壓迫中國印度人之日英同盟，你們忘記了沒有？你們在中國關於廿一條強占旅大以及在漢口長沙等暴行，你們有了覺悟沒有？你們日本人慘無人道的對待朝鮮人，你們覺悟了沒有？我今正告日本人：我們的主張是『日本中國軍閥政府及一切特權階級除外之被壓迫的亞洲平民大聯合』。

（獨秀）

讀者之聲

崇拜軍閥底罪惡

一平

中國構成現在這種亂局，與其說：「是軍閥作惡」，無寧說：「是由於民眾崇拜權威的心理」。

就近皖民公敵北洋軍閥底爪牙馬聯甲，由蚌埠赴懷遠，蒙城，渦陽等處考察，而沿途官民底歡迎，竟比研究歡迎亡國詩人太戈爾還要熱烈十倍！尤其是懷遠縣：「該縣知事劉汝洋，本行伍出身，對於辦差種種恭維，素稱能手，乃於懷遠外於『駐泊商船，大放鞭爆，綿延三里、烟霧迷天』、『某所長率領教河口高搭歡迎牌樓，復示意工商學界共表歡迎之意。劉於前二三日，郎飭代備多役八百名，四處拉差，凡鄉農來城，以及縣中苦力，均難倖免；先傳每夫一名日發差費二百文，豈知馬氏坐船過境時，並不用差役，而此不幸之農夫，白受數日之軟禁，竟一文不名。馬甫至里窰地方，駐泊商船，即大放鞭爆，綿延約三里許，烟霧迷天，船至外河口，縣知事及一班接近官方人物，爭先恐後，極意趨承。尤奇者，學界方面竟有某所長率領教職員以及全堂學生奔走汗流，以求馬氏之一顧」。（五月二十三申報）。

馬聯甲在安徽造底罪惡，已不可勝數，凡我皖民，省當深惡痛極，設法驅逐之不暇，怎麼還有歡迎他的道理？在懷遠縣知事劉汝洋這些東西底歡迎，本是『升官發財』手段上底本色，沒有評論的價值。至於『駐泊商船，大放鞭爆，綿延三里、烟霧迷天』、「某所長率領教職員全堂學生奔走汗流......」——是一種什麼可恥的現狀？難道馬聯甲對於商界橫征暴斂，對於學界意屠殺，還以為不足麼？像這樣崇拜軍閥權威，簡直是軍閥底製造者！比軍閥底罪惡還要大！

肉麻世界

太戈爾在上海歡送會演說：『余之喜中國人者，因君以人類待我，并非如他國人民待余若聖若神，反使我拘束不安，今中國之年輕人，對我不甚敬畏，與余談笑自若，此則余甚喜之』。

江亢虎南游追想記上說：『王（指選羅王弟）問吾政見如何，余略陳新國家主義新民主主義新社會主義各條，王極口讚許，舉杯祝余早得政權，實行政見。妃笑謂曰，俟君組織政府時，余當為不速之客，訪長女公子話嘉州風景。』

什麼話！

太戈爾在武昌演說：『中國此時並不需要物質的進步，中國此時更急的需要，便是精神的復興。』

太戈爾的翻譯徐志摩說：『本來我們對於太戈爾先生，最重要的是瞻仰他偉大的豐采，親聆他雷響的聲音，至於講演的內容，倒是不關重要的。』

★　★　★

★　★　★

九江碼頭工人罷工宣言

九江日清公司碼頭勞工五六百人，因該公司大班唆使大寫袁阿發推工人劉財明下江淹斃，羣衆不服，於五月三十日全體罷工，其罷工宣言，並工人代表要求事項如左：

國際資本主義壓迫下的中國人們，尤其是我們一般陷於萬刼不復的地位，國際資本主義的代表，他們對待華人，又是何等苛刻呵，不信，你且看看我們下列的一個報告助總是。

我們工友劉財明，他一向是在日清汽船會社的蔴船上做小工，這次無故的被一個亡國奴化的日本人走狗中國人袁阿發，推入江中淹死了，却輕輕加上他一個竊米的罪名。咳，竊米也應該得着死罪嗎？後來屍身撈了起來，日本人一方面勒逼死者的家屬，簽字入家，一方又運動官廳來防止我們的行動。你想，這是一樁多麼慘殘可憐的事，反過來說，如果我們中國害死他一個日本人，又應該要怎樣的交涉賠款呢？

『兔死狐悲、物傷其類』，在任何人也是應該痛心的，所以我們為

諸君，你要曉得我們這次罷工，是有序秩的，不是暴動的，在我們一般跣足露體的工人，未得着人的生活以前，總希望各界。加以援着本身的危險，和將來的生活計，就決定今日起，一律罷工，靜待解決，下面是我們向日清汽船會社提出的四項要求：

（一）懲辦兇手；（二）撫恤死者；（三）增加工資；（四）優待工人。

又上日清公司函云：『執事們！此次不幸貴公司職員袁阿發將我們的工友袁阿發，更不得不使我們為貴公司涎途惜。現在我們為着保障職員袁阿發，更不得不使我們為貴公司涎途惜。這種虐待工人賤視人命野蠻舉動，覺發現於貴公司之工人的人權計，為着保存貴公司的令名計，提出以下小小的要求：）

（一）交不肯的兇手袁阿發出來，由我們工人自行處理；（二）交付死者家屬撫卹金二千元；（三）自今日加增工人的工資全部十分之五；（四）今日加以優待，以後由貴公司擔保不再發現同樣的慘劇。

以上四項要求，限貴公司三十六小時答覆。鈞一意照行，對於我們這種最低的要求，不加允許，郅末，我們只得繼續罷工靜候各方正義的聲援罷！。

The Guide Weekly.

嚮

（中華郵務管理局特准掛號認為新聞紙類）

一九二四年六月十一日

導

週報

第六十九期　◆　每星期三出版　發行通訊處

定價
每份三分全年大洋
一元三角半年七角
國內郵費在內

分售處
武漢 上海 巴黎 太原 昆明 雲州 杭州 常州 閩封 瑞波 南京
中國青年書報社 丁卜海書報社 民時時報社 共選書報社 晉化書店社 文化青報社 新青書店社 古亞書報社 今日星期社 書報局 南京

時事評論

德國對華賠款問題

獨秀

此時中外喧傳的德發償票問題，其實不單是德發償票問題，我們應注意到全部德國對華賠款問題。

德國對華賠款，原來是二萬三千三百萬元，中國允以戰前所欠德國債票作抵一部分。計中國所欠德債，計五釐借款，四釐半借款，津浦借款及續借款，湖廣路借款，善後借款，六項共計二千八百五十四萬鎊；路與對華賠款相等。惟此項債票，已於歐戰前後多牛轉入他國商民之手，曾由中國宣布作廢可抵債款者，面額只有一千零三十九萬八千七百九十五鎊，其餘德國應另村中國的現款，當在一萬萬元以上，再除去扣付戰前所欠德商借款及戰時沒收德產，亦不過五千七百萬元，其餘五千萬元何以竟無着落？

至於收回抵作賠款之一千餘萬鎊債票，除去用作償還戰時德僑在華損失四五千萬元，淨餘債票面額約尚有四五千萬元；此理應銷燬之四五千萬元債票，為什麼必須折成一千五百萬元交德華銀行經理？　將來這二三千萬元的損失歸何人擔負？

北京政府對於這一切都不顧，一心只顧德發債票案速簽定好提用前存倫敦擬付德債之款，已於本月六日在德使館秘密換文；換文之後，北京軍閥們便可取回倫敦存款九百萬元，全數用作軍費。

對德戰爭中，中國人民尤其是赴法的華工，受了不少損失，所得賠款名為二萬元以上的巨額，東折西扣，一無所有，實際上只收回倫敦存款九百萬元，供給軍閥揮霍，北京軍閥官僚們營私誤國的黑幕重重，即此德國賠款一端，已令國民不能容忍。

北京政府任命川省官吏

敬雲

北京政府於平定四川之後數月，在今日才發表六令，正式任命川省官吏。所以北京政府在今日川省漸就平靜時始任命川省官吏，乃是防止川省有力軍官官內閧與背叛。川省官吏據其命令所發表的是楊森

四川軍隊派別林立，調和為難，任命一有不當，則戰爭發生，易為南軍所乘。

督理軍務，鄧錫侯爲四川省長，田頌堯幫辦管理四川軍務，劉存厚爲川陝邊防督辦，劉湘爲川滇軍防督辦。我們看見此六道命令之後，毫不誇大的說，四川戰爭的種子，已播在此六道命令之中了。

由此次命令看來，楊森的地盤與權利顯然不及劉存厚所獲之多。楊森只得着一四川的軍務督理，劉存厚除自任川陝邊防督辦外，還有他的屬下二人，任四川省長與幫辦。他們兩人將楊森夾在中間，便可爲所欲爲。使楊森勁彈不得，一籌莫展。楊森會出死力打重慶。如何肯甘心讓劉存厚的勢力，霸佔成都？所以不久我們將見劉楊間起鬨，要自相殘殺起來了。

然而這正是吳佩孚所期望的結果。吳佩孚平南的唯一策略，是『以毒攻毒』，然後任北方人出馬收拾。他在四川已任用楊森治蜀，以劉存厚打能克武和但懋辛。現在他又重用劉存厚，以促楊森之反叛。他的希望是川省永遠內亂，無暇東下侵鄂，而後他可致力於戰畢。區數十萬的生靈在他毒計之下犧牲，這是當然如此，何足違與大軍閥之一顧呢？

川省軍隊多至四五十萬，各派將領，爲養兵不得不擴充地盤，因闐擴充地盤，更不得不多招兵。於是他們互爭雄長，此起彼伏。川省在此情形下，變亂亦無已時。而四川人民之負担與痛苦與年俱增。我們看川省田賦，什九均徵至民國十九年度，多少田園都化爲暴骨荒郊的戰場！有人說，四川農民郊外耕種，子彈飛來而不避，因爲他們願速死而不願苟活。他們水深火熱的程度於此可見一斑。四川變亂經年，人民失業流離，死亡載道，其苦痛必有不能忍受之一日，他日人民武裝，起而撲滅軍閥，自組政府，才是四川省內和平達到之日。

法國之新政局與對華外交　仁靜

過去的法國普恩賷內閣，在歐洲與是闖禍不少。它是歐洲反動勢力的大本營，破壞凡諾瓦會議；以金錢軍火扶植小協約國的勢力；佔領魯爾，使德國經濟解體，數百萬工人失業，這都是他執政時代的功績。歐洲人一提及他的大名，一想起他的暴戾態唯，無不咬牙切齒的痛恨他。

普恩賷內閣拒絕承認俄國，是因爲俄國不承認帝俄時代的舊債。去年洛桑會議時，他惡很很的逼着土耳其其國金佛郎還債，幾至會議決裂。中國的金佛郎案也是他利誘威脅，要中國賠款用金。法國資本家的貪圖不顧正義，由他一人十足的表現。

現在他要從法國政治舞台上滾了。他的滾蛋，不似中國的張紹曾或高凌蔚滾蛋，只是不由於得軍閥的歡心，做不成官。他的滾蛋，是挾其武力及反動政策以俱去的，後若也是懷抱着新政策登台的。就法國左黨在野所表示，他們對俄國，將不論以前舊債的損失而予以承認，對魯爾佔領，或將吐出一部分以維歐洲之和平。至於它對遠東政策之軟硬，與有無變更，那就全靠我們的努力了。

我以爲法國左派之上台，是法國政局較爲清明的表徵。我們應乘此時機進謀中法間懸案之解決。近日中法間的懸案有三種：一、金法郎案；二、收回廣州灣；三、關稅會議。

金佛郎案，法人要求庚子賠款用金，正是法國全國人民的恥辱。中國實在根本不應該承認什麼庚子賠款，即一時不得已而照付，只能照佛郎的面額，這是天經地義。其次收回廣州灣，是昔日法國的布里安容應的，他此時重新登台爲外長，自然要履行前約，無條件的歸還。至於增加中國關稅，在中國今

日民窮財盡，由於受外人的經濟剝削，爲保護本國產業發達，當然要提高關稅，抑制外國商品競爭，是中國全國人民所希望的。所以開關稅會議以增高稅率，是中國平民之援助。

除此三案外，法國普恩賚還干涉中俄協定的成立。爲道勝銀行交失敗，外人在內地橫行，國內一切政象沒有令人可以滿意的地方。其他如教育窳敗，政客招搖，國民民氣之銷沉，反對軍閥，幾全人疑惑中國沒有解救的可能，只是知識階級在論壇上作軟弱的反抗聲音的呀！

以上中法間的三縣案與法人干涉中俄交涉，我們在此時當總提出與法國新政府交涉。但我請國人不要誤會，以爲我信賴法政府可以講，我們非常注意，以爲此種反抗雖然瑣碎，細小，然而國民革命運動之萌芽潛伏於此，擴大加深此地運動之意義，乃是革命黨的職責。

我以爲我們提出諸案，法國帝國主義還沒有倒塌，如何可望他放棄侵略政策？我們提出諸案，主要意思不是對法政府提出。普恩賚與赫里歐過百倍，可惜只在益世報附張上閃了一閃，再也沒有下文。我們爲何侵略殖民地，同時加增本國人民的負擔。帝國主義，銀行資本家與工業資本家是些賣人肉的挑夫，這些縣案可以有利於我們的解決。假如有人存此幻想，他應把英國勞動黨政府，『社會主義』的政府對華外交，在心中溫習一過，然後再睜眼望望法國左黨是些什麼人物！我們如向法國本國的平民如此宣傳，則當他們選舉將完，頭腦清醒，喝喝望治之時，大可以由內外壓迫法國人民逼其政府改變政策，遂到解決懸案目的。由此中國國內各團體應發起收回關稅，否認金法郎案及收回廣州灣的運動，反對法國干涉中俄交涉，本此意旨而宣

之熱烈的反抗了。法國會無理的藉金佛郎案抵賴關稅會議，今日的新內閣當覺悟此種愚笨的抵賴如何的惹起中國人對法國帝國主義所造的罪惡，不亞於其在西方的蠻橫。此種罪惡正是法國新內閣所要說意洗滌的！

一言以蔽之，他在東方國內民氣之銷沉，反對軍閥，外力只限於通電，文化攻擊，這種反抗軍閥的英勇行動，至少比通一紙電文，做幾十篇文章之效力大了。所以我們凡是遇着一次罷工，罷市，抗捐，或者示威的實際行我們本着此種眼光，竟在近日的報紙中得着一可驚喜的消息。此種反抗軍閥的英勇行動，特將通信原文全行引出。

河南盧氏縣人民對軍閥之反抗　仁靜

近年來我們只要着軍閥如何剝削人民，外國如何欺中國。打開報紙一看，不是軍閥內部的明爭暗鬥，便是土匪綁票邊民，不是外國之萌芽潛伏使河南人民的革命熱潮充分表現起見。

▲趙團勒索軍餉慘狀　陝劉既據盧氏紳民之請，派陝軍第一混成旅旅長高峻所部，第一混成團趙樹勛之三營又兩連前來，又加派巡防第二路統領郭金榜兵五營，先後開到盧氏。趙團駐城中，郭軍駐領李家坪，兩部人馬月餉，及每日糧食、蔬菜油燭種種公費，與長官私宅糧食舖陳等等，完全由縣署科派，民間低給。每月趙團正餉洋一萬四千元，糧草雜項在外。每月郭統領每月供給正餉一萬五千元，糧草在外。縣署令全縣鄉長村正，查明人民不動產業，每值洋一百元者、月撥洋五元。產值五千元者，月

繳洋五十元。

縣民繳款稍遲，即拘縣押追，獄中管押之戶，常有百數十人。知事幫審員，及趙郭之軍法官，嚴刑追繳，號呼之聲，慘不忍聞。

至民國十二年秋，民力已竭，遂有第一次圍城之舉。

『▲第一次圍城情形　十二年八月，秋收大歉，粮價陡漲，四鄉人民數萬，各持刀槍，突起驅趙。全縣保衞團，守望社，紅槍會，硬肚隊等聞之，不期而聚者十餘萬人，各立大小白旗，將縣包圍，一致驅逐陝軍。縣官飛稟各憲，劉雪亞，及丁鎭守使香玲，慇師郭金榜等各派代表至盧氏調和。結果議定條件三項，（一）將趙圍月餉減去一半，每月僅供洋七千元，雜項亦減一半。（二）將趙圍減去一半，每月僅（三）以後不准軍隊自由下鄉催款拿人。

『▲第二次圍城之原因　第一次圍城調解後，盧氏僅有趙圍駐紮，至本年舊歷正月，四鄉民圍忽又集聚，偏豎驅趙之旗，通電陝豫當局，拼發出宣言，聲明驅逐陝軍理由：（一）趙圍到時，並未一次勦匪，因該圍官兵原係收撫匪隊，故多與匪通。（二）該圍四出招收有槍之匪，改編爲兵，又密賄奸民暗向各村保衞團槍支失逃甚巨，以致民圍槍支日減，而該圍槍支日增。（三）該圍不履行前次議和條件，每日將無力繳餉之良民，派兵捕拿，飛刑毒打，並有慘殺及姦淫綁票等行爲。（四）趙圍遍民種烟，收成之後，忽又按戶重罸。（五）趙圍設局專賣烟賣白丸；四出訛詐。是時趙圍已改輻入鎭嵩軍張治公之第二師。即由張師長派員前往調解。至十二月中旬，民圍始解散歸。

距自此以後，四鄉紳董，議定誓不納兵餉矣。

『▲第三次（即現在）圍城情形　自第二次民圍解圍後，鄉民不供軍餉，趙圍軍餉完全仰給於城中商民，早經遠遷，所遺貧民，萬難供給。而趙圍於此際反增添軍額，並佔據廣地，修造營房，及公館花園演武廳等，大興土木，工程甚巨，每日索錢五百串，拉夫數百名，挑菜賣柴之人，皆不得免。陽歷四月初城內人民仍請，暗向四鄉及鄰境民圍求救，爲秦庭之哭。並有王君周君於開會求救時，當衆自戕，以死求援，大衆逐皆感憤，至爲激昂，奔集城外，不半日人山人海，其勢洶洶，除盧氏全縣民圍壯丁之外，尚有洛甯，嵩縣，雒南，靈寶等縣之保衞團勇四千，薺來援助。更有盧氏籍之土匪兩桿，軍運動中，舉動甚爲文明，每夜盡力爲鄉村巡邏，毫不需索，亦異聞也。現在之情形，盧氏縣城被困至今已閱一月矣，吳佩孚及張福來，李濟臣，劉鎭華，香玲等所派專員，現均在盧氏城中，竭力調停，毫無頭緒。趙圍不願去城，恐夫糧餉之接濟，必至餓散，盧氏則誓死必達驅趙目的。因惡感已深，恐民圍散歸後，雙方各走極端，相持不下，但城中糧食將盡，窮民餓斃者，日有所聞，民圍亦不敢十分圍逼。因趙圍揚言如果相迫太急，必要口，唯留西面，放趙軍西歸，全圍軍隊，均集城上，據城自固，不准城中人民及物件出城，不准城外人入城，受其報復。

聞南日前民圍已解城中之圍，分紮東南北三面各使城中，玉石俱焚、化爲灰燼云。』

我們看了這段新聞，可知軍閥對平民勒索：魚肉，慘殺，姦淫，而最綁票無所不至的慘狀。

而盧氏縣民受蒲過深，不惜三次圍城，先二次圍城均有成功（第一次成功是爭得減少餉幣，第二次爭得鄉民

不納兵餉）。

尤可贊美的是圍城時不期而聚者十餘萬人，不半日已大山人海，……除盧氏全縣民團壯丁外，尚有洛寧嵩縣……等縣之保衛團勇四千。……河南人民——吳大軍閥肘腋之下的人民造反，吳佩孚等不敢壓迫，竟派專員竭力調停。

我們當認識此種革命實力推倒軍閥實在比較十萬大兵的力量大得多呀！

我們由此次驅逐陝軍運動得着四個結論。 第一全國各地人民與盧氏縣人民所受痛苦，可算是大同小異，故各地均有此種反抗之可能，第二我們當認識民團在推翻軍閥運動中的重要。 第三各地都有反抗軍閥潛伏的可能，只是缺乏領袖的組織的宣傳上的指導。

今日中國最可惜的是知識階級有知識（？）而無實力，而羣衆則有實力而無知識。必須知識階級，到民間去，則羣衆的革命運動可以形式第四我們所反對的是軍閥不是軍隊，我們尤應煽動軍隊倒戈去反對軍閥，（反對他們聚斂財貨；大與宮室，而兵士每日數元之軍餉照例欠至數月）。我們倒如不用此種宣傳，則軍隊人民之衝突，如今日盧氏縣城驅逐陝軍，則軍隊仍然爲軍閥利用以征服人民。我們應當藉此事號召全國國民，革命的時機是成熟了，你們快起來準備能，我們要號召全國青年們，革命的時機成熟了，你們當深入羣衆中去散播革命種子和組織革命罷。

盧氏縣城驅逐陝軍，則軍隊仍然爲軍閥利用以征服人民。總之此次盧氏縣民團驅逐陝軍是一件悲壯激昂的事績。

無政府工團主義與黑暗勢力

獨秀

由無政府主義到工團主義，在理論上，或者有人說是退了一步，然在實際進行上，實在是進了一步。 所以有些革命的工團主義者，在反抗黑暗勢力之聯合戰線上，應該是我們最親近的好友；在日常生活的經濟爭鬥之聯合戰線上，更是我們最得力的同盟軍；因爲工團主義者了解階級利益調和之不可能，不似偽馬克思主義的改良派採納勞資安協政策。

惟工團主義尤其是無政府工團主義之根本理論，我們非是不肯贊成，真是不忍贊成。 他們的根本理論有二：

「只做經濟爭鬥，反對一切政治行動及政治組織。」

「工人團體獨立自治，反對一切政黨。」

我們以爲人類社會尤其是今日經濟組織複雜的社會，想把經濟政治兩下絕對的分開，已經不容易，每個經濟爭鬥劇烈起來，都會變成政治爭鬥；因爲工人們經濟爭鬥的對方，資產階級及資本帝國主義者，他們所以要占有政權，正爲擁護有利於他們的生產交換分配等經濟制度，不服此等制度的人便是叛徒，便要受他們政權所表現的法律之制裁。「工人應該是社會之支配者，如何放棄政治不問，如何不要政權管理政治，；如何將社會上最重要的機關——政治組織讓給資產階級永遠專有，使他們永遠支配社會支配經濟制度，工人階級永遠在他們權管支配之下只做經濟爭鬥！」

既然要問政治管理政治，便不能不要政黨，這更是很明白的事。 況且同一工人階級裏的各分子，他們的階級意識及革命之決心不能

一致，這便是不能拿整個獨立自治的工人團體來代替工人政黨之唯一的理由。

以上是理論，以下再就事實說。

大戰後，歐洲資產階級瀕於破產，一時全歐洲的工人階級尤其是俄國工人都捲入革命的漩渦，各資本主義的國家都支配各國的資產階級都戰慄危懼，他們自救的方法是：（一）用武力，宣傳，封鎖等破壞俄羅斯工人的國際勞工局，吹出幾個改良政策來和緩工人階級的革命風潮；（三）造謠誣蔑革命的工人政黨——國際共產黨，說他們利用工人離開革命的指導者；（四）在各種工會中實行分裂政策，排斥革命分子尤其是共產派的工人，使工人大的團結分裂爲幾派。

一七年以來的工人革命怒潮居然遇住了，各資本帝國主義的黑暗勢力，遂因此得以保持並且復興與起來。這四個方法同時并行，一九背叛階級的第二國際及亞姆斯德丹之黃色職工國際爲最有力的工具；他們幫着各資本帝國主義的政府去實行宣傳勞農俄羅斯的罪惡，去出力誣蔑國際勞工局，去造謠誣蔑共產國際，更是他們最得意的技能，去實行驅逐共產派分裂工會，乃是亞姆斯德丹派公開的政策。這班背叛階級的改良派如此這般的做資本帝國主義的走狗還不足怪，最奇怪的是無政府派和無政府工團主義者，也於是這時大鼓吹其『反對一切政治』『反對一切國家與政府』『反對共產黨在工會中活動』；大鼓吹其什麼『獨立主義』，就是主張純粹的職工聯合會向共產黨宣告獨立，換句話說，就是工會和共產黨不發生關係。黑他們的主張，總括起來，是要使工人運動和政治運動脫離關係，是要使工會和政黨脫離關係。他們雖說是反對改良派，而實際上也和改良派一樣幫助資本帝國主義遏住了工人革命的怒潮，讓黑暗勢力得以安然保持與復興。工人脫離了政治運動并且脫離了革命的改良派，又在高呼不要支配不要首領的之下，分裂又分裂，自己消滅自己集中的戰鬥力，那裏還有什麼革命之可能。

政黨，又在高呼工人自治之下，在各種工會中實行分裂政策，無政府派及無政府工團主義者，在歐洲引導工人向這樣錯誤的道路上走，實在是資本帝國主義各國所最快意的事，而是我們所痛心的事！

再講到中國，小農及手工業者，本來對於政治及政黨不甚關心，這是中國進步遲緩的現象，決不可說是好現象，軍閥政治正是根據這個現象而繼續存在的的。主張『不問政治』『不要政黨』，都是拿僻眼睛給瞎睡蟲吃。

『況且軍閥政府最不願人民干政，尤其不許工人干政，更不許工人和政黨發生關係』最近漢陽南通令漢口各工廠，勒令工人具結永不加入政黨。無政府工團主義者若在工人中宣傳：『不問政治』『不要政黨』，到正合軍閥的口胃，因爲他們怕的是工人要鬧政治加入政黨。軍閥們不但不要工人干政和加入政黨，并且設法截斷工人階級和知識者的關係，例如：今年日本政府允許工人『五一』游行，但以非工人的社會黨不加入爲條件；中國的軍閥官僚們屢次向鐵路工人題戒『勿爲學生政黨利用』。這是什麼意義呢？原來知識這件東西，是人類社會進化之發酵母，被壓迫的工人階級，因爲失去了經濟的權利，便也失去了知識的權利；所以無論何國勞動運動之初期，都少不了知識者之會要不加入爲條件；

奔走鼓吹和扶助，我們說這是沒有例外的。

軍閥們有意或無意要破壞這個關鍵，所以極力破壞工人和知識者之間的關係；他們不但在工人中宣傳「勿爲人利用」的口號，並且在每次工潮中特別注意和嚴懲參加運動的知識者，例如：上海因郵差罷工而監禁李啓漢，長沙因紗廠工潮而殺黃龐，漢口因鐵路罷工而鎗斃施洋，這便是他們知道而且實行消滅工人革命之發酵母。

無政府工團主義者，若鼓吹工人不問政治不要政黨，工人的事由工人自己幹，反對一切知識者參加扶助；這簡直和軍閥是一樣聲口，這簡直是阻止工人參加革命運動，並且鼓吹工人團體獨立自治，工人的事由工人自己幹，有許多便是對於經濟組織（工會）和經濟爭鬥還有點怕。

在工人心理狀程的中國，不但對於政治組織（政黨）和政治爭鬥不敢出頭做，有許多便是對於經濟組織（工會）和經濟爭鬥還有點怕。

在這種情況之下，指導勞動運動的人，不事急進，不作高論，暫時專力工會運動和日常生活的經濟爭鬥，以養成由經濟爭鬥到政治爭鬥的力量，這樣的方法，我們是不能反對的；若從根本上主張工人永遠不問政治不要政黨，說好點，這種主張是幼稚的左傾；說壞點，便是避去革命的行動，免得和現政治衝突。

中國工人所受軍閥政治的苦痛，別的且不說，黃龐的血，「二七」京漢工人的血還未乾，洛陽工人血又在我們眼面前流者，我們怎忍心不去革命，怎忍心不去和現政治衝突！

有人說工人卽得政權也不能解決勞動問題，并引俄國勞農革命爲證。我們固然不能造謠說俄國勞動者已經一步登天了，而且因全社會生產力向來幼稚之故，俄國工人物質的生活當然不及英美的工人貴族（一部分技術工），比起其餘任何國工人卻只好不壞；至於實行八時制及其他教育遊藝等精神上的愉快與夫政治上的自由，也可以說是一步登天。；若依據資本帝國主義的英日路透東方等通信社反俄的宣傳，便真相信俄國工人遠在失業困苦之中，那便是太無常識了。

以一個無政府工團主義者，不肯相信勞農革命的俄羅斯，而卻肯相信資本帝國主義的通信社，這是萬分不應該的事呵！

我們以極誠懇的情緒來勸全世界無政府工團主義的同志們，你們的言論行動都應該加意考慮，萬勿只顧攻擊我們客觀上正幫助了黑暗勢力而自己還不覺察！你們口頭上攻擊我們，說我們革命不徹底，你們應該要比我們更徹底些更高明些；然而事實上你們在歐洲取了和改良派同樣的步調，在中國更老實和一向反對革命的研究系合作起來，你們果何以自解？

顧維鈞宅之炸彈案

子毅

以手鎗炸彈施行暗殺從事政治鬥爭，此種恐怖主義手段，在今日已不流行了。近來人民的智識日漸發達，革命的熱潮日漸澎湃。他們已覺悟壓迫他們的不是政府的阿貓阿狗了，他們已知道詛咒軍閥制度，而思根本推翻了。他們所注重的是羣衆行動，羣閥的宣傳和

組織。辛亥革命時的暗殺行爲，我們已多視爲浪漫，已不信它能解決政治的糾紛。今日的暗殺，多爲軍閥間的內閧或復仇行動，（如去年上海之暗殺徐國樑案，保定光園之圍炸曹錕，今年有人炸王承斌等），人殊不疑其爲平民做的。至於今日之顧維鈞以諂事曹錕，勾結樣人而得官，其所長者爲獻媚，爲逢迎，爲說流利之英語，爲與女子講交際與軍閥拜把子，既無心機，又乏實力，値不得人民之一顧。

關於顧宅炸彈案，人多疑其與某國有關，有外交關係，我們當初還半疑牢信，日前讀上海新聞報之通信，才恍然大悟。該通信的大意說顧某養事英美，素來蔑視某國利益。在華盛頓會議爲山東問題交涉時，某國卽銜恨在心，當時爭以炸彈小開顧氏之頑笑，顧氏亦未宣布。近來如無線電案，顧氏大爲美國出力，得罪某國不淺，且與某國公使爭軌極多，言辭間頗爲輕視，於是某國公使乃氣極而出此下流報復手段。

新聞報之消息素以靈敏可靠見稱，此種揭發，決無誣枉。

讀者閱此，試猜一猜某國是誰？

寸鐵

反對太戈爾便是過激！

前淸時的探狗，動輒以「亂黨」「康黨」陷人入罪；現在的軍警探狗，又動輒以「過激」陷人入罪，這班狗才本不足責，獨怪研究系的機關報學燈欄也學舌探狗，說反對太戈爾是「過激」！

（獨秀）

五日倫敦電：何東爵士夫婦今日由印度事務大臣哇里維爾勳爵引準印度人的亡國奴何東！

據此電文，這位何東爵士是英國人還是印度人，我們見英皇英后。

看不出來，然確不像是中國人。如果就來上海演勸和平的何東，眞是中國民族的恥辱！這種人若在日本，必蒙愛國靑年的利刃無疑，那會還受人歡迎；中國覺有人歡迎他，竟如此無恥，國安得不亡！

（獨秀）

國民革命，自然帶着資產階級的革命之性質；在此時代中，自然需要資產階級有點力量，更需要資產階級有些反革命的。但若現在京滬間的銀行家，只都是反革命分子。因爲香港廣州商人心目中所崇拜的只有香港北京兩政府；京滬間的銀行家更是勾結軍閥官僚，專做剝國病民的財政投機事業；他們種種反革命的行爲，不但是國民革命的障礙，而且是中國眞正資產階級發達的障礙，他們都是帝國主義及軍閥的附屬品，都站在被革命的地位。

（獨秀）

英政府何不鎗斃罷工的鐵路工人？

倫敦鐵路工人罷工要求每星期加薪十先令，中央鐵路不能開車，交通阻隔，形勢十分嚴重。曹錕吳佩孚若知道這件事，必然高興的說：英國政府那及我們有用，將罷工的鐵路工人鎗斃幾個，風潮不就平了嗎！在漢口的英國人也曾慘殺京漢路罷工工人，他們何不同樣的請英國政府在倫敦試一試？

（獨秀）

上海法捕房，時常加我們以「過激」罪名，逮捕惠金。可是現在法國將要登台的政府首領班樂衞及赫禮歐等，都公然發起了俄國協會和俄事通信局，像這班大有過激嫌疑人，法捕房何不發拘票去逮捕？

（獨秀）

The Guide Weekly.

嚮導週報

第七十期

每星期三出版 發行通訊處 杭州馬坡巷法政學校存安伯劉蔚青教伯 北京大學第一院馬校馬坡收

（中華郵務管理局特准掛號認爲新聞紙類）

一九二四年六月十八日

定價
每份三分全年大洋 一元三角牛年七角 國內郵費在內

分售處
上海巴黎泰東圖書局
武昌共進書社
大名時報社
杭州齊化書報社
濟南古星書社
常州文化書社
開封新中書社
歸州電明星書報社
南京工文化書社

時事評論

法國政潮

獨秀

大戰後，歐洲最反動的政治家，當首推法國的米勒蘭及普恩賓了。他們幫助波蘭攻打蘇俄，他們用武力鎮壓鐵路工潮，他們用武力占領德國魯爾，他們教唆德國來因分裂，他們強迫中國及土耳其用金佛郎賠款還債，他們做了意大利法西斯黨穩索里尼以上的罪惡。法國人民不堪其對魯爾武力政策反響的痛苦，法國左黨不堪其陰謀專斷的痛苦，遂於此次選舉，一舉而倒普恩賓內閣，再舉而倒米勒蘭總統，此事誠可稱快。

然而米勒蘭及普恩賓并不是倒於革命的羣衆，而倒於國會之投票，我們對於以後的法蘭西，根本上還不能樂觀。

法國左黨倒了普恩賓不算，還進一步主張修改憲法，縮短總統七年之任期，以追尚有三年總統任期之米勒蘭下野，本算差強人意；但繼任的總統，不是左黨領袖班樂衞，右黨領袖杜美爾，在出席議員八百六十人中，竟以五百十五票當選，左黨之爲左黨，也可想而知了。又，新內閣赫里歐的政策，仍不能抛棄魯爾占領，仍要面晤英相麥克唐納爾作擁護國際聯盟的好夢。況且總統落右黨之手，白利安是否再起而代赫里歐，還是一個問題。富於幻想的法蘭西人，其開始爲全人類之光明奮鬥罷，你們現在的奮鬥也只是開始呵！

中俄邦交恢復中的列強干涉問題

寫人

至今承認蘇俄本不足奇，可是列強之對於中俄邦交恢復，驚駭已極！承認蘇俄，在中國人民方面早已本無問題，可是因有列強從中作梗的原因，發生許多無意識的糾紛問題：

中東鐵路明明是俄政府在中國境內建築的一條路，在名義上和事實上都不能容有第三者置喙的餘地。只列強在蘇俄革命時代，乘人之危，用強盜手段從不法的白黨餘孽手裏奪得一部分的該路股票，至今便欲藉此推翻中俄兩國對於該路底管理權及所有權。至於說該路是由什麼白黨手裏奪得，未經蘇俄承認和未經中國人民同意之華府會議，早已由英美法日等國自己破壞無餘，豈獨能用以干涉中東鐵路？未經蘇俄承認和未經中國人民同意之華府會議，我們要問華府會議對於該路有何權力及根據何項法律去規定？

無如死不覺悟的法美日等國帝國主義者，始終干涉中俄所有的中東路，法國既提出無理的抗議於前，不惜爲破壞中俄協定之主犯，日政府又向中俄兩方提出無理的抗議於後，要求保留他們底什麼利益！

已經中國正式承認的蘇俄所有的，列強竟無故的把持抗交，說是要俟各國完全承認蘇俄以後才能交出。我們要知道蘇俄既被中國承認，其在中國之使館卽不應爲他國所據，今列強無理橫阻，不但損害俄國的利益，直是侵犯中國的主權啊！

列強眼看得蘇俄做了中國最惠國，送還了從前俄皇時代從不正當行爲得來的一切權利給中國，他們深恐中國人民起而進向他們作同樣的要求，防止他們從不正當行爲所得的一切權利，所以他們必百般從中作梗，干涉這個，干涉那個，勢非破壞中俄邦交不止！

且蘇俄如一旦收回了自己所有底使館，蘇俄之代表便可列席於使團會議，使使團的當中添一位監視他們的人，他們如何能情願？所以他們不但要干涉中東鐵路，不交還俄使館，而且還要將已成的協定根本推翻，如東報云：

『第一協定第四條查中俄大綱協定第四條中，有「聲明前俄帝國政府與第三者所訂立一切條約協定等項，有妨碍中國主權及利益者，槪爲無效」之規定。據此則關於西藏之英俄密約，因被壓迫的中俄人民豈有不知？

那麼我們中國的人民也當有個最後的奮鬥，作最後的奮鬥，使中俄邦交得以日益發皇，增進被壓迫民族團結，反抗帝國主義的列強。

帝國主義的列強既有以上之干涉及欲從根本上去破壞中俄協定的情形，排除一切的障碍，

又關於他們的拋棄權利，而與中國以向日本得爲關於滿蒙之某種要求之機會與可能性。

又關於滿蒙尤其於內蒙古之日俄密約，當與中國向英國得爲某種要求之機會與可能性。

俄方面之拋棄權利，而與中國以向日本得爲關於滿蒙之某種要求之機會與可能性。

雖與中國方面之要求，於條文以外，注重於旣定之事實及旣往之事實，此種中國方面之要求，將來發生時，在國際慣例上，亦可謂置諸不理，然不可不注意其伏有此種疑團耳。次則依此協

定，一九〇五年（卽光緒三十一年日本明治三十八年）十二月二十二日關於滿洲之中日條約附屬協定第二條，南滿鐵路沿線日本守備兵之撤退，亦當成爲問題，亦未可知。惟南滿鐵路沿線，爲租界地之一部，如視爲租界之延長，未必卽成問題耳。

第二附屬聲明書——查附屬聲明書第七種，有『共同聲明在大綱協定內第十條所載蘇聯政府所拋棄各種權利與特權，雙方了解，中國政府不擬以其一部或全部，讓與任何第三國或何外人組織之團體』之規定。驟視之，似屬當然之舉，然而大綱協定第一條，却爲『蘇聯政府允於拋棄蘇俄政府在中國境內根據各種條約協定章程等所得之一切租界地貿易圈及兵營操場等之特權及特許』。是則此項共同聲明，乃係共同聲明對於此等目的物，中國不讓與第三國而來，卽如北京上海漢口及其他俄國舊租界地，於交還中國以後，同時議定禁止將該地域由中國更讓與第三國，是故中國對於漢口之法國所管俄國租界，與夫旅順，大連及南滿鐵路沿線之日本租借地，均能令人豫想其有伏有將來有所發言，或一方華盛頓會議之議定，亦爲其從根柢顯覆之疑慮也。』

其他如說中俄協定之中俄協約『是不辭之物』題係破壞中俄協定之毒言，難道

歡迎商報底提議

楚 女

收囘上海會審公廨一案，鬧到這麼多時，我們的代表奔走京滬，

兩隻腿也跑的痲連疲軟了！……洋人們總是給我們一個「不睬」，他們，公使團乘勢劫奪中國的主權便是第二個題例，現在且說第一個問題

所以要如此把持的，無非是因為有此法權在手，將來好多多地打死些⋯⋯

關稅會議不是華府會議的列強自承為對中國最惠的恩典麼？⋯⋯他

樂志華，田仲香。我們若無切寶的事實上的抵抗方法，空空的東飽

們藉着這問題訛詐去中國的財物，買去中國人民的好感，在「國際條義」之下，也

西跑，和他們講那「外交」有什麼用處？　唯一的對症藥方，只有商報

得有個可以自圓其說的說法，才能維持那現成的假面具。不料帝國

在最近所提議三條：

這點施為不免帶些妄想；可是關稅會議附加案明明是九國代表當場決定的

主義所持的論證，竟走到絕地了，他們到了今天，只有蠻幹，竟無絲

一　中國法庭，聲明今後不認公廨之判案有效；

不少了！　雖然我們會經指出華府會議的列強自承為對中國最惠的恩典，知道中國國民要取得

毫道理可說了。

二　租界以外之中國官廳，聲明今後不給予公廨以各種之協助；

華府會議既不是一場春夢，他們便想抵賴，在「國際條義」之下，也

如果大家不信，請看下面所載正式拒絕關稅會議的

三　中國人民，各依其鄉籍或職業別而成立各種之公誼機關，

得有個可以自圓其說的說法，才能維持那現成的假面具。

各國牒文：

各自約束其團體內之分子——遇有爭議時，儘提交本國人之

公斷機關，勿向公廨訴訟。

『據簡界消息，與華府會議有關各國之駐京公使對於中國請開關

希望全國人士，一致認定這個目標做去，再不必空勞唇舌，枉費

稅預備會議一事，已有正式牒文送致外交部。各國牒文之第一段

時間了！

，如出一轍，均謂『中國政府本年四月致牒本公使，請開關稅會議

，雖照華府條約之規定，應俟法國批准以後開議，然中國政府殊希

關稅會議絕望了！

望立即先開預備會議，規定關於加稅之細則，冀將來各國委員來

華時，可省若干手續等因，本公使業已知悉，但⋯⋯』云云。在此

章　龍

但字以下，各國各異其辭。法國謂本國尚未批准華府條約，故

認此時尚非可開預備會議之時機。意比兩國謂意比雖未滿意於

北京東交民巷的一夥強徒，國際帝國主義者的爪牙，在中國做下

中國政府未允解決金法郎問題，但關於此事，則并不欲混為一談

種種無法無天的事，近幾年來總算窮兇極惡無所不至了。　這些強盜

，他日如開正式關稅會議，本國自當參加，此時則無開預備會議

們仗着他們本國海上陸上空中的武力，滿口說的正義人道的謊言。

必要。　英，美，日，荷，等，則謂本公使無反對關稅會議之意

他們本一方要宰制中國民族的死命，一方又要彌縫他的錯失，以圖根

，但因法國尚未批准華會條約，手續未臻完備，故不能開會，如

本消滅中國人的反響。　所以他們過去一切侵略的勾當，沒有一樣不

法國加以批准，則固不必待商榷，即可開正式會議也。』

是自命為持之有故而言之成理的。　可是他們的侵略愈橫肆，他們說

話的根據就愈消失，言詞便窮，侵略的狂態也就

日增月盛，同時也知道可憐的國民現在已淪落到怎樣難堪的境地了。

他們本一方要宰制中國民族的死命，一方又要彌縫他的錯失，以圖根

最近各國拒絕關稅會議的事便是第一個題例；為着中俄協定成立

舉現無遺了。　從這一點，我們可觀察國際帝國主義進攻的大勢正在

這樣不要臉的抵賴，我們真不好意思再下批評了。俗語說：「盜亦有道」，現在帝國主義者連這句話都不配說了。

大家死了心罷，除團結國民自身的力量，奮起打倒帝國主義，那裏還有解放中華民族的第二條生路？

俄使館問題

章龍

也是一種懲罰麼？

交民巷為阻撓中俄兩民族的親善，五年以來明爭暗鬥，用盡機心使弱小的中華民族延宕了長久的孤獨慘淡的生活，這些往事，聲悟的中國國民自然是永遠忘不了他們的大德的。現在中俄協定簽字了，閹國民雖然對於諸強國沒有柔順到底，論理也不算犯了甚麼彌天大罪，可是帝國主義者竟因此大動肝火，藉着俄使館問題又來刦奪中國的主權。

本月十一日各公使致外部請求交還俄使館覆牒，內容大概有兩點（一）須候有關係之各國完全承認俄國；（二）須俄正式代表前來請求始能予以致慮。

這樣，使館界內竟不是中國的土地了，中俄外交竟須由使團作主了！

像公使團這樣狂妄的舉動，破壞中俄邦交，其罪尚小，刦奪中國主權，開外交之惡例，為禍更大！外交團素好以懲罰加之恭順的北京政府，這難道也是中俄協定簽字的一種懲罰麼？我顧國人不要拿他當作一個僅與中俄外交有關的問題，要看明白「使館界」內不容中國過問是一種剥削中國主權如何嚴重的要案呵！

關於海豐農民運動的一封信

這雖是一封私人間瑣屑的通信，其中有許多關於廣東其海豐縣農民運動重要而且有趣的材料，所以把他公表出來。我們去年年底在汕頭聯絡了一個寶庵識

寶庵先生：很久沒有通訊了！

惠湖梅農會（是有名無實），來做海豐農民運動後方的聲援，拜官主義最盛之潮閩人，以為我是海豐人，陳烱明的同鄉者，所以派代表來組織此會者共亦有九縣，其中算海豐陸豐惠陽普寧四縣是我們辦的，分子較好。這個時候，陳烱明打了幾個電報與我，說他還是要組

主張革命的，要我速赴惠州，和他共商革命方策（原來他是要組織）。

我看這個電報甚有毛病，因陳烱明平素是最驕傲的人，出此口氣，甚為可異，我也就復電謂俟此間會務就緒當即出發，略為敷衍一下。同隔了二十餘天仍未出發，他就叫翁桂清打了一電，促我惠行。

同志間開了幾次會議，以為若久不去，反愛不利，況愛在獄農民無錢可用，宜乘此機會帶錢囘去，並以陳烱明電報來嚇海豐紳士，通過了這個決議，我就動身赴惠，行抵海豐，

傳，官僚紳士實在有些驚怕，王作新（縣長）也有欲將在獄農民釋放消息。

不過這三位在獄的農民，要求王作新恢復農會後始願出來，否則惟有農會頭（就是辦農會的領袖）命令我們出始願出。我探聽在獄同志有這樣堅的口氣，異常歡喜。他們家屬一一都安頓好了，卽欲向惠州出發，忽然接了陳烱明的電，說已起程囘海豐，囑我可不用來，我就在海豐等他。

此時鍾景棠先從前方戰線失敗囘到海豐，要求王作新恢復農會，就寫了一信給林晉亭（此人近來多看新書腦比較清楚，惟是陳之死黨）請他寫信給鍾景棠，引用國際勞動法大罵王作新之不對，以促醒鍾景棠，鍾接此信後，林果然寫了一信給鍾，說他是縣中紳士官廳報告土匪感說好話，謂當日拘禁農民不是出自己意，是縣中紳士官廳報告土匪

起義，不得不派兵圍捕，現鎮師長（來人所稱）欲將在獄農民釋放，叫你速寬店頭前保領。

出來，各處農民聽知，集於舊農會址，列隊歡迎出獄，並有許多學生參加，他頗算好看。越二日陳炯明到了海豐，我就召集各約代表歡迎他，他是好名的人，就喜歡得叫勸尾搖。

越數日，農會召集各約代表會，討論復活運動之進行方法。**決議：派代表請求陳炯明之准予恢復，陳對代**（原來海豐農會對於農會之要求）說：『農為能無會，舊日農會可維持下去』代表回來報告，衆就議定每戶派銅幣六仙，就海豐一縣可得五百元，以一半為恢復費，一半為還債費，（去年遭難向人借用及贖回同志質出之物）當衆又表決擇二月十三日為復活日，演戲并開大會等等。又選出臨時執行委員，執行會務，此時陸豐惠陽各縣聞知亦派人與會，異常踴躍，新加入會員亦甚多（當被軍閥解散後，會員禁在獄中，各處農民加入農會者亦有二百餘名，足見農民心尚未死）。

農業維持會（地主紳士團體）會長王作新（縣長）等聞知陳炯明准農會恢復，亦召集會議，對待農會，其手段是由各紳士分頭向陳炯明用最尖銳最易使其勸惑的，尤其是與紳士相依為命的毒話從中破壞農會，此時陳炯明日日同那班紳士上山看龍脈，尋靈地（海豐一時迷信風水之風亦長起來了）。接近

近了！二月十三日要到了，陳炯明叫我過去談話，勸我轉勸各會員現在不必恢復農會，因為現在社會是紳士社會，紳士勢力甚大，他天天來排斥你們，使我亦難以應付，我現在還是與紳士相依為命的，若要恢復，須等待他們排斥少了時方宜。我聽了這段話氣得也說不出一句，恨不能一下兒打殺了他方痛快。我就退囘報告各會員，各會員聽了比我還氣得利害。

十一日午陳炯明又派人來農會制止農民，此時農民金加憤恨，即召集會議，再派代表質問陳炯明，陳拒不見，乘益憤，決定我們死力爭回集會自由。會是十三日開會底演戲。

十二日戲開臺了，十三日到會寶市中客店，會員有七千餘人，（而上地瓜縣也住滿了人）。這回開會會員比前日金有勇氣，我一不過報告去年經過情形，但有兩個老農讀都白了，上台大罵政府及紳士之摧殘農民，并謂此後如有再來推殘，我們願以老命犧牲，我一

是晚，忽然週會員報告：他演說時也得非常痛切，這囘大會算是圓圓滿滿的過了。還有一個中學校長黎越廷他住滿了人）。千餘人，

是縣中紳士進府報告外間到有廿餘名刺客，是受省政府之運動的，我等遂派人前往將軍府偵探，得其消息，將軍府派出炮殼隊及警察出查客店，凡下令戒嚴查驗。并獄汕頭香港各方面緊急電報數封為證，嚇得陳炯明吃了一驚，所以

我本有一個堂弟，在陳府下辦事，這日凍對他說：羣衆我是很怕的，尤其是農民，我從前在廣西時，兵力雖足以戰勝桂軍，而沒法鎮壓農民，他們出師秘莫測，言時幾乎有談虎色變之狀（此事陳炯明也實對我說過一次）。他又說農民只可使之靜，不可使之動。

次日縣長王作新出了一張佈告：『照得縣屬所設農會，去年因辦理不善，遠背章旨，業經查辦解散在案，現奉陳總司令面諭查禁等因，自應遵照辦理，為此佈告屬內農民人等，一體知悉。嗣後如有復敵精端招搖，蕪言惑衆，殊屬妨害治安，

敢在外私行集會，藉端煽動者，一經查覺，定即拘案究懲，決不寬貸。

十三年三月廿一日王作新

我等聞此消息，一面召集秘密會議，一面豫備收隊。又有同志來報告：謂陳炯明已登出澎湃與汕頭間來往電文密碼確與共產黨及國民黨有關係，乘紳士要求查辦，陳已有允意。我等即時把農會中一切重要文件名籍薄一應藏之於遠鄉，當夜開密議時，各農民代表厲舉擦掌甚爲憤慨，當時有一位年四十餘歲的約長，痛極大罵，感觸至場，恨一時不能食陳之肉，而枕陳之皮，一致表決繼續從暗中奮力做去。

還有一件很重要的事也要告訴你。去年冬海豐第三區的農民（加入了農會的）聯絡了十數鄉實行減租運動（此時我未回海豐），三區最大的地主是林姓，他一族有萬餘石租，分爲數房，每房至少都有一千石至二千石。他們對於佃戶異常苛酷，屢屢昇租，不逾則收回田地，批與別人，十年前每石種田（每畝田當海豐八升種）納租額不過五六石，至多亦不過七石。現在每石租田竟昇至二十石租之高。

佃戶支用資本如下：

一石種田地每年二季肥料約三十元
種子約五元
農具消耗約五元
工食約五十四元（此項的計算，大約每一個單身壯年農夫至多可耕得一石種田，每甕至穀！）少要六個銅板，其餘衣住不計，共計食料費每年五十四元。）

以上共九十四元（支出之項）

石種田每年中等年況，至多收穫三十石極多不上三十二石每石價格就去年爲準大約六元，除二十石還田主，餘十餘石共值銀六七十元左右。　　收支相抵每年廚本二三十元之多。他們現在覺得是大虧本了，他們曉得團結了，他們減租的戰術是很好的。他們先探定一個極可惡的田主爲敵對，調查各鄉耕該田主之佃戶召集到會會議，表決一致行動，齊向田主辭田；（往年他們也曾有辭田之事，不過少有一致的，此次一千石通通的佃戶完全一致收經五年即五千租之損失。）遂請求其族人，開族會議決如一會員被田主吊田者（即被其收回田地者），由農會遂召集臨時執行委員會議，農民即來報告，謂此事月餘佃尚未解決。此時適我回海豐，農會亦活動起來，農會每斗種田補少五年無租可收經五年即五千租之損失。（若對抗則出當爲荒田至田主有一千石租，辭去二三百石，不足以致其死命，此次一千石通通的佃戶完全一致收回公租（即族中）幫銀一元，該處農民聞之甚可驚，但勢又成騎虎。此時適我回海豐，農會亦活動起來，農民即來報告，謂此事月餘佃尚未解決。農會遂召集臨時執行委員會議，該田主知道不能對抗（若對抗則出當爲荒田至少五年無租可收經五年即五千租之損失。）遂請求其族人，開族會議決如一會員被田主吊田者（即被其收回田地者），由農會每斗種田補助二元，并爲其介紹職業或擇地懇荒。林姓田主聞之吃了一驚，始容納佃戶所要求，平均約減了四百餘石谷，不用挑到田主的家裏去。該處共六七個鄉頭，以後每年減少了百分之十五。同時別處依法做的亦有幾處也得勝利。

但有一處田主係陳姓，恃陳炯明勢力，他們對佃戶說『耕田要向你收租！辭田也要向你收租！佃戶有三十餘人，辭出之租約有三百餘石，現在佃戶死不欲辭則管來辭～要請你六月豫備便你收租！此項辭田的原因，是因去年風兵時，陳姓田主帶同護兵追租，梗要十足照納，農民苦無以應，兵士就搜屋蓄物，計被搶者女子頭飾四件，小孩破內衣四件，米二升餘，殺種

三斗，傷婦人一，傷男人一，該鄉以田主如此橫暴，全鄉男女誓不再耕其田。此事當時我曾告之於陳炯明，陳謂你可做一呈文來，待我交保團局辦理。我口說『好』，心又以爲此人非打殺不可；因爲保團局就是糧米維持會的營壘。（後略）

五月十一日彭湃於廣州

對德參戰之功罪

蘧楚侶

時事新報八日社評，對於北京簽定德債案，故意曲爲怨詞，大發其『可乎可，不可乎不可』的論調。他一方面承認德債是好比『一家人家雖窮，而尚有別人在法律上欠他一百萬的債，若是他的僕役說我可以包討帳，但是百萬只能折做二萬』的『從中舞弊，有所中飽』。意思是既可以要求社會上一般淺識的新民叢報崇拜人遠認他們這些『名流』的『假正經』；又可以代那干賣國賊造孽，而自己也好從而『有所中飽』。

這種行爲，我們原本不以爲怪，因爲研究系之爲研究系，本來從戊戌到如今就是這麼一個東西，我們很可省些氣力不說什麼！但他尾上，又大吹法螺，迷惑着人們說：『到了今日可算參戰的利益已見於數目字了！當參戰問題初起，滬上輿論僑於鶩勢，幾乎沒人敢積極主張。只有我們（？）作孤軍的奮鬥，在北京從事活動的，也只有梁任公先生一派。現在人們談起參戰來總覺得有所失脚，其實主張參戰的人有哪一點對不起國家呢？今天收入這數千萬；雖則（好一個『雖則』）數目的多寡不必（又好一個『不必』）計較，然而（妙在這一個『然而』）總是食了參戰之賜。我們主張參戰的人原無向社會要功的心……。我們却倒要作『孤軍』之鬥的研究系，『在北京從事活動』的梁任公一派，今天既然要來向我們說是『食了參戰之賜』，那麼，下面這筆帳，我們是受了誰的『賜』呢？你們『原無向社會邀功之德』麼？我們却老實不客氣，只怕要把這個『功』歸之於你們了！

帳目如下：

一　督軍團解散國會。

二　南北分裂以迄於今。

三　皖奉直三系互相消長，以演成今日這種羣雄割據之局。

四　參戰借款二千萬日金。

五　高徐順濟墊款二千萬日金。

六　滿蒙四路墊款二千萬日金。

七　還有現雖取銷而在歷史上終是留一汚點的海陸軍共同防敵軍事協定。

這筆帳——這些汗馬大功，我想研究系無論如何應該要認取一半。沒有當時的『孤軍』，沒有當時的『梁任公先生一派』，這些重大的負擔，體面的國史，紛亂的政局，或者不致於便有也未可知吧？黑白不分明麼？我們對於『名流』久已感激了哩！

善哉商報畏墨君之言曰：『德款如此解決，與德債如此收囘，在中國實爲大不榮譽之事。獨有一點極爲名正而言順者！即收囘現款，將由吳佩孚具領，用充征南之軍費。夫以收取於德國之金錢，用之於不贊成對德參戰者之討伐，此真天造地設者也！熱心鼓吹參戰之名流，爲不虛筆舌之勞矣』！

徐州教會學生奮鬥的經過　朱務平

我就是在教會培心中學的一個學生，這次反對洋校長，事實蓋知，所受壓迫的反抗和同學的心理，不能不報告與反對帝國主義侵略的同志們知道。

洋校長既施他大美國的威權，壓迫二百餘中國人(教員和學生)難能詳述！

就爆發此次犧牲的導火線含之：五月十一號午飯，洋校長進飯堂，看饍飯秩序顛倒，逐大罵而特罵！罵教員不負責任，不作禮拜，……同學以爲不能再往下忍了，於是羣起與他理論：『教育是培養人格，你反摧殘人格！你口口聲聲說：美國待中國好，長江聯駐軍艦，是待中國好嗎！？提倡共管中國鐵路，是待中國好嗎！？供給北洋軍閥經濟和槍械，臨城案十六國協同侵略，都是待中國好了。暗中用奴隸教育侵略，東軍艦艦示威，是待中國好嗎！？』

忽然！來幾個洋大人，各持手槍，把洋校長領去了。

『二百餘人，吞聲忍死，哭的飯也沒能吃！是日晚禮拜，又罵走狗』，你們罵日本不好，你們不如日本！不如日本把你們中國滅了！『你們中國人是「土匪」』咳！

同學計劃進行，次日早晨開會，議决條件要求：A永遠不準校長打人罵人B凖學生成立自治會C校規須由自治會和教員從新訂D開除三位教員(洋狗派)E膳務自理。又立誓詞：『願犧牲奴隸教育　爭囘人格，堅持以上條件到底』。

逐舉代表八人要求洋校長，他僅承認E條，A條他還說不能永遠，又對我們奮鬥中間重要分子發威風說：『你可到官學校讀書，以後可愛你們中國，教會學校那能容你！』於是同學不滿意這答復，又開會討論，同學僅有五分之三，到下午還沒有一半；洋校長看團體渙散，邀集幾個洋大人，各持手槍，帶着軍警威嚇，如臨大敵，同學忍無可忍，十三號黎明各逃往李出校，分往旅館。有幾個同學以爲都出校總有奮鬥的決心，提出條件，邀集同學積極進行，可惜不澈底覺悟，各自囘家，沒能實行。

這次失敗，因同學心理不一致，可分三派：1奮鬥派2觀望派3洋狗派。觀望和洋狗兩派，是反奮鬥，不足掛齒，就是這百分之十的奮鬥派還不一致；有的以爲對於教會學校，祇要破壞，不要建設；有的以爲改良改良，還在此校讀書，竟沒十分感覺到奴隸教育痛苦！奮鬥的手段同而目的不同，心理這麼樣複雜，目的這麼樣不同，怎能不失敗！

統觀洋校長說的話，足證明教育侵略的眞相畢露。去年上海三育大學，洋校長對學生說：『既入教會讀書，應當斷絕國家關係，愛國二字絕無存在之餘地』。今年廣州聖三一學校，洋校長對學生說：『這是英國的學校，有英領在廣州，斷不能徇你們的請求，任你們中國人自由』。今年五九日金陵大學洋校長對學生說：『既在教會學校讀書，還有甚麼國恥呢？』這次培心中的洋校長發威風說：『你可到官學校讀書，以後可愛你們中國，教會學校那能容你？』

外國教育陰謀，這樣明顯！自負教育領袖的先生們，不做一聲自負救國的青年們(除教會學生以外)也竟一聲不做！咳！中國不亡，更待何時！嚴格說來，不唯教會學校能亡中國，中國自辦的學校，也能亡中國(東方文化派，靈園新詩派)。我希望教會學校的同學，羣起破壞教會學校！我更希望全中國同學，羣起幫助教會學校的同學并羣起改良中國自辦的學校！　　十三，五，二十五號

T Guide Weekly.

嚮導週報

第七十一期

（中華郵務電報局特准掛號認為新聞紙類）
一九二四年六月十八日
郵費代款概作九五折

分售處
太原　晉華書社
長沙　文化書社
濟南　齊魯通信社
杭州　古今圖書店
豐南　新出書局
豐城　明星書局
當塗　明星書社
開封　文化書社
福州　工學社
南京　天一書局
成都華陽書報流通處

分售處
青港　粹文書局
巴黎　中國書報社
廣州　丁卜編輯社
上海　上海書店
武昌　民智書局
　　　共進社
　　　時還書社
　　　上海寄社

定價　每份三分
國內寄足一元四十期外國寄足一元二十五期郵費均在內
每星期三期出版　發行通訊處
北京大學第一院收發　杭州馬路法政學校轉交安徽明光郵局子鄉發

時事評論

上海絲廠女工大罷工

獨秀

自本月十五日起至今日止，上海各絲廠女工罷工已有十天了，罷工的絲廠已由兩家擴大到十四家了，罷工的人數已增加到一萬多了；在近來，不但是上海勞動界一大事件，抑且是全中國勞動界一大事件。

此次罷工的原因是：因為廠主一面公同議決每日工資至多四角二分，比去年減少去年四角五分的工資；廠主方面堅執不允，遂至罷釀罷工風潮。工人方面以為既要增加時間，就不說加薪，至少也要恢復去年四角五分的工資；一面還要增加做工時間。

人即有發動之意，經廠主報告警署，派隊彈壓萬已。至十五日，胡家木橋雲成絲廠工人首先罷工，經警捕糊論無效，秋思威路同豐永絲廠工人亦繼起。十六日加入罷工者，又有蘇州路之裕綸祧益元豐長源福華七涵路之瑞綸廠等數家工人，斐倫路之永泰及天寶路之天昌等七個絲廠的工人。為首之官胡氏及黃陸氏倘押在警廳；而罷工風潮不但不因此靜止，尚有日見擴大之勢。

警區在同豐永廠附近捕去女工九人．後釋放七八．

現在女工們的口號是：工資不恢復到四角五分不上工，工作時間不恢復到十點鐘不上工，不釋放被捕的姊妹不罷工，不恢復我們的工會不上工。

我們平心討論此次罷工女工之要求，是否正當：第一，在工資方面說，上海各絲廠女工工資最低額每日一角，最高額每日四角，其餘二角三角半不等；向例新繭上市時，每日工資多的加到四角五分，少的也有一角五分，此外每星期每人賞工四個，現在都一律取消了。廠主減薪的理由，是說去年絲價每百斤售銀一千七八百兩，所以工資加到四角半；今年絲價每百斤只有九百兩，所以只定四角二分。這個理由其實是似是而非。

絲繭總公所開會時，王揚卿君說：「現在新繭三擔才烘乾繭一擔，乾繭七擔才製絲一擔，成本需千元」。

成本一千元，寶價九百兩，還是賺錢。所以新聞報記者葉農君說得好：「

市不振，固係實情，生活增高，亦爲事實；欲求兩全，殊無善法，惟工人方面關於生活問題，絲廠方面僅屬於利益之厚薄。」第二，托工作時間方面說，廠主們要想更多賺錢，只有設法和外絲競爭市場，若要窮苦的女工多做點工，拿他們的血汗，來彌補你們的損失，漫說爽良心而且也有限呀！況且照部頒工廠通則及省長通令，每日工作不得過九小時；而上海各絲廠都是自晨五時起，到晚六時止，其間除去午膳一小時，實際做工也還有十二小時，現在又要延長時間到晚七時止，上海物價日見其高，女工們所得工資已經不夠生活，憑空又要延長做工時間，他們怎能不羣衆反抗！

因此，我們承認此次女工罷工所要求的都很正當；我們希望一般社會，尤其是主張改良勞動者之生活狀況的國民黨，對於這些窮苦無告女工們，公開的出來加以援助。

上海租界的治安

章龍

上海租界的治安問題，最近數月來漸漸緊了。住宅不算希奇，白天盜竊與捕探激鬥的事，爭人勒贖的事，每星期總得有幾次。十里洋場，變了匪窟，別的逕不打緊，帝國主義者的威儀，却因此受了一大打擊，這彷彿告訴說：你們這班妄想共管中國的野心家，連自己治下的秩序，都沒法維持了，還配開口干預他人麼？所以有人向我說，這幾個不做美的強盜，要算替被稱爲不能自治的華人出了一口怨氣，這似乎說得滑稽，却不是毫沒有道理的。我對於這個問題曾經想過一次，覺得上海租界質在一種矛盾的治安的局面。工部局雖然每年有八百餘萬兩的經常收入，豢養了成千成百的捕探維持秩序，究竟秩序恐保不了的，因爲施政矛盾的原故。何以會有這種矛盾，這便是殖民地政治的結果。

原來殖民地政治的特色是：（一）直接受政府壓迫的勞苦平民是不聊生的，（二）殖民地的資產階級爲殖民政府所娛親，常爲殖民政府所玩弄。現在我們據此來分析上海租界的情形。——上海租界第一是外國帝國主義者侵略的大本營，遠涉重洋的侵略家——豪商，巨賈，律師，——發號施令，爲種種經濟政治的侵略，不用說了。此外還有不少在租界混飯吃的外國流氓，在他們指導之下，作販賣軍火，供給『盜匪』的勾當。

第二是爲國內軍閥戰爭逃得窮無所歸的失業農人，這些外國資本逼得長期失業問題偶然發生點反抗的要求，便是他們所不計外，頑強些的爲着麵包問題偶然發生點反抗的要求，便是他們所謂『盜匪』！

第三是國內被罪遣逃的軍閥及倦款犯贓的貪官汚吏，這些國賊都是來托庇於外人政治之下的，他們驕奢淫佚的生活，雖敢不過洋大人十分之一，却也大足以使一般窮兄弟們眼紅！——現在我們試問這些人流落在上海的除老弱婦兒外，何熱望是不會改變的。所以這三種情形連結起來，要他不成眼前所見矛盾的治安局面，無論你如何熱望是不會改變的。現在上海市民，只有一條路可走，便是收回租界，推翻殖民政治，連合一百五十萬市民自動的組織市政府，然後全市治安，才能脫離矛盾的政治糾紛，得有永遠可靠的保障。

孫陳調和

爲人

什麼孫陳調和的聲浪，近又在各報紙上鬧起來了，任他是真是假，但我們國民對此總宜要有一個明確的觀念！

陳炯明叛黨誤國，破壞中山先生之北伐革命大計，勾結曹吳向國民黨攻打數年，尚有何調和可言？

假如陳炯明果有悔禍之心，儘可向中國國民黨中央執行委員會表示服從革命之意，即時移師聲討曹吳及聽從中山先生之指揮，何用什

什麼話！

而且陳派的人傳說，陳與孫和之目的，是想聯結粵軍以驅除客軍；現在廣東的客軍誠然太過胡鬧，但客軍果被陳炯明驅除淨盡，中山先生不怕陳炯明倒戈殺他嗎？

且以去每次的孫陳調和的事實，都是陳炯明利用以作援兵之計，我們擁護國民革命事業的人們，豈忍再三坐看中山先生上調和的當？以一國民革命的領袖中山先生向一叛黨誤國的陳炯明謀和，這是慶調和？

國民黨與勞動運動

獨秀

在半殖民地之國民革命中，勞動運動有最重大的意義，國民革命的國民黨，對此最重大的意義，實有了解的必要。可是現在尤其是將來實際勞動作時，都會竟不了解而陷於錯誤的觀念，因此我們必得詳細解釋一下。

第一，就國民黨的主義上講：此時任何政黨黨綱，都論列到社會的經濟政策，可是中國國民黨二十年前造端時即注意到民生問題，這是受了德法兩國勞動運動的影響，而後進的中國國民黨遂有此特色。和民族民權並列的民生主義。什麼是民生主義？簡單說，就是如何解決勞動平『民生』計劃問題，不是說解決全民生計問題；因為全民中富有的部分，當然不勞而食國民黨錦上添花為他們來主張民生主義，國民黨的民生主義，乃為着勞動平民事中涇渭，這是毫無疑義的。至於如何解決勞動平民的生計，國民政府之經濟政策及農工立法，尚在將來，眼前急需的經濟組織（工會農會）及日常生活之改善，乃解決勞動平民生計之最小限度，國民黨對於此類最小限度的勞動運動若不實行援助，則民生主義的理論及保護農工利益之黨綱條文，便都是不兌現的支票」。各種主義的黨派，對於勞動運動之性質與內容及勞資間的關係，雖不同途，而於最小限度之實際運動有赤化的嫌疑，這便和軍閥官僚們托一切工會運動及能工都常做社會主義或過激運動是同樣的無常識了！

第二，就國民黨的組織分子上講：有人以為國民黨是各階級合作的黨，若出力援助勞動階級，豈不遠背了資產階級的利；失了合作的同情？ 這是一個錯誤的觀念。

不錯，國民黨是各階級合作的黨，然正為他是合作的黨，便不能只代表那一階級的利益，國民黨既應該代表資產階級的利益，同時也應該代表勞動階級的利益，必如此，才有各階級合作之可能。 國民黨若恐怕援助勞動階級，遠背資產階級的利益，失了資產階級之同情，不怕違背勞動階級的利益，失了勞動階級之同情嗎？ 國民黨若只看見資產階級的利益，不怕違背勞動階級之利，那便是一個單純代表資產階級的黨，不是什麼各階級合作的黨了。 要他合作，卻不顧及他的利益，這是應該的罷！ 國民黨既是各階級合作的黨，擁護資產階級的利益也是應該的；但是擁護資產階級的利益，現代的勞動階級未必這是這樣可以愚弄的罷！ 國民黨既是各階級合作的黨，不應該站在「反民生主義」上擁護資產階級的利益，有擁護之道，就是應該站在民族及民權主義上擁護資產階級的利益，不應該站在「反民生主義」上擁護資產階級的利益。 詳言之即是：破

壞中國資產階級利益的，，第一是外人制我工商業死命的協定關稅和外人在中國設廠製造，第二是軍閥官僚之戰爭及籌金等苛稅阻礙工商業；因此，國民黨為資產階級利益而奮鬥，惟有屬行民族主義反抗掠奪中國經濟的帝國主義者，和屬行民權主義反抗紊亂中國政治及財政的官僚軍閥；若不努力於此等奮鬥，轉向窮苦的勞動平民，要他們多做點工少拿點錢，以彌補資產階級被外人及軍閥官僚所掠奪的利益，此種「殺窮人起家」的辦法，不但不合天理人情，而且在此半殖民地狀況的中國，即盡殺窮人也不能起家，因為勞動平民無論如何犧牲，比起資產階級所受外人之掠奪及軍閥之損害，不過九牛之一毛。

因此，我敢說：國民黨若怕違背了資產階級的利益而不肯參加勞動運動，簡直沒有理由，何況他是各階級合作的黨，不是單純代表資產階級利益的黨，更不是和紳士們相依為命的陳炯明。

這班朋友們不願意人輕蔑國民黨的革命是於中國資產階級有利益的，可是若同時恐怕違背了資產階級的利益而不肯參加勞動運動，此時他的組織分子上也應該要知道資產階級在經濟上沒有能夠合作之共同點。各階級合作的國民黨，若不將我這兩個合作之意義解釋清楚，在實際工作上必發生無窮的糾紛與困難。

我們現在所用「各階級合作」這個名詞，應該要知道這名詞有兩個重要的解釋：（一）是各階級合作，不是各階級合併的；；（二）是國民革命之政治的合作，不是勞資安協之經濟的合作，因勞資兩階級在經濟上之利害是各階級合作的面目來，這卻不對了。

我們固然不能武斷資產階級永遠是不革命的，然而我們的確知道他們的革命熱情是間歇的；越向上層的資產階級越富於安協性；越向下層的勞動階級，越富於革命性；這些情形在各國都沒有例外，在埃及印度爪哇飛律賓等國民革命運動中，勞資兩階級對於革命的態度，更是眼前的明證。

第三，就國民黨革命的戰鬥力上講：我們固然不能武斷資產階級永遠是不革命的，然而我們的確知道他們的革命熱誠越向中國又何獨不然！由工人農民革命，而商聯會與學生會，總商會所代表的，又應該分資本家和財閥兩派，中國此時財閥的力量更大過發達他的態度是怎樣，我們應該知道。總商會所代表的，又應該分資本家和財閥兩派，中國此時財閥的力量更大過發展而在而發展的，他若新舊交通系，若京滬銀行業者，若香港廣州的富商，都屬於財閥派；他們是依賴外國資本家和財閥而存在而發展的，他們不但不是革命派，而且是反革命派。革命的國民黨，固然是各階級合作的黨，然而也應該看清財閥，資本家，小有產者，（學生小商小農小工業家等）工人農民這四個階級當中，那個階級能夠供給他更多的革命戰鬥力。

國民黨若是看輕了工人農民，若是恐怕違背資本家能幫助國民革命運動得罪了財閥和資本家，若是覺得財閥和資本家不但比小有產者更有力量；若是相信財閥和資本家能幫助國民革命，一味交歡他們，因此便不敢和勞動階級接近；如此，國民黨的革命戰鬥力必然要衰弱下去，革命的色彩也必然要淡薄下去。各黨成功，若是相信財閥和資本家能幫助國民黨，更應該努力於中國資產階級之解放對內對外的戰鬥；但同時，萬不可忘了更有這階級合作的國民革命黨，不用說，他的黨綱，他的行動，都應該努力於中國資產階級之解放對內對外的戰鬥；但同時，萬不可忘了更有這最有革命戰鬥力的階級起來奮鬥，尤其是最下層的勞動階級之解放運動的是更向下層的階級，尤其是最下層的勞動階級之解放運動的階級來維持資產階級之利益，因為若沒有這運動，勞資兩階級對於革命的態度，更是眼前的明證。

命運動總觀察上，在估量國民革命運動全戰鬥力上，都知道勞動運動有最重大的意義，不應該為任何次重大的意義而犧牲他。

最有革命戰鬥力的階級起來奮鬥，中國之國民之解放運動，是不能成功的。○因此中國國民黨，在中國國民革命運動總觀察上，在估量國民革命運動全戰鬥力上，都知道勞動運動有最重大的意義，不應該為任何次重大的意義而犧牲他。

新聞的侵略

T. C.

前此北京及全國，一時為轟傳中山先生逝世，于是全國震驚，京中有數家報紙且為文哀悼。

造中山先生逝世之謠言的，是路透社與廣州中國銀行，可是後者的電報僅達于北京，而路透社之謠言則傳于全世界。

自此項消息傳出以後，除各地都受影響外，一時廣州市面頓呈擾亂不安之象，人心惶惶。

造謠者得此結果，自然是心滿意足，樂不可支。而中國人的無事自擾，不能不說是食造謠者之賜了。

我對于路透社造謠，又另有一種感想。

自經此次中山先生逝世謠言之傳播，我們應明瞭外國的通訊社在中國宣傳之可驚。

路透社恃其在華之優越地位，僅發布一消息于中國各地，即可使全國之人心浮動，廣州市面惶然不靈。它借日債的數目字，一個也少不了，研究系的先生們看見沒有？這種誤國殃民的日債，也應該列入主張參戰者丑表功之一。

而我們看中國徧地盡是外國通訊社的宣傳機關，如東方，路透，中美等，他們挾資本雄厚的優勢，在內地時時操縱新聞，傳播于已有利之消息：暴露華人之弱點，以堅華人對西人之崇拜。

有時造謠惑衆，如此次硬誣中山先生逝世，圖亂廣州時局。但是外人在中國的新聞事業之發展，還不在此。

最近如日美爭在中國建無線電台，亦是利用傳播敏速消息的便利，在平時圖操縱中國的金融，商業。國人習焉不察，每忽視外人在華之新聞宣傳事業。

實在，各國中從無許外人在內地自由傳播消息的事（俄國即是一例）。此種新聞的侵略，只流！

在中國才有。所以廣州政府於此次謠言傳播後，即毅然驅逐路透記者出境，不可謂非對人散播謠言的罪惡的正當處罰。但我以為路透社記者不僅在廣州的應該驅逐，中國政府應根本取締外國利用通訊社在國內各地宣傳，應將那些造謠生事的，每辱中國的外國新聞記者，驅逐出境，一個不留，才是正辦。

六・十一・北京・

寸　鐵

● 研究系之丑表功

研究系的先生們，居然在時事新報上丑表功，說當日主張對德參戰只梁任公一派有此先見之明，參戰的利益，此時已由德國賠款見之，其實德國賠款的數目實際上已等於零，到是因參戰所借日債的數目字，一個也少不了，研究系的先生們看見沒有？這種誤國殃民的日債，也應該列入主張參戰者丑表功之一。（實庵）

段祺瑞致函孫寶琦，謂德國賠款應還日本參戰借款，以輕人民負擔而減個人罪戾。研究系正在自誇主張參戰的功勞，何以段祺瑞說參戰的功勞，到輕人民負擔而減個人罪戾。（實庵）

研究系正在自誇主張參戰的功勞，何以段祺瑞說是罪戾？有一位朋友勸告我：「你們這班書呆子慎勿冒犯研究系：他們會越出辯論事理的軌道，以『過激』『莫斯科訓令』『第三國際宣傳費』等說話中傷你們，暗示軍閥和你們為難」。我說：「研究系不至如此下流」！（實庵）

為美國排日

奉天收回教育權及一切排日運動中，我們對之都非常表同情；但此神聖的國民運動中，夾雜了許多基督教青年會—美國侵略中國的走狗在內，實是一件極可恥的事！我今正告奉天人：最好是為中國排日，其次是為奉天排日，最下流是為美國排日！

（獨秀）

廉泉劉若曾罵辱吳稚暉

廉泉劉若曾請取消通緝受稚暉令說：『鈞座乘時正位，軍國大計，宵旰不遑，若吳君之頭所剪裁，自是賢者風流之過，重勞雷霆震發……為鈞座扶植士類計，立予取消，天下仰日月之明，儒林懾雲霓之望，項禮悲泣，若叩九閽』。同時劉若曾也致函陸錦說：『……請取消通緝……』以高自宮憐才之風，於統一前途，亦可陰收其效』。怪哉，怪哉，真怪哉！一副老骨頭窮而且硬的吳稚暉先生，那有福分受得起這『九閽』之上『宵旰不遑』的曹皇帝之『扶植』『憐才』，而做一個『風流賢者』去為賊夥們『陰收』『統一』之效？稚暉先生罵研究系罵太戈爾也罵得太深刻了，在果報上也合受廉泉劉若曾這場辱罵；廉泉劉若曾這樣罵稚暉先生，表面上雖是護衛他，實際上比脫下褲子問他屁股一頓還要侮辱萬倍。

（獨秀）

其實，和稚暉先生同樣是曹賊的眼中釘，同樣受通緝的李石曾先生，還安然坐在北京，看曹賊的通緝令只當是放屁，那用一班無骨人兒睜獻殷勤。我們還不大知道劉若曾是甚等人物，至若廉泉之為人，一向是士林敗類，這種向曹錕頂禮悲泣的人不斬盡殺絕，中國永遠沒有希望！

（楚女）

還不問政治嗎？

部令總郵政局查禁上海的勞動旬刊，此報曾主張不問政治，可是

現在政治卻來問他了！

一個弄錯帝國主義的新聞記者

做一篇論帝國主義的皇皇大文，竟把帝國主義之意義弄錯了，這是申報記者心史君個人的恥辱；受國際帝國主義之壓迫如此其甚的中國人，堂堂新聞界還有不懂得帝國主義是什麼意義的記者，這是全中國人的恥辱！

（獨秀）

石獅子也跑到了王氏門前去了

王克敏竟將杭州瀋署的石獅子搬到他們的王氏宗祠門前，省議員查人偉質問省長怎不查辦他盜用公物的罪，這位議員未免所見者小

（獨秀）

仰面事仇的湖南勞工會

趙恆惕賓步程殺黃龐的血還未乾，有人說湖南勞工會中重要分子已為趙賓二賊供奔走，天下當異有仰面事仇的事？

（獨秀）

對於中俄協定之輿論

（一）上海閘北市民慶祝中俄邦交恢復之通電

全國父老兄弟姊妹們鑒，我們國民久已日夜希望恢復之中俄邦交，遲至前月卅一號才由誤國的北廷與蘇俄勞農平民代表嘉拉罕簽字協定。所謂過激派的蘇俄，他們曾以最大的奮鬥及犧牲，推翻國內的貴族階級，反抗世界所有的資本帝國主義的列強，向我們再次宣言，表示極愛護的好感，顧拋棄從前侵略我們的一切權利；無如那時仇視蘇俄的列強，常以過激二字來恐嚇我們與他們接近，狡劊媚外賣國的北廷，又事事違反民意，仰承列強的旨意，不敢與蘇俄接近

。乃以讜論蘇俄之人，視爲國家利益而去提倡與蘇俄
交好的國民黨，視爲赤化。 幸人心未死的中國同胞，始終要運動答
復蘇俄兩次的宣言及承認蘇俄，使他們的眞面目表現於世界，使帝國主義的
代表來華向我們交涉。 使他們的眞面目表現於世界，使帝國主義的
列強再無法無端造謠，離間我們與蘇俄接近。 我國的北廷至此也不
敢再三違反民意，於祕密之中，與嘉拉接洽一切，卒於五月卅一號由
中俄兩國手續收回治外法權及一切租界貿易中之特權，取消舊有不平等
之條約，退還庚子賠款移作敎育基金，承認外蒙不是蘇俄所支配的地
方，採用平等之原則，從新制定關稅，爲中國外交開一新紀元。 萬
一列強都能如此，中國已是一完全獨立自由之國家。 可是始終侵略
我們的列強，他們那能如此! 他們深恐自己的地位將爲蘇俄向我們
證明他們是壓迫我們的敵人，所以他們欲破壞中俄邦交的說：『中俄
協定是不祥之物』。 但我們要問：你們口中所謂的中俄邦交，不是今天向我們一致無理的抗
法親善的列強，究竟給了我們什麼？ 不是今天向我們一致無理的抗
議和要求，就是明天調艦派兵來華駐防及示威。 現在我們旣已承認
了蘇俄，收回已失的一切權利，任列強如何從中誠壞，除非自己向
我們歸還一切主權及自己表示較善於蘇俄外，我們總不會承認你們是
我們的最惡朋友。 從今而後，蘇俄代表可以於使團會議，牽制
使閣的野蠻行動，使代表帝國主義者的使團，也必不能如從前那樣的
橫行無忌。 我們當此中俄邦交恢復之時，一面固然要一致的祝慶中
俄萬歲；一面也要一致的向列強收回治外法權及庚子賠款，廢除一切
不平等之條約，撤退駐在內地之外兵，謀中國之獨立。 閘北市民外
交協會眞。

（二）北京議員維持中俄協定宣言

此次中俄兩國協定之成立，即中俄兩國人民反抗列強帝國主義奮
鬥之結果。 夫列強之在中國也，無時無地不表現其帝國主義侵略之
行爲，如北京李義元案威比德榮送口人之段傷乞丐案，其事端離無
關重要，其用意乃是以明示彼等在在適用其帝國主義之侵略行爲，以
加於中國國民，直置中國主權於不顧，然此皆其小焉者。 至於此次
中俄協定，彼等深知夫中國外交，今後已取得新生命之機逆，對於彼政
等素所適用其帝國主義之前途，殊有不利，故彼等無時不用其侵略政
策，以圖最後之破壞。 如使館問題也，始於一九二一年：不過暫由
各國外交團員保管之責，今中俄兩國，已正式恢復邦交，東交民巷之
使館管轄權，卽應由中國向外交團直接交涉：轉交於俄國，以爲俄國
代表辦公之所，乃彼等不此之察，反振振有詞，抗不交出，以成國際
間至可怪之現象。 又如中東路問題也，純屬中國前淸政府與舊俄政
府所建築之一種企業，不意在我東鄰之日本，覬覦中俄解決此問題時，必
三國無理之要挾，此種蔑視中國主權之行爲，自不容第
誠足令人痛恨。 其次天津如舊俄租界問題也，迨爲英美僑民，曾多
方破壞，藉保彼等之地位。 觀彼等此種無理之行爲；非僅關於一事
或一處之利益，乃中俄協定中最抵注意之事也。 總之，由上之種種
極不平等之事實以權衡之，可見帝國主義列強之所以累將侵略政策以
施於我者，無非仗彼等慣行之陰謀舉動，使中俄兩國間將成立之中俄
協約，不能順利進行，以遂彼等破壞之初志；故吾人現在深望中俄兩
國政府及其人民，幸勿誤中彼等之陰謀詭計，而自敗其將成立之盟緒偉
業也。 今同人等敢以最肫摯之言，宣告於中俄兩國政府及人民之前

日，吾等對於此次中俄協定，匪特應視為中俄永久關係之要綱，且應視為中國外交之砥柱，凡俄國政府為尊重中國國民主權欣願交還中國已喪之利益者，中國國民誓必本此等公正之原則，由帝國主義列強中奪囘同等之權利，使中國國民得享俄國國民應有之自由，帝國主義者一日不覺悟，一日不傾倒，吾等反帝國主義之精神，亦必一日不止息。故吾人以為中國政府，目前切要之工作，即須力洗從前仰承帝國主義鼻息之惡習，急起直追於前，吾等亦宜運用其反帝國主義之精神，何患其不解除武裝，乞降於吾等旗幟之下耶？特此竭誠宣言，倘望兩國政府與人民及全世界反帝國主義之同志，一再注意焉！

中華民國參衆兩院議員胡鄂公廖宗北李戴賡趙世鈺姚紹周澤苞陳則民易次乾于本元葉夏聲馬麟羅家衡張益芳何羾魔胡擊等一百三十五人，六月十七。

按此次中俄恢復邦交及協定成立，除奉張別有私意外，可以說全國人民無不贊同而且欣慰，進步的市民不用說了，就是保守的上海申報新開報也都表示滿意，甚至於人民最不滿意的北京議員，也發出維持中俄協定的宣言。

在全國歡迎中之中俄協定，獨傳說廣東方面有人反對，我想這是不足深行的謠言。愛國的國民黨，只一面痛恨北方軍閥政府恢復中俄邦交太遲了，一面深惜北方賣國政府，將來未必能保持向蘇俄所取囘的權利，斷不至像奉張竟不看見國家的利益，只看見自己的利益，因反直故，便對於直系所做有利於國的事也要反對。至於國際的外交關係和國際的革命運動，純粹是兩件事，我們也不應有所誤會。現在已不是閉關時代，在世界的革命未實現以前，蘇俄對於任何國體政體

任何主義的國家都不能不發生外交的關係：法西斯政府教了無數工人與共產黨，蘇俄仍須和意大利往來；蘇俄用全力幫助德國共產黨革命，然在外交上無論德國是社會民主黨政府或國民黨政府，蘇俄仍然不承認他；他對於中國的北洋軍閥政府也是這樣，蘇俄仍然不能不和帝國主義者與軍閥安協了，這真是太無常識的話。若因此便說蘇俄是和帝國主義者與這些帝國主義的政府辦外交便是安協，則這種安協，蘇俄不負責任的乃是這些國的人民不能早日完成革命。

記者

嚮導彙刊

第一期至第五十期

裝釘一厚冊

實價大洋壹元五角

The Guide Weekly.

（中華郵務管理局特准掛號認為新聞紙類）
一九二四年七月二日
郵票代款樹作九五折

嚮導週報

第七十二期

分售處
香港 華文書局
巴黎 中國青報社
廣州 丁卜書報社
上海 上海書報社
武昌 民智書局
共時遊書社

分售處
太原 晉華書社
長沙 文化書社
濟南 文化書社
濟南 齊魯書社
杭州 古今圖書店
重慶 古今書店
雲南 新亞書局
常州 明星書局
開封 文化書社
福州 工學社
南京 天一書局
成都華陽書報流通處

嚮導週報（第七十二期）

國內每份三分　國內一元寄足四十期　國外一元寄足二十五期　郵費均在內
每星期三期出版　發行通訊處　北京大學第一院收轉　法政大學馬坡校內轉安街存局
明子鄉轉郵收

時事評論

智利領判權與中國主權

獨秀

帝國主義的列強蔑視中國的主權，要算最近硬派智利駐滬領事有裁判權是最露骨的表示了。

據六月二十三日上海文匯報說：「本埠智利領事是否有權過問本國人民之訴訟事件，北京來訊，外交團未與臂助云云。茲據上海消息，領事團已議定，將有關於智利國人民之事交由智利領事署辦理，不以中政府所稱該國無治外法權為意」。又二十四日文匯報說：「本埠領事團議定智利國應享治外法權，聞已通知會審公堂」。

領事裁判權本是列強加於弱小民族最大的侮辱，此時我國民正在要取消他；況且列強所視為神聖的華府會議也曾議決取消；況且德國俄國都已先後實行取消；況且中智條約并未許他有領判權，而上海領事團居然硬出頭代替中國政府允許智利國享此權，這是何等露骨的否認中國猶有主權！

中國政府所應許交還的俄使館，北京使團硬不許交還；中國政府未應許的智利領判權，上海領事團硬要他享有此權；照此下去，中國的外交，到底還是中國政府作主，還是外國使領團作主呢？

外交部給江蘇特派交涉員的訓令說得好：「查中智條約，既無領事裁判權之規定，此次智利派駐上海領事，本部發給證書時，亦經鄭重聲明；且此事係中智兩國問題，第三者更無代為決定之權利」。

向來不說理的北京公使團尚知理曲不與臂助，而上海領事團公然一意孤行，簡直是目中無人！向來媚外的北京外交部尚知擺理力爭，而愛國的上海市民何以沒有慎重的表示？

內國銀行又供給軍閥一百萬元

獨秀

上海申報六月廿八日北京電：「外交界消息，內國銀行日內可望墊百萬，由德款上扣除

，此百萬為粵事用」。 這一個很簡短的電報，可以說明中國財閥在政治上的關係。

我們第一要知道財閥和資本家之不同點。 資本家是運用資本力關貨幣與商品之輾轉相生；其結果社會之生產力因以增加。 財閥是勾結外國與軍閥，或為賣國的媒介而分潤，或為政治的投資而獲利；其結果賣盡本國生產的需用品（如原料礦山鐵路等），吸收國內生產的資本供給軍閥用在不生產而且是妨害生產事業的地盤戰爭。

因此，我們屢次指明財閥和資本家不是一物，屢次指明財閥是資產階級發展的仇敵，是附屬外國及軍閥的反革命派，若新舊交通系京兆銀行業者及香港廣州商人省是。

我們若把這班財閥當做資產階級，那便完全不了解資產階級及資本主義是什麼。 國民革命之對象是什麼。

這班財閥們如何結托香港政府，如何以商團擁護商人罷市向革命政府抗稅，如何反對廣東政府取用關餘，現在又供給曹政府一百萬元，大家應該明白他們和列強及軍閥是有何等固結不解的關係。 國民革命黨若把這班財閥當朋友，那便完全不知道

法西斯黨與中國

獨秀

意大利法西斯黨窮凶不法，世界上那一國不知道！ 中國北洋軍閥窮凶不法的苦，人民已經受夠了，不圖混賬的美國人用盡方法，又要把窮凶不法的法西斯黨介紹到中國來；他們去年在大陸報上大鼓吹其意大利法西斯黨有代表在上海，勸中國商人去請教；現在又有一個私販軍火的美國人什麼凱南中尉，竟將美國的法西斯黨引到中國來了。日前上海破獲的三K黨機關，雖沒有法西斯的名稱，實際上他們在美國利用憎惡黑人底羣衆心理，做出種種窮凶不法的事，和意大利法西斯是同派的惡徒。 他們別高興，他們同派的法西斯在意大利就快失敗了。 自來院議員社會黨麥台惕氏被法西斯黨謀害以來，全歐洲輿論都很激昂，各國社會黨在日內瓦召集大會，直斥法西斯黨是兇犯是強盜。 牽涉此案而被捕的法西斯黨重要人物甚多，地位僅次於穆索里尼的領袖羅錫氏，亦因被控自向警局投案。 參院議長狄士尼在院痛詆殺人自利之目的，首相程索里尼亦表示異常憤懣與惶恐。 據六月廿七日羅馬電：意國全境本日一律停工十分鐘以紀念麥台惕氏，各公共事業亦停頓二分鐘。 又廿八日羅馬電：在野黨勞廬議員麥台惕氏被害案後，今日開會通過不信任現政府之決議案，要求另立迅速嚴除法西斯黨軍隊及嚴厲取締各種不法行為之政府。

日暮途窮的法西斯黨，他的窮凶不法，已暴露於全世；美國對我們經濟的文化的侵略，我們已領教夠了，現在他們覺得教會學校青年會華洋義賑會紅十字會等工具還不夠用，又要把窮凶不法的美國法西斯黨即三K黨引到中國來（六月二十五日淞滬警破獲的三K黨機關，明明是美國人主持的。） 試問他們對中國人到底有什麼特別的深仇大恨？

美國侵略中國之又一形式——三K黨

獨秀

窮凶不法的三K黨，就是美國的法西斯黨；但是他標明純美國主義，不獨肆行慘殺黑人，即非美國土生的白人，亦在排斥之列；照常情此黨之發展，只限於美國以內，斷沒有走到美國以外，提倡純美國主義，排斥一切非美國人的道理。

可是近來上海竟發見了什麼中國三K黨，純美國主義的三K黨上忽然加上中國二字，奇一；什麼中國三K黨，標榜的是狹義愛國主

義，而該黨名卻用外國文字，黨務則由外國人主持，奇二。

六月二十五日滬渥警應在橫浜路破獲他們的機關，拿着的七個黨員當中，有兩個是美國籍，他們指着室中懸掛美國國旗對警察說：「我們是美國公民」。警察進屋時，他們正在和一個美國人名叫凱南 Kearny 的談話；同時，附近的美國人立即通知美國領事。事後，凱南公然自己其名投函字林西報說：「余為該黨之顧問，……三K黨……：認目下一部份華人及一部外國人所宣傳之排外說為錯誤，於中國有害，故該黨對於此說，力闢其謬。……該黨一切黨員均負有阻止排外宣傳之義務」。

依據上列事實，當然可以明白所謂中國三K黨完全是美國人的陰謀；宇林西報說得好：「其目的究竟是為美國呢，還是為中國，非有若干中國人出而為該黨發言，此疑問終難解釋」。我們并可以明白還竟是一個為害中國尤其有害於上海治安的團體，因為三K黨在美國多窮凶不法的行為和他們在上海的顧問是一個私販軍火的人物。

美國三K黨本是極端排外的，而據凱南說中國三K黨乃是一個阻此中國人排外的機關，這豈不矛盾得很？所謂中國三K黨也曾標榜狹義愛國主義，然而以抱狹義愛國主義的人，入外國籍，受外人支配，託庇在外國國旗勢力之下求生活；這不算，還要幫助外人阻止中國人排外；這豈不更矛盾得很？

其實并不矛盾，因為中國三K黨，仍舊是美國三K黨，仍舊是排外，他們在中國也是外人，所以阻止中國人排外，誠然是狹義愛國主義；惟所愛的是美國不是中國，并且還要中國人也愛美國；這是美國對中國總的經濟侵略之下在教育侵略新聞侵略外之另一形式。

外患日誌

六月

一日　朱使電：英國外部來照會，嚴重抗議各省徵紙烟稅，有無方法制止。

二日　漢口電：一二洋行日人刀傷華丐三人，江（三日）送地檢廳，檢明傷裕，陳貴元傷勢甚重，當交家屬具領。該行反報告華人搗毀。

三日　廣州美領對提問兵放機器案、態度強硬，昨在安與貨倉前貼佈告，謂寄存機器係美物，無論何人，不得妨害搬運。

四日　口使照外會部，魯案三礦特許狀，已飭送本國政府備案。滬領團報告謂，刑事案租界治安有關案，某使願持異議，結果未決。（一）開祝會議，認為未至本時機。（二）公廨案，中國法律，倘未見信於外人，似宜先交還民事，中國法律，決原則上交還，但手續與時期須研究，而九國保管俄館及文件與財產，不能即依中國之請求，交付加拉罕。（三）俄使館案，……

六日　無線電案，日仍持三十年專利權，反對政府許美電臺購地；美仍持中美無線電約，催速履行。

七日　日使芳澤於本日分向外部及加拉罕通知，日本對中東路之權利與利益，不因中俄協約方面受何等影響，意在保留日本對該路之發言權。

十日　長春日人在鄉軍人會，計劃編制義勇團。

十一日　北京電：荷領袖公使覆外部，須俟各國完全承認俄國及俄正式公使到華後，始允交還俄使署。

十三日　北京電：美亞細亞艦隊總司令華盛頓將軍，又砲艦隊長阿拉……

華，明晨由秦皇島率艦駛津，停泊英國碼頭。

吉林電：長春前僅有無線電話報，今由美商承建分台，傲哈式，規模宏大。

十四日　北京電：英使會北廷外部，干涉江西抽紙烟稅。

北京電：美使二次干涉蘇省徵紙烟稅。

十五日　北京電：日使館十三日照會外部，拒開關稅預備會議，其理由爲：各國態度尚不一致，此時開會，不僅難得效果，且恐反惹起正式會議之障害●比使館十四日亦有照會，拒絕會議。

北京電：日本門司海關嚴厲取締華僑入口。

北京電：北京外部接高恩洪電，稱英輪來青島停泊，不交繫船費，破壞定章。

十六日　天津法租界內美人瑪察所開之某洋行，發現藏有手槍一千五百支，鴉片數百兩。

北京電：比使照會外部，比國人民在中東路關係之財款權利，希冀予以特別注意保障。

十七日　北京電：俄使署交還事益擴大，外圍內定，須加罕直接向使團交涉，以不放棄俄帝國政府對華所得權利及遵守外圍一切規則爲條件。

上海顧家宅法文無線電臺，遠法與西貢通信。

十八日　北京電：昨英法美日四使會議，決議暫行保留偹濱中東路地畝局，不予裁撤。

吉林電：市售印有二十一條及旅大形勢扇面，日偵謂爲排日宣傳，照請立予取締。

十九日　北京電：政府核准依收使圍之請，萬縣開埠。

北京電：吉林百草溝商埠，日警干涉華警行政，致衝突，華警有傷亡者。

使團密議要求北政府取締各界責備不交還俄使館之言論。

念一日　日代使又照會外部，聲明日本對於中東路之權利。

念二日　奉天兵工廠英工程師用手杖擊斃華童二人。

念四日　廣州電：沙面炸彈案發生後，英工務局頒戒嚴令，夜間禁止華人入沙面，船隻亦禁泊步頭。

文匯西報：上海領事圍議定智利國際享治外法權，已通知會審公堂。

念六日　日郵島丸船員在東大沽聚毆毆駁船公司工人鄭連仲聲偑工人陳德奎張順張德。

念七日　法使二次照會外部，聲明法國應保留中東路權利。

念九日　日代使駁復外部對於日船在山東海面捕魚之抗議。

日本兵在天津毆傷車夫幷捆送行路六人至日警署拷打。

抗德克（Karl Radek）論英國工黨政府

赤城譯

不列顛帝國的威權之下，共有三百五十兆有色人種在他的掌握●不列顛的政府換過不止一次了，但是不管他是保守黨的政府也好，自由黨的政府也好，在印度的耕田的人看來，糖沒有什麼分別。現在，是工黨來掌握政權了。工黨的存在，已有了二十年。這二十年中，工黨分子曾感覺到對助印度農民和那裏的工人的必要的人不止一個。這個黨中間的最有名望的代表們，也曾時時到印度去旅行過，他

們一到印度總是住起了最好的旅館，在他們自己間來以後總能寫出許多熱烈的文字來痛罵英國的帝國主義。有一個殖民地事務的老手，名叫奧利佛（Sir Sidney Olivier）素以分裂印度國民運動為唯一職志的，仍舊是做若印度納督。現在，這個工黨在那里執政了。就是麥克唐納爾自己，他在下院發表就職宣言的時候，也沒有一個字提及殖民地的狀況。

這宣言是什麼用意呢？是對誰說話的呢？工黨的中央委員會，在一個宣言中曾說起過要在國會中特設一個去專門討論改革印度的問題。為什麼要在國會中設一個委員會呢？工黨所依附的那個第二國際難道沒有討論過殖民地問題嗎？假如「獨立的工黨」覺得第二國際不十分可靠，我們却可以介紹他說，有兩本極好的討論印度問題的書可供參玫，一本是現在這位首相麥克唐納爾做的，他是獨立工黨（I.L.P.）的創辦人，雖然頭腦子不很清楚，可是他有一個偉大的無產階級的心，還有一本是哈提（Keir Hardie）做的，麥克唐納爾只要把他自己著的書重讀一遍，去實行好了！什麼國會中的委員會：別的用處是沒有，不過能夠使公衆知道，政府對于這問題已經有所舉動了，雖然實際上是不曾做過一點事。

不列顛帝國之下的殖民地奴隸，要想從工黨政府得到一點什麼好處，是沒有希望的事。

工黨政府之獲得權力，是在大戰議和後的第六年，但是這次帝國主義大戰當然不是末一次的大戰，以後，若勞動者不想法去阻止，一定有好幾次的大戰爭來，看不到這些事的人，一定是一個瞎子。工黨政府已經無條件承認了俄國，這不過是承認了一個事實。工黨一向的言論是反對秘密協商和秘密外交的。自由黨員肯威爾賽（Kenworthy）將軍會因此在下院質問工黨政府是否要宣布對俄干涉的秘約。龐淞伯（Mr.Ponsonby），現在是外務秘書，是獨立工黨的黨員，曾和麼勒爾（Morel）和勃萊爾斯福（Brailsford）兩人發起過民治協會（Union of Democratic Control）極力對秘密外交開戰的，他對于這質問也有過切實的答復。但是在野的勞動黨自從也以後，龐淞伯默然已經忘記了一大半他從前鼓吹過的話了。他宣言道，政府不願有負路德喬治和邱吉爾而披露其所經手的秘密事件。此外，大不列顛仍舊要求俄國承認舊債。——達倍朗爵士（Lord D'Abernon），柏林大使，歷來總是秉承麥克松子爵的政策不惜地鼓勵德國反抗法國，好使英國得乘機與德國結一利己的協定的，現在仍舊在柏林做大使。——工黨政府曾宣言道，他願和普恩賚的法蘭西結成最神聖的同盟。至于和法國同盟，那麼必須先放棄英法國的欠債或設法減少債務者負債之困難才可成功，否則法國决不肯對德國人做什麼經濟的讓步。

工黨政府的對法問題，是比保爾溫的保守黨得難多了。在保守黨政府，或者和帝國主義的法國言歸于好，或者向他武裝恐嚇都可隨便。保爾溫在任時不曾將這問題解決。麥克唐納爾也不能解決這個問題。看來可走的路只有一條，就是武裝了。但是要在這方積極進行，必須大增課稅，而其結果，則將有如勃萊斯福在 "New Leader" 上所說的，使工黨政府不能保其權力。所以麥克唐納爾只得一面對法國表示好意，一面讓軍火照常的製造。那些希望工黨政府餐力保障平和的人，都要失望了。

工黨政府上台的時候，挾着一個宿諾就是要抽取資本稅以減輕國民公債的負擔，和用有力量的手段去防制失業。 英國的嵌入約為一

萬萬金鎊，其中的百分之三十是在公債本息的償還中開支去了。

政府之竟沒有征收資本稅的計劃。他的現任商務局總長威伯(Sidney Webb)是英國數一數二的經濟學者，曾在他的大著『如何償還戰債』一書中把這問題研究得非常深刻的；還有他的財政秘書，斯奴騰(Philip Snowden)是曾著過一部書，把經濟活動的全盤計劃都規劃了的。然而現在都成了頭等的殉葬物了。因為麥克唐納爾已經明白自為其餘的人證過，他不想對于現議會提出資本稅案。

既然放棄了資本稅，工黨政府遂使他自己陷入不能對付失業問題的地位了。對于勞動階級的這樣一個生死問題，他竟沒有計劃。他雖為自已辯護說，要解決失業問題，不當單單保障失業者的生活，並且要想法推廣工業活動，這話是非常之對的。可是于此亦可以無疑的知道，麥克唐納爾對失業問題的解決方法不能比他的保守黨前任總理高明。那些指望工黨政府取一種堅決的動作來擁護勞動階級的人，都要失望了。

英國的工黨政府是不願震撼這世界的……他除開恐怕資本主義的英國受損傷以外沒有其他的顧慮。他除開反對革命以外什麼事沒有做。他已經把保護勞動階級利益的平民主義的精神放棄了。當工黨獲得政權的時候，路德喬治說：『這個政府若沒有我們擁護他，一天也站不住』，麥克唐納爾是明白這情形的，于是進行了一種自由黨的政策。他只看錯了一點，就是，他相信這樣做去，定可避免革命了。

其實，他是在使勞動階級震動，是在證明給他們看，原來怕引起社會衝突的黨是對他們一無用處的。

這里，我們負宣傳之責的各種言論機關應當注意了。我們應該步步留意英國工黨政府的行為；因為這是一種經驗，可以證明共產派和第二國際派中間，或聚集于無產階級專政的旗號下的革命分子，和聚集于民主主義這旗號下的改良分子中間的區別。——是什麼話別呢？

英國工黨執政以來，一方面為工人所責難，一方面為自由黨所挾持譏笑，一事無成，而東方諸國對他尤為失望；其實英國工黨政府如此結果，也是很自然的。歐洲根本問題即國際資本主義不解決，全歐洲各國政策不會變更的，全歐洲的現象也不會變更的，英國工黨內閣的政策與前內閣無異，法國左黨內閣又有什麼大不同呢？資本主義不倒，緣他而生的各國政策如何能有變更！

英國工黨初得政權的時候，無知識的中國知識階級，大鼓吹其工人不革命也可得着政權，大鼓吹其基爾特主義勝過共產主義，大鼓吹其列甯柯爾是知識上的失敗者，現在事實上的證明是怎樣？俄國的民族農民兩大困難問題，共產黨革命後都解決了；英國的殖民地(尤其是印度)失業兩大困難問題，工黨內閣有沒有解決的可能？現在英俄兩國資產階級在政治上的勢力是怎樣？他們對華政策又是怎樣？列甯和柯爾到底誰是知識上的失敗者？

記者

寸　鐵

世界上竟有求軍民長官提倡的社會黨！

中國社會黨的通電說：『各省軍民長官地方公團均鑒……新政...

同人，外見俄德兩國社會黨以革命告成功，英法兩國社會黨以選舉獲勝利，時「機」成熟，運「會」更新，……重立中國社會黨……敬求俺管悃忱，倘蒙惠予提倡，尤爲感紉公誼」。　好一個敬求各省軍民長官倪管悃忱惠予提倡的社會黨，他們很坦白地自己承認是機會主義者！

華府會議決到底有效無效？

帝國主義的列強，動輒牟華府會議這個法寶來鎮壓他們，現在他們無理干涉中東路，也正用着這個法寶，但我們要問問他們：華府會議所決定的取消領判權和增加關稅何以無效？　（獨秀）

自由舒服與革命

有人覺得馬克思主義太拘束，太嚴格了，羅素所主張的要自由些舒服些。　誠然，世界上若沒有嚴格主義的革命出來推翻現制度，資產階級的學者們，自然在思想上在生活上都覺得自由些舒服些。然而世界，因此不自由不舒服的人就太多了！　（獨秀）

我們因爲三K黨而要注意的兩件事　蕭楚侶

一　三K黨與新中國黨

北京外交部咨行各省署說：『俄黨女子，潛入內地；喬裝賣笑，宣傳共產主義，聖關風化治安，希卽嚴行取締』。

我前天在一個公共集會的席上，聽見一種謠言，說三K黨就是新中國黨底變體。

，並沒有好多人注意。他們爲了要求社會對於他們的意識起見，乃從人們好奇的心理上給社會以這樣一個奇怪不倫的刺激。我們對於這話，雖然不便卽相信新中國黨人確是如此之盛的急功徼利之徒，但新中國黨底綱領卻實在是有些與在上海報紙上所見的三K黨相近的，這種謠言，亦頗令人難於不信。　新中國黨人對此，應該向社會有一個負責的辯證。　我們對於此等在前幾年會插足於一般學生改新選動中的新中國黨人，那就不能不予以比注意紳士閥之反革命還要更大的注意了！

二　三K黨與研究系

紳士閥嫉視着革命，已經到了無所不用其極的程度。他們只要是以予革命以打擊，足以阻礙革命之發展的，決不惜犧牲他們底一切，馬上利用起來，以加害於革命。　三K黨在美國，人人都已知道是一個極與革命有害的組織。　現在來到中國，不用說——卽不比美國的更壞，恐怕也不免要與美國的一樣。　在該黨機關破獲證明是美國人的陰謀以前，上海各華字報莫不護持一種有閒必錄的態度，觀察着它究竟是一回什麼事。　只有研究系底時事新報卽代爲刊登一請求入黨之三K黨函件。六月十六日該報「上海」版上又大書特書，叫人注意之三K黨函件。十七日卽登出一極離奇之相片，係以「何謂三K黨」之題語。

前幾星期，該報卽代爲宣傳機關。

證之前面謠言，可見實在是三K黨要求社會意識它很急，所以才來用了這樣的高度刺激的廣告以爲宣傳。　時事新報獨承受此

理由是新中國黨，自從組織起來以後，在上海方面

宣傳之任務，用意何在？　豈不是明明白白地希望反革命的法西斯潮流在中國瀰漫起來？

廣州學生會收回教育權運動委員會宣言

帝國主義者侵掠弱小民族和半殖民地的國家，最高明最狠毒的方式，不在乎政治上以亡人國家，而在乎用無形的文化侵略之手段，以達其有形的經濟侵略之目的；因為經濟侵略在封鎖其海關，使其國內工業不能發展，一方又勾結其國內軍閥來壓迫人民，以助其侵掠的作用。

但是，這種方法善則善矣，究不能昧人良心，滅人耳目，有時人民還會竿起來反抗，所以他們同時想出一種很奇妙的精神上也很輕化的，文化侵略的政策，這就是幫助帝國主義之經濟侵略的一種漆妙方式。他們不惜其金錢精神，極力在中國擴張其教育的勢力，無非想使中國人無一不在他們的教育支配之下，實施其亡國奴或殖民地的教育政策。同時在學校課程中正式編入聖經一科來教授，強迫學生「堂念聖經」，使學生忘了其種族、國家、歷史、政治、經濟、社會的觀念，不復有自己的大中華民國。大家不信嗎？「聖三一」校長英人對學生說：「英國人所辦的學校，有英領事在廣州，斷不能夠你們的情，任憑你們中國人自由。」「聖心」校長法人對學生說：「中國的命運早已在華府會議中決定了，無庸你們去救，你們也是救不來的」。嶺南大學美國人對學生說：「此是教會學校，衹可宣傳宗教，不許談論國事」。廣西梧州「建道」學校美國人對學生說：「我係不愛中國，所以不許你們同中國學生來往，共同救國，我要你們服從我，同我一樣的來愛我們的美國」。上海「三育」大學美國也對學生說：「己入教會學校讀書，應該斷一切國家的觀念，愛國二字斷無存在之餘地」。

從這幾條例子看起來，可以洞見外人在華所辦的學校怎麼樣，非特不能有益於中國，且要使中國學生變為洋奴化，消滅其種族觀念和愛國思想，這是很顯著的實例。可憐瞎眼的中國人天天讚美外國人熱心，謳歌外國人的厚意，跑來中國辦學招導中國人，這是何等痛心的一回事。

教育侵略，比任何形式的侵略都要厲害得多，而現在外國人在華所辦的學校至少也在二千以上，學外人數亦有十萬人以上，此種情形更令我們痛哭流涕。

我們知道文化侵略就是帝國主義者的工具，我們再不能被他們弄多謝帝國主義之教育，現在已有許多外人在華所辦的學校，如「聖三一」、「聖心」、「廣益」、「三育」、「建道」、「協和」、「培心」各校學生起來為反抗帝國主義者之文化侵略而罷課或退學了。

由奉天捲地吹起，波及到珠江流域都沸騰起來響應，我們更明白外人在中國辦學的毒謀與待遇學生的慘酷怎麼樣，看看今年那些從敵人營壘中飛出來的雪花似的宣言、傳單、一片呼救的怨聲，在我們大夢未醒的同胞頭上，響了一聲霹靂，使我們便明白一般洋奴在中國傳教和辦學的野心了，其腐害狠毒與其內中黑幕，真要令人痛心流涕哪。我們最愛的學生、工人、農人、商人、同志們，帝國主義的經濟侵略和文化侵略的政策，在中國人已經根蒂固了，他的黑幕亦由最近數間外人創辦之學校的學生揭破出來了，我們應該一齊連合起來一致力爭，「收回一切外人在華所辦學校之教育權」，這是民族關係，我們不可忽視，我們現在提出幾條最低限度的辦法：（一）所有外人在華所辦之學校，須向中國政府註冊與核準；（二）所有課程及編製，須受中國教育機關之支配及取締；（三）凡外人在華所辦之學校，不許其課程上正式編入正式教授及宣傳宗教，同時也不許其強迫學生赴禮拜念聖經；（四）不許壓迫學生之集會、結社、言論、出版、等自由。

這幾件事我們要辦到，願我各界同胞，一致力爭，因為這是中國的主權旁落在外人手上，我們應該要收回自己所有的主權。不看我們華僑在南洋所設立之學校，要受英人美人荷人的限制嗎？華僑學校所教的學生，都是我們自己的中國人，外國人遠要來限制來壓迫，何況我們中國內地㕥中國學生為外人施與他們侵略主義而設的教育而不收回！西方病夫土耳其的人民，已經起來大聲疾呼收回教育權了。

東方病夫的中國人呀！速醒！速起！快些起來收回外人在華所辦之教育權呀！

大中華民國十三年六月十八日。

The Guide Weekly.

（中華郵務管理局特准
掛號認爲新聞紙類）

一九二四年七月九日
郵票代款槪作九五折

嚮導

導週報

◀ 第 七 十 三 期 ▶

分售處

武昌
上海　民智書局
廣州　丁卜壽書報社
巴黎　中國青報社
香港　華文書局

上海書店
時中書報社社
共進書社

分售處

太原　智華書社
長沙　文化書社
昆明　青雲書社
濟南　齊魯書社
杭州　古今圖書店
雲南　新亞書店
開封　明星書局
寶慶　文化書社社
南京　天一書局
福州　工學社社
成都華陽書報流通處

嚮導週報

（第七十三期）

定　價　每份三分　國內足寄元一一外國足寄元一四十期　二十五期　郵費均在內

杭州嚴橋橋路戰七弄衡號洪立民
明子鄰電話收件一寄大京北學大院

每星期三出版　發行通訊處

時事評論

孫寶琦去職與金佛郎案

獨秀

孫寶琦在辛亥革命時，始而爲獨立，繼而取消獨立，其爲患得患失的鄙夫已可想見。明知曹錕竊政爲正義所不容；又明知曹琨在左右必不能容任必不能容他人久擾內閣，而竟不惜附逆以過短命總理的癮：孫寶琦之爲人亦可想見。

孫寶琦之爲人固然，然而尚有兩件事還不算精到極點：一是他在私的行爲上尚不至像顧維鈞和李彥青結拜弟兄；一是即在公的政策上尚不肯附和王克敏承認金佛郎案。半年來的孫閣，自上台到下台，都始終事事與王克敏相持，最重要的是金佛郎案。半年來明爭暗鬥之結果，辛以曹祖王而孫去職，王之得意可想，王之政策將要如意實行也可想。

王克敏對於金佛郎案之政策，厄於孫閣不能實行，這是全國皆知的事；今孫去而繼任者無論爲顧維鈞爲顏惠慶或王籠芝，都必能和王克敏合力同心謀曹家的利益。承認金佛郎案，自然爲國家的損失，即於曹政府也未必有多大利益。關稅會議未必因承認此案而能實現；然而曹政府，尤其是王克敏個人，終想盡力設法承認此案，以便在外人方面財政上有所活動。

在這一點，國人對於孫去王勝的局面，應該有相當的注意。

外人私運軍火與中國治安

獨秀

意大利人幾乎是公開的在天津發賣軍械，最近馬聯甲又在那里購去大批手槍子彈等；七海方面，法國郵船安乾爾號私帶軍火案才判決，本月四日又發現了美國船拖兒開脫號密運大批軍火來滬，已經海關查出大木箱六十二隻；內藏手槍來復槍一百九十支，旋輪手槍四百○一支，機關鎗八桿，子彈十三萬五千粒；同時，日輪白山九船員亦在虹口馬路上被巡捕搜出手槍五支，子彈三百五十粒。

帝國主義的列强，勳飄以華府會議鎮壓我們，現在他們對於所議決的禁止軍火來華案怎麼樣？

他們一面輸入多量機器製造品，摧毀了中國的農業手工業，使多數農民工人失業而流爲

兵匪；他們又一面盛入多量軍火，使中國的兵匪得着武器更加橫行。

中國兵匪的勢力，完全是列强製造出來的，於是他們又可以藉口兵匪擾害外人，向中國政府訛索敲詐，這都是英美法日意各大强國各文明國對待我們中國的行爲。

他們在中國製造了兵匪，還要實備中國政府不能維持治安，還要向中國政府敲索賠償；可是土匪們已經光顧到列强支配的租界，近來上海租界幾乎每天都有搶案發生，不知列强對於租界治安將實備何人維持，其損失將向何人要求賠償？

若是美國人果然能在上海組織一個强有力的三K黨，一面名集中國土匪，一面密運美國軍器，那時上海租界上的治安，還要比現在好看十倍哩！

英法兩國之對外政策

獨秀

六月十九日巴黎電：法總理赫里歐氏非與美政府交換意見，不變更法國對俄政策。二十二日紐約電亦云赫里歐來文以爲美法對俄態度略同，并重提柯立芝總統之宣言。

六月二十八日倫敦電：法國衆議院本日以四五六票對二六票贊成赫里歐以此爲信任問題之魯爾經費，政府反對黨全投贊成票，社會黨在主義上不贊成魯爾經費，今竟投贊成票；惟共產黨獨投反對票，并對華立卽撤退　魯爾，赫里歐答稱：『爲賠償及安全起見，魯爾之立卽撤兵，乃不可能之事。』

六月三十日倫敦電：本日英國衆院有人質問駐華俄使加拉罕宣言，英相答稱：『英政府維持

五八四

反對黨國之贊歎

必要之行動……該艦長之所爲，實在助救生命。』

據上列路透電看來，所謂英國的工黨政府，其對外政策都未免過於令人失望了！

法國對俄若須與美政府交換意見，和美國柯立芝在國會宣言，美國承認俄國，須俄國取消沒收私產爲國有之政策賠償私人所受沒收之損失及承認債務等條件；此等條件，簡直是將蘇俄根本推翻，法國若隨着美國向俄國提出此等條件，非兵破莫斯科之屈從。

普恩賀占領魯爾政策，何嘗不是爲賠償及安全起見？維持在華現有權利，自然是英國保守自由兩黨歷來一致的政策，可是現在工黨也居然明白宣言不稍改變！

一個美國人失足落水而死，竟勞英國炮艦過萬縣地方所謂法國的左黨政府，所謂英國的工黨政府，他們這種對俄對德對華政策，完全仍舊是橫暴的帝國主義，步行於郝萊棺木之後，從江面起至萬縣內地會坎山止以示道歉。這是什麼助救生命之所爲？這是什麼必要行動？這是什

交民巷的獨霸局面不保了！

章龍

過去交民巷公使團是帝國主義者的獨霸局面，他們在中國的事業，正如英國東印度公司在印度所做的一樣，他們在大戰以前對中國國民

英政府和左黨政府對於反對黨之贊成與歡呼，覺得是榮譽還是恥辱？

工黨政府和左黨政府的政策無二；因此，法國政府的反對黨居然全體投贊成政府的票，英國政府的反對黨對於政府政策也全體歡呼。我們此時已看不出這所謂英國的工黨政府，他們這種對俄對德對華政策，完全仍舊和以前右黨保守黨政府的政策，完全仍舊是代表那一黨之意見的；我們不知道赫里歐和麥克唐納爾對於反對黨之贊成與歡呼，

官，不經判、立卽斬殺船夫公會爲首者問國源等二人，并出賞格捕拿會首，萬縣軍務長官服從英艦長之要求，

願扶助中國廢除英國等條約上的特殊權利；英相答稱：『英政府維持在華現有條約權利之態度，未稍改變。』

七月二日倫敦電：工黨議員蘭斯白里氏，本日在下院質問：英船柯克恰佛號艦長受有何項特權可以在萬縣迫令華官處決歐斃美人郝萊氏之兇手。

海軍部民事長官郝治斯氏答稱：『該艦長施行彼所視爲

是「瓜分」的口號，大戰以後却又鼓吹「共管」了：不管他們的口號怎樣變換，終歸是幾個强國公使做大王，領着一班弱小國家的好貪小便宜的使臣做嘍囉，霸佔在使館界內，做下許多坐地分贜的事。

自臨城案起至最近智利領事戰判權案止，交民巷公使們的風頭，真是登峯造極煞然中國的太上政府了！他們對於中國的內政外交幾乎沒有一事不干涉，更沒（？）那一次干涉不成功；有詞可藉的自然是有求必應；便是風馬牛不相及的事他們一時高興，送給智利公使做禮品，逼着中國官廳推廣上界租界，甚至廣東沙面發生安南志士拋彈案，他們竟敢公然頒布禁止華人入沙面的禁令，像這些瑣事，不勝縷舉，到處只是胆大妄為，真可謂逞强極了。

時移勢遷，帝國主義的權威漸在西歐墜落，反帝國主義的風氣又吹向東方來了，交民巷獨霸的局面因此大受影響，這個現象的說明，即是最近俄國使館問題，換句話說，俄使館的爭執乃是反帝國主義的俄國友軍，攻打交民巷滿業的第一砲。

從這點我們可以看到交民巷的獨霸，一面大有不保之勢，因為列强間內既於英法日美之外尚有不同調的俄德（德使因不願受使團「公約」的束縛故現今尚陷于孤立。）今後使國的形勢也將依世局政治大勢分成帝國主義與反帝國主義兩大營壘，深陷在帝國主義重圍中的中國國民，在艱難奮鬥中當更感覺不寂寞了。

這是反帝國主義運動中最好的消息，覺悟的青年們振奮你們的勇氣吧！

列强在中國之外交形勢　　　為人

打破列强的帝國主義，就從打破交民巷獨霸的局面始！

由此，我們更可以說：今後列强在中國之外交形勢，簡直是列强在中國與蘇俄對抗的外交政策。列强在此與蘇俄對抗之中，日本會召回駐華公使把國籌商在華對俄之外交政策，現英法新內閣亦召駐華公使回國籌商在華之外交政策；同時英美主張將滿期的新銀行團改組，從新團結他們的勢力好向中國一致的進攻：宣稱以礦山鐵路等為主對中國借款，同時更在澳首光結無賴組織一種秘密閉體—三K黨，專為阻止中國國民排外，即是阻止反抗帝國主義的運動。

使，此中內幕，我們可以說：蘇俄自中俄密定成立以後，本地提選弱小民族及反抗帝國主義的本官，視中國為最近之國。主張設此應交代大使，為中國外交上開一新紀元，向來蔑視中國的列强，開此深恐俄將在交民巷中占一領袖公使之席，故亦隨風應變的欲改派大使，以抵制蘇俄，他們並不是隨着蘇俄欲提高中國的國際地位！

日本政府欲買好於中國人民起見，遂先蘇俄與中國交換大使，他們以為這不但將買好於中國人民，而且可以勾結列强公使始終與蘇俄對抗。

此外並不在中國領土內把持蘇俄所應有的使館領館不肯交還，反天天在報紙上以俄國損害中國之主權的妖言來向我們鼓惑，凡此我們都易明白，而且都當明白。

我們在此外交形勢之中，有良心有判斷力的中國人，都知道誰是我們的朋友，誰是我們的敵人；除非是帝國主義者的走狗，或是受了帝國主義者宣傳的人，閉着眼睛說中俄協定有損害中國主權；並說蘇俄現在和帝國主義者及軍閥安協了。

在，他們不但不主張撤退駐華之外交代表，而且要主張將公使改為大（俄）使，俄現在和帝國主義者及軍閥安協了。

替商報進一層說話

字林報因爲商報六月廿六日的評論主張無國別排斥外貨，乃著論詰誡我們，題目『中國人之怨望』，叫我們莫要只是怨恨外國人，應該知道外國人『亦有深切之怨望』。它歷數中國底罪過，什麼武昌宜昌兵變，什麼院省豫省匪刧，什麼臨城掠票挷了他們外國人三十七個；什麼非法對於外貨課稅……用李純批評小紅的話說，『倒好像翻了核桃車子』。它把中國這些罪過，一一認爲是中國人所萬不應該對於外國底意思，仿佛說：『我們外國人早已就該把你們中國滅了，早已就該叫商報主筆纏了紅布站在福州路當心，和阿三拜了四了；不然，則『怨商報將無機會發如此激越之言論』。言現在在我們外國人底租界裏，還容許你這商報存在，已是千千萬萬丈長的繩子也打不到底恩德；你們不知服服帖帖的像我們洋人底小狗一樣來報恩，反要如此說話麼』？

可憐我們底商報主筆，爲了自己底國家太弱，也只好十二分地忍了這口氣，裝出和平的面孔，叫了一篇安協的論文，辯明它自己並沒有排外；辯明字林報所說的那些外人的怨望，並不是中國國家故意加於他們的，所以要希望外國人勿以此寃枉中國。其實，字林報說我們排外，我們又何嘗不可以直認不諱。『排外』就是一宗罪惡麼？中國人爲什麼要排外呢？是不是因爲『外』底自身，要惹得我們去「排」它呢？兵變，匪盜，武人橫行——這些是哪裏來的呢？是英國、法國、美國、日本——在前，還有德意志，俄羅斯，到現在德我雖然退去了，却差不多又要添上一個意大利——底帝國主義使然。帝國主義的列強，在政治上故意的扶植中國舊勢力如袁世凱段祺瑞曹錕等北洋軍閥，幫助舊勢力擢殘南方革命的新勢力，勾結軍閥，賣國賊，供給他們底借款，槍械，政治上的優勢權力，毀壞了中國農業手工業的經濟，拚極力幫着他們在租界捕拿反對軍閥政府的革命黨人；在經濟上把持中國的海關，輸入廉價的製造品，使中國無數農民工人失業而爲兵爲匪，兵變匪亂，都是從此產生出來的。因此，我們認定，帝國主義的列強加於中國政治及經濟的侵略，是中國種種黑暗擾亂之源泉。

然而英國法國美國日本……願不願意這樣呢？他們若不扶助軍閥政府，若不私運軍火，若不把持海關，那裏還會像現在這們多兵，這們多匪！然而英國法國美國日本……願不願意這樣呢？這樣，那便是中國有了可以自强的希望，便是中國民族有了獨立的力量，便是中國經濟有了產業興旺之可能；反面言之，便是帝國主義將從此再也不能像現在這樣來掠奪，壓迫我們中國人了；便是英國、法國、美國、日本，再也不能叫我們中國人永遠做他們經濟從屬的奴隸了！這樣的眞正與中國人以幸福的學說，帝國主義者肯幹嗎？自然是不願的！惟其不願如此，所以帝國主義者明知中國底援亂，是帝國主義所自造的，也還要更甚意識地造出下去。字林報再從旁鼓吹着，『怨望』着，則中國之被共管，又何愁無詞可藉；無理可據！緊張着那個大麻布口袋，要把中國民族整個的裝進去，搬到帝國主義底榨油機上，榨盡我們底膏油，儘可以逕情直行好了，又何必故意轉出這許多的灣子，說什麼『無上的覺悟與容忍』！

這是字林報說的，這是代表一個文明的而且是中國底友誼的鄰邦之英國國民說的！醒醒能？這句話內，試問這許多承認中國是世界上一個國家的意味；還有哪些不是把中國看成了印度，把上海看成了孟買？……英國的朋友！中國人雖然生得愚蠢，但它至少總還可以比得上我們的紳士家庭中小孩們所玩的傑克箱中底傑克。……生物的羞恥本能，難道中國人也竟沒有了麼？物理的機械反動，難道

中國人也沒有了麼？只這一句話，只是他對於華人所下的「寬恕」與「容忍」這兩個名詞，華人便有理由而且有權利排外；至少說這話的英國人，是應該受華人「排」的了！

「排」！「排」！為什麼不應該？堂堂一個國家，一個民族，有危及其國家之獨立，妨礙其民族之生存，對於其國家之國民便不恭敬的每居言者，其國家之國民便立應以極端的激昂態度排之，——就是義和團，又怎麼樣？——在生物的倫理上，難道嚇個個能不承認這種排斥是一個很拙劣的正當的自衛麼？至於說中國官聽蔑視責任，那更是欺我們之至了！紳士的民族！說謊是人類最可恥的事呀！中國官聽果真致違背過你們洋大人一絲一毫麼？「北京政府」果真有哪些不是你們東交民巷所派出的一個委員會麼？——臨城案之俯首帖耳，唯命是從——賠款，道歉，撤換嚴吏，恐怕在阿富汗，也不過如是吧。利用了北京政府，壓迫着我們，擾亂着我們政治的經濟的生活，還要來說假話誣我們——則未免太把中國人沒有當人看待了！只此一種態度，一天進一天——且係加速率而又是累進率的增進！

商報記者說：「須知中國變亂，原因已深，情態太複，咄嗟之間，非可立辦」。這話錯了！中國底變亂，情態並不視揭穿了說，原因也不深，解鈴繫鈴，只在帝國主義自身，倘若各國馬上肯以現在損害中國的權利，停帝國主義者一天不恭恭敬敬地對於華人悔過引罪，改變現在的態度，則中國底變亂，情態並不視互訂平等條約，拋棄扶助北方武人官僚的政策，停止中國人民得以真正的民意掃清一切封建藩閥，以底統一；則中國之太平，未必不是咄嗟可辦的事！

巴黎通信

法國選舉狀況

法國於今年五月十一日，舉行衆議院選舉。在選舉前一月，各黨俱貼出運動選舉底告白，并到處開羣衆大會，宣傳其主張。黨與黨間，互相攻擊，互相詆毀，因為要求自己底黨獲勝，不得不如此，這真叫做選舉戰。

在說此次選舉之前，須將各黨派情勢略為敘說，惟法國黨派甚多，實難一一枚舉，茲僅分析其概要如下：

（一）全國大聯合（Bloc National）。這一派包含有保守，民主，共和等右派政團，故亦可稱為右派全國大聯合（Bloc National de dro ite）。他的主張甚為復古，所謂軍國主義帝國主義，就是他的旗幟，這是代表有產階級底保守黨，其重要的首領為現任大總統米勒蘭（Mi llerand）內閣總理普恩賚（Poincaré）等。

（二）左派大聯合（Bloc des Gauches）、這一派包含有左派共和，社會主義共和，急進，社會主義急進等左派政團，近年以來，社會黨亦與之勾結，因為凡全國之主張較左者均集合於此，故亦稱如左派全國大聯合（Bloc National de gauche）他的主張雖比前派為急進，然不過帶點改良色彩罷了。這是代表小有產階級底改良黨。其重要的首領為愛友（Herriot里昂市長）班樂衞（Painleve）等。

（三）工農大聯合（Bloc ouvrier et paysan）。這一派就是共產黨。他是代表無產階級底革命黨，其重要的首領為喀陝（Cachin）法揚咕居利（Vaillant-Couturier）等。

上述之三派，任何一派底告白和演說，沒有不攻擊其他二派的。共產黨攻擊他們的是：生活昂貴，佛郎低落，壓迫罷工，掠奪勞動等事實。他們攻擊共產黨的是：革命，沒收（沒收有產階級財產）等。尤可笑者，為全國大聯合底告白公然誣毀共產黨領了莫斯科和柏

林底津貼這一件事。　其實這全因共產黨報紙反對法蘭西帝國主義及有產階級，而擁護革命的蘇俄和被壓迫的德國無產階級，故他們以此作煽惑民眾反對共產主義底標語。　我看他們把共產黨稱為列甯底黨，而連無政府黨也包括在內，便知道公然造謠是有產階級底慣技了。在運動選舉時，貼出政綱和名單的，不只這三派。　還有王黨，天主教徒等，但其勢力極小。　又無政府黨亦貼出告白，反對政府，勸人不要投票，這更是在選舉戰中一點影兒也沒有的，我且不必去彼述他們。

至於十一日，各縣民眾俱到縣衙門內去投票。　十三日各報就把此次投票底結果宣布出來了。其各派所得議席；大略如下：

(一)全國大聯合　　二二一名
(二)左派大聯合　　二九〇名
(三)工農大聯合　　二五名
(附)伯里安派　　　四四名

最末：伯里安這一派，將來是一定與左派大聯合勾結的，不過現在還沒有成功。　在左派大聯合中，社會黨有一〇三名，統一共產黨有四名。　所謂統一共產黨，就是一九二二—一九二三年間符洛薩（Frossard）從共產黨內分裂出來所組織的。　法國眾議院原為六百多名，此上述之當選人數共為五七〇名。

期減為五八四名：所以還有殖民地十名和北方（N.r.）卓時（Vosges）兩省求完全結束。　但大勢已定：左派算已奪得勝利了。

全國大聯合底勢力極大，在上屆選舉獲得三九五議席，此次便損失）了一九四名，這是甚麼緣故呢？

(一)生活昂貴，自今年二三月，所有火車電車飲食服用等費，俱大派其價，迄今未低減一點；

(二)自去年冬以至今年三月，佛環價格跌落非常，四月中雖因借

美債，加稅額，得拯救於一時，然仍不安定得很；

(三)財政虧空，預算不能使出入相抵、而債台高築，直一九二〇年至今，國債增加二千萬萬佛郎；

(四)佔據魯爾一年多，用費甚大，而德國仍不付賠款，以致得不償失。

這些都是全國大聯合失敗底原因了。

左派大聯合何故得勝呢？　因為右派既已失敗了，而他的主張，比較沒近可行，且既不激烈，亦並非保守，故民眾便離去右派而傾向左派。　共產黨是革命黨，其主張雖是，然好安居一時，顧目前利益而又為社會黨引錯了路底工人，當然還留在改良之道上了；因此，左派唱凱旋了。　右派底內閣不過苟延到六月初間，不待新國會開會，普恩賚便已預備倒台了。　可是左派底政府，同樣也要代有產階級利益，施行帝國主義政治，所以右派倒了，左派繼之，這不過政權易位而已。

共產黨在最近一年中，頗有活動，此次選舉，實有兩種應該博得民眾同情之點：

(一)海照第三國際決議，候選人只許十分之九選多底工人農人。　當人道約六百名底候選人中，簡直有比十分之一是智識者，所以在報和運動選舉告白上宣布名單時，完全把候選人底職業一一列出，工人農人看來，能不激發熱烈的同情麼？

(二)所用口號是工農大聯合。　這個大聯合，完全是用以對抗有產階級政黨全國大聯合和左派大聯合的。　工人農人一聽了這種口號，當然要感動於他們的之有大聯合——代表自身利益底大聯合，而投共產黨底票。

但是，法國工農人數亦約在千二百萬左右，以如此努力底黨，適宜的方法，動人底口號，廣大的群眾，而只當選廿五名，獨票九十萬，其原因在那裏呢？　讓我視察，必不外乎：

（一）羣衆好苟安而只顧目前利益，故必待各種方法試驗無效以後，始贊成革命；

（二）社會黨勢力還大，迷惑了工人農人不少，該黨一九一九年選上了六十多名，此次加到一百零三名，而共產黨是一九二○年才成立的，爲期不久。

（三）共產黨經費支絀，他黨有十足的運動費，在選舉前一天，左派還用飛機散布自己的傳單；

（四）共產黨是單獨運動的，他黨是聯合運動的。

就當選之地域看來，在巴黎及其附近便當選了十八名，而里昂，馬賽，聖達店等工業都會俱爲社會黨等人所把持。從此可知農人選他的還少，而得選出廿五人，當然是外省只北方省才有三名。可是在法國資本主義營寨底巴黎及其附近看來：

（一）全國大聯合會得票三四五九六二，當選三○；

（二）左派大聯合得票二六四四八一，當選一四；

（三）工農大聯合得票三○八○四五，當選一八。

這樣的大營寨，反轉有與那兩派對峙之勢，不能不算是強人意底地方。且法國革命，重在巴黎，共產黨能在巴黎發展，實是前途之幸。

在這次選舉中，可以得出下列幾個要點出來：

（一）民衆有由右而中而左之趨勢。換一句話說，即是有由保守而中而左之趨勢。在各種方法未試驗完時，不能就上革命戰線，只有革命才能獲得所求，這始終是能看革命以外底方法不可靠，只有革命才能獲得所求，這始終是覺悟分子激烈分子底認識。

（二）農人窦智識比工人爲幼稚。巴黎一帶所當選之十八名，幾乎全數爲工人所投；北方省所當選之三名也是：原來北方省爲法國底鑛區，所以工人實在是革命中底基本勢力。農人固亦極其重要，然總次

於工人。可是運動上，共產黨必努力於他們，免變成了有產階級政黨爲始贊成革命，

（三）法國此次所有底王黨，天主教徒等均被打倒，一個人也未選出，足見社會是進步的，復古之黨派，逐漸爲羣衆所唾棄。民衆快跑到革命這方面來了，歷史機輪底推進快輪到無產階級身上來了，我們努力啊！

任卓宣　五月十五日

寸　鐵

顧維鈞不會不肯

曹錕將下令命顧維鈞代閣時，左右以顧恐不肯代爲言，曹說：「不會不肯。」這句話把小顧的骨頭形容得比燈草還輕。（實庵）

奸商與勞工孰重？

有人阻止廣州工人因生活困難醞釀罷工，說什麼戰期內能工，恐各物停滯，影響軍食軍用。當奸商們罷市抗捐時，何以無人說恐各物停滯，影響軍食軍用？敷衍奸商而欺壓勞工，我想革命政府必不出此吧！

「七二」與「五七」

日本人因美國限制移民案，以七月一日爲國恥紀念日，實在沒有道理。日本人以強力侵入中國，「五七」才真是中國之國恥；限制移民案，不過限制一切外人自由侵入美國，並不專爲日本而設，更未侵入日本人之國土，何以竟是日本人之國恥？必須全世界都讓日本人像在中國一樣的橫行才不是國恥麼？（實庵）

惡人假借好名義

去年曹黨以公民團的名義驅逐黎元洪；現在學賊林文慶以閩南青年團及廈門職工會名義攻擊反對他的教員與學生；惡人假借好名義，

眼睛人一見卽識破其奸！

．．沈恩孚梁啓超眼中的平民

沈恩孚說：「中華民國人民在法律上都是平等，所以叫做平民」。　梁啓超把全國人分爲兩部分：一部分是自食其力的農工商，叫做有業平民；一部分是搶騙他人血汗的官吏兵官議員，叫做無業游民。

他這樣解釋平民，自然可笑。　他這樣解釋平民，固然好過沈老先生了。……外，被內外資本主義擠迫而失業的，何嘗不是平民？反而商之中，居奇致富的大腹賈，有時勢傾王侯，那算得是平民？（實庵）

梁啓超勿忘今日之言！

梁啓超發憤說：「做官的，帶兵的，當議員，……種種鬧人，以及他們的附屬品什麼太太奶奶少爺小姐，他們自己以爲高貴，也許有人認錯他們是高貴。其實這班人有最下賤不過的。因爲他們都靠人養活──籠着手不做事，只會張着嘴吃飯，……籠着手吃飯的人，吃的不是飯，是別人家血汗。別人家的血汗怎麼會吃得着？不外兩種把戲：是一驅，二是搶。驅是光棍行爲，搶是強盜行爲。……」

「做官的，帶兵的，全部掌管在這班最下賤的人手裏！」哼！

他現在這樣發憤，卽或是一時憎惡軍閥政治之眞情；但是日後自食其力的勞動百姓們，如果眞能起來從張嘴吃別人血汗的光棍強盜手裏奪回掌管中華民國之權，那時，梁啓超偷偷爬得生存在世，必然因爲太傷了高貴人的體面，又要出來大呼『賤民專制』。他如不服，請以今日之言留證辯來！（獨秀）

中山先生說：「升官發財，殊難苟安，這是假革命黨。普通國民以爲這就是革命人才，所以革命的名譽，被他們弄壞了。我們一

竟要拼斥這種假革命黨」。凡屬中國國民黨員，每日至少要自問一次是不是中山先生所指摘的假革命黨！（獨秀）

玄學家言原來如此

孫中山分明沒有死，而吳佩孚硬說照易理推測一定死了。錢能訓分明已經死了，而悟善社的人卻說他并沒有死，是陪李太白下棋去了。這班玄學大家只顧主觀不顧事實竟至於此！（獨秀）

外國的文化侵略與國民革命

戴季陶先生關於廣東黨務的談話中說：「最近聖心和聖三一兩個教會學校學生所發起的反抗帝國主義文化侵略的運動，尤其是我十分佩服的。這一件事，我覺得是日本取締留學生風潮以後的一個重要事實，外國人到中國來做養成奴隸的事業，已經要近百年，中國人到今天才有這一個『明白了』的表示，我盼望各省的青年們，大家注意」。

我希望崇拜上海某教會大學的青年國民黨黨員，聽了季陶先生這番話，也應該有點覺悟了罷！（獨秀）

二十年前的老維新黨，現在大牛不甚好學，因此對於廿世紀的世界常識異常缺乏，做批評時事的文章，往往像是從桃源仙洞新來的人物，申報記者心史君就是一個標本。第十五號評論之評論上，有一位二十歲的青年，將心史君所作帝國主義那篇大文，元元本本的指教一番，心史君至少再用心讀書三年，才能夠懂得他所指教的不錯。因此，我感覺得現在各種事業都應該讓靑年們來幹，老先生們歇歇罷！（獨秀）

北京的議員那里去了？

郝萊氏卽便是被人打下水，自有美國領事出來說話，何勞英國艦隊司令官直接發炮或過地方官，不經審判卽斬殺兒于二八？此事倘有英國議員在英國衆院質問，何以北京的議員竟無一人說話？（獨秀）

The Guide Weekly.

嚮導

導

週報

◀ 第七十四期 ▶

（中華郵務管理局特准掛號認為新聞紙類）

一九二四年七月十六日

郵裝代款槪作九五折

分售處

香港　華文書局
巴黎　中國書報社
廣州　丁卜書報社
上海　民智書局
上海　上海書店
武昌　時中書報社
洪港　洪港書店

分售處

太原　晉華書社
長沙　文化書社
濟南　齊魯書店
杭州　新臺書店
寧波　古今圖書社
當塗　明星書社
開封　文化書社
福州　工學社
南京　天一書局
成都　華陽書報流通處

定價　每份三分　國內一元寄足四十期　國外一元寄足二十五期　郵費均在內

每星期三出版　發行通訊處　北京大學第一院收北河沿漢花池七號民立洪德鹽于印

嚮導週報　（第七十四期）

五八九

時事評論

收回教育權

獨秀

教育改進社今年在南京年會中所通過的各議案，算是收回教育權案有點歷史的價值。

無數在外國教會學校誘惑錮蔽之下的中國靑年，受了土耳其封閉美國人所辦學校的刺激，「收回教育權」的呼聲，首由廣州學生喊將出來，不期而應者幾遍全中國；教育改進社的右派分子，竟爲全國靑年的呼聲所迫，容納了左派分子之主張，通過了此案。將來實行至何程度，現在雖不可知，而最小限度（一）總可以使外人感覺中國人心猶未死盡；（二）總可以使在外人勢力之下痲醉久了的靑年明白敎育權應該收囘，是中國敎育界所公認，幷不是什麼過激派的主張。

然而恐怕他也只有這兩個最小限度的效果，因爲他們的議決案中，幷沒有明白堅决的辦法；他們的辦法是：（一）凡外人借學校實行侵略，經調查確實，應由政府勒令停辦；（二）施行這種明白實行侵略的事實，尙待調查，豈不是笑話！　相當時期究竟不像有形的軍事侵略經濟侵略那樣便當，註冊是取締不是收囘。

甲乙兩種註冊；（三）於相當時期接收外人所設學校。

期，是不是無期？

他們堂堂的收囘教育權案何以這樣二百五？　這緣故很容易明白。（一）是因爲教育改進社完全在研究系操縱之下，他們如何能贊成這樣急進的主張！初提此案時，研究名人范源濂猶極力稱讚教會學校之成績，經陳啓天等紛起駁斥，才將會場空氣轉換過來。（二）是因爲教育改進社社員中，有許多耶教徒或教會學校出身，他們都加入討論，議決案怎能不二百五？

我們認眞討論起來；與其主張「收囘敎育權」，不如志張「破壞外人在華敎育權」；因爲在國民革命成功以前，目下二百五的中國政府和中國教育界，都不會有收囘的決心；至於破壞的責任，便不須依賴政府與教育界，只要在教會學校受奴隷教育的二十萬男女靑年有這樣的覺悟與決心。

上海防盜問題

獨秀

上海近來無論華界租界，幾乎沒有一天沒有搶案發生，還自然是上海市民的大害，各路商界聯合會舉起討論防盜方法，自然也是應該的。

他們防盜的方法是怎樣呢？　南京福建兩商聯會提出辦法六條：

（一）殿查私販軍火及私藏軍器；

（二）增加站崗及巡邏巡捕幷改良交替換班方法；

（三）裝置盜警特別電話；

（四）加嚴檢查旅館；

（五）取締界內游民；

（六）設備盜警武裝汽車。

百老匯路商聯會的意見是：

（一）禁止誨盜誨淫影片；

（二）各捕房門首裝置報告信箱；

（三）規定一律營業時間。

山東路商聯會主張：

（一）清查戶口；

（二）檢查旅館；

（三）救濟失業游民。

其他各路商聯會所提出之辦法，大致都和上列各辦法大同小異。

工部局及各西報按復管刑的辦法，固然可笑，卽各商聯會所提出的，也都不是根本辦法。　這是因為他們不知道上海何以多盜的原因的。

到是工部局總巡強森君的話還有一半對，他說：「研究盜匪所以猖獗之故，其原因有二：（一）為上海附近退伍兵士衆多，舉以上海為生財之故，工部局無法阻其入境；（二）為槍械來源不絕，且多數為外國輪船私運，……有盜有械，因之盜案迭生，誠為遺憾」。

何以說他的話只有一半對呢？

因為他所說的第二個原因，有械

是由外國私運，這是對的；他所說第一個原因，有盜是由於上海附近退伍兵士衆多，這是不對的。

其實有械固然是外國之賜，有盜也完全是外國之賜。　他們把持中國的海關，不許增加進口稅，使中國本國工業不能發達，於是他們輸入多量廉價製品，毀壞了中國的農業手工工業的經濟，驅逐無數農民工人失業而沉為兵匪，這就是中國兵多匪多之唯一原因，豈非是外國之賜？　內地已為兵匪搜刮殆盡，而由失業加入兵匪者還日在增多，那有不光顧到租界的道理！

外國帝國主義者，為中國製造了兵匪，又為兵匪運來了槍械，「有匪有械，因之盜案迭生」，帝國主義者『誠為遺憾』！

各商聯會所提辦法，無一見及盜匪，必無濟於事。

盜匪并不怕槍斃，何況管刑！

盜匪增加自有經濟的原因，豈是誨淫誨盜的影片所能誨成？

何謂游民？　如何取締？　告密信箱更有挾嫌指誣之弊。

盜匪多自外來，不限於上海的失業游民，將怎樣普遍的救濟？

所以根本弭盜之策，只有止住帝國主義的侵略，使中國本國的實業得以發展，失業游民得以減少，然後才有治標的防盜政策之可言。

不然，群盜滿國，上海豈能獨免？

萬縣事件與中國青年

楚女

今年五月間，中國協會年會席上，主席英國人，便報告說：「川江方面，因輪運發展，原有運貨之中國船戶，對於輪船頗生惡感；至有威嚇領港華人，要求某種貨物於江水下落時．須由航船轉運者．現以強壓及變通辦法之力，反抗之勢漸減。」　但欲帆船完全停止運貨，恐尚在數十年之後也。」　在這段報告中，可見我們那些可憐的幾肚船戶，連要求某種貨物允許他們在江水下落時裝運，也被洋大人們用了『強壓』和狡猾的『變通辦法』拒絕了！　並且洋大人們還下了決心，一定要使「帆船完全停止運貨」！　這便無異是說「在外資壓榨之下

的四川船戶，根本上已沒有人類底生存權了」！

江木船船戶們，如若他們那個生物的身體，遠不能就一旦死滅——他還要不由得他不生存下去時，是不是應該對於這直接脅迫他們底洋人發生憤恨？

最近，萬縣事件，即令是船戶毆斃美國商人郝萊，也正是由於這壓榨一個憤恨所致。然而駐紮萬縣的英國軍艦司令官，卻以炮火要求萬縣知事立殺郝夫公會的首領。知事遵了洋大人底命，即於郝萊氏身死之次日，立予斬首二人；並還出了賞格，緝拿會首。萬縣軍務長官——以統一中國自任的孚威上將軍吳佩孚部下——也服從英國司令之要求，步行於郝萊氏底棺材之後，從江面起，直至萬縣內地會

大家看看，我們川境川為此，以為最大之道歉。

自然：我們的那所謂「政府」，對於此事，更是落得如此了結，以藉省事；以藉「洋緩」！……獨不解萬縣的青年，重慶的青年，全中國的青年，對於英美帝國主義者如此強橫地聯合起來，欺壓四川百姓，侮辱中國的青年，就這樣做了誠口的金人，而一任那帝國主義底彭明罪過如此消沈下云。

英國的議員俩知道為此事質問英交日報，北京英文日報俩知道遲遲，責英艦司令官此等行為是海盜土匪之魁首，何以上海各報竟相約不理此事？他們為臨城案大吼的精神那里去了？

法蘭西的「左派聯合」與「工農聯合」

鄭超麟

1 資本主義發展與法蘭西政局

「資產階級已經從『自由堂』(Liberty Hall) 遷到『馬德里街』(Rue De Madrid) 來了」(魯莊(Louzon)的話。「自由堂」是十九世紀中 Lancashire 資本家所建用來慶祝紡織工業和自由貿易之勝利的。馬德里街門牌第五與七號是鋼鐵委員會的機關。) 這就是說，我的經濟已經替代了棉的經濟，帝國主義已經替代了曼撤斯特主義(Manhestoria Mignoc)。

最近幾十年來，資本主義的某幾種特性發展，使資本主義進化到最高峯。在古典資本主義面前，在建築於自由競爭的，以商業紡織為重要原素的，獨立生產的和自由貿易的資本主義面前，突然矗起了一派新的資本主義，合併銀行資本與工業資本，而建築於壟斷之上——帝國主義。以致敵不住帝國主義的飛機潛水艇，於是古典資本主義乃不得不退避三舍，而「鐵的腳跟」万能目空千古橫行全世界，釀成空前戰禍，且預備第二回世界大戰。

社會上層一切築物都是跟着社會中經濟關係而變遷的。

自由派政治，和平民主正義，共和的政治，是古典資本主義產物，斷不能適應帝國主義時代資產階級政治的要求。法蘭西急進黨(Parti Radical)就是建築在自由派政治上頭的政黨，他於一八六九年從共和黨中以極左派資格分化出來，他在政治史曾經有過相當榮譽。大戰以前農業比較發達，小資產階級比較佔多數的法蘭西成了模範德謨克拉西活動地域；但摩洛哥(Maroc)政策失敗，已給急進黨一大打擊了；大戰中，法蘭西大資產階級需要一個迪克推多的政府，急進黨便被至到腦後去，停戰以後「勝利」的法蘭西反動潮流愈盛，而需要一個適合於「權力」和「統治」的政府為共「理事會」之心亦愈切，於是急進黨首領馬爾委(Mavly)嘉祐(Caillaux) 二人受高等法庭審判，一九一九——一九二〇年選舉中，急進黨大失

敗，法蘭西政權從此便落在新興政黨「國民聯合」(Bloo National)手中了。

II 急進黨的新企圖與普恩賚政策

帝國主義是甚麼？　他是資本主義的最高峯，也就是資本主義的末局；他的企圖愈遠大，他的地位愈危險，排在他面的問題也就愈難解決。

現在法蘭西當權的「國民聯合」是反勤的政黨，他們幾個反勤政客，如米勒蘭(Millerand)普恩賚(Poincare)，白利安(Brian:)一羣所組成的，其中多數是變節的左派。　在這個政黨後頭發號施令的，便是一個大托辣斯，「鋼鐵委員會」(Comite de forges)。　「鋼鐵委員會」要產鋼鐵的洛蘭(Lorrine)，產煤的沙爾(Sarr)；普恩賚便犧牲一百七十萬生命去要求，沙爾所產的煤供給不起洛蘭的鋼鐵，凡爾塞條約便規定德國交付煤炭拆抵償款；德國交付的煤炭又不夠用，且不能繼續了，普恩賚便出兵佔據產煤的魯爾(Buhr)來送「鋼鐵委員會」。　從佔領之一直到最近德國新內閣投降爲止，「國民聯合」的政策，可算實現了。

但實際上法國果眞得到第二回「勝利」了嗎？　百基羅煤炭戰前値六佛郎五十生丁，到現在已漲至十九佛郎四十生丁了，最近則爲廿九佛郎。佛郎市價，在去年正月四日，十四佛郎可以得一個美金，到八月十五便要十九佛郎才能換得一個美金。　由這二個行市看來，其餘生活程度可以推知。　他方面，魯爾佔領之日，四協約國之二：英意卽宣布中立，追隨步履的比利時最近亦有不滿意法國之表示，英法間最近衝突更顯而易見。　好勇鬥狠的法蘭西在國際上旣處孤立地位，「國民聯合」中二個重要分子，總統米勒蘭，總理普恩賚近起衝突，現出黨中之不和。　「國民聯合」之破產已在預料之中。

他方面，法西斯主義(Faso sme)成了國際化，法蘭西王黨的「法蘭西行動團」(Ligue L' Action francaise)受了他的影響，看出「國民聯合」破產的朕兆，便生一種野心，想組織更反動的「右派聯合」來代替這個「國民聯合」。　去年六月初，這個團體的徒黨，以意大利的法西斯黨人慣用的臭水汚辱急進黨議員穆特(Mautet)山尼埃(Sangnier)魏呵列(Violletto)三人於巴黎街上，從此引起急進黨內部公憤，因是惹起了他們恢復「左派聯合」的野心。

急進黨是甚麼？　他究竟代表那種社會階級？　我們從他的根據地里昂一看，從黨裏議員的社會地位一看，可以知道他所代表的是商業資本主義，是紡織工業家，是小商人小手工藝者，是小中產階級和所謂知體階級。　他自選舉失敗以來，無時無刻不準備報復，無時無刻不想奪得政權。　前年急進黨首領，里昂市長愛友(Horriot)遊俄時節，便有受友組閣的傳說，當時「國民聯合」破產徵兆尚未如今日之顯著，到現在急進黨的預備也好了，機會也成熟了，一九二四年選舉期也快到了，急進黨人乃借若勒斯(Jaures)銅像落成紀念那一日，爲其「左派聯合」選舉運動的發端。　在「國民聯合」破產之上，急進黨將建設其所謂「左派聯合」。　究竟這個新聯合勝過舊聯合若干，這是我們所應研究的。

III 急進黨會議

急進黨和急進社會黨爲準備今年選舉，於去年十月十九，二十，二十一開了三日大會，會中所討論問題可以分作幾方面來看。

他們所討論的第一個問題，便是如何組織「左派聯合」，甚麼將為這個新聯合的政策。多數首領的基本觀念，用一句話來槪括：「非

羅馬亦非莫斯科」。一位老。人亞心卜(Archibald)宣言：「我們不是革命黨，我們也不是那殿

託名共和黨，把共和國由非宗教所得利益都放棄了」。

請看「左派聯合」的組織。愛友以前在愉姆(Nime)會議時便主張「和一切非反動非革命的左派合作」；這回他便不客氣地宣言：

急進派自然可以和獨立社會黨合作，如果統一社會黨不再向我們提出那些令人不堪的壞的美敎會之時我們也可與他合作。至於關於與

共產黨關係的問題，愛友接着說：「在我們左邊有一個共產黨，他自以爲比我們激底些，因爲他採用暴力爲方法了，但是俄羅斯的經驗已

可證明共產主義幷不能廢除工錢制，交易的經常法則，貨幣，甚至於私有財產……」。他的意思是說共產黨所採用的迪克推多和「暴力」

與他們的德謨克拉西不能相容。再看他們右方的界線怎麼定呢？歐樂(Aulard)一派要求大會詳細規定右方界線，愛友說「我們對於右

派不願太決絕了，所以他們左方界容易定除開共產黨就夠了，因爲他們無須共產黨助力，也不能得共產黨助力，至於右方界線就難了，他

，以上是對內的，（四）尊重國際聯盟，這是對外的」。同意的便可和我們合作：（一）遵守社會法律，爲入小時工作時間等，（二）實行所得稅，（三）無宗敎

從這些問題看來，就可知逸急進黨內政方針，再從他的外交政策一看，更可證明登台之後「左派聯合」與「國民聯合」就只是『白帽子與帽子白」（勒諾約翰指

，小中產階級者，最少是他們的首領如愛友，班樂衛一黨，自然也明白，商業資本主義政治產物，德謨克拉西，是幾十年前的時髦，或許

急進黨對於魯爾問題態度向來非常曖昧，在言論上攻擊，在議會表決時又無積極表示。去年夏間羅馬敎皇來信詰責法國政府關於魯

爾佔領事，急進黨以素來仇視敎皇之故，反而左袒普恩賚，但表決信用案時我還是投他的票。 在這次大會就更明白地告訴我們：「魯爾佔領是一件可恥的事，

我已經告訴了普恩賚，但表決信用案時我還是投他的票。 假如將來我和我的朋友們得到政權了，以法蘭西爲第一義，我們仍要竭盡最後

精力去繼續這個恥辱」。

關於凡爾塞條約，培勇(Franklin-Bouillon)說：「凡爾塞條約縱然糟到萬分，但因恢復希望只剩下這一個……我們將爲債權團的代表

者，我們應該保存這個條約……」。

以上是急進黨內政方針的區別了。）的話。）

經濟落後國家裏能夠存在，在現在的法蘭西是沒有登台希望的。 他們又知道，要取得法蘭西政權，非先取得支配全法國的「銀錢委員會」

的歡心不可。 所以他們左方界線容易定除開共產黨就夠了，因爲他們無須共產黨助力，也不能得共產黨助力，至於右方界線就難了，他

們就不免含糊了事，留待後來隨機應變了。

培勇接着說：

「國際聯盟有二派仇敵：一派攻擊他，一派故意找些麻煩事情給他做」。

會場中歐樂會提議以國際聯盟仲裁機關來解決魯爾問題。 愛友本主張尊重國際聯盟的，而對於歐樂提議却大不高興，他託辭說

以這樣重大問題交給國際聯盟去解決是發瘋了。 其實這是因爲急進派固然不願德法二國衝突，但一涉及國家利益問題，自然左袒政府方面

的。

關於殖民地問題，亞心卜聲言：法蘭西派遣廢費國幣的軍隊到殖民地去，并非存帝國主義目的，完全為保護弱小民族的。

除上述幾點之外，有一件稍可人意的事，卽是他們有親俄的傾向。但會議後，愛友在里昂演說，又向大衆恭維北美合衆國起來了，

他以為美國人不但是精明強幹，而且是寬仁大度。

IV 「工農聯合」

社會愛國黨自然是窮可與資產階級聯合戰線不願和共產黨統一前敵的。此次急進黨會議，改良派工團還派有代表參加其中。急進黨的宣言裏，對於勞工問題，曾說：「為保護勞工，以反對層出不窮和日趨破產之神祕的瘋狂起見，我們高呼階級融洽，德讚克拉西萬歲！」

那麽真正無產階級，尤其是他的前鋒隊，共產黨，對於這二派資產階級——「國民聯合」與「左派聯合」換言之卽大資產階級與小中產階級——的選舉鬥爭，政權鬥爭，將取何種態度？翻開法蘭西革命史一看，很顯然的是在野的資產階級以推翻在朝的資產階級，一旦握得政權，這一羣新主人壓迫無產階級，只有更加凶猛。舉一個最近的例：一八九九年組織第一次「左派聯合」，米勒蘭代表社會黨乘機加入无特盧騷（Waldeck-Rousseau）內閣作總長去，結果法蘭西無產階級苦痛毫未減輕，而米勒蘭指日高陞做到大總統，經過這一番教訓，無產階級該有覺悟能！

第三國際擴大執行委員會未曾提出「工農政府」口號之先，法國共產黨國會議員勒諾約翰（Renaud Jean）已經在國會裏代表共產黨作一篇演說，揭出左派歷來的罪惡，指示左派與右派歷來朋比為奸的實跡，說明這二派目前的衝突不過是皮面的，暫時的。最終他提出「工農聯合」整個與「國民聯合」及「左派聯合」對抗。

這篇演辭出來之後，共產黨自然一方面惹出資產階級和社會愛國黨的惡感，他方面也引起無產階級的同情，最近共產黨選舉運動的進步就是一個明證。

第三國際擴大執行委員會亦決議承認法黨改策，催促法黨努力。

勒諾約翰演說的第一句話就是「我們并不重視今天討論的結果，因為無產階級命運萬不能在議會內決定」

不過共產黨人議會行動目的的迴然與改良派不同；換言之，共產黨人借議會為革命的宣傳，而改良派則借議會為達到他們改善無產階級地位的目的：這一點須要認清。

隆陝（Cachin）最近也說：「現在擺在我們面前有一件比較議會行動更緊要的事，（意指德國革命，）我們的活動力，不要被選舉運動所吸收去了。」

此文由國外寄來，所說離屬過去的事，而描寫法國各政黨頗詳細真實，我們還有一讀的必要，所以發表出來。　記者

寸鐵

假革命黨與反革命黨

國民革命和民族解放是兩個意義相類的名詞，所以反抗國外帝國主義之壓迫是國民革命運動之中心工作，反對國內軍閥政府，只算是這工作中之一種，因為軍閥政府不過是帝國主義者之傀儡。因此，我們可以知道：不肯反對帝國主義的人，便是假革命黨；阻止別人反對帝國主義的人：更是反革命黨。（獨秀）

精神生活與金錢

章行嚴，太戈爾，張君勱，他們極力提倡精神生活反對物質文明⋯⋯的高論，我們都領教過。然而第一個章先生竟發起招集十元辦週刊⋯⋯

倡導週報 （第七十四期）

五九五

，並且投身交易所事業；第二個太先生在香港爲他自己辦的學校大肆捐款；第三個君勘先生因爲他的自治學院經發取銷了大肆跑時，難道所謂精神生活還得要依靠金錢養活着嗎，

（珮秀）

讀者之聲

法西斯的禍水已經來了！

蕢楚侶

字林西報載三K黨辯護者，美國人凱南 Keang 之言：「近有某强階級之外國人，以排外觀念灌輸於華人。

至於優秀華人極願贊助外商，決不樂聞此種宣傳也。

三K黨相信布爾什維克主義之宣傳於中國，較軍閥之害爲尤大，若不設法制止，不獨敗壞中國商家，且將敗壞外國商業，極易明瞭；有若干華人以爲非設法抵制不可，此三K之所以組織也。」

現在蘇維埃正派人來華宣傳排外主義，故持反布黨主義。

告訴我們說法西斯的禍水已經流入中國了！蘇俄派人宣傳排外主義一層，是否屬實，我們暫且可以不問。我們現在只問中國人處於目前這種帝國主義和爲帝國主義之傀儡的軍閥政治之下，是否應該要做那自衛的要求正誼與解放的呢？

前幾年，世上每每目高麗人對於日本革命運動，是美國敎士們所嗾使，宣傳的。其實，是不是美國人所嗾使得宣傳，並不成問題；成問題的，是高麗人應不應該要求民族獨立而革命。◎我想只要是一個沒有得神經病的中國人，誰都會知道中國現在是應該反抗列强底帝國主義而要求自身獨立的。

列强自然不顧我們反抗，所以要加我們以「排外」兩字的惡證。在他們，以爲「排外」是和「義和團」相聯的；以此加之華人之上，既可以得世界上一般不知中國眞情的人底同情；又可以恐嚇華人，使之怵於庚子的聯軍之鉅創。這明明地是和俄國十月革

革命初起時，日本人爲防止本國覺悟分子赤化，和嫉妬俄底眞正革命成功之故，而硬罵「多數派」的俄文爲「過激黨」一樣。現在中國有無排外正不必問，所應問的，只是應不應該排外。◎排外並不一定跟殺人放火的野蠻畫勤——自從五四學生運動——拒絕簽訂凡爾塞和約以來，一直到今，凡是中國人反抗外國之侵掠與壓迫的舉勤，哪一件不可叫做排外？

然而，哪一件又不是中國人底正當自立運動？

而且，又有哪一件是野蠻？設者故意牽扯蘇或以爲蘇或是世界上一個野蠻的結晶體，一經和它相點貼，楊梅瘡毒便永不能逃脫了。

倘若中國現在不應排外——換句話說便是不應對於列强底掠奪壓迫稍存反抗，而應自承是天然生來做列强爲蹄下之摯擄的；則豈但因有蘇俄來宣傳，而應自承是天然生來做列强爲蹄下之摯擄的；則豈但因有蘇俄來宣傳，就完全不曉得自身是在受壓迫而要求解放麼？

這實在把中國人底人格從根本否認了！世上哪有一個「人」況且中國人若沒有蘇俄來宣傳，就完全不曉得自身是在受壓迫而要求解放麼？事實上，不過反間證明蘇俄是一個人道的象徵罷了！

又便如何？如果不然，則即令是由於蘇俄底宣傳，又便怎樣？

「而不決定自己應不應該受人欺侮的而始排外，則中國人還能算是一個「人」麼？中國人若必待蘇俄之鼓吹而自然在殺人，自然在殺自然，則中國人底性質上之罅隙，大大地把一個在他們以爲是野蠻之象徵的——所謂「布爾什維克」，一般的帝國主義，一般的資產階

因爲我們反抗帝國主義，反抗一般的侵掠和壓迫，自然是要感着多少的不舒服的。這是事實的問題，並不是我們要怎麼一定聯及於他們。法西斯主義者們既要找點事情來做他們底職業，或者像意大利現在所已得的做他們底更野心的弩力來做政權的工具；於是便認定了中國人底反抗帝國主義，和一個一個在他們以爲是野蠻之象徵的——所謂「排外」，——所謂「排外」加到我們這些要求解放的中國人身上。自然，一般的帝國主義，一般的資產階級，看見了有他們這樣的一個擁護者之出現，或多少要分些殘羹冷炙

來豢養他們。；甚至有時竟像從前那些意大利的被欺者一樣，或許給他
們以一個在遠東的發展機會！「不獨敗壞中國商家，且將敗壞外國
商業」，這是一句在遠東商場何等足以勤中外商人之聽的「危言」！
是的，優秀（?）華人㊟顧贊助外商；決不願開此種（排外）宣傳」？又「外
國商人應急起注意」。所謂中國三K黨，原來就是這樣要希望在這

些上面得個立足的地盤。原來就是這樣的要在被華警搜拿之後，得
些資產階級的同情。現在，我們且不必問所謂中國三K黨，究竟是
個如何的勢力，並且究竟是否已經正式存在。但只看凱南氏的話，究竟是
這個東西，是一個中外合壁的「法西斯」，而這個法西斯之已經流入中
國，則已是千真萬確！

廣州反抗文化侵略靑年團通電

奉天收〓 教育權促進會全國學生總會廣州學生聯合會各省各地學生會學生聯合會上海嚮導週刊社廣州新學生社互助總社杭州靑年協進
會福州靑年社廣州聖心徐州培心福州協和廣東梅縣廣〓梧州建道諸校學生諸君全國各工會各團體各宣傳文化機關全國各報館轉全國各界
同胞公鑒：

竊思世界國際帝國主義者之於我國也，政治經濟侵略之不足，而繼之以文化侵略，故我國六七十年來，創鉅痛深，殆難言宣，物質精
神，同遭打擊，在彼旗幟之下，敎會學校隨地皆有，究其宗旨，則近頑固，考其成績，則在愚民，至於設心之陰險，手段之慘酷，殆未有
如英人所辦之聖三一學校者也。 我等肄業聖三一有年，備知情僞，見夫所謂聖三一校長者，以帝國主義之爪牙，日牽其徒屬以爲文化侵
略之謀，假敎育之美名，圖養奴之實效，我等誠不忍以活潑潑地之少年，而活葬於專制魔王之手，日度其機械生活而恬不知羞，尤不忍過
拂良心之主張，以曲徇彼帝國主義者而先居於候補亡國奴之地位；故前者三次宣言，具陳實苦，謹以最誠懇最忠實之態度，痛陳於我父老
昆仲諸姑伯姊之前，以求諸君子之援手。 諸君子函電交馳，倡言指引，不以弱者之呼聲爲可鄙，而同聲相應，不以收回敎育權爲早計，
而羣加研論，且以文化侵略之禍害耳目昭然，印度波蘭殷鑑不遠，羣起反抗，願爲先導。 嗟乎，魯多君子，昔聞其言，今見
其事，竊願爲中國敎育前途慶之也。 今我等旣誓死不願更多受一日之奴隸敎育，故前於退學宣言力明旨趣，且已改進執信高師二校之門
，以免犧牲學業；今爲長期奮鬥計，乃組織反抗文化侵略靑年團，以與國際帝國主義抗，方更廣求同志，推闡舊業，以靜待我父老昆
仲諸姑伯姊之敎令，務期必達收回敎育權之目的而後已。 抑我更有爲諸君子鄭重聲明者，我等固非有所惡于聖三一也，尤不願以一人
一事之徵而忍爲毀校背師之舉，特爲正義計，爲人生價值計，爲收回國命計，誠不忍於今日神州之中，竟有所謂奴隸敎育殖
民地敎育瀰廣於其間，以爲民族羞，是以敢揭弱者之戈，宜言反抗；針鋒所對，豈第爲聖三一言之而已。推而言之，則凡與聖三
一同類之學校，皆在應收回其管理權之列，絕不容帝國主義者趾高氣揚於中國敎育界中。 昔陳容有言：『仁義亦何嘗之有，蹈之則爲仁
義耳。』依彼當仁，夫何敢讓，顧執鞭弱，敬爲先驅。 我父老昆仲諸姑伯姊旣不肯坐視我等之悲鳴呼於前，而主持公，安慰吾曹，盍當
思百尺竿頭，更進一步，力求所以收回敎育權之方法，而早見諸於行事。 譚復生曰：『已生之天地今日是也，未生之天地明日是也。』
我等不敏，方居今日以言明日，諸君子豈其以弱者之言而忍相棄置！ 臨電神溯，敬佇明敎。 反抗文化侵略靑年團叩。 眞。
通訊處廣州執信學校劉天眞轉。

The Guide Weekly.

嚮導

週報

第七十五期

分售處

香港 郵文書局
巴黎 中國書報社
開封 丁卜書社
上海 民智書局
　　上海中央書店
　　時中書報社
　　共進社

分售處

太原 晉華書社
長沙 文化書社
濟南 齊魯書社
杭州 古今圖書局
新亞書社
重慶 新蜀書社
明星書社
開封 文化書社
工學社
南京 天一書局
成都華陽書報流通處

（中華郵務管理局特准
掛號認爲新聞紙類）
一九二四年七月二十三日
郵票代款槪作九五折

定價 每份三分
國內一元寄四十期　郵費均在內
國外一元寄二十五期

每星期三出版　發行通訊處
杭州鷹路橋衖七號洪德立明
北京大學第一院收鄭子郵

時事評論

美國侵略與蒙古獨立

獨秀

據上海字林西報倫通信說：蒙古政府對於耶蘇教徒已下令驅逐出境，所宣布驅逐之理由：（一）瑞典教士到蒙，未得蒙古政府之許可；（二）該教士未得允許，卽進行建築學校，宜傳教旨；卅分布小冊子於蒙古軍士及人民，堅稱蒙古政府係無上帝；（三）瑞典教士與在華之美國靑年會及張家口美領事沙克平民接近，沙氏爲煽動革命反對現政府之著名人物；（四）在庫倫傳教之教士，皆受賴森氏之保護，賴森氏係中政府蒙藏院之顧問；（五）該教士等之建築物，雖爲農業及傳教基礎，卻理想上有使教士等係軍事偵探之嫌，且耶教徒煽玉祥有預備征蒙之訊，蓋不能不疑及該教士。

在這一段新聞中，可以看出美國在遠東全部侵路形勢一個縮影：

第一，我們可以看出後來而愈急進的在中國之美國帝國主義，毫不掩飾的向中國三路進攻，第一路是以哈爾濱爲中心的北滿；第二路是以重慶爲中心的四川；第三路便是以張庫線爲中心的蒙古。美國想壟斷張庫汽車路，他們的領事和商人時常遏強恃勢威嚇張家口的官商。由張家口擴充他們的勢力到庫倫，也是張家口美領事一手辦理——煽動蒙民反對不利於美國的現政府。

第二，我們可以看出美國侵略中國，到處都以耶教徒靑年會爲先鋒；對蒙古也是這樣，而且有一個教徒煽玉祥做他們更有力的工具。教徒煽玉祥王正廷等，久有攘奪熱察綏三區及庫倫爲他們地盤的野心，他們不但特有軍隊，且恃有美國經濟的後援；近來北京政府主張收蒙，在直系的地盤野心之外，還有煽玉祥的特別野心。

第三，我們看出帝國主義的美國要和軍閥而彙教徒的煽玉祥勾結起來，這是蒙古平民和中國平民共同的災害，應共同起來反對帝國主義的美國耶教徒及北洋軍閥。目前的扼要理由雖有美商，而大批的商人和領事教士，必須得着北京軍閥政府收蒙的機會，才能如潮的湧入蒙古。（因爲此時庫倫雖有美商，而大批的商人和領事不便自由運動，因爲有一班短視的人們，一見我們主張蒙古獨立，便疑心到是爲蒙俄保藩；

現在俄國與蒙古的關係已由中俄協定說清楚，我們便可以無所顧忌的大聲：聲重蒙古民族的獨立自治，反對北京政府派兵收蒙。在蒙古獨立軍反抗北京收蒙軍時，我們便應該盡力予以精神上物質上的援助，這才是我們正正堂堂的民族主義，不是以一民族壓迫他民族的勾當。

雖然這個運動之分子當中可惜夾雜了一些議員，總比什麼頭髮運動馮蜂運動有點意義。

反帝國主義運動聯盟

獨秀

但我們必得警告他們的是：他們宣言第三點說：『我們這個大聯盟，除卻反帝國主義的工作外，其他任何事務，概不與聞』。所謂『我們這個大聯盟』，在空氣惡濁沈悶的北京，居然有了一個反帝國主義運動的聯盟，這是我們應該明白……

誤。

而且，在北京只反對帝國主義者而不反對軍閥政府，在特定事件上，軍閥政府尤其是他的外交當局有時還要利用一下；反之在上海租界只反對軍閥而不反對帝國主義者，在特定事件上，帝國主義者有時也要利用一下。

這一層，我們希望加入聯盟的諸君十分注意，勿令任何好名義一到中國人手裏都會變相，尤其是在官僚窟的北京！

任何事務，『反對曹錕政府』是否也包含在內？ 他們應該明白軍閥和帝國主義者必然相互勾結，他倆是不能分家的，若主張只反對帝國主義不反對軍閥，和主張只反對軍閥不反對帝國主義，乃是同樣的錯……

世界第一名帝國主義者——英國

—— 他的經濟與政治狀況之研究——

趙世炎

（一）中國人所常認識的英格蘭

中國人直到現在還沒有成為大多數的認識國際帝國主義，直言之即是中國人還不知道真正統治中國的政治經濟權力到底是什麼，不用說以買空賣空專幹無恥勾當的政客，議員，官僚，外交家等懂不得什麼是政治，便是在中國幹『文藝復興』『事業』的一般人，也就一方面還沒有充分能力與舊宗法社會思想作戰，一方面又還夠不上檢拾歐美資產階級學者的唾餘，而能把他說得清楚乃至懂得清楚以努力做成『時代的人物』——世界資產階級的走卒。

國際帝國主義者在中國所做的宣傳真是無微不至，而中國人民所能認識的國際帝國主義恰好成反比例，這就是說，連最大最明顯的事都看不清。我們於此有兩件急切的工作；第一，指出每日的事變真相所包含的外國帝國主義作用；第二，把每個帝國主義國家的政治經濟情形剖析出來，告訴於中國的民眾。所謂日光下到處都有英國國旗這句話就是這樣表證的。他擁有世界最廣的殖民地，特別在一世紀來不斷地發展，達到了最高峰。在所有的海洋中，他的航權勢力都達到、且佈滿了艦隊，向海裏丟下了鐵鍊子把全世界鎖着。我們知道近代歐洲歷史是很自然而容易分成三個階段的——起首是商業資本時代，其次是民族資本主義時代，最近便是帝國主義時代。英格蘭不僅在歐洲近世史中為主要之一，而且他的歷史便是模形，在地位上便是首座。拿歐洲現時政局說，帝國主義的法蘭西彷彿為此在反對蘇維埃俄羅斯的領袖，然而英格蘭卻是將來歐洲資本主義臨終時的最後刑場。

英國帝國主義是世界帝國主義的頭一名，也是最古的一個。所謂華盛頓會議，到現在還有人懂不得，而中國人天天看見。世界的中國人懂不得，華盛頓會議，到現在還有人懂不得『華會利益』四字由一羣流氓政府人員的傳播，各報紙也就公然照樣的述出來，令不知羞的中國人天天看見。

勞意喬治會對外里滿校這樣請求：『我把歐洲給你，請你把世界給我這是代表英國帝國主義方略很具體很公開的話。 倫敦是『世界政治經濟之中心』所有世界重要政治經濟事件，國際問題，沒有不問『寧林街』，匯聚在大不列顛帝國政府。帝國政府之所以能有這個……

地位不是偶然的，所謂老賓格必須老歷史，而英帝國卽正遣遣隴，所關有限，司的君主專制，皇族封建的立憲政體，莊嚴深厚的國度，或為世界最反動最保守的中心局。帝國政府希望統一全世界非只一日，他在小島，籌對世界的事；特別是殖民地政策，都是一部近世史的底稿。

所謂『帝國商業利益』這句話是中國人常說到的，這就是帝國主義骨鏈之所在，円為商業利益的背面站着的就是帝國主義，而由商業利益所達到的便是殖民地。

『我們（指國會）最重要的責任便是對於各大農工商企業之發展與維持。......所有的國家各大璣關都當注意商業事務，......外交部與殖民地局應當為首的負責找新市場與保護舊市場之責，陸海軍部應該為防視這些市場及保護商業而時時預備，......就是教育部也應當把他的目的建築到使我們的人民能夠任商業競爭場中得勝的普迪需要之上。......商業為各種普通利益中之最大利益，政府必須把力量注重於增加貿易及使貿易有堅固之基礎』。

（見wool所著的『Empire and commerce in Africa』）

這真是青天白日之下強盜打刧的事實，便是帝國主義者自己，他也是造不抵賴隱諱的，然而中國人卻夢着一點也不知道。

四萬萬的中國人民和三萬萬一千九百萬的印度人民，構成亞洲兩大民族之偉大數目，將及世界人口之一半，而印度人民有二萬萬四千七百萬（即全人口百分之七十八）已是英皇統治下正式百姓，其餘百分之二十二的少數人口號稱自治邦，經一八五七年之暴動後組織，實際亦無多大差異，且而如一九○一八年事件，死了六百萬人也換不出什麼自治出來。中國的人口之多是大家所自誇的；中國人又不相信什麼帝國主義，『瓜分』之說置騙了數十年，而每一次說起就每一次自意自解。誰還有本書說『中國現時之患還不在列強嗎？』中國人無論怎樣糊塗總應該承認中國是列強的商場；商場就是殖民地先聲，認識商場就可以認識帝國主義。近鄰印度三萬萬民眾所忍受的不過時間上比四萬萬的中國人較早罷了。我們試若分析國際主義在中國之發展，我們從鴉片之戰(一八四○)算起，直到臨城案(一九二三)為止，這最初最近的兩椿刧奪，都是英國帝國主義為其先鋒，而這八十餘年中更有許多事實，我們得以知道英國帝國主義在中國他是最大，最老，最有資格，最兇猛毒惡的。中國人所當認識的英格蘭便是如此。

（二）大戰以前的英國帝國主義

大不列顛對外及殖民地之投資在一八八三到一八九三年間增加到百分之七十四的比例率。一八九九年對外投資的利息總額是九千萬磅至一萬萬磅；一九○九年達一萬四千萬磅；一九一五年還二萬萬磅，卽等於當時國家歲入總額之十二分之一；亦卽等於國家對中下層階級歲入之四分之一，因為國家歲入總額就是九萬萬磅。大不列顛資本這樣可驚的輸出，在大戰前已是如此。我們為分析大戰前的英國帝國主義，除從資本輸出觀察外，更可一一指出政治的事實。

大不列顛對於埃及的民族運動(The rising of Arabi pasha)開始所謂『暫時』的軍事佔領，卒變成埃及及為保護國；一八九五──六年南美洲之邊界爭端(The Venezuelan Boundary Dispute)結果取得金礦，摧殘農業生產；一八九六年對於波斯之大借款，開始質波斯於半殖民地地位，波斯的軍隊是須用英國人教練的；由一八九五到一九○二年間在南非洲之屠殺；接着便是一九○二年的英日聯盟，為對付舊俄羅斯帝國而與日本為衡在中國的侵略；再如一八九八至一九○四年之所謂英法關係，決定了『尊重兩國商業之根互利益』；一九○五與一九○六年馬洛哥(morocca)問題，，英國是『為鋼與鐵』，為助法國而備戰的；一九○六至一九○七年之間，與法蘭西合對沙皇的俄。斯由借款財政關係而變為政治關係，密定了關於波斯，西藏，阿富汗斯坦條約，一九○七年由英俄關係變為英法俄三角同

盟，展開數年後英國對馬洛哥，波斯，巴爾幹之侵略局面，一九一三年中國之所謂五國銀行團借款，英國帝國主義便是主人翁，袁世凱得

了這二千五；萬磅用以壓追二次革命。

最後到…屠殺快，開始就有所謂英德的和平。　一九一二年德皇凱撒請了一位大不列顛頒的閣員到柏林去討論關於英德關係的一切問題

得出「美滿的結果」，所謂「英德關係在大戰爆發前之親密是兩國在本世紀中任何時所未會有的」（見Boudin的Socialism and war P. 22），

然而他們的條約與協定都不過是兩個强盜在晚上十一點鐘時的懺悔，實際上習慣的時間看看快到了；戰爭之鈴已鳴了，他們常然照舊到

屠殺場去。　僅僅在大戰爆發前幾天，一九一四年六月十日，爲當Eluard Grey 在下議院演說帝國主義的新政策而表示他對于這種政策之

祝藹：

『我認此種政策爲我們的責任，必如此而大不列顛資本在將來可遍佈全球，採用於租借地而無政治的反響。　我們將盡我們之所能以

援助保障，並圖取信。有關係的外國政府，使他們知道他們的利益與我們的一樣，肯給與如鐵路等之租借。　於此，帝國政府必能公正辦

理，用最善方法處置。』

（三）英格蘭與其殖民地

英格蘭的殖民地可以分爲兩種：頭一種是盎格爾薩克遜種：移民殖民地，原有的土人是已被趨逐或殲滅的。　這種殖民地之重要者

有：加拿大，奧大利亞，新西蘭，南美洲聯邦等；當些地方很久便獲得自治，各有其國會與軍隊等，加拿大且有自己的錢幣制。　這些地

方的人口大都是英國人，所以從此會及經濟地位觀察起來，與其宗主國是平等的。　第二種是本地人種的殖民地，換言之即征服的殖民地

，本地人在政治權利上受限制，受英國軍隊與官吏的管轄，如印度，埃及，非洲中部，亞洲西南之一部。　這些殖民地在政治形式上雖有

種種不同，然而經濟上是一律完全征服的。

英國帝國主義之重心在經濟組織，換言之即由各大工業中心所支配的大不列顛全體人民之經濟生活形式爲其骨髓。　他與殖民地的關

係，可用下列幾項把他簡示說明：

1，從殖民地榨取原料：—埃及與印度的棉花，奧大利亞的羊毛印度的蔴（yute），以及各殖民地的食料—而供給殖民地以奢侈

品，大機器，特別是各種鍊成的金屬工具。

2，英格蘭是殖民地資本的主人，自大戰前所有資本之新組合大半都是用在殖民地上，而所有的利潤却全部價還於宗主國。

3，英格蘭是各殖民地的「船主」，同時又是租船者。　歐洲與各殖民地之間及各殖民地相互之間的航業，大半操在英國人所組織的大

公司手中，英國海。資本用在航業上有特殊勢力。

4，英格蘭是各殖民地的銀行主人翁，幾百年以來英國的錢幣適用於世界被認爲是最有信用最好的；大不列顛帝國的銀行鈔票在世界的

商場上與金子一樣。

5，帝國的强大艦隊爲各殖民地之保護者，如神靈一般，特別是在別一位帝國主義者侵入或本殖民地有反抗運動時，尤爲出力。

（一）輸入表（以千鎊爲單位）

	1913	1920	1921
印度	49,420	95,721	44,268
奧大利亞	38,065	112,288	67,858
加拿大	30,488	92,999	62,287
再加其他各殖民地之總額	197,576	559,937	333,097

（二）輸出表（以千鎊爲單位）

	1913	1920	1921
南非洲	23,024	50,485	30,945
印度	70,273	781,240	709,022
埃反	9,806	43,644	78,830
奧大利亞	3,471	62,574	45,645
加拿大	23,795	42,693	19,433
再加其他各殖民地之總額	195,311	501,470	298,771

不過這樣輸入與輸出之差的資本也不盡拿囘來在「祖國」使用，他是糯米糰子似的就在各殖民地的肥土上打滾：國債，實業債，船業借款，交通借款……都由此而出。而帝國的官員，軍隊，行政費用還不在其內，這些費用須另由殖民地直接供給，「就地籌辦」。事實上，帝國的支配階級又必需與殖民地的資本階級連合作公同榨取的行動，特別是在逐日侵略的半殖民地中，他必須勾結半殖民地的統治階級——軍閥官僚與其政府——而在背面作鬼作怪，並且用種種特殊方式鐵路要警察權，關稅要會計權，借款要優先權，軍隊要教練權，政府重大事件要同意權。

我們試一翻閱英帝國關于經濟的報紙與雜誌，莫不充滿了關於商業利益的辯護，而在殖民地經濟與美日資本之競爭爲其中心問題。有名的經濟雜誌（The Economist）曾對於加拿大之自由發展抱充分憂慮，曼撤斯特報的星期增刊常常大批登載着日本資本在中國發展迅速的「驚人消息」與詳細的統計。

（四）大屠殺以後英國之經濟狀況

一九一四到一九一八年之大屠殺以後，英帝國之經濟狀況是勝利的。這個騙案雖然不爲英國輿論所承認，却只因爲這有更勝利者（美國）的原故，而帝國的政治家與資產階級因未嘗不以大不顛之政治經濟權力在大戰後達於高峯自愉。在大戰初，他讓別人將戰端開始，他在戰中是審慎考慮而徐徐增加他的兵力；直到戰事將畢，各交戰國都力窮氣竭了，英帝國才混入了生力軍以助成最後的勝利，以表示英帝國的强有力的國際地位。大戰初之兩年，他『集力埋於生產事業上作供獻以替代對於前敵之鬭遇』，另一方面，他的美妙的戰時財政組織『減輕了國際經濟的恐慌』。政府的統計表裏雖不說明，而所謂三萬萬磅的『非常收入』便是戰時商品之利潤。這樣一來，大不顛的工商業却是很易的恢復舊觀了。

這種事實往後又證明的是，英國資產階級將帝國經濟統治世界之發展事業，暗地裏怎樣還不必問，表面上便早已號召『繼續一九一四年八月所停頓的』了。他們老早就預備如何做『和平的結論』，所以大批的原料不絕的從殖民地輸入。沿海的重要的英國通商港埠都盡力於如何使各協約國都能得到原料的問題。這些事實所證明的都是，自從停戰之明日，各交戰國什麼都缺乏，而大不顛的工商業却是

（未完）

北京通信

（一）

內蒙古及熱察綏三區近狀

此處所謂內蒙，即就熱察綏三區中含有蒙古民族質素之地帶而言。二百年來，內蒙民族已大半爲漢族所同化，熱何，察哈爾，綏遠三區最著，其概況如下：

（a）帝國主義者之侵略——內蒙礦山林牧久爲外人所垂涎，此時日本人置產聚居，有成村落者。洋貨亦展轉輸入，洋布一尺價值大洋一元，餘可類推。內蒙當游牧時代，與漢族手工業競爭之結果，已成困匱不堪，況在洋貨輸入時代，其生活艱苦可知。

（b）北洋軍閥之蹂躪——北洋軍閥藉之經略蒙古之質力，而無時不加以零碎的襲擊：凡軍隊駐在地：牛羊婦女均不能保全，因此，蒙人對中國軍隊至爲仇視。

（c）王公之壓迫——歷來北京政府對蒙政策，爲籠廉蒙古王公以制馭其平民，故王公向爲其統治階級，對於平民，嚴刑苛稅，無所不爲。

（a）經濟狀況——歷來洋貨由直晉間接輸入，價格高出內地一倍，鴉片稅之徵收，每年約四五百萬元。官紳合辦的興業銀行，即區區十數元亦不能向外匯兌。

（b）政治狀況——直奉戰後，三區已在直系統治之下，因爲三區行政投官均尚非直系嫡裔。奉系唯一目的，即是收回三區統治權。常直奉戰時，熱何人民苦奉暴政，起而助直驅奉，奉之一師數旅，多被鄉團繳械，全歸無幾。此時三區人民深恐奉軍前來復仇，又因苦於直軍之苛索，漸漸覺悟自

治之必要。

（c）民間官力。——內蒙三區，本係多年淪陷中國之蒙古民族和二百年來，晉之新殖民混合而成，其反抗之精神與實力，可於甘（鄉團徵之。此時三區鄉團所有洛支：熱河約有四萬，察哈爾團約有二萬，綏遠亦約有四萬。此種鄉團，全屬農民，勇悍善戰；三區幣全由農民更替充任。

綏遠之哥老會，爲農民商人及手工業工人（毛毯匠木匠鐵匠）回民等協同領悔之結合，全數七八萬人，有武器者十分之一；馬福祥亦知之：而無如之何，只極力籠絡其首領，使之暫時籍姑而已。

（d）軍際狀況：——內蒙直無所謂駐扎軍隊，三區軍隊一統共不過四萬，而其派別有數十系之多，不但不能統一作戰，而且時時互相排擠。

縣符

（二）

洛吳對內蒙之新政策

今年春北京僞政府下令召集內蒙古六盟王公及各旗代表會議。召集內蒙會議的起源是：軍閥洛吳，藉着憲法成立，欲擴充地盤並鞏固勢力在內蒙地域。

會議中重要議案卽是將未分縣的蒙地，此後全分爲縣。又準內蒙每旗召兵一千名，編爲陸軍。同時這一羣王公亦想藉軍閥的威力，維持自已的地位，保守『塔不郎』的權利。此時不明眞像的蒙人，已預備一切，將着手施行。

內蒙民族分貴族奴民兩種，奴民占大多數，受的待遇，實在與未解放以前的黑奴相同。但此次內蒙會議，他們決不想以人類平等的原則，取消奴民不平等的待遇。純是軍閥利用內蒙，欲以四十九族的兵，倒服外蒙並包圍奉張，爲他們殺敵。王公亦利用軍閥，壓制奴

民。這正所謂狠狠爲奸，一班奴民作了他們的犧牲品。　（奉內蒙同胞，從速覺悟，不要忍受非人類的生活，當快與軍閥及王公奮鬥，奪回自己應有的權利。

鏡湖

寸鐵

學校與監獄

歐美監獄中，每每有教育與娛樂的設備，尤其少年法庭，獄官與法官對待少年罪犯，簡直和教師保母一般：這等監獄可說是學校化了。反觀中國的學校，動輒懲戒開除，有時還要用軍警來對付學生，這等學校可說是監獄化了！

（獨秀）

無政府黨與研究系

有一個無政府派的人，在學燈上說存統暉加入國民黨是爲有利可圖。我想存統釋暉若是說：無政府黨人加入研究系替該系的機關報學燈做文章，才真是因爲有利可圖。我不知道這班所謂無政府黨人，將回答他們加入研究系是爲了什麼？

（獨秀）

中國人爲什麼不能當中國船員

招商局是中國輪船公司，該局的董事長要用一班中國人做江利輪船船長和大二副，這件事在中國招商局雖是空前創舉，其實也無甚稀奇，而總船主外國人覺出來反對。像他們這樣排斥中國人，是排外還是排內？這又是他們在何種條約上旣得的權利？

（獨秀）

神童與詩聖

一個『身材媽媽：穿着時髦洋服，戴着鍍金手表，頭臉滿塗廣生行的雪花膏，宛如唱花衫之旦角模樣』的小孩子，被人裝弄着稱做什麼神童什麼萬國道德會會長，出現於奉天吉林，大開其講演會：說他

們是復辟運動，不都說是等於游劇場陳列矮八大手一猪二頭的把戲。至於這位江神童在奉天吉林演些什麼，其可笑自不待言，好在大家只要看見神童的俏模作便夠了，等於徐志摩說太戈爾的話：最重要的是瞻仰他的豐采，至於講演的內容，倒不關重要。

（獨秀）

收回教育權與中國學校

有些說大仿佛說：中國自己的學校并未辦好，何必急急對外收回教育權？　若照這樣說法，中國司法也未辦好，又何必收回領事裁判權：？中國政府更未辦好，那便得讓外國人來主持了！　（獨秀）

兩件不可解的事

北京國立大學請胡適之教書著書，而北京警察廳却查禁他的書：上海當局屬於反直派，而却遵奉直系政府命令，查禁反直的勞動旬刊與中國青年週刊，捕拿反直的吳稚暉，這兩件事都不可解！（獨秀）

誰是革命分子？

沙面英人忽然在中國定出侮辱中國人的取締苛例，這本是中國全民族的恥辱，不單是工人階級的恥辱；然而罷工抗議的只有工人，那班耀武揚威以商團軍向革命政府抗捐的商人，何以對此民族的恥辱一聲不響？　因此，我們革命黨人若還未曾完全官僚化，應該覺悟工人與奸商誰是我們這邊的人！

（獨秀）

萬縣案之京內外各團體致領袖公使公函

東交民巷荷使歐登科先生轉達英美日法各國公使鈞鑒：近年以來，中國國民苦帝國主義列強侵略之害久矣，國民反帝國主義之運動，雖已提高，而帝國主義者之勢燄，反因之愈烈。自李義元劉奎元等案後，漢口之乞丐案，塘沽之華工案，相繼迭起，日有所聞，已使吾儕應接之不暇，奮慨而莫名者也。　最近又令吾儕深堪痛恨者，莫如威殺萬縣船夫會案。　其案情之重大，固不待言，而其無理之橫行，乃足以表示帝國主義列強甘心背禮而行，蓄意使彼此國民感情扞格耳。　查此案之發生，係六月十九日，有美商郝萊等以輪載桐油，航抵萬縣後，即停船江岸，招攬脚夫搬運，因一時應招之脚夫過繁，極形擁擠，以故撥運落水者頗多。　然華脚夫以生長江干，深知水性，但未遭滅頂之禍者，實屬萬幸，當華脚夫落水之時，美人郝萊亦因不懼失足落水，不幸郝萊氏落水後，以至喪命；似此，明係郝萊氏自取其災，與我國船戶毫不相干。　乃英艦不察當時起串實情，反行遷怒我國船戶，立卽鳴砲，威迫萬縣知事及該地軍警，要求斷首船夫向首向國源等，以抵償美人郝萊氏溺斃之命，而是時萬縣知事及該地軍警，因處於壓迫之下，竟將華人向國源等二人，交由英船斷首示衆。　且英艦司令心猶未足，又勒令當地官紳，厚縱撫卹，他船戶，該官紳等亦無法對付，祗得含恨照辦。以上種種，俱係當日實在情形，責不在我，已無可疑矣。　故吾儕以美商設能顧念國際感情，理應由該商人等自行就情酌辦；方不失為正當平允，乃一味捏造事實，完全諉罪華人，如威迫知事，斷首船戶，勒令紳民，厚優撫卹，種種要挾，實為代表帝國主義者之一種橫不講理之舉動。　英國既自命恪守國際公法之文明國家，何竟屢次發生此等滅義絕信之事也！　用特專函聲請，務望貴公使等，至此次開讅，實在英美，而英美公使，於最短時間內，開赴他處，凡楊子江一帶，被害船戶家族，亦應由英美負撫卹賠償之責。　不然，歐美有四萬萬人民之衆，將貴國等所夫帝國主義之痛苦者，一息尚存，寗能忍此，且三戶足以亡秦，一旅獨能復國，敢國豈能遂無人耶？　取舍之道，言盡於斯，謹布區區，當希鑒察。

國民對英外交聯席會議，北京學生聯合會，民治主義同志會，等五十餘團體。

The Guide Weekly.

（中華郵務管理局特准
掛號認爲新聞紙類）
一九二四年七月三十日
郵票代款概作九五折

嚮導週報

第七十六期

分售處
香港 華文書局
巴黎 中國青報社
濱州 丁卜書報社
上海 民智書局
上海書店

分售處
武昌
共進書社
時中書報社

太原 晉帝書社
長沙 文化書社
濟南 齊魯書社
杭州 今園書店
愛南 新亞書店
寧波 明星書局
開封 文化書社
南京 天丁書局
福州 開明書店
成都 聯陽書報流通處

定價 每份三分 國內一元寄足四十期 國外一元寄足二十五期 郵費均在內

每星期三出版 發行通訊處 北京大學第一院發收課韓德賢君轉
杭州萬松嶺路街轉洪立民明

嚮導週報 （第七十六期）

時事評論

新銀團與中國

獨秀

銀團爲中國之隱患和使團爲中國之顯患，是帝國主義的列強侵略中國一個政策之兩方面，前者是經濟方面，後者是政治方面，這兩方面有時也會有私的衝突，而根本上我們沒有方法說他是兩件東西。

銀團內部也隨着列強自身政治經濟之變化而變化，由英美俄德法日六國銀團，而英俄德法日五國銀團，而英美法日四國銀團，這個大戰後改組的四國新銀團，實權上只是英美的銀行團。

去年八月新銀團在巴黎集會，英法美日代表都到會，發表宣言；宣言中有重要二點：（一）因該團以國際合作代替國際競爭，深合華會公約；（二）本團苟爲中國承襲國債，必須該款用於適常用途，且可到期歸還，因欲達此目的，自須有若干之監督辦法。第一點，明明和華會對中國由瓜分政策到共管政策到共同侵略，是一鼻孔出氣；第二點，明明說到共管之實際。

現在，新銀團又正在倫敦開會。此次開會乃由英國提議，提議的主旨有二：（一）因該團到明年十月已滿五年期限，意欲討論可否繼續下去；（二）因從前新銀團約規約過於束縛團，意欲改訂規約，以便各國自由投資。

其結果，據路透電：議決合同滿期當再延長五年，是英國提議的第一個問題業已解決。第二個問題如何解決尚未宣布。惟開英美銀團的意見，擬襲政治投資而爲鐵路投資，同時中國大軍閥吳佩孚也主張急設到庫倫新疆際條鐵路，此事如果實現，一方面列強益擴張其經橫支配中國之權力，一方面中國軍閥不但挪用路款，而且增加其擔熊殺人的速度。

在中國現狀之下，列強對華鐵路投資即是間接的政治投資，這是列強和軍閥勾結爲患中之一大計劃。

帝國主義者援助軍閥之又一證據

獨秀

對華猗輸軍械之約，本是由美國提出於華府會議，而經列強議決的，現在他們因爲要按

助北洋軍閥，不惜自毀前約，將大批軍械運到中國。

意大利售大批軍械於曹錕之後，接着就是首倡禁械的美國售大批軍械於吳佩孚，此事雖經美使館否認，而事實昭彰，怎容他抵賴。

發見并扣留此大批軍械的乃是天津海關，此項運械并有陸軍部所發一二四九號護照，護照時日是民國十三年四月二十日，蓋有大總統印及陸軍部印，填發護照之負責人，除陸軍總長陸錦外，復有吳佩孚之署名蓋章，照上所載軍械數目：步槍一萬枝，小槍一千五百枝，機關槍二百五十枝，步槍子彈一千萬粒，小槍子彈二十萬粒。海關所以扣留的原因，以實數只有步槍五千八百枝，子彈五百六十四萬，小槍二百五十枝，子彈二十萬，和護照所載不符，故不放行，現在還存關倉，經迅之美國人次洛耳夫，已電告洛陽，并得復謂卽派員來津交涉。

同時，日本亞爾太丸由德國漢堡運軍火三百五十箱至天津，此項軍火有北京政府護照，也是吳佩孚所購。

同時，我們又應該知道未來內閣顏惠慶的政策，是以整頓財政名義，借新債五萬萬整理舊債，且曾得新銀團之同意，即以新銀團和財政整理的名義爲一買一賣的包辦機關。在此五萬萬大借款內，吳佩孚可分得一萬六千萬元爲統一費，因此他對顏閣甚表同情。

野心勃勃的吳佩孚，旣得到大批軍械，又得着大宗借款，有款有軍火，自然要向西南東南東北西北四方八面橫挑戰禍；因此，我們應該明白：帝國主義者援助軍閥是中國禍亂之源泉。

帝國主義者爲什麼要援助軍閥？ 這是他們對待殖民地半殖民地慣用的政策：扶植舊勢力，抑制新勢力，俾永遠在他們支配之下。況且中國國民革命運動正在猛烈的進行，他們如何不加緊援助北洋軍械！

因此，我們更應該明白：歷來軍閥（自袁世凱至吳佩孚）都是依靠帝國主義者的援助而生存而恣意爲惡，革命黨若只反對軍閥而不反對帝國主義者，乃是一個極大的錯誤觀念。

沙面罷工與民族主義者　　　　獨秀

日本取締中國留學生，美國南洋取締華工，已經是人類不平的事了；然而這些取締都還是在他們國境內行之，現在他們卻更來到中國國境內取締中國人，這是一件何等喧賓奪主的事！

沙面新警律爲中國人所最不能忍受的是：從八月一日起，沙面華僑出入，概須攜帶執照，照上須粘主人照片，每晚九時後，華人非攜帶執照，不能入境兩次。凡歐美人日本人印度人安南人等，均可自由出入，獨取締中國人在中國國境內行路的自由，這明明是加於全中國民族不可忍受的侮辱！

沙面全體華工罷工抵制，這種爲全民族受辱而消極的和平的運動，沒有人能夠加以絲毫非難的。現在因爲沙面英領事堅持不肯讓步，罷工風潮將擴大到香港，且有抵制港幣之說。外國貨幣在中國境內直接使用，本來也是一件怪事，因此抵制不用，也是很正當的。

現在外人方面對於此事的言論，大有責備廣東政府糊塗暗中鼓動的意思。這種荒謬的言論，固然是外人太輕視中國人的人格，也是廣東政府自己態度不對所招惹的。像這種爲民族爭人格自由的運動，凡是中國人都應該鼓動，國民黨的國民革命的廣東政府更應該爲此事堂堂正正的出頭率領民衆爲民族的人格與自由權利而戰鬥，豈止應該鼓動。 不料廣東政府竟站在調人地位，而且聲明卽此次運動無關；此種聲明，不管說廣東政府不是爲民族主義運動而設的，所

像這些事，都是廣東革命政府應該出頭做的，現在卻讓民衆搶先做了！

以才惹起外人的猜疑與責難。

「爲民族的人格與自由權利而戰鬥」，革命的國民黨是爲此而組織

，革命的廣東政府是爲此而設立，凡屬此類運動，每個民族主義者都應該站在民衆前面，不應該跟在民衆後面，更萬分不應該站在中立國人地位。　若恐怕因此觸怒列强，那便萬事干休！

廢約運動

爲　人

國際間不平等之條約不廢除，各被壓迫的民族無獨立之可言！中國受列强逼迫欺騙所訂成之一切不平等的條約不解除，中國永無解放的希望；如現在未將一切不平等的條約解除以前，我們要向洋大人收回租借地及領事裁判權吧，則洋大人必說：『你們違背了條約』；我們要向洋大人收回海關自主權吧，則洋大人必說：『你們違背了條約』。

差不多我們底一切行動，都要受什麼條約的限制，中國一般媚外的奴才，又往往視條約爲神聖不可侵犯，盡力爲外人辯護及保護，使我們國民忍無可忍，不得不自動的起而作正義的廢約運動。

自日本帝國主義者威嚇我們及勾結北洋派首領袁世凱私訂廿一條以後，廢約的運動至此而益鮮明。　此時美國的威爾遜欲以外國爭個雌雄，便隨風應變的提倡一些民族自決的口號，意欲取得我們弱小民族的歡心。　後不久，威爾遜的假面具除騙得一時的好感以外，一點也沒有見諸實行，卽美國所鷹的殖民地，亦未見有減輕一點壓迫及侵略，使我們被壓迫的民族充分的知道廢約運動，除我們自己努力外，靠帝國主義者的什麼恩惠是萬不可能的。　又列强對於弱小民族有條約固然要任意侵略，無條約也是同樣的要任意侵略，如智利領事裁判權，本來沒有條約上的規定，列强卻偏要祖護智利領事的說：

『智利在中國有領事裁判權』；如帝國主義者自己贊美的華府會議，曾承認增加中國二五附加稅及撤消治外法權等，他們卻始終遠約不允我們底正義的合法的要求；如威海衞等租借地，明明已滿期應歸還中國，他們卻故意佔讓無心交還。　禁運軍火來華，明明有華府會議的決定，他們卻毫不顧及，是所謂什麼神聖不可侵犯的條約，已被他們自己毀壞得粉碎，我們登獨不可廢除？

在此國民萬衆一整發除國際間不平等條約的時候，只有共產黨執政的蘇俄，他們四年前曾自動的兩次向我們宣言放棄一切已得的權利，好狠毒的列强，他們一面向我們進攻，一面設計阻止蘇俄對中國放棄一切已得的權利，使中俄的邦交，至今還在糾紛之中。但我們已足明白：

（一）國際間不平等的條約不廢除，中國是不會獨立自由的；

（二）廢除此等條約，要倚靠帝國主義者的什麼恩惠，是萬不可能的；

（三）條約已被帝國主義者自己宣布了死刑，我們何獨不可廢除；

（四）世界上只有共產黨執政的蘇俄，才眞能援助民族自決的運動；

（五）帝國主義的列强既不願我們廢約，他們必百般頑抗，必百般指我國使他們的傀儡——中國軍閥推殘對外運動，

（六）廢約之辦法，是要廢棄一切舊約，從新訂立新約，和對俄協定一樣，并不須研究某閩某約的某條不對，然後才技枝節節要求他們修改；我們主張的是廢約，不是修改條約。

原來廢約運動，卽是民族獨立運動。　民族獨立運動不是向列强和平請願可以成功的。全國爲廢約而奮鬥的同胞們，我們宜在一革命旗幟之下去做廢約運動，不宜各自爲戰去做廢約運動！

全中國反帝國主義運動團結起來呵！

全世界反帝國主義者團結起來呵！

世界第一名帝國主義者——英國

（續前號）

趙世炎

（五）歐羅巴驅逐主顧與英國經濟之恐慌

英帝國工商業之恢復固是事實，然而是暫時的。歐羅巴洲四萬萬人口於大戰之後最缺乏的是燃料，所以一時很能容納些貨物，但在歐洲大陸的市場已沒有交易的商品，換言之卽沒有可以囘贈英國工業的物件。所以在「和平結局」之後，英國資本家想把這種難關由兩途解決。一方面，他們大購買其股票與收羅歐洲之大小企業而以商品付其值。另一方面，他們對歐洲新建的諸國，特別是對英國將來可靠之近東諸國，密借以價款，而這些價款實際便是用商品付給他。

不幸中歐與近東各國都是戰後之損傷者，他們縱然能夠立刻消費了所接受的商品而絕沒有再懺讀的能力；到後來，他們接受的力竭了，而英帝國的金融也日日高昇，主顧的地位愈更站不穩了。

於此英帝國之經濟恐慌便開始澎漲。這種事實是很明顯的，生產品消不出，貨物屯積日增，而各工廠作坊不能不在製造，資本主義社會生產之危機自然就馬上暴露。這時候緊接的事實就是工人的失業痛苦。一九二〇年之末英國最大鋼鐵廠之一謝非爾得(Sohefield)工業新提嘉之最大者就開始辭退整千萬的工人。是年十月二日的經濟雜誌大叫喚：「帝國工業前途之黑暗呵！售賣問題太困難了」。而泰晤士報也號呼：「現在，公然在我們面前發生可怕的生產品跌價悲劇了」。曼徹斯特指導報對於當時狀況述論更詳：

「最近這種人造的危機毫無疑義是由戰爭之直接結果產生：物價亂漲，信用低落，紙幣濫發以及軍費之浪費都使社會生活遭極大的損失，非有數年的長期忍耐與工作絕不能恢復。

「在商業恐慌的各種原因之中，其最要的是：外國主顧的貧窮，銀價的昂貴，信托的禁止，以及工人的輕舉妄動，陷各廠主於困難之境不能使各種合同之定貨停止，於是製造廠不得不停。……」

「各種大工業的定貨停止，結果擴大貨物的屯積，連利潤的大稅率也包含在內。

我們對於這樣現象當認爲是兩種事實環境的結果。一方面是生產額在資本家尚不滿足而在社會上已是生產過剩，另一方面，這種恐慌既是生產過剩便當如何使所屯積的貨品能達到個社會的價額，而將這些貨品送到市場上去照公共的價額賣得出，不過這絕辦不到，資本家也不肯這樣辦。

資本的勢力仍然勉強把各企業維持着，物價很滑稽的或跌或漲，貨品之屯積如故，而生產有時停頓，有時不過限制一下。

於此，我們當要研究的，像這樣情形，在社會上是怎樣呢？這個問題給我們的解答便是：惟有工人是恐慌的犧牲品。所謂的「生產平衡」在資本社會中的一套方程式，是方程式的一方，那一方所寫的便是工人失業四個大字。各工業家乘此時期採用所謂「短時間工作制」，也是同樣方程式之活的應用。

當一九二〇礦工大罷工之役：礦主正與逢時會，深得停工之賜。而一九二〇年英國許多公司付給年利之事尤可看出，各股東所得一九一九年之利息竟多於正在戰時一九一八年所得。

英國有組織的資本勢力很輕鬆的把恐慌的重擔負在工人身上，而「一面能安然付股東的利息，這眞叫做『是可忍，熟不可忍!?』」

下面兩個簡表，一個表明一九一九至一九二一年間工人失業的數目；另一個表明所謂的失業保險法頒市以後（一九二二年）在各工業中之失業工人數目，這都足以證明大戰後英帝國之經濟恐慌所召起的工人痛苦：

這以上雖是較遲的情形，而實際近狀上終于沒有多少差異。失業的人數在最近的統計仍然是一星期比一星期加多。自券爾估領以來有所謂英國經濟情形之便利問題，現在當然可以證明是帝國主義者間相互傾軋的話了。

目前英國經濟界的想像仍然是：怎樣才能將英國工業生產品輸出，怎樣才能得着外來的廉價原料等等的問題，而工人之痛苦如何他們在資本主義生產予盾之下自掘填墓當然無法過問。

一部份的企業家又自已不知所從了，有的想『提高英國的農業』，有的要組織移民隊往殖民地去！

大不列顛老的遺傳的經濟政策到現在成爲問題，於是一些龐雜的空氣就應運而生，如保護主義（Protectionism）的要求，便是一種。

十月（一九二二）間的『帝國會議』竟擬定了所謂使大不列顛帝國爲一個單純的國家經濟組織，但求自給而稅則關係對世界獨立的滑稽議論。

鮑爾溫首相在開會詞中說：『倘使我們帶目一望歐洲而與我們在四年前慶祝之希望比較，眞叫我們有些寒心！』他又說明現在各國爲戰爭之預備，較一九一四年尤甚。

又如英美間的債賬問題是牽引英美成爲糾紛的唯一線索：英國資產階級要想生存，必須先設法怎樣擺脫大金子國的羈絆。於是泰晤士報曾指明的說：『帝國會議對於星加坡建築軍港問題毫無疑義必深加注意！』這個表明的頭一件是，華盛頓會議限制軍備是鬼話；第二件是太平洋上大金子國的勢力範圍要平衡平衡，未來的借東亞爲戰場的事從早就當預備起來。

第 一 表

時　期	失業人數
1919年十月	564,136
20年十月	337,334
21年一月	977,236
四月	1,799,242
七月	1,803,696
十月	1,554,973
22年一月	1,925,450

第 二 表

工業區別	失業人數
建　築	196,007
造　船	129,381
機器製造廠	310,984
銅鐵廠	212,700
交通礦版	153,169
煤礦版	136,348
木綿廠	98,965
羊毛業	35,996
絲業	62,314
衣業	80,861
其他	527,307
總數	1,934,830

在帝國會議中之討論又曾指出：英國各殖民地之經濟情形是十分歧異而不能以同一方式實施的。　現在的加拿大之工業發展，美國資本力竟將過於英國自己；一九一四年時美國資本侵入加拿大是六萬萬二千萬元，現在已是二十五萬萬元，而英國資本現在領與大戰前一樣，不過二十七萬萬元，加拿大已幾於是紐約諸大資本家的「殖資地」了。　在其餘殖民地如印度，工業之發達又完全建設於帝國的資本。故在另一方面，帝國重要工商業界都極力反對　大不列顛帝國可以自足於經濟之孤單組織。」這些事實都表明英帝國資本主義之恐慌，衝突，矛盾，混亂，不能支持。

（六）英國的政黨

英帝國之經濟之分析既如上述，我們便縷述分析他的政治。　英帝國政府之形式為所謂有限專制，完全建築於貴族及資產階級利益之上是不用說明的。　國會在憲政上有最高權利，而實際上依照歷史的事實——以政黨的起落為內閣總理的更換——看來，國家的大權卻輪替的操在背面站有大批辣斯資本家的內閣閣員之手。　選舉權限於男子年齡在二十一歲以上，已嫁女子年齡在三十歲以上；換言之卽在二千六百萬成年人中，二千二百萬人有選舉權。　英帝國的政黨，在過去的不說，現在的分割是這樣：

（1）保守黨（Conservators），其中包含：

A．頑固派（Diehard）——代表封建遺跡的軍閥階級，愛爾蘭的大地主，及英印的官僚主義，

B．混合主義派（Unionist of coalition）——代表地主與農民羣衆，教會，保守的資本家及兌換所等；

C．自由保守派（Liberal Conservator）——代表最小一部分之擁護地主利益者，要求工業立法（Industry legislation），在保守黨內部號稱自由政治的黨徒。

（2）自由黨（Liberals），其中包含：

A．獨立自由派（Free wee）——由Asquith與Grey所創，代表絲業，各大企業，及各自由工業；

B．反對國教派（Non-Conformist）——代表反對派宗教（Dissident-riligion，不從英國國教之宗教），合作主義者的一大部份，及各銀行與各財政企業之利益；

C．混合主義民族自由派（Coalitionist national liberal）——魯易喬治，邱吉爾等為其首領，代表戰時工業，新興的富豪，威爾斯（Wales）工業，猶太人之大商業與政資本。

（3）勞動黨（Labour Party）——代表官僚主義的工會，近來復聯合小資產階級，在政治上是急進窯；以議會行動為中心，常與自由黨聯合戰勝保守黨，其中又分數派，詳見下段說明。

（4）共產黨（Communist Party）——第三國際英國部；現況尚弱小。

（七）非共產主義的各勞動黨歷史

英國的人口是世界上最工業化的，換言之卽是最無產階級化的，然而共產主義的運動至今尚是微弱。　在外形上看來好像英國工人還

動之勢力頗強，而實際在無產階級政治見地上觀察，這些運動不是改良，便是反動。數年英國然有工聯，勞動黨，及一般社會主義者之結合會轉勞動黨以一個所謂的社會主義之基礎，然而直到現在，竟不過仍保守着一些資產階級的習慣。不來，自從資本主義在英國發達以至於登峯造極，英國的勞動運動在初便運殺的於工聯(Trade union)形式之下發展，而以所謂的經濟鬥爭爲其目的，以官僚主義爲工會之指導機關，直到最近，才勉強有些工人自身的真正政治活動。

我們更當知道的是，擁有佔人口大多數的無產階級之英國，他從世界的無產階級(特別是殖民地的)榨取中把英國無產階級放到了一個特殊地位上去，——這個地位便是「工人貴族」。

因此而英國勞動運動與各勞動黨之歷史是最值得我們檢查的，最近所有的英國非共產主義的各勞動黨之略史如下：

1．勞動黨(Labour Party)．——自一八七四年，英國工聯便有議員於議會，然而直到十九世紀之末，好多工聯議員都由資產階級黨派選出。

一八八九年勞動代表委員會由一部份工聯及社會主義者創始，才預備了十五個候補議員；但在一九○○年普通選舉，其結果只產出兩人；至一九○六年普通選舉選出二十六人；而此委員會遂改名爲勞動黨。自一九○八年礦工協會加入後，議會部份子竟有十五人加入自由黨。在大戰時，勞動黨完全贊助政府，參加混合內閣；他的首領如漢得森(Henderson)克里時(Clynes)等都做閣員。

由黨聯接，而大多數是工聯的僱員或自由派工人之代表。

一九一九與一九二○間之六十二個補選額，勞動黨又得了十個選額；大戰後勞動黨便辦混合內閣，常常接近自由黨於政治舞台；而嗣後以羣衆的監督，有時才不得不採用爲工人利益之政府。

一九一八年時普通選舉得六十一個議會席，同年採用了新黨章。

自從補選以後，資本家方面即有反對勞動黨的口號，而勞動黨只在議會席上賣弄，怯於階級爭鬥。反對於蘇維埃俄羅斯之新的戰爭恐駭。一九二○年八月自下而起的各工業區之工人代表所組織的自由黨的行動委員會；而對於蘇維埃俄羅斯之新的戰爭恐駭。

他實際上只是一個小資產階級的黨而將大羣衆的無產階級統治着；他拒絕共產黨之聯合會議。

2．獨立勞動黨(Independent Labour party)．——一八九三年時由各工業區獨立勞動黨代表，社會民主協會一部份之代表及法賓(Fabian)黨員之聯席會議所組成。他們在工聯中組織，而主張一種獨立活動的政治，工聯中之職員及一部份有力的工人都漸漸依附於他，在兩年之內就有二百個黨員被舉於各市議會及各城市的機關中。

自此以後，他們也在原理上採取了一點社會主義基礎，在勞動運動中主張佔最有力的主張者。在大戰時，他操勞動黨政治主張的指導地位；大理論家麥克唐納爾(Ramsey Mac Donad)老早就是議會部的領袖；採的溫和態度，於是他在當時勞動黨中便是中央派反對戰爭的勢力卒被資本階級混和政策他是最有力的主張者。大戰以後，極左派以共產黨之影響而漸變有力，強烈反對官僚首領的運動時起，直至一九二○年的會議，經五百二十九票對一百四十四票之多數，退出第三國際。又派了一個代表回到俄羅斯，想加入第三國際，而同時麥克唐納爾尚站在第二國際之立場，都被否決；最後左翼遂分出組織了共產黨，第三國際之英國支部。

獨立勞動黨到後來卒參加了維也納會議，現在是所謂的第二半國際之一個有力分子。

3．法賓社（Fabian Society）——於一八八四年創始，為一般知識階級與中等社會階級之結合，這裏面頗有些大著作家，社會學家，如蕭伯納（Bernard shaw）魏卜（Sidney webb）威爾士（H.G.wells）莫勒（Chiozza money）等。這些大學問家所建立的社會改良主義頗有影嚮於自由主義的社會立法事業。在大戰以前，他們在勞勁黨政治中站一部份地位為獨立勞勁黨的間接介紹者，而現在他們却是直接參加勞勁黨的政治問題，但其效力已是微小極了。

4．社會民主協會（Social-Democratic Ferderation）——這是俄國蒲列哈諾夫（Plekhanov）的馬克思主義在英國所形成的政黨，一八八一年由海得滿（H1.m. Hyndman）所創立，一九一六年曾召起分裂，改國家社會主義黨，不久又復原名，他的勢力，在海得滿死後是極小的。

5．社會主義勞勁黨（Socialist labeur Pasty）——一九〇三年自社會民主協會左派創立，當初以Daniel ae Lion為首領，為美國社會主義勞勁黨之一部，在大戰時多數黨員參加於工廠委員會之活動，而其綱領近於空泛，對英國帝國主義竟不能切實認識，他們只在反對軍國主義的革命行動上建設理論，而於一九一七，一八兩年中行動上表現最烈。

在英國共產黨組織之初他們便有一部份是參加的，現在大多數已是共產黨員，而其餘的也正在分化之中。

北京八校聯席會廢約宣言

廢棄不平條約　　重構國際關係

我國地大物博，人民勤勉耐勞，歷史文明，甲於世界，雖近代物質競爭激苦，猶能卓然立於東亞，此我民族之特徵，中外所同首肯者也。

邇年不幸，內政不修，外侮日亟，凡百政事，罔不受外力之干涉，以致財政艱窘，民不聊生，寖成被壓迫的民族，舉手投足，動輒得咎，雖我民族在此狀態之下，展轉呻吟，猶勉圖自立，而外來壓迫，則愈演愈烈，什百倍於昔時，差幸中俄中德協定成立，本平等相互原則，締訂兩國國民交誼，而吾民以發奮自強之機，乃不為其他帝國主義者所喜，深恐吾民有自圖振作之實，不利於彼等，百計千方，力謀梗阻，我民族不甘暴棄，爰有進一步主張，為廢止國際一切不平等待遇，另本相互平等原則，重新搆成國際關係，使我民族亦得享受人類應有之權利。本會同人，亦國民分子，忝居智識階級，義應為民先導，對於國民此種合理合法的運動，竭全力聯合我國民並世界同志，要求帝國主義國家政府國民，速將國際一切不平等協定協約議定書等等，全部撤銷，願以民族的勢力，促其反省，使國際無不平等之待遇。且為保持吾民之合法宣傳，預向帝國主義國家警告，我國國民之言論自由，絕對不受無理的干涉，一息尚存，始終不渝，敬謹宣言，以當息攘。中華民國十三年七月十八日，北京國立專門以上八校教職員會代表聯席會議。

The Guide Weekly.

嚮　導

週　報

◀ 第七十七期 ▶

分售處（右）
武昌　民智書報社
上海　上海書店
廣州　丁卜書報社
巴黎　中國青年社
香港　華文書局

分售處（左）
太原　晉華書社
長沙　文化書社
濟南　齊魯書社
杭州　新星書局
寧波　古今圖書社
開封　文化書社
蕪湖　明星書社
南京　工學社
天津　一聲局
成都察陽書報流通處

中華郵務管理局特准
掛號認為新聞紙類（一）
一九二四年八月六日
郵聚代欵概作九五折

定價　國內一元足寄四十期　國外一元足寄二十五期　郵費均在內　零售每份大洋三分

每星期三期出版　發行通訊處　北京大學第一院收發課轉于明　杭州薦橋路弄七號洪轉立民

時事評論

再論外人私運軍火與中國治安

獨秀

意大利售給曹錕的軍械價值五百五十萬元，現在美國售給吳佩孚的軍械價值三百二十八萬元，日輪又由漢堡運到天津軍火三百五十大箱，此外齊燮元馬聯甲都在天津購得若干意械，這都是帝國主義者供給北洋軍閥殺戮中國人民的。

七月廿四日上海字林西報說：「日昨法國郵船裝高爾號進口後，未及半小時，又關員鄧在船中抄出自動手鎗五十枝，子彈五千粒，近來法郵各輪屢有違禁物品查出，此次已屬第六次，前如肯博特號，安德來號，布爾介號，安德來朋號，安博司號，安乾爾號等五輪，相繼被關員查獲軍火。」此外上海租界發見日人私藏軍火的事，幾乎每星期都有。這都是帝國主義者供給和以軍火供給軍閥盜匪之結果。

我們敢說：帝國主義者對於中國的侵略不停止，中國決無治安之可言，尤其於治安有直接影響的是私運軍火。

他們供給軍閥盜匪無數軍火殺了無數中國人，他們向來不以為異；可是有一班盜匪竟爭這軍火來光顧租界，殺人殺到洋大人身邊，住在租界的任何人都難免波及，因此洋大人才恐慌起來，中法新彙報說：「不幸吾滬祕密販運軍火者，繼續不斷，外洋來船時有大宗殺人器具運入，雖關員屢有所獲，而破案者殆不及十分之一。吾人苟欲杜絕此項不名譽之營業，必須於販運之人不問國籍之誰何，蓋人處以死刑，夾帶之船舶，在若干數目以上，不問其主

倫敦泰晤士報通信員說：「在華外人需要偉重條約權利和保護他們的生命財產，此兩事均在各督軍勢力之內，故外國對華政策，應以驅迫各督軍使合此項需要為目的。祗要一個督軍被迫而下跪，其餘督軍省將俯首聽命，如中國式之玩物然。外國干涉雖不能恢復中國之政治統一，却能樹外國在華之威信，如庚子聯軍等事乃其先例。雖欲取此步驟，必須各國一致行動，否則無效。一排督軍向外人下跪叩頭，實是一幅濃厚彩色的奇妙盡圖！」

盜匪殺戮中國人民的。

帝國主義者一口聲聲責備中國不能自保治安，不能保護在華外人生命財產之安全，他們却忘記了這是他們自己以商業侵路逼得中國人窮無資了

人之爲華人爲外人」概不沒收，以後犯法者庶知所畏懼而不敢爲。…

……匪徒之行刦殺人者，治以死刑，而於彼私運軍火以導其爲惡者，反釋而弗治，吾人自問良心，竟得謂之平允？』工部局總巡強森民報告董事會說：『埠內違法販運軍火之徒日多，所販數目又日不在少；皆有證據可引，外人營此犯禁事業若是其衆日，全國處爵太輕所致；毫無疑應，如某領事公堂最大罰則不過監禁三月，又如某領事公堂最大罰則謹能監禁二十九天，日前更有一私售軍火與華人案，破獲之後，因其爲本國軍火之故，即行釋放，處爵之輕若此，無怪乎外人貪利犯禁者之衆也。

外人私販軍火之罰則，非至確可收禁阻之效，恐匪風未必能戢，而街中流彈橫飛，危及行人之事，亦未必遂能中止。』他們只看見盜匪得了軍火，在租界中流彈橫飛，危及人民之事。他們不看見軍閥們得了大批軍火，在全國中流彈橫飛，危及人民之事。他們只主張處罰在上海販運軍火之外人，他們幷未想到如何處罰在天津販運大批軍火之外人，及其政府。如此，『自問良心，竟得謂之平允？』

宇林西報說：『不幸目下有關係之各當道：幷無一致行動之徵象，而捕房所處地位，尤因各領事態度之大異，辦理極爲辣手，是故目前於防杜軍火，直可謂之毫無辦法；竊恐私運之風永不能稍戢，……』像這樣『私運之風永不能稍戢』，像這樣『毫無辦法』，外國領事老爺們只有把租界之司法權行政權交還中國人自己□理能！

大水災與賑災附加捐

獨‧秀

此次中國大水災，爲數十年來所未有，直隸災區計有五十縣，被淹的村莊至七百二十七處之多，淹死人民無算，萬全一縣淹死者三千餘，失足者亦三四千；張家口一帶淹死了三千多人；南滿十餘縣被災；湖南省有一百萬災民無家可歸；天津漢口被淹的危險則還沒有過。

軍閥們忙着爭奪地盤，那有閒心治水；到了大水淹在他們的地盤上，卻是他們一件苦惱的事。最苦惱的是大水沖壞了鐵路，防礙他們的軍事運輸。

然而他們在這苦惱之中，也大有許多不苦惱之事：一班小軍閥及官僚藉了急工可以揩油，政府藉了急賑可以加捐。現在，北京交通部，要在郵政，電報，鐵路，輪船等上面徵收附加捐，以爲急賑之用。說到賑災，向來是黑幕重重，賣用到災民身上的不知道是千分之幾萬分之幾；人民遭災，卻爲軍閥政府加了一筆大宗收入！

日本在華侵略之新計劃

獨秀

南滿鐵路會社，不但爲日本開發滿蒙之總機關；亦卽其侵略中國之重鎮。加藤內閣成立，首先更換南滿鐵路總裁，以圖擴張南滿鐵路會社之營業範圍，使日本在滿洲之經濟勢力益速發展，然後再向北滿及內外蒙與美國商業競爭。新任南滿鐵路總裁安廣伴一郎氏，對於開發滿蒙，素抱急進主義，赴任後，卽擬定營業發展之新計劃；幷以上海爲中國商業中心，又與日本滿洲均關係密切，亦特別派出多員調查，以爲實行新計劃之準備。聞所定新計劃重要的是：

（一）推廣撫順（卽千金寨）煤礦之產帶，由現在每年最多額五百五十萬噸，將來增至七百五十萬噸。

（二）收併大連輪船會社，幷以一百八十萬元新造五千噸以上之快輪數隻，專供大連上海間之直航，以利運輸。

（三）調查撫順煤礦，擬以後每年在上海出售撫順煤五十萬噸至一百萬噸。

（四）修改上海滿鐵會社之碼頭，增設上海倉庫，幷在吳淞新築碼頭及倉庫。

（五）將滿鐵窯業試驗場所製玻璃商品，運供上海市場。

（六）將由上海運轉大連之棉線棉布藥料毛織物麻袋麵粉等，設法直接輸入滿洲。

（七）利用上海之標金交易，均衡滿洲之銀價，藉以操縱滿蒙企融。

照日本這個發展滿鐵會社營業範圍之新計劃，至少可以說明他們對於廢除廿一條按俄舊約交還已過租借期之旅大及南滿鐵路，做夢也未曾想及。

加哇的民族運動

獨秀

歐戰後，民族革命運動瀰漫了東方，最成功的是埃及與土耳其，其次是蒙古印度阿富汗與飛律賓，最無用的是安南朝鮮波斯與中國。此外還有一個民族運動最徹底幷且很有力量而大家不大注意的是荷屬加哇。他的運動歷史甚長（參看前鋒月刊第三期），茲錄申報通信一段，也可見其最近運動之一班：

華人張本許春園陳金順侯永茂，及土人So kindar Soegiri等所組織之種族互助會，其目的在改進華人及土人經濟勢力之失敗，與法律上之不平等，已於七月一日上午九時在三寶壠回教堂開會，到會者約二千餘人，土人居多，華人約二百左右，警察廳長各番官Tohar Pafih及警察多人，來會監視，各報記者亦涖止，由Soek Indur主席，對土人Darsono相繼演說，華人林萬魏等討論請政府修改法律，後主席宣布議決案，及要求取消法律第一百五十六條，至十一時散會。

警察廳對於該會頗甚為注意，先期皆傳問發起該會之華人張木本及陳金順等，關於該會之情形。及開會時，土人Darsono演說，痛詆荷人，旋即恢復，番官謂所言含有抵制荷人之意味，不許再說。

其他諸人所演說，均甚重要，茲特詳錄如下：

主席宣布開會宗旨，次華人侯永茂，印度星報記者Soengago，土人Darsono相繼演說，為番官宗旨略止。

謂本會董事華人某君，今日本擬出席，因有要事離埠，故不能到會，並但會函告本會聲明，對於今日此會：華人應來與土人聯絡云云。

華人侯永茂演說：「吾華人南來，為時最早，不辭勞苦，慘淡經營，此地商埠，始有今日之興盛，華人之功不小，乃政府種種待遇，頗不平等，譬如日人犯法，歸高等法庭辦理，而華人與土人，即歸地方檢察廳，宜同心協力，以打破此不平等之待遇，冀達目的，並打破資本帝國主義，更望華人方面之互助，努力猛進，冀達目的。能成立一黨云云。」

印度星報記者演說：「由今日起華人與土人實行聯絡，應以此日為大紀念日，永紀不忘，嗣後求二種族人之權利。至於地方當局，對待華人與土人不平等之處，如法律第一百五十六條，在荷屬印度，凡有人煽動及造作謠言及侮辱等，科以四年之監禁。觀法律所定如此，而當局所辦理，常較此尤重，在當局自身，已先觸犯法律矣。以前所成立之會，大多無能力破除此種不平等之待遇，如恩德會頗難使人滿意，因其所提出之要求條件，極其細微，不關重要，歐洲戰爭之起，其原因為擴充商業，而飲彈以終者均為工人，所有特別階級均無恙，倘東西各國工人，能聯絡一氣，則大戰可以不發生。現時華人之在此地者，其經濟勢力，意趨愈下，已有反商為工之勢，故目下之要圖，為能與土人聯絡，打破此不平等之待遇，而合謀經濟上之發展耳。」

Darsono演說：「法律上之不平等，吾以過去之事實證明之，如華人被監禁，在獄中日常之飯食，尚不及富家飼狗用之食料，此係本人於一千九百十八年因荷人共產黨事，所親……」言至此，番官Tohar Pafih禁止拉氏演說，拉氏謂此係事實，吾所親覩，此時會場秩序稍亂，旋即恢復，拉氏再繼續演說：「共產黨對於歐人，非完全不滿意者，為數甚多，所不滿意者，僅一部分之人而已。一千九百十九年爆突土人與華人之衝

突，僅經濟上輕微之嫌怨耳。」華人張木本演講：「今日此會，華人與土人實有聯絡之必要，此次三寶壟某某二社團之同種自殺，吾人所極不滿意者也。」土人Maroo演說：「一千四百十四年華人發題，（譯音）爲南來爪哇之第一人，其所抱宗旨，均與土人無忤。及一千五百年荷人Houtman抵巴達維亞，於是向土王請給地一方，時至今日，全爪哇均爲荷人掌握，主人翁之土人，與最先來之華人，反居於後。故今日之會，華人與土人應一致聯絡者也。」

博山工人狀況

蒼生

博山是山東土產品最豐饒的地方，繁華雖不及青島濟南各埠，但經濟的力量却勝於濟南青島各處。膠濟鐵路每月收入運輸費，博山一站占全路收入三分之一，該站每日收入運輸費約萬元左右。他的出產品以爐，炭，玻璃，陶器，紅土，黑礬等爲大宗。工廠作坊規模簡單，其製品方法只知因製而不知請求改革，以致所產物品，難與外貨相競爭。

工人有操手工業機器業運炭工人及賣勞力的數種，茲分別敍述於下。

一、玻璃工人

手工業的工廠最難調查，因爲他們的工廠，多係小作坊，每一作坊，至多不過三十人，相處又極散漫。博山雖有一個國有產業烟筒突立規模宏大的玻璃公司，係民國以前黃華（道尹）聘請德人創辦的，直轄於農商部，自日人佔據膠濟路，德人走後，即停辦，現在變成資溜機關了。

私人制度的小作坊裏玻璃工人，大半皆是學徒制，他們工作是很苦的，每天是十二點起碼，童工居多數。工資每人每天有一吊二百文或至二吊文。他們的工作情形，是用一大圓爐，將玻璃原料置於其內，等到原料溶化時，每人用一鐵管或用玻璃管，將溶化原料引於鐵管或玻璃管之上，從事做胚。作坊以內，無所謂空氣，熱度是高極了，爐中火勢熊熊，冬天伺熱不可言，夏天簡直無法工作。但廠主對於工人衛生向不注重。

玻璃工大半害眼疾的很多，因爲他們時刻均須注視火光的緣故。

玻璃工尚有一種磨擦工，此種工作，他們的工作時間，是廢朝脲夕，磨床軋軋之聲，到處皆是，他們的工資率是按件計算，誰磨成的件數多，誰得的工資多，所以這種工作，成了一種拼命競爭情形。

二、陶器工

這種工人在博山差不多成了父子相傳的手工業。

做陶器的原料，多半是麵石沙泥之類，其製法先將原料經過大碾的壓搾，再由水池中瀘過數次，在最末的一次，將水撤盡；取其淤泥才能做碗，缸，盆，鍋，罐，壺等件。此種出產，在博山城內無作坊，僅有批發商店，其作坊都在鄉間，神頭，郭大碗，巴徒莊等處。

凡從事於這種工作的工人，大都係僱工制度，俗稱夥計。工資有按年計月計二種，每年約計百吊左右，月計者亦太半是東家年終付給，卒素使用，僅能零碎支使。

他們的工作，是按作，每做齊工作，晒乾方入窰燒成，運赴博山城裏批發。

在窰閒槪不零售，即有赴窰罄沽者，亦比較市廛間貴的多，他們俗說是「讓行不讓利。」每天由博山站運外埠者有五六火車。

三、各炭井的機器工人及窿內工人

甲、炭井的機器工人，博山炭井現今約計百十餘井口，在民國以前時代，各鑛小局勢者，皆係手搖轆轤；用人方搖轉，大局轂者，多係輪轉，俗名叫「故」「老牛車」用牛馬旋轉。自民國以來，濟南城北兵工廠始以機器租借於各鑛商，每年取租值若干銀兩。每一架機器須由兵工廠派工人為用，在那時機器僅六七架而已。嗣後各鑛商見機器比較人力出品量多，並四赴兵工廠租借機器難辦，遂各自赴機器廠訂造。自此以後，機器驟增，至今博山約八十餘架，每架機器工人以七人計，因每架二人一班，工頭一名，司機升火各一名—分三班，工頭一名，博山機器工人約五百餘名。

工資係按輪計—十日一輪—每輪一百束左右，每月計三百吊之譜。除工頭所得外，每一個工人每月所得不過三十四五吊之譜。博山銀元一枚值銅子二百五十枚，合銀元六元餘，但物品皆以銀元為漲落。此時博山生活程度日高，各機器工人因受經濟的壓迫，有自然起而團結改良生活之趨勢。惟博山各炭井多係民井，私人資本制度，規模較大者，僅東和、悅昇，吉成各公司啟家，故雇主多散漫而不集中。

雖有一個鑛業研究會，鑛商加入者，不過是個勾結官僚的就夢機關罷了。他們所受鑛主半

乙，窿內工人以外尚有窿內工人，說起這種工人來，做的是人間地獄生活。

份（工頭的意思）的壓迫，又為各業工人冠。他們的工作時間除了東和，豐盛公司的—十二時工作以外，其餘都是二十四小時起碼。他們一方面受鑛主的剝奪及愚弄，一方面又受半份的壓榨。

在此機關裏，工人蓁途血汗不知有多少，甚至一生的光陰！除工作外—都消耗在這殺人機關裏。這種殺人機關，是經官府認可的，地面的警察及警備隊是不敢緝捕的，假設這個殺人機關要是禁止沒有了，鑛主就非要合縣知事辦交涉不可。因為這個殺人機關要被取消，工人所挣的工資向何處消耗呢？工人要是積存幾何，他們就不幹這樣的牛馬地獄生活了。所以這個殺人機關，是鑛主的救命機關，要是沒有，鑛井非停辦不可。再一方面工人還要受半份的壓搾，半份壓搾工人的方法更妙。為什麼這六十個工人叫做半份呢？譬如工人六十人，每一晝夜搾出八百筐炭，半份由鑛主處領得到二百四十吊錢，半份僅分給工人一百八十吊錢。叫這六十個工人

每一個半份手下總有一部分死黨，都是半分的親戚本族之類。要有工人的家庭赴鑛井探望，叫半份看見，即硬說來此向傍的鑛井勾引工

其餘四分之一半份就歸入自己荷包，這就是半份的意思。半份的名詞是這樣成立的，其中要為了維持得到這「半份」的命運，壓搾工人的手段，其毒辣可想而知了。此外半份尚有一種手段，對待從家中偷逃出來的工人，他們只能

誣入圈套，要想逃走是不能夠的，如果逃走不安，叫半份追回，就得打個半死。

不是嚇詐，就是造謠，務將一班工人嚇的不敢生傍的念頭。所以工人誰要到鑛井窿內做了工，他的生命便算是宣告了死刑。

為了明瞭詳細起見，茲再將各公司井口，人數機器等列表如下。人，非打個半死不放走脱。

公司名稱	機器數目	機器工人	井口	窿內工人	工作時間	工資數目 最高	最低	經理名字	備　考
東和公司	十部	七十餘人	十六	六百人	十二小時	三吊	一吊	小川　岩田與子塵	該公司孫中日合辦，現將由中國接收經理朱桂山，致

公司	部	人	數	人	時間			代表
華東公司	四部	五	三	四百人	二十四小時	全	全	朱耀如
振業公司	二部	三十五人	五	六十人	二十四小時	全	全	張厚菴
德通井局	一部	十四人	二	四十人	全	全	全	程少魯
南大成公司	二部	七人	一	一百人	全	全	全	秦魯銎
北大成公司	一部	十五人	二	一百人	全	全	全	徐振常
同懋公司	二部	十五人	二	四十人	全	全	全	王廷光
同興公司	一部	十五人	一	一百人	全	全	全	徐登泰
悅昇公司	六部	四十人	三	四百人	全	全	全	莊樹庭
福興公司	四部	四十人	六	六百人	全	全	全	丁良臣
惠通公司	二部	十五人	一	四十人	全	全	全	翟敬堂
惠成公司	三部	廿五人	二	一百廿人	全	全	全	楊子才
王家園	一部	七人	一	六十人	全	全	全	翟八爺
興業公司	一都	七人	三	一百廿人	全	全	全	韓少五
福源公司	二部	十五人	二	四百人	全	全	全	姜子琦
東和公司	三部	廿五人	四	二百人	全	全	全	本田（日人）
利與公司	三部	三十五人	四	一百八十人	全	全	全	姜瑞孚
王家林	六部	四十人	八	七十人	全	全	全	王五
華盛公司	一部	七人	一	廿八人	全	全	全	朱柏坪
同豐公司後油房	二部	十五人	四	七十人	全	全	全	馬良
信記公司	八部	六十人	六	一百人	廿四小時	全	全	趙仲如
吉成公司	六部	八人	十	四十人	十二小時	全	全	岳升三
豐盛公司	四部	四十八人	四	一百人	十二小時	全	全	張貫一
西大成公司	二部	二十二人	四	二百人	全	全	全	陳杏村
德成公司	四部	三十八人	六	二百人	全	全	全	李松泉
三盛公司	一部	三十人	十	二百人	全	全	全	劉少卿
西華公司	一部	七十八人	一	一百人	全	全	全	鄒子明　停工
高家窪	一都	七十八人	二	七十八人	全	全	全	程福臣　全

四，輕便鐵路的工人

博山輕便鐵路有兩條，專為運炭而設，一種是營業性質，如博山輕便鐵路是；一種是專利壟斷性質，如崑西輕便鐵路是。博山輕便鐵路是車站通達於各鑛終點為白穀園黃家大窪等處，長二十五里之遙。機車不能通達全線，牽引力最劣，遜轉全恃人力。

以該公司工作供給多少為用人之標準，有時工作增加，則工資較高。機關車四輛，司機十六人，升火每人每月十六元八九之間，是每天上工；其餘是早晨聚在一塊，由把頭率領。

並且時常利用工人自由競爭，如風馳電掣，快不可言。該公司運炭鐵車四百餘輛，有時工作減少，則工資低落，總而言之，工資率是由該公司及一班把頭們任意起落。

工資是每二個工人，每天推車一輛，每一輛車每天推兩躉：每蹚腳力一元五角，童工與成年工人之排擠。工資是每二個工人，每天推車一輛，用死力徐徐前進，但遇向低度下行時，則鐵車不推而自行滑走；每一輛車每晚八點時為止。

尤其是工作時危險更大，綠該公司修軌道之時因山路崎嶇，公司扣五角，工頭扣五角，高低不平。工人推鐵車向商度上行時，則彎腰低背，用死者不能制止，因而撞死，種種慘狀，幾乎無日無之。每逢死一工人，撫卹費分三等：一等五十元，二等三十元，三等沒有錢。輕便鐵路每天都有死的工人，這感說起來，該公司每一個工人死了都夠上一等撫卹的資格，可是得不到一等撫卹費的實在希罕。

次怎樣分呢？差不多每一個工人死了都夠上一等撫卹的資格，可是得不到一等撫卹費的實在希罕。因為如此，該公司便定了一種政策，便是利用本地劣紳，在縣署內包攬詞訟，欺詐工人。

該公司所用的四個職員，專司清理軋死工人之事。因為如此，該公司便定了一種政策，便是利用本地劣紳。這四位職員是：徐振五，李少康每人每月二十元張廉喜，每月四十元，趙錫三每月三十元，他們都是些闊大少，不是商會長的少爺，便是當地著名劣紳的兒子。他們勢餘薰天，工人見之側目，畏之如虎，一班工人恨不得噉其肉而寢其皮。

五，運炭工人

博地運炭現雖有兩種運炭的，但終是部分的。在山路崎嶇道路難行輕便鐵路不容易修炭井的地方，其運輸力，仍然是全恃騾馱及小車推二種。此種工人雖歸一部分淘汰，受輕便鐵路運輸的影響，但在博地仍然甚多，現下二項工人約計有三萬餘人。此種工人差不多都是個人自帶運輸工具，騾驢，小車等，他們的工資收入：以視路之遠近載之多寡為標準。他們每天大概以運輸二次為起碼，路程每次約二十里之譜，每次的收入，最高二吊文，最低八百文。

西崑輕便鐵路，該路由西河至大崑崙，是悅昇公司經理丁良臣創辦的。該路有機關車二輛，運炭車十二輛，工人數十人。此種工人雖歸一部分淘汰，該路係專利性質，當地煤炭運輸，已被該公司壟斷，現已惹起各鑛商之反對，因該公司運輸便利成本較輕，各鑛商難與爭衡。不久將因此釀起風潮。

六，其他工人

其他工人如電燈公司，電話公司，小木作舖等工人，規模甚小，人數不多。電燈公司：是中日合辦，工人三十餘人，升火，司機，及赴外裝修電燈者。工資最高二十六元，最低者八九元之數，惟日本工人一名每月工資一百五十元。工作時間是白黑班。設備不完，他們以本地人為多，差不多人人都有家庭，生活狀況頗為痛苦，工作情形亦甚重累。

喜，燈光暗淡，商家不甚歡迎。　電話公司：工人六七人，司機生四名，修理匠二名。　工資平均十五六元之數。　用月三百餘家，話機不甚靈，便接線遲鈍，該公司之用戶，有進無退，小木作鋪，每一木作鋪工人不過十餘人，全是師傅徒弟制～純是舊式手工業。　專做卓椅；，床橙等木器。　出品頗能耐久，惟太拙笨，只能銷售於當地，不能暢銷於外埠。　博山又是日人垂涎的地方，話檔

博山無論何業工人，童工約居三分之一，他們是於成年工人做同樣的工作工資的收入却不及成年工人。　日人還想博山卽時開關商埠，並時時督促該國政府交涉。　他們對鐵商投資頗鉅。

每天亦必須五千吊之支出，假設該行不押炭，當地各炭井的工人當日卽不能開支工資。　各炭行收堆，以中興淄為最大　該堆每日旣不押堆，卽此可見該行之勢力了。

寸鐵

光棍平民

曹錕派人疏通吳景濂，吳說：『我如今已成了一個光棍平民，縱恐再爲功狗，有所不能。』是景濂恐冒充光棍平民，其實光棍平民是世界上第一等高貴人物，那容想做曹錕功狗而不能的人冒充！

（獨秀）

留美學生

美國限制移民律，竟影響到中國赴美的留學生，以至未動身的不能動身，已動身的到了美國不能登岸，在普通感情上，我們應該憤恨美國，然而我却十分感謝美國。因爲在一般留美學生成績上看起來，幾乎無一人不反對革命運動，幾乎無一人不崇拜金錢與美國，這種人少一個好一個；若是美國簡直不許一個中國人去留學，那才是爲中國造福不淺！

不要動氣？

申報的平民周刊上有一首『不要動氣』歌，歌詞是：『我們耕田，爲什麽受凍忍飢？我們自己，爲什麽媚外！我們織布，人家穿新衣。咳！——你若是不胡亂用錢，就沒有遭箇道理？勸你不要動氣。』

一只有不耕田而吃大米不織布而穿新衣的人們，才會胡亂用錢，可憐那耕田織布的人，吃飯穿衣還來不及，那有錢胡亂用——我想做這首歌的睡白先生，不是『何不食肉糜』的書呆子，便是一位留美學生。

（獨秀）

帝國主義者對華一致行動

帝國主義的使團，霸占俄使館不肯交出，和北京外部往返辯論，說來說去，理說窮了，如今說出眞心話來了。他們的眞心話就是：加拉罕從前言動多不利於各國，應担保不再有此言動，與各使館融和感情，一致行動。原來使團不交俄使館，是想迫得俄使和他們一致行動！加拉罕是蘇俄駐華公使，爲什麽必須和使團融和感情一致行動！他們在中國一致行動幹的是什麽勾當？有人說蘇俄也是帝國主義者，何以帝國主義的使團却以爲蘇俄的行動不和他們一致？

（獨秀）

洋人的汽車

英國教士梅籐更橫行杭州多年了，他霸佔寶石塔的案，杭州人猶必還記得，現在新浙江報登載他的汽車橫衝直撞，便要被警廳封閉，這件事我們如何看出一方面外人在內地是如何橫行，一方面中國官僚是如何媚外！

（獨秀）

曹錕的兵

曹錕的衞兵打毀妓館毆死巡警，人人都以爲曹錕的兵太不法了，殊不知曹錕的兵在民國元年大搶北京城，比此事還要不法咧！（獨秀）

The Guide Weekly.

嚮 導 週 報

分售處

香港 華文書局
巴黎 中國新報社
濟南 了卜書報社
杭州 今今圖書社
寧波 新亞書店
開封 明星書局
南京 文化書社
羅州 天一書局
武邵莘陽書報流通處 工學社

分售處

武昌 共進書社
上海 民智書局
上海 時中書報社

（申軍郵務管理局特准
用號掛號寄新聞紙類）
一九二四年八月十三日
鄭覽代收寄作九五折

第 七 十 八 期

定價 國內一元寄足四十期 國外一元寄足二十五期 郵費均在內 零售每份大洋三分

每星期三出版 發行通訊處 北京大學第一院收 杭州橫大方路萬泰布莊第七號轉 明子鄭轉課收 民立

歐戰十週紀念之感想

瑞芳

犧牲無數勞動平民之帝國主義的國際大戰爭，此時已屆十週年，戰敗國戰勝國都亡着開會紀念，大概都沒有絲毫悔禍的意思，並且都還有準備第二次大戰的決心。

在這帝國主義的國際戰爭中，交戰國的資產階級因供給生活品都發了大財，被犧牲的只有各交戰國的勞動平民及被踢躪的弱小民族。這種狀況在過去大戰爭中已經明白指示我們看過，在未來的大戰爭恐怕更要加甚；因此，我們不得不努力反對國內軍閥主義及國際資本帝國主義，他們都是國際大戰之源泉。

有人以爲帝國主義的國際大戰雖然造了許多罪惡，而此結果却倒了俄德兩個專制皇帝，於人類社會進化未必無義意，若世界大戰再來一次，或者又可以消滅幾個強者，其實！這乃是機會主義者的謬見，這種謬見和希望軍閥間相互戰爭而自己自然消滅是同樣的妄想。

我們要傾復帝政，我們要傾復特權階級之統治，都應該實行橫的兩內階級戰爭、不應該成縱的國際戰爭，因爲國際戰爭，乃是資本帝國主義的特權階級各以受國主義，換句話說乃是資本帝國主義的特權階級利用勞動平民對別國資本特權階級的戰爭，這種愛國主義是我們應該反對的，被壓迫的弱小民族以愛國主義號召全民族來反抗國際帝國主義，這種愛國主義是我們不應該反對的。關於「民族主義也是這樣，資產階級所謂民族主義，即帝國主義之工具；在無產階級的觀點上，民族主義乃是弱小民族起來反抗帝國主義者的旗義」我們對於愛國主義和民族主義之態度是如此。

欺騙自國的勞動平民，盲目的拿着機關槍向別國的勞動平民放；其結果，無論戰勝國戰敗國，都只有勞動平民同樣的傷亡失業無法救濟，即戰勝國的資本特權階級即小受傷痕，也不難恢復，並且還是拿勞動平民的血來恢復。

至於國內戰爭，乃是勞動平民對資本特權階級的戰爭，這種愛國主義即小受傷痕、階級的戰爭，乃是勞動平民有目的的拿着機關槍向特權階級放；其結果，至少也不是勞動平民單獨的損失。

帝政及特權階級都只有國內戰爭可以傾復他，俄德也是如此；決不是國際戰爭可以傾復他，英法竟比就是如此。

國際戰爭，只有國際的勞動平民自受無報酬無目的的大犧牲，爲

勝利國的資本特權階級增加利益，此外別無意義。　在此時代，我們不願反對一切戰爭，我們只主張以國內戰爭代替國際戰爭。　而且至兔極殘的國際大戰爭，只有各資本帝國主義．　國內的勞農革命和各殖民地半殖民地反抗帝國主義者的獨立戰爭才可以止住，此外決非空言及其他方法可以止住，這第二次帝國主義的國際大戰爭之必然的到來。

大戰中，不但各交戰國的勞動平民大受屠殺，全世界的弱小民族也幾乎都無辜而被蹂躪；隣近歐洲的不用說了，卽僻在遠東的中國亦大受其影響。　在這歐戰十週的紀念中，我們中國紀念的是：

日本迫我的二十一條件；

因參戰而增加的外債：日金一萬四千萬元，美金五百五十萬元；

參戰華工死傷數千人；

因參戰而起政潮，解散國會，復辟，南北分裂，督軍割據。

不幸第二次大戰若在遠東發生，則中國所受的蹂躪更將百千萬倍於此。　我們求免之道：只有聯合全世界反帝國主義的勢力幷自己努力排除國際帝國主義，使他們不至因爭奪中國這塊商場而戰，戰時受彼蹂躪，戰後受彼勝利者之獨斷的處分。

世界戰爭第十週年

(D. Petrovsky 原作)

韋譯

第三國際謹守列寧所寫的「永勿忘記世界大戰」的遺訓，決定大規模的紀念歐洲大戰的第十週年，要在全世界各處揭示帝國主義者和社會民主黨的罪惡。

第三國際要擧行「歐戰星期」並不是來挖尚未全痊的舊創痛；第三國際的眼光是注射在將來「要盡力喚起全世界的勞動羣衆，武裝起來，撲滅世界的帝國主義」──這帝國主義就是一切近代戰爭的禍原。但是我們先得牢記了過去的教訓，而後我們這反對帝國主義的戰爭

勝利國的資本特權階級增加利益，此外別無意義。　過去的大戰給我們的教訓，在今日尤有特殊的重要意義；因爲未來的第二次大戰而今正一天一天的逼近來。

「此次大戰乃最後一次的戰爭」這句老生常譚，現在已經驅不信人了。　第二次大屠殺的危險，今已有目共賭，不容諱飾．　銀行家和工廠老辣斯就是執行第二次大屠殺的劊子手；工廠和實驗室就定第二次大屠殺的籌備處；各國的參謀部陸軍部正在努力錬練未來的屠戶。

當一九一四年十一月一日，列甯曾經說：「拒絕軍役，反對戰爭的罷工，等等，簡直是些可笑的笨事，是想仗赤手空拳去制勝武裝的資產階級之一種可憐而又卑怯的夢想；是想不動干戈而坐待資本主義自己滅亡。」

現在呀，這種可憐的卑怯的夢，總算已經醒了。　我們再不會用第二次大戰一天一天的逼近來了。　治者階級正在集中智慧，要發明更新式更慘酷的殺人工具呵。　惟有全世界的勞動者連合起來，運用他們英雄的威力，然後能禁止這近在眉睫的第二次大戰。

只有勞工們革命的勝利，方能禁止戰爭，只有勞工們的革命能夠顚覆資本主義──先顚殺歐洲的，以次及于全世界。　所以我們這攻難帝國主義和社會主義奸細的「歐戰星期」的方略，必須是促進全世界勞工武裝動員這一件事；我們要號召全世界勞工武裝起來，齊集於俄羅斯十月革命的赤幟下，與資本主義決一死戰──未來大屠殺的禍根就是他《資本主義》。

對于帝國主義的攻擊，當然的就是對于社會主義奸細的攻擊。一九一四年，第二國際裏面的好漢們用甘言窑語，慫恿勞工們去替資本家送命，現在看來，他們眞是弄巧成拙了。因爲而今──一九二四年，再不會有人來聽那些愚昧卑怯的夢話，他們的卑怯欺詐，早被人家看穿了。

當大戰之前，第二國際藉口承認担當護衛那無產階級一致反對各

國間爭權奪利戰爭的大旗。

在斯士茄大會（Stuttgart Congress）中普及我們的活動，不僅是共產國際下的勞工羣衆要劇烈的反抗帝國主義與社會主義的奸細，並且要使凡會身受此次「大戰」痛苦的各殖民地和半殖民地的被壓迫的工人農民一致反抗。

，又決議，每一個勞動者的天職是「用盡方法去反對海戰或陸戰的預備；用盡方法去暴露資產階級社會的階級特性，以及他們努力製造民族間利害衝突的動因；並且要堅決的拒絕對于這種政策給予任何經濟的援助」。這一條決議還有實施方法來幫助，務必要達到「用一切方法去禁止戰爭」。

我們應該立刻組織一個委員會來指揮這件事。這個委員會內不僅要包括已加入「赤色國際職工組合」的各工會的代表，少年共產國際的代表，農民國際和合作國際的代表，並且要包括退伍軍人聯合會，戰事殘廢者聯合會……等等的代表。總之，我們要以全力活動，務使我們宣言給全體人民留一個極深刻的印象。

此外，各國的社會黨，（其中就有英國的工黨，現在正執英國政權的），也都各自宣言，誓不讓戰禍發生。

同樣的意義，又見于一九一○年的古本哈金（Copenhagen）大會和一九一二年的巴斯耳（Basle）大會。

我們努力引導廣大的羣衆去反對第二次大戰的時候，必須同時用種種方法保證我們的宣言決不能像那些和平主義者的宣言，破不了他們的進行。

但是當一九一四年七月底八月初，那可怕的消息傳佈之後，世界的大屠殺確已開始了後，第二國際名下的社會黨竟翻過臉來，舉起他們的大赤幟，招呼黨人投入敵人的營壘中替爭權利的帝國主義者出死力了。並且在大戰既起了以後，當勞動階級中又發出從前第二國際應慮大會所咳過的呼聲的時候，第二國際竟不特自食前言，反盡力幫助資本主義，來反對自己的自由而戰的勞動羣衆了。

我們的一切宣言必須說明白白標出我們的主要意見：只有革命能夠阻止戰爭；如果戰爭已經爆發了，亦惟有用軍事行動去和帝國主義對抗，——這就是說，要把帝國主義者間爭權奪利的戰爭改變為無產階級奪取政權的革命戰爭。

這般帝國主義的走狗們，（因為如消滅勞動階級的革命戰爭），竟又對羣衆說，你們要羣能工來回答戰爭。他們靠這句話做護符，不但遮掩了他們備戰的工作，並且還直接煲與在裏頭。麥克唐納爾政府很忠心的保守著英國帝國主義的傳統的，加強了大英帝國的武力。麥克唐納爾的法國朋友投票贊成軍費案，幫助法國帝國主義實現他的劫掠大計。

所以，在我們的一切預備工作裏，第一件重要工作就是力衛蘇維埃社會主義聯邦。蘇維埃社會主義聯邦的勞工跟了俄國共產黨，在列甯指導之下，已經用革命的方法，把自己從帝國主義戰爭底下解放出來了。他們把國際的戰爭，改變為內戰，立刻就把歐洲（最大國之一）的資本主義勢力推翻了。

所以我們不希不變破第二國際領袖們所謂「保障和平」的紙面具，他們實在是居心破壞勞動階級的監察，來麻酔勞動階級，以便進行第二次大戰的預備事項。所以我們的「歐戰星期」必須是不但攻擊帝國主義者，並且要攻擊那些宣傳「社會調和」的「教士」，因為他們替帝國主義做幫助，

蘇維埃聯邦的無產階級是第一個在難行的世界革命路上前進。全世界的勞工就會看出來他們的工作——用革命以反對戰爭——是要容易得多了，因為他們不但有無產階級革命的前例做幫助，並且事實上還有一個工人農民擁有大權的國家做幫助，這一個國家有赤衞軍拱護，赤衞軍就是革命羣衆的長劍就是殺壓迫者的防身盾。我們要使這個「歐戰星期」有效果，必須

我們選「歐戰星期」的呼聲是：

撲滅戰爭；革命軍萬歲！

力爭勞工的政權！

推倒社會主義的奸細，共產國際萬歲！

世界蘇維埃聯邦萬歲！

蘇維埃聯邦萬歲！

民眾屠殺之十週年

韋譯

一、大戰的結果：新戰爭的徵兆

數年的戰爭經驗，戰後世界的幻滅的資本主義者，都促成了民眾的各自對內作戰。帝國主義的一夥，彼此間爭奪殖民地，爭奪市場，爭奪投資的勢力範圍圈，已經造成了無量數新的罪惡，正像社會主義的理論家所預言，而無產階級所戰慄以待的。

戰爭的經驗，和戰後的幻滅，把從前的好夢驚醒了，把可怖的戰爭所穿的一件理想的美衣裳，扯得粉碎。人們已經從痛苦經驗中認明那些好名詞——例如「最後一次的戰爭」，「救济文明的戰爭」、「為人民的神聖權利的戰爭」，「為『德謨克拉西』與『被壓迫者的自由』的戰爭；等等，（那是大戰時一般帝國主義者常常掛在口頭的），究竟是什麼意思了。

炮隊的吼聲，炮彈的炸裂，窒息的毒氣，千萬婦孺避難的慘景，戰時及戰後疫癘的橫行——凡此種種，都是弔掉了面具的資本主義的真相，現在已經被人們看的清清楚楚了。

當大戰時候資本家允許給勞工們的黃金山，現在因為他們的所謂「正義」？「最後的」戰既已得了勝利的結果，現在就換了一件東西來報酬勞工——這件東西就是比戰前加倍的壓迫。有許多國家取消了八小時工作制；工人的團體受法西斯寫強暴的蹂躪而至于破壞；而且資本家彌補戰時損失的苛稅重賦，都一齊落在勞工們的肩頭。

上次大戰中，勞工們在戰場上失去了數百萬的同伴，現在看見資本主義者又要爆起第二次大戰的毒火，勞工約談疑怒能。

資產階級所謂「最後一次戰爭」的大謊，所謂戰後將見正義與人道得勝的大謊，早為世界人民所唾棄了。資本主義早已自己急急用他們的行為來證明無產階級領袖們的宣言是千真萬確的，原來一九一四年的大戰到底是帝國主義戰爭長鏈之第一個環子，原來要用他們讓數百萬犧牲者枯骨之上歡呼文明的勝利，永久的和年，在國際聯盟指導之下，將實現國際的和衷共濟。現在呢，即使盲人也已看見資本主義並不曾給什麼和平，並且實在沒法叫世界和平。

消滅帝國主義戰爭只有靠國際的無產階級把勞工們武裝起來，堅決的對內作戰，唯有對內的無產階級革命能夠撲滅帝國主義戰爭，永絕戰爭的禍根。

距今六年以前，那些戰勝者大舉慶祝他們的「殘人以逞」的戰勝紀念時，他們讓數百萬犧牲者枯骨之上歡呼文明的勝利，永久的和年，並且宣言，在國際聯盟指導之下，將實現國際的和衷共濟。現在呢，即使盲人也已看見資本主義並不曾給什麼和平，並且實在沒法叫世界和平。

戰爭的喊口，現在逗流著血哩。幾千萬受戰爭損失的，成殘疾的，成神經病的人們，還沒有忘記可怖的戰爭的景象，然：資本家已在那裡預備第二次大戰了。他們不但是「備」戰，簡直的實行小戰與遠征。

自從凡爾塞和約以來，大炮沒有一天空閒過，遠征軍出發到殖民地，壓制那些「自決」的民族。中歐的大部分，現在簡直是一座大營，比起法國英國的軍隊混合著有色人種的備兵，一直屯駐在那邊，替資本主義的惡魔盡力。民家是貧乏的；純濟紛亂至于極端那：專橫的武人政治；強暴的法西斯黨到處作惡；大小資本主義國家都受命一個經濟的皇帝，或是主要工業的委員會，托辣斯總理，縮減軍備的假面具下之瘋狂似的武備競爭，綾蘆腦汁發明殺人更多更速的凶器——這都是大戰後資本主義的新貢獻呀，世界大屠殺劊子手之一）所說的「一切戰爭中間最光榮的」戰爭的結果呀！

伴，現在看見資本主義者又要爆起第二次大戰的毒火，勞工約談疑怒能。

國前總統米勒蘭（資本主義的忠僕，世界大屠殺劊子手之一）所說的「一切戰爭中間最光榮的」戰爭的結果呀！

自從法國佔假魯爾以後，軍閥與世界經濟組織的一線希望就斷絕了；新的不可免避的軍事衝突已經不是國會或其他資產階級團體所能設法解救的了。

從前深相結納，以共救世界文明，共抗「普魯士軍國主義」的兩個大協約國——英國與法國——現在幾乎以甲胄相見。

他們倆利金的衝突，一日一日加大起來，而且處處是一天一天變複雜起來。在小亞西亞，在巴爾幹，在北美和亞洲東部，在中歐，他們到處衝突。

大英帝國看見法國的可怕的陸軍一天一天增多，法國的飛機隊一天一天擴充，實在著急。同樣的，美國與日本的帝國主義的衝突也成爲必要。

幾千的發明家，努力要發明極兇惡的殺人器。各國政府忙著探聽別國的軍事祕密，竭力設法抵制。英國內閣某閣員竟在衆議院裏老實實說：「英國建設偉大的航空軍乃自衞祖國，因爲萬一有近在咫尺足以強大的航空軍侵犯英國的國家竟用飛機來侵伐時，英國尚可自保」。

當一九一四年大戰爆發的前夕，地球上所有國家共養兵七百萬。到一九二一年，凡爾塞和約旣經簽字，遣散軍隊令旣下之後，共養和平的世界各國共養兵一千一百萬，——幾乎比戰前增加一倍。當一九一四年，美國的軍費實計四千九百萬鎊，但是一九二一年就有五萬零一百萬鎊。

自一九一四年到一九二○年，英國的軍費增加了三倍之多。法國現在所養的兵，比戰前的爲多，然而法國的人口實在比德國少三分之一。波蘭是借法國的錢來武裝自己的人民以抗蘇維埃聯邦的，現在他的人口數與兵數是百與一之比，就是每百人中間有一個兵。——戰前出名的軍國主義的普魯士，勞協約國對之作「義戰」的，實在也沒有那許多兵。

但是新式殺人利器的力量卻比兵士更增加得快，各民族將要用這些惡魔似的殺人利器相見于共不可免避的未來的戰爭中了。

現在世界各國備戰的形勢是一天緊似一天，不論是小資產階級的政黨攫得了政權，或是「勞動黨」組閣，總是暗地下積極的備戰。充唐納爾內閣正在建築超無畏大戰艦和飛機隊，簡直和克松，鮑爾溫，勞合喬治的內閣一個樣子的做法。法國左派的赫禮歐內閣也服務于戰邦，和米勒蘭與普恩賀一樣的熱心。

和平派的寓言，以爲解除武裝是可能的，各國同意縮減軍備是可能的，國際法庭消滅衝突是可能的，都不過掩飾了黑幕中的極祕密備戰罷了。擁有強大海軍的國家，自然不討厭那嚴格的普遍的限止陸軍的提案；儲有大批彈藥大批毒氣彈足以應付將來大戰爭的國家，自然贊成國際的限制製彈毒氣，因爲這樣，方術使自己的軍實的數目永遠不被別人超過。

所謂「國際聯盟」這個東西，當他產生的時候被恭維是「開世界和平之新紀元」的，現在早已露出他的本相，原來不過是帝國主義者手中的玩具，或是他們的幾相角力的場所。

共產國際屢次揭破國際聯盟的真相，指出他實在是小資產階級和社會主義愛國者互相勾結的驅人機關，現在應該沒有人再受他的騙了。魯爾事件就是小資產階級和平政策的破產與虛僞的最有力的證據，事實已經把復與政策又導進了帝國主義爭鬥的港裏。利金的衝突，不可免避地導多起來。世界資本主義發展中的離心力的傾向，一天一天明瞭起來，跋扈起來了。

幾千萬的人被殺受傷成殘廢，更多的人破產傾家，更多的道德墮落與貧乏，——這些的代價是什麼呢？我們現在已經知道，代價是一個更兇惡更卑鄙的新戰爭，近在眼前的新戰爭——這就是帝國主義和平之新紀元的邏輯呀。

二、大戰的負責者——第二國際是帝國主義大戰的幫兇。

大戰既終，分贓的凡爾塞和議閉幕之後，資產階級因為要躲避民眾的怒罵與輕視，假惺惺地忙着找大戰的罪魁，把責任推在自己門外。　他們雖然一致的打「死老虎」，同聲說德臬威廉第二是這次大戰的罪魁，然而進步的工人和農民不受他們的欺騙，早就確認一切帝國主義者，一切經濟皇帝，一切銀行老板，一切實業界的偉人，不論是德國的法國的英國的，全是此次大戰的罪魁呀。　世界的資本家，帝國主義者，以及他們的合作的朋友——殘餘的貴族，皇黨，和教士們：全是此次大屠殺的同意犯，眞正的凶手。　勞工階級和歷史永不能忘記他們！

歷史和勞工階級的利益，和人類的利益。

遠在此次大戰之前，國際的社會主義者先已見到世界大戰的不可免避，已經指出他的來源與動因，並且規定了一個反抗的計畫。　一年一年的局部小戰——例如日俄戰爭，巴爾幹半島戰爭，意土戰爭——都證實了社會主義者的警告。

遠在一九一四年帝國主義大戰之前，國際的社會主義者協議社會黨對于帝國主義者備戰事件應取的態度，定下了幾條原則，並且議定萬一戰事發生時各社會黨和勞動團體應取的行動。　在第二國際的大會裏（尤其是一九○七年的 Stuttgart 大會和一九一二年的 Basle 大會），以及各國社會黨常會裏（例如德國社會民主黨的 Chemnitz 大會），已經把這件事辦妥。

此時第二國際大會通過了一個決議如次：

Stuttgart 大會通過了「反對戰爭議案」取堅決的鮮明的主張。　所以

「大會相信一切勞工們和他們在議會裏的代表的責任是用種種方法去反抗海上的與陸地的軍備，要揭示資產階級社會的階級特性，和他們不眷不維持民族闖衝突的原因，要拒絕以任何經濟的援助

給這種政策；並且要努力將人類友愛的社會主義的思想教育青年的無產階級，務使他們有階級的覺悟。」

這個決議立刻得了俄羅斯和波蘭的工人農民們的行動的讚許，他們發動一個革命性的羣眾運動，要求俄皇不加入戰爭，並且要求一個結果，他們發表宣言，喚無產階級起來作國內的革命。

因為 Stuttgart 大會的決議案的末尾說的是：

「如果抗議無效，一切方法都失了力量，那麼，社會主義者的責任便是使用一切力量，使戰事早告結束，並且要用全部力量利用戰爭所造成的經濟上與政治上的危機，去發動最深厚的社會勢力，捉成資本主義治權的頗覆。」

一九一二年十月二十九日，巴爾幹戰爭的時候，第二國際總事務處通過一個決議案，最後的一節說道：「最近的將來：或者會給社會黨和無產階級許多試驗的機會，要求他們做出些負責的行動。　無產階級將必要的勇氣去對付他們。……我們要使政府們知道玩火是一件對于自己有危險的事。　如果他們覺在歐洲撥起了巨大的擾亂，他們是逃不了責的。」

同年十一月，第二國際在 Basle 開大會，又發表宣言，攻擊風聲日緊的帝國主義戰爭，拒絕將任何援助給這次戰爭，以及參與戰事的資產階級政府和議會。　宣言裏說：

「第二國際願助各國的勞工，固結國際無產階級一致的力量以抗資本的帝國主義。」

「大會明白指出，萬一戰爭竟發生時，勞工們只有一條路可走——國內革命。　大會以此請社會黨與勞工團體再負擔國內革命的職任，當新革命，大會以此請社會黨與勞工團體再負擔國內革命的職任，當新事質的時候。　如果還有人不知道世界的無產階級總得了，這個人恐怕是個白癡。　勞工們相信爲了戰爭二字是如何的憤怒，這個人恐怕是個白癡。　勞工們相信爲了

資本家的利益而互相殘殺是大罪。」

這就是大戰前第二國際的宣言，第二國際的允諾。

他們怎樣去實踐這些允諾呢？

大戰爆發的前夜，當興奮的無產階級正在柏林，巴黎和聖彼得堡的大街遊行示威，反抗戰爭的時候，第二國際的領袖早已秘密私通資產階級，準備愚弄勞工階級了。

七月三十日，德國民主黨竟把和平替皇帝推在德皇身上。這一班假買社會主義的卑怯的奸細竟替皇帝以及各位內閣大臣辯護了。這帝國主義的社會黨，德皇威廉第二御用的社會黨，如何的預備愚弄勞工階級，如何相信資產階級的一符大謊話，說德國是如何被迫宣戰，如何為了自衛而不得不戰。

他們說：「我們本是直接反對專制政府的，我們將來亦保持這種態度，我們又是永遠和帝國主義的君主對抗的——然而現在我們要宣言，而且不是第一次宣言，威廉第二在最近數年內確從他的行動上證明他是一個愛和平的，決心擁護和平的。」這幾句話，就是說明帝國主義的社會黨的一符大謊話，說德國是如何被迫宣戰，如何為了自衛而不得不戰。

然而第二國際與投機主義英雄之屬于法國或其他各國者，是否比德國的不同些呢？我們的回答是，一點兒也沒有。他們也竭力替自己的軍閥政府遮掩真相，把法國裝成一個愛和平者。

法國議院裏的社會黨議員于一九一四年三月二十九日發表的宣言，曾經替法國（就是法國政府）政策內的和平性質的幻影作辯護，說法國的和平政策有影響于全歐。但是全宣言中攻擊帝國主義戰爭，奮反對戰爭，極為猛烈，把愛和的調子減淡。第二國際裏一班投機派的已成熟的投機思想，此刻竟得第二國際中心人物（如考次基等）的許可，明白顯露出來，變成了第二國際的口號與策略，以代替 Stuttg

art, Brusse及, Chemnitz, Paris 幾次大會的宣言和決議了。

待到戰爭真正爆發了，立刻情勢大變。

八月四日是社會主義史上極可紀念的一日。德國社會民主黨在這一日投票贊成增加軍費案。他們在議會裏宣言，「我們現在不是來投票贊成或反對戰爭，我們是投票解決軍費問題俾得衛我祖國。」

他們有俄軍的侵入作為他們改變態度（指前行為）的極好藉口。他們說：「免避俄軍的危險，救祖國的文化與獨立，是必要的。那麼我們便該決定這做了，因為我們常說我們不肯養護國家于危難而不顧。

我們和第二國際的態度仍是一致的；第二國際承認每民族有獨立及自衛之權利；我們又為第二國際所紀念，將特書于歷史，視為德意志精神所做的一件事情道——」

一切主張，允諾，都忘記了，踐在地下了，社會民主黨變成了德國資產階級的奴僕，威廉第二的奴僕。他們裝著官腔的「保衛國家」的態度了。世界！世界謹聽帝國主義者的卑鄙手段沒有一件不被這些社會民主黨的羞陵，送他們到污辱的地方去主義的奧國社會民主黨的機關報 Arbeiter-Zeitung 在一九一四年八月四日有一段話道：「我們應該永遠不忘記八月四日……將永為德人所紀念，視為德意志精神所做的一件事情。」

（社會民主黨）必須也分受無產階級的痛恨與懲戒。至于法國，社會黨曾經說過：他們以為他們的天職是保護民主比利時勞働黨的常會有一個宣言說：社會民主黨是不能担任此次可怖的流血，消滅那罩臨于全歐人民頭上的禍首，沒有比被人更痛恨的現在，逢著大戰十萬週年紀念了，那千萬忘記了的大戰的罪魁禍首，沒有不被人痛恨的那社會黨的走狗——那社會民主黨，那資產階級同利，則他

想是「我們必須把我身邊的力電去保護德國克拉西奧求歐洲政府的解放。」比社會端時勞働黨的歐羅巴能夠獨立，不受強暴的欺陵：他們以為他們唯一的思想是「但我們必須把我們的國家頭黨的大英禍起。

我們所有的事已經到了我們身上了，命運已經宣布我們唯一的思想是：「我們必須把我們的國家，竟拖到這次的戰爭，因為我知道履守中立與保護我們的國家就是有一段話道：

英與保護的社會我們黨的大戰宣言裏已經爆發的國家全都加入戰鬭與國的攻擊塞爾維亞國，竟拖連了「威嚇的社會我們黨的三角同盟與三國協定裏已經爆發的國家全都加入戰鬭；我們英國加入戰

手段

團，其他各國的社會民主黨—社會主義—社會民主黨領袖之一組合作叛哈克司（Jonhanx）就是愛國的資產階級之最熱心。

中心

國際的領袖之一，大部分是愚弄勞動階級的，不過其自己同國的資產階級的觀點而變易。依本國資產階級的觀點而變易。現為亞姆斯丹中間的職工一

因為德國破壞比利時的中立—大部分是愚弄勞動階級的，不過其自己同國的資產階級的觀點而變易。依本國資產階級的觀點把細作變作德政府後備軍的軍官—現為亞姆斯丹中間的職工—

這些假社會黨使他們的黨員加入資產階級的政府。（為）Jnl·s Gues de, Semb f, Thomas, Henders n, Vandervelde, Siures|上勞的簽動汚字，又在這真究竟是人永久就不變血洗什...

德國上勞的社會黨，在芬蘭以及他究竟是人永久的罪惡，終以乘及乘在烏克蘭，在東德殖民地所走內謀的。第二國際所承認的。

必可知道的是，凡在國際政策被唐納加以毀顧身殖地到處殺害了萬百萬的人民牙黃一那個分黃色國際的老爺開特爾凡爾特（Vandervel de）的血。

和約在及他們始終和約，反塞爾的西法羅森堡，都是第二國際的，還有幾個良的，巧基（Kautsky）亞特勒（Victer Adler）及其他把第二國際犯罪的責任，分擔了資產階級犯罪的責任。

爭開出也，之可漏網之十日。

第二德國人無知善良的第一次大戰比第二工作是了解釋護，魁罪國，發揮助辯罪惡，巧飾社會中的央派正如德國主義奸細們背叛行第二國際主義者立勢力有一，少的可恥的主義祖國已經歷史的轉輪已經淺戰命一愛國主義者，在對俄第二國際本來面目協約革命，已經在對本來面目協約革命。

這些社會黨使他們的黨員加入資產階級的政府...

反九同盟的四年工人對於第二次大戰的經驗看出來所謂主義資本主義的經驗看黑，以從戰後第二國際及亞姆斯丹可以安然預言踐諾大，和一定快快自己效諾，和一定快快投機主義，是反對戰爭運動中最

的于資本主義說各國罷工的發動的如他們資新卽使第二次大戰爭其一個將以總同盟罷工應付未來之大戰，只是真想這樣做的時候也還是政治不能自投羅網—不過是真想這樣做時也是政治，不能自投羅網。

根本資產階級最打倒資產階級的如先決條件：—兩個協約國（英國和法國），都由資產階級中那個屈服伏勞動階級國的（接受專家報告費）（解決憲法問的賠償問題）並重新提起—企圖很巧妙地加上了德國勞動階級的負擔，但是—德國的資產階級社會民主黨也那

所謂亞動姆斯丹一派之者間這個第二國際的來操以政權了，我們將見他們一企圖（解決專家報告費），但是，而德...

解決戰條件，平運動亞動姆斯丹—勝於者伏大付給協約國這套新枷鎖；而德國的資產階級社會民主黨。

障國—怎樣便是黨不努力退黨及自動國際勞動國的陰謀之想德國中的勞動階級國的委員只怕勞動指定了勞動階級的家。

爭連消盟和約消滅歐這近週週前實施新的妄想德國專國際戰政國戰爭就是同意推書所勞動倒無資階的而消弱保復與這個偶眉建設第二次大戰的

所的資本主義及社會主義的勞動奸賊—呀，醒其實他們是製造起來及幫同製造第二次大戰的。

罪本主義及社會主義的奸賊—他們是製造起來及幫同製造第二次大戰的。

以次奪歐已黨滅于國大戰權的同使阻內戰爆功週及第革的發週年命的在那告建革命戰時建設了並而來了蘇維埃國撲波國共埃際無埃政間產帝社會階帝主義級民一惟戰如乃能救世以人慘

以國內革命的同命、內戰而來，告全世界大那裏大戰下，列寧及第二次世界大戰已然指出，在革命戰爭並而來撲波國際間無產階級帝國主義戰，惟一如此乃能救世界人慘

減戰爆功週阻止，革命只十年，內次在革命的同命，內次而來撲波國際無產階級帝國主義，惟一如此之切乃以無產階級之先邦革命戰爭而救世界，人慘已經

民主黨成先鋒，次之即止那年公然指全世界那裏在蘇維埃建設了人維埃國際建設，惟備會萬一正兒如此乃戰能救先邦，先是各國的農，免兔蔑於武裝現在的俄益蔑二會，必蓑作兒起紀消產，蓑消社

六二八

The Guide Weekly.

嚮導週報

第七十九期

（中華郵務管理局登記認爲新聞紙類）
一九二四年八月二十日
郵費代款槪作九五折

分售處

香港 萃文書局
巴里 中國書報社
廣州 丁卜書局
上海 民智書局
上海 上海書店
武昌 共進書社
時中書報社

分售處

太原 晉察書社
長沙 少年學社
湖南 新青書社
杭州 古今圖書店
濟南 新亞書局
德南 明星書店
寧波 文化書社
開封 文化書社
南京 工學社
福州 天一書局
成都 群益書報流通處

定價 國內一元寄足四十期 國外一元寄足二十五期 郵費均在內 零售每份大洋三分

每星期三期出版 發行通訊處 北京大學第一院政治係發記縣轉騰騰路橋衛門號七弄洪暢民立明于鄭

時事評論

美國人又以軍火供給北洋軍閥

獨秀

一月前上海關會在美國夾板船塔爾布脫號 Talbot 搜出邊關槍八枝，子彈及手槍共計七百廿八萬元，也是近來的事。

最近又發見美國人私運大批軍火在廈門起岸的事。據本月十二日上海泰晤士報說：「一月前上海關會在美國夾板船塔爾布脫號 Talbot 搜出邊關槍八枝，子彈及手槍有關係。由美國運到天津供給吳佩孚的軍火價值三百廿八萬元，也是近來的事。

美國海軍當局得有報告，謂近有大批軍火在廈門上岸，現在一中國軍官處，計槍閉槍一千枝，大批子彈及手鎗若干。……美海軍當局對於是否將設法取回在廈門登陸之軍火一節，不肯發表意見。」

運軍火往廈門，和運軍火到天津同樣是幫助北洋軍閥攻打南方革命軍，這是美國既定的政策，此外美國海軍當局還有什麼意見發表？此種政策，在曹錕賄選美公使首先歡迎時可以看出，在海關事件列強派運軍艦到廣州示威時美國格外熱心可以看出，凡中國人尤其是南方革命黨人，現在總應該認識美國是不是我們的「好友」了罷！

北洋軍閥尤其是吳佩孚，旣受了美國的大批軍火，若再以鐵路借款及庚子賠款築路的名義掙得大宗軍餉，那麼，他爲統一而戰爭而屠殺的大慘禍就在目前。人民方面應該起來，全力阻止這殘民亂國的軍閥向帝國主義者取得一錢一彈；因爲帝國主義者給軍閥的每個錢每個彈，都是用來殺戮人民的！

反革命的廣東商團軍

獨秀

帝國主義者軍閥紳士奸商，他們本來是氣味相投的一串貨色，在廣東商人中尤其容易看得出，陳炯明便是這一串貨色的甲子。陳炯明自稱須與紳士相依爲命，他如何將中山先生外交政策向香港政府告密，香港政府又如何幫助陳炯明在香港油頭間的交通及陳派以香港爲攻擊廣州的策源地；省港商人尤其是二陳（陳廉伯陳席儒）向來如何傾心北政府如何擁護陳炯明，如何罷市反抗革命政府，這都是很明顯的事實；這很容易看出香港政府北方政府陳炯明省港商人是一串的貨色。

據民國日報十一日廣州電：…粵海關查護由外輪私運入口槍枝一萬桿，子彈三百萬發。

據昨報十一日香港電：商團向外商南利洋行購槍彈，⋯⋯⋯政府派員查驗，共七九步鎗四千八百五十支，彈二百另六萬發，手鎗六百六十支，彈十六萬五千發三百三十一支，⋯⋯價值百餘萬。據新聞報十三日香港電：商團總部會議，開決定不入相抵，入超已逾一萬元以上，以此推之，今年中國對外貿易之損交還該械，即全城能。

十四日香港電：陳廉伯假稱商團名義私運軍火，現已發現證據多件。十五日電⋯⋯廣州陳廉伯已全家逃往香港。

我們於廣東政府對待商團的優柔政策，老早就表示警告，現在這種反革命的商團軍勢力日見澎漲，竟至抗違政府命令，自設聯防總部，竟至私運大批軍火，我們敢說革命政府具有心腹之患，不在東江而在廣州！

我們以為革命政府軍事計劃：第一步是解散商團軍，第二步是討伐陳烱明，第三步才說得上北伐。

革命政府若不能解散商團軍，一旦東江或北江軍事失利，第二次以槍彈「請孫下野」的便是商團軍！

日本對華經濟侵略之最近表現　獨秀

中國實業家不贊助國民革命運動，眞是自滅的蠢物！

總原因是：每年進口貨價超過出口貨價約在四萬萬元左右。如此巨額的外溢年復一年，中國安得不窮！

今年怎麼樣？即以日本而言，其地震以後，需要巨量之輸入品，照常情論，禁此日本⋯

入超巨大之千載難逢的機會，今年中國對日貿易至少可望出入平均，乃事實竟大謬不然！自新年起至七月底，中國對日輸出值日金九〇五七四‧〇〇〇元，由日輸入則值日金二〇三〇一‧〇〇〇元，出入相抵，入超已逾一萬元以上，以此推之，今年中國對外貿易之損失，即日本一國亦有二萬萬元。

日本在災後入超激增的時候，何以獨能對於中國竟至如此巨大的出超？因日本災後積極獎勵國內生產，擴張國外貿易，尤注意於中國及南洋：不惜由國庫支出一萬二千萬元，補助商人擴充此兩方面商業之用，此為增加輸出的政策；他方又利用關稅政策減少輸入，即增加奢侈品新稅率是也，所謂奢侈品竟多至十七類六百四十七種，即日常需用之陶器及麻織品（中國夏布卽屬此類，每年輸入日本朝鮮值五六百萬元。）亦列入，稅率增至百分之百，而且對英法等十餘國准展期三月，獨於中國則限期實行，什麼奢侈品新稅率，簡直就是禁止中國貨輸入日本朝鮮能了！

不用說，此新稅率實行後，中國對日貿易之入超，更將有可驚的增加。

日本對中國的經濟侵略，除輸入貨物以外，更有輸入資本的毒計⋯：東三省投資每年在日金二萬萬元以上，黃豆之輸出，紡織業，礦業，森林，無一不爲日商所壟斷；上海紗廠，日商居三分一以上，最近明治製糖會社，以日金三千七百四十五萬元，在上海設立明華糖廠，並強求中國免稅，以與香港糖競爭（中國所用只香港糖日本糖二種）而獨占中國糖市。日本在美國被排斥以後，勢必藉用其資力來中國經營，從此日本在中國之製造業將日見擴張，其直接掠奪中國的廉價勞動力與原料，爲害比輸入貨物更甚。

因此，我們應該覺悟：對待日本如此激進的侵略，決不是消極的排貨所能抵禦，排貨手段，已由本年對日貿易入超的數目字窺明破產，因此，本年上半年入超竟達六萬萬元之巨額；照常情論，禁此日本⋯

，我們不應再做此手段了，我們宜採用積極的革命手段：改協定關稅制為國定關稅制及禁止外人在中國設立製造廠。除此，中國人別無生路。

中國實業家不贊助國民革命運動，真是自滅的蠢物！

關稅協定之外賣國政府又與外商協定紙烟稅

獨秀

北京政府的烟酒事務署，近應英美烟公司之請求，電召各省派員到京，協議增加紙烟烟百分之五地方營業稅，以撤消各省現辦之紙烟特稅為交換條件。

吾國國民生計，已受海關協定稅制壓迫得不堪了；現在北京的賣國政府，因為急於籌款養兵殺人，因為終於和地方政府爭收入，遂不惜將紙烟之地方營業稅也要和外人協定；此例一開，各項地方營業稅者可援例協定，從此中國全部收稅主權將完全喪失！

紙烟是一種不衛生的奢侈品，各國對於紙烟稅都極嚴重，日本竟至值百抽二百。現在中國各省紙烟特稅也不過值百抽二十，若與外人協定值百加五，連原有二五捐只有七五，不但目前減少收入，而且將來永不能再自由增加，這是何等損失！

再進一步說，即外人應允照日本值百抽二百，吾人亦不能承認，因為徵收地方營業稅吾國有自由規定之主權，絕對不應與外人協定也。

前清承認關稅協定，猶可說是初通商不明白外情，鑄此大錯，現在協定稅制之害誰不知道，北政府豈不是有意賣國？即此一端，軍閥政府之賣國及帝國主義者之侵略，都明明白白擺在我們眼前。

又是一個樂志華！

獨秀

上海樂志華案後一年多，本月十三日南京路老閘捕房出店葉乾章（樂志華的同鄉），於早晨洗臉壁時，有副捕頭鄧支臺其不勤，用腳連踢其腎部，恰中要害，葉仆地呼痛，鄧皮更牽其頰，葉時說：「我痛煞了，我不願再做了。」鄧說：「你既不做，立即出外！」葉乃上樓倒仆於床，鄧更上樓追葉出外，葉遂扶地而行，鄧又以腳踢之，遂由樓上跌至樓下，暈厥不省人事。甘茂生會以此事報告正捕頭，該正捕頭仍一無知覺，十四日下午五時三十分，葉乾享至醫院探問，即其兄乃因傷重死了！仁濟醫生證明是腦部受傷致死，且係被猛力所毆。

我們對於此案之痛楚的感覺，不單是因為一個人打死一個人的刑事關係，乃是因為一般西洋人以為『打死中國人不要緊』的民族感情！現已由葉之家屬延請律師起訴，甯波同鄉會及各團體亦群起援助之。

樂志華案才過去一年多，又出了副捕頭踢死葉乾章的案；同時，又有哈爾濱路九十二號西捕聚傷店夥之事；住在上海的人，女子往往被西捕強姦，男子往往被西捕毆打，這是何等文明現象！

歡迎全國學生代表大會

各地學生代表這幾日聚集於上海，開第六次代表大會，我們本着各地學生代表諸君一報告之，藉以表示歡迎之意：

在過去的事實中，上海廣州北京各處的學生，常不能作一致的行勤，使五四時那樣的團結力至今還沒有復原。可是一年以來各自奮鬥之中，我們也得到了一同樣的苦處及經驗：即天津北洋大學學生受曹黨的摧殘，北京學生屢受曹黨的取締和毆打或逮捕，湖北湖南山東的學生受蕭熊趙黨的壓迫，禁止新思潮及男女同學，奉天學生受官做教育廳的壓迫，如取消童子軍，恢復讀經，反對新學制。研究系更

利用什麼詩聖泰戈爾來鼓吹學生思慮復古，退化。 凡此，都是軍閥
官僚政客直接對於我們學生青年的摧殘壓迫。 同時，我們又親眼看
見全國學生總會兩次在上海法租界內被封，日政府屢次命令北政府禁
止五七五九等運動。 廣州徐州教會學校逼成奴隸學校，英美日等列
強想藉退還庚子賠款的美名，辦理清華式的洋奴學校，侵奪我們教育
主權。 凡此，都是帝國主義者直接對於我們學生青年之束縛。
有了以上的實事，此後我們希望全國學生確定反帝國主義及反軍閥兩
個極平常極鮮明極簡單的目標，大家團結一致，反抗帝國主義，反抗
軍閥，反抗復古思潮之侵入教育界！

外患日誌

七月

一日 漢口電：法領豔（二十九）照會交署，俄界毗連法界江岸馬路，
未得法國同意，不能遽行收回。
北京電：英美組大銀團，美任美金一億，英任二千萬鎊，對東方
投資，不限中國，不供政治借款，以鐵路礦山為主，不投導河及
農業借款。

二日 香港電：沙面領團再向交涉署提抗議，謂廣州必有各國危險人
物容留，請貴處留意取締此種人。

三日 上海有廣東人陳炳坦，肩冰淇淋至閘北克明路天壽里叫售，住
居巍里十八號某二西人向之購買，用華語問其每杯若干，陳答每
杯八十文。 西人嫌其價昂，正爭論間，適二十五號居戶黃先華
之備婦廣東人張月英，亦向陳歸買冰淇淋，該二西人誤為侮辱，
不問皂白，即將備婦扭至家中痛毆，並有二西婦幫同毆打，另一
西人用木棍猛擊，致該備婦腹部受傷，口鼻流血，大呼救命，鄰
居閩警趕至，咸抱不平代醫崗警到來，始將備婦釋放。 主人黃
光華回家，訊悉前情，即投報五區警署，李署長立派長督與緝譯
前往出事地方調查，該西人謂我等係外國人？有事可向交涉署轉
向領事交涉，訊其國籍，則不肯答，僅簽名紙上，一為潘撤斯，
一為羅特英。

四日 上海海關查出美國夾板船塔爾布號由美密選大批軍火來滬，
計有長方形大木箱七十二隻，盡裝軍火，機關槍八枝，手槍約共
三千餘枝，子彈十萬餘顆。

六日 北京電：陸洪濤電逃班鄠語，前竊有兵兩萬，由英人代為調停
，與後竊不和，勢成水火，乞求援助。
廣州電：沙面頒布交通條例念三條，取締華人甚嚴，華人反對無
效。

七日 北京電：漢口交涉員沈子良電外部，法領事抗阻我國接收俄租
界，請示對付方法。
北京電：法抗議中德協定後，并運動英日意各使，向中德兩
國提出同樣之抗議。

八日 北京電：法商吉禮士利在九江私訂張貽謀洲地，查破我國通商
口岸，且介於金鷄坡岳師門砲臺之間，實破壞我國主權。

九日 北京電：英日法三國公使，因廣州政府另組鹽稅局，昨向外部
聯合抗議，並令廣州領事團亦就近向粵政府抗議。
上海大陸報云：美國駐亞洲艦隊所屬潛艇三艘，於昨日（七號）從
小呂宋抵滬，今晨（八號）尚有五艘續到，此八艘將在滬駐，留至
本月十七日，再開赴烟台，與已在該埠休夏之各艦會合。 前數
日在滬之美艦赫爾白脫及潑魯兩號於昨日開往烟台，俟全艦隊
聚集該埠後，計共有三十艘，水兵千八百云。

十日 上海泰晤士報云：閩領事團已維持智利領事之抗議，關其應享
領事裁判權，並派員到會審公廨陪審，此舉結果，智利國人民將

享有其他西人所享之同樣權別，及民刑案件應歸智利領事署裁判，又會審公廨中涉及智利人民利益之訟案，將由智利陪審員陪同審理，並開華森氏已被委為智利陪審員云。

十二日 駐滬美國領事克銀漢氏電浙江交涉員，于沙阿真干山美僑征收警捐。

十六日 英艦二艘由港抵省，彈壓沙面華工罷工。

十八日 天津消息：最近洛陽方面，與美國駐京公使，訂立購置軍械之密約，計購入機關槍二百五十架，手槍一百五十枝，步槍一萬枝附帶各項子彈，適敷一師軍隊之用，該項軍械第一批已於上星期到津，復步槍五千八百枝，子彈五百六十萬粒。

十九日 北京電：使團對於撤廢不平等條約運動，極為注意，議向外部提出警告。

廿日 奉天電：大連每年銷烟六千餘箱，妓館商鋪皆予特賣，計日人每年收稅八十餘萬元。

廿一日 美國三藩市電：美國苛禁僑民入境，昨林肯船新來華人男女學生商人，均批撥回籍。

北京電：日代辦照會，要求賠償漢口前田洋行被民眾搗毀損失，不承認罷斃華民。

北京電：使團照會外部，旅京外人不納警捐。

廿二日 北京電：外銀團確息，倫敦十九電，本日新銀團美英日法代表，討論對華鐵路投資問題，英代表意，鐵路投資，不受新銀團合同限制。

廿三日 廣州沙面工務局今日增加兵警戒備，居留外僑男子全部組織夜巡團，似準備持久抵抗。

廿四日 北京電：吳佩孚催築隴海路西線，自吳鐵驎向華比及中國交通金城鹽業中南等六銀行借款五百萬，先築陝州至西安一段，實收九折，年息八釐，即以該路收入為担保，其由西安至蘭州一段，將續借比款七千五百萬佛郎。

廿五日 北京電：隴海借款一為七千五百萬佛郎，由比銀行在歐發行充購辦鐵路材料費；一為一千萬元，在中國發行充建築費。

北京電：西班牙公使向外部，反對關稅會議。

廣州電：英法領事發布宣言，指沙面罷工多出被動，欲歸責任於我政府及省城各工團，表示強硬之態度。

北京電：英美公使向外部抗議，贛省徵煤油特稅，請電粵成嘸止徵收。

廿六日 杭州大方伯廣濟醫院英醫士梅籐更之自用汽車在豐樂橋一帶橫衝直撞，因新浙江報登載，迭向省政府交涉，結果該報發封，一面密拘主筆朱采真。

廿七日 天津電：同利輪船裝運毛瑟槍五十箱，彈二十五箱到津，現儲塘沽炸藥關棧。

廿八日 北京電：東交民巷之司馬武德交易所，並未停閉，僅由警廳割斷電話，現英使向外部要求恢復。

廿九日 北京電：現有人主新舊銀團別外，另組一中外聯合銀團。吾中交鹽金南，外華比中法德，華懋業匯業等可加入，隴海借款，不過小試。

法國共產黨宣言
——反對赫里歐政府——

資產階級所謂之左黨聯合，以城市與鄉村小資產階級之努力，取得政權；下中等實業家與銀行家在五月十一日的選舉，成功于議會勝

利。

　即在他們取得政權之先，早就預備着無限制的妥協，以謀取得政權、　　為了保持政權起見，他們更要妥協復妥協，直接地表示出了，

他們實是大資本家手下的現成工具。

　此次政府組織，代表大商人，大財閥，曾經擔任國事的右黨人，亦有參加。　此次政府宣言，完全表示現政府決不能依據工人利益，

解決魯爾撤兵問題，生活昂貴問題，工人居屋問題，財政恢復問題，及其他一待解決之問題。

　雖然資產階級所謂之左黨聯合，在競選時，滿天許願，而它為了所謂國家利益，以增進不義之富厚，如重科工資稅，與彌逢戰時損失

之把注等，而不願採取有效的方法，維持佛郎價格，以減少或免除全國工人之直接或間接的納稅負擔。

　賠款的根本問題，就是「資本家賠償戰爭損失，還是勞動者」的問題，一天愈緊張一天，也一天愈悲慘似一天，雖然在各國形成了勞資間

之無情的抗拒，而在國際方面，又成了帝國主義大托辣斯間之仇視。

　核准在國際財政最高局擬定而有特殊性質的專家報告，執行大衞的計畫──這計畫的規定，並不在乎穩定賠償問題之解決，而在使德國

淪于殖民地之地位，德國工人更進入奴隸之域，工作十時，得不足以糊口，其結果所至，將使我法全體工人，遭此同樣命運。

　雖然如此，并不足怪，他們蓋早已表示無能，而不願與社會反動勢力決死爭、

現在當局，將競選時鄭重允諾之大赦，擱置不理，而採行一種赦宥準則，其實行如何，又一視政府之意志，誠為食言無恥！

遠反人民公意，欲于承認蘇聯事件，附以條件，真為國之大辱！

在切實承認八小時工作制之時，于其政府宣言中規定關于八小時怠工之條，實為向勞動階級之挑戰。

無論從政何人，都是應該賤視的。

實際參政的一種重幕努力罷了。

　像這樣「過河折橋」的政策，今日就否認昨日的允諾，深深地表示社會主義之叛徒。　臨時選舉命，事後互相扶助的政策，不過是希望

這真把第二國際自成立到一九一四年所採之反對資本階級之傳統政策完全放棄了。

發與這叛徒計畫的，除社會黨外，尚有勞働同盟之改良派領袖。　他們否認階級利益，革命與社會全體的利益。　他們都是在破產的

資本主義營壘中倡演歷史的最後一幕。

　在國會開幕之初，吾人即知左黨聯合必增加社會衝突之不幸與剝奪，故吾黨國會代表，大聲急呼，嚴重地警告全國勞働者。

他們向全體呼籲：「假使你們不願為不可免的資本主義之新戰，你們就一齊努力保護你們生命所關的物質利益。　工人，農人，聯合

起來，在階級組織之上聯合起來。　共產黨，工會，合作社，工廠團，一齊起來，組織工人農人的大聯合，反抗國家主義帝國主義的左黨

聯合。

預備向資產階級的暴亂橫蠻反抗、反抗日加不已的剝奪。

然而，再案要不過的是你們不可被國會之喜劇所催眠。

資產階級，如其發覺必須之時，必與你們許多侵犯自由的懲罰。

須備你們歷史的使命，最後的戰爭，這都是在巴黎公社中犧牲生命的無產階級——你們的先鋒——所已經開始而未竟的工作。　俄羅斯工人農人手創的，年第三國際領袖列寧指導之下所創的蘇維埃共和國是你們底最好榜樣。

俄羅斯革命萬歲！

第三國際萬歲！

工農聯合萬歲！

法蘭西蘇維埃共和國萬歲！

巴黎通信

法國選舉後政治經濟情形

自五月十一日議院（衆議院）改選後，到六月一日新議院即行開會。

有產階級政黨　急進黨，社會黨，社會急進黨等所組成底左派大聯合既於選舉戰中，奪得錦標，當此議院開始之際，其唯一目的在奪取職務於左派手中，當然是不待言四了。

到六月四日，班樂衞（Painleve）民然以二百九十六（全體投票人凡五百四十二名）票當選爲衆議院議長。　其餘四個副議長，八個書記，三個會計，俱爲急進然社會黨等所瓜分。　共產黨原有廿六名議員，他所提出底議長候選人瑪地（André Marty）當然也只有廿五票。　是日議長演說，照　說了些正義，和平，德謨克拉西底騙人話。　至於班樂衞演說之屢被打斷，亦極快人意。　法國議院內底階級爭鬥雖不如德國之甚，然亦是盡力做了的。

大總統米勒蘭（Millerand）是社會主義底叛徒，殺斃工人已多。　這時共產黨在議院開幕之日，即提出驅逐米勒蘭案，爲工人報復。

及左派將議院職員握着了，便亦進行驅逐米勒蘭。　米勒蘭爲右派首領，右派選舉既失敗，普恩賚（Poincare）退位，常然他也是不能安於其位的了。　不過他有滿舟（Mangin）拉松（Lasson）等將軍爲後援，很想舉穆索里尼，步法西黨底後塵，想藉口於大總統在職七年之規定底憲法，以爲護身符，好再住埃利日（Elysée法國總統府）三年。　六月九日，他硬以右派底瑪爾薩（Francois-margol）爲總理，組織新內閣。　當時左派大聯合反對此事，而共產黨爲工人階級爭鬥，防止法西黨之出現，故提出抵抗埃利日復右政治的進攻，米勒蘭立刻辭職等口號。

六月十日瑪爾薩內閣爲議院所否決，次日米勒蘭底辭職書，逐不得不遞交參衆兩院議長了。　十三日兩院議員在凡爾賽開全國大會，選舉大總統。　左派候選人爲班樂衞，共產黨候選人爲一八七一年巴黎公社（Commune de Paris）底老戰士喀麥利拉（C.melinet）。投票結果，參議院議長杜美格（Doumergue）以五百十五票當選，班樂衞竟以三百零九票而落第。　杜美格固然是左派，然右派議員不選班樂衞而選杜美格，左派議員亦不盡投班樂衞票，可見左派有右傾之兆了。　至於喀麥利拉只有廿二票，因爲共產黨議員未到齊，而社會黨亦絕不投他的票。　但是共產黨之提出候選人，亦不過藉以與左派底聯

合對抗，而便於開會去號召羣衆，做宣傳工作而已。

左派底大總統旣選出，左派底內閣遂於十四日組織成功。這個內閣名爲左派，其實是一個混合內閣。在前普恩賓內閣中當閣員的有五六人入閣，充任海軍，陸軍，商務，財政等部總長。愛友內閣如此，就是愛友在議院中所宣布底大政方針，亦不過普恩賓，伯利安和他自己底各種主張底混合罷了。所以在他宣布政網時，右派有議員叫道：「普恩賓就是這樣底說的呀！」愛友底政網極多，大約不外：對內辭退教皇公使，大赦一部份罪犯，維持八時工制；對外則待殖民地人民爲小孩，檢查德國解除武裝事，無擔保品不撤退魯爾駐兵。這個政網宣布後，共產黨喀陝(Cachin)卽大加駁斥，演說極長。這共產黨底議會政策，非常棘手，原在揭破有產階級底假面具，公開地宣布其罪狀。

法國財政，實有需於賠償問題之解決。而賠償問題委任外交網長底愛友，爲要從早解決這問題起見，於廿一日卽到倫敦，次日與英首相麥克唐納爾(Mac Donal-)會議一天，討論對德賠償問題，施行大衛(Dawes)專家會議底計劃。結果，他們決定於七月十六日開協約國會議於倫敦，解決此事。無產階級愛友同法時，又繞道不律悉與比國首相與外交總長籌商。動底行，常常要與有產階級底行動對立。所以正當英法兩總理會議於倫敦之日，法德兩國共產黨亦會議於哥羅尼(Cologue)，審查大魏計劃施行後底結果，決議法德無產階級在巴黎開會爭鬥底方法。六月廿二日法國共產爲反對國際法西黨在巴黎底普恩賓底警察憲兵應召而至。急進派愛友底警察憲兵，亦如保守派普恩賓底警察憲兵一樣，把示威者捕獲十一人，打傷人數亦不少。是日馬賽有一萬一千人開會示威，里爾(Lille)阿魏均(Avignon)等地都有同樣的運動。社會黨人是實行階級安協的，所以在選舉前後，對共產黨所提出底聯合戰綫，置之不顧。今年竟明目張膽與有產階級政黨——急進黨，社會急進黨等合作，而戴愛友爲首領。愛友要繼續普恩賓式，駐兵魯爾，途不得不提出維持魯爾佔據借債於議院。社會黨首領布南(Leon Blum)在去年五月廿二日第二國際會議上還說佔據魯爾

不好，減少德國賠償能力，挑動萊因兩旁底民族感情，更有背於民族自決，但是愛友竟持魯爾佔據借債底主張。愛友於今年六月廿八日他便率領社會黨議員投票贊成保持魯爾，卽是說：要我交換魯爾，除非德國付手續費三千三百廿萬萬的賠款！可見，愛友說：「只有德國完全交付了他們的賠款品，卽是說：我交換魯爾……」所以自愛友與急進派，都於賠償問題完全無甚分別可言。愛友於十二月廿一日底宣言與普恩賓底宣言是假借普恩賓底式「時報」以後左派與右派，根本上是一樣的。語句上底小異，

左派底議院內閣布勇(Franklin-Bouillon)爲其委員長。至於軍事委員會家，就是對於外交委員會委員長，還有一件著名的事。主義派比較左。左派普恩賓則比勇底是主張合併萊因左岸底人。而瑪爾諾任了軍隊委員會處委員長以後，當然要繼續他的二年總數底監獄。左派內閣在選舉前(四月廿九日)所大叫底立馬上處罰四個師兵士于此底主委員左員長則無能，徒的是主張合倂萊因左岸底人。而瑪爾諾任了軍事裁判四個師兵士于四

象入有五至所以之財政上人，取消該問題，接稅者的，工農負擔過重，到兌換底後，則四月廿九日要87.96佛郎才可換一英鎊，1886佛郎可換錢一，還張「價負擔過重，生活是必然的昂貴，必5.12佛郎可換一美金，逐漸跌，則五月廿九三佛郎可換一美金，到四月廿七現收一個才算一，這個價四五萬萬，將來一格九三

非外個情中現，是右亦同樣底反對昔日之右派。個債，左救於此是英，左派因他們的右派故。力保守之所以。一切要求生地產，所託和所以！

The Guide Weekly.

嚮導 週報

第八十期

分售處　　　　　　　　分售處

（中華郵務官經局特准掛號認爲新聞紙類）

一九二四年八月二十七日

郵票代款概作九五折

武昌　上海　杭州　少年書店　北京大學第一院　民智書局　上海書店　時事書報社　共進書社

太屋　長沙　濟南　萃文書局　中國書報社　丁卜書報社

香港　巴黎　歐州　古今圖書社

咸都華陽音報流通處

定價　國內一元寄足四十期　國外一元寄足二十五期　郵費均在內　零售每份大洋三分

每星期三出版　發行通訊處　北京大學第一院　杭州横橋標路辭街七號洪鑣立明于

時事論評

江浙戰爭

獨秀

我們不是非戰論者，當然不絕對的反對一切戰爭，只注意這戰爭對於大多數平民有何意義。

譬如資本帝國主義的國際戰爭，在各國資本階級相互爭雄上固然有意義，而對於各交戰國大多數平民，除單純的犧牲外別無意義。國內軍閥間的戰爭，在他們爭奪領土上固然有意義，而對於兩方領土內大多數平民，也是除單純的犧牲外別無意義。惟有大多數平民對於軍閥或資本特權階級的國內戰爭，則對於大多數平民，無論是如何犧牲，都是對有意發。

有人以為國際帝國主義的國家或可由相互戰爭而傾複，中國軍閥間也或可由相互戰爭而滅亡，這是一個癡人說夢。帝國主義者間或軍閥間的戰爭，其結果仍有一個勝利的方面支配着世界，例如：歐戰。仍是帝國主義的英美法日意的世界，只有大多數平民起來對他們的革命戰爭，俄羅斯就是一個榜樣。

閥的江山，他們那會因互戰而全倒。要他們全倒，只有大多數平民起來對他們的革命戰爭，俄羅斯就是一個榜樣。

正在醞釀的江浙戰爭，早遲總難免發作，在浙方雖然豎然反直的旗幟，而至少須與廣東革命政府協同動作，才有多少意義，不然仍是一個純粹的軍閥間地盤戰爭。

此次戰爭如果起來，我們將取何態度呢？第一，我們應該努力使此次戰爭變為革命戰爭，不叫他成為兩方地盤戰爭；第二，我們應該努力在此次戰爭中增加平民的力量與利益，不但幫忙一方面做留聲機器（如南京商會）是下流，就是消極的哀求和平也不是辦法。

獨秀

倫敦會議

自七月十六日起至八月十七日止的倫敦會議，是值得我們注意的一件世界大事。會議底結果，議定了一個倫敦協定及四附約，其內容之重要點有二：（一）專家計劃至遲九月二十日須實施。（二）自八月十七日起，一年以內，法國撤退魯爾駐兵，佔領阿芬堡（Coffenburg）亞朋威爾（Appenweir）的軍隊，十八日即撤退。此協約須先經法德兩國批准，始行正式簽字，簽字期為八月三十日。法國兩院都已通過，批准自不成問題。3德國國會中，共產黨及國民黨雖然都表示反對，然而很反動的德國國民黨，未必異能堅持愛國主義而終不和帝國主義者安協；國民黨一安協，合之社會民主黨及中央黨，在國會即占大多數，如此，則此

國主義者安協；

約通過也是意中事。

倫敦會議及其協定之精神，赫里歐在法國衆議院說得最明白：「大

衞斯的計畫，根據於合作而非根據於威脅，其抵要之點，及
結一致對德交涉之必要，及在許美國之參加……德國勢必舉其經濟活
動之全部，聽從協約國之監督……」

赫里歐麥克納爾等由協約國用經濟共管德國的政策，來代替普恩賈
由法國用武力獨管德國的政策。

國對英美讓步，不是法國對德國讓步，是法
而受協約國經濟的共管德國之害，比法國武力的獨管之害更甚。
協約國經濟的共管德國之害是些什麼？　請看大衞斯的專家計劃

之重要點：

（1）德國設一國家銀行，發行鈔票，這銀行由德人七，外人七（
英，法，意，美，比，荷蘭，瑞士各一）組織董事會。發
行鈔票的準備金，存於外國銀行，該銀行資本，可在國內外
募集。

（2）德國鐵路交國際公司管理，以五十年為期，在此期門，鐵路
每年的獲利，都用為繳付賠款。

（3）烟酒糖由國家專賣，歸外人監督。

國民黨左右派之爭

為人

再造歐洲和平，更不可聽帝國主義的協約國宣傳，也跟着說倫敦協定可以
對岸觀火，可以穩定世界金融，可以蔓及中國商業這一類的夢話
第二個就是德國，第三個或者就是中國；所以我們不應該看德國事行動
好聰明的專家計劃，自然比普恩賈武裝逼錢的笨法子巧妙的多，
但此計劃實施起來，德國便路於國際共管的地位……
兇狠的帝國主義者，他們用經濟共管別的國家，第一個是奧國，

每一政黨之中，為了政策不同的原故，復有左派右派中央派之分

及和平，不獨中國的政黨如此，就是外國的政黨，也沒有不是如此，大
凡有點政黨常識的人，對此自必不至大驚小怪。

但在歷史上證給我們看的，每一政黨底左派，固然有時也不免幼
稚的毛病，然而多半是進步的，革命的，右派則反是，這是歷史上的
事實，並不是我們故意侮蔑右派和故意贊揚左派。

一黨中有了左右之爭，政治上……的主張才得以日益明確和進步，左
右之爭，不但不是黨的壞現象，而且是黨的進步現象。我想具有政
黨常識的人必然夠了解這些淺近的道理。

中國國民黨在民國元二年的時候……中山先生底政治主張，尤其是
民生主義，受了不少的攻擊，就是號稱爲黨中的領袖像宋鈍初黃克強章
太炎張溥泉等，也都先後和中山先生革命的主張漸漸離開了。那時
我們可說是國民黨中的左派，只有孫中山胡漢民廖仲愷朱執信陳英士
戴李陶等數人而已。國民黨的真生命，也全靠此派數人維持到現在
。

到現在，中國國民黨，內部奇有所謂反左派之爭，其實只是國民
黨左右兩派之爭，絕對沒有共產主義與三民主義之爭。左派依據民
族主義來反對帝國主義的列強，右派卻以爲這樣便是破壞國民黨與列
強的好感；左派主張聯合反帝國主義的蘇俄為朋友，右派卻說這是破壞
國民黨底軍事行動，清發琅乃是左右兩派所爭的焦點，都和共產主義風馬
為敵人；左派依據民生主義主張努力組織農工羣衆及擁護農工的利益
，右派則恐怕因此開罪於地主及資本家；左派主張黨的教育和民衆的
政治宣傳應爲主要工作，不能·全力於軍事，
牛不相及。

我們試將國民黨大會的宣言一看，左派的主張并不稀奇，項項是
宣言中所有的，右派的主張都沒有一項不是違反宣言的。

我們可以說：今後中國國民黨之能否成就革命事業，只看大會宣
言能否貫澈到底；換言之，即看左派的主張能否實現。

路意致麥克唐納爾書

(Roy's letter to Uecdonald)

應該受人崇敬的大不列顛首相麥克唐納爾應該受人崇敬的先生鑒：

這封信的署名者，是一個印度人，他堅信世界一切民族是要自由的。自從一九〇五年以來，我就參加一種運動，地底目的在替印度民族恢復這種自由權。　於是我就不得不從印度的英國政府手裏受盡了種種追捕和壓迫。到一九一五年，我（終於只得離開印度）是被迫着離去父母之邦以求免于嚴刑峻法。從那時以後，我便做了個亡命者，然而亡命途中仍不能避免壓迫。我是不時的被那有意違反國際法給與政治犯的權利，并無理壓迫當地各國政府的英國政府爪牙，監視追隨。然而我們繼續活動，依據我的信仰，努力於印度民族解放運動中，我應該做的一部分。

以社會主義者地位來說，以我不贊成根據內地資本與國外資本衝突而定的印度民族主義的綱領。我的主張是：印度是必須用一個獨立自主的政府，若是沒有這樣一個政府，這個民族就不能得到進步和富庶。根據了這樣的主張，我一面川入資產階級的國家主義運動，同時卻主張我們需要一個真民治的政府，牠對于勞苦羣衆的經濟利益必須充分的保障。若是平民不能卽時作保護自已階級的利益預備，參應就使民族的政府成功，他們要希望着充分的政治權和充分的經濟保障，是不可能的的。要辦到這一步只有一條路，就是，假如他們那加國民運動的時候，不可單像本國資產階級的附屬般參加進去，要像一個獨立的社會組織分子，根據着他們自己的鮮明的政治和經濟的計劃，組織成一支革命軍，加進去爲這計劃鬥爭。換一句話說，我活動方針是在根基于工人和農民的階級的利益而把他們組織起來。我們的計劃，是想把國民運動那業不放在種族觀念的基礎上，也不放在資本衝突的基礎上，却是要找一個更廣大的基礎，使是全印度民族的經濟利益和社會解放。

自從我發表了這個計劃以來，于我已有的許多呪咀以外，又添上一個「過激黨代理人」的稱號，這個名稱，你知道，長被帝國主義用濫了。凡我們所發行的報紙，或我的同志們所作的任何文章，都被他們認爲「過激的宣傳」在印度不准發行。傳佈，誦讀，或收藏這種文章，是有罪的。其實，這些文章的目的無非是傳佈上面所路述的那種計劃能了。我卽我們所已經出版的每樣送上幾個樣本，請你評判一下，究竟含着些超過普通的國家主義或社會主義以上的立論沒有。和這性質相同而激烈得多的文章，都准在不列顛和她的自由殖民地發行，其他的獨立國家且不必說了。總之，社會主義的文章在印度是被禁止的。一向我們都認這是當然的事，但，自從社會主義的政府成立以來，我們又希望解除禁令是當然的事了。

應該受人崇敬的麥克納爾先生，你是一個社會主義者，是不列顛無產階級的代表，你總得承認，爲了自己的國家而要求自決的權利總不算是一個罪名罷？印度的社會主義者和印度的勞働階級，簡單的社會主義一到了印度就變成「破壞的過激宣傳」吧？印度的社會主義運動不會就變成「破壞的過激宣傳」吧？

他們中間有許多是屬于不列顛工黨的人有許多是屬於您們屬的國際的。自然這有許多別的人，歡喜歸附在別的國際階級，各有各的國際屬。　這不過是一個意見不同的問題罷了，意見不同，在今日的各國社會主義活動中，可說是沒有一國免得去的。所以我屬勞働組織這下面。

于國際共產黨壁是事實，可是這事實不成其為剝奪我在印度居住的理由了，如果不列顛境內及其他地方，屬于同一國際的人們都未被剝奪此權。

不列顛工黨的勝利，使我們發舞相信許多事情必有一番變更。所以我向你請求：

治下，不致像以前那樣受壓迫和虐待。 我們希望那些為印度勞働階級的福利和進步而工作的人，在工黨的統

（一）我們的報紙前鋒，我和別人所著的見解同樣的書籍和小冊子，以及一切在文明各國可以自由發行的社會主義畫籍，都弛禁；和

（二）許我回到印度，不要因為過去的種種被指為我所做的叛逆行為，再讓官廳來追捕我。 我要請你注意，自從我在一九一五年被迫

離開印度以後，我的政治見解已經大變了。

我最終的請求，是要得着已前被人控愬的赦免。 我以為一九一九年英王皇帝陛下對于印度政治犯的宣言也應該應用到我的身上。 使

我能回到印度，我對于我行動的將來，然自責。

我必定高與歉忕些，假使你能可以給入英護上，使我能與治印命官，討論我回國問題，企望着一個同情的速復。

應該受人崇敬的先生，你的誠實的朋友 路意。

瑞士，一九二四年二月二十日

這本是一封私信，我原無意將他發表。 也沒有預想，到今日麥克唐納爾先生不曾用很出乎意料的方法來回答的時候，有將他發表的

必要。 這信曾準備了很足的時日等他回答，可是到超過此時日許久之後，還沒接得他直接的回答。 是如今我發表此信，當不至陷入一

種可被人指斥為失禮的地位了。 我的信所產生意義之嚴重，絕不是不直接答復一種單純的方法所可掩滅的。 此着自然為麥克唐納爾先

生所深曉。 他雖未能採用直接的回答，可是他對於我信所列各問題的態度，却一點沒遲延的就表明了。 他回答我信的方法是非直接的

，但是回答得却十分了亮。

在英國勞動黨執政之下，印度勞動階級能否得到宣傳和組織的自由。 對於這個問題，麥克唐納爾先生已給的回答就是批准—至少是

默許—印度當局指勞動階級之領袖共產為人為『謀逆者』，捕置之於顧坡雷地方加以審訊。 對於我請求回歸印度往英國一節，勞動政府所

給我的不是准許，却是縱容印度當局加我以更多不能回答的阻礙，對於承認社會主義和勞動宣傳之為正常，回答的總是捕訊印度的共產主

義者，緣他們鼓吹我信中所述之綱領，和發表文字求這個綱領之為公衆明曉。

麥克唐納爾先生深知：我信所引起的是印度勞動重大之利益，若一朝戒為公衆討論之標的，他將很困難來表示自己所立足之地位。

為了打穩他自己的地位起見，故他對於我信只好探取一種回答的方法，就是加罪於一切立志要為印度勞苦羣乘利益奮鬥的人們。 他先生

為我的戰術，就是先使他的敵家處於不利的地位，在那種地位裏使他們除了掙扎自守和替自家辯護之外，再不能有回手打人的工夫。 所以

他乘我信所包各點兒公布於衆之前，就决定把我們的案子全來做誘導英國無產階級趨向於偏見的材料。 他之所以准許印度當局把印度勞

動階級的領袖當『謀逆者』來控告，如是則這些人所要求的自然就獲得英國無產階級的贊助了。

這真是一種聰明絕頂的手段，只可惜此手段奸險之動機完全被人識破了。

這是頭一次提起印度勞動階級利益問題，我的信自然要迫着麥克唐納爾先生行動了。這或者是老早就使他感到不舒服的問題。所

以在請他決定態度之先，他就乘機會開始進攻了。假使待我信公開，那時他再來回答，他就恐怕他擺佈的不能如現在已做了的如意。

因爲他准許印度政府摧殘印度工人階級的先鋒，是爲了他們宣傳社會主義和勞動階級的國際團結的，那麼我主張同樣要求的私人文件也成

了一種公衆利益的文件了。所以我覺此際將我信發表，實在是幸運的了。

他的政府的真實性質。同時他也給了世界的無產階級一種解釋，使他們所能希冀於孟雪維克主義的究竟是什麼。

我信寄後的四十五天，他們開始從事顧坡雷的審訊，這就是麥克唐納爾先生對我信的回答了。我請准許社會主義出版物的自由，他

回答的就是指證社會主義和勞動宣傳爲悖逆的實據。

我請求將帝國主義在昔日加給我的罪名赦免；這是很我解釋才可及不准的，可是從新加我一種罪名之後，他就把這種難渡過了！

我是被控爲『謀叛英王皇帝存權』者中的一人，自然不許我足殘印度的境土了，除非我準備，承受他們預備妨的刑罰（大凡是終身監禁）

工人階級中間質心的份子或者正在詫異，以爲正當勞動黨掌治帝國的時候，何以印度弱小的先鋒被摧殘得如此斷然。

這種疑問的由來，是因爲不知激成勞動政府所以有此狂行的事實。這非實是一種有力的發求，是勞動政府對於資產階級的呼聲遠得超過大海，且藉着印度勞動階級呼聲格外清晰的送到麥先生耳裏的。

麥克唐納爾先生擇定的態度是：在乘此弱小的先鋒未成功十分危險之前，先把他勒死。

他這樣一種回答，和我會藉着把印度勞動階級呼聲格外清晰的送到麥先生耳裏的。關照起來讀一下，是很與人有敎益的。

所以，爲了使我信所以獲的結果送到世界的無產階級的面前，我決定將此會經激動黨局摧殘印度共產主義者的信發表了。

（路透電註）一九二四，四，廿日

國民革命與反帝國主義運動　　文恭

僅僅打倒自己國內軍閥，建革命政府，以爲是國民革命的工作成功了，這種企圖，完全大錯而特錯。

軍閥靠帝國主義而助植，帝國主義靠軍閥而掠奪，此種事實，我們半殖民地的中國，一般被壓迫的民衆，在日常生活上，狠狠爲姦的。——國民革命，性質不是同樣的。——國民革命，須加添打倒國際帝國主義的

真是何等深刻！

再，帝國主義本身而論，必須發展商場，喫喝弱小民族，爲它經濟侵掠的殖民地或半殖民地，而延長其「快到末日」的殘喘的。

我們可以明白，國民革命是建築于殖民地或半殖民地被壓迫的民衆，與非殖民地或非半殖民地的民衆，日常生活需要上的一種必然的形式。

所以國民革命，必須打倒了國際帝國主義，而建設革命政府，自然勢如破竹，迎刀而解了。否則，恐怕「此路不通」罷！

重大工作。

上邊，國民革命與反帝國主義運動的關係說的明明白白了。

最近，北京發生了一個『反帝國主義運動的大聯盟』，這個，就是我們半殖民地的中國，被壓迫的民衆，日常生活需要上的一種必然的覺醒，也就是我們半殖民地國民革命的一步重大工作。

報載—七月十三日下午，北京五十餘團體代表及各界人士共二百三十餘人在中央公園開反帝國主義運動大聯盟盟議，全從一致通過左列宣言書：

『反帝國主義的仝志們，我們受帝國主義列强侵略的苦痛太深久了，我想，我們與其負創忍痛呻吟于彼等顢答籌楚之下，不如振刷精神，與他們矢志背城一戰！我們憤怒的心情，不能再忍耐了！聯合世界被壓迫的弱小民族，所謂『聯合戰線』的口語，確是我們目前最重要的金科玉律。所以我們這個大聯盟有四點，必須向我們的仝志們鄭重聲明的，即「一」撲滅帝國主義的侵略政策，廢除壓迫中國弱小民族新訂一切不平等條約。「二」凡國內外各公私團體以及各個人，有與我們表同情，願加入這個大聯盟，作國家的或國際的反帝國主義工作者，我們卽應認爲我們的仝志。「三」我們這個大聯盟，除却反帝國主義的工作外，其餘任何事務，概不與聞。「四」我們應爲反帝國主義的走狗，卽做我們的漢奸者，我們必須用撲滅帝國主義的手段撲滅他。以上四點，就是我們這個大聯盟的宗旨與任務，我們中國反帝國主義的仝志呵！我們全世界反帝國主義的仝志呵！趕快振刷精神一致的團結罷。』

我們日常生活需要上所指示我們的，只有國民革命是我們唯一的出路，同樣，我們國民革命中只是反帝國主義運動，是我們最初步的而且是根本的辦法，其餘都是治標的罷了。當然，我們不容感情，不容成見，凡是反抗帝國主義者，都是我們國民革命的仝志；反之，都是我們國民革命的仇敵。這是我們應談着外看得清楚分得明白的目的。

至于反帝國主義運動，我想，並不是一個北京城就能濟事；一定要各地繼續組織，作大規模的活動，才能有效可言。

最後，我對于已組織的北京，及未組織而要組織的各地，關于反帝國主義運動的策略，陳述于下：

一、聯合反帝國主義祖國的蘇維埃俄羅斯；

一、聯合東方弱小民族，如高麗，安南，印度等.

一、聯合各帝國主義國家中革命的無產階級；

一、做大規模的反帝國主義的普遍宣傳；

一、排斥任何帝國主義的商品。

如此，能夠切實做去，我想，驅逐任何帝國主義于中國領土之外的時期不遠了；同樣，國民革命的成功，當然也不久了。

被壓迫的民衆——工人，農民，兵士，商人，學生，快快起來作一舉國一致反帝國主義的大運動，始終要到達驅逐任何帝國主義于中國領土之外爲止！

（獨秀）

寸　鐵

● 惡政府碑 ●

武昌附近西北湖堤決口，淹沒田禾房屋無數，有人提議在決口處建立「惡政府碑」以爲紀念。湖北人真目無王法，竟胆敢在二次戰勝八省地盤的政府勢力之下建立惡政府碑！

● 大學工科與楊杏佛 ●

據說東南大學裁所工科，內幕中是郭校長和齊督軍設計以此去搞

杏佛教授。廈門大學會同時辭退四主任，東南大學辭退一個教授，得什麼，何必因此犧牲工科及數十青年，我看此種消息未必的確；然而究竟的確與否，要看工科裁併後東南大學仍否容留楊杏佛斷。

中俄協定與奉張

奉張爲什麼反對中俄協定，看七月廿八日的申報通信便明白了。原來奉張和謝米諾夫有那麼深的關係，而且訂有密約，現在還時有密電往來，他當然要反對中俄協定。日本素有利用謝米諾夫來支配蒙古利用張作霖來支配滿州的野心，謝氏依靠日本不用說了，奉張反對蘇俄，同時對於日本取何態度，這是我們應該注意的！並且我們現在便應該注意申報十二日北京電：奉俄談判破裂，奉日協定安協，日在南滿有三十年租地權。

（獨秀）

佛化惡人

報載山西懷仁縣水泉村王隆，虔奉佛法，阿彌陀佛不絕口，乃因其母誤傷其子，鋤毋至死且食其心肝。大家聽了此事必以爲至奇，其實毫不足奇。我所知道的幾位家鄉熟人：奔走軍閥官僚間無錢不要的何雯，任安徽財政廳長時大刮地皮且爲軍閥偵探安徽民黨在滬行動之馬季平，敲詐民財逼成刀匪事變之六安縣知事刁景炎，無一不是滿口阿彌陀佛，幾乎可以說凡受佛化的都是惡人！

（獨秀）

第二猶太！

上海某路商聯會，因爲防備窮人搶他們的吳銅錢，便主張『租界未收回以前可不顧主權，而於法典約章之外，都可委曲就商。』這算是第二猶太人！

革命黨怎好希望敵人優容！

越受敵人的疾視，越是革命黨的榮譽；越受敵人的優容，越是革命黨的恥辱；這本是國民黨和進步黨根本不同的地方。想減輕敵人（列強與軍閥）的疾視與壓迫而排除急進分子，還是革命黨領袖們應該注意的危機！

（獨秀）

國民黨與中國革命

中國目前所急需的是民族革命運動，這個運動的領袖應該是中國國民黨；民衆若不認識國民黨和國民黨若不認識自己，都是中國革命之最大障礙。

（獨秀）

革命黨和農民

中山先生在廣東農民第一次見面演說：『革命黨爲民族民權兩個主義奮鬥了十三年，民生主義十三年總沒理過。......今日開這個農民聯歡大會，要實行民生主義，這是革命黨和農民的第一次見面。......就是從今日起，民生主義若是不能實行，民權主義不過是一句空話。』國民黨改組後，幾個老黨員竟有『亡黨』之痛，照中山先生這般演說，不但黨未曾亡，并且三民主義的黨如今才第一次完全叫人看見。

獨秀

『亡黨』

主張民族主義的黨，便應該代表民族的利益而奮鬥，決不應該還是對民族運動表同情；主張民權主義的黨，便應該代表人民的利益而奮鬥，決不應該單是對民權運動表同情；主張民生主義的黨，便應該代表勞工貧農的利益而奮鬥，決不應該單是對工人農民運動表同情；因爲表同情是局外人底態度，決不應該這樣滑稽的不負責任。無論是什麼主義的黨，若黨員們都取局外人不負責任的態度，那黨也就去亡不遠了！若再等而下之，倒民族運動恐怕有傷列強感情，做民權運動又恐怕妨礙一部分軍閥之友誼，做工人農民進勸更恐怕開罪資本家與地主，連局外人底同情態度都不敢表示，那才

真是「亡薇」呵！

·······

猪一變而爲狗

與論稱北京國會議員爲議猪，現在他們當中，李議員又稱馬議員爲政府狗。李議員應該知道狗與猪并無甚高下，更應該知道賄選後曹錕治下的國會議員，那一個不是狗！

獨秀

工人農民了！　　記者

廣州通信

此間此時除全國省知的沙面事件以外，還有兩件事恐怕外省還不大知道，特此奉聞。

（一）佛山南浦村農民協會成立，并經省長及國民黨農民部長出席組成「農團軍」，這就是廣州政府正式承認爲保衛農民利益之武裝隊。不料隣村有一個土豪組織的「鎮安四約保衛團」，蓄意尋覺來破壞；他們趁着雨後南浦村內魚多的時候，便要言自由捕魚，「保衛團」帶着武裝開進南浦村。農團軍不敢抵抗，請省長出了一張告示，令「保衛團」退出，該團竟將省長告示撕得粉碎。現在農民要省長派兵去解除「保衛團」的武裝，然而省長出了一張告示，「恐怕惹出大禍」來！

（二）廣州酒業工會裏有幾個工人受了工商友誼會（資本家的組織）之驅，要去加入，酒業工會派人勸阻，被商團看見了，不問情由便打，打傷了酒業工會的八表八九個人，警察反而幫着商團逮捕工人，公安局長吳鐵城居然說是「工人先持械勸手」打人！

在道理上說，主張「增進農人生活」「保障勞工團體」之國民黨的官吏，不應該放任保衛團商團壓迫農民工人而不過問；在利害上說，工人的革命精神和商團的反革命行動，都已經明明白白擺在革命政府面前，革命政府的官吏萬分不應該再來幫助商團壓迫

春園　八月七日　李季

新青年季刊第三期出版

目次：

答張君勱及梁任公 …………… 陳獨秀
實驗主義與革命哲學 …………… 瞿秋白
無產階級革命與文化 …………… 蔣俠僧
辯證法與邏輯（蒲列哈諾夫著）…………… 鄭超麟
馬克思主義辯證法底幾個規律（阿多那斯基著）…………… 石夫
生產方法之歷史的觀察 …………… 周佛海
馬克思與俄羅斯共產黨（Riozanou著）…………… 羅忍
社會主義的社會之基本條件和新經濟政策（布哈林著）…………… 尹寬
現在的力量（羅若夫斯基著）…………… 趙世炎
社會主義蘇維埃共和國聯邦條約及宣言
馬克思傳及其學說自序（附上編目次）…………… 李季

定價每冊三角

發行所　廣州新青年社
上海代魯處
棋盤街民智書店
小北門上海書局

The Guide Weekly.

嚮導週報

第八十一期

（中華郵務管理局特准掛號認爲新聞紙類）
一九二四年九月三日
郵票代款按作九五折

分售處

太原 晉華書社
長沙 少年書店
湘南 湘雲寄售處
杭州 古今圖書店
濟南 新亞書店
豐南 明星書社
寧波 文化書社
開封 工學社
南京 天一書局
成都 崇陽書報流通處

分售處

香港 萃文書局
巴里 中國書報社
廣州 丁卜書報社
上海 民智書局
上海 上海書店
武昌 時中書報社
共進書社

定價 國內一元寄足四十期 國外一元寄足二十五期 郵費均在內 零售每份大洋三分

每星期三出版 發行通訊處
北京大學第一院新聞記者研究會轉劉子通
杭州貫橋路七號吳稚立明

我們對於義和團兩個錯誤的觀念

獨秀

義和團，在中國現代史上是一重要事件，其重要不減於辛亥革命，然而一般人不但忽略了他的重要，并且對他懷着兩個錯誤的觀念：

第一個錯誤的觀念：憎惡義和團想野蠻的排外。

鴉片戰爭以來全中國所受外國軍隊外交官教士之欺壓的血腥與怨氣！他們只看見義和團殺死德公使及日本書記官；他們不看見英人將廣東總督葉名琛捉到印度害死，并裝入玻璃器內遊行示衆！他們只看見義和團損害了一些外人的生命財產；他們不看見帝國主義軍事的商業的侵略害了中國人無數生命財產！他們只看見義和團殺人放火的兇暴；他們不看見帝國主義者強賣鴉片烟焚毀圓明園強占膠州灣等更大的兇暴！他們自誇文明有遵守條約及保護外人生命財產的信義；他們忘記了所有在華外人（軍警外交官商人教士）都是屠殺中國人之劊子手，所有在華外人財產都是中國人血汗之結晶！他們指責義和團號召扶清滅洋及依託神權是頑舊迷信；他們忘記了今日的中國仍舊是宗法道德封建政治及神權還這三樣東方的精神文化支配着！

義和團誠然也不免頑舊迷信而且野蠻！然而全世界各民族都還在頑舊迷信野蠻的狀態中，何能獨責義和團，更何能獨責含有民族反抗運動意義的義和團！「與其憎惡當年排外的義和團之野蠻，我們寧惜惡現在媚外的全國官僚奸商大學教授新聞記者之文明」！

第二個錯誤觀念：以爲義和團事件是少數人之罪惡，列強不應因少數人之故懲罰全中國人民以巨額賠償。

他們不曾統觀列強侵略中國，是對於全民族的，不是對於少數人的；劇烈的列強侵略，激起了劇烈的義和團反抗，這種反抗也是代表全民族的意識與利益，決不是出於少數人之偶然的舉動。即或義和團當中及縱容義和團之貴族夾有思想上政治上爭執的動機與其他更卑劣的動機，而羣衆之附和義和團，則由於外力尤其是教會壓迫的反應，可以說毫無疑義。

義和團事件，無論是功是罪，都不能以少數人放之責任，不當擱在義和團少數人身上；全民族若在外人壓迫之下，若竟只有少數人義和團不甘屈服，那更是全民族絕大的恥

九七特刊

辱了！

若因為參加義和團運動者為全民中之少數，則參加辛亥革命與「五四」運動者，也是全民中之少數，我們決不能只據實際參加者之數量，便否認其質量上代表全民族的意識與利益。文明的紳士學者們，說義和團事件是少數人之罪惡，說列強不應該懲罰到義和團以外的人，不曾是向列強跪着說：我們是文明人，我們不曾反抗汝們懲罰少數的義和團，不應該呂白不分運累到我們大多數安分屈服的良民。情形如果是這樣，還幸虧有野蠻的義和團少數人，保全了中國民族史上一部分榮譽！

義和團的野蠻，義和團的頑舊與迷信，義和團時的恐怖空氣，我都親身經驗過；我讀八十年來中國的外交商業史，而終於不能否認義和團事件是中國民族革命史之悲壯的序幕。

帝國主義與義和國運動

迅之

（一）

中國自義和團這個真正民族羣衆之反帝國主義運動失敗，亡國辱種之「辛丑條約」成立，一直到現在，（一九〇一—一九二四年）整整的二十三週年了。在這二十三週年中，中國無論經濟政治各方面，實際上已完全變成了國際帝國主義的殖民地，中國四萬萬民衆，已完全變成了國際帝國主義者的「欄內牛馬」，「鍋內魚肉」，宰割烹煮，都任其所為，而莫可如何。更可恥的，就是一部分中國人，尤其是所謂「士大夫」之流，甘作帝國主義者之奴隸走狗，對偉大的民族運動，反「愛國主義之義和團」，不是羞為稱道，就是妄誣之為「拳匪」為「惡徒」，替帝國主義作賤視自己民族之宣傳。無怪乎民族革命精神之日日消沈，媚外的奴隸主義之日日澎漲啊！

今日！一九二四年的九月七日！亡國辱種之辛丑條約的廿三週年紀念日！一個唯一的反帝國主義之民族羣衆運動失敗日！我們——真正被帝國主義歷迫的民衆，要想振刷中國的民族革命精神；打倒媚外的奴隸主義，在這個日子裏，首先須把這個日子在中國被國際帝國主義歷迫史上的意義重新介紹，尤其對於義和團運動須得重新沾定其在中國民族革命運動史上之真價值。我們應該替義和團宣雪其廿三年來被帝國主義者及其走狗所加之惡名。刷洗中國一班人腦中對於義和團運動之根本錯誤觀念。總之我們應告訴中國被帝國主義歷迫之真正民衆，重新起來認識這「九七」紀念日，認識義和團運動的革命精神，從這根本認識上得着解放自己的新道路。

可是要想真正了解「九七紀念日」了解義和團的民族革命精神，就必須先懂得義和團運動與帝國主義的關係；因為義和團運動絕不是一個什麼單純的民族仇外運動，確完全是農民羣衆受了帝國主義的過分歷迫之一種反抗運動。所以我們首先須分拆在義和團運動以前國際帝國主義在中國各方面的勢力與其侵掠情形。

二、

帝國主義本是資本主義發展過程中之必不可免的階段。資本主義發展到了帝國主義，在其本身上本已到了末日。所以列寧謂帝國主義為臨死的資本主義。可是資本主義雖到了末日。然而，始終想延長其殘喘，如是就拚命地向經濟落後的農業國——殖民地去掠奪，剜殖民地之肉以餐已之指。

資本的帝國主義之根本病源是（三）生產過剩，（二）（一）原料缺乏，（三）資本多餘，（四）勞力缺乏。因生產過剩，於是要求廣大的銷貨場，因原料缺乏，就要求廣大的原料出產地；因資本多餘和勞力缺乏，就要求投資地和低賤的勞動商場。所有這些，完全是帝國主義的經濟要求。因為要達到他的經濟要求，就不能不用政治威權來保證。可是經濟與政治的要求大露面，於是又想出文化的要求來。所以無論行使任何帝國主義之對於殖民地或半殖民地，因要滿足他的要求，必然行使三種侵掠，——經濟侵掠，政治侵掠和文化侵掠。以前的英

，美，法，日，俄，德等帝國主義對於中國也完全如此，不過運用這些侵掠的政策各有緩急輕重之不同罷了。

帝國主義侵掠中國要以鴉片戰爭爲始，從此英國帝國主義在中國到得商業經濟上的無上特權，因此法，美，俄，德，日，意各帝國主義，如蠅附羶，爭先恐後地向中國進發，經過「英法聯軍」之役，「中法戰爭」，「中日戰爭」，「膠州灣事件」等，直到義和團起事之前日，國際帝國主義，在中國政治，經濟，文化各方面已無外交，中國儼然一國際帝國主義的殖民地。我們且看當時，義和團起事之前日，國際帝國主義在中國之實際勢力究竟如何。

先看經濟方面。國際帝國主義侵掠中國，首先就想實現牠們第一個要求，強迫中國人買牠們的「過剩商品」，強迫中國人民開牠們消售商品的商埠，中國人民不願意，牠們即以兵力臨之。結果，中國人民被征服了，牠們的目的達到了。現在把一八四二年至一九○○年由帝國主義強迫所開的商埠列表如下

上海	寧波	禍州	廈門	廣州
芝罘	鎮江	南京	九江	漢口
汕頭	海口	瓊州	秦皇島	大沽
天津	張家口	吳淞	蘇州	蕪湖
沙市	宜昌	岳州	重慶	杭州
溫州	南甯	三都澳	江門	三水
北海	龍州	拙北	蒙自	河口
思茅	騰越	雲南府	嘉峪關	伊犁
塔爾巴哈台	喀什克爾	烏魯木齊	吐魯蕃	古城
哈密	恰克圖	庫倫	烏里雅蘇台	科布多
亞爾				

以上五十一個商埠是帝國主義者的「過剩商品」所堆集的地方，同時就是帝國主義的勢力範圍，帝國主義實際上的領土。再看牠們商品入口之增進數目。

一八六四年，
入口　五一，二九三，五七八，兩。
出口　五四，○○六，五○九。
出超　二，七一二，九三一，兩。

一八七四年。
入口　六四，三六○，一六四，兩。
出口　六六，七三，八六六，兩。
出超　一，三五二，○○四，兩。

一八八四年。
入口　七二，七六○，七五八，兩。
出口　六七，一四七，六八○，兩。
入超　五，六一二，○七八，兩。

一八九四年。
入口　一六二，一○二，九一一，兩。
出口　一二八，一○四，五一一，兩。
入超　三三，九九八，三八九，兩。

一八九九年。
入口　二六四，七四八，四五六，兩。
出口　一九五，七八四，八三三，兩。
入超　六八，九六三，六二四，兩。

由上表可以看出帝國主義商業侵掠的突進，入口由五千一百萬餘兩滑到二萬六千四百萬餘兩，由出超二百萬餘兩倒轉來至入超六千九百萬兩。此中尤須注意將入口品多工業品，而毒人之鴉片每占入口十分之一，出口品則完全爲原料。因入口大超過出口，於是中國現銀幾全爲帝國主義者所吸收，以致中國舊來的金融完全破產。

在中國工業經濟方面，當時帝國主義者亦已開始進行，譬如紡織一業，英國有「怡和」，(設立於一八九五年)「老公茂」(設立年仝上，上海)德國有「瑞寶」(卽現在英之「東方」)，日本有「上海紡織有限司」第一廠，(一八九六年設立)第二廠和第三廠，(均設

立於一八九五年）。這些紡織工廠當時規模雖不甚宏大，然比起中國人自己所辦的來，（如恒豐，三新，久通源鼎新......等）始終是占優勢。在礦業方面，帝國主義的勢力，也是非常大的。　許多重要礦山採辦權，都歸牠們掌握。

在財政經濟方面，那時帝國主義者更是獨霸。因為那時中國的舊錢莊已漸破產，新式銀行尚未有一家成立。而帝國主義銀行則已有麥加利，（一八五三年設立）匯豐，（一八六五年設立）有利，（一八七五年創辦）東方匯理，（一八七五年設立）嘿嚼，（一八二四年設立）橫濱正經，（一八八〇年設立）與台灣，（一八九五年設立）等。對國外的一切通商匯兌，固然完全由這些銀行包辦，即國內一切金融，尤其「商埠」所在地，亦幾完全受牠們的操縱。　牠們還在中國發行鈔票，又放債與滿州政府，從中取得重利。　我們把外國銀行和帝國主義者直接所借與滿州政府的借款列表如下：

借款別	起債期	債額	年利
匯豐銀行借款	一八九四年	一・六三五・〇〇〇鎊	七分
匯豐金借款	一八九五年	三・〇〇〇・〇〇〇	六分
麥加利借款	同上	一・〇〇〇・〇〇〇	六分
瑞記借款	同上	一・〇〇〇・〇〇〇	六分
俄法借款	同上	一五・八二〇・〇〇〇	四分
英德第一借款	一八九六年	一六・〇〇〇・〇〇〇	五分
英德第二借款	一八九八年	一六・〇〇〇・〇〇〇	四分五釐

以上借款總計起來，為四千九百四十五萬五千鎊，以每鎊值中洋十元計，則為四萬九千四百五十五元。　利息又是從四分至七分，超過勢常利息二三倍。　這種巨大的借款和過分的利息，究竟歸誰担負？　很明顯的，這個負担完全落到中國最大多數的農民肩上。

看上邊帝國主義對於中國工業的投資與對於滿州政府的借款投資，在帝國主義本身，確已解決了牠們的「多餘資本」問題。可是對中國人民衆，新工業破壞了舊時的手工業，借款則加重農民負擔，迫之急速破產而失業，這就是帝國主義的賜。

還有關於當時交通上的權利，也完全操在帝國主義者手裏。　鐵路不是由牠們建築，就是由牠們的借款，聘請他們的技師。　總之名義上建築鐵路，管理鐵路雖爲中國政府，在實際上完全是帝國主義者所把持。　航業一層，又全歸牠們包辦，對海外航業固不待說，即內河流域，如揚子江，西江等的大輪航行，又幾全爲帝國主義者所操縱。　郵政一層也是法國帝國主義者所辦。　自一八五八年天津中英條約第五條訂立。

我們再看帝國主義者當時在中國政治上的特權。

『英民犯罪，由英領事懲辦，中國民欺害英民，由中國地方官辦理。　兩國人民爭訟事件，由中國地方官與英領事官同審辦。』之後，（同時中法和約第六條亦有同樣的規定）從此帝國主義者在中國享有「領事裁判」之持權，從此中國人民在法律上棄掉了自衞的權力：從此中國在政治上變成了「合法的半殖民地」。　此後凡帝國主義者在中國各地之一切跋扈行爲，及一切之糾紛教案，莫不由此種法權的護與所造成。　同時在中英和約第一條中規定英，法各派公使駐北京，從此英交民巷無上威權的太上政府——公使團，直接統治北京政府，間接統治中國全民衆，一直到現在。

自南京條約爲英國帝國主義強迫規定海關稅值百抽五。一八五四年英，法，美帝國主義乘洪秀全與滿州政府內訌之機，奪得管理海關權。　從此中國全部經濟生命完全操諸帝國主義者之手，以致對外貿易毫無發展之可能，本國產業絕沒有振興之機會。

至帝國主義當時對中國的「文化」侵掠，更是可怕。　凡帝國主義

文化侵掠的唯一方法是布宗教，開學校。宗教一方面是帝國主義昏逐殖民地民衆之一種催眠術，另一面又是帝國主義侵掠殖民地之探險隊，先鋒軍。現在且錄關於德國帝國主義者俾斯麥對於加特力教徒之前後相反的態度情形如左。

先是俾斯麥在一八七三至一八七五年之間，對於加特力教徒靈剝奪其政治上之權力。凡不服從政府命令者，皆嚴重處分之。因此當時教徒多逃往他國。後來有加特力教徒安察耳和富制南特美士於一八七九年至山東南部取。不久安察耳竟在山東南部取得牧師長，甚有勢力。適其時值德國探險家維斯曼烏爾夫之徒，稱揚傳教事業，於取得殖民地大有作用。俾斯麥聞之，於是卽囘復加特力教徒之權力，適安察耳歸柏林，他又接見安察耳，厚加禮貌，與之約束，並說德國今後對於傳教事業，當加以熱心之保護。結果因安察耳，德國竟取得靑島，膠州灣以及山東一切特權。（見淸朝全史第四冊）

由此看來，傳教與帝國主義殖民政策之關係如何，傳教徒與帝國主義者本身有什麼分別？讀者當能明瞭。

在義和團起事以前，帝國主義的宗教，在中國的實在勢力如何，如多少教令，多少宣教師，信徒多少，我手邊沒有確實的統計可查，無從斷定。可是我們根據當時教案之多，（自西江流域，揚子江流域以至山東直隸，東三省各地，差不多無日不發生教案）卽可以反證，教會學校也沒有確實的統計，但是有教會的地當時宗教勢力之盛。教會學校也沒有確實的統計，但是有教會的地方差不多都附有學校，由此亦可想像當時教會學校的勢力絕不在小。

末了我們把帝國主義所割據中國的領土，強迫所借的租借地以及歷次戰爭或教案所得的賠款列舉如左。

香港除安南，緬甸不計外，有領土除安南，緬甸不計外，有
香港，九龍，奧門，台灣，種借地除上海，天津，漢口，廣州各地的租界不計外，有廣州灣，膠州灣，威海衞，大連，旅順。

鴉片戰爭英法共賠款二千萬元。
英法同盟進攻北京之役共賠款一千六百萬兩。
天津事件（同治九年）賠款二十五萬兩。
台灣事件（同治八年）賠款五十萬兩。
煙台條件（光緒元年）二十萬兩。
伊犂事件（光緒七年）賠款九百萬盧布。
中日戰爭（光緒二十一）賠款二萬萬兩。

三、

由以上帝國主義對中國經濟，政治，文化各方面之種種侵掠，以及用強迫所取得種種權力，如此，究竟對中國一般民衆發生什麼影動的中國（China in Convulsion）他在那部書上批評國際商業說：「許多從「文明」逐漸地進攻中國內地，無數受禍者他們自己不明白受災害的原因，好像日本農民被地震所造成的在外國商業未進來擾亂舊秩序以前淹沒一樣。可是有許多人很知道在外國商業未進來擾亂舊秩序以前天一天地可怕，像這樣的經驗，在活動的各方面，能怪中國人對新秩序感覺很深的不滿意嗎？

火柴從外來，洋油及洋燈所帶來的各種洋燈，代替了中國工業大部分，對社會有極大的影響，此處不能詳說。人們讚了輪船公司的報告，紗貨商業在中國怎樣興盛，此種商業從廣東到牛莊，將來極可樂觀。……但是沒有一人能讚到此種商業的發展，實大影響於中國

中國一般民衆對帝國主義的偵探——牧師，斯魏磁（Smith）所招的我來答復，只把帝國主義有什麼反感呢？這些問題，用不着口供抄寫出來，就很夠了。斯魏磁對義和團運動會特別著了一部波

生產棉花地面上之無數萬人民。這些人民以前靠着紡織十五寸寬的布來謀極低度的生活;一尺布須費兩天勞力,進能供一家最低度的生活需要品,餘則再賣些棉花來繼續紡織。但是現在呢,外國棉紗貨有很好的「樂觀」,可是土貨則完全失掉了牠的市場,從那時到現在,都是如此。……貴力的紡紗工作沒有利益了,又沒有別的生產來代替他!」

斯魏磁雖然是帝國主義的走狗,可是他在這段文字裏,關於中國農民羣衆和手工業者,受了帝國主義的商業經濟侵掠之後,是如何破產,如何窮困悲慘可怕,却描寫得非常可怕,非常合於客觀事實。

我們再從反面舉一件事實來看,恰與此相合。這就是大家所知道的中國近數十年來失業游民,土匪之衆多,可惜我們對於遊民,土匪沒有統計,如果統計起來,其數目必然多得可怕。但是游民的農民和手工業者?非常明顯,所謂游民和土匪,就是失業的農民和手工業者。

他們起初也是很好的安分守己的「有職業人」,但是自從帝國主義者,右手拿手槍,左手挾商品,強迫輸入中國以後,他們就爭不過,於是就墮落成為無業的游民和土匪了。

我們再看斯魏磁引加勒勾耗(A.R.Colpuhoun)所著行到中國(Over)land o China)一書上的話,批評天主教說:『犧牲者的血是法國在中國侵掠的種子,(當時在中國的天主教,完全在法國帝國主義者卵育之下,故單言法國。)法國用教會和本地的教徒作挑撥的代理人,

英國商業的優勢之對於英國,猶之遵讓與犧牲是牠政治上的收穫。因此牠們利地位的優勢的影響,對於中國人天主教徒的保護權對於法國一樣,差不多相等。

在法國政府卵育之下,天主教已經成功無上的威權。但是法國從宗教的材料所得利益,超越所在國國法權。無論何顧本地的法律和習慣,宰制異教隣舍,更十倍。

時,教徒與非教徒有爭論,不管爭論的是非如何,牧師就立刻為之袒

牧師如果不能恐嚇地方官,驅迫給權利與教徒時,他卽自己作威。如此無法無天,是非的眞意完全顚倒了。當法國教會官廳,可以壓迫人民時,本地的教徒更變本加厲的恐嚇。」

加勒勾耗這一段文章,完全是描寫法帝國主義怎樣利用天主教掠中國,天主教徒在中國怎樣,橫行無忌,牧師怎樣祖護天主教。不過不僅法帝國主義強護下之天主教如此,就是德英美所擁護的新教也一樣可其他稱「難兄難弟」。

由上兩段客觀實事的描寫看來,中國手工業者和農民羣衆受帝國主義如此之經濟壓迫,另一方面,又受教會與教徒之無理摧殘。農民羣衆,與手工業者以及一班普通人民,在這樣嚴重壓迫與無理摧殘之下,若非木石,他們必然要發生反動出來。所謂義和團運動,不過是這種必然的反動之結晶罷了。現在我們來分析義和團的團起源和其結合的成分。義和團的祖先是白蓮教,創造白蓮教的韓林兒是一個仇滿北胡……完鏈子的民族主義者,所以白蓮教的根源就是反抗外族壓迫的民族結合。他們假教為名,不過希冀藉以逃避當時之法網而已,自朱元璋恢復漢族統治之目的己達,因而自然消滅,所以白蓮教在明代三百年中,寂然無聞,自滿族入主中夏,漢族統治權,又落於外人之手,於是明朝遺老與當時一班不甘屈伏於滿族統治下之志士,羣起結合,復借白蓮教之名,以圖實行恢復漢族統治權之實。在乾隆末年與嘉慶十八年,兩次大舉,皆以恢復明祚為口號,惜為滿州政府所壓滅。從此白蓮教更被嚴禁,其教遂分為「天理教」與「八卦教」二派,義和團實為八卦教之一分派,由此我們可以知道義和團的來源,其歷史上天然帶有反抗外族壓迫之特性。

但是義和團為什麼拋棄反抗滿族之本來目的，反與之結合而反抗國際帝國主義呢？其理由非常簡單，義和團本性是封建時代的真正民族革命者，他見着一時剝削中國民衆，壓迫中國民衆的唯一敵人，不是滿族，而是國際帝國主義：所以他轉舵囘帆，拋棄對滿洲政府之舊怨而反抗帝國主義。然此不過就和義和團的歷史上說，要真正明白達教所以反抗國際帝國主義之原因，還須有他的組成分子。

白達教原來的組成分子，在封建的農業社何裏，不用說最大多數是農民●其餘一部分是失業游民，手工業者，少數的「士階級」。

義和團也是一樣。他的成分自然大多是農民，印着手工業者，少數的「士階級」。可是須特別注意的，義和團組成分子的性質已大與白達敎異。因為那時的中國，已經成了資本帝國主義宰制下的中國，手工業者等已經營着資本主義的第一重滋味。他們觀眼見着洋鬼子一百年前或數百年前白達教徒的感覺與其等均已經過。他們眼見天津，上海各大城市裏所賣的貨品很少是中國人自製的，硬要中國政府開某某城作商埠，租借某某城，某某地方應該割讓給他。他們又看見中國政府賠了許多款項給外國人，在另一方面政府把地們的田租加到好幾倍。他們又看見地力的猺棍，好幾次派兵遺艦。他們親眼看見洋鬼子的勢力來發展，他們親自看見地們的親戚或朋友們的在中日之戰被外國人打死了。他們又見洋鬼子燒毀了地們皇帝很好看的圓明園。（指英法聯軍入北京事）

所有這些極深刻的印像印在那些頭腦本來十分簡單的農夫，手工業者和失業游民的腦子裏，在他們眼中，心中，只有「可恨的洋鬼子！」「該殺洋的子！」那裏還有閒工夫來記得要報復什麼滿州人。

有錢的地主，新老爺們都入了洋鬼子的教堂，巴結外國的權貴，或以更良好的方

府來反抗帝國主義的根本動因。只要有人說「殺洋鬼子」我們有方法可以殺住洋鬼子，不能子」我們有方法可以殺住洋鬼子，不能開放了。他們慌了，直狂跳起來，各處農民投入義和團，及天津與直隸都近的義和團進就北京之時，好像寬人一樣。殊不知這就是封建社會裏農民羣衆的原始暴動之本色。

四．

我們已經知道帝國主義對於中國農民羣衆，（中國最大多數是農民，所以說中國人民直以農民羣衆代之）之最酷的侵掠如彼，農民羣衆對於帝國主義之侵掠，無形中所起之反感又如此，於是中國農民羣衆之對於帝國主義的反抗暴動，是歷史必然結果（在印度，波斯，土耳其，埃及亦然，其他殖民地半殖民地亦必如此。）這是一個無組織的農民之反帝國主義暴動，因此彼帶有幾分復古的色彩。被反動的封建階級利用，徒有其衝動的反抗熱情，而沒有看

心（如李中來之流）與滿州政府反動派的仇外心理（如戴漪毓賢等）所造的利用（譬如利用之保獲帝國主義。）更不能根本阻止地們本意的利用，誰也不能作違反地們本意的反帝暴動。是歷史必然結果，有人說：「義和團的暴動，全由安地們的野心引火，偶然借他們作一時的發動力而已。」這個觀念完全錯誤。沒有李中來，在當時義和團的羣衆，即沒有義和團的名目，當時義和團的羣衆，必由旁的名目和旁的形式來結合。義和團沒有戴漪毓賢來發動，必有旁的人來發動。和團的羣衆好像一付炸藥，李中來，毓賢，戴漪等不過一束引火，偶然借他們作一時的發動力而已。我現要批評義和團一句，義和團固然是一個農民羣衆的反帝國主義暴動，但因為地的經濟某基礎始終是在封建的農業的社會裏，所以地是一個無組織的農民之反帝國主義暴動，因此彼帶有幾分復古的色彩。被反動的封建階級利用，徒有其衝動的反抗熱情，而沒有看

到歷史的進化趨勢，不了解科學的革命方法，所以終於失敗。然而這完全是客觀歷史條件的限制，絕不是當時義和團領袖與其羣衆之主觀的錯誤。可是義和團運動，在中國近百年來的民族運動史上，甚至在全部中國歷史上，始終占着極重要的位置，有偉大的歷史價值。牠的價值決不減於辛亥革命與「五四」運動。牠雖然失敗，但是我們可以從牠的失敗裏，尋到將來成功的真教訓。

所以我現在對於義和團運動的結論是：

義和團運動，是中國農民羣衆受了外國帝國主義過分壓迫，而起的一種反帝國主義之民族革命運動。

義和團的失敗是由於：（一）不懂得歷史進步的趨向（二）因被反動的封建階級利用。（三）不知道科學革命方法。（組織與戰略）

因此我們從義和團運動與其失敗所得的教訓是：

一、我們——真正被帝國主義壓迫的民衆，真正的民族革命者，應該體繼義和團之廣大民族羣衆革命運動的偉大精神。

二、我們應仔細看清歷史前進的趨向。盡力脫去復古的色彩，往進化的路上前進。

三、我們認定真正的敵人——帝國主義者與軍閥；可是絕對不能與任何反動派合作。

四、盡力運用最進步的科學的革命組織與科學的革命策略。
中國被帝國主義壓迫的人們啊！
起來奮鬥罷！
我們前途的光彩無限呢。

義和團與國民革命

和森

中國農民羣衆反抗外國帝國主義的起事，第一是鴉片戰爭中廣東的平英團及各鄉團，第二是一九〇〇年蔓延北方各省的義和團。二者都是對於外國帝國主義的侵略（直接的與間接的）不堪忍受的反射運動，而後者在中國民族革命史上比較的更爲嚴重，爲悲壯。

然而義和團運動不僅被他的敵人外國資本階級與帝國主義者普通宣傳爲中國野蠻的排外舉動，就是他的連帶責任的同胞——甚至於革命黨也公然這樣的指斥他。他們不是向外國帝國主義者聲明這是少數無知愚民的罪惡，便要把自己的革命說爲比較滿清或軍閥更進一層的尊重對外條約保護外人生命財產的文明行爲！

自從外國帝國主義侵入中國以來，中國的革命已經不是單純對付某一朝代某一軍閥的內政問題，但是對付國際資本帝國主義之野蠻酷烈的侵略問題，而某一朝代某一軍閥不過爲這問題中之一部份。在這一點上，義和團運動是最足以代表中國革命之客觀的需要與性質的；也只有由這一點才能真正理解的義和團的精神與價值。

這時候，農人羣衆迫切的需要是反抗洋人。因爲帝國主義武裝送來的外國商品，鴉片烟，傳教師，不僅使農人手工業者不停的破產與失業，而且使他們不停的吃洋官司，懷洋氣，洋教的勢力橫行鄉里，這時候，自方鎮總督以至地方官，自李鴻章袁世凱以至二毛子三毛子，莫不漸漸成爲孝順洋人的機械；獨在朝之頑固的王公大臣富有排外思想。於這些王公大臣逐成爲一時的歷史的工具，起來利用並領導這種『扶清滅洋』的反帝國主義運動。

因此，反動派與開明派之間成爲一種可恥的對照：前者頑強不屈的去反抗外國帝國主義，後者奴顏婢膝宣告不願北京形勢如何，對於外人條約權利保護不怠（這批當時兩江總督劉坤一，湖廣總督張之洞，兩廣總督李鴻章，閩浙總督許應騤聯合通知上海領事團的話）去討好外國帝國主義。袁世凱（山東巡撫）在這時候更以「保護外人剿討匪匪」樹立他以後在外國帝國主義者中的被僱人地位。

義和團排外的精神，中國國民革命精神頭一次充分的表現，可對於本能的幼稚的國民革命運動並不是沒有缺點。他的缺點是在方法上面；然而這種缺點是歷史限定他的，并且是必然的。在尚未

發明鐵器的美洲土人和非洲土人，他們或在半開化時代或還停滯於野蠻時代；當歐洲「文明」人攜帶近代的新式武器與技術來侵略他們的時候，他們怎樣去抵抗呢？ 自然，不僅只能運用已有的腕力石器弓箭等去抵當大礮與機關鎗，而且能運用半開化的或野蠻時代神秘的宗教勢力去關結他們并鼓舞他們的勇氣，除了這些已有的物質與精神武器之外，他們一時是無可如何的。 義和團亦然「按照當時中國歷史發展的侍件，當然只能容許農人拿着刀，鎗，矛，鋤，張真人，呂洞賓，神兵，天將……去與大礮機關鎗以及帝國主義者一切近代的知識技術去決勝負。」

沒有近代的知識與方法，這是義和團的致命傷。 所以義和團的失敗，乃是經濟落後的中國民族之歷史的必然的結果。 然而這種歷史的失敗包含着神秘的意義；被侵掠者抵抗侵掠者的戰爭乃是神聖的戰爭；這種戰爭雖敗猶榮。 是故義和團雖因沒有近代知識與方法而失敗，但決不因沒有近代知識與方法而減其運動之歷史的神聖的價值。

義和團失敗後十一年，即一九一一年，辛亥革命起。以辛亥革命與義和團運動比較，形式與精神都大不相同。辛亥革命一面完全採取了近代資產階級民主革命的形式，別面完全抹煞了庚子起義的排外精神。不僅完全抹煞排外的精神，而且於此精神的反面再三向國際帝國主義宣言革命政府將怎樣加倍的尊重「友邦」條約及個人權利，怎樣革除（滿清時代）通商與實業之障礙以待外資之開發，怎樣期望請於所謂文明國家之林，以享文明國家應享之權利與應盡之義務。

這種非革命性（對於外國帝國主義）的精神與期望，現在已證明其完全錯誤與無効。 引起這根本錯誤的原因，大約不外下列三事：第一，沒有認清中國革命運動之國際的性質，即沒有認清中國的革命為普通一般殖民地之革命，而非單純對內的民主革命。 第二，不知道帝國主義的資產階級決不會幫助他所欲永遠掠奪的殖民地經濟落後國之獨立自主的民主革命運動。 第三，鑒於洪楊革命（太平天國）未與帝國主義列強請外交之失敗。

自資本主義發達到帝國主義顯然把地球各部份經濟落後的民族圈定於他的隸屬地位，而不容其翻身。 帝國主義的資產階級與從前民主主義的資產階級顯然不同。 從前的資產階級不自覺的在各方面（主要的是經濟與政治方面）都盡了一種革命的作用。 帝國主義的資產階級不自覺的在各方面沒有，而且要幫助別國同階級的人完成其革命。 現在帝國主義的資產階級則不然，他反而成為全世界一切反革命的中堅，尤其是對於殖民地和半殖民地，他必出死力以維持這些地方封建的舊制度與舊勢力。（在印度，在中國，在高麗，都是一樣的）因為這樣於他是極便利的。 所以在殖民地和半殖民地閉着眼睛模倣一二世紀前單純對內的民主革命，簡直是牛頭不對馬嘴，而希望帝國主義的資產階級與他以幫助更是莫明其妙的昏認。 這種昏認在洪楊革命（太平天國）時代是沒有的（洪楊李秀成等皆恥求助於外人——侵掠者）這正是洪楊革命的卓越。 不然，豈非真正獨立自主的民族革命能與外國帝國主義請外交而成功？

然而這些昏認的趨向，在辛亥革命以及在現在國民黨的右翼中逞是很嚴重的。 他們或是那翼於外國帝國主義之下的革命代表，或是久居租界受慣外人之保護的元老，他們不僅不贊成反對外國帝國主義而且攻擊如此主張之左派諸人為破壞國民黨壞為什麼「開罪友邦」！所以辛亥革命，表面上似乎比義和團運動進步一些，因為形式上和精神上都似近代資產階級化；然而實際上，這次革命是完全失敗了，他的意義轉不如義和團之重大。

義和團是因為沒有近代化而失敗。 辛亥革命卻反因為効忠近代資產階級化而失敗。 這叫怎樣說呢？

因為革命黨不知按照殖民地革命運動的性質和人民羣衆反帝國主義的忠實需要去把革命弄實在，他們只知拘守從前歐美資產階級改革內政的目的，一天一天的把革命弄虛空。 因此，他們只知以軍事行動，

建立政府，求援『友邦』為慣用方法，而不知道這些方法都是離開羣衆的需要而得不到結果的。

羣衆對於軍事行動與革命政府之不滿意，對於抽象的主義宣傳之脈鶩，一切實際的政治宣傳與羣衆組織工作之不能施行，甚至於有時宣布禁止排外……，這些都是危機的兆朕。

『然則可知陳舊的方法和資產階級是於中國革命無益，而且可以殺死中國革命的。』要挽救這危機只有與世界無產階級革命聯合而受其感化之一法。——中國軍閥作戰。由資本帝國主義別奪了生存方法的中國農民羣衆，本來是國際無產階級天然的同盟。這樣同盟的結果是要使義和團的遺烈先被於東方的。

最後我要在義和團與國民黨之間說這句話，以做這篇文字的結論：

國民黨自今年第一次大會改組以來，他已具有一個頂好的明礎的政網；假設當時義和團具有一個這樣反帝國主義的政網，義和團是可以領導著國民革命至於成功。反之，現在具有良好的政網之國民黨，若加以義和團排斥外國帝國主義的真精神，國民黨更是可以領導中國國民革命至於成功的。義和團是中國國民革命史上悲壯淋漓可歐可泣的遺產——排外精神，我們希望國民黨雙肩承受這種偉大的遺產！

列寧與義和團

大雷

在一九〇〇年藉口于義和團事件而實行侵掠中國的列強中，要算俄皇的俄國最利害，俄國得賠款獨多，並欲強佔東三省全土。待俄皇政府倒後，蘇俄政府成立以來，他在一九一九年以後累次單獨宣言放棄辛丑條約上俄國所得的特權。

這種在俄國方面的劇烈變更，因為沙俄皇政府的性質與蘇俄政府的完全相反，囚之而他們對華的政策亦絕對不相同。

俄皇政府是一個代表俄國貴族，地主，商人，資業家的利益之政府，他的政策是帝國主義的政策，口號是『大俄羅斯』在他治之下不知有多少小民族。當俄皇屢次想在歐洲波羅的海岸地中海求一出口而終被英國等所阻止。不得遂其志，因此有向東方發展的計畫，想設立『黃色俄羅斯』。在辛丑以前雖已佔領海參威，然不能服其慾，義和團事件因給俄皇政府建立『黃色俄羅斯』的一個好機會。

蘇俄政府的性質則完全不同，他是代表俄國被剝削的無產階級和各小民族的政府，他的政策是聯合世界的無產階級和被壓迫，來推倒帝國主義的政府來建設共產主義的社會。自蘇俄政府成立以來，短期的歷史已證明他解放國內的弱小民族，仲援土耳其建立獨立政府，曾宣言放棄辛丑條約，亦是蘇俄政府照他的主

要知道蘇俄所奉的主義就是列寧的主義。列寧主義 Liniism 中最重要成份之一，就是對於民族問題的主張。列寧這種主張並不是到他做了蘇俄人民委員會之後而是在廿多年前即是這樣主張，當一九〇〇年義和團事件發生時，列寧在『火星報』第一期上做了一篇論『中國之戰』，他分析帝國主義和暴露俄皇的陰謀。

各國政府，俄國政府同樣，宣傳中國義和團的野蠻，說他是仇視白種和西歐的『文明』；想因此可以得到人民——幫助來滿足少數人的利益。

列寧回答說：『中國人民並不仇恨歐洲的人民，他們對於他們沒有什麼反對，然而他們確仇恨歐洲的資本家，和為資本利用歐洲的政府。他們到中國去祇為求利，他們用了他所幹謊『文明去欺騙，去搶掠和壓迫，他們同他開戰，強迫他承認輸入使一國人民思蠢的鴉片之權（一八五六英法聯軍），他們用傳教遮掩他們的活動；對于這些人們除掉仇恨之之外還有什麼呢』，

中國人有許多像外國帝國主義者的口脗一樣說義和團事是野蠻的

排外，仇視西歐文明因此是不對的，看了列寧的話亦可稍明白了。

列寧又說：『他們「帝國主義者」並不公開地勁手瓜分，而像夜間的偷賊，他們搶掠中國掘墳墓一樣，

，他們又像野獸一樣對着他，把樹林亦燒了，屠殺沒有武裝的人民』

列寧這種描寫眞把當時帝國主義對中國的情形態完全表露出來了

。可惜在我們中國的鳳毛鱗角的外交史上祇看見慘殺少數教士插

寫得十二分慘酷，而於八國聯軍屠殺沒有武裝的人民就幾句話輕輕放

過；真是一件可恥之事。

列寧並披露俄皇這種帝國主義的政策和喚起羣衆來反對這種政策

他說：『這種政策』祇有益於一部分同中國行商的資本家，有益于

一部分爲亞洲市場生產貨物工廠主。俄皇政府犧牲全人民爲這班少數資本家和高尙的欺騙者。

他用極明白的口號來喚起民衆反對這種政策，他說：『起來用全

力反對那些人們，他們想製造成民族的仇恨；並因此想從勞動人民所要

他們的真正仇敵的注意轉移過來，這是一切有階級的覺悟的工人所要

注意的。‧俄國的政府在中國的政策是一篇萬惡的政策，這政策將完成

人民的毀滅，使他的做奴隸更確定和他的痛苦更大。‧

俄皇政府不僅

列寧對于帝國主義和彼人壓迫民族的這種見解在廿年前既已成熟

到廿年以後在他的領導之下居然實行，這就是蘇俄之所以成爲反對帝

國主義之殖民地的良友而列寧之所以成爲民族解放的爲記號。

而反抗的人們，貽同胞累，貽同胞累，真是荒謬極了！ 洋大人的威

風毒辣，竟使他們麻木不仁，成裝聾作啞，混淆曲直而不知恥！ 至于義和團之反抗帝國主義之組織，……爲當時客觀環境之產品，姑存不論，

八至一九〇〇年間，各處的仇殺運動，皆以敎會強買土地，毀掠公產

，敎民倚勢強，魚肉鄉里爲禍因。當時地方官吏，只知一味爲抑

，故終致一朝發作，蔓延數省而不可收拾！ 何況：慈禧的奴婢們，

又從而用之，以遂其政治的目的呢！

帝國主義的進攻，至少可分爲三個階級，誘攻，妥協，與懲罰。在驚

傳敎是佢們的誘惑，因傳敎經商受當地人民殺害而簽定有益條約

是佢們的安協，調兵遣將，陳威城下是佢們的懲罰！ 我們且看，帝

國主義對一九〇〇年懲罰後的妥協——辛丑和約。

結締辛丑條約之時，洋兵尙駐北京，慈僖等已逃亡西安。 在驚

魂下定，性命苟全的時候成立此等上下古今所未有的辱國和約，實理

有固然！

辱國殃民之丑亥和約

（慰）

不僅是垂死的老人，即題新頭角的青年，差不多都是一樣，總却

了結盟城下，賠償四百五十兆的辛丑和約，將中國鏻刑宰割，是帝國

主義任情侵略的表現，是人類的恥辱！——而反謂當時受帝國主義壓迫

辛丑和約第一款（一）規定卽遣到柏林向大德皇帝叩頭謝罪「敬謹

將命」；第一款（2）規定設立受害洋人紀念品等；第二款（一）懲辦禍

首；第二款（二）規定「西歷本年八月十九日卽中歷二十七年七月六日

上諭，將諸國人民遇害被虐之城鎮，停止文武各種考試五年」；第三

款規定那相赴日本向大日本經帝叩頭謝罪「敬謹將命」；第四款規定于

被汙瀆及挖掘之外人墳墓，建立滌垢雪侮碑；第五款規定禁止軍械輸

入；第六款規定賠償海關銀四百五十兆「(a)係按照海關

銀兩市價易爲金款，此款市價按諸國各種金錢之價，易金如左：‧海

關銀一兩卽德國三馬克〇五五。 卽奧國三克勒民五九五。 卽美國

元〇七四二。 卽法國三法郎克七五。 卽英國三先令。 卽日本二

元四零七。 卽荷蘭一佛樂林七九六。 卽俄國一魯布四一二。 我

國魯布按全年算卽十七多理亞四二四。此四百五十兆按年息四釐正

本由中國分卅九年，按附表清還。

還本各款應按每屆一年付還！

付還。

息每屆六個月至一九○一年十二月卅一日之息展在自一九○二年七月初一日起，于三年內付還。

一切事宜，均在上海辦理如後：諸國各派總銀行董事一名，出付間照：

保票以後分作零票，每票上各由中國特派之官員畫押，此節以後發票，此為外務部，

保票財源各進款應每月給與銀行董事收存（E）所定承担保票之財源開列

于後：（A）新關各進款，俟前已作為担保之借款各本利付給之後除剩

者，又進口貨稅增至切實值百抽五，所增之數加之，所有向例免稅各

貨，除外國近來之米，所享色糧麵并金銀各錢外，均應列入切實值百

抽五貨內。

（C）由中國國家將全數保票一紙交付駐京各國欽差大臣手中，此

由該管之中國總官員付給之本利總數收存，分給有干涉者，

（三）所有由鹽改所進項，除歸還前泰西借款一宗外，餘利一并歸

理。

（二）所有常關各進款，在各通商口岸之常關均歸新關管

入。

至進口貨稅增至切實值百抽五，諸國現允可行，惟須二端（A）

將現在照估價抽收進口各稅，凡能改者，省當速改為按件抽稅幾何辦

法；改稅一層如後為估算貨值之基，應以一八九七，——九八！九九

三年卸貨時各貨索算，價值乃開，除進口稅及享稅總數之市價，其未

改以前，各稅仍照估稅征收。（B）北河黃浦兩水路，均應改善，中

國國家即應撥款相助，增稅一層，俟此條款畫押日兩個月後，即行開

辦。

西歷史一九○一正月十三日即中歷上年十一日廿六日文內後附之條款「按照西歷一九○一年正月十六日即

大諸國國家應允將大沽砲台，及有礙京師至海道之各砲臺一律削平，

中歷上年十一月廿六日文內後附之條款，中國國家應允由諸國分應主辦會同酌定數兵留兵駐守，以保京師至海道無斷絕之虞，今諸國駐守之處係黃村，即房，楊村，天津，軍糧城，塘沽，蘆臺，唐山，灤州，昌黎，秦皇島，山海關』。

第十一款規定北河黃浦水道改良之其體辦法。第十二款規定改總理衙

，外務部，變更觀見禮節，京師撤兵……等等。

綜觀此滿清苟全性命，辱國殃民之辛丑和約，其令人驚異滿清之

昏愚，帝國主義之狡猾兇猛。此約內容一二三四款之規定，致國家之

體面，損失貽盡。并損害國家制度，六款之規定，損害國家土地權與人民居住自由權

犯國家的獨立財權；七款之規定，

戊兵防守儼同「駐防」；八款之規定，使首都重地陷于帝國主義軍隊圈

包之中，一有事變，列強軍隊，可以水陸直達，毫無阻礙！總之庸

恐頑冥的滿清政府，只圖一時苟安，而帝國主義的強盜，可就得其所

哉，大顯身手，用了這一只蜘蛛網式的鏈銷，將這和平的兒縛着，寃百

年宰割之苦！

可憐恐味的人們啊！你們不知激勵奮起，以滌此奇恥大辱，反

長洋人如虎豹，呪反帝國主義的初期運動為辱國殃民！此時同胞固醒

醒多矣，但帝國主義的聯合進攻更猛如昔。趁此國恥之日，全國反

帝國主義潮流最高之時，即時奮起，向國際反帝國主義的聯合戰線，

管理，中國人民，槪不准在內居住，亦可自由防守使館界綫……按照

』；第七款規定『……各使館境界以為專與住用之處，槪不准在內居住，亦可自由防守使館界綫……按照

打倒軍閥！

打倒帝國主義，旗幟之下，猛勇精進。

解放民族的使命正呼召你們啊！

同胞們！

The Guide Weekly.

嚮導週報

第八十二期

分售處

香港 翠文書局
巴縣 中國青年社
廣州 丁卜雷報社
上海 民智書局
武昌 上海泰東書店
　　　時中書局
　　　共進社

（本報零售處通局特處
　報號理為新聞紙類）
一九二四年九月十日
照對代欣坂作九五折

分售處

太原 晉華書社
長沙 少年書店
濟南 齊今圖書社
杭州 古今圖書店
雲南 新至書社
寧波 明星書局
開封 青年書社
常德 文化書社
南京 天一書局
　　　工學社
成都 嚮導報流通處
威縣 青年報流通處

嚮導週報

定價 國內一元寄足四十期 國外一元寄足二十五期 郵費均在內 零售每份大洋三分

每星期三出版 發行通訊處 北京大學第一院內收轉沈雁冰 杭州葛嶺路棲霞嶺七號洪潔明子郵轉

（第八十二期）

中國共產黨第三次對於時局宣言

我們早已看透了中國的病根是由於帝國主義的列強之剝削操縱及國內軍閥之擾亂，弄得人民起來以革命的手段外面反抗列強內而解除軍閥之政權及武裝，別的方法都是藥不對症，白費力氣。

然而短視而又懶惰的國民，總喜歡在國民革命以外，費盡氣力試用各種藥不對症的方法，考驗的結果，至今只有空言和平免戰，結局仍舊移家逃難退失生命財產，別無辦法！在直皖直奉兩次戰爭之後，日本帝國主義的傀儡安福派及奉張完全失勢，在表面上似乎是中國政治上進步的現象，實際上卻不然，因為打倒安福派與奉張并非由於人民的力量，乃是由於另一部分軍閥曹與背後挾着英美帝國主義的力量。當時國人迷信曹吳，以為借重他們而國民自己不費氣力便可以達到統一和平的希望。殊不知世界上絕對沒有不勞而獲之事，軍閥曹錕吳佩孚和帝國主義的英美勾結為患的局面之下，只有去統一和平更遠；因此，我們第一次發表對於時局之意見，主張全國革命分子結成聯合戰線，繼續民主的革命戰爭，以打倒國外帝國主義及國內一切軍閥為中國民族解放的唯一的道路。

曹錕吳佩孚眼見國民很容易被他們欺驅，得了政權以後，反動時局面日益嚴重起來：迫壓北京知識階級；以武力及陰謀援亂川湘閩粵；慘殺京漢能工工人；驅逐他們自己所利用為傀儡總統的黎元洪；至此，直系軍閥之罪才為國民所認識。此時，國民依舊不信任自己的力量，同時又找不出第二個像以前所崇拜的吳佩孚，途轉而出於消極否認及國會南遷等懦弱無能的辦法，即避開革命的辦法；因此，我們第二次發表對於時局之意見，主張由國民黨或人民團體出來號召一個國民會議，開始以國民革命的新局面來解決一切對外對內的政治問題。

直系軍閥，腐敗政黨及帝國主義者，都看破中國國民懦弱無能，途敢於沈醉一氣，進行中外古今所希有之公開的賄選。曹錕賄選成功將近一年以來的成績是：

（1）承認列強臨城案的要求，以為列強承認賄選之交換條件；

（2）力謀承認威海衛案，金佛郎案，宜陽丸案，以取得帝國主義者的援助；

（3）利用趙恆惕楊森奔嗤湖南四川，暗助周蔭人陳炯明擾亂閩粵；

（4）因祖護賄選議員，名捕安徽全省學校學生數百人，并累及其家屬；

（5）向外商進行津浦，烟灘，滄石三路借款；

（6）在天津購買意大利軍械，價值五百五十萬元；

（7）吳佩孚派人強提膠濟路款，以充由廣東降北之海軍軍餉，幷濫提鹽款，強裁捐稅，種烟販烟；

（8）解散膠濟鐵路工會，幷逮捕及開除工人多名；

（9）因擁護曹派私人北洋大學校長馮熙運，直隸省長派出保安隊，包圍學校，驅逐學生，逮捕學生代表；

（10）曹銳的妻舅任意毆傷鐵路人員，曹銳的衞隊任意打死警察；

（11）在漢口鄭州石家莊逮捕工人楊德市孫雲鵬等七人，在北京逮捕張國燾等五人，均未宣布罪名；

（12）禁止學生着白色衣白布靴走過新華門，禁止北京戲館唱演「捉放曹」「打鼓罵」曹「徐母罵曹」等戲；

（13）接受日本公使的照會，通令全國嚴禁人民，「五七」「五九」開會紀念國恥；

（14）容納列強干涉中國商標之要求，商標公報用英文，商標局聘外人為顧問，對於李義元陳魁元及英艦礮擊萬縣等案之裂權辱國；

（15）辦理德發偵票案，國庫損失至少三千萬元，收囘前存倫敦擬付德債之款，悉作軍用；

（16）重禁京滬所出多種新舊報；

（17）爲辦金佛郎案，縱令王克敏迫走孫寶琦去職；

（18）向美國購運大批軍火價值三百二十八萬元，又購德國軍火三百五十大箱；

（19）力持以造路名義撥取各國退囘的庚子賠款；

（20）縱令齊變元興師攻浙。

此次齊變元興師攻浙，當然不是一般人所說簡單的齊盧個人戰爭，或江浙戰爭，其戰爭之實際性質，是直與反直的至開間全部大戰爭之開始；同時，也是英美和日法兩派帝國主義者在中國爭鬥之開始。

我們不可迷信中國軍閥眞有獨立作戰之可能，——倘有此可能，已應有一個軍閥主義的獨立兩家。 每次內戰都有國際帝國主義爭鬥的背景。 國際帝國主義者，歐戰後以英美法四國為其代表；他們在中國的關係：從前獨霸遠東的英國只須保守其既得之利已足驚人；

奧英爭霸歐洲大陸的法國現時工業狀況，中國雖遠不是他必以死力爭的市場，然而也不是可以忘情的肥肉；在中國競爭最烈的乃…歐戰中驟然澎漲的美日兩個帝國主義者。 因為種種的關係，洪國與美國站在一遶，英國與美國站在一遶。 日本是帝國主義中之最幼稚者，還有結託中國統治階級以政治的支配達到經濟的侵略之必要；美國是侵略中國的後至者，全中國已沒有他囘旋的陳地，所以也必須援助一派軍閥，樹立他在中國政治的勢力，以傾復他在中國經濟的敵人——日本。 華盛頓會議美國給日本第一次大打擊，直皖奉直戰爭，美國給日

本第二次大打擊，自此以後，美日在中國的勢力消長，我們常已看出；此次直系與師攻浙，乃是美國給日本第三次大總結束的打擊。

賄選前，（去年五月）美公使會到保定府和曹錕接洽最高問題；賄選前（六月），美總統哈丁表示美銀行團可助中國統一的意見；賄選

成時，美使首先稱賀；列強爲曹政府以武力制止廣東政府分取關餘時，華國最出力；直系爪牙趙恆惕將失援沙時，以炮轟亞譚助趙的也是美國；以大批軍火運到廈門給直系軍隊的也是美國，和齊燮元進行導淮借款的也是美國；吳佩孚訂定的道濟借款爲百五十萬磅，美公使替該國商人與吳佩孚做成的軍火買賣步槍一萬枝子彈二千萬顆，並且與蘇齊進行導淮借款。日法軍火之輸入奉浙（最近張作霖向法商訂購快槍三千枝，子彈六百萬發及其他軍用品若干），早已成爲公開的秘密，而奉浙飛機隊之發展頗然法國人爲之主持，故上次法行家杜氏來華，備受奉浙之優待而遭齊燮元嚴厲之反對。至於張作霖於宣戰時更向美國宣言下濔後任美國在濔設立無線電台。

這次戰爭的爆發是與美國國務卿休士巴倫敦所訂關於處置中國之密約（見本月五日路透電）有直接關係；而於英國帝國主義此時勾結東商團以闊誑翻孫中山之舉尤足證明。我們再看戰前直與反直兩方之財政與軍火的準備：英美贊助曹，解決德發價票外，英福公司與東省飛機隊完全由美人替他組織與訓練，

在開戰的兩方：直方於數省人民水災待救不遑中，大興排除異己之師，殘害人民，自然是此次亂之罪魁禍首；浙方雖宣布對曹而非反直，實際上常然是反直戰爭。反直戰爭，在目前政治現象上雖然是必不可免的事勢，然而我們絕對不能認爲救國衛民的戰爭，其理由（一）在邏輯上，只有反國際帝國主義反軍閥的戰爭，可以全稱肯定他是爲國爲民，至若「反直即是爲國爲民」，我們實未能加以承認；（二）軍閥自身的性質與環境，在客觀上亦無由實現他爲國爲民的行爲之上，一向連爲國爲民的傾向也沒有，出兵宣言中雖然抬出抽象的正義與民意，直軍討伐安福奉張時，更說得詞嚴義正，自來口說無憑，所以此次戰爭，我們只能承認是直與反直的軍閥戰爭，只能承認此次是帝國主義與日法帝國主義間接之爭，間接乃是英美與日法帝國主義何戰爭。

因此，我們可推定此次戰爭之結果：第一，直勝，則美國將扶助直系在中國政治的統一壓制，以成就美國在中國經濟的統一侵路。第二，直敗，則爲日本勢力結合安福奉張，支配中國的政治經濟。我們對於前者固深惡痛絕，對於後者又豈能歡迎！無論前者後者，外力侵入斷送國家生命的慘痛都是有加無已。

第三，假若雙方勢力敵勝負不分或直系形勢大有不利時，則對心勃勃的美國帝國主義必然發起干涉中國內政，以圖達到共管目的，其形式必然是勒令雙方聽命於列強強制的和平會議之下，組織貿辦式的商人階級與軍閥階級暫時混合統一的政府，而根本剷滅廣州和全國一切革命的進步勢力。然而即使成功這樣的局面，也是暫時的，各帝國主義之間與各軍閥之間不久仍要因利害衝突而鬥爭，不過中國國家與人民的正義要因此淪於萎却不復的地位！

所以外國帝國主義在中國存在一天，即軍閥與戰爭的慘痛存在一天。我們要解除這種慘痛，固然不是空言哀求和平息戰可以得到，也不是依賴何派軍閥戰勝可以得到，更不是希望除謀構成中國內亂以達到其瓜分或共管的目的的帝國主義之干涉可以得到。人民若希望此

次任何一派軍閥之勝利，只有蹈直皖直奉戰時希望與佩孚得勝之覆轍；若希望什麼「友邦」出面干涉，只有步印度安南之後塵！我們對於雙方軍閥不能存絲毫希望，對於外國帝國主義尤不可存絲毫希望，這種希望不僅可恥無效，而且要使自己和國家的命運更加悽慘更加危亡。

目前解救中國的唯一道路只有人民組織起來，在國民革命的旗幟之下，推翻直系，解除一切軍閥的武裝，尤其要在根本上推翻外國帝國主義在中國一切既得的權利與勢力。只有這樣才能免除定期的慘殺與戰爭，只有這樣才能得到永久真正的和平。

你們看呀：外國帝國主義剛剛搆成這次內戰，同時他們在華盛頓與倫敦之間便發起（由美國發起）干涉中國內政，採取強制號召各勢力派和平會議的方式矛亡中國。全國被壓迫的人民呀！亡國的慘禍是由這次外國帝國主義搆成的內戰臨頭了！你們尚可希望軍閥給你們以「正義」，帝國主義給你們以「和平」麼？、起來！起來！起來……

打倒侵略中國搆成內戰的一切帝國主義！

打倒屠殺人民供外國帝國主義利用的一切軍閥！

全國被壓迫的人民聯合起來！

江浙戰爭與外國帝國主義

君宇

中國軍閥開戰爭，每次莫不有帝國主義在背後操縱利用。

直皖戰爭的時候，站在直系背後的是美國，站在皖系背後的是日本；直奉的戰爭，所表現的國際關係，亦係美國與日本的對壘。帝國主義之所以各扶助一派軍閥，並不是有深惠特愛於某一派軍閥，乃是要藉所扶助的軍閥之勝利與發展，造成外國在華優越的地位。果然，兩次直系戰勝之後，日本在華勢力大受打擊，美國的勢力卻如春草着雨的一般猛烈發展起來。這次江浙戰爭，我們又可看出帝國主義正在玩這樣慣用的而且比前更毒辣的把戲！

這次江浙戰爭，不惟是江浙兩軍閥的戰爭，而且是直系與反直系的戰爭。帝國主義站在直系軍閥背後的，自然仍是老主顧美國；站在反直系軍閥背後的亦仍是日本。同時，因列強現下國際利害的關係，對於這次戰爭，英國一九二三年九月十日是依同美國扶助直系，法國是依同日本扶助奉張浙盧。以價值三百萬元的軍械供給直系的是美國，與蘇齊進行導准借款以助直系戰費的亦是美國，在洛陽替直系設飛行機械廠是美國人博治亞，對江浙戰爭祖護蘇齊的又是美國機關大陸報；美國帝國主義是明目張胆的幫助直系戰爭！在日法一邊亦有不少幫助反直系的證據洩露於外。最近法國各運一船軍械與奉張浙盧，現在奉張又有向法人訂購飛機之舉，同時奉天方面飛機師大部是法國人，浙江方面的則是與法國有深遠關係的俄國白黨份子。單舉最近的事實，就可以證明帝國主義列強無不在各扶植一派軍閥，供以金錢軍械及戰事人材，以從事不斷的戰亂。帝國主義者製造，再加上軍閥們的地盤競爭，這軍閥的戰亂自然就成了不可避免而決接連不斷的現象了！這次江浙戰爭，不過是這樣產生的戰亂的一種罷了！

還這次戰爭的初步結果，如果江蘇軍閥勝了浙江軍閥，美國自是要助直系軍閥混一中國，造成新銀行團的宰制；如果浙江軍閥勝了江蘇軍閥，則是日法助段張混一中國，造成安福再霸的天下？但是現在的美國，不至如皖直奉戰時那樣送信與傢乎統一的能力麼！日本更不敢那樣希望段敗於直系的張段能？最近列強對華的政策，大概可於下列電文中看出：

路透社五日華盛頓電：莫斯科消息，俄外交部之羅斯坦氏今日稱，俄國現注重中國之事務，不欲惹然置之。吾人現有充分理由懷疑當美國務卿休士氏駐倫敦時，列強已有關於中國之協定，此舉等議已久，惟美國直至中俄協定告成後始決定意見。吾人現信美國已加協定放棄開放門戶政策，決計在華盡分利益區域：南方屬英，雲南屬法，滿洲屬日。（記者按：華北當然是美國的範圍）。日本參加協定一層，尚未明瞭，惟滿洲之某項動作，可表明列強已許日本占有該地。羅氏又稱低國現擬反對列強之計畫。羅氏否認中俄約中含有祕密條款。

美國這幾年的政策，是幫助直系統一中國，建設所謂強有力的中央政府，以造成美國獨霸之局。現滬上電觀之，是美國此政策已有變更，改開戶開放為瓜分；也可見列強不一定各自信獨占之局可以馬上造成，因要改取共同分割的政策了。所以他們對於此次戰爭，必不愷任和忍耐靜待已派軍隊之完全勝利，要藉戰亂來干涉中國政治。此種傾向，英國方面尤為熱心，可於下列二電文見之：

（一）九日倫敦電：每日電聞據外交記者探悉，倫敦與華盛頓間現正對於列強聯合的行動，以恢復中國和平與秩序之問題。泉料此種時局，當可得麥克唐納爾之立即注意。

（二）又同日倫敦電：每日電聞報宣稱，某有力方面現正努力提議，邀集中國戰爭各派勢力開和平會議，解決中國內政上的困難，並為中國建設「不集權的聯邦政府」。此次計劃希冀成十分穩固的政府，俾銀行團得以投資改造中國。（譯大陸報）

據上二電看來，帝國主義（特別是英國帝國主義）已顯然是要籍口此次戰爭，來造成實際管理中國的局面；其號召的方式，又是上年何東爵士玩過的把戲！帝國主義利用中國內爭來圖滅亡中國的陰謀，自然不是一下子突骨露鋒就拿了出來，必然要利用一些亡國奴心理的中國人，也必然要經過一些紆曲可欺騙中國人的方式。但是眼前已有一件事實，就是帝國主義利用此次戰爭要擴充上海租界；且看京電：

（一）英美法日義五使，因淞滬劃作中立區域（記者按：實際就是擴張上海租界），滬外商及領團來電堅持，已向外部強硬要求，並云如不允行，各國屆時為保衛僑民計祇有強力實行。外部遣祕書詢使團中立區範圍，據稱租界及附近，又吳淞貢浦口水陸三十里為限。（八日）

（二）使團根據滬僑請願，擬乘機推廣租界，以華民爭入租界不能容納為理由，將開使團會議，再向外部提出。（九日）

愛國的人民們，帝國主義一方面扶植軍閥，造成中國定期的屠殺與戰爭；一方面又利用和藉口中國之混亂，以加增其奴服我民族的地位；這是此上何等可憤恨的事情！我們受屠殺戰禍的人民，不但要拿此次戰爭做眼前的材料，使我們了解軍閥與帝國主義是中國的禍害，他們存在一天，中國就一天不得和平；而且要覺悟一切哀求的方式是不能損及他們的毫毛，只有是我們組織在國民革命旗幟之下，把他

帝國主義軍閥買辦右派共同宰割之下的廣州革命政府　公俠

（九月三日廣州通信）

這次商團問題之起，其原因並不是單單因為政府扣械與夫阻止團防總部之成立，也不是市民對於政府的反動，乃是英國帝國主義與其買辦陳廉伯等少數野心家的煽惑。其實香港帝國主義者與其走狗在最早就有顫撲革命政府的陰謀，私運軍火固然是潛謀不軌的遊證；試觀他們的印刷品，更足見出他們命意之所在。在一張印刷品上曾先證明了三民主義五權憲法是古今中外所共有，并不是國民黨的創獲，所以他們並不反對三民五權，所反對的是國民黨，特別標明他們是「不黨主義」。外此，刊布些商人政府的政綱，無非是擁護買辦階級的利益。一個買辦陳老板會同了些烏合之衆的商人，便作夢也作不出個商人政府來，豈不是由於他們背後大有人在？

唯一的死人背後的活鬼，就是帝國主義。證據是：

（一）陳廉伯的家產中，英人證明他住的是匯豐銀行的房屋，門口並有印捕與中國商團軍把守。如果是匯豐產業，為什麼用中國商團保護？

（二）罷市後各大商號都懸出英法的國旗。

（三）政府查抄陳廉伯的家產時，英人證明他住的是匯豐銀行的房屋，門口並有印捕與中國商團軍把守。如果是匯豐產業，為什麼用中國商團保護？

（四）當政府要以武力削平禍亂時，英公使竟訓令英領事向革命政府遞哀的美敦書，聲稱如果政府攻擊商團時，英軍艦就要砲打廣州！

（五）罷市期間，各大酒店住滿了外國人為商團祕密籌畫。

其次便是軍隊中的一部份敗類，證據是：

（一）軍政部對於運械護照，并未呈請帥座，或經政務會議通過。似此等重大事情，竟祕密出之，情弊可見。

（二）許崇灝已因嫌疑拘留大本營。

（三）船到之日，陳等會賄買了一部份軍隊前往祕密起卸。

（四）這次六條件之調停辦法，完全是滇軍范石生超所主張。中山於中央執行委員會閉會之日，已聲明范廖等賜擁政府，陰護商團的行動，并指明調停條件完全是范廖之意，中山并未認可。

（五）省署會要管理西關糧食，范廖等硬說他們可負全責，不必省署過問，其實這就是保護商團。

（六）商團傳單謂：『此次敵團購械被留，現蒙范軍長應師長主張公道，出任調停……』，范廖是『主張公道』，政府自然是不公道了。

此外更有一件應當注意的事體，當罷市的時候，商團竟發出一種『共產狂卽……應卽起而自衞……』的傳單。這種論調固然是意在聳動碩腹買的聽聞；實際上與這次一般反革命派國民黨員的反共產派運動至少有些關連。商團的口號，與『赤化亡煮』『反帝國主義則使國

們推翻才是眞正的自救。同胞們！中國除了國民革命之外，還有第二條救解的道路嗎？

買辦陳廉伯等少數野心家的煽惑。

「民黨陷於孤立」等等的說話，恰好是相映成趣。　這種現像，明白的默示出來反革命派的國民黨員與反革命政府的法西斯蒂有相同的思想之來源，而更多有相似的因果之處。

我們對於這件事體總的觀察的結論是：帝國主義主使商團，商團勾結軍閥來共同宰割革命政府，所以這是一個反革命的行動。那麼，廣州如果是革命的政府，對於這種反革命運動，只有削逆殺亂，無論帝國主義是如何強暴，商人政府是如何猙獰，軍閥是如何縱橫，那麼勝則肅清內亂，奠固邦基；敗亦本犧牲的精神，「存一點天地間的正氣」──不負了中山先生的豪語！　革命黨和反革命投降於買辦勢利之下了！協，這真是國恥奚差！　甚而至於素稱明逹的某某等黨員均為主張安協而且進行調停最有力之人，質在辱沒革命政府的顏面！　試看：

如果這次的調停安協，是對等和議的性質，猶尚可說；現試進一步而研究那六個條件，已經是革命政府投降於買辦洋恩來安

（一）陳廉伯陳恭受通電擁護大元帥，服從政府，政府卽下取銷涌緝令，並發還封產，（二）范軍長廖師長擔任向大元帥將商團所購軍械子彈照軍政部護照數目發還，（三）省團聯防改組，應受省長節制，其細則則須於七日內公布，但呈請立案，其在扣械風潮發生後竢之點，由范軍長廖師長出而主持公道，要求立案，（四）各商店應須一律廿九日復業，軍隊於商店復業後，立卽解殿，其在扣械風潮發生後回省軍隊，一律請師令各囘本防，（五）商閧報效軍費五十萬元，於領械時繳納，（六）如聯防總部具呈，七日內未能立案，由范軍長廖師長，擔任於七日內將全幫械彈點交商團公所收領。以上六條，經大元帥俞允，交范軍長廖師長全權與商團方面首領會商安協，各簽字為信，范行超，鄧介石，杜瑄英，黃叔明，鄧佩芝，陳兆均，鄭吉圖，十三年八月二十九日，（此條件係在商團公所照抄，與廿九日省報所載多不同，以此為確）。

革命政府何苦來用買辦擁護？　故組商團有什麼把握可使他們不再叛亂？　撤退駐軍交還槍械將有怎樣的事故發生？　自願報效的五十萬元軍費是一個什麼意思？　這都是必須要問而更應當解答的。　第一條的正面意思是向中山悔罪，為保存二陳威信，故輕輕設了一個『通電擁護政府』。　第三條表面上似乎異有異用心和勾結買辦與帝國主義的右派份子，反藉此為排斥異己攘奪權位之機會。　所謂一自願報效軍費五十萬元』，正面的意思是罰鍰，充其量說更是中山先生革命的代價，或者還有幾分之幾是送給中山先生的聯粵盤纒。　至於第六條，更顯然是屈伏革命政府的威脅條款，接受這個條款，便無異接受城下之盟！　像這樣便認為完滿解決，那麼，革命政府已是廉價拍賣了。　或者在兩月內買辦政府是要搬進土敏土廠的。　在這可恥的威脅之下，中山先生悲憤塡胸誓不屈服，而一般別有用心和帝國主義的虎反而就範。　今日見香港循環日報之紀事比較更為詳明，用特轉錄於下，以見帝國主義和軍閥勾同壓迫革命政府之實情：

『……扣械罷市風潮，自二十八日滇軍范石生廖行超二人出任調解，形勢已有轉機，二十八晚本可解決，適因公安局槍斃商團第九圍中隊長鄧銳先，關停又幾破裂，商團表示全部條件擁諾，先行解決鄧銳先事件。　范石生以時機緊迫，力勸商團勿以小事而誤大事，鄧氏以上係截至昨日止所聞之情形。

之事，彼一力担成辦妥，調停乃再開始談判，得以完全解決，此亦廣州市不幸中之幸也。二十九日范氏進謁孫文，對於此事力主調解，並贊成容納商團之請求，以冀早日和平了結。孫氏不允，范石生謂：市面危機四伏，險象環生，萬一變故發生，全局當壞，所謂小不忍則亂大謀，在此兩三日內，無論若何，必要解決，否則我撒手不理，將全軍調回，竭力保護市內治安，無論何方部隊，如有踐越商場，應爛地方，我當派隊迎頭痛擊，斷不令此擺爍五羊，供一二人意氣之爭而犧牲也云云。孫文聞言，顏色立變。但見范氏辭語決絕，且以范之力量而論，又儘可辦到，復有廖行超為之協助，湘軍亦一致主張和平，僅靠樊鐘秀之豫軍千餘人，必無濟於事，乃毅然答應。雖非心願，亦無可如何也！范氏遂與商團代表，廿九日下午，訂定條件，雙方簽字，三十日商店復業。

軍械照發，軍城照護數目發還，聯防又准予成立，陳廉伯陳恭受亦取銷通緝，不過以五十萬元為代價耳。更聞領事團將開炮轟擊商民，外國決不能袖手旁觀，當以實力制止云云。廖豐警告，由首席領事日本領事羽天竺找張，是否政府要開炮轟擊商民，果有此事，外國決不能袖手旁觀，當以實力制止云云。廖氏途即相率開門復業，老城一帶，上午九時以前，西關一帶，似略遲緩，此次豫軍主張收繳商團鎗械最力，一方亦經向公安局取得商團報告該局之鎗枝底冊，決定按冊分投收繳，欲趁此機會，侵入西關防地。惟廖行超素與商團情感頗好，觀於雞欄子荷，連日西關之異常戒備，防備以轉運他人裝置，故是日上午九時許即相率開門復業，老城一帶，上午九時以前，西關一帶，似略遲緩，似是豫軍叫此尚有戲陣以待之勢。此次豫軍主張收繳商團鎗械最力，蓋一方為保持防地計，一方用千里鏡一同方能開業，三十一號即全城一律開市矣。各軍則三十日已解嚴，惟豫軍叫此尚有戲陣以待之勢。蓋一方為保持防地計，一方用千里鏡一早經向公安局取得商團報告該局之鎗枝底冊，決定按冊分投收繳，欲趁此機會，侵入西關防地。各軍則三十日已解嚴，惟豫軍叫此尚有戲陣以待之勢。

此幫軍械，除護照所登裁外，有五百餉水機關鎗兩架，現商團以轉送於孫文云。三十日上午商團總所發出通告商店復業之傳單并由各分團着人按店分派，不過以事理而論，聲言保護地方治安，不容慨軍攔入。但以事理而論，目下或不至發生突街，大約孫氏下令各軍回防，彼倘不遵，則難免他軍起而責言，戰事將不可免。又廖仲愷以辦理罷市風潮不善，二十九日已面向孫文辭職，因石生廖行超李福林能之屬文雖未有表示，然廖則斷不能再幹，鄒魯伍朝樞均有卸任之希望，公安局長則林樹巍為多云。故廖氏今不令戒嚴，與商場無關也。三十日情形尤覺吃緊，太平南路以迄寶南路一帶之豫軍亦以撤廖仲范愷職為條件。現孫

商團事件的教訓

和　森

「這次廣州商團事件，可謂極帝國主義買辦階級僱傭軍閥以及國民黨右派分子夥同宰割革命政府之奇觀：組織這次叛亂的是英國在廣州各機關之職員；領袖這次叛亂的是陳廉伯陳恭受諸買辦；公開的組織這次叛亂的是英國帝國主義的礮艦政策；□「武裝調停」廉價拍賣革命政府的是范石生廖行超諸軍閥；而勾結帝國主義買辦階級僱傭軍閥之間的是國民黨右派。

國民黨右派一面勾結帝國主義與香港的買辦階級，一面勾結僱傭軍閥以把持廣州兵政市政財政諸權利，這是自從設立廣東政府以來公然不可諱言的事實。這次事變的罪魁陳廉伯不僅是滙豐銀行的買辦，而且是國民黨右派把持的廣州市黨部之職員，這次主張能市反抗孫中山最力的先施公司大新公司及西關各大商店的經理職員以及陳恭受等莫不盡是國民黨右派的黨員，至於范石生廖行超李福林等之屬於右派更更不待說。

所以這次一面是英國帝國主義打擊中國革命運動，一面是國民黨右派的反革命。

國民黨右派之必然的趨於反革命，這是沒有什麼奇怪的。外國帝國主義要根本破壞中國的革命，單從外部施以壓迫還是不夠，必須

培養一支反革命的勢力於革命黨的內部，這支勢力便是國民黨的右派。

所以這次事變的教訓：第一是證明國民黨右派為反革命的法西斯蒂。第二是證明僱備一些軍閥來做革命的軍事行動及過早設立革

命政府之失策：

「全部政權的取得是革命黨必要的目的了；但在革命形勢還沒成熟以前——即本身在民眾間的勢力還沒成熟以前，是不宜於頭弱寧理一部份

的政權或建立偏安一隅的革命政府。　不幸中山先生竟然採用了這種過早的政策，由是顯然暴露下列各弊害：（一）廣東政權之取得，並不

由於革命勢力之完成，但是由於利用根本與革命相反的軍閥財閥的勢力，所以廣東政府不僅不是革命的工具，適足成為僱備軍閥以養遠縱敵為長

客買辦階級以及陞官發財的右派之狐城鼠社；（二）黨員對於政權的爭奪早已根本毀壞了革命的目標與精神；（三）僱備軍閥以養遠縱

久敲詐辦軍餉之法寶，軍役不停，苛稅繁重，因而引起人民對於革命之反感與不信任；（四）全力用於毫無結果的軍事引動上面，黨務以　在

民眾間的發展完全因而停止；（五）苟安於香港英國政府的砲艦政策之下，不僅不敢發展國民革命的宣傳，而且時常受受內外勾結的威脅，

如這次商團事件便是明證。」

這種不幸的政策不僅可使革命完全破產，而且危及於中山先生個人之生命與人格。　軍閥的工作是擴兵斂錢，右派的工作是爭權奪位

，而老頭子的工作卻是打前敵當砲火！　軍閥是利用革命做買賣，反革命的右派是利用政權做生意，而老頭子逐常常的被強迫而成為他們

的商品！

我們為挽救革命的破產計，為愛惜中山先生個人計，都希望中山先生在受了這次奇恥大辱的教訓後不僅要毅然決然與英國帝國主義宣

戰，而且要毅然決然拋棄以前不幸的錯誤政策，澄清黨內右派反革命的法西斯蒂！

國民黨右派反革命的經濟背景　　逸之

一、

國民黨自黃花岡一役，老同盟會的革命先鋒，已失去大半。　再經過辛亥革命，黨中寅正能奮鬥而肯犧牲的分子，又多死亡。　所選

留下來的，除極少數外，不是懦弱無能之流，即屬夢想陞官發財之徒。　至辛亥後加入的國民黨員更不用說了。　所以國民黨自辛亥以來

，除孫中山二領神外，百分之九十九是傾向於安協的。　我們試看當南京俯議，宋案發生，民六政變之時，中山先生都極力主張澈底革

命行勳，而那時為中最大多數的右派分子，均反對中山，主張與北洋軍閥安協，結果果然安協了。　因此致萬惡的封建北洋軍閥能存留到

現在，中山先生的革命主張終莫能達，千百萬人民至今還處處被迫在軍閥與外國帝國主義之下。　這是何等可痛恨的事！

至那最大多數的國民黨員——右派分子，都一個一個地離開了國民黨，替北洋軍閥當走狗去了。　這是何等可恥！　存留在國民黨中的也不過幹些什麼

二、

有名無實的「護法」把戲，或簡直住在租界裏一步不動。　還是何等可恥！

孫中山先生始終是個革命者，他看到這種黨員墮落的無望，同時又見着客觀環境的革命要求，和感受革命新勢力的影響，於是毅然且然，於本年一月改組國民黨，重新發表宣言，建立新黨綱，吸收革命新分子，成效頗著，似乎國民黨從此進入與正軌道了。

不料國民黨雖改組，而舊時墮落的分子依然存留於黨中。此輩本來爲的是借黨營私，歷官發財，那裏想到什麼革命。他們於今見眞正革命的新黨員勇猛激進，而謀振興與黨務，掃除黨內以前積習，如此，對於他們借黨營私的目的，殊多防害。半年以來，因新分子的努力，成效頗著，似乎國民黨從此想到

於是他們大叫大喊，說新黨員陰謀破壞國民黨，同時到處運動，一剎那間結成反革命的右派，專爲來對付革命的左派。這眞是國民革命的不幸啊！

這班反革命的右派，一方面勾結軍閥，一方面依附帝國主義，想把國民黨囘到以前那種麻木不仁的老樣式，於是報紙上宣傳，會場上打人，尤其最顯現的是這次廣東商團之謀叛，差不多完全由反革命的右派從中作祟，不過外人不大知道罷了。

我們且看反革命的右派之反革命的理論：「自共產黨加入國民黨，……其宣傳所謂打倒英美法等帝國主義者，其計畫係在消滅國民黨，而期打消粤院奉三派之共同討賊運動，在他們的「粤黨報」上，隨處都碰得到。這完完全全是反革命的理論，是爲軍閥與帝國主義辯護。

國民黨的改組宣言和政綱上之推翻軍閥與打倒帝國主義的根本原則，這完完全全是反革命的理論，是爲軍閥與帝國主義辯護。

三、

我們知道所謂革命派與反革命派，既然如此，可是他們自己主觀願意如此，的完全由於他們階級的經濟利益所規定。

：—（見商報八月九日）。

黨在國際上之好感，一方面注重打破國民黨與國內各實力派之合作，而期打消粤院奉三派之共同討賊運動，其計畫係在消滅國民黨，……在他們的「粤黨報」上，隨處都碰得到。這完完全全是反革命的理論，是爲軍閥與帝國主義辯護。

國民黨是一個由各種階級所組織的政黨。馳的階級大概可以分析如下：工人，手工業者，農民，小商人，智識階級，大商人大地主，政客與軍閥，買辦，華僑。這完全是附屬於封建的軍人，政客於帝國主義的軍閥，買辦，這一部分小洋行的大商人買辦，及一部分小資產階級。

此。

代，剝削工業家與銀行家等，此外還有一種軍人，政客，此一部分小洋行的大商人買辦之智識階級如華僑，其政客，地主，軍人，一旦被打倒，於是反動立見，而現在右派分子從前也曾革命，不待言而喻，就作了不少的安協事業與反革命事業而已。

則人是，我們代表工農，農民和一部分小資產階級，這完全是反革命的右派，一方面爲帝國主義所壓迫，但是至於地主，軍人政客與帝國主義，軍閥及華僑，是代表右派工

人軍主政客與軍閥，此輩大半依附於封建的軍人，政客於帝國主義的軍閥，買辦，就是異常明顯，因爲這些分子，他們既然是從智識階級到銀行家是屬於資產階級的利益，——帝國主義，軍閥及華僑，是代表右派工

同時多與國民黨右派有經濟關係看，其實他們過去也曾相當的革命，如華僑，政客，地主，軍人一旦到現在九分之九十九等所見，什麼「國民黨赤化」「共產化」就非常明顯的了。這些右派分子，他們既然是直接間接屬於帝國主義，軍閥及華僑，這是安協派。現在他們反對革命左派，勾通

帝國主義與軍閥，我們說明他們一旦被打倒，於是反動立見，而現在右派分子從前也曾革命，不待言而喻了不少的安協事業與反革命事業。現在他們反對革命左派，勾通

今這兩派的戰爭，正在開始，對此關係國民黨之生死問題，決不容有所懷疑安協。

其在經濟上看，國民黨右派之反革命是必然的事。因此在國民黨中革命左派與反革命右派之爭，也是必然不可避免的事。國民黨如果想堅持其黨綱，成功其革命事業，完成其在中國歷史上的使命，不然，必將造成歷史的錯誤。

The Guide Weekly.

嚮導

週報

◀ 第八十三期 ▶

分售處

太原晉華書社
長沙少年書店
濟南齊魯書社
杭州古今圖書社
濟南新青書社
濟南明星書局
寧波開明書局
開封黨晨書社
南京文化書社
開封工學社
天一街
成都群陽報流通處

分售處

香港翠文書局
中國青報社
廣州丁卜書報社
上海民智書局
上海共遺書店
武昌時中書報社

一九二四年九月十七日
郵聚代款樹作九五折
（中華郵務管理局特准掛號認為新聞紙類）

定價 國內一元寄足四十期 國外一元寄足二十五期 郵費均在內 每份售大洋三分

每星期出版三期 發行通訊處 北京大學第一院發行部 杭州惠蘭橋路盛街七弄發行所 民立洪報

（第八十三期）

六六九

☆北伐呢？抵抗英國帝國主義及反革命呢？

和森

現在有兩個關係重大的政治問題橫在孫中山先生和國民黨的前面：一個是怎樣對付英國帝國主義及其走狗（陳烱明陳廉伯右派諸叛徒及滇軍等都包括在內）在廣東的做成的反革命；一個是怎樣對付美日兩派帝國主義在全國做成的直系與反直系兩派軍閥間的戰爭。

對付商團事件的正當政策，只有堅持沒收全部扣留的軍械，否認范廖二軍閥與商團私訂的六條件，進一步完全解除買辦階級（商團軍）的武裝，實際抵抗英國帝國主義的干涉，以喚

這裏面是什麼意義？

香港十二日電：吳稚暉昨日（十一）赴汕頭，調和孫陳說又起，聞陳允贊助北伐，惟粵政須由粵人自決。

十六日香港電：省署雖佈告交回商團槍械，惟至今未交，商民苦憤，十五日因粵軍實行返攻，商團每人捐五十元，已入閧未領銷者，每人捐二十元，共四十餘萬，土絲行于秋節夜，共捐得十萬餘元，米花生芝麻行各捐萬餘，助粵軍餉，粵軍右路前鋒十五日晚已進至平湖。

吳稚暉調和孫陳，陳烱明提二條件，（一）限孫于一月內率客軍全出發，（二）立將商團槍械全發還。

起全國人民之同情與助力，而始努力推翻帝國主義之新時期。對於直系與反直系的軍閥戰爭，站在國民革命原則上的國民黨，只有代表人民的利益反對帝國主義與軍閥對於人民的屠殺，反對帝國主義擴成內亂藉口干涉的陰謀，號召全國反對戰爭反對帝國主義的人民群衆集中於自己的旗幟之下，發展幷組成國民革命的眞實力量。

但最近上海各報所傳消息：中山先生對於前一問題，於痛斥英國帝國主義的宣言公佈後，忽然又向粵人發表一類似『罪已詔』的宣言，悉摔客軍北伐，以廣東還諸廣東人民；對於後一問題，則已決定實行北伐，響應浙盧。

這種政策的內容：第一是中山先生離開廣州而

赴韶關，以避免與英國帝國主義戰的衝突；第二不懂發尼扣機，而且以廣州市政交與反革命的商團（商團軍幹事李郎如已代理公安局長）；第三是與陳炯明妥協，所謂以廣東還諸廣東人民，便是以廣東還諸英國帝國主義的走狗陳炯明及買辦階級。這就是現在北伐政策的背影。第

所謂「護法」「北伐」雖是國民黨以前的傳統政策，但這種政策曾經屢次試履敗，而且按照國民黨第一次全國大會決定的新政綱，這種過去的錯誤政策尤屬成爲廢物而不應該復活。現在居然復活起來，我們敢大聲說，這又是右派包圍中山先生的成功。右派因爲恐怕中山與英國帝國主義衝突而打破他們的集穴，因爲要成功與陳炯明的調和以鞏固他們與左派對抗的武裝勢力，因爲要討好段張唐繼堯等軍閥以遂

其蠅營狗苟奔走南北陛官發財的鬼當，無甯拋棄廣東而與英國帝國主義及其走狗決一死戰，以開始全國反帝國主義的真實工作！

退一步就北伐政策的本身而說，我們以爲這種政策只能助日本帝國主義及反直軍閥張目吶喊，完全隱沒了自己獨立的革命的政治號召。　第二，這種政策完全不能影響或動搖軍閥制度和國際帝國主義侵略之政局。　第三，從新成就西南軍事局面

不過又是從新成就唐繼堯陳炯明沈鴻英唐紹儀等軍閥政客將來與任何一派戰勝的軍閥做買賣的基礎。

或問你們這樣主張不怕右派指爲破壞革命暗助曹吳嗎？我可大聲回答：只有勾結英國帝國主義及其走狗的右派，只有主張交還廣東於陳炯明和商團的右派是暗助曹吳。我們在革命的政策上和理論上素決不贊成僱備軍閥的軍事行動，素來反對在廣東設立有槍的革命進行而徒利於官僚份子非革命份子的革命政府；我們現在却堅決的主張：與其強顏交還廣東於英國帝國主義的走狗而上什麼北伐政策的鬼當，無甯拋棄廣東而與英國帝國主義及其走狗決一死戰，以開始全國反帝國主義的真實工作！

江浙戰爭之世界政局的背影

逃　之

江浙戰爭在表面上雖是一個單純的中國軍閥戰爭——直系與反直兩系戰爭，而在實際上確是一個世界帝國主義在中國的暗鬥。在這個暗鬥中，卻含着世界政局之變幻離奇的縮影。

我們試看，在直系背後不是不是英美帝國主義嗎？在反直系皖系軍閥的背後，不又是蠢着日法帝國主義嗎？從外面看來，彷彿這兩派兩派帝國主義是專爲扶助直與皖奉軍閥而結合的，又彷彿是專爲侵掠中國而結合的；其實不然，侵掠中國，幫助中國軍閥固然是這兩派帝國主義的原因之一，但關於歐洲問題與近東問題，更有極重要的成分在。

我們知道在中國問題上，日美兩帝國主義是死敵。而在歐洲與近東問題上，英法帝國主義也是冤仇。當歐戰時，美兩帝國主義都趁火打刼。尤其日本在中國奪取種種特權，大有狐吞中國之勢。而美國又值貨品與金子充滿了腰脊，而無處可售無處可投，看來只中國還聊可插足。但開頭就碰到日本的帝國主義，於是日美在中國的衝突就起來了。我們只看數年來，在凡爾塞和會上日美之召集華盛頓會議等，無處不看出日美兩帝國主義對於中國問題之明爭暗鬥。

自歐戰結果，凡爾塞和約成立，法國在歐洲大陸，一方面奪取了德國的鐵與煤成就爲大工業的國家；一方面又使東歐的小協約國變成物的附庸，成就其執全歐牛耳的政治地位。於是英國不但失了歐陸市場（尤其是德國），且親遇了一個世界的勁敵。這只看英人對凡爾塞和約之批評，對法占振魯爾之警告，在洛桑會議上英法之爭論等，就可證明英法帝國主義互相疾視之程度。

但在中國，美最忌日，而又畏英日之同盟，於是頭一步遂破壞英日同盟，反聯英以制日。在歐洲，法最忌英，同時英亦恨法，於是英結美以抵法，法亦聯意以抵英。最近日本帝國主義見美帝國主義向中國進攻之猛，日皇遂遣其太子游歐而與法締結秘密同盟。因此無論在中國與止歐洲都形成這兩派帝國主義──英美與日法的勢力。在這兩派勢力下之一切問題，都牽腸掣肘，不易解決。

此外又有一派新勢力，此即蘇維埃俄羅斯，牠在西歐代表進步的無產階級，在東方則代表被壓迫的民族。牠大有聯合西方無產階級與東方被壓迫民族共同推倒全世界帝國主義之勢力。全世界的資本帝國主義，無論英美日法，見之都膽戰心寒。於是各帝國主義又有聯合以抗蘇俄及壓迫東方民族運動之共同趨勢。

按上面這種國際政治的形勢，反映到中國的政治上，自然形成兩個戰線：（一）兩派帝國主義──英美與日法，各扶植一派軍閥造成軍閥與軍閥的戰爭。（二）各派帝國主義與軍閥結合造成反蘇俄與反國民革命運動的暗鬥。這就是江浙戰爭背影裏之世界局面。

前月之倫敦會議與現在日內瓦會議，對於自凡爾塞和約所遺留下來的許多難題，都逐漸解決，這是歐洲英法美各帝國主義出之一種暫時的妥協，嫁禍於無產階級之一種毒計（如道威斯計畫之於德國無產階級）同時這種安協精神與嫁禍政策必反射到中國，牠們──英美日法各帝國主義，對於中國問題的解決，即對於江浙戰爭的解決，將必互相讓步，而以共管的精神出之。我們試看近日英美所發倡之和平干涉論便足以證明。如果此種和平干涉論的主張成功，中國就完全成了國際的殖民地了！在另一方面，牠們共可以由此抵抗蘇俄與壓倒牠們死命的國民革命運動。

現在蘇俄早已明白國際帝國主義對待中國的毒計，故羅斯坦氏公然揭破列強關於協定中國之陰謀，蘇俄人民并且在莫斯科各處組織非外人干涉中國會（見路透五日電與孖林西報社評（九月十日）被壓迫被宰割的國人們，蘇俄尚且如此，我們自己怎樣呢？快起來啊，我們不惜滅帝國主義與軍閥，帝國主義與軍閥將必然消滅我們。

帝國主義計畫中之共管中國的方式

大雷

在中國的帝國主義要以英美為領袖；英美帝國主義在中國的宣傳機關，主要的是孖林西報和大陸報，觀了這兩種報的主張就可知道在中國的帝國主義現在所主張的是什麼和所反對的是什麼。

在這兩種報近來的時評中極力提倡軍閥商人的和平會議，以建設一聯邦政府。就如俄國羅斯坦所宣布：吾人現信美國已放棄開放門戶政策，決計在華盡分利益區域。倫敦九日電已證實這話，說：每日電閒報（政府黨機關報）宣稱，某有力方面現在正努力提議，邀集中國戰爭各派勢力開和平會議，解決中國內政上的困難，并為中國建設一「不集權的聯邦政府」。于是唐紹儀的聯邦政府的主張大受帝國主義的歡迎，孖林西報大登廣告特為介紹。這種帝國主義者，并為中國建設的中國聯邦政府就是實行瓜分中國的別名。

這種主張當然不是出於這兩報自己而是聽命于他們資本主義政府。這種主張當然不是出於這兩報自己而是聽命于他們資本主義政府。

你看大陸報十七日評論開首第一句話說：從現今的觀察，在這次戰爭終結之後中國就將預備資

行「道威斯計畫」或類似的計畫。道威斯計畫對于德國就是各帝國主義國共同管理德國。現在帝國主義各國在中國亦將用同一樣的計畫。⑥就如每日電聞所說：此次計畫希冀成十分穩固的政府，俾銀行團得以投資改造中國。所謂投資改造中國者就是：「管中國經濟。」然而實際上因為各帝國主義國都希望自己獨霸中國，同時卻又反對任何他一國獨佔剝削中國之權，其結果遂有這種共同剝削的計畫。在現在國際政治上美講起來。如果這種計畫實行，就是美國帝國主義在中國勢力的澎漲，因為將來共同掠中國各國須靠美國的資本。法日等都因經濟勢力薄弱的原故祗好屈服於美國資本勢力之下；在德國如此，在中國亦是如此。英國在廣東所弄的陰謀，把商團與陳炯明和范石生等結合以推倒革命政府，而建設模範的軍閥商人的反革命政府，不久要試驗於全中國帝國主義所主張的聯邦政府就是軍閥商人混合的政府，而能完全聽命於帝國主義的指揮。字林西報在本月十三日行會與督軍一篇評論上說：「如果行會能使他們行使他們舊有權利，我們相信督軍們一定能歡迎他們要求聯合和協助之提議」。前受香港政府的委託而逐勤和平會議的何東先生因失敗而游歷歐洲，在英倫與帝國主義政府接治，現在已首途囘國；將來他所演的是什麼把戲現在都可以預知了。

在前年主張聯邦政府潮流最盛的時候我們就極力反對，以為：這種主張足以減弱抵抗外力的力量和最適合外人瓜分的計畫；祇有集中國民革命的勢力來打倒帝國主義及軍閥，才是眞正自救之道。現在事實又已證明：帝國主義之歡迎唐紹儀的聯邦政府主張，完全是在採取之為共管中國的方式。

自從國民黨改組以來，反對帝國主義的空氣在中國日甚一日，外國帝國主義聞之不寒而慄。于是在報上大罵為過激派的主張。帝國主義的機關紙所以如此責備凡反對帝國主的都是過激，就是要恐嚇道班本來胆小而革命性軟弱的先生們，和鼓吹他們的政府來干涉中國這次國民黨右派的反對共產黨，可以說完全是受了這個暗示。

大陸報字林報現在幾乎每天都要罵一點過激主義，不是說北京九七國恥日所發的傳單是過激派的，就是說：廣東政府實行共產主義。為什麼他們這樣怕法？當然他們不曾想中國的過激派現在馬上就會實現勞農政府，他們所怕的就是過激派對於救中國的政策是正對病症，他們運動的對象就是在推倒帝國主義。

如果中國的一般羣衆能懂得外國帝國主義所反對的就是中國的利益，所主張的就是中國的禍害，我們就應當依照共產黨對於救中國的意見，集中在國民黨的旗子之下，無妥協的反對帝國主義和其走狗中國軍閥之定期戰亂與屠殺，並反對他們藉此次江浙戰爭來實現之共管陰謀（以和平會議產出聯省政府），努力打倒一切實閥與一切帝國主義！

南洋烟廠罷工與上海的報紙

君　宇

上海各報受了資本家的收買，對於此次南洋煙廠工人罷工毫不援助，我們並不奇怪；獨是民國日報的態度卻出我們意想之外！看民國日報的人，大半都知他是國民黨的機關報。民國日報的主要責任，常然是在擁護國民黨的主義及他所代表的利益。可是民國日報上的材料常有反於此的例外，而這種例外且是特別之多！

對於南洋烟廠罷工的態度，就是一例外之一。

此次南洋兄弟煙草公司廠友的罷工，是因公司方面創立苛規，減扣花紅，無故開除陳倩如伍惠芬二女工，并謀解散職工同志會而迫成的。

爲撤除苛規，恢復被開除二女工工作，及增加工錢起見，工友七千人始於本月八日起一致罷工。公司方面對待罷工的方法，一面出示恐嚇；一面於九日派出打手五十餘人，拉工友回廠上工；有不答應的，輒被毆打。同時將工會代表四人開除，并將代表顧君毆打之後拘留在公司。公司以爲這樣可以使工人解體，可以破壞他們的罷工了。此外還採了一種混淆外界視聽的方法，就是由該廠職員司鄺某李某登一個啓事，又收買所謂「粤僑工界」者十八人登一個啓事，還有一個啓事用的是該公司「工廠工友」的名義；這三個啓事的措辭，莫不一致攻擊罷工，藉以破壞外界對於工人之同情。可惜這樣的啓事不登在任何反動的報紙之上，單單登載在民國日報！

民國日報不根據國民黨的政綱來援助此次罷工，已足奇了；却在却違反黨綱擁護工農利益的決定來登這樣東西，更教我們大惑不解！

或者會有人說：「那不是新聞，更不是論評；那是廣告。」好的！那廣告純粹是營業性質，您不能拿廣告來批評他，說他失着。那麼，研究系明天可以拿一筆錢來，在民國日報上登侮辱中國國民黨的啓事了；再過一天，曹錕也可以拿錢到民國日報登啓事罵孫中山了！那成得一種什麼現象？所以我們勸我們的同業民國日報，對於這類啓事（關係七千個同胞生活的事）要檢察一下才好！

獨　秀

我們的回答

我們因爲有促進中國國民黨的必要，而以個人的資格加入了中國國民黨，似乎於國民黨之誤會，他們不但是口裏攻擊，還用白紙黑字寫出，我們不得不簡單回答幾句，以免社會上有人在誤會上又加以誤會。

我們在此處僅僅是答復他們的攻擊，至於他們自己的言行，是否眞第一個革命的國民黨黨員，他們黨中是否有更反動的反革命的言動，則不在此文討論範圍以內，所以不必提及。

我們在答復之先，須指出他們的根本錯誤：根據國民黨的宣言或章程之某條某項指責國民黨任何黨員，開除國民黨任何黨員，這都是正當應有之事；乃并不依據國民黨的宣言或章程之某條某項，具體的指責國民黨黨員某某個人，而竟抽象的籠統攻擊加入國民黨之共產黨員，并且因此攻擊到在國民黨之外的共產黨，這是他們的根本錯誤。以一個革命的黨要取消別個革命的黨，已經是不應該，何況中國共產黨是共產國際一個支部！中國國民黨，若認眞因爲中國共產黨員加入了國民黨之故，便要取消中國共產黨；并且中國共產黨若也因此自己承認取消，這豈非中國人在世界革命史上要鬧出特別新奇的笑話！　若主張不肯脫離共產黨的人便不許加入國民黨，則雖另再召集一次國民黨全國大會，取消前次大會准許共產黨黨員跨黨的決議便得，何苦以有用的光陰與經費，發行許多印刷品，不是攻擊帝國主義與軍閥而是攻擊我們！

以上是提出他們對待我們的根本錯誤，以下是分別回答他們的攻擊。

一切道路傳說，報紙紀載及個人的談話與書信且不涉及，現在只取「護黨特刊」「民權旬刊」共產黨破壞國民黨證據之一部」這三種印刷品為他們負責的言論。

他們共同的唯一口號是「共產黨破壞國民黨」，他們所謂破壞國民黨的證據，鐵證，都是指社會主義青年團七號團刊所載「中國共產黨關於國民運動及國民黨問題的決議案」，「共產黨在國民黨工作及態度決議案」及「青年團在國民黨工作及態度決議案」。在這些決議案中，充滿了「我們須努力擴大國民黨的組織於全中國」「擴充國民黨的國民黨」「使全中國革命份子集中於國民黨」「擴大且改進國民黨的組織」「在國民黨各種工作中我們同志應努力工作」「使其（指國民黨）變成一個有組織能行動的黨」「我們要使國民黨真成為國民主義的黨」這類文句，如果是一個懂得中國文的人，能說這些議決案是破壞國民黨的鐵證嗎？

「共產黨破壞國民黨證據之一部分」的導言上說：「國民黨主張凡贊成革命的都應一律歡迎入黨；共產派則極力介紹農人工人與中等學生以成就他們的勢力」。共產派一向不和軍閥官僚政客商人接近，所以只能介紹農人工人學生到國民黨，既是介紹到國民黨，試問成就了那個的勢力？必須介紹軍閥官僚政客商人到國民黨才是成就國民黨的勢力嗎？他們已否忘記了國民黨宣言上「國民革命之運動」必恐國民黨對勞工運動處處的傾向」。勞資鬥爭是社會進化上一種不可免的現象，主張勞資調和是一種和緩革命的政策，無人能夠相信全革命的調和政策可以平均地權，可以限制資本，世界上那有這樣好說話的大地主與資本家？他又說：「國民黨的民生主義是主張平均地權制限制資本的，共產派則主張勞資鬥爭，惟恐國民黨對勞工運動處處的傾向」。勞資鬥爭是社會進化上一種不可免的現象，主張勞資調和是一種和緩革命的政策，無人能夠運用政權以實現三民主義上面。若建築在已有的軍隊上面，退一百步說，即令能用他取得政權，也斷然沒有能夠運用政權實行三民主義的希望，試看現在的廣州政府實際上能管理軍政財政嗎？他又說：「國民黨固然應該以武力打倒國內軍閥，然後再運用政權建築以實現三民主義；共產派則處處宣傳，叫已覺悟革命的份子往田間去」。廣州一切政治有一件能根據國民黨的主義或政策嗎？若要建築在國民革命必特全國農夫工人之參加然後可以決勝」。國民黨固然應該以武力打倒國內軍閥嗎？「往田間去這個口號，當然不違背國民黨的主義或政策嗎？

三民主義，然試問這武力要建築在什麼基礎上面？國民黨主張中華民族自求解放；共產派則主張民族自決，首先就鼓動蒙古人脫離中國」。民族主義有二種：一是資產階級的民族主義，主張一切民族皆有自決權，主張自求解放，同時卻不主張解放隸屬自己的民族，這可稱做矛盾的民族主義；一是無產階級的民族主義，主張一切民族皆有自決權，主張自求解放，不受他族壓制，同時也主張解放隸屬自己的弱小民族，不去壓制他，這可稱做平等的民族主義。蒙古人願意脫離中國與否，我們應該尊重他們的自決權，用不着鼓動，我們也并不會鼓動這個，我們只反對一班人否認蒙古民族的自決權，硬說蒙古是中國的滋屬，主張軍閥政府出兵收蒙，因此我們主張蒙古人根據民族自決權，有獨立反抗的權利。國民黨大會宣言上說：「國民黨之民族主義，有兩方面之意義：一則中華民族自求解放，二則中國境內各民族一律平等」。又說：「國民黨敢鄭重宣言，承認中國以內各民族之自決權」。據此宣言，國民黨的民族主義，却實不是單單自求解放的資產階級民族主義，並且鄭重承認國內各民族自決權，做那導言的人，如果真是一個國民黨的忠實黨員，確有細心把國民黨大會宣言再讀一遍的必要。

若是自己連黨的大會宣言還不能了解，記得，奉行，那裏還有應護黨的資格？

那導言最終又說：「總括他的意義，可以看出以下四個要點：

（1）一面說贊助國民黨革命成功，一面又令國民黨的自身發發不可終日；

（2）其中措辭，未免有些污辱純粹國民黨黨員的人格；

（3）他們集合許多人們，成立一個共產黨，但對於政黨道德未免太不講究；

（4）他們破壞國民黨的步驟，第一多拉共產階級入黨，以建築他們將來的基礎，第二在國民黨原有的黨員中，吸收所謂階級覺悟的份子，成立一個國民黨的左派，第三即或革命成功，純粹國民黨黨員已無能為力了」。

關於第一點，所謂今國民黨的自身發發不可終日，不知所指何事？若是指反對帝國主義使國民黨傷了列強的感情，以後不能安住租界不能亡命外國，則我們實在不好意思問答，且亦不必回答，因為國民黨大會宣言上早已回答了，國民黨孫總理最近又代表我們回答道：『中國欲免為印度埃及之續，必國民合力鏟除為革命成功大障礙之帝國主義』。若是指我們反對和任何軍閥妥協，使國民黨傷了孫總理最近又代表我們回答道：我們不相信任何派軍閥真能為國民革命的左軍，退一百步說，即全說是左軍，也只是一時軍事上的聯合，決不是主義上致見上的安協。若說反對和任何軍閥妥協是破壞國民黨的左軍，那麼朱執信便是第一個會使國民黨發發不可終日的人。

關於第二點，我們更不知其何所指。

關於第三點，是他們明白反對共產國際的支部在中國存在，此層前面已經說過。

關於第四點，第一步驟所謂多拉無產階級入為，若指拉入共產為，此事和國民黨無關，若指拉入國民黨是破壞國民為，此事我們可以認錯，並且在此處可以切實聲明以後不拉無產階級入國民黨，免得有破壞國民黨的嫌疑。然而這一來，國民入成了什麼階級的黨？所謂第二步驟，我們簡直不能理辦，在國民黨內成立一個左派，直算是進步，不是破壞；既然不過是國民黨的左派，為什麼必須吸收有階級覺悟的份子才能成立？若指吸收有階級分化政黨分化之必然的社會現象，非人力所能攔阻；而且淺薄些說，許共產黨員加入國民黨，而不許國民黨員加入共產黨呢？此時疾視共產黨的，應該只有帝國主義者，軍閥，官僚，資本家，國民黨還不必如此。

第三步驟所謂革命成功，自是指國民革命成功；既然是純粹國民黨員，他們唯一的工作與目的，自然正是國民革命成功，此外，還有何事是他們應該為力的呢？

民權句刊及護黨特刊中，其漫罵及和上項導言之意見相同者，茲不論及，所論及的，是他們特殊的意見，

句刊上說：『吾間開共產黨員之宣言矣，「國民黨者共產黨之過程也」』。他說：『吾又嘗見共產黨員之行動矣，有所宣傳必以共產為言論，有所為作，這從昏話！

國民黨是何種性質，共產黨是何種性質，我們不相信其有這種無知的共產黨員說出「國民黨是共產黨之過程」這種昏話！他又比論國民黨和共產黨主義主張之不同，此何待論；此處所無必，共產為張本』。共產黨的宣傳進作，自應不離共產，這都是共產黨的事，與他黨無涉。他又比論國民黨和共產黨主義主張之不同，因為國民黨和共產黨主義主張上有三種不同之點，其比論的錯誤此處也不必論，不同之點并不只此三種此處所討論乃以為主義主張不同問題，乃是加入國民黨的共產黨員曾否破壞國民黨的問題。更進一步說，此次大家所紛紛爭論的，遠不是討論我們以為主義主張不同問題，乃是

國民黨和共產黨主義主張不同的衝突，僅僅是因爲國民黨內左右派的主張不同而衝突，此義不明，決不能了解此次爭論的眞相。

護黨特刊第一號上，主張『眞正的革命黨』，在同一時代同一國家裏面，只有一個，幷沒有兩個的。」又主張什麼主義單一，什麼組織單一，不然便麻煩極了。

在這些議論裏，我們可以看出他們未曾研究過各國革命前後的歷史，無論是俄是法，當時革命的何止一黨；各國的革命黨，恆有左右中央政見不同，即國民黨主張三民主義，又何嘗單一？若舊式會黨簡單頭的腦，二十世紀進步的革命黨決不是這樣。他們說：『在一個黨裏，怎麼好議兩種的主義！』我們說：誠然，在國民黨裏，當然只能談三民主義。他們說：『我們祇信服孫總理的三民主義……其他主義，國民黨黨員當然沒有必須去做的理由。』我們說：誠然，我們祇希望國民黨員不但信服而且實行三民主義，；其他主義，只要不是瘋癲，決不會有人在甲黨內談乙黨的主義。他們說：『他們要談他們的主義，不妨在黨外去說。』我們說：國民黨應否集全力於軍事行動，乃當重要的政策問題，若『以黨治國』，不是要『以大元帥個人治國』，則大元帥的命令便應隨大元帥的政策而決定，黨員以豈不應隨大元帥的命令而決定。他們說：『中國社會主義青年團的觀念，確想把本黨逐漸變爲屬於中國國民黨的，也和不能把中國共產黨屬於中國國民黨一樣。他們說：『蘇俄常常運動帝國主義者通商或承認舊政府，也曾問中國宜布白黨的罪惡，和依賴外力解決國內問題絕對不同，；蘇俄只要求中國不承認駐中國的舊俄使領取縮中國境內的白黨，而未嘗在革命成功以前，想藉帝國主義通商外交行動，和要請求中國干涉在俄國境內的事，蘇俄只於革命成功舊黨勢力滅亡之後，向一切外國辦理國家的外交及通商，而未嘗在革命沒有成功以前，想藉帝國主義者的勢力傾覆舊俄政府；試問中國革命政府統一中國時，不和外國通商嗎？不要外國承認嗎？仍要各國承認前政府的使領嗎？宜布舊政府的罪惡，宣布援助舊政府之罪惡，都是應該的，至於希望帝國主義者否認舊政府而表同情於我們的革命政府，那便屬於分不應該了，因爲國內的事應由自力解決之，無論是非善惡，都不能容帝國主義者左右其間！況在半殖民地之國民革命的使領呢？他們說：『本黨聯絡段芝泉，張雨亭和盧子嘉們，與容納他們的精神毫不一致。

我們以爲這幾句話是再侮辱國民黨不過的了，我們要求國民黨中所有革命分子加以評判！他們別有懷抱，眼睜睜着過非人的生活，大喊奮！我們實在不忍！我們說：既然要談民生主義，常然以大會宣言中所解釋，民生主義爲重要標準；宣言則說：『蓋國民黨現正從事於反抗國主義與軍閥，反對斥主張勞動者奮鬥是別有懷抱，不知道他們還這句話是反對我們還是反對國民黨宣言？階級鬥爭旦歷史上不奮鬥！而他們覺指斥主張勞動者奮鬥的，老實、客氣的說，主張改良。他們說：『本黨爲正，恳要消弭階級鬥爭的，在勞動運動上，幸的事實，也是歷史上必然的事實，共產主義之最終目的，正要消弭階級；但是，若在資產階級未滅以前，主張消弭階級鬥爭，便是主張勞動者不要向資產階級鬥爭的意思，；主張勞動者安心受資產階級壓制，過那非人的生活而不必起

來奮鬥的意思。「故良勞勤者的生活」這句話，我們當然不反對，但是如何才能夠達到改良之目的，乃是一個問題，希望大地主，是資本家一

，或是他們的改良方法？　我們以爲勞資兩方面的利益絕對衝突，只有一方面退讓，而無調和的可能。

且大發善心，懷柱他們自己的利益，對勞勤者讓步，這等於希望北洋軍閥一旦覺悟了將政權交給民衆。　民衆不革命，如何能叫著政權！　且明說

：在勞勤運動上，老實不客氣的說，主張改良，是不是一句空話？　他們不主張勞勤者奮鬥，卻明說

活，而反對勞勤者起來奮鬥，這未免太忍了吧！　我們以爲只有勞勤者自己起來奮鬥，才能夠改良非人的生活：他們不主張勞勤者奮鬥，如何能改良非人的生活？　眼睜睜望著勞勤者過非人的生

他們矯稱接了密令，拿本黨的名義做了一次反革命的留聲機。……

然言此，爲蘇俄說幾句公道話，也是中國革命濟正正堂堂的留聲機，也是中國革命濟正正堂堂的應有態度，用不着以假印發材自改。　至於什麼「中間總停頓了一會」，什麼

矯稱接了密令，而受共產黨的指揮呢？」我們說：靑年團是共產黨所組織的靑年團體，不是國民黨所組織的，退和團體組織系統及管轄權限，這個決議案又是在靑年團議決

黨的指揮，而受共產黨的指揮呢？」我們說：靑年團是共產黨所組織的靑年團體，不是國民黨所組織的，退和團體組織系統及管轄權限，這個決議案又是在靑年團議決

的，不是在國民黨議決的，自應說受國民黨指揮呢！　退和團體組織系統及管轄權限，他們也應該弄清楚！

他們說：「這『不必要的衝突』回話，便含有必要的衝突的意思在話外。」我們說：誠然，若有人主張不反對帝國主義，主張和軍閥妥協，主

張不爲　夫工人利益奮鬥，以及其他主張有背宣言的反革命言論行動，我們都應予與之衝突，這正是國民革命進行上國民黨進步上必要的

衝突。

，乃是因爲我們的主張和我們的主張不同：

我們的主張

(1) 爲農夫工人奮鬥而擁護其利益

(2) 建設革命力量於農民工人等一切民衆不集全力於軍事行動

(3) 尊重蒙古民族自決權

(4) 反對國際帝國主義與反對國內軍閥比重

(5) 不與任何軍閥妥協

(6) 反帝國主義的蘇俄是中國好友

他們攻擊我們的總口號雖然是所謂「共產黨破壞國民黨」，而歸納他們所舉的劣證，明即人當知道實際爭點完全和他所呼號的口號不符

他們的主張

(1) 爲反對爲工人主民爭利益的奮鬥

(2) 集全力於軍事行動

(3) 反對蒙古民族自決

(4) 反對北政府，同時可與對帝國主義妥協

(5) 與一派軍閥妥協

(6) 和北政府訂立中俄協定的蘇俄是國民黨仇敵

以上種種，更不是共產黨與國民黨之爭，　左派代表的是民衆利益，右派代表的是私人官僚利益。

他們解決相爭的辦法是：加入國民黨的共產派退出共產黨或退出國民黨，後者更是他們的本懷。

共產主義和國民黨的三民主義之爭，實在是國民黨內左派與右派之爭，也就是國民革命派與不革命派之爭。

除非是反革命或違背黨綱的人！

亂，他們爲什麼希望他們退出，這很容易明白，現在世界上反革命的社會民主黨和黃色工會，莫不極力排除革命的共產派，恐怕共產派攪

我們明白普告天下：凡是一個眞革命黨人，都沒有想到取消別個革命黨，凡是一個眞革命黨人，都沒有自己退出一個革命黨；中國國民黨是各階級革命份子集合起來進行國民革命的團體，這團體應該是各份子所公有，誰也不配叫誰退出，

楷閣官僚們也正在此用這個方法與離間工人與共產黨的關係，我們希望中國國民黨不要這樣！

明，我們還有一件的事職，應入獄所帶着整個一下散的，卽是他們走散的，走入各國監獄的人們要，我們說的是：我現在在各國資本帝國主義者及走狗社會民主黨，造謠誣蔑各國的共產黨無所不至，中國的

他們藉所謂京漢路總工會代理委員長張德惠的話來攻擊我們，京漢路不幸被賣異所依據來的。在此不必空言與辯護，一個工人與共產黨

外報鼓吹國際管理中國之又一論調

光　赤

本月十六號報所譯載的字林報的社論，眞是荒謬絕倫，無可擬比！『欲加之罪，何患無辭？』外國帝國主義者之用心狡而且毒，於此大明其發明了。這個大發明至少又加了大片的反對英國兒童，英國兒童知道古代戰鬥之英雄！他把中國史上一切表全中國人民數之一二武人戰將是否能代表英國全部人民？英國兒童知道一二武人

我們在此一篇社論之中，可以窺見外國帝國主義者之用心狡而且毒，中國人野蠻……無非是我們主張和平者之用心。中國人的一種特性——中國人不愛和平。這眞

……既然斷定了中國內部和平沒有希望。那末，

既然斷定了中國內部和平沒有希望。那末，

該記者殺了許多心血，而這個結論是必然的，無可言諱的。

那末，要想中國內亂停止，倘偏『非有實行國際管理』不可（「有實行國際管理」，當然又是字林報記者先生能夠問答麼？

The Guide Weekly.

嚮導週報

分售處

分售處

第八十四期

定價　國內一元寄足四十期　國外一元寄足二十五期　郵費均在內　零售每份大洋三分

每星期三出版　發行通訊處

北京大學第一院政治系轉鄧中明
杭州梅籍路頂弄第七號轉洪立民

★西南團結與國民革命

獨秀

『西南自主』乃中國過去內戰史上一名詞，此名詞，乃民國六七年間，由西南數省新興諸小軍閥以『暫時自主』的名義，脫離北方大軍閥之管轄而產生。先後加入此運動者為兩廣巡閱使督軍陸榮廷，廣東督軍陳炳焜，廣西督軍譚浩明，雲南督軍唐繼堯，湖南督軍譚延闓，四川督軍熊克武，貴州督軍劉顯世，和西南數省人民都無關係。

嗣後由『西南自主』一變而為『聯省自治』的口號，主其事者為陳炯明唐繼堯趙恆惕這幾個軍閥，及附屬他們的政客，和人民也沒有關係。陳炯明且公然解釋他主張聯省自治是在以小軍閥推倒大軍閥。

自『西南自主』到『聯省自治』，其性質其內容，都純粹是南北軍閥間衝突的問題，絲毫不是人民與軍閥間衝突的問題像『五四』運動與『二七』事件。這種南北軍閥間的衝突，和北方軍閥自身的衝突（如直皖直奉戰爭）南方軍閥自身的衝突（如川滇黔戰爭粵桂戰爭）等軍閥間的混戰，加於人民之災害，都是一樣，其結果不能產生新的希望，也是一樣。

孫中山先生想把艱難的革命事業粘附化利用南北軍閥衝突的機會上面，然而民國七年一月砲擊觀音山，被陸榮廷派逼迫而離粵，這是利用政策第一次失敗；民國十二年八月被陳炯明軍隊逼迫而離粵，這是利用政策第二次失敗；最近被滇軍逼迫而屈服於反革命的商團，這是利用政策第三次失敗；陸榮廷陳炯明范石生廖行超等這班軍閥，他們本來不要革命，他們和北方軍閥之衝突，純是為了自己的利害關係，都可在相當的條件之下面投降的，孫中山定要拉他們上革命的路，他們如何不倒戈相向！

我們看透了所謂西南團結其力量乃建立在西南將領上面，這便是新興的南方軍閥之團結，他們頂爭氣也不過與北方軍閥爭奪地盤到底，和力量建立在人民團結上的國民革命——打倒國際帝國主義及一切軍閥——相差何止十萬八千里！因此，我們於去年北京政變時，官指斥『西南團結』是和南方軍閥有關係的政客們投機運動，不是革命的方法；我并且面告中山先生『西南團結』不是革命的方法，因為西南將領不但沒有一個能走革命的路，而且多是反革命的人物。中山先生回答我的話是：『我的西南運動是自下而上，是要去掉那班將領』。

自倫敦辛石青陽奔走滇黔以後，『西南團結』的呼聲，充滿了國民黨的機現在又來了！

國報。　據九月廿三日民國日報的廣州通信，所謂西南大團結之大人物如左表：

(一)陳炯明
(二)唐繼堯
(三)熊克武劉成勳楊森
(四)劉顯世唐繼虞
(五)沈鴻英林俊庭

我們看了這張人名表，好像看了「四杰村」「八蜡廟」一類的戲報，中山先生能運用這班腳色的勢力來做打倒國際帝國主義及國內軍閥的國民革命嗎？　這樣西南團結，至多只能再鬧出一個像民國七年五月七總裁軍政府的局面。　在這個局面之下，中山先生若能事事俯首聽命於他們的主張像此次對待商團一樣，或者能得着主席總裁的榮位；若主張民權主義討伐一切軍閥到底，他們便要發生重大的變化，至於什麼離奇古怪的打倒帝國主義的民族主義，什麼離奇古怪的擁護工人農民利益的民生主義，中山先生早晨要實行，他們晚上便請他下野。

我們實不願看見一個革命的領袖為投機的軍人政客所玩弄！

我們大聲疾呼：中國國民黨若不放棄國民革命的口號，便不應再走「西南團結」這條舊路！

江浙戰爭與國民黨

述之

江浙戰爭，直接是一個軍閥與軍閥(直派與反直派)的戰爭，間接是一個帝國主義與帝國主義(英美與日法)的戰爭。　這一層我們在本報八十二期與八十三期裏，已經列舉各方面的種種事實，詳細地證明過了。　想凡閱過本報的人當已明瞭。　并且我們已指明此次戰爭將來之結局，必然出於兩派帝國主義的妥協，召集所謂「和平會議」或類似和平會議的其他方法，來宰割中國，共同管理中國，玩牠們已經在歐洲對於德奧所玩過的老把戲。

我們國民革命者，尤其是代表國民革命的國民黨，對於此種外國帝國主義與本國封建軍閥，圖私逞慾，夥同勾結所製造出來之亡國殃民的強盜戰爭，應取何種態度呢？　非常明顯，只有極端反對，不管直派與反直派，英美與日法，通通認為是剌殺中國國民的劊子手，中國國民之不共戴天的死敵，只有準備一律消滅之，絕不能表同情於任何方面，至於幫助一面去打倒一面，更是荒謬絕倫了。　但是同時我們應乘此機會，用全力去喚醒國民，在各方面的事實上指給國民看：外面帝國主義怎樣賄買軍閥，軍閥怎樣勾通帝國主義；最要緊的是組織國民羣衆在國民革命的旗幟之下，努力訓練使能成為真正革命的國民軍，準備將來之大舉。　此外絕無他道。

可是現在的國民黨——改組後的國民黨，却又蹈了從前錯誤的覆轍。　她對此次江浙戰爭，不但不站在國民革命的觀點上去觀察，站在國民羣衆的要求上去行動，反而倒在軍閥中反直派一邊，搖旗吶喊，為之虛張聲勢，這豈不是咄咄怪事！　尤其是民國日報吶喊聲中之曲解阿諛，更覺肉麻可惡。　我們試看該報主筆葉楚傖君對江浙戰爭是怎樣說：

「……浙江討賊的決心，浙江討賊的實力，已取得民間的同情，尤其是王張革命的，對浙江有空……足普之威，然則浙江討賊之師，更進一步，就是國民革命之師了。」（九月四日楚偉的「浙江討賊與國民革命」）什麼是派？英美帝國主義的走狗直系軍閥固然是國賊，難道奉系軍閥便不是國賊了麼？直系國賊既出應討，皖奉系國賊便不應討麼？軍閥間殘民以逞的戰爭可許以討賊的名義麼？什麼「民間表同情」，真是見鬼！我看除了幾家受了日法帝國主義刊盧張等軍閥運動的報紙外，民間只有痛入骨髓即一同情」。不然，為什麼盧永祥被吳佩孚所收買的夏超等趕出浙江，浙江人民一聲不響，什麼「尤其是革命的……十分表同情，」我要問是那些革命的？恐怕只有掛着革命招牌，而骨子裏想着陞官發財的國民黨右派，乘此機會大表同情罷。至於什麼「然則浙江討賊之師，」更進一步，就是國民革命之師了。」這簡直是昏話，簡直與所說「吳佩孚討奉之師，」同一滑稽。其奇怪！

代表國民革命的國民黨機關報覺有如此的「言論」，尤其奇怪的是：：

「……與其說「浙江存盧存，浙亡盧亡，」不如說「義存盧存，義亡盧亡」……這次盧氏用兵，為的是申張正義，如果抛棄了正義，雖敗亦不足慮於民口；如果堅持正義，雖敗亦無害於盧，盧的存亡，在精神上，不在形質上。」（九月廿二日楚偉的「浙江變化無害於義師」）

楚偉先生慣替反直軍閥瞎吹，現在更絕頂聰明吹出「義存盧存」「義亡盧亡」頭惱清醒的人讀了楚偉君這鬼妙句，至少要肉麻三天。一但我卻非常可惜，一個國民革命黨的機關報，如今竟完全成了賣國賊段祺瑞派之盧永祥軍閥的留發檔！

同時我又有一個疑問，如果孫中山失了廣東，民國日報上楚偉先生將何以稱說：「孫存口存」，「孫口口亡」？像以上同樣的論調，在民國日報上楚偉先生所包辦的「言論」欄裏，是天天可以看得見的，請愛惜國民黨的人去注意罷。

此外如江浙國民黨的宣言，也簡直像一個安福部的支部。那裏還有資格夠得上「討」直呢？討直只有真正的國民，真正革命的國民黨，可是同時盧永祥和張作霖也在被討伐之列。籍的段派盧永祥，完全與齊燮元沒有兩樣。她只說江蘇齊燮元怎樣「罪大惡極」，直系怎樣應討伐？殊不知他們所恐就是孫中山先生九月五日所發表的宣言，也彷彿是一篇洛賓王討武則天的檄文，我們絕看不出其中有真正代表國民要求的意義在，代表國民黨的使命安在。　我們只覺其中有許多疑問！為什麼軍事行動的傳統政策在國民黨改組至今還不停止？為什麼代表國民革命的領袖，現在還只是看見直派是軍閥應當討伐？為什麼中山先生一言也不說及直派與反直派背後之英美日法等帝國主義之陰謀？

總之國民黨此次對於江浙戰爭的觀察，完全錯誤，她只看見直派軍閥，賣國殃民，而卻全忘了反直派也一樣是軍閥，賣國殃民。

尤其錯誤的，就是把製造江浙戰爭的真正主人翁，——站在直與反直兩方之英美日法等帝國主義者，完全看掉。

國民黨的觀察既如此錯誤，自然由觀點所發生出的行動也就不用說了。　所以孫中山就有聯合西南即聯合唐陳北伐之舉動。　唐繼堯是法國帝國主義的走狗，他對於國民黨，對於孫中山是怎樣，誰也知道。　像這樣的人，也聯合來北伐，就令北伐成功，我不知道中山先生將他怎樣！至說到陳烱明，國民黨和中山先生這希望他來北伐，這未免大滑稽了一點！

總之，國民黨此次對於江浙戰爭的政策，完全暴露了牠原來的面目，——傳統的軍事行動政策，牠不管把改組後的一切宣言，黨綱與政綱的原則全部束之高閣。

但是現在有一個問題，就是自改組後生氣勃勃的國民黨，為什麼現在倒轉去比前還更壞呢？ 這個非常明顯，國民黨雖然改組，而黨中最大多數仍是舊來之非革命的分子，甚至反革命的分子，他們向來就是靠着依附軍閥與帝國主義來陞官發財；改組後加入的新分子主張眞正國民革命，打倒軍閥，他們便驟然起來反對。 反對的惟一方法，就只有破壞國民黨的新政綱，使國民黨走那舊時非革命的老路子，仍然與封建軍閥和帝國主義去妥協。

我寫到這裏，我對於國民黨的前途是很悲觀的。 但我覺得國民黨還有一小部分較開明的領袖，我希望他們趕快覺悟，知道這次對江浙戰爭的政策是上了右派反革命的當，是右派反革命一方面想升官發財，一方面想破壞國民黨新政綱之陰謀（只要看主持民國日報之右派領袖邵仲偉的言論就可證明。） 我希望他們趕快回頭，改變對江浙戰爭的政策，嚴令右派停止附和軍閥的可恥宣言，一方面以國民黨中央委員會的名義，宣布直與反直兩派軍閥之歷來惡狀，揭破英，美，日，法各帝國主義在江浙戰爭背後所伏之種種陰謀，另一方面則下一動員令，使全體黨員去宣傳羣眾，組織羣眾，訓練羣眾，準備將來之大舉。

我們屢次說，國民黨要想成功地的歷史使命，打倒帝國主義與封建軍閥，牠的基礎絕不能建築在幾個軍隊上面，只有建築在眞正的羣眾上面，才有可能。 如果國民黨不懂此一點，牠想成功地的使命是絕對不可能的。

英美帝國主義要以宰制德國的方法來宰制中國

述之

協約國解決數年來懸而未決之德國問題的是倫敦會議，在倫敦會議上宰割德國的是道威斯計畫。

自江浙戰爭開始，英美帝國主義者卽主張干涉戰爭，召集各實力派的和平會議，以解決中國問題（九月九日大陸報）；同時又主張將來解決中國問題，必採用道威斯計畫或類似的政策（九月十七日，陸報社評）。 這明明白白把中國當作德國，明明白白把在倫敦會議上所決定宰割德國之道威斯計畫來宰割中國。 然而這個算不得什麼希奇，不過是世界帝國主義間一種暫時的安協政策之自然趨勢，是英美帝國主義由處分德國所得來的經驗在中國之必然的應用。

這個理由，我在本報第八十三期「江浙戰爭之世界政局的背影」裏稍微說過。 但是現在我們所應該知道的就是什麼是道威斯計畫，道威斯計畫對於德國民衆有什麼影響。

凡爾塞和約為法國帝國主義想單獨并吞德國的條約。 因此引起英美的反抗。 道威斯計畫是改正凡爾塞和約而成的。

我們且看道威斯的計畫如何，其要點是：

（1）德國設一國家銀行，發行鈔票，這銀行由德人七，外人七（英，法，意，美，比，荷蘭，瑞士各一）組織董事會。 發行鈔票的準備金，存於外國銀行。

（2）德國鐵路交國際公司管理，以五十年為期，在此期內，鐵路每年的贏利，都用為賠付賠款。 該銀行資本，可在國內外募集。

羅素與字林西報

這完全是協約國對德國之一種經濟共管的政策。赫里歐在法國衆議院說得最明白：「道威斯計畫，根據於合法而非根據於威脅，其

要之點，在協約國團結之一致對德外交之必要，及在許多國之參加……德國勢必舉其經濟活動之全部，聽從協約國之監督……」。

德國在協約國此種經濟共同管理的政策之下，還成什麼樣子！不是完全等於殖民地了嗎？而受此種計畫之影響，著者爲無產階級

一，因資產階級所受於協約國之經濟壓迫，必轉嫁之於無產階級，（如加工時，減工貨）所以對道威斯的計畫，德國資產階級都贊成，而獨代

袁無產階級的共產黨拚命反對。然而嫁禍於德國的無產階級，使無產階級永無翻身之可能，這就是協約國的根本目的。

國際帝國主義宰割中國的和平會議，將來必成爲事實，因爲帝國主義無論英美日法，要想獨存中國，在事實上已爲不可能，即他們所

扶植的封建軍閥，無論直派與反直派，也絕不能由那一派根本消滅別一派。既然如此，帝國主義與帝國主義之間，軍閥與軍閥之間，自

然只有出於妥協之一途。我們試看日本帝國主義近日論調之轉變，就很明白。

日本北京順天時報九月十七日社論，說：「……雖然，苟各國確信勳亂得無已時，則勢不得不排萬難而爲干涉之決心。或明知其不

可能，亦不得不出於干涉之途。且難保不願中國獨立性之傷害而使之陷於共同殖民地之地位者，不得不同意於干涉也。……」

常英美帝國主義提出和平會議，干涉戰爭之初，日本則極力主張不干涉主義。今乃公然說：「不得不同意於干涉也。」這已見日本

帝國主義已經同意於英美帝國主義之主張。由此我們可以預言，如果國民不急起來反抗，和平會議將不在遠。

將來在和平會議上，大陸報所謂類似道威斯計畫的，除設立一個「不集權的聯邦政府」，由國際帝國主義直接掌握監督外，在經濟上的

國際重同管理，自然不外是抄襲道威斯的老文章。

（1）中國設一國家銀行，發行鈔票，這銀行由中國人多少，英，美，日，法，……人多少組織董事會。　發行鈔票的準預金，存於外
國銀行。

（2）中國鐵路，海關，……交國際公司管理，以口年爲期。　在此期內，鐵路，海關，……每年的贏利，都爲繳付外債。

（3）烟，酒，糖……由國家專賣，歸外人監督。

（4）

（5）

如果像這樣，中國國民（尤其被剝削的工農階級）這有翻身的日子嗎？　被壓迫的國人們呀！　快醒着能！　這次英美所號召的「和平
會議」，簡直是國際帝國主義將來共同宰割中國的別名。　這完全是協約國對付德國之「倫敦會議」。　你們快一致起來反抗呀！　一致

結起來在國民革命的旗幟之下，與帝國主義和軍閥決一死戰！　不然，宰割你們的道威斯計畫，就快臨頭。

大雷

羅素在「新導報」上說：「中國軍閥——是一切純潔的中國人民所鄙棄的——他們中間的互爭給列強以干涉中國政治和勒索割讓以作援助的報酬之藉口」。

（見九月十九日大陸報上所載十七日倫敦路通電）。

英國帝國主義在華的報紙宇林西報，憑他素來造謠的本領，在九月二十日的時評中強詞奪理的批駁羅素的這段話。　然而羅素既不是過激派更不是排外的中國人，是貴英國的人民，他嘴裏說出來的英國對華政策，看英國帝國主義者還有什麼話說。

「他（指羅素）說：「一切純潔的中國人鄙棄軍閥」，固然軍閥中間有極壞的份子，但是照羅素那樣說，非特是誹謗一班應受尊敬的人們並且不是事實。

羅素說：軍閥給列強以干涉中國政治和勒索割讓以作援助的任何表示：美國政府明白表示他們不干涉；日本絕對反對干涉；英國宣告沒有干涉之事；我們一定不信他有人能指出干涉中國這次戰爭的任何表示。　至今沒有一個中國人鄙棄軍閥，張，霖和吳佩孚，他們亦不應受這樣的鄙棄，雖然中政治上多有反對他們的人會鄙棄他們的政策。

至於勒索割讓以作援助的報酬這話從他們要求羅素舉出自民國成立以來一個這樣的例。

軍閥沒有一個不是壓迫殺害人民的，沒有一個不是與外國帝國主義者結合賣國的，張作霖，吳佩孚，盧永祥，齊燮元都是萬惡的軍閥中之尤者，而宇林報記者讚美他們為應受中國人民的尊敬而沒有一個人鄙棄他的。

宇林報記者駁羅素所說軍閥給列強以干涉中國政治之藉口，說：至今沒有人能指出干涉中國這次戰爭的任何表示。　本報上已在前兩期上屢次指出外國帝國主義者干涉中國的表示。　華盛頓九月五日電，倫敦九日電（見新導八十二期江浙戰爭與帝國主義）都證明這種干涉的表示。　美國是能實行干涉的唯一國家，美國或能約英國來在同一干涉的計畫上合作。　如果美國和英國決不干涉，日本政府應當決然與他們共同行動。　日本上民報說：「在吳佩孚後面暗藏着某一強權，須記著，北京外交部是為祖美傾向的顧維鈞博士所主持。……在這樣情況之下，日本政府，一方面雖然探不干涉政策，須細觀察事情的發展和阻止此他人干涉」。

這話是日本帝國主義者說的當然是這樣，將來戰爭中或戰爭後列強召集和平會議，為中國建設不中集的聯邦政府等計畫就是公開的干涉中國。

日本大板日日新聞對于干涉問題的意見說：美國是能實行干涉的。　英，美，日，法，現時財政上軍械上援助奉這種干涉恐怕一定要實現，因為上次倫敦會議英日法日已有決定。　更可以大陸報的言論來證明他：列強在這次戰爭終結之後如何行動尚不明瞭，但是實行建設行動的機會已經放在面前，這例多得很，我們可以代羅素舉，民國以來真是舉不勝舉。　最可的大家還沒有忘掉的，各國借江浙戰爭寫名，要求推廣上海租界，要求蘇齊浙盧對于由戰爭所生的損害食賠償。

字林報記者要羅素舉勒索以作援助的報酬之實例。　這例多得很，這是不用說了。

中國每次戰爭都有各國的借款和軍械

的低給，其報酬就是某某鐵路的抵押及其他割讓，如奉張承認日本在滿洲有三千年之租借權，齊燮元承認美國在湖建築無線電臺，外艦藉口戰爭在中國內河之橫衝直撞……

總之，帝國主義的明中暗間的干涉中國內政，溫護內爭以圖自利，這些事實中國人民已經應當早已瞭然，固不待羅素來說；然而我們不能不承認中國最大多數人民還不明瞭串實，最可憐的是一班受外國帝國主義的宣傳的中國人，糊塗昏瞶，祇以為外國人的是眞話，他們應該讓一讀羅素的話，再看一看孛林報記者的强辯，也或者可以明白一點了罷。

南洋烟廠罷工中上海報界之原形

述　之

我們時常說，在資本主義的社會裏，不僅一切生產工具和一切政治機關，都歸之產階級把斷；即是一切言論機關如報紙等也完全是資產階級的御用品，為擁護牠們階級利益與壓迫勞動階級的巧妙工具。在中國雖然資本主義幼稚，可是也沒有例外。我們只拿這次上海報界對於南洋烟草公司工人罷工的態度來看，就非常明瞭了。

南洋烟草公司七千餘工人，因受廠主資本和其走狗之種種慘酷的待遇和壓迫，迫而出於全體罷工，（見「上海工人」報所載南洋烟草罷工同志會的通電），在工人方面已是萬不得已的事。乃資本家和其走狗復收買流氓，到處毆打工人，賄買巡捕提牽工人。此外更用種種卑汚恶濁的手段，威嚇造謠，無所不用其極。似此橫蠻殘酷，凡稍具天良的人，無不爲之代抱不平。

上海報界素來自詡爲主持「公道」，宣洩社會隱衷，而此次對於南洋烟草公司七千餘工人被壓迫而罷工的事情，却一聲不響。不惟一聲不響，幷且在另一方面，還替資本家登載種種誣蔑工人和造謠的廣告。這是怎麼一囘事！有時當某一軍閥作壽酒，討小老婆，某一個洋大人來游上海，牠們數千百言，滿紙登載；剌剌不休。而對於七千餘工人的吃飯問題，死活問題，却一字不提，這是怎麼一囘事呢！

『原來是各報紙都有資本家的廣告。廣告費有幾家報紙是五六百元一個月，有幾家報紙是二三百元一個月。當罷工初起時，資本家便派人到各家報館裏去說：「我們工廠裏罷工了，希望貴報莫登工人送來的消息與廣告」。又說：「敝公司每月貴報的廣告費不少，想來貴報一定幫忙」。』（見上海工人第四期）

呵！原來如此！原來上海所有的報紙即都和南洋烟草公司的廣告費所收買了，原來牠們的報紙就是這樣辦起來的！哼！這就是上海報界的原形哩！

告費，原來牠們每個月得了資本家二三百元至五六百元的廣

南洋烟廠罷工與國民黨右派

在改組後的國民黨綱上，大書特書着一護工人和農民的利益。這本來是國民黨最進步的表示，也就是國民黨改組後所以引起羣衆注意和工人農民羣衆中之眞正革命分子所以踴躍加入民黨之根本原因。

可是「保護工人和農民的利益」絕不可只是在疊綱上白紙黑字的大書特書着，應該引用到事實上去，應該使工人和農民們在實際上感覺得國民黨是真正保護他們利益的黨，那時國民黨才算得真能代表羣衆的黨，真能代表國民革命的黨。

國民黨自改組到現在已經半年多了，在各地方是否真保護工人和農民的利益，姑且不提，單拿此次南洋煙草公司七千餘工人大罷工的事件來看。

南洋煙草公司七千餘工人被資本家和其走狗鄺公龐與李渡過到走頭無路，萬不得已而出於罷工，這總算是國民黨實際履行黨綱，保護工人和農民的機會到了。可是上海國民黨執行部怎樣對付呢？國民黨的機關報民國日報怎樣爲之鼓吹呢？

在初罷工時，民國日報和其他的報紙一樣，除替資本家登了許多侮蔑工人和造謠的廣告外，毫無半字提到工人方面。後來被國民黨幾個左派分子逼着，才有幾段含含糊糊登載南洋煙罷工的文字在民國日報上那個不打眼的角邊兒出現。民國日報的編輯主任楚傖先生天天在民國日報開宗名義第一章上的開頭語，歌頌江浙戰爭，讚歎他盧公永祥之義舉，唱些「義亡盧亡」「義存盧存」的讚美詞。而獨對關係七千餘工人的死活問題，却一聲不響，這是怎麼一回事！

在國民黨上海執行部對此次罷工，與民國日報一樣態度，除幾個左派分子自動的去幫助外，也就沒有注意這回事。等到南洋煙草工大國民黨代表團（共有兩百餘國民黨員）來要求時，還只是含糊敷衍的答覆。我們且看二十三日南洋煙草工大國民黨代表團（共十八）向上海執行部的答覆。

要求：一、開除鄺李（國民黨員）黨籍。二、發助經濟。三、令上海黨員募款投助工人，四、令各地黨部抵買該公司烟貨，五、將以上四條令由民國日報發表。當時代表上海執行部的楚傖先生答覆說：一，鄺李二黨員呈請中央開除，二，以私人的借款相助，三，全承認。四五兩綫辦。

第一要求開除鄺李黨籍？因爲激起此次罷工的完全是鄺李二人，鄺李以工務稽查和副工務科長的威權，迎合資本家，重新訂定三十餘苛條以虐待工人，所以工人冒死起來抵抗。如今還說待呈中央開除，這分明是堵塞之詞，那裏有堂皇的道理！在罷工中設種種陰謀破壞罷工。

二、以私人的借款相助，這分明是掛羊頭賣狗肉，私人撥助，私人固然可以，可是執行部迅李，可是地黨部不以此迅李，而地黨部迅李，而不...

至於第四條上海執行部之對付南洋煙草工人罷工事件，完全黨綱所大書特書的保護工農利益相反，而倒是保護了資本家的利益。至於第五條之拒絕，就真令人莫解了，難道只能替資本家登侮蔑工人的廣告，而不能替工人登正正當當的宣言，亦是如所應該的。

二、以私人的借款相助，這又是怎麼一回事！這是國民黨右派所幹的勾當，主筆民國日報的和主持上海執行部黨務的，是上海國民黨右派首領楚傖，懲惠於本家應迫工人的是國民黨右派首領楚傖與李援。國民黨右派眞是執行黨綱保護工農利益！

然而我們久已說過，中民黨右派是反革命黨，是帝國主義和封建軍閥的走狗，在此次南洋煙草罷工事件中又證明他們是資本家的走狗，在此次南洋煙草罷工事件中文證明他們是工農的仇敵，所以我們不能不再三的警告國民黨，國民黨右派之較開明的領袖分子，須得趕快醒悟啊！國民黨右派如果存留在國民黨中，將來國民黨只能代表帝國主義軍閥和資本家的利益，而是工農的仇敵，所以我們不能防了。

The Guide Weekly.

嚮導週報

第八十五期

（一）中華郵務管理局特准
掛號認爲新聞紙類
郵票代款槪作九五折
一九二四年十月一日

分售處

武昌 民智書局
上海 上海書局
　　 時中書報社
廣州 丁卜書報社
香港 萃文書局
巴黎 中國書報社
　　 共産書社

分售處

太原 晉華書社
長沙 少年書店
濟南 齊魯書社
杭州 古今圖書店
雲南 新亞書社
寧波 明星書社
開封 文化書社
福州 工學書局
南京 天一書局
成都 樂羣書報流通處

定價 國內一元寄足四十期 國外一元寄足二十五期 郵費均在內 零售每份大洋三分

每星期三出版 發行通訊處 北京大學第一院收課發交鄭超麟君明
杭州嚴州路橋界街博號洪立民

國民黨的一個根本問題

獨秀

國民黨在國民革命的策略上，目前應否停止軍事行動及放棄廣州政府，乃是一個重要的根本問題。

我希望每個忠實的國民黨黨員，對於這個根本問題，都有就理論，事實上子細研究并發表意見的必要，愼勿固執『主張停止軍事行動放棄廣州政府便是破壞國民黨』的偏見，硬閉忠眼睛不理！

反對停止軍事行動放棄廣州政府的人，他們所持最有力的理論是：革命黨須有軍事行動，也須有根據地，更便於一切革命的運動及宣傳。這種理論，僅僅是一些抽象的原則和形式的邏輯，至於國民黨本身狀況及其在中國所遭遇的事實，完全不是這樣。

第一，現在已不是揭竿斬木時代，盡符念咒又恐怕不濟事，除了乞求帝國主義者的援助，我們有何方法能得着和軍閥對抗的武器？姑且不說全軍閥階級的軍事力量，即以若干而論，想用廣州政府現有的軍力打倒他，不待軍事專家，即稍有意識的人也不應作此奇想。

第二，廣州政府現有的軍隊內容又是怎樣？完全是以利結合的雇傭軍隊，我敢說沒有一連一排是可靠的革命軍隊，並且也還沒有相當數量質量的革命黨人能在這些軍隊中宣傳活動，能左右這些軍隊的羣衆；建立在這些軍隊力量上的軍事動，只能攻取若干北方或其他軍閥力量所不到的地方，向平民擄掠搜刮，連陳炯明趙恒愓也不甘打倒，而說可以用他們打倒國際帝國主義打倒北洋軍閥，這是欺三歲孩子的話。

在這種情形之下，國民黨此時絕對沒有做革命的軍事行動之可能，現在的所謂軍事行動（北伐包含在內）若不停止，和反動的真軍安協，和反動的西南將領安協，和反動的段系牽涉安協，都成了必需的政策。孫中山先生未嘗不知道因滇軍勾結兩團而安協是國民黨的恥辱，然而因爲要做軍事行動，便不得不容忍這班反動的軍隊；孫中山先生未嘗不知道反動的西南將領不可與之革命，然而因爲要增加國民黨軍事行動的實力，便不得不和他們聯和；孫中山先生未嘗不稱他們爲友軍；這些恥辱的行動，然而因爲要增加國民黨軍非行動的聲勢，便不得不採用這些政策，都是軍事行動所必然產生的。因爲此時的國民黨除了採用這些政策，本來沒有北伐或其他軍事行動之可能。

然而採用這些政策來做軍事行動，不但這些軍事行動不是革命的而且是反革命的，因爲滇

軍西南將領段系率張自身便都是軍閥及帝國主義者的工具。　這樣的軍事行動，且可以使國民黨打倒帝國主義打倒軍閥的革命宣傳完全無效。

應否放棄廣州政府，和應否停止軍事行動，是兩件事不可分開的一個問題，因為要保持政府所在的一塊領土，便不能停止軍事行動。

在理論上，應該先有了強大的革命軍隊，然後才能有革命政府。

照着這個理論成立的，支持這個政府的既沒有革命的軍隊，又沒有強大的革命軍隊，因此，在名義上在極少數政府首領的願望上，是一個革命政府，實際上，這革命政府完全建立在反革命的官僚及反革命的商人階級之力量上面，這反革命的官僚軍隊官僚不但是支持政府的力量，并且是國民黨右派的反動勢力之大本營。因此，政府中極少數首領僅僅是有革命的願望，并沒有實權能支配所屬的軍力財政用在革命的意義上；并沒有實權能制止軍隊和帝國主義者的爪牙商團勾結安協，這些都是廣州政府在客觀上不可避免的事實。

而實際上廣州革命政府所在的一塊領土，國民黨的力量是與商人農民；并沒有實權能制止軍警官吏和帝國主義者的反動勢力之大本營。

在這種情形之下，國民黨若仍要保持廣州政府，對內，不但上述各種可痛的狀況必然繼續下去，而且反革命的軍人官僚和反革命的商人之混合政府也必然要實現；對外，永遠不能拋棄和西南將領及北方一部分軍閥安協的政策。如此，國民黨的實際行動，將使國民黨的絀命運動及宣傳在全國民衆中喪失信用，不生效力。

而且因為要保持革命政府所在的一塊領土，國民黨的力量是與注意，事實上必然集中到關於保持這塊領土的切應付，沒有餘力可以計及全國的革命運動及宣傳，即在領土內，亦以軍警官吏之橫暴，取消了我的宣傳效力。

本以為有一根據地更便於一切革命的運動及宣傳，而結果實得其反。

總而言之：在原則上，我們不但沒有理由可以反對一個革命黨做軍事行動及建設革命政府，并且極熱忱的希望中國國民黨早日進展到能做革命的軍事行動能建設革命政府之一日。

但在實際情形上，我們一方面觀察得國民黨的內容，還沒有進展到軍事行動及建設革命政府的時期，勉強假用種種反革命的力量來做革命的軍事行動及建設革命政府，實在是此路不通！一方面我們觀察得國際帝國主義者在中國的力量及國內軍閥的力量，要想保一隅之地，養欲萬軍隊，來打倒他們，那更是此路不通！

現在有一條難被遠而可通的路給我們走，就是只有全國工人農民兵士之聯合的大暴動，才可以破壞全軍閥階級的軍事勢力；才可以驚醒帝國主義者條約神聖的迷夢，使他們不得不放棄在華不法的權利；才可以擊碎商人紳士勾結帝國主義者及軍閥的奸謀；才可以實現革命的軍事行動；才可以轟起全國革命的高潮及熱忱，掃蕩舊汚，建設新國。

因此，我們希望國民黨毅然決然改走這條新路；毅然決然拋棄以前的舊政策；毅然決然下全黨動員令『到民間去』，在一切民衆中做廣大的政治宣傳，

然斷絕一部分有名無實的政權之留戀，回到革命同盟會的時代，毅然決然下全黨動員令組織工人農民兵士的大民衆，不斷的為這些大民衆之自身利益而奮鬥，使這些大民衆都認識國民黨的確是為民衆利益而革命的黨，的確和軍閥派及其他官僚的政黨不同；；如此，中國國民黨才有軍事行動及建設革命政府的真實力量。

這樣本是國民黨在國民革命的策略上一大變動，反動的右派，在他們自身的利害上當然要反對這種變動；即畏難苟安的中派分子，亦

未必有贊成這變動之勇氣與決心；然而這個變動雖是中國革命運動所需要的，革命的領袖們若是看清了這個需要的事實，便應該拿出革命的責任心克服他們那游移不定的意志。

如果大家回過頭來考慮這個事實之瑣屑應付的具體問題占領了，沒有考慮全國革命所需要的事實之餘地，誠然是國民黨的不幸；然而我們相信終有大家回過頭來考慮這個事實之一日，如此，我們只好改日再談。

★帝國主義與反革命壓迫下的孫中山政府

巨　緣

（九月二十三日廣州通信）

這次扣械風潮的最後原因實在於英國帝國主義之陰謀。自從國民黨改組以來，一方面右派抵拒國民黨革命化的勢力雖然緊張起來，別方面卻正四出與民黨中滲入了左派革命份子，無論左派還怎樣微弱，始終已經不是從前的國民黨。廣州政府之下左派最初的能力雖不過指揮羣眾運動，稍稍增加反帝國主義的氣勢；然而廣州政府本身接近蘇俄的事實，卻大足以使英國恐慌。所以從廣州關餘問題直到沙面罷工；雖然主觀方面看來，廣州政府不能算得有力的有決心的反帝國主義的政府，而客觀上對於英帝國主義還是不可怕，卻已經是一個討厭東西了。

何以說國民黨政府還算不得有力的有決心的反帝國主義的政府呢？因爲實際上廣州政府不是整個兒的。廣州政府並且不能算是國民黨的——他的成立和存在完全靠國民黨首領孫中山先生與南方各色各派小軍閥的應付；所以實權并不在國民黨而在軍人。各軍擅收稅捐，自蓄餉械，大多數祇想造成個個人的羽翼。這次運械問題中便有滇軍廖范等與商團勾結的事實；城運到時，商團曾經想賂買李福林，偷卸上岸。

何以說客觀上始終英國帝國主義看着廣州政府是一種反帝國主義力量呢？沙面罷工風潮便是一件很明顯的事實。國民黨左派份子的指導堅持，着實使英帝國主義受些打擊。國民黨右派及中派雖然用種種方法迴避公開的贊助罷工，然而普通黨員中的左派，曾經求得市黨部的名義，做狠熱烈的宣傳，於是英國方面便分兩路進行：一路，勾結右派調和派；一路，趁商團運械暗中與以贊助，又自向政府告發，以挑撥商團起而推翻政府。

於是商團事件遂一發而不可收拾，直到如今政局動搖的危象，還狠顯著，其形勢已經過到如此分明：即孫中山若不反抗英國帝國主義及賞辦階級反革命，則廣州政府勢將被逼迫而完全失其反帝國主義性成爲國民黨首領主持之非國民黨政府，——這本是帝國主義的目的。

沙面罷工將了的時候，領事團與罷工者雙方的堅持，已經祗剩得一點：就是巡捕的復職問題，國民黨及政府方面的右派居然暗示領事團，說逮捕復職之後，管理他們的權始終在領事方面，何必現時堅持不准復職呢？同時鐵城伍朝樞馬超俊等，竟說領事方面巡捕之後他們擔保收用這些巡捕，另編特別警備隊。這種破壞罷工的方法可以算得巧妙極了。而且他們對於英法巡捕，狠有些歧視，因

為馬超俊個人與英租界巡捕頭有關係些，等到工人覺察這種現象，絕對不信任馬伍等的時候，馬伍沒有辦法，便趁著商團扣械事件，拿商團威嚇嚇工人，並且假借中山名義高壓工人。於是實際上馬超俊伍朝樞等右派份子適成了帝國主義和買辦階級手裏的絕妙工具。沙面罷工就此了結；可是剛剛趁上工那一天，商團事件已經吵得非常熱鬧，滿城是明天開始罷市的謠言。英法領事便突然翻臉不准工人上工，要想和商團互相呼應兩面來攻政府——帝國主義的陰謀顯然可見。

因此可以說扣械問題不但不是商人和政府衝突——決不是如此簡單；而且不罩是國民黨和帝國主義及買辦階級的衝突——卻是帝國主義買辦階級進攻廣州政府，而政府及國民黨內的右派份子巧為內應的活劇。

廣州罷市之前，佛山方面有陳恭受的指導，已經先行罷市，要求無條件發還鎗械——當地土豪所組織之民團都有武裝，威脅小商，使不敢開門。當地的政府軍隊竟不能有絲毫處置，跡近故意放縱。於是國民黨中之革命派(即左派)極端主張嚴屬對付，要在政府方面，趁商團預備未週，後援尚無確實担保時，先行挑戰。政府方面，不但有軍官學校四處，共二千人，而且有農民工人之贊助——當時廣州市郊農民協會工人代表會都起而斥責安協派為反革命所利用，要求解除買辦商團之武裝而武裝平民——工人與農民，其中市郊農民的農團軍原有三千枝鎗；北通曹吳，東連陳炯明，因械案發生之後，必然趕緊請救於兩方，所以雖然罷市謠傳很甚，而始終遲遲六七日不發，便是有主義的武裝；假使等到東江或英國方面有所動作，國民黨就祇有束手待斃了。因此，應當趁早挑戰，革命派說，現時商團是帝國主義的工具，工人都願意拼死奮鬥。若商團方面敢於毆殺示威運動者，便可以立即強迫商團撤械而武裝工人。中國商民尤其是店員，不應當受帝國主義的雇用。農工階級屢次受商革命派又提議由國民黨發一宣言，以為宣傳的方針，內容應當說：「商團軍純粹是帝國主義的工具。團的摧殘，必然要贊助政府。一切國民的最正當的主張便是不但扣械不能發還，而且要解除商團現有的武裝。凡是罷市贊助陳廉伯買辦的，國民都認為民賊」。

可是實際上佛山雖然開市民大會，而國民黨中並沒有命令軍隊採果決手段；右派的軍人，在示威運動時名為保護市民工人，事實上卻舉槍禁止工人通過商團團部的地方——竟是保護商團。革命派所提議的宣言及武裝宣傳方法，都不曾採用。過了幾天，忽然發現國民黨中央的告商人書，說得不痛不癢，彷彿政府得罪了商人似的。最後，才勉強召集市民大會於廣州，然而武裝宣傳事實不實行，黨員不能積極在蔣家中及市民中根據革命派所擬之宣言活動；偶然的一次市民大會，勞動羣眾雖然能表現他們的奮鬥精神，卻當實上沒有預備好。於此便發見國民黨中派諸首領不能負指導羣眾，組織羣眾的重任；并且沒有政治的眼光，不能當得革命的領袖。——勞動羣眾願意贊助他們，他們卻不敢接受這種贊助，因而不能指導羣眾，預備決心和反革命奮鬥到底。

左中右三派在此次事變中的關係最堪注意：商團首領陳廉伯陳恭受都是遂民黨右派黨員，贊助反革命及買辦階級的軍人，也都是國民黨右派黨員，遊移不定沒有決心鎮壓反革命的，是國民黨中派諸要人；決然要求解除商團武裝而武裝勞動平民的則是真正革命的生力軍——左派份子及其所領導的工農羣眾。

這是罷市之前的形勢。當時的鬥爭，簡直已經明顯著從黨外的反映到黨內的局面。我們若分析

出這一方面的情勢，對於以後政潮的變遷便可一目瞭然。

右派國民黨員陳廉伯陳恭受等是代表買辦階級和帝國主義的利益。　左派即革命派是代表勞動平民的利益。　其間有許多多游移份子，如政府中之右派軍人，主張調和的官僚，無異乎帝國主義間接的工具，幻想維持政權而又不敢接受平民羣衆之贊助的中派諸要人，便間接而又間接的助長了妥協派以至於反動派的氣燄。」這幾派的鬥爭便成功這一次的政潮。

廣州市民大會之後一天便罷市了。　當時右派諸叛徒的策略，第一便是放出「共產即在目前」的謠言，第二用什麼「中華民國政治定國軍」名義登山政綱，否認三民主義的意義，主張不黨主義；第三通電全省各縣長，宣布獨立。　武裝商團，差不多完全改換便裝，到處檢查不罷市的商舖，在團的不用說，不在團的便故意搗亂；譬如聚着三五人，帶着手鎗到不肯罷市的茶店或舖家故意尋事或假作互打；再則收買中央銀行鈔幣持向不肯罷市的店家强迫兌用。　他們自己儘發反對政府的傳單；而國民黨所散傳單以及其他團體攻擊商團的傳單，他們便以强力制止商家不准張貼，甚至西關一帶之政府佈告，也國貼匯址，不准市民觀看，而常用武力驅散看衆又派人毆打派報工人，不准市民閱報。　後來因為勞動市民的反對，政府的袒辦，剩得紙有少數大商舖插起外國國旗閉着大門。　商團軍的首領卻是中國國民黨的黨員陳廉伯。

可是政府方面的軍隊中間也有外國買辦的奸細，竭力主張調和，不肯盡力鎮壓然不願罷市，也不得不罷。　商團軍就專保護這些各國商舖、反抵中國政府，以罷市勒索槍械。　——這是當時顯然的景象；所堪注意的是這「外軍隊」——而託名於「和平調解」。　伍朝樞在第一天便想調停，以中國政府的代表而想和假借中國商民名義，勾結帝國主義的買辦軍訂從下之盟，所謂商會，以至於善堂也四方八面的找汪精衞等以及各總司令出來說話，有以二十萬元「供獻」政府，由政府「依法」發還槍械的傳說。

所舉代表會集於省長公署，組織平糴委員會，預備收管食糧以及重要的公共消費品，使商團不能以罷市要挾，尤其要使他們不能以餓死

國民黨右派的這種行動可以說是最巧妙的反對政府一手段。　他們表面上說是怕帝國主義直接來干涉，所以應以如此，實際上卻是不用帝國主義費力而由他們趕緊代為履行其政策。　市民的勞動界都非常憤慨。　聲言如果眞正贊助革命政府，祇有解除商團武裝之一法。　並武裝保衞民食隊乃然由革命派完全預備妥當。　當時提議須迅速進行：一面實行收管米糧作持久之計，一面即刻解除商團武裝；肅清政府及黨州的反革命派，然而國民黨最高層都中派諸要人始終找不出這樣一個決心，遷延復遷延，坐令商團和英國海軍及右派軍人勾結安當，於是局勢便突然大變。

滇軍范石生廖行超居然以武裝調停的威風提出六個條件，要政府受五十萬元發還槍械。　——這無異是將三十年來國民革命的首領珍中山廉價出售於商團。　同時英國領事追知政府說，已奉香港海軍總司令命令，若政府對商團開火，駐廣州的英國海軍便將立即攻打政府，咄咄自誇可以一手辦成管理食糧事務，可是工人羣衆因為他屢次壓迫欺騙恐嚇工人，到這時已經絕不信仰他。　結果管理食糧隊，預備。　帝國主義和他的走狗陳廉伯范石生等對於中山政府可以說是威逼利誘無所不用其極。　——亦就是國民黨自己的右派黨員及軍人對於

革命政府的大蹉跎。

當時革命派的主張是：商團槍械完全沒收，分發其正之政府軍隊及廣州之農民及工人自衛軍；買辦階級之武裝隊不准存在，另編平民警備軍以勞動平民為根本。此外更主張取消一切雜捐，統一財政－使作亂及反革命的軍人無所憑藉，並且真正減少貧民的負擔。再則，便是民選市長，使當時廣州市民間商民間的分化，都有政治上的表現。

當時商圈之中早已有了分化：一部分已經勾結好廖范及英國帝國主義，如鄧介石等，顧意出五十萬元收買廣州政府，顧意使陳廉伯通電「悔過」，以保留即刻繼續活動之可能；一部分主張陳廉伯「無過可悔」以為五十萬元太多，應當無條件發還鎗械，即刻以激烈手段對付政府，允許履行條件後速發還槍械。然而中山先生便以為政府方面不應組織工團軍，不應倡議管理食糧等政策，應急急與鄧介石等安協，允許履行條件後從速發還槍械。然而中山先生在國民黨中央全體命令會議上（八月三十一日）早已宣布范之廖之反革命行為，不服從政府命令，并且聲明絕對否認允許調解條件。因此，右派的政策既與中山相左，又與民眾的要求大相違背。——當時的政府若真有決心，狠可以立刻武裝平民以衛廣州，否認允許條件。可是中山聲明祗管聲明，而中派要人竟別出心裁想出這樣解決的方案：「最好暫時瞞住真消息，與商團之最接近政府者聯絡，再設法使商團『就範』改......

趁着實際市長未選出以前，李福林竟做了市長。於是這政潮的結果便成奇突的現象：表面上是這一部分商團代表因與政府安協面取得政權；實際上他們有了政權－一切改組商團民選市長等條例便在他們手裏，這種安協實在有利於反革命派。最要注意的便是胡漢民先生上台做省長；廖仲愷一面聲明自己非共產黨員，一面彷彿引咎辭去省長。這一方面便已經確實是政府向反革命的安協。農民自衛軍及工團軍的槍械一直沒有發出來；而槍械「依手續發還，改組商團」等消息，廣州各報儘若宣傳，彷彿是故意反對中山先生的聲明，而受中派某要人之指使似的。

然因為左派及羣眾的反對，不時又散佈「府要求三百萬軍餉，商械中長槍已經用於北伐軍，令兵工廠趕造償還」等消息以亂觀聽，似乎又想實現中山的聲明似的。這都是中派態度勳搖不定的反映。由上看來，那想不露痕跡偷偷行自己的政策－即避開革命的道路而想利用商團之一部分的中派，畢竟要喪失自己的政策，結局不過是仍舊承襲著右派的衣鉢，國民革命裏的分化在這次事變中已經看得非常清楚。還要保存國民黨歷史上的革命光榮的人，究竟顧意走進那一條道路？——這是一個根本問題。單想用暗渡陳倉方法去迴避革命，無論口頭上怎樣拚命的否認其中有派，是不成的；其結果必定是政治上的降服於右派，或者簡直是降服於反革命派與帝國主義。

警告國民黨中派諸領袖

和森

這次廣州商團事件，對於國民黨內部各派之革命成分要算實際做了一次最良的試驗。

右派反革命的原形，勾結帝國主義的勾當，在

還次事變中粲已暴露無遺，此趨無庸贅述，所恐可注意的是中派在這次事變中的態度。

次事變中的態度可以「迸夷妥協」「居中取巧」八大字包括之。這種態度若在俄羅斯革命史或西歐革命運動史中遇着，吾人絕不奇怪，因為若干被實際革命潮流所淘汰的安協病根而破產，但如過早的在中國現在的革命運動中便發見着，吾人戴不辦武遺憾！

本報互譯若廣州通信所紀述，中派諸要人在這若干被實際革命潮流所淘汰的安協派，居中取巧，無不願於這種病根而破產。

革命的方向只有一個，違背這一個便要趨於反革命。所以一個真正的革命領袖，決不妄想執兩端之術，因為如此便要離開革命的立場而喪失自己的信用與地位。此如沙面罷工，反映到國民黨內部，天然的只能引出兩種傾向，一種如左派始終忠於羣衆的利益以抗帝國主義到底，一種如右派馬超俊等諂媚帝國主義欺騙幷威嚇能工羣衆使其迅速屈伏，猶夷動搖於這兩種傾向之間，實際上在異間接做了帝國主義的工具而喪失羣衆的信任。商閩事件亦然，或是站在右派反革命及勾結帝國主義的方面，或是站在左派主張果決解除反革命武裝抵抗帝國主義方面；調和安協於這兩種傾向之間，實際上亦無異間接做了反革命與帝國主義的工具而引起羣衆深深憤激的反感。

革命所需要的是真本領（適合羣衆要求的政見與口號）真勇氣，專靠使巧，不僅沒有用處而且容易受到自殺的絕地。國民黨中派諸要人，吾人頗重視之，常勉以成就中國革命大業；在左派領導之下的廣東工農羣衆，對於他們亦有相當的好感。可是沙面罷工商事件一來，羣衆對於他們的觀感業已大不如前。中派諸公不於此時有所覺悟以圖挽救，（即毅然決然沒收扣械以開始鎮壓反動和反帝國主義的革命工作），反而想用暗渡陳倉的方法，迴避革命，一部份商閩份子安協，以成立半軍閥（李福林）半買辦階級（李朗如）的新局面。這樣一來，吾人不僅爲革命前程危，而且爲中派諸公自身危！

現在我們可以簡明的警告中派諸公：做官與革命，截然是兩途，你們這次上台的目的，革命的羣衆是完全不了解的，你們上台後怎樣解決扣械問題，怎樣對付沒革命和帝國主義，革命的羣衆却還在加倍的注視你們。現在木已成舟，你們若還不願從此斷送革命的前途決心挽救失敗，那末臨崖勒馬，仍然只有贊成中山先生及左派沒收扣械與一切反革命勢，及帝國主義決裂之一途。不然，你們的政治生命是要完全破產的！

這樣迴避革命巧取政權的下策，不僅要使廣州政府完全葬送於買辦階級帝國主義的汕沼之中，而且爲中派諸公將蹈右派的覆轍而喪失自己革命的政治命運。

我們為什麼反對國民黨之軍事行動

流之

凡是一個真正革命黨，真正代表羣衆利益而奮鬥的革命黨，牠第一須看清真正的羣衆在那裏，第二須認識誰是牠真正的敵人，第三須明白進行革命的步驟。一個革命黨對於此三者沒有充分的了解，而想成功牠的革命事業是絕對不可能的。

怎麼說呢？ 革命幷不是空中樓閣，牠必然建立在某一階級或一部分羣衆上面，牠必然是代表該階級或該羣衆之經濟的和政治的要求而奮鬥，如果牠還看不清羣衆，牠怎麼會知道羣衆的利益，去替牠們奮鬥呢？ 幷且革命黨之爲革命，不過是某一階級或一羣衆之先鋒隊，真正的大衆還在羣衆裏面，革命黨之奮鬥能否勝利，完全在能否指揮羣衆。所以革命黨第一須看清牠軍隊即羣衆的所在。

幷且革命黨能代表某一階級或某一羣衆，而牠的敵方卽壓迫牠所代表的階級或羣衆之某一統治階級，既代表某一階級或某一羣衆，而牠的敵方卽壓迫牠所代表的階級或羣衆之某一統治階級，故得革命黨唯一的目標卽在打倒該統治階級，故得

政權，復利用政權以建設物理想的新政治和新經濟。 所以革命黨第二須認定其真正敵人，絕不可認賊作父，亦不可無的放矢。 但是看清了羣衆，認定了敵人，如不懂得進行革命的步驟，仍然是空話。 好比有了工具，有了材料，如無手藝，要想指揮羣衆，打倒敵人，必按照一定的步驟，循着一定方法，才有達到目的可能。 所以革命黨第三須明白進行革命的步驟。 而每一個革命黨進行革命的步驟，大約又可分三個階段。 一、宣傳，這就是宣傳羣衆，使羣衆深切地了解自家的利益，認識仇家的敵人，更進一步使羣衆明白怎樣打倒敵人和取得政權的方法。 二、組織與訓練。 這就是將已經明白自家利益，認識敵人的羣衆起來，使成爲有系統的物質勢力，並加以各種訓練，使成爲自動而能戰鬥的軍隊。 三、武裝暴動，亦可謂之軍事行動，按一定的方法組織已了解自家利益而又受過組織與訓練的羣衆，直接推翻舊有的統治階級，取得政。

以上這些粗淺的原理，我們可以遍證一切革命史而不爽。 每一個革命黨之成功與失敗為視其能否準此原理爲斷。 我們試看波爾塞維克黨與甚馬爾黨之成功，愛爾蘭國民革命黨與波斯人民黨之失敗，就可爲證。

中國國民黨的革命史已二十年了，（自同盟會起）然而牠的革命成功還在雲霧裏，帝國主義與封建軍閥還依然存在，民衆還依然在帝國主義與軍閥壓迫之下，這是什麼緣故呢？ 簡單說一句，就是牠只知有「軍事行動」，而忘却宣傳羣衆，組織與訓練羣衆之最重要的工作，尤其牠沒有看到牠的真正羣衆，認識牠的真正敵人。 牠的正羣衆是什麼？ 是工人，農民，手工業者，小商人，智識階級以至一部分的資產階級；牠的真正敵人是什麼？ 是國際帝國主義和本國封建軍閥。 可是國民黨自來沒有真了解這個。 牠在辛亥以前，在羣衆方面只看到幾個會匪，智識分子。 一部分新軍人和華僑，辛亥前只知道滿州政府，辛亥後只知有某某曹某，而對於利用滿州政府，勾結北洋軍閥之英美日法等國際帝國主義，和西南的新軍閥，絕沒想到，並往往引之爲友。 至於國民黨真想到工人農民的身上。 任辛亥後連會匪，智識者，和華僑的運動；也都停止了。 牠對於仇敵之認識，組織和訓練更是不用說的。 是說到國民黨，也幷不是我們所說的武裝民衆，以民衆的力量，去推翻統治階級的革命行動；而是武裝土匪，擁護國民黨的新軍閥，去替他們爭奪地盤的軍事行動。 這種擁護軍閥，爭奪地盤的「軍事行動」。 於國民黨，對於國民革命是一個根本的致命傷。 爲什麼呢？ 因爲軍事行動的結果：一、國民黨的全副精力爲軍事行動隊之外，從沒有真正作過宣傳民衆的工作，組織和訓練他的真正羣衆，更是糟了，牠除了聯絡會匪，軍所占領，而重要的宣傳羣衆與組織羣衆的工作反抛棄了。 二、新軍閥與舊軍閥原無兩樣，爲待要維持他們的地盤或爭取地盤，必至殃民傷財，結果則使民衆對國民黨失去信仰，而發生反感。 三、新軍閥在根本上是反革命的，黨中有此反革命的分子，加以官僚政客的附和，必然與封建階級和帝國主義妥協，因此國民黨的本來目的失掉，真正的革命分子已入者脫離，未入者望而生畏。 國民黨在這樣的情形之下，還有成功革命的希望嗎？

但是現在的問題就是爲什麼國民黨祗相信軍事行動，而始終不能走到真正的革命軌道呢？ 這一個問題從客觀上看來，是中國經濟落後，階級未能分化的自然結果，換言之，有此畸形混沌的中國，即有此畸形混沌的革命黨，自然有此畸形混沌的革命歡慮。

國民黨在辛亥以前，我們說過，本來沒有認識真正的革命羣衆，認識牠真正的敵人，所以牠祗憑藉一種特殊的羣衆勢力—

一，會匪智識者等的勢力，而沒注意農工群眾的勢力，向農商看看見的仇敵，——滿州政府，進攻，而忘掉了滿州政府背後的帝國主義。

到辛亥以後，革命未能成功，而由特殊勢力的會匪卻造成了新軍閥，由智識者造成了新政客和新官僚，新軍閥與新政客新官僚互為利用

，相互結合，於是逐形成歷來國民黨旗幟下之種種畸形的政府，如軍政府，護法政府，以及現時之廣州政府等。而同時國民黨就是這

型畸形政府，畸形政府就是國民黨，於是國民黨從前之模糊浪漫的革命觀念，至此完全煙消雲散，而換了一種爭地盤和陞官發財的新精

神，由這種精神所府出來的政策，自然只有現時之「軍事行動」一類的政策。到了國民黨改組之後，仍然是一樣。自然我們知道國民黨的

領袖如中山先生，未必顧意這種政策，可是他為他的部下（所謂國民黨的右派）所逼，無論如何不能拋棄此種政策，如果中山先生早上拋棄

此種政策，晚上他部下那些新軍政客官僚先生們不是倒戈向中山，就是掉頭而去投降北洋軍閥。說到這裏我們知道國民黨和國民黨

的領袖中山先生的面前，現在只橫着兩條絕對的路：絕對的拋棄傳統的軍事行動，並拋棄產生此種政策之禍根新軍閥和新官僚新政客，

頂新去找真正革命的羣眾，走向真正革命的道路；另一面就是循此舊道，與新軍閥，政客，官僚鬼混以終，等待人家來革命。 此外絕無

他途。

我現提以上的話結束一下，我們反對國民黨的軍事行動，絕不是根本反對國民革命的軍事行動，並且我們認為要想成功國民革命，非

得武裝國民，實行革命的軍事行動不可。我們所反對的是：國民黨第一沒看清真正革命的羣眾勢力，第二沒有認清真正的敵人，第三非

有了解進行革命的步驟，——由宣傳與組織訓練而武裝暴動的步驟。

第四現在國民黨之軍事行動，并不是武裝羣眾，而是武裝強盜——

我們看清了中國的政治經濟，我們是誠實的主張國民革命者，我們并且很希望國民黨能擔負這個使命到底。 所以我們不憚千呼萬喚

，瘏口曉舌向國民黨忠告。

南洋煙草資本家打破罷工之惡辣手段

振宇

工人一日不做工，便馬上要餓肚皮。 南洋煙草資本家本來比別的資本家要會使乖巧。他那雙慧眼早已看清「工人團結得堅牢」足以制他的死命。所以他

對付罷工的戰略，第一便是拆散工人團體；為返廠者給雙資；开開除工為長工；僱用山東打手，獅聚罷工工人；

工人肚皮餓到了十多天，一點解決的消息也沒有，已經有點心慌胆怯，那受得起這般欺騙和威嚇，所以一部分歹意課勩的便首先忍氣含

酸的進廠，於是資本家乃藉此大大的宣傳：反廠的工人已有了若干，限工人九月十四日一律進廠，否則開除，這樣一來，含酸忍辱進

工的便更加多了，然而堅持到底的還有兩千之眾，其勢仍不在小。 資本家乃別出奇計：一面賄通穩妥素和斐斯兩律士出任調停，滿口擔

承他們可以為工人取得法律上的勝利。藉此緩和工人感情，以便資本家從容宰割。 可憐的工人，他們那裏會懂得這個迷迭人的八卦陣呢

，一面卻又收買少數工人，挾制多數工人發表五千人具名的啓事，認此次罷工為少數人之煽勱；繼乃挾制多數工人改選被收買工人充當

的侮辱，何以一聲不響！

我說你錯了：右派認帝國主義為友邦，那末當帝國主義與孫中山發生衝突時自然只有護友邦而不護黨了；何況廣州這次的反革命本自右派勾結帝國主義起來的呢！

有人說，孫中山前後發布反抗英國帝國主義的宣言及通電，何以民國日報主筆葉楚傖先生在評論欄內一聲不響？

我說你錯了：楚傖先生此時忙於護盧，那裏有這樣的閒工夫了，而且他要使民國日報護盧祥機關報新申報等更為出力；自然是更沒有閒工夫了，此層你應替他原諒。

有人說，國民黨改組容納新的生力軍加入後，右派天天嚷什麼亡黨之痛，到底是怎樣一回事？

我說改組大大把國民黨開闢了一條新道路，這條新道路是要由澈底反抗帝國主義與軍閥以達到成功，對於右派貫慣了的「友邦軍閥」的舊狗洞自然要發生窒礙，他們怎得不反對？其實在我們看來，右派之成為法西斯蒂與帝國主義及軍閥的走狗，民國日報之成為安福部機關報，新政綱之被他們違背破壞，這才真是亡黨之痛呢！

（和森）

讀者之聲

俄國工人學生反對干涉中國與中國國民革命運動

赤雲

中國的國民革命運動，不僅只是一個愛國的運動或中國一國的解放運動，牠的意義不僅在此，牠實含有世界性，牠在世界的革命運動上有很大的意義。

歐美各先進國家的勞動階級若欲促成自己社會革命的成功，必須對于殖民地的被壓迫的民族之解放運動要而以援助，因為殖民地國民革命一日不成功，則為全世界勞動階級之敵之帝國主義一日不消滅，歐美的資產階級剝削的源泉遠是存在。而在別一方面說：殖民地弱小民族若欲實際脫離帝國主義之壓迫，必定要同全世界的勞動階級聯合起來，增加革命的勢力，使帝國主義中一大部分的人民自己起來反對帝國主義；如此則弱小民族才有解放的可能。

現在的情勢，是歐美各國的勞動階級及東方殖民地的弱小民族，為一反帝國主義的營案，而歐美帝國主義的國家之資產階級為一反動的營案。

說到這裏，我們對于中國的國民革命運動，才可真證明了的觀念。

我們要國民革命真可成功，歐美資產階級的愛國主義所能了事。

我們反對的是帝國主義，歐美資產階級的侵略，而非僅抱一狹義的愛國主義。

我們要認清真正的敵人，不可一概仇視。倘若英國的勞動階級對我們加以援助，則我們要極力地與他們聯結起來。現在列強的資產階級高唱反對干涉中國，暴露帝國主義陰謀，向中國被感迫的民府極力運動反對干涉中國，這是我們的敵人，還是我們的好友了。由此我們可以認定證是我們的敵人，還是我們的好友了。

北京二十五日電：『莫斯科學生數萬人，二十二日舉行反對侵略中國示威運動，並促英法美軍國學生速起響應。』

莫斯科二十四日電：『蘇維埃膠長脫洛夫斯氏致書帝不干涉中國倡議……』

莫斯科二十二日電：『反對干涉中國之多數急進分子，於今日開全體大會，發表宣言書，要求國際勞工協作，反對列強干涉中國之提議……』

我們從這幾個電聞中，可以看出幾點：一，中國的國民革命運動

已與世界的勞動運動發生密切的關係，國際勞工協作為我們的後盾。

二，蘇俄的反對干涉中國運動是工人，學生，真正的民衆所發起，他們真正是殖民地弱小民族之解放運動—中國國民革命的好友。

三，蘇聯政府人物預料中國民治主義之終能戰勝，與各帝國主義國家的政府人物主張打勝了吳佩孚，有天淵的差別。四，我們要與蘇俄民衆及政府實際聯合起來，擴大革命的勢力，做解放我們自己的運動。

日本帝國主義口中的湘省改憲案　大亮

倡立聯省自治，製造省憲，這是小軍閥或失意的軍閥藉此作脫離大軍閥的一種手術，與人民絕無關係。取消省憲或修改省憲，我們又可說這是小軍閥不能獨立，不得不附屬於大軍閥，或小軍閥已成了大軍閥，想進而謀統一之一種手術，與人民仍然毫無關係。

湖南裂省憲，是小軍閥趙恆惕想脫離何大軍閥，藉此南面稱孤的一種嘗試。於今修改省憲，是被吳大軍閥逼得走—無路實在投降的一種表現，當然與湖南人民是毫無關係的。現在饒有趣味的是日本帝國主義口中的湖南改憲案。

『省議員王克家在大會報告，余與日領為同學，日領赴舍間談改憲案，伊謂湘本無意改憲，現在直奉有戰事，如奉天勝，何必再改，且省長由中央任命，根本上推翻聯治』。（九月申報長沙電）

大家看了這段日本帝國主義者談話，得着什麼感想。『湘中無意改憲，係受壓迫』，這不是使小軍閥趙恆惕本不願取消自治，修改省憲，實在為大軍閥所壓迫，駐紮岳州的北兵所威嚇，逼不得已的投降政策嗎？『現在直奉有戰事，如奉天勝，何必再改……』這不是說如果奉張打勝了吳佩孚，依日本帝國主義者的意思，將來仍舊建立一個全中國的聯省政府嗎？

如前一層所說趙恆惕被吳佩孚壓迫而去責問袖。『湘中無可以回答一句：『我原來就是這樣一個貨色。』

張大炎等還要說些怎樣改憲的鬼話。（見張大炎湘省改憲的意見電）

後一層說如奉張勝後無須改憲，這就是說如果日本帝國主義的走狗張作霖打勝了，日本帝國主義是主張中國普遍採用聯省自治制度的；因為如此足以減削中國人民的勢力。同時我又想到前兩星期英美帝國主義的政府主張『召集和平會議，建立不集中的聯省政府』以解決中國政局。合此足以證明『聯省政府』是英，美，日帝國主義者所異口同聲，用以宰割中國的好方法。

英工黨內閣與帝國主義　永猶

號稱工黨內閣，成立到已快近一年。綜其在執政中所做的成績，不過是對內：口頭上欺騙工人，實際上替資產階級盡力；對外：承襲舊政府之侵略政策，壓迫殖民地及弱小民族無所不至。英工人所希望於工黨內閣的，竟成泡影，而殖民地弱小民族所等待於英工黨內閣的更屬笑話了。中國也是受英國帝國主義所侵略的半殖民地。

當英工黨內閣成立之時，一般人對於牠或抱無限的希望，以為從此英國富庶再不繼續侵略中國的政策了；這一種情緒，我們可以在孫中山先生致賀麥克唐納電中看得出來。可是，曾幾何時，現在孫中山先生憤於工黨內閣的發送泡影，與英國民革命政府廳廳為難，又拍電責問麥克唐約了！電中說：『號稱工人內閣，何以自解？…』其實，英工黨內閣之所以能成立的，就是因為英資產階級藉之以為自衞的工具，實質並不與牠魯意強治內閣或格松內閣有什麼差別。你問他何以自解，他

我們現在可正式地下一定案：號稱工黨內閣的英國之實行帝國主義的侵略政策和其他國家—除開無產階級的蘇俄—一樣，或者有過之無不及。

英國政府幫助中國軍閥—吳佩孚陳炯明等—和奸商—陳廉伯等—硬阻中國國民革命的發展，這是帝國主義分內的事，我們不必去責問袖。

我們要完成國民革命，則必首先打倒為國民革命之大阻改憲，這自然是帝國主義看得清楚的，可惜一班昏頭昏腦的糊塗虫如礙的帝國主義！

The Guide Weekly.

嚮導週報

第八十六期

（中華郵務管理局特准掛號認爲新聞紙類）
郵票代款槪作九五折
一九二四年十月八日

分售處
武昌
上海
廣州
香港
巴黎
民智書局
上海書店
國光書局
萃文書局
中國著報社
卜著報社
中華書局
共進書社

分售處
太原晉華書社
長沙少年書店
濟南齊魯書社
杭州古今圖書店
雲南新亞書店
開封明星書局
甯波文化書社
南京工學社
福州天一書局
成都華陽書報流通處

定價 國內一元寄足四十期 國外一元寄足二十五期 郵費均在內 零售每份大洋一分

每星期三出版 發行通訊處 北京大學第一院收 上海英界橋大學志青 鄭超麟發明子

雙十特刊

辛亥革命的原因與結果

述之

〔一〕

凡是一個革命絕不是憑空而來的，必有其最深遠的原因，無論資產階級的革命，無產階級的革命或殖民地的國民革命，都是一樣。所謂最深遠的原因就是經濟的變動，在物的方面，是新生產力與舊生產關係的矛盾，在人的方面是新階級與舊階級的衝突。這種經濟變動，又絕不是一時的，必經過長久的醞釀，醞釀到一定的程度才一發而不可收拾，必待新經濟制度產生，新階級完全取得統治地位，那時社會的平衡才得恢復。

法蘭西的大革命，有人說是由於路易十四的昏庸暴虐，貴族僧侶的貪婪驕奢，其實這些都不是根本原因，根本原因則在法蘭西當時的純濟已根本搖動，即資本主義經濟的產生與封建制度經濟的崩壞，所以法國的革命是資本主義對封建制度的革命，也就是資產階級卻所謂第三階級對封建階級的革命。

俄羅斯的十月革命也有人以為是沙皇暴虐和歐洲大戰的結果，所以俄國的革命是社會主義對資本主義的革命，也就是無產階級對資產階級的革命。固然沙皇暴虐與歐洲大戰是這種爆發的原因，可是還有致此爆發的原因之根本原因在，這個就是俄羅斯的經濟一部分已經發展到了最高階級的帝國主義，帝國主義的經濟中已包含有社會主義的經濟任，歐洲大戰是這種帝國主義的經濟生出來的，所以俄國的革命是社會主義對資本主義的革命，也就是無產階級對資產階級的革命。土耳其的革命原因比較複雜。土耳其的封建經濟受了國際資本帝國主義的猛烈侵掠。同時在這種新經濟然而根本說來，始終是一個經濟問題。就是土耳其革命，土耳其的舊經濟系統差不多全被破壞了。同時在這種新經濟壞的基址上又產生了一點新的經濟——幼穉的資本主義經濟，連合被破壞的舊經濟中所留下的勢力——農民

〔二〕
〔一個清算〕

手工業者，對國際帝國主義的猛烈侵掠之一種反動，同時又是對已被破壞的封建制度之一

辛亥革命是一個半殖民地的國民革命，與土耳其共最近的革命是同一性質的。其原因也是非常複雜，不過我們現在看來，卻很明顯，起不過一班人所說，僅僅由於滿州政府之昏庸暴虐和其貪官汚吏的暴欲橫征及漢人仇恨滿族所致，而實在是中國封建制度的經濟受了國際帝國主義的猛烈侵掠之結果。

國際帝國主義之侵掠中國是多方面進攻的，然而最根本的還是經濟的侵掠，政治和文化等的侵掠不過是達到經濟侵掠目的之一種手段。帝國主義從那天起直到辛亥革命之前日，在商業，財政，工業，經濟各方面固已無微不入，然而起初根本破壞中國的經濟基礎的是商品的輸入。

國際帝國主義之對華貿易，在一八六四年進口僅五一，二九三，五七八兩，到一九一一年卽辛亥年已增至四七，一五〇三，九四三兩，溢滿全中國。他們的商品好似水銀一樣鑽入八十餘商埠作孔道。一轉爰入超九四，一六五，七七七。而出口則由五四，〇〇六，五〇九兩僅增至三七七，三三八，一六六兩，由出超二，七一二，九二......此處更須注意的，入品均爲貴賤之工業品，而出品則爲廉價之原料。中國受了帝國主義此種猛烈的商業侵掠，發生什麼影響呢？

我們知道在帝國主義未侵入之先，中國在經濟上是一個小生產自足的國家，換言之，卽是小農生產與手工業生產自足的國家，在這種小生產制度之下，如不遇特別災患，大概是家給人足的。可是自從帝國主義強迫開放商埠，挾裝商品之之後，中國的手工業者那裏競爭得過，於是幾千整萬的都離開他們的工具而流爲失業者了，就是未遭然離開工具的，也只是苟延殘喘。至於農人們呢，也是一樣，因爲工業生產品日貴，農業生產品的價格卻不見得增高（因爲是原料）於是入不敷出，結果亦只有破產。

對於中國手工業者與農民因受帝國主義之商業侵掠而破產的現象，描寫得壞好的只有斯魏磁（H. Swith）（他自身亦是帝國主義的走狗）他在一九〇一年在他所著的「波動之中國」頁

『許多從「文明」逐漸地進攻中國，無數受禍者他們不明白受災害的原因……。可是有許多人很知道，在外國商業未進來擾民奪秋序以前，在普通的年歲裏是夠吃夠穿的。現在各方面都缺乏，壓得前途一天一天地可怕，……

火柴從外來，洋油及洋油所帶來的各種洋燈，代替了中國工業大部分，對社會生絕大的影響，……但是沒有一人能讚到此種商業的發展大影響於中國生產機紗貨商業從廣束到牛莊，將來極可樂觀。……●人們籍了輪船公司的報告，

花批面上之無數萬人民。這些人民以前靠着紡織十五寸寬的土布來謀極低度的生活……。但是現在呢，外國棉紗貨有很好的一樂纜」，可是土貨則完全失掉牠的市場，從那時到現在都是如此。……費力的紡紗工業沒有利益了，又沒有新的工業來代替牠。」

手工業者與農民破產的結果，一方面減少了中國的生產，另一方面又造成無數百萬的土匪，流氓，遭種影響普遍到各方頭，遠戚就中國封建制度經濟的根本破壞。然而同時因為洋貨輸入，商業畸形發展的結果，由此中又造成一種商業資產階級，尤其是華僑，這種新階級

是要代替封建社會而發展的怎先鋒，并且這種商業階級中當時很少數的已經進爲工業資本家了。由上看來，多謝帝國主義的商業侵掠，掘進封建制度與帝國主義之墳墓的新動力，——商業資產階級，與破產的手工業和農民，漸漸發成了。

又加以當時帝國主義之工業資本亦開始猛烈侵掠，在各地開採礦山（如英人之於開平煤礦，德人之於博山濰縣等煤礦，日本

之於奉天撫順及本溪胡之炭鐵……）創辦紡織業，（在辛亥年外國紡織業已有八廠，日四，英三，德一，）以及其他火柴，麥粉，電氣等各種工業這樣一方面是帝國主義進一步的侵掠，同時對當時中國的新興商業資產階級與以很深的刺激，後束所謂鐵路商辦電廠山商辦之爭就由此而起。

在財政經濟方面，帝國主義已用他們的銀行（辛亥時外國銀行共有匯豐，麥加利，有利，東方匯理，花旗，朔爾，橫濱正經，台灣，朝鮮和華比十大銀行，）操縱了中國一切金融權，在另一面拆命的放款與滿州政府，攫得借路，採礦及海關糧稅各種特權（當時所欠外債除各鐵路借款外，可考者共一二二，九五五，〇〇〇鎊，）。帝國主義此種財權以挾制滿州政府，完全扼住了中國的全部經濟命脈，使中國經濟毫無發展餘地，至拆命的放款，則除攫取各種特權之外，并利用此種銀行的操縱行爲，滿州政府因爲要付利息起見，不得不重取之於農民，農民因此破產愈速。

總觀上面帝國主義在商業，工業，財政，經濟各方面的侵掠，可以得出幾個要點：（一）使中國全部小生產的經濟破產，而造成些份子組織而成。這些份子，那一個不是帝國主義侵掠的結果而產生的呢！（二）養成了一部分商業資產階級，并與以許多刺激，使他們感覺得非舉辦工業不足以救國。（三）喚醒的封建階級墮落，并加重新階級與舊封建階級間之惡感。（四）中國的商業資產階級及代表商業資產階級的智識階級：漸看出帝國主義發掠的可怕。

由此辛亥革命的某礎就成立了。

現在我們且把革命過程中的事實指出來看一看。（當時真正參加革命的社會階級份子就是會匪（即破產的農民和手工工人者），而軍（會匪的化身），華僑；及國內少數商人，智識階級（國內外新學生，和表同情的商人階級的官僚。所謂代表辛亥革命的國民黨就完全由這些份子，那一個不是帝國主義侵掠的結果而生的呢！當時革命的口號，所謂排滿，就是說滿州政府對外怎樣弱無能，對內怎樣橫征苛歛，其實滿州政府之所以頹弱無能，在客觀上看來，并不是滿州政府的本身之錯過，而是國際帝國主義壓迫的必然結果，這是經濟發展的必然現象，世界沒有一個古朽的封建政府可以抵得狠吞虎嚥的帝國主義住的，所有亞洲如印度的土耳其，波斯，印度，高麗莫不如此，至說背叛，亦是帝國主義侵掠的必然結果，封建階級的政府，沒有雄厚的資產階級作後援，他要擔負對內與國際帝國主義作表面上的「交歡」，內而一切所謂新政的海陸軍，官營實業以及新教育等費，又加以幾十萬元的賠款與外債，怎能當得起？

若說漢人排斥滿族，這自然有相當的作用，可起民族思想也必粘附在經濟和政治上才有意義，單純的排滿觀念是人家不會懂得的，必得說滿州政府怎樣剝削找漢人，壓迫我漢人，侮蔑我漢人，才有作用，此實專事排滿觀念作辛亥革命的根本原因，只專倡排滿而忘記與真正敵人國際帝國主義，這正是當時代表革命的國民黨之錯誤（下面詳說）。

不重重的苦欲於民從那裏出？

在辛亥革命起事之前日，有幾件重要事即引起辛亥革命爆發之近因，很值得我們加以說明的。

（一）鐵路商辦問題，這個問題起自浙江，而湖南，廣東，以至四川。當時滿州政府主張鐵道國有辦，而浙江湖南四川各省的商人及代表商人的智識者，官僚極反對之，以至釀成絕大的風潮。照現在看來鐵路國有，已成公論，反對鐵路國有卻很有意義的，因爲當時所謂鐵路國有辦，實際就是帝國主義所有所辦（如滬杭甬鐵路與粵漢鐵路借英款，川漢鐵路之借英美德法四國債款及買

牠們的材料和聘工程師等），商人階級起來爭辦，遇是商業資產階級的一種反對帝國主義的革命行動，反過來說，這樣的舉動是帝國主義的侵掠所釀成的。

（二）收回礦櫃與礦山商辦問題，庚戌年直隸人力爭已爲英國﹍辦之開平煤礦，雲南人力爭已爲法國開採之雲南七縣礦山，山東人力爭沅水金礦，主張從德人手中收爲商辦﹍﹍，所有這些都是表示商人階級或代表商人階級者之一種覺悟，與爭鐵路同一意義。

（三）各處鄉民反抗管理苛斂事件，此種反抗運動在庚戌年幾遍全國，無慮數千百起，參加每一次運動的鄉民人數從一千到十餘萬（如廣西歸順數百餘村鄉民所發之傳單，河南萊縣十餘萬人因地丁而起的運動，……），他們的口號總是要求減捐，據河南萊縣鄉民所發的傳單，稱當地縣官在一年中已抽捐七次。這可想當時農民之痛苦。然而此種痛苦的根源，亦何莫不是由於帝國主義的侵掠（如上所說）。

（四）水災事件，因水災而各地飢民鬧荒，這似乎是與帝國主義無關了，然而仔細說起來，又何嘗沒有關係。

總之有了國際帝國主義的侵掠在前，中國的經濟基礎因而根本崩壞，由此在各方面發生種種病象，辛亥革命就是這種種病象匯合起來之最後的表現。所以我說辛亥革命是中國封建制度的經濟受了國際帝國主義猛烈侵掠的自然結果。反轉來說，辛亥革命的原因便是國際帝國主義的侵掠。

（三）

辛亥革命的原因既是如此，但是辛亥革命的結果是怎樣呢？這是大家看得見的。滿清政府是推倒了，可是代替滿清政府的依舊是最反動的袁世凱，──滿政府的臣僕封建階級。此外我們還看見在南京草了一紙臨時約法的空文，南方幾﹍省分，還有幾個革命黨作都督，其餘的我就不知道了。

我現在要問這個革命是成功還是失敗？要判斷這個問題，須將把革命成功的原則說幾句。我們已經知道，革命是一個由新生產力所產生出來的新階級之一個必然的要求。換言之，就是要建設適合於牠的新政治，這所謂經濟的要求；第三。凡是一個階級必有其特有的階級意義，即階級的理想，要想取得政權，建設新經濟，以建設適合於牠的新政治，這所謂政治的要求；第三。凡是一個階級必有其特有的階級覺悟，宜傳階級理想，這所謂理想的要求。

所謂新階級的要求：「第一是消滅阻礙新生產力發展的舊生產關係，破壞舊政治，取得政權，建設新經濟，以建設較開明的政治，」

（一）打倒一切帝國主義所加於中國的經濟關係，和一切封建社會的生產關係，赴設較開明的新經濟。

「（二）消滅一切帝國主義在中國的政治特權，建設較開明的民主政府。」

☆辛亥革命雖然是半殖民地的國民革命，階級性質不十分明顯，然在實際上當時革命所代表的意識確是資產階級的。「在經濟上是幼稚的商業資產階級代表新生產力的表現，我們看他們爭辦礦山，爭辦鐵路就非常明瞭。然而當時阻﹍這種新生產力發展的障﹍物，一方面固然是滿州政府的封建階級，然而根本上卻是帝國主義。所以我以爲那時辛亥革命的要求：（一）打倒一切帝國主義所加於中國的政治特權，建設較開明的民主政治，（二）消滅一切帝國主義在中國的政治特權，建設較開明的民主政府。」但是辛亥革命於此三者得了什麼結果？」

（三）推翻一切舊封建社會的思想，與帝國主義所帶來的欺騙觀念，建設較合乎羣衆要求的理想。

但是辛亥革命於此三者得了什麼結果？第一條的經濟要求，達到了沒有？誰也知道沒有這麼一回事。第二條的政治要求，上邊說過，打倒一個封建政府，所謂前門出虎，後門進狼。第三條，更可謂莫名其妙。

由此我們可以說辛亥革命是完全失敗了的，至少也可以說沒有成功。這

如果中國不受帝國主義侵掠，何致貧窮到這步田地，縱或水災深重，又何嘗不可維持現狀呢？

（四）

辛亥革命由事實證明是失敗了，但是失敗的原因在那裏呢？這個問題，再重要沒有的，我們每個國民革命者都應該來仔細研究一下。純粹的客觀的抽象說明，自然是辛亥革命的客觀條件尚未成熟，遂成了流產。然而具體說來，卻不這樣簡單，我以為當時代表辛亥革命的主人翁——國民黨，應負相當的責任。我對於這一層在本報八十五期『我們為什麼反對國民黨之軍事行動』一文裏，已經稍微說過了。最重要的點是：（一）國民黨沒有認清真正的羣衆在那裏，（二）沒認識清楚真正的敵人，（三）沒了解革命的步驟。——由宣傳，而組織訓練，而武裝暴動。

在那時候國民黨所認的羣衆是商業資產階級，農民，智識階級，手工業者，很少數的工人，小商人等；失業的農民和手工業者所變成之土匪，固然可以利用，但絕不是基礎羣衆，真正的基礎羣衆是商業資產階級和農民手工業者。國民黨對此僅僅看見商業資產階級中之一部份華僑，而忘了最大多數的國內商業資產階級和農民，手工業者，只專心致力於會匪和軍隊運動，所以結果就成了土匪軍隊的『革命』，所以當時國民黨對於商業資產階級之鐵路商辦礦山商辦和農民羣衆，和農民羣衆之反抗加捐等偉大的運動，絕少參加，所以革命時及革命後，這些羣衆都懂不到國民黨為誰的利益奮鬥，牠們都不顧意與國民黨發生關係。（國民黨的敵人很明顯的是國際帝國主義與滿州政府的封建階級，然而國民黨把前者完全看掉了，對於滿州政府的封建階級，也只看見滿族，沒有看見整箇的封建階級，所以革命的口號，僅僅一個空空洞洞消滅滿族，沒有使羣衆明白革命真正的對象是帝國主義與封建階級，結果推倒了滿族而帝國主義的封建階級——袁世凱，還依然存在，釀成現時帝國主義的封建軍閥，永不注意羣衆的宣傳與羣衆的組織和訓練，所以辛亥革命時與辛亥革命後，在國民黨面前都是幾箇土匪頭子——軍閥，朝所謂軍事行動，永不注意羣衆的組織和訓練，所以辛亥革命時與辛亥革命後，依然存在。現在還是一樣。

辛亥革命與國民黨

獨　秀

辛亥革命是中國國民革命第一次試驗的大失敗，現在看來是那時代表羣衆的國民黨的幼稚尤其是代表羣衆的國民黨的幼稚。現在擺在我們面前，有這多豐富的經驗作參考，應該不要再失敗下去。我希望還想代表國民革命的國民黨和每個真實的國民革命者，當這個辛亥革命十三週年的雙十節，重新來審查一下，從此或者找到新的道路。

我始終承認中國國民黨（此處所稱中國國民黨，乃包括自同盟會一直到現在中山先生所指導的黨。）在辛亥革命是失敗了，至少除剪了一些辮子和掛上一塊民國空招牌外，別無所謂成功。何以如此，根本上自然有當時社會的經濟原因；而再就革命黨人努力及其政策上說，我們不能不承認有三個重大的錯誤，也是失敗之原因。

第一是誤用了不能貫徹革命宗旨的口號。當時革命之唯一的口號是『排滿』，這種感情的煽動，自然也是革命運動之重要工具；然而不拿住民衆真實的物質要求，專以煽動感情為唯一工具——感情是一件浮動不能固定的東西，把革命運動建立在這浮動不能固定的條件上面，那有不失敗之理！當時民衆真實的物質要求，是對外收回權利（礦山鐵路等），是對內反對中央官有企業（浙路川路等），革命黨人忽略

了這種適合國民革命之真實的物質要求，而專事感情的排滿運動，當時的黨人，信仰三民主義而加入同盟會的幾等於零，因於滿而鷹鷙之

面觀，以爲滿倒斯則萬事自好而加入革命的黨人居最大多數，因此清室一退位，革命運動的機能，不但首先叛逆志章胡麟劉師

培公然宣言只，知排滿不知共和，大部分革命黨人都減少了革命的熱忱，即革命的領袖們也異無法解釋一般民衆「反對清室退位後繼續戰爭

」的謬誤心理，因爲當時只有排滿的呼聲占領了全社會。而且在這單調的呼聲中，實將民衆真實的物質要求，即反抗外國侵略時的呼聲掩

佳了；使帝國主義者安然以巨款援助袁世凱解散革命的勢力。後來袁世凱死，護國運動使應中止，徐世昌逃，孫中出便應下野，都

了，然而這種轉海的想像，不如直接反抗帝國主義的侵略能夠號召民衆，當時直接鼓勵民衆革命情緒的只是推倒滿清，所以「滿清倒面革

命運動即應停止」，在當時民衆心理上，竟成了一個合理的邏輯。這個邏輯誠然合理，可是錯在「排滿」「討袁」「護國民護法」一直到現在的「討賊」「討袁」「反直」「北伐」等

是同樣的邏輯。這個邏輯誠然合理，只是錯在「排滿」「討袁」「護國民護法」可是中國革命運動，正是被這合理的邏輯葬送了，也就是被那

些不能貫徹革命宗旨的口號葬送了！

△　第二是專力軍事行動，輕視民衆宣傳及黨的訓練。（革命自然應有軍事行動，然而在沒有相當的民衆宣傳及黨的訓練跋前，即貿然做

軍事行動，且專力於軍事行動，即令軍事上占得勝利，也斷然沒有成就革命事業的可能。）（沒有民衆的宣傳，則軍隊的力遠，和民衆的力

量不生關係，并不能得着民衆的了解及軍事上建設上的援助）（沒有黨的訓練，當然無法由黨的主義來支配戰時的軍事行動及戰後

的政治建設不遠背革命的意義）國民黨的軍事行動自始即失之過早，辛亥革命也因此而早熟而失敗了；至於民衆宣傳方面，黨只有

一小部分遠背革命的鼓動，小部分的鼓動都停止了，唯一的機關報「民報」竟然曾在民黨占領的地方機續出版過一次；黨人

自辦的宣傳排滿的民立報，兵事起後，撰述權竟委諸反同盟會的章士劍之手；軍事行動普遍了南方十二省北方二省，竟無一個正式的宣傳

機關（民權報是天仇管人的關係）。因爲黨中無力供給出版經費麼？當然不是。只是因爲黨中

只看見軍事行動在革命上有價值，辦報不過是無聊文人混飯吃的把戲，一萬張報內也尋不出一兵一彈來，有何用處？從前在民報上民立

報上做些宣傳工作的黨員，兵事起後，都去做了大官，做了偉人，那還肯低頭小來充當什麼新聞記者！只專力軍事行動不做民衆宣傳過

一點，不但是辛亥革命失敗的原因，并且是國民黨至今還沒有社會的基礎之原因。

（四）於黨的訓練方面：當時的右派（首領是黃奥宋教仁章炳麟等）附和官僚派「革命軍與革命黨清」之說，固屬荒謬；而左派首領孫中山諧

澳民陳其美等又何嘗想起召集一個全國黨的會議。）兵事起後，站在政府方面，開過多少軍事財政會議；而未嘗站在黨的方面，開過一次

會議的政治主張，決定黨的政治主張，集教育黨員，訓練黨員，團結黨員，使之一致行動。

及背黨行爲自然要層出不窮：第十個背叛者便是章炳麟，公然通電毀謗黨魁，力主政府北遷，推舉袁世凱，非袁無人能統治中國；第二個

背叛者便是南京臨時參議院中多數黨員，不遵黨魁命令，議決政府北遷，第三個背叛者便是劉揆一，爲了想做袁政府的工商總長，宣布脫

黨；自此以後，相繼叛黨者，若胡瑛等，不計其數，幾乎可以說是同盟會之袁黨化。

革命黨這種失敗，比較軍事上政帝上任

何失敗都重大，而且可恥。

然而當時黨中並不曾把這種可恥的失敗看得比軍事上政治上失敗那麼要緊。只專力軍事行動而不注意黨的訓練，不但是辛亥革命失敗的原因，卽現在的國民黨仍然不曾抛棄這種舊觀念。

第三是左派首領過於和右派安協了。國民黨自始就有左右派的痕跡，其原因乃由於地方的經濟組織影響到兩派政策之不同：左派首領孫中山等，生長在廣東海岸外國新式產業發達的地方，所以產生了三民主義革命的理想；右派首領黃興等，生長在湖南內地農業社會裏，所以抱定了簡單的排滿理想。這兩派革命的宣傳，自始也就不同。廣東派的失執信胡漢民注精衞等，在民報上便有一些關於民權民生的理論；而湖南派的陳天華楊篤生等，却只有激烈的很流行的排滿小冊子──猛回頭，新湖南。──自從清室退位，右派的理想已實現，遂漸漸表示安協的傾向：（第一步安協是孫到北京和袁世凱等所國是：協定什麼內政大綱八條（一・立國取統一制度；二・主持是非善惡公道以正民俗；三・暫時收束武備，先儲備海軍人才；四・開放門戶，輸入外資，興辦鐵路礦山，建置鋼鐵工廠，以厚民生；五・資助國民實業，先著手於農林工商；六・軍事外交財政司法交通省以中央集權主義，其餘斟酌各省情形，象採地方分權主義；七・迅速整理財政；八・竭力調和黨見，維持秩序，爲承認之根本。）；第二步安協是包圍孫中山，讓權袁世凱并政府北遷，直到民國二年，國民黨完全失敗，孫中山才公然排責黨派。──這些安協的責任，大部分固應歸之右派，而左派諸領袖，爲什麼也靈肯容納右派的主張，與之合作也是一個問題。──第四步安協是解散同盟會與幾個非革命的政團分組國民黨，這樣袁派開始與舊官僚及大紳士合作，這時加入國民黨的國民黨內，不服從他的主張，才斷然和黃興派分裂，另組中華革命黨，繼續革命運動。──第五步安協是向袁世凱要求組織國民黨內閣；經過這些安協，不但革命運動停止了，連一個革命的黨也清滅了！

在這繼續革命運動中，所採用的政策，是否因襲舊的政策──採用不能貫徹革命宗旨的口號，專力軍事行動輕視民衆宣傳及黨的訓練等，──然是一個問題，左派自身是否也有安協的錯誤──鄭重宣言保護外人生命財產履行條約義務等──這又是一個問題。

辛亥革命仍然是失敗了，我們對於這些過去失敗的回顧，是十分痛楚的回顧！

我們爲什麼要做這些痛楚的回顧？『前事不忘，後事之師！』

辛亥革命在中國國民革命上之意義

大雷

辛亥革命既被大家承認爲一種革命運動，所以我們對之有估量其在中國國民革命上之價值和意義之必要。在這裏估量其價值與自其意義之前必先對於中國國民革命有一簡明瞭的觀念。

什麼是中國的國民革命？　中國的國民革命就是中國民衆對於外國帝國主義之經濟的和政治的剝削之反抗運動，其目的在推倒帝國主義在華的一切勢力和其走狗──本國的軍閥！──而建設一個合於民衆利益的獨立政府。中國的國民革命已不是如十八九世紀中歐洲各國的國民革命，是本國資產階級對於本國封建階級之一種革命運動，而是中國的一般被壓迫的民衆反對外國帝國主義的運動。因爲以前歐洲的國民革命之對象是本國的封建階級而現在的中國的國民革命之對象，如各殖民地一樣，是外國帝國主義而不單是本國的軍閥，本國的

軍閥不過是帝國主義的僱用者你們看那一個軍閥沒有外國帝國主義能存在的）。所以我們說要打倒軍閥是要間接打倒其背後之主人翁——外國帝國主義。

而且打倒外國帝國主義是建設獨立的人民政府之一個先決條件。如果外國帝國主義在華的勢力不推倒，在政治上面恐亦無從助軍閥或買辦階級組織賣國政府，在經濟上面是攬住中國經濟生命，經濟生命被攬住永無成立獨立政府之可能。所以中國國民之最要職務是打倒外國帝國主義。而估量中國某種革命運動在國民革命上的價值和意義全由其反對外國帝國主義進攻的程度如何而定。

中國自從義和團起事——這是最有國民革命精神的運動——以來，非特是中國之實際政局是完全屈服於外國帝國主義而就是在革命黨的思想上亦然如此。同盟會與康梁派的一切爭論不過是對於內政應用革命的改造還是應用和平的改良之爭議而對於與外國帝國主義者的關係則無異議，他們兩派的主張同是一種不排外的自強運動，其相差其實無幾。

在同盟會領導下之辛亥革命當然亦不會含有一點排外的意義。所以在辛亥革命剛起的時候就再三向外國帝國主義宣言：革命政府將如何尊重列強條約上之利益和保護外人在華的生命和財產之安全，將如何擔保外人之通商和開發實業的自由。中國的一種革命運動，照上面的意義說來，如果沒有反對外國帝國主義進攻而反示好於帝國主義，那就完全失掉國民革命的意義了。辛亥革命就是這樣的一種純粹革命運動。

不管其手段是把滿清推倒了，不能說其在國民革命上有重大的意義。

有人說：『辛亥革命是要先建設強大中國然後再對付外國帝國主義。』其實，你要建設強大的中國之第一步就要遇見外國帝國主義的阻碍。在辛亥革命時英國公使朱爾典和銀行團大借款援助袁世凱推倒南方政府；現在英國政府之陰謀傾倒廣州政府；外國帝國主義援助中國反動勢力壓迫革命勢力的例子已是舉不勝舉。所以你要先理內政再行對外，完全是一種夢想。

辛亥革命所有的一點意義就是用激烈的手段推倒滿清。然而後來南京政府與袁世凱的調和就是這點意義都把他減殺了。

總而言之，辛亥革命在中國國民革命上不能有多大的意義和價值，因為第一，他沒有把外國帝國主義當作革命的對象，而是一種純粹的對內的民治主義的革命，第二，就是這樣亦沒有能保持完全革命的態度而傾向調和。

嚮導彙刊

第一期至第五十期

定價大洋一元五角

中國工人

第一期已出版

是中國勞動運動的理論的指導
是各地勞動運動的事實的紀錄
做勞動運動的人不可不讀

每冊定價銅元四枚

第一期定價銅元四枚

代售處：全國各大書坊

The Guide Weekly

嚮導週報

第八十七期

（中華郵務管理局特准掛號認爲新聞紙類）

一九二四年十月十五日

郵票代款概作九五折

分售處

武昌 時中書報社
上海 上海書店
廣州 民智書局
巴黎 丁卜書報社
中國書報社
香港 萃文書局

分售處

太原 晉華書社
長沙 少年書社
河南 齊魯書社
杭州 古今書店
濟南 新亞書社
開封 明星書社
寧波 文化書社
蕪湖 工學社
天津 一苓書局
南京 共進書社
南昌 南昌書報流通處
蜀都 華陽書報流通處

定價 國內一元寄足四十期 國外一元寄足二十五期 郵費均在內 零售每份大洋三分

每星期三期出版 發行通訊處

上海英界大海楊志育明子鄭轉課收
北京大學第一院

嚮導週報 （第八十七期）

軍閥戰爭之一幕

和森

自九月三日至本月十三，江浙戰爭整個的打了四十天，而盧永祥與何豐林以出走結局，軍閥戰爭在東南方面要算暫時演完了一幕。

在這一幕大兒劇之中，江浙人民所受奸淫擄掠妻離子散家敗人亡的痛苦，豈是十年廿載所能恢復？現在慘殺一時中止，自然要哭中轉笑，相慶和平。

和平果然降臨，戰爭果然終止了麼？本報懇切的預告你們：這不過是軍閥戰爭之一幕；只要軍閥與帝制軍閥後面的外國帝國主義存在一天，第二幕第三幕……這要接連的演個不窮。

你們不見盧何方走，而齊燮元與孫傳芳之間便起了暗鬥麼？被軍閥戰爭犧牲的江浙人民，你們在軍閥與外國帝國主義的宰制之下，不僅永遠得不到和平，而且永遠免不掉戰禍。你們要免戰禍而得和平，只有贊成本報主張而跑上國民革命之一途！

你們試看本報兩年來對於全國人民所說的話，那一次不說中了呢？

廣州反革命之再起

和森

▲政府軍警協同商團慘殺工人

「當斷不斷，反受其亂」，不革命剿滅反革命便是反革命剿滅革命；國民爲「中堅人物」對於商團之姑息猶夷，吾人早料反革命不久即有捲土重來之日，雙十節果然又大大地爆發了。

胡漢民先生想用暗渡陳倉的方法（參看本報八十五期）：援引一部份商團勢力與政府合作，不僅是使廣州政府完全與失革命性質，而且當反動再起時一定要暴露其爲反革命所惡化。現在果然靈驗不爽，商團一旦宣布再罷市，漢民先生屁滾尿流，立刻向商團表示孝順，函李福林爲還鎗械四千枝。

可憐忠心革命的工人與工團軍好不識趣，在這個時候不知仰體政府的意旨去孝順商團，反而義憤填胸切實替中山先生在那一點「天地間的正氣」（參看本報八十二期，廣州通信）去阻止還槍，——你溜這樣愚不可及的革命工人那得不被商團誣同政府聲罪之慘殺？果然不錯，他們不懂被鎗斃拘捕，而且破挖心剖腹！

請看上海各報所傳消息：

七〇七

（1）新申報十一日香港電：省商聞佳（十九）復接灰（十日）罷市傳單，胡漢民函李福林，雅發遼艦四千，李灰（十日）晨派艦由黃埔遠至瀋珠起岸，商團集西濠口接收，長堤一帶，由商團協同警察守護，下午二時，有工團軍講武堂學生二百餘人，巡行經長堤，與商團衝突，開槍互擊。

（2）同日時報電：廣州政府十日遷商團軍械四千餘枝，被工團中途截搶，軍隊與工團衝突，死傷十餘，捕獲工團數十人。常局允許發還商團槍械，十日下午三時，由李福林軍保衛，將軍械起岸，忽與工團軍衝突，雙方開火，傷亡多人，工團十餘人被逮，解李軍司令部訊辦。

（3）同日申報電：灰（十日）午工團軍巡行至西濠口，與商團口角衝突，放鎗數百響，工團軍死傷二三十人，數十人被捕，解返西瓜園商團總部，有四工團軍被人剜心；是日商團長陳廉伯陳慕受李仲韶佈告（好威風！這便是所謂擁護政府了！），商團武裝出巡，如有瑩擄，迎頭痛擊。

嗚呼！

嗚呼！商團聖明，工人常誅：打死不上算，還要剜心，打傷不上算，還要拘捕！擴新聞報載，拘捕的人數竟遠百餘名之多，拘擄的執行者不僅是商團而且是李紗率之下的政府軍醫；雖有廖仲愷向李福林請求保釋之說，但能否邀准尚在不可知之數。

工人常誅，商團聖明：佽佽倪任從二陳大搖大擺地在廣州市虎作為虎不上算，還要命警察協同武裝商團維持秩序，退還四千餘械不上算，還要命李福林如為政府全權代表向商團三跪九叩，聲明負遠械全責！現在請再看下列消息：

時報十二日電：工團因傷路斃多命，密謀對付，商團已大戒嚴，風潮擴大。；廣州十一日仍罷市，由武裝商團軍協同警察維持秩序，

新聞報電：十一日胡漢民派李福林李朗如為政府令權代表，與商團接治，謂還械負全責，勸復業，商團代表欠械請全發，卽關市；李號悄復胡，並謂蔣介石等取去之械，已無法收回，請兵工廠分期補還；胡令李請孫文示，旋胡接孫文電，謂械案相機辦理，俾屈

申報十三日電：廣州元（十三）罷市情形如昔，李福林以市總名義，真（十一）佈告勸商店開市，未遠開械，擔承寒（十四）點交；瓦潮速息，並着許崇智楊希閩范石生李福林負省城治安責。

以民團統率處督辦名義佈告，勸工會團捐辦，勿聽人挑撥。

上列消息中有兩事值得特別注意：第一，工人因擁護革命被人打死打傷剜心剖腹，所謂『革命政府』不僅不鎮壓反革命，反而協同反革命軍鎮壓工人，反而對於工人加以什麼『勿聽人挑撥』的威脅，——這到底，甚麼道理？當然無他，不過是商團聖明，工人常誅罷了！第二，中山先生上次為反革命及英國帝國主義所屈辱，吾人聞之，此老幾乎慎不欲生；而現在政府中居然有人向新聞界散布中山命令速息風潮以免擴大的空氣，吾人於此不待不深滋懷疑。吾人深信中山先生革命人格之強固，決不於此時暴露如此之弱點，如一般滑頭政客之所為。果然十四日的上海各報中，居然又登載下列的消息：商團消息，孫文電壓行超范石生，令西關居民於三日內離開，彼將包舉商團。

——這個消息如果屬實，我想中山先生若是曉知留守者在廣州之所為，如不氣死於韶關，定要震怒而回羊城！

嗚呼！廣州之留守者！你們現在異是以天下之至巧而成天下之至拙，你們得意的『緩和策』，其實就是你們的致命傷；你們辦定兵工

盜糧，商團繳械到手，不僅不會終止罷市，而且將正式向你們宣戰。 你們以爲反革命第二次罷市的目的僅在發回繳械麼？ 你們不要不

昧，難道在雙十節以前沒有聽見反革命領袖在英國帝國主義家裏——香港所開之會議，難道沒有看見粵透電所博「請孫下野」之消息？？ 難

道你們還夢想『友邦』不致仇視你們到底；你們可用孝順商團的手段去間接和緩英國帝國主義對於你們的驅逐嗎？ 嗚呼——廣州之留守

者！ 你們太聰明了，革命破產的責任已經到了你們的肩上。而現在足最後十五分鐘，你們怎樣做呢？ 據我們的愚見，仍然只有採取斷

然的處置，與反革命及英國帝國主義決一死戰，以實踐中山先生上次的偉大宣言；所失的至多不過是一塊妨礙革命進行的廣東地盤；失掉

這塊地盤，於以後革命的進行不僅不是禍，而且是福；反之，即使暫時倖得苟延政權於反革命與帝國主義的惡化之下，不僅不是福而且是

禍。 何去何從，你們選擇一下罷！

帝國主義製造戰爭宰制中國之繼續工作

述　之

所謂江浙戰爭或直派與反直派戰爭，我們已經屢次用種種事實證明，這是英美與日法兩派帝國主義爲爭要宰割中國，各用金錢軍械及

種種幫助所製造出來的一個軍閥戰爭。 我們並且內英美前所倡的種種干涉論調，指出此次戰爭之結果，必然待由帝國主義召集所謂和平

會議或其他方法，以宰制德國之道威斯計費或類似的政策來宰制中國。 可是短視的國人們及一班昏頭昏腦的新聞記者，至今還不能覺得

還個，瞎說胡吹，就連號稱代表國民革命之國民黨的領袖孫中山先生，（受右派的引誘）也一樣在那裏指天畫地，胡叫什麼「西南團結一，

興師北伐」，眞是奇怪極了！

然兩繼續不斷的事實——兩派帝國主義幫助兩方軍閥及牠們主張干涉中國的事實，卻緊跟着總結不斷的時間，硬要替我們所指出來的

作見證。 請看：

商報天津六日電：吳佩孚催吳毓麟進行鐵路借款甚急，聞滄石路已由交通部與美國安利公司簽字，借額一百六十萬磅，儘兩月內交付

交部與英國福公司交涉道濟路借款，閒一星期後將簽字，金額二百萬磅，墊款五十萬磅條件未詳；高凌蔚，王毓芝，吳毓麟向英國認

商張庫鐵路借款；

路透北京五日電，政府發行國庫券四百二十萬元一事，已商安辦清，據安格聯爵士稱，渠悉照購。

這些一批一批的大借款是不是英美帝國主義幫助直派軍閥吳佩孚曹錕等的鐵證？ 此外更有齊燮元對於美國的導淮借款和無線電台等

正在祕密進行，久懸未解決的金佛郎案吳佩孚亦已委王克敏向各方面運動。

我們試公看另一派帝國主義怎樣幫助反直派：

商報北京七日電，乘意法飛機十八架已交張作霖之委員，法船昌蒂萊號因不能入港，諸飛機當係運登華船，轉送入口，法使署答復外

交部之抗議，謂法國無禁止商用飛機出口之法律，惟軍用飛機則可以取締，如果有此事，當令法輪船公司勿將此飛機運往滿州，惟中

國抗議文未到法使署時，此項飛機恐已交與奉矣。

這又是不是法國帝國主義繼續幫助反直派軍閥張作霖的鐵證（因前已幫助奉張軍械）？ 至日本最近對奉天的幫助，借款與軍械，近來

報紙上雖未揭載，然我們只看十四日的新申報上所載：——

電通社十三日東京電：十二日之對華國民大會，議決對於張作霖在山海關獲勝，甚視提電報，對於孫文盧永祥，則發對直激勵電報，對吳佩孚則勸其降伏云。

這樣彰明較著毫無客氣，彷彿一方面嘉獎其部下奉張，孫，盧，一方面威嚇其敵人吳佩孚來歸，這簡直是日本帝國主義直接討伐直派的一種神氣。日本帝國主義之幫助反直派，還有疑問嗎？（我們從反一方面，吳佩孚向日使芳澤要求幫助，立被拒絕一事看來，亦可證明日本正在進行幫助奉張。）

像以上英美與日法帝國主義這些幫助兩方軍閥，繼續製造戰爭的鐵證，只要國人們眼情沒有瞎盪，耳朵沒有雙聾，想必然能夠看到聽到。無奈一班帝國主義者和軍閥的走狗死死為之掩飾，其實在軍閥自己已互相揭破，如張作霖和盧永祥之通電反對英美帝國主義借債給直派的北京政府，及北京政府之抗議法運飛機與奉張，皆指明其敵方之帝國主義係有意幫助其敵方之軍閥，延長戰禍。這班帝國主義與軍閥的走狗真是罪不容誅！——

我們再看看帝國主義對於宰割中國的干涉論調。

東方通信社：天津十月十日電：據可靠方面消息，曹錕因總統府美顧問福開森之好意，計畫一種率直間的和平運動，已由教士吉爾白脫（Gilbert）開始着手進行，聞已命其僧教中人着手進行了。

英美帝國主義始倡干涉論，見蘇俄政府及中國較有覺悟的人們大反對，於是照外交慣例而倡不干涉主義，其實何嘗不干涉，不過時機倘未成熟罷了，現在時機已快成熟，故帝國主義者福開森，就令吉爾白脫開始進行了。

再看日本一方面。

十月十日時報載：日本上下兩院議員，新聞記者，實業家，教育家，宗教家等，於十月四日午後一時，在東京芝增上寺院內之弔祭場，開國民對華大會，開會之前日，因喚起國人注意及警告政府起見，分貼全市各街口，是日開會時，各階級人士到會者，無慮二千，長岡中將大藏大臣，勝田主計，三宅麒一博士，三宅雪嶺博士等，屆時搖鈴開會，橋本徹馬氏，一班名人，相繼到場，及賓言書，決議書等，經全場贊成，次則各政黨登壇演說，推舉上杉慎吉，望月小太郎，三宅雪嶺博士等，為執行委員，並宣讀宣言書，及決議文，散佈傳單，又印大廣告招貼五千張，散佈傳單，分乘四輛汽車，登境逑開會詞後，相繼登壇演說，大發干涉華事之議論，謂中國內政腐敗，軍閥專橫，若任由中國自主，不知何日始能改善，此不獨中國自身之要人，相繼登壇演說，大發干涉華事之議論，受鉅大之損害，即我日本亦受許多損失，故我日本為擁護維持所得權利起見，如有事件發生時，我日本國民斷不能默視云云，至午後五時半，始宣告散會，其宣言如左。

鄰邦今次之動亂，終不免誘起列強有勢利之爭，致中國變為第二之巴爾幹，東洋之和平，既不能保，中國之保存亦難，且影響於我國，故我國（日本）為保持東洋平和起見，此際不能漫然與列強共同一致，執拱手旁觀之態度，為不幸之四億人民起見，希望早日平靜和好，若有為著鄰出力之時，雖犧牲多少，亦在不惜云云。

決議　一，日本國民，因今日中國內亂關係，爲援助中國統一，保全東洋平和起見，我國民應有相當犧牲之覺悟。二，帝國政府（日本）對於支那全局，應保持在支那特殊地位，故須卽速築造支那自主之國家，大正十四年十月四日日本對支國民大會啓。

國民大會，又有所謂利權擁護，干涉強硬同盟協會主辦之第二次國民大會，在淺草統一閣，亦於四日晚開同樣之對支決議文，所謂不干涉政策，我日本實錯誤矣，吾等須卽刻要求我當局，擁護我國正當之權利，卽行取嚴重干涉態度。

總之英美日法帝國主義現在一方面正在繼續進行牠們製造戰爭的工作，同時又預備將來怎樣惜和平口氣來干涉，事割中國。

帝國主義者眞昂絕頂聰明！　一方面暗地繼續不斷的製造戰爭，另一方紆週曲折地提倡干涉論，并實際準備干涉。　可憐中國數萬人民被算在一　昏沈沈的大鼓裏，始終莫名其妙！

英國工人政府的命運

述　之

所謂：國「工人政府」，本來不過是字眼上這樣稱呼，若按實說來，簡直是一個英國資產階級的政府，不過這個資產階級的政府，因爲內部有幾　工　貴族──第二國際的的首領麥克唐納爾等濫有辦事呢？

這是因地們看見麥克唐納爾等素來主張勞資調和，反對半強無階級帝命的共產黨，替資產階級要克服工人階級，這樣很足以表示牠們對於資本主義的忠實。　就決然扶心麥克唐納爾幾個老爺上台，一方利用牠們可以對付失業工人，另一方又可以使以代表資產階級的自由。

就決然扶心麥克唐納爾幾個老爺上台，一方利用牠們可以對付失業工人，另一方又可以使以代表資產階級的自由。恰好當英國的失業問題不能解決，同時英國保守黨又暗與自由黨有衝突，所服工人階級，這樣很足以表示牠們對於資本主義的忠實。

然而這個並非自由資產階級主觀上的願恕，實在是資本主義末期的必然現象。　大戰後歐洲的無產階級已不還樣作自由：何樂而不爲。　然而這個並非自由資產階級主觀上的願恕，實在是資本主義末期的必然現象。

能似戰前那樣馴伏，故資產階級也不能如戰前那樣馴伏，安然統治無產階級，因此途不得不利用貪工人階級的第二國際首領爲其代辦，在大戰時與大戰後，德，法的資產階級利用考茨基與格德一班人大收其成效，去年遺次英國資產階級　捧麥克唐納爾上台，不過是大戰後之第二次的利用罷了。

麥克唐納爾的工人政府八九個月來，雖替英國資產階級作了不少事，如對外之壓制蘇丹受爾蘭，對付中國廣州政府，和對內之壓迫工人能工以及種種機緝賄治和克检內閣時代之政策等，不無功績，可是牠始終不免有所失检，如對於英俄和約與勞動者週報主筆康白爾案，

不能盡合資產階級的意忠。

所以代表資產階級的路易喬治在里塞斯特對幾萬人演說時，就指斥麥克唐納爾濫用職權，謂它使國家受總選舉之煩援，而不允勞勤者選報案；調查；又證工黨之極端份子，強迫政府干涉此案之司法，並爲俄國担保借款，政府令若不能爲無恥極端份子，則地日得國會多數，而能抵抗自由黨，保守黨及他人時，政府不將無所忌憚乎……還裝非常明顯，工黨的左派份子稱爲穩健，英俄和約由勞勤者週報調查案，換言之，即是工黨左派份子有一點兒與蘇俄和共產接近，所以路易喬治理睬是犧牲麥克唐納爾……工黨政府亦所不惜了。

麥克唐納爾工人政府，本爲英國資產階級即自由黨用得着牠才扶牠上台，於今牠——麥克唐納爾對主人有點兒不盡忠，作事許錯了，主人要牠滾蛋。本來沒有什麼希奇，我們對於這個英國資產階級的忠僕，賣工人階級而麥克唐納爾之滾蛋，也一點沒有甚麼可惜。只是眼巴巴望着偏執的第二國際黨，覩此情景，未免傷懷能。

現在麥唐納爾聽了路易喬治的話似乎是大悟過。

牠在末開選舉之先即在工黨大會上決定三案：（一）拒絕共產黨加入工黨，（二）不承認共產黨員爲合或地方，會員之工會候選員，（三）共產黨員不得爲工黨黨員。這樣不會麥克唐納爾跪倒在牠的主人英國資產階級面要求說：『老爺！　我并沒與反　你的共產有什麼關係，不信？你看我對待牠們何等嚴刻！』

一方面麥克唐納，這樣地表示，同時英國的失業問題并沒解決，究竟自由黨的資產階級是否肯遷就這個不中用的忠僕，還是延問，照我們看來，麥克唐納爾的工人政府，在客觀的條件上，對英國的資產階級目前還是用得着的；不過英國資產階級恐怕人有失，放不下心，仍要自己來下手，這也是意中事。但是英國眞正的無產階級，不管路易喬治來統治或麥克唐納爾來統治，在實際上都是一樣。不過麥克多納爾的工人政府多能延長一天，英國之不覺悟的無產階級即能由此多得一點教訓，——麥克唐納爾反叛工人階級的教訓，這個歸於世界將　無產階級革命的意義上，倒不無價值，我們始且拭目以待。

廣州印刷工人罷工之經過

（廣州通信——十月二日）

巨　緣

廣州漢文排字工人曾經在九月初纔能過一次工那時正是商團剛剛開市，政局非常動搖的時候，又是北伐呼聲最高，廣州政府要發表種種宣言，布告「新政方針」的緊急關頭。　因此，當時突然間市上沒有了報紙，狠是一個政治上的打擊。

工資有在每月十元小洋以下的。　工人的要求，但是絕對正當的，而且是純粹經濟的要求。

然而工人要求加薪的醞釀，已經好幾年了，印刷工人的苦況眞正不堪聞問——工資已正不地聞問——工資有在每月十元小洋以下的。　工人的要求，但是絕對正當的，而且是純粹經濟的要求。然而工人要求加薪的醞釀，已經好幾年了，印刷工人的苦況眞正不地聞問。假使要說那時不應當使政府喪失宣傳工具，那麼，報界公會便應當立刻答應工人的要求，省得枉費許多磋商工夫，不用說逼迫他們使不得不罷工了。然而報界公會故意從中作梗，無非是想保存資本家的威權。

政府方面及國民黨方面有兩家機關報（如廣州民國日報）也在報界公會之內。　當時國民黨和政府當然想報能出版，可是，政府竟不能使自己的機關報脫離報界公會，單獨答應工人的要求。

後來廣州民國日報總算「暫時」答應了，工人方面已無問題，顧意上工；可是沒界

公會還是出來照梗；他們說，廣州民國日報因為急於宣傳，也祇能將臨時照工人的要求付工資，使他們上工，就是工人上工了，也祇能出半張臨時特刊，不能完全恢復舊狀，否則雖祇一家報館恢復，工人可以援例向別家要求。廣州民國日報因為沒有脫離報界公會，另然受他這種約束。於是政府還一班人還是說工人搗亂。其實是政府自己不能命令自己的機關報，而中派某要人反而向工人部理怨，說：『國民黨內有了工人部倒反向工人，政府為難。』

廣州工人代表會曾經召集會議，請排字工人代表陳述要求。排字工人代表說：他們要求加薪，是不得已而罷工，如各報館答應要求，工人才知道報界公會還在堅持，而且意反對政府，有意延遲，想拿自己『破壞宣傳機關』的罪名加到工人身上，工人便說，我們祇擁護革命政府，不是隨便什麼政府都擁護的；現在既然如此，我們提出三條要求：（一）各報館宣言擁護革命——反對商團；（二）各報館答應不再做反對工人的宣傳，（三）經濟要求由廣省長擔任在兩星期內應允實行。廖仲愷又不贊成工人的第一個條件。工人以為我們贊擁護革命政府，而政府裏和有人以為不必叫報界擁護政府，那末工人又何必替人家出力不討好？又何必堅持呢？那時這以為第三條，三方面都同意——廖仲愷說有這把握，所以工人便上工了。

但是不多幾天，事情又變了卦：廖仲愷雖然答應了工人，資本家卻沒有答應廖仲愷，內中情節，似乎資本家反而和廖仲愷有了什麼協定，資本方面固早已設法製造這種形勢。工人看見自己的要求不能達到，便又醞釀起來。國民黨——不能命令廣州市黨部機關報——自然還想從中幹旋，勸工人不要叫政府『為難』。可是工人祇知道贊助國民革命——表現自己的力量以贊助國民革命的政府；不肯讓政府單獨去對付達反國民黨改善罷工生活政綱的『報界』（廣州民國日報亦在共內）并且也許不肯讓廣州民國日報獨去對付束縛自由行動的報界公會；所以大有實行罷工的決心，以工人實力贊助國黨鎮服廣州黨內黨外的反革命派，并進到自己的絕不能背絕的經濟要求。

因此，這兩天也好幾種傳說：有的說十月五日工人一律再罷工；有的說淺文排字工會籌備變賣房產長期罷工；有的說工會變賣房產，想一面罷工，一面自己出一種報，做激底的國民革命宣傳。

對於廣州印刷工人第二次罷工的感想

和森

在上月的報紙裏面，我們看見國民黨中央委員會工人部長兼廣省長廖仲愷君在工人代表會議席上斥責印刷工人不應於政府此代時能工，我們已深致詫異：第一，因為真正的革命動是要建築在工農羣衆現買的利益之上，違反或壓抑工農羣衆的利益去革命，不僅於理論不通而且在事實做不到；第二，廣州營業資本家及報界公會與買辦階級之關係素深，廣州政府若是代表革命和工人的利益，在這個時候祇應命令介報界公會承受工人加薪的要求，而萬不應遷就報界公會去壓抑工人的要求。

據本報廣州通信所說：在上次印刷工人罷工中，廣州政府不懂沒有實行保護勞工利益的政綱，而且根本犯了遷就報業資本家壓抑工人

利益的失策。上次罷工既然是由於一種欺騙手段而終止，那末，第二次罷工的復來一定是不可免的。我們現在且看胡漢民先生執政時代的

廣州政府對付印刷工人過不得已的第二次罷工的態度是怎樣：

（一）商報——香港四日電：公安局勸排字工人勿受煽動，再倡議罷工，如敢故違，決本職權切實辦理。

（二）申報——香港電：省報界江（三日）分謁胡漢民廖仲愷李朗如，請照前約制止排字工人罷工，胡廖李均允；惟工人決於微（五日）罷工，不願官廳壓力，先將工會房產變賣，爲長期罷工用；各報亦決設排字練習所，招生學習，抵制工人。

像這樣幫助資本家壓制罷工的態度，與北京政府及各「軍閥政府有什麼不同？

前此右派執政時代，壓迫工人欺屬工人的事實固已層不勝書。現在漢民先生等又接着這樣橫來，我真要爲國民黨的前途痛哭！

有人說，國民黨是多階級的底，不僅要保護勞工，而且也要保護資本家，有時『決本職權』幫助資本家壓迫工人，亦未嘗不對。我說：你這種說法固然是代表了□民黨右派的理論，右派wu□使國民黨成功一個反革命黨，自然處處只想結歡少數資本家而不怕得罪大多數工農羣衆；若謂胡漢民諸先生□全同情於這種反革命的理論，吾人至今不敢相信。

然則漢□先生新上政台的頭幾日，對於爲革命柱子的工人羣衆使已發生這樣惡劣的態度，這是漢民先生等願意的麼？聰明絕頂的漢民先生當然不願如此愚笨，只是由他那種拿攏一部份商團勢力的錯誤政策使他不得不如此。你看新政府中有了商團軍幹事李朗如做公安局長，和勾結商團的李福林做市長，這樣的新政府——變相的反革命買辦階級政府，怎得不「決本職權」壓迫工人呢？我可預言，新政府若得苟延下去，壓迫工農羣衆的事實還要接二連三的方興未艾，也許比右派執政時代還要變本加厲呢！

我們爲愛惜國民黨的前程，希望漢民先生等好自爲之！

★我這短評是上星期做的，廣州新政府追壓工農方興未艾…預言現在更加證實了。

★茲更覺得公安局對於排字工人的佈告，現查得排字工人，復有罷工舉動，前□罷工風潮，業經工人部長勸告，各工人均欣然開工，乃忽又復倡罷工之議，必係有人從中煽動，並非出於各工人同意，請爲禁。以免報紙停歇，各工人受影響等詒。

★政府軍警公然協同商團殘殺工人捕工人，以後還有什麼做不出。

★爲佈告事，案據報界公會同人到局面稱，罷工風潮，業經工人部長勸告，各工人均欣然開工，人民耳目，前次排字工人罷工，既經廖部長勸告，省欣然開工，乃爲時未幾，復有再倡罷工之議，現當軍事未定，敵人思逞時期，難保非係人利用，報紙停歇，閉塞人民耳目，藉以造謠煽惑，各工人深明大義務既已復工於前，斷必相率盲從，再行罷工於後，惟本局有有維持治安之責，見開所及，亟須先事預防，爲各工人勸告，倘確再有提倡罷工利用於印報紙以圖達造謠目的之事發生，則爲防衛治安計，不能不以職權切實辦理，合行佈告，仰各排字工人等一體知悉，移期各安工業，切勿爲人利用爲要，此佈，局長李朗如。

倫敦會議與世界局勢 （歐洲通信）

味根

糾勸世界倫的教會議，鬧了月餘，已算結束。在此會議未開幕之先，世界未覺悟的無產者或小資產階級的人，均希望谷帝國主義國家問現有？一切糾紛均能於此會議中解決，以減少他們的痛苦，以實現雌們的和平迷夢；殊不知他們的理想然不同。他們的痛苦不惟不能因此會議而減少，反因之而增加；將來的世界大戰，也不能因之而消滅，反因之而益緊急。茲姑明斷起見，特徵述數端於下：

（1）美國帝國主義獨霸世界

美帝國主義侵略世界的野心，在歐戰前不過僅及于墨西哥，非律賓中國等處，戰後則擴及于歐洲各國。道威斯氏代表美國帝國主義，將美國所欲得到的一切利益，均合盤計算出來：美國只須遏的十四條，今則實施於道威斯計劃實。就可把德國已經收為國有的鐵道及產業拿到手裏來，德國的國家銀行也可由他管理，預算案也可由他支配。換言之，就是把德國變成美國的殖民地，更進一步則兼併全歐及全世界。美國現產之金，占全世界所產金總額之百分之十四；他原有之金，又占全世界所有金總額之百分之四十四；至於美國各種產業之超過於各國產業者，不言而喻。世界各國，均須仰美國帝國主義之鼻息。他之所以欲兼併歐洲及世界者即因此。

（2）法國帝國主義之失敗

據道威斯所擬之賠款計劃，德國應於第一年賠十萬萬金馬克；第二第三年十二萬二千萬；第四年十七萬五千萬；第五年廿五萬萬。其實法國若常駐兵於魯爾，究竟在歐戰期間損失最大的法國，於此宗賠款項下分得多少？在名義上，法國可得到賠款總額百分之五十二，其實法國未受何種損失。所以在倫敦會議中，代表鋼鐵委員會之法總理赫里歐起初憤悍然堅持不退兵，繼後追於英美銀行家的勢力，不得已只好允於一年內陸續撤退魯爾兵隊。法國之所以即時完全退兵者，不過想乘德國將來不踐約時，馬上又可將魯爾拿到法國資本家手裏來，以滿足法國需煤的慾望。其實道威斯計劃書已明說：『以後若有一國或幾國因德國不踐約而德欲得德國時，借款人（英美銀行家）有在賠款項下取得利息的優先權，并須由此一國或幾國保證，』如是則法帝國主義可謂大失敗。

（3）無產階級此後之痛苦

德國每年賠償此宗鉅款，究竟出自誰人呢？資本家？資本家有資本主義政府保護，萬不至被沒收財產來賠款；負擔此項賠款者，德國無產階級。此後德國工人工作時間，將由八點而延至十點或十二點以上，工資也將因此而益減少；再為不為此，則德國無大宗的賤價的商品與其他各國在世界商場上競爭。其他各國的產業家為能與德國競爭起見，自然也要減少工人的工資，延長工人的作工時間，德國煤礦業已實行。此所以倫敦會議的結果，不過增加世界無產者的痛苦，及擾亂社會而已。

（四）結論

會議終，各國言論，除共產黨的報紙外，其他各種政黨的報紙，無不歌功頌德，歡視和平。其實經此會議後，世界的經濟問題更

雖解決，社會秩序愈益紛亂，結果只有迅速促成社會革命，英國勞働黨，法國社會黨，德國社會民主黨，只圖與資本家妥協，不惜犧牲幾萬萬無產者生命，世界無產者應于此有所警惕，應知只有共產黨才能到處為無產者爭利益！（八月二十八日自巴黎寄）

國民黨右派 慘殺黃仁案

○這是右派的行動嗎，還是反革命？

獨秀

一個黨的左右派分化，不但是應有的現象，而且或者是進步的現象。不過近來國民黨中所謂右派的反動行為，說他是右派實在還是太恭維了，實在只是反革命的帝國主義及軍閥之走狗，因為如果是國民黨的右派，不過是比左派和平些，大體上仍要抱定國民黨的三民主義，更不能違背國民黨的三民主義，更萬萬不能做帝國主義及軍閥的走狗。依照國民黨大會的宣言，對於一切帝國主義及軍閥的走狗，不使寧有民權，何況認為黨員！

現在這班所謂右派的反革命的行為是怎樣？ 在此次上海國民大會的暴行上，更是充分的暴露出來了。

據上海大學學生逕電說：『當我們同學洪野鶴何乘燊王秋心王褒心劉一清黃仁，在會場之下為贊成反帝國主義及軍閥之演說而鼓掌之時，台上主席喻育之（國民黨察員）便喝令蔡止，加以「擾亂會場」之罪名，台下大隊流氓，聞聲響應，一呼百諾，蜂擁而前，向洪何王劉王黃諸同學施以慘酷之打擊，同時，并以「這是齊變元的奸細」之口號誣害我洪何王諸同學．……當時恰有全國學生聯合會總代表郭君壽華登臺演說：「我們應常推翻一切軍閥一切帝國主義……」話猶未了，該會會計董理璋（國民黨員）即上前將郭君攔阻，扯下講臺，……不意董理璋之姿，狠壽豺狼，猛將資仁郭伯和郭壽華三君一推，竟自高蹈七尺之臺，跌至臺下硬石上面，一時慘痛之聲，慘不忍聞。黃仁君跌傷腰部，嘔吐交作，時臺下流氓，又復加以跌傷肩背等處，多時不能行動，郭君壽華挨打之後，又復加以跌傷頭胸足三部，血流不止，一時昏迷不省人事（次日已死於醫院）；郭君伯和跌傷頭胸足三部，血流不止，一時昏迷不省人事，又加以毆打。』

安福部雇流氓包圍國會與景濂雇流氓打學生的方法，現在挂名革命黨籍的人，也居然效法起來，而且被打死打傷的都是些同黨的黨員，這情形是何等嚴重！

他們在盧何勢力之下，誣愛國學生為齊變元的奸細；同樣，在吳孟字齊變元等勢力之下的走狗，不意挂名革命黨籍的人也公然行之，這種為一派軍閥捧場作惧的卑劣手段，這情形又何等嚴重！

前此上海執行部坐視右派數十暴徒打邵力子而不與以懲罰，紀律廢弛，讀者早已憂之。 我們固然不應該因幾個黨中下流分子的行動，歸罪全黨：我們現在只十分注意黨中負責任的最高黨部，對於此次殺倒十幾個青年學生的兇案如何處置；并同時注意各級黨部的公正黨員，對於黨中幾個反動分子取如何態度；然後才可以料斷黨的價值。

▲上海大學學生橫被帝國主義與軍閥走狗的摧殘

通電

全國各階級被壓迫的同胞們！我們處在今日的反動的政治局面之下，帝國主義者與軍閥兩相勾結，剝削我們，壓榨我們，又以種種危害加及我們……本來是沒有什麼公理與正義可言。不過今日之事，我們實有不能不為我全國被壓迫各階級之同胞告者：昔之帝國主義者與軍閥在政治上經濟上與文化上之侵略，今則進而為買通流氓敗類以及一切反革命勢力為我們言論上行動上之侵害了；昔之向暗中預設種種方法加害我們，今已更進而明目張膽的毆打我們了。本月十三日，為我國十三週國慶的紀念日，凡屬國民，自願有一種警惕之表示，何況今年國內戰事紛繁，帝國主義與軍閥構成絕大內亂，我全中國人民的生活狀態，均呈艱險困窘的現象，我們又怎能不有更警惕之切喚醒聲眾之表示？可是我們不幸，正因此而招帝國主義與軍閥之忌怒，大肆摧殘，種種狂妄行為，我們實不可以勝數，現只略就一二，披閱本埠各報章：上海各團體皆有國民大會之發起；並於本日假北河南路天后宮為舉行國慶紀念之場所，當時我們學生，未曾究其所謂國民大會之性質如何，又未燭其種種鬼蜮之奸謀，只本着一腔愛國熱忱，以打倒外國帝國主義與國內一切軍閥為目標。蓋不如此，我們的中華民國，便永淪胥於列彊半殖民之地與軍閥宰制之下；我們的四萬萬同胞，便永遠為帝國主義與軍閥俎上之肉俎中之米了！當我們同學黃仁在會場之下為贊成反帝國主義及軍閥之演說而鼓掌之時，台上主席黃育喻其便喝令禁止，加以「擾亂會場」之罪名：台下大隊短衣剌花之流氓，聞聲蠢應，一呼百諾，蜂擁面前，向洪何王王劉黃諸同學施以慘酷之打擊，同時並以「這是齊變元的奸細」之口號，誣害我反對軍閥之諸同學。

其所指為齊變元之奸細的證據何在？所指我們為擾亂秩序之理由何在？如認我們為祖護齊變元，則我們的口號，是反對一切軍閥，遂變元何處逃出軍閥之外？若以贊成反帝國主義與軍閥之演說而鼓掌為擾亂秩序，則不啻禁止我們民意之表示，與一切會場中鼓掌之通例。總之欲加之罪，何患無詞？他們既甘為帝國主義者與軍閥之走狗而為反革命行動，其謀害我們又何患無由呢？同時，有同學黃仁等認當時恰有全國學生聯合會總代表郭君壽華，登台演說：「我問題當推翻一切軍閥一切帝國主……」話猶未了，該會會計董理郎上前將郭君攔阻，扯下演台，不准再行發言。郭君正欲質問之時，自後又擁上手臂剌花數人猛向郭君毆打，又加我同學黃仁等以拳足，指為共同搗亂會場，郭君壽華及同學黃君等以他們人數眾多，預有設狀，舉動野蠻，不可理喻，意欲略避，不意若輩很毒，猛將黃仁郭壽華等一推，竟自高逾七尺之台跌至台下硬石上面，一時昏送不省人事，郭君壽華黃君仁，跌傷腰部，嘔吐交作，一時送不省人事，乃由同學多人將挨打之後，猶以跌傷之不足，必欲置之死地而後已。時台下之剌花流氓，又復加以毆打，突來警察數人，竟將受傷同學帶至一小房之內，毆行關鎖，而對於退凶之剌花流氓等，則從容任其走散，不加捕捉，揆之法理，豈非淆？後經同學向警察詰問，彼則一味支吾，諸同學以為警察既不負責，萬不可任黃林受傷諸同學臥以待斃，乃由同學以為林兩君受傷過重，不肯容納，不得已，復轉送寶隆醫院，其餘受傷較受傷最重之黃林二君，擁抱出門，轉赴同仁醫院救治。該醫院以黃輕之諸同學，自此只有帶傷回校，忍痛自受！唉唉！我最親受明甚，學林鈞劉招心蒲君上前排解，亦遭破皮流血之毆打。我們實在不解胞們！我們今日所受帝國主義者與軍閥走狗之摧殘侮辱，我們非不

是我們的失敗，也不自引爲我們的羞恥，更不目他們的手段爲慘酷苛
刺。因爲這些完全是我們在革命未成功以前應經過的階段。無論
何等犧牲，我們都不怕的。我們自今日以後，更明確堅決與一切
反革命勢力作戰之觀念與意志！同時，我們亦可洞悉昨日所謂國民

大會之黑幕的底蘊。

（一）所謂國民大會，完全受少數軍閥與帝國主義之走狗的反革命的
搗亂。看他們種種行勳，——禁止反對帝國主義與軍閥之演說等等
，禁阻反對帝國主義與軍閥之傳單——便可瞭然。

（二）他們——帝國主義軍閥之走狗——不但買通剌花黨之流氓，同時並
串通警察。不然，何以我們受傷之同學多被拘拿，而毆傷我們
之人未見捉拏一個呢？

（三）國民大會之中，不僅爲少數軍閥與帝國主義者之走狗，且有反
對帝國主義與軍閥：黨綱上和宣言上標得很明白的國民黨的黨員
，反而阻止愛國
演說。然而在會場上指揮最出力的，所謂國民黨員，竟還有行勳若此的黨員，我們實
不禁痛心萬分！我們只有希望中國唯一受國民愛護的革命黨——
國民黨，趕緊肅清他的內部。

親愛的同胞們！時機緊迫了！帝國主義者與軍閥危害我們，已再不容
我們的從容猶豫了！ 起來！各階級被壓迫的同胞們！
打倒勾結軍閥與帝國主義者及一切反革命的勢力，不問他名義上
打倒屠殺魚肉我們的軍閥！
打倒剝削壓迫我們的帝國主義者！
打倒什麼草命黨員！黨黨員！
大家聯合起來！

一九二四年十月十一日

全國學生總會之緊急通告

全國學生聯合會啓

▲全國學生總會之緊急通告

此次上海各公團所發起之「上海國民大會」最初本會亦曾參與籌備
，嗣後以列席者態度不明，頗有爲一系派軍閥之傀儡，爲之鼓吹空氣
的嫌疑，因尚無確實證據，故遂取消懷疑態度，從中監視，以後本會未
列席等籌備會，但應彼等要求担任大會糾察員。當日到會場時，見場
內到會者，頗多雄糾糾之流氓，心知必有來搗亂，開會時台上制
止場內散放傳單，場內即有人大聲喝打，一時人衆喧鬧，得本會代表
（糾察員）及熱心者極力制止，移時始靜，開幕後，喧鬧之，童理璋
等戴着假面謂「今日國民大會爲本良心之主張不爲黨操所利用，...
等語」後總續有人演講謂盧永祥爲正義而戰應一致擁護盧公等語，有人
冷笑一聲……。一時場內即有人喝打！即見有上海大學學生二人被毆
剌花黨橫施毆打，本會糾察員李逸君（總會秘書）向前制止，亦全被毆
，繼而沈伯平君（總會常務委員）石玉白君，（總會幹事）登臺請主席設法制止并向衆演說，適開口說「
今天國民大會乃是要打倒軍閥和帝國主義者……」
被流氓首領童理璋喝令剌花黨上臺將郭君劉君稻薪君（總會幹事）郭伯和
君黃仁君（爲上海大學學生）亂打拋落臺下，（黃仁君已於昨日逝世）
其後上海大學學生等被毆重傷者尚賴有人，俱被囚於警兵室內，場內
羣情憤不可遏，盡力將警兵室門打破，被拘十四人始得救出。
當日經過情形大略如此。
總會爲全國學生代表，共除國民之公
我靈代表，即污辱我全國學生！ 現決定辦法：（1）一致請國民黨：提出懲戒
賊，以申我正之民權民意！ （2）一致發表宣言進攻帝
國主義與軍閥走狗剝削壓育之等。 （3）正式宣布立除童二賊黨籍。
國民大會」是慎於民意的流氓團體。
（4）全國學生會一致開會追悼爲爭「民權」的犧牲者上海大學學生
黃仁君。

各地學生會接到本通告後即當召集會議討論對付辦法，本總會口一致盡力向軍閥和帝國主義者的走狗進攻！

中華民國全國學生聯合會總會啓十月十二日

▲國民黨員之抗議

廣州孫總理，中央執行委員會，上海漢口北京執行部，浙江湖南江蘇山東直隸省黨部執行委員會，各省臨時省黨部執行委員會，海外各支部執行委員會，全國各報館轉全國同胞鑒！　雙十節本革命紀念，上海各界會發起國民大會，不意當場反革命派擾亂會場，毆傷本黨同志之慘劇。　先是由喻育之童理璋等邀請各界人士發起毆傷本黨同志之慘劇。

在場擁護帝國主義與勾結軍閥之演說，且加以亂黨之名，主席喻育之童理璋如此受傷被捕，並向衆演講，「打倒帝國主義與打倒軍閥云云」即被主席喻育之與在座之童理璋徐長三等抱住強行阻止發言，同時臺下之流氓，即紛紛上臺將郭君扭倒於地，將向前維持秩序之大學生黃仁君因登臺請主席維持秩序，亦未排送交警察解，後全國學生總會代表郭壽華君演說，舉足交加，慘不忍睹，並次第將全國學生總會代表李逸沈俞平列稻薪石玉伯等同志痛毆，毆後更送警察收押，一場大會從此紛散。　後陳濤同志不忍受傷被捕之各同志再遭警察踐蹋，乃向警察報告異情，始由警察護送出場。　現受重傷之黃仁同志，已於十一日夜二時死於寶隆醫院；林鈞同志命亦發發。

喻育之童理璋徐長三等之死死，非叛逆而何？　吾黨應否反對軍閥與反對帝國主義，今以反對軍閥反對帝國主似此摧殘同類，委且會已不齒三令五申，今以反對軍閥反對帝國主孫總理及中央執行委員會，吾黨同志豈能袖手旁觀？本區黨部等用良轉之同志。　反被毆傷斃命，吾黨同志命亦發發。

心上之主張，一則　求本黨立即懲辦禍首喻育之童理璋徐長三等，不與流氓如出一口，顯然可見那些流氓之搜校手銷，由於童某等

得再予優容，二則明令分別悼恤被毆傷斃命之同志，以慰英靈而安生者；三則持將此中真相報告以明是非，誰知此電遠，不勝盼切之至。　中國國民黨上海市第一二五九區黨部執行委員會，中國國民黨上海市第六區黨部執行委員會丁君羊等三人，十月十三日。　　存統筆記

▲林鈞被打之報告

今年雙十節在天后宮開的上海國民大會，誰知竟是帝國主義與軍閥的走狗所合開的！　許多愛國的國民，貿然赴會，竟被打得頭破血流，傷者無數，有的竟有性命之憂！　被打的國民，大牛是國民黨的同志，其中以黃仁，林鈞郭壽華，郭伯和，諸君受傷最重。　責仁君竟因受了一頭毒打，腦部胸部，均受重傷，已於今晚因傷殞命。　林鈞君，現在寶隆醫院，我以同志同學的關係，今天下午去省視他，林鈞同志俟勉強能言語，告訴我被打情形頗詳，我即在他面前將他所說的話一字不改地記錄如下，使我們未會與此次走狗國民大會的人能從林君所報告的話中知道此次的內容。

一，「打我的人身，掛有『國民大會』的徽章，可見此次打人，完全是籌備國民大會的人主動的。」

二，「打我的人中，有兩個人身，掛有『國民大會』的徽章，可見此次童某是大會主席，不但不阻止打人，並且在臺上大呼『打——打！』」　林君說「此次我們被打，童某等應負責任，因為他們是發起人，童某是大會主席，不但不阻止打人，並且在臺上大呼『打——

三，「全國學生總會代表郭壽華君演說，剛開口說『我們國民，要一致起來打倒帝國主義，打倒軍閥……』，主席童某便走出來阻止，台下流氓即一洪而上舉打郭君；可見台下流氓，完全受童等之指揮，預先設下的毒計。」

四，「這些流氓打了我們之後，並且把我們交給警察關在一間小房子裏，說說我們身上有手銷，搜遍我們的身體；後來童某對我的朋友徐君說，『今天場上有穿西裝的少年拿手銷援亂秩序。』其言

主使。」

五，「童某把我們關在一間小房子之後，便使童某出而要我們簽字，他一見了我們的名單，便說「對不起，誤會了」。可見童等早已決心做帝國主義與軍閥的走狗，來摧殘國民的正當運動了。」

六，「童對我們說，「剌花黨打你們，是奉命令來的，他們目的在維持秩序，你們既不是擾亂秩序的人，那麼這打錯了」，請問這是什麼話？

七，「童謝我們說「此事已報告上海縣公署了，現在專待上海縣公署回電，如果回電說要人，只得把你們解押上去，如果說不要，那便可以麻麻糊糊過去」，請問這又是什麼話？」

八，「學生總會被打的人對童說，「我們是你們國民大會要我們來的」，童回答他們道，「既然是辦事人，那麼你們回去吧」，這便是說非辦事人是不能回去的。」

九，童對學生代表郭憲華君說，「我叫你不要多講，你不聽我的話，所以自然要被他們打」。

十，「有人演說」，「盧永祥何豐林是擁護正義的，我們□應該幫助盧永祥戰爭」，我受良心之驅使，哼地冷笑一聲，他們便立即把我痛打了，幸虧我稍知拳術，所以內部還沒有十分受傷，只有背部和頭部被痛打了幾十下。」

十一，以上完全是林鈞君負責對我講的話，我已得到他的同意把他這番話在報紙上宣佈，同胞們！　我看了林君這一番話，應該作什麼感想？　這一次的所謂「上海國民大會」，到底是一個什麼東西？　我們應該認識童理璋等背後帝國主義及軍閥之勢力！　應該認識這是中國

十二，西斯管運動之發端，

△謝碩君之不平鳴

你們以為在帝國主義嚴威軍情形之下的租界便可以毀辱「打倒一切帝國主義者」的真實覺悟分子，使他們在帝國主義勢力範圍裏吃虧證□不出嗎？你們以為在軍閥政治範圍裏，便可以箝制「打倒一切軍閥」的呼聲，使打□一切軍閥者，禁不敢聲嗎？唉！笨驢！

一切帝國主義國家，在遠東弱小民族侵略的情形，已經暴露無餘，凡帝國主義者皆在打倒之列，這種要求，弱小民族或殖民地國家的民眾，已感覺到緩無可緩了！譬如中國在前兩三年只知道日本是帝國主義，對於英美、開口是「友邦」閉口也是「友邦」。現在呢：稍有常識的，都知道他們和日本是「一樣子強盜」；或者更甚於日本。弱小民族覺悟了，帝國主義本身均勢的破裂，都是他們必倒的原因，你們縱有所偏厚獻媚巴結，其奈他們的必倒的趨勢何？唉！不是力的笨驢！

任何軍閥，足以使中國的騷亂禍藉，都足以引狼入室□國際帝國主義者做家賊，帝國主義者儘量的拿砲火鎗彈毒品輸入，軍閥錢□的拿鎗及一切國權奉送—他們兩個惡魔，是相依為命的，不但是中國民族革命的障礙，簡直是製造中國內憂外患的源泉。其實；軍閥四字的定義是：許多土匪的一個頭目，受得政權，以勾引帝國主義者，增加國際侵略的痛苦，使中國永陷於混亂狀態者。凡合於此定義的，不論任何軍閥，那一個不應該打倒的？而且軍閥與軍閥的火拚，最後之民眾覺悟，起而殲滅軍閥，這個個時期快了，你們到底想甚麼方法，用甚麼「續命湯」可以續你們所偏厚的軍閥的命呢？唉：

孫先生常說「國際帝國主義者與國內軍閥，是中國革命進一圖障礙」！我們狠可以明瞭，中國革命黨所必需鏟除的是「一切」帝國主義者。是「一切」的軍閥，你們以為怎樣？

你們怕要着憂說：

啊！一切的麼？怕其中有我們主人翁！

嚮導主筆先生：

我們宣佈馬超俊罪狀，完全是站在國民革命和工人階級的利益上不得已的一舉。貴報是國民革命的導師，也是工人階級的喉舌，得此宣言，必樂為登載，使全國國民革命者共識此害羣之為，而工人階級不再受這個冒牌領袖（他自命為勞工領袖）的欺騙，國民革命幸甚！

工人幸甚！

廣東兵工廠工人‧九月廿五日

「馬超俊在兵工廠之十罪狀」

（一）兵工廠，粵漢路，海員工會，各特別區分部，經中央執行委員會決議，擴充為特別區黨部。粵漢路，海員工會，均於數月前組織成立。而兵工廠不特不行改組，而且原有之特別區分部，九個月開過三次會議，任其停頓應敗。以致已入黨者懷疑，未入黨者訕笑。名義上兵工廠有一個區分部，實際上可說並無組織。此馬超俊賠誤黨務之罪一也。（二）兵工廠工人一千八百名。工人乃國民革命之基礎力量，除員司為保持飯碗計而入黨，及護廠隊受廠長命令而入黨者外，工人入黨質不及百分之七。而黨員全數僅二百餘人。此馬超俊又為市黨部工人部長。對於自己所統轄指揮之廠內工人。絕不能加以訓練。使成為革命旗下之生力軍。此又馬超俊摧國私利，荒怠職責，不肯為黨義宣傳之罪二也。（三）兵工廠工人組織俱樂部。馬超俊在時未嘗不欲驅給工人後因工人多數主張，工人與包工頭經濟之利益，絕不相同，不宜清洗工頭所反對。馬超俊乃一變而擁護包工頭。故於章程上，規定包工頭祇能為名譽會員，無表決權，及常選為職員之權利，遂為一般包工頭所反對。藉口工人反抗包工制，出示威壓。令工人俱樂部敗於垂成。夫以黨員而任廠長之馬超俊，以工人領袖而任工人部長之馬超俊，乃視黨中歷次宣言，但護黨綱如無物，是馬超俊又背黨謀己之罪三也。（四）中國工人生活。絕無保障，國民黨權力所至之處，即不應漠視。今兵工廠之工人，不特生活狀況，未見改良。而且屢次不經宣布理由，遽行無故開除，勸輒以逆黨二字相加，以箝眾口。其任意妄為，藉口軍政時期，施行暴虐，顯然可見。有「工人真是神與不可侵犯麼」等語，是馬超俊違背黨綱之罪四也。（五）歷次縱容兵士稽查，毆打工人，激勵公憤。又復多方袒庇，常乘隙煽。至引起能工風潮，仍不肯懲戒毆打工人之排長，反張大其詞，指…受陳黨利用。工人本是擁護革命政府，知擴大罷工之非計，乃不再堅持。馬超俊更乘機借題發揮，四出鼓吹，藉此鞏固位置，一若戡平大，亂厥功甚偉者。此則馬超俊壓迫工人之罪五也。（六）學徒須有閒時間受教育，每日工作不得過九小時，廢除夜工後，不得扣除原有工資及津貼，此乃工人代表會根據中國國民黨宣言所成立之決議案。然而兵工廠未成年之藝徒，每日做工十四小時，工資低微，幾不能維持生活。受盡包工制之嚴酷壓迫。不知緣事原因，實由放任兵士行兇，而又不善調處所致。馬超俊既屬黨員，又為工人部長。乃既不執行工人代表會之決議，復不設法減輕青年工人之痛苦。其為

感。又冤待言。此又馬超俊虐待工人之罪六也。（七）消費合作社之設立。亦改良工人生活方法之一。兵工廠工人消費合作社，

經廠省長親范致訓，及中央□部合作社委員會數次會議，限期成立。馬超俊竟陽率陰犯，終不進行。以致該社無形消滅。此其破壞工人利益之罪七也。（八）工人日夜售賣其勞動力。

悲慘，固非出之汽車電船，左右侍從之廠長所知。由成衣匠一躍而為廠長部長之馬超俊，一切自己生活，及仰事俯蓄之費，肯顧於是，其難過

每次出糧過期，豈獨工人。員司月餘未出糧，不聞怨言。汝等工人，過期十日，便欲停工喧鬧。是其受陳燾

運動無疑矣。」兵工廠定章，每月一日與十五日出糧。馬超俊自就任以來，絕不依期。近且延至旬月。包飯館因無力而停業。工

人因包飯館停業而挨餓。不得已向馬超俊要求。馬超俊對付方法。首卽以逆黨二字加諸工人身上，使工人不敢言。次則開除工人

員為工人部長之馬超俊，悍然為之。此馬超俊助包工頭以害工人之罪九也。（十）世人或以前月美商羅拔洋行強提樹

器案，交涉勝利，足蓋馬超俊罪惡。姑無論交涉成功，非馬超俊之力。卽使承認，亦無意義。在工人等觀之，此案交涉，形式似乎

勝利，然所有機器，其舊式過於兵工廠原有者三十年，乃完全舊式之物也。前聞美工程師聞每日可出槍百枝，六個星期可以開始製造新

槍。現在六星期已過，不獨新槍未出，而且未能安置，以工人等之經驗觀察，此種機器，每日能出槍十枝已屬僥倖。蓋所有新式之機

器，前已為汕尾及各處軍械廠取用。現所存留僅殘廢不適用之部分而已。如工人等之觀察為不誤，則此次機器交涉，直失敗耳。何

有勝利可言。然交涉條件如何？未經宣布。無由推測。如馬超俊雖知此項機器實非原物，僅為殘留，故意勾結美

商，欺瞞政府，其罪在曹吳而上。如不知情，受人欺騙，亦願受嚴重懲處。豈有議器實數若干不知，機器之能率如何不知，機器之

式樣新舊不知，任人玩弄於掌股上之兵工廠廠長耶，此則馬超俊誤國之罪十也。」夫中國國民革命之運動，必待全國農工參加，是無異與革命為敵。揭其罪狀宣告於各界。

記者按國民黨右派之時常標右派，不過是帝國主義和資本家的走狗之壓迫工人。當勞動者與資本家發生衝突的時候，馬超俊不過是右派領袖的一個勾當，而對於兵工事件，如果領袖國民革命的孫中山先生和

國民黨，無一蹲踏，對於右派指明，不採堅決的態度，我們敢斷言：「亡國民黨者國民黨右派也」。

The Guide Weekly.

嚮 導 週報

第 八 十 八 期

（中華郵務管理局特准
掛號認爲新聞紙類）

國慶代戡惟作九五折

一九二四年十月二十二日

分售處

武昌 時中書報社
上海 民智書局
廣州 丁卜書翔社
上海 上海書局
　　 共進書社

分售處

太原 晉華書社
長沙 文化書社
海南 晉南書社
杭州 古今圖書社
雲南 新亞書局
寧波 明星書社
開封 文化書社
富陽 文化書局
福州 工學社
南京 天一書局
成都 擧陽書報流通處

定價 國內一元四十期 國外一元二十五期 郵費均在內 零售每份大洋三分

每星期三出版 發行通訊處 北京大學第一院轉嚮導週報社 上海英界上海大學沂泳明

嚮導週報（第八十八期）

商團擊敗後廣州政府的地位

和　森

迄雙十節爲止，廣州政府對於操縱商團的少數買辦階級委曲遷就，坐令反革命形勢一天一天的擴大緊張，記者對於留守當局會再四加以逆耳之警告；在雙十節商團慘殺工農學生羣衆的時候，政府軍警措置之失態，記者在本報上期尤加以痛切之批評，——這個批評裏面曾有兩句這樣憤激的話：「…我想中山先生若是睬知留守者在廣州之所爲，如不氣死於韶關，定要震怒而回羊城」。

果然本報上期付印之翌日，上海各報紛載中山先生已率軍回駐兵工廠，對於商團決決武力解散。於是反革命的紙老虎，十五那一日的惡戰便完全戳穿了。吾人於此，一面不得不稱贊中山先生之英斷，別面又不得不太息於前此姑息態度之失策，因爲廣州政府若早日採取斷然手段解散商團，其犧牲與損失決不若今日之巨大可怖，令人不寧！

現在商團雖已擊散，不幸的事煙雖已演完一幕，但接着便有兩個重大的問題值得我們討論：第一這次商團的聚敗果然算得是革命的勝利嗎？第二商團擊敗後廣州政府的地位將怎樣？

請先說第一問題。記者於此，實不敢樂觀：因爲這次商團事件，一面固然是英國帝國主義及其卵翼的買辦階級圖謀反革命；別面遺種反革命之所以滋生滋長却是因民殘屠備軍閥的武力革命方法之必然的結果。由這種方法產生的革命政府，不僅不能給廣東人民以好處，不但不能實現平日所宣傳的抽象的主義，反而只能如軍閥政府一樣——剪剝雜捐，重苦人民以簽那一批一批的軍閥頭傾及浩大的土匪式軍隊。所做的事惰，不是今天絮沈鴻英便是明天打陳炯明，不是招兵買馬便是興師動衆，人民不僅不感需要，而且反感痛苦與厭惡。現在上形式雖擊敗了商團，在這樣情形之下，加以帝國主義之陰謀，那將不發生反革命？

前此串通商團之范石生廖行超同時革命政府精神方面的損失却隨着軍隊的焚掠而益擴大。由的目的欽非忠於革命，但在乘機擴張勢力，增加鎗枝，——其目的欲全在乘機刻捨，更不李福林賢，此次突然豹變圖攻商團，其月的飲非忠於革命，但在乘機擴張勢力，增加鎗枝，——其目的欲全在乘機刻捨，更不却尊財貨，不言可知。至於衣不蔽身，食不一飽的各軍兵士，其勤機亦全在乘機刻拾，更不待言。這樣搶刧焚殺的事實深印於廣東人民的腦中，更加以反革命黨及全國報紙的宣傳，革命政府精神方面的損失是不可諱言的。

所以這次的顯然處置，在抵抗帝國主義及反革命

方面本來為必要極有意義同時又被雇傭軍閥及其兵士的搶掠姦殺汚染了！　吾人於慘敗商團之後，利勝的感情不得不為懷悔軍事行動的感情之所掩，這是一切忠實的革命黨人所應當深思反省的！

第二、商團擊敗後廣州政府可地位將怎樣？　這個問題比前一問題更為重要。　在現在英美帝發全力幫助直系軍閥的形勢上說，這次廣州政府之難免於白鵝潭艦隊所驅逐，本是意料中的事。　然而白鵝潭艦隊竟未鳴破攻擊廣州政府，領事團僅於十五日晚九時警告省長，勸即停戰，『否則當派兵登岸，武力調停』而止，這是什麼緣因呢？　沒有別的，只是英國所謂工黨政府在革命的左派（即英國共產黨為會員）壓迫之下，破艦政策竟爾有所顧忌他了。　但廣州政府的地位便從此鞏固了嗎？　不然，他有兩個不同的命運：

（一）國內戰爭如曹吳只能獲得相當的勝利，英國選舉結果工黨仍能握住政權，那麼廣州政府的命運自然又可延長時日，國民黨卻可因而返於同盟會時代而實踐全國改組大會所決定之新途徑；在第二種形勢之下，這種新途徑永遠是白紙黑字不得實行，而不

（一）國內戰事如曹吳絕對的勝利了，英國政局如工黨失敗而守黨與自由黨上台，那麼廣州政府的命運一定是不能長久的，（二）反之國民黨卻可因而返於同盟會時代而實踐全國改組大會所決定之新途徑；在第二種形勢之下，這種新途徑永遠是白紙黑字不得實行，而不生

第一種形勢實現（但是英美帝國主義與直系的反動政局之完全鞏固）固然可怕，但第二種形勢也不見得可喜：因為在第一種形勢之下，不死的局面與雇傭軍閥的軍事行動勢非引導革命至於完全破產之日不止。

兩種形勢，究竟那一種會實現呢？　這個問題在現在沒有什麼重要；現在所重要的卻在廣州政府目前（即兩種形勢未實現之前）對內對外的應付態度及其如何自處的根本覺悟與傾向。

那末對於如在其上的香港帝國主義者自然又不得不講究妥協護慎之法，對於如在其左右的實辦階級自然又不得不讓一些地步。　傾向於敬底革命，傾向於保守政權維持現有的軍事局面嗎？

軍事行動與廣州這塊地盤，經過這一場反革命的惡劇與軍閥頭目及其兵士的蹂躪焚刼，在印象不好的人民之前革命政府是有利於他們而挽回他們對於革命的同情。　為什麼呢？　因為經過這一場浩刼之後，廣州政府更暴露客觀事實的限制，絕無達到上述目的（證明革命政府有利於人民與挽回人民對於革命的同情）之可能。

所謂客觀事實的限制：第一、坐鎮十幾萬軍隊，八十幾種苛稅雜捐萬不能實際廢除；第二、軍事行動欲能不能（如北伐的把戲，對於北軍及陳炯明反攻的抵抗等），擾民害民之事只有日多一日；第三、填粵湘豫各軍閥之暗鬥，必然又有爆發之日；第四，因為以上幾個原因，廣州政府依然一點真正革命工作和有利於民眾的事業不能做，這樣一來，只有使陳炯明和買辦階級反革命的宣傳一天擴大一天，民衆的感情一天移一天。　現在商團雖在廣州及佛山幾個大埠擊敗了，同時有個更可注意的事實：便是城市的買辦階級與鄉村的大地主，城市的商團與鄉村的鄉團之普遍的聯合。　反革命的宣傳正在一天一天的廣布於四鄉，這種宣傳一旦成功，而且事實上必然會使其成功（有這樣的可能），那時反革命當局挾四鄉農民以重來，所以即使革命當局現在對於廣州政權不忍割愛對於軍事行動不願撒手，將來也非完全失敗退出廣州不可。　然而那時候的失敗，便是上面所說『引導革命至於完全破產』的失敗。

因為在事實上，即使傾向於保守政權維持現有的軍事局面而仍然免不掉要失敗，所以記者希望革命當局，翻然覺悟，自動的準備放棄廣州之前（

途的方法。　然則怎樣做呢？　我們並不是要中山先生漢民先生無所作為立刻退去廣州，因為本文主要目的乃在希望革命當局在未離

即月前）怎樣做一點結束既往準備將來的工作：

這種工作，因為種種客觀事實的限制，吾人並不希望過大。　吾人不是空想家，決不希望廣州政府在此時能收束十幾萬軍隊或改編什

麼建國軍，更不夢想能實施國民黨新政綱之全部，因為退些都為廣州已成的局勢所不容許。　吾人只在可能範圍內，希望革命當局在未離

廣州以前做做下列四種工作：

（１）立刻停止無意義的北伐，儘可能縮小軍事行動，對於陳炯明及北軍只在消極方面採取守勢，使人民諒解國民黨非好戰之黨。

（２）以全力向工農及小商人羣衆宣傳帝國主義與買辦階級之勾結，解釋前此革命方法之錯誤，今後國民革命應取之新途徑，使一般人民

明瞭國民黨有改弦更張實踐上次全國大會宣言之希望。

（３）嚴懲串通商團縱兵刦掠之李福林范石生廖行超路孝忱易公東等，並將此等軍隊完全解散；嚴厲撤廢苛捐雜稅（賭捐在內），斷絕反革

命軍閥之餉源，以表示不禍於粵人之決心，頒布解放農人之具體法令，以斬斷鄉紳地主煽惑農民聯合買辦階級之後患。

（４）宣布帝國主義侵略中國扶植軍閥助成內亂壓迫革命之罪惡，號召全國開始反帝國主義時代之工作，而以實行收回粵海關主權請求全

國人民之援助與同情。

以上四端，省屬可行，記者所謂結束既往準備將來之工作，即係指此。　國民黨中央執行委員會若以為然，可向廣東人民正式發一宣

言，表明：「國民黨改途易轍拋弃廣州政權之決心；只須民衆眞知其眞正啟人之為誰，以及將來解救他們於二重（軍閥與帝國主義）壓迫之

下的仍然只有忠於革命的國民黨，我們便可撤㘚離去廣州，以開始全國反帝國主義時代之工作」。

這樣，暫時所失的不過是廣東之一隅，而將來所得的卻是全中國。　一個革命黨只有積極促進全國革命形勢的成熟才能奪得全國的政

權；只有奪得全國的政權才能實施其政綱以繫民衆的信任；－蘇俄十月革命便足證明，因為麵包土地和平的三個口號，於十月革命之翌

日便實現了。　所以革命黨不拿政權則已，要拿便要拿一個全的；部份的政權，不僅於革命　金，而且有害，前前後後的廣州革命政府便

是鐵證。　廣州人民所聽聞的日日是什麼民權民生……，而所目擊身受的卻是全然相反的戰爭，苛稅，捐，開賭，拉夫……等惡政。

假如再把這種局面維持下去，人民只見得你是好戰多事行不願，必愈益傾信於反革命的宣傳。　反之，此㘚毅然決然宣布停止北伐收縮

一切軍事行動與準備拋弃廣州政權，即使民衆感情一時迷於反革命而不易輒移，然將來必有關然悟傾向革命之一日：因為他們將來無論

在任何軍閥與帝國主義統治之下，必更加得不到和平，免不掉戰禍苛稅與雜捐……。　那時候，革命黨才有眞正勝利之可言。

廣州當局聽者：你們是要始終株守一隅呢，還是要獲得全國？　願意自動的別開生面呢，還是願意徘徊於莫知所屆的歧十字路中？

廣東商團事變之根本原因及其對中國國民革命上所與之教訓　逖之

久被英國帝國主義所培養出來，圖謀顛覆廣州政府，殺戮廣東工農，將藉以作宰制廣東工具的法西斯蒂反革命之商團軍，現在中山先生竟排除一切妥協派的牽制，不惜犧牲一切，毅然以武力擊散之，自有廣州政府以來，這總算是一件差強人意的事，也算是值得我們特別注意的一件事。

這個消息傳到世界帝國主義（尤其是英國）的耳裏，必將引起嚴重的攻擊，將乘機煽動，附和帝國主義而攻擊中山先生（反革命的時事新報，已開始攻擊）在另一方面又必然引起中國各地的反革命黨和反革命派之同情和贊許。所有這些，都是客觀上必然到來的反射現象，我們現在姑且不論。我們是主張國民革命者，在國民革命的見地上來考察這個事變，應該怎樣？

我以為第一須仔細地研究這次商團事變之根本原因在那裏。第二須從這次商團事變中指出對於將來中國國民革命之幾個根本教訓。他是在中國歷史上法西斯蒂的武裝反革命之第一次出現。牠不僅含着在中國歷史上的嚴重意義，並且含着世界史的嚴重意義。所以中國的無產階級和國民革命者絕不能把這件事變輕輕看過，就是世界的無產階級也必須把這件事變來考察一番，尤其是對於亞洲各殖民地的無產階級與國民革命者更有重要的意義。

（一）

法西斯蒂本來是資本主義發展到垂死的帝國主義之必然的產物。資本主義發展到了垂死的帝國主義：一方面資本主義國家中間，為得爭奪殖民地及其他種種衝突，結果，燃發而成為帝國主義的戰爭（如一九一四——一八年之歐洲大戰）；另一方面，真正無產階級的革命運動隨着帝國戰爭之犧牲與痛苦而爆發，同時資產階級的反動走到極端，以前之德謨克拉西的假面具自行揭破，而明目張胆地，嚴酷地施行其狀克推多；在這種洶濤澎湃的階級鬥爭之下，社會經濟已根本動搖，到處呈出不安現象，因此小資產階級與智識階級…等日金破產而頻於極悲慘的恐慌狀態中；他們身受此種禍亂，因昧於階級偏見，而不知此種禍亂之來源實由於資本主義的崩壞，資產階級的專橫，他們卻只看見無產階級之反抗資產階級——罷工，示威等，和暴動，因此他們就痛恨無產階級，以為社會的不安甯彷彿是無產階級搗亂起來的，因此牠們由痛恨無產階級作祟，破壞無產階級的組織，攻擊無產階級的政黨——共產黨，資產階級見其如此，更盡力利用之，於是所謂「法西斯蒂」就成就了。

法西斯蒂之分子的組成，多是已破產或將破產的小資產階級，退伍軍人，失業游民…等。

現在法西斯蒂在歐洲已成了一種普遍的運動（尤其在幾個無產階級革命潮流較高的地方，如以前之匈，奧，意，現時之德國，波蘭保加利亞…）已成了資產階級用以殺戮無產階級，保持其殘喘的專門工具。法西斯蒂是世界資本主義白色恐怖的表徵。去年德意十月革命之失敗，固由於德國共產黨領袖之政策錯誤，而加爾等法西斯蒂之猛烈攻擊無產階級亦為其根本原因之一。其餘波蘭，保加利亞等國之革命失敗，也大牢由於法西斯蒂之作祟。這是歐洲資產階級利用法西斯蒂攻擊無產階級之成功。

在歐洲資產階級的唯一死敵是無產階級，所以西斯特墨索里尼早已爬上政治舞台特意大利的資產階級殘殺無產階級，壓潰意大利的無產階級革命運動。亞洲凡民殖地或半民地，因帝國主義戰爭的結果國民革命運動已如日東升，然這種國民革命運動質是世界資本帝國主義的致命傷，所以世界帝國主義之視亞洲國民革命運動，猶如視牠們本國的無產階級革命運動一樣。牠們大牢拼命利用並製造法西斯蒂來對付牠。所以牠們

也一樣地把他們在歐洲利屈法西斯帝的慣技拔发到殖民地或半殖民地來資付殖民地的國民革命運動。

這一次廣東的商團就是英國帝國主義之第一次的嘗試。

（二）

在歐洲法西斯特的組成分子，是由於奧資產階級所接近的小資產階級的智識階級等，然而在半殖民地的中國，如果工農階級真正起來，小資產階級與智識階級大部分固然免不掉要變成法西斯特，然而主要分子，依現在的經驗與情形看來，必然是與帝國主義相依為命的買辦階級，這次廣東的商團就是實例。我們現在要想真正明白廣東發生這次法西斯商團的根本原因，就必須考察廣東現時之經濟狀況與階級關係。

我想大家都知道廣東是接受歐美帝國主義侵掠最早的一個地方，也就是受帝國資本主義感化最早的一個場所。（廣東的商業資本，在百年前就已露頭角（如十八世紀末和十九世紀初之十三商行），百年來包括在全中國捎售給歐美帝國主義之商品的，差不多十分之八九是廣東人（試看上海，漢口，天津⋯各大商埠廣東商人之勢力就可知道）。所以商業資本主義在廣東特別發達，並且特別集中，（如先施，永安等大商業托拉斯）因此商業資產階級即買辦階級的勢力在廣東也特別大。因為商業資本主義發達和集中的結果，同時就大影響於農民與手工業的經濟方面。

農民經濟受了帝國主義與本地商業資本主義的雙重侵掠，自然破產得特別迅速，因此農民的逃避意顯得悲慘；另一方面土地急激的趨於集中（廣東多大地主，如海豐姓林的竟有地十萬畝，此種大地主，在他省實屬罕見，）所以在廣東的鄉間，早已大起階級的分化，農民與地主之間（地主一部分為商業資本家，一部分則為官僚封建階級）界限最顯而最嚴。我們試看近年來海豐，陸豐，惠陽，普寧等縣農民之反抗地主運動（大多半為抗租運動）層見叠出，就非常明瞭。在手工業經濟方面，更是奇形怪狀。廣東雖然商業資本主義發達，可是那裏的商業資本家貪於營商的高利，大多遷往南洋及各省，始終只作那資本的原始積累，至今還未進到工業資本的殷酷剝削，恰好是英國十六七世紀的家庭手工業工人，受當時商業資本家之殘酷剝削一樣（當時商業資本家，一方面以高利的資本借給家庭手工業者，並供給他貨價的原料；另一方面又以廉價買囘家庭手工業者所製出來之生產品，所以當時手工業者受苦非常。在此種情形之下，我們就可知道廣東如果真正有反帝國主義的中國最優惠商業資本家，這個也只有廣東工會之發展與其工人年來之猛鬥和買辦階級的種種衝突，就可明日了。但是在另一方面，我們必須特別注意，廣東商業資本主義所以這樣發達，並不由於內部的生產發展，而全由於帝國主義之商品輸入，所以廣東的大商業資本家，全是帝國主義的買辦，──英國帝國主義的買辦。

英國帝國主義的買辦，差不多一切行動都要受英國帝國主義的牽制與指揮。在牠們的階級利益上並用得使這一個鎮壓呢（因為正反帝國主義的國民革命運動，是工農階級為之中心，）所以這一次廣東的與農人之反抗，在牠們的階級利益上差不多一切行動都要指使便牠的買辦！──商業資產階級來鎮壓的，何況廣東的買辦階級與起真正同時又遇到工人與農人之反抗，在牠們的階級利益上差不多一切行動都要指使便牠的商團，一方面固由於英國帝國主義的指使與幫助，另一方面買辦階級亦有相當的自動。

國民革命是帝國主義所深怕的，但是隨著國民革命而起來的工農階級，亦確是買辦階級的眼中釘。所以自國民黨本年改組，工農階級的先鋒分子參入以來，廣東的英國帝國主義與買辦

階級就無日不在圖謀顛覆國民黨之廣州政府的計畫中，英國帝國主義差不多無日不在他的香港報紙上造謠，說「國民黨赤化」，「廣州共產在卽」的一類鬼話，以圖慫恿廣東的買辦階級與地主，使之急速地法西斯蒂化。這就是廣東商團所以成爲法西斯蒂之根本原因了。此外還有一個原因，就是由於國民黨的軍事行動政策。買辦階級固然恐懼工農階級，但這個只是一小部份大商業資本家，其餘大多數的小商人羣衆，倒不怕什麼赤化，共產在卽，因爲他們并沒多少產可共，他們所最老恨的，就是有加無已之種種苛捐，而強迫之承受此種不能負擔的苛捐，那有不反動之理（并且每次捐款一來大資本家因分配權在手，往往嫁之於小商人，所以小商人吃虧越大，）。故當商團提出減捐問題提出來，小商人卽非常踴躍，就此可見。但是擁有十餘萬軍隊的廣州政府又決不能不向人民要錢，所以苛捐是軍事行動的必然結果，但是代表國民革命之國民黨却因此失去了廣大的小資產階級羣衆之同情心。時國民黨因忙於卽串行動，對於這些羣衆又沒有作過一點切實的宣傳和組織工作，使他們自然傾向於買辦階級所利用。只在這一點上說卽足以致國民黨之死命，何況還有與此而生的種種弊端，所以我們根本反對國民黨的軍事行動政策，爲買辦階級所利用，也就爲此（見本報八十五期）我們爲什麼反對國民黨之軍事行動」）。

由上說來，我們可以小結一下：廣東法西斯蒂的商團產生之根本原因，是由於反帝國主義之國民革命運動發展到了一定的程度（雖然廣東的國民革命運動很不切，很幼稚，但在帝國帝國主義看來，已具很可的怕了。帝國主義利用買辦階級所製出來以壓制此種運動之必然的現象。此種現象若是中國的國民革命運動日益增大，不但是在廣州如此，行且將見遍及於全國。我們須知道，在中國的客觀環境上，一方面有買辦階級，一方面有失業游民，退伍軍士，很有成功西法斯特運動之可能。現在帝國主義已稍稍厭棄軍閥，大有想扶植一派買辦階級組織商人政府之傾向。如果這種買辦階級的商人政府出現，卽是中國的法西斯蒂政府之出現，組織廣東商人政府。這次廣東的商團如不失敗，英國帝國主義必實行其政策，組織廣東商人政府。歐洲的資產階級自己已漸漸不能統治歐洲的無產階級，不能制止無產的革命潮流，故造成一種特別的最反動的兒戲工具——法西斯蒂來對付，來延長其殘喘；這樣對於其殖民地抱或半殖民地也必然要利用其經驗，現在英國帝國主義在中國廣東之初試未成。在不遠的將來，我們將住高麗看到日本帝國主義在安南看到法蘭西帝國主義玩這同樣的把戲。

（三）

廣東法西斯蒂的商團事變，旣不是一種偶然現象，是帝國主義對付殖民地或半殖民地的一種特殊的新政策所造成的，同時又是國民黨的軍事行動政策之結果。由此在國民革命上我們應該得到幾個根本教訓。

（一）帝國主義現在不但利用封建的軍閥來宰制中國，并且已由在歐洲製造法西斯蒂對付無產階級的新發明，在中國照樣泡製來對付中國，壓制主持中國國民革命的工農階級。這種惡辣手段已是帝國主義宰制殖民地或半殖民地之更進一步的辦法。

（二）我們從此前以爲中國國民革命的分子是包括工農以至資產階級，如此自然而然的買辦式的商業資產階級也在內，現在事實教訓我們　怎樣！像這樣買辦式的資產階級，不惟不是革命分子，并且還是極端的反革命分子，——法西斯蒂，比任何封建軍閥只有過之無不及

所以以後我們不應希望買辦階級來革命，我們應極力宣傳反對牠，使不得誘惑發來。 在國民黨中所有的買辦階級應一律淸除之。

(三)在這次商團事變中始終抵制法。斯帝商團，犧牲生命，擁護中山以府到底的，只有工農軍和各工團與農團。由這裏更足以證明工人和農人才是真的正革命者，將來真正能擔負中國國民革命的偉大使命的，只有中國的工農所級。所以我們就站在國民革命觀點上，站正想成功國主義的工農階級，—見聰上，對於中國的工農階級，應表示偉大的信仰，真誠地去與牠們攜手，才有成功偉大事業的希望。像國民黨現時只相信幾個土匪軍隊頭，或幾個買辦將級，結果不至流到陳廉伯與陳炯明之叛黨和陰謀掠劫不止。

(四)作國民革命，必得按照一定革命步驟，—由宣傳羣衆而組織羣衆，訓練羣衆以至武裝羣衆，打統治階級，取得政權。現在國民黨之軍事行動，不三不是國民革命的，而是製造反革命的工具，驅逐革命羣衆往反革命的道路走！ 不然，時過境遷，恐將來悔之已晚矣。

此外我們還須明白這次商團事變之擴大，完全是國民黨的右派和幾個土匪軍隊頭釀起來的，如果當已經查護商團的運軍械謀到廣州政府之時，廣州政府出以快霹不及掩耳之手腕，立即解散商團，明是絕對不錯，我不知中山先生對於右派和土匪軍隊頭范石生等的感想如何？ 這正是「當斷不斷，反受其亂」！ 所以國民黨如果還想代表中國的國民革命，中山先生還須趁早審查過去失敗之原因，放棄種種錯誤觀念，錯誤政策，都一天一天地惡辣，在中國國民革命的過程上，代表國民革命的國民黨之種種錯誤政策，快來接近眞正的革命羣衆，往眞正革命的道路走！ 故我們重三復四，很誠懇地向中山先生忠告，須趁早審查過去失敗之原因，放棄錯誤之政策，快來接近眞正的革命羣衆，往眞正革命的道路走！

府之時，廣州政府出以快霹不及掩耳之手腕，立即解散商團，迫令繳還槍械：何至有十月十五日之事。這正是「當斷不斷，反受其亂」！ 所以國民黨如果還想代表中國的國民革命（如驅逐革命羣乘往反革命的一種壞策……現在正正在帝國主義之第二步的侵掠形式中，不但是著名狡猾的英美對華用示好的政策，就是最橫暴的日本亦有以庚子賠款在華辦的英美對華用示好的政策，取得政權。

擴張租界與商業資產階級

太雷

帝國主義侵掠弱小民族最初的一步免不了要用一種武力征服的形式，使弱小民族的民衆屈服於帝國主義淫威之下，及其既屈服之後，現在帝國主義已經批許不少，現在由事實，明是絕對不錯，我不知中山先生對於右派和土匪軍隊頭范石生等的感想如何？ 現在帝國主義侵掠中國，宰制中國的方法是一天一天地巧妙，一天一天地惡辣，在中國國民革命的過程上，代表國民革命的國民黨之第二步就是用柔軟的示好政策，對於弱小民族做喪失其國民性的宣傳，使其自動地歡迎其統治。 中國已經經過了帝國主義第一步的侵掠形式。現在正正在帝國主義之第二步的侵掠形式中，不但是著名狡猾的英美對華用示好的政策，就是最橫暴的日本亦有以庚子賠款在華辦的教育，優待中國的留日學生，提倡東方文化等的把戲。 他們這後一種的侵掠方式對于中國是最利害的政策，要使中國的民衆洋奴化甘心受他們的統治。他們這種政策在中國已經收效不小了；中國人請求外國帝國主義保護的表示已經是很普通的現象，——可惜這種洋奴化的作之全部問題，數年前領事團曾提議將開北區域劃入上海本部，而中現象還只限於中國的買辦式的商人階級和歐美化的學者和官僚，遠來國當局拒面不聽，因此數年來成一相持之局，雙方利金，皆受其妨礙

能及於中國的民衆。 然而中國民衆如果不能及早覺悟，起來反對這種帝國主義的示好政策，和少數洋奴的賣國，那末中國恐不免要做一度朝鮮第二，將愛更大的壓迫而使中國的振興更形艱難。—

温次上海閘北華商請求租界當局維持華界秩序和大陸報對此事之社論可以看出帝國主義的宣傳和受其實傳的中國商人階級的賣國心理大陸報這篇社論是帝國主義的示好政策之一幅很好的寫真，所以完全抄錄如下：—

「擴報告，有關北擁有財產之華人一團於上星期間向領事團中之一員建議，若發生嚴重擾亂時令工部局巡捕常局贊助維持華界之秩序，此項舉動，立即引起中外常局在『大上海』所包括全部流域內協力合作之全部問題，數年前領事團曾提議將開北區域劃入上海本部，而中

，今若此間發生戰事，擁有財產之華人，乃覺悟彼等之利益，與外國人擁有財產者之利益初無二致，假使彼等得有保護，外人的外國所享之保護相同，則受惠無窮，外人在閘北置有重要產業者苦多，因此而愈覺閘北現在情形之可笑，蓋外人擁產者，同時，領悟必將下令設法保護租界外之外人產業，當時，此等城市劃界而治，愿有年所，但後各覺悟彼此對峙之無益，卒成立共同之了解，使彼此財產利益均得滿意，吾人信此項問題，若於現時或於目前之混亂過後，以相當之精神懇村之，則「大上海」管理之問題，當可得一解決也。」

他一方面極力說給華商聽：：閘北華人的利益與外人的利益相同，為何華人不請求租界當局保護呢？他一方面以擴充租界為要狹，如果你們要得着保護就須答應領事團的，「大上海」之主張。祗知自己利益的閘北華商當然是很愚的進的，就冒賣國的不逞或者亦會答應，因為請求維持華界秩序就是他們預備承認「大上海」之先聲。

這種賣國心理恐不限于這班閘北的商人，北京，天津，上海之先聲。

則誠為不幸之事，無論為警政火政自來水公共衛生建築道路取締交通以及其他種種問題，租界華界皆利害相同，故盡可由通達事理之人物協力合作，擬定一種互助之計劃，使雙方有益，而又能保全彼此之體面，從前美國有許多迅速發展之城市，其情形與目下之上海相同，當時無人保護，而一聽亂兵之搶刼蹂躪也，假使華界情形益趨惡劣，國總商會未必不請領事團與以保護，而領事團深知滬郊苟遭危害，極易延及租界，則對於中國總商會之請求，斷然將注意之，或謂除非擁產華人表同意於將閘北劃入租界，租界當局將拒絕考慮此種請求，但關於此點，現尚無切實消息，總之，關於此問題迴之要點，為租界方面之種種問題與華界方面之種種問題，其中有不少相同之源素，今兩方之種種問題，無論為警政火政自來水公共衛生建築道路取締交通，若目下危局所與之教訓，轉瞬又置之腦後，則切實覺悟此種關係矣。

關於此點，現尚無切實消息

中國的平民起來呵！反對帝國主義的示好政策！反對請求外人保護的賣國者！

四萬萬人的中國民眾，呻吟於甲派軍閥與乙派軍閥火拼之下，是何等苦痛呵！然而對中國民眾的呻吟於甲派外的中國人所得道為友邦的英，美帝國主義——而是世界被壓迫無產階級和第一次取得政權的俄國無產階級之而起，但此時資本家勢力已漸增強矣。中國資本勢力之發展，實出於列強侵路。七十年來各國逐漸侵路中國，英在商業勢

「百萬俄人參與助華運動」！

超驎

四萬萬人的中國民眾，呻吟於甲派軍閥與乙派軍閥火拼之戰爭之下，是何等苦痛呵！然而對中國民眾的呻吟於甲派外的中國人所得道為友邦的英，美帝國主義——而是世界被壓迫無產階級和第一次取得政權的俄國無產階級之而起華俄社十月九日莫斯科電說：「制止侵路中國會」底會員已經有了百萬人以上；同日，華俄社又以如下的記載，傳達給我們：

「莫斯科「制止侵路中國會」開大戲院舉行大會」

俄人拉狄客，英人麥晏奴斯，法人特示恩，及中日勞勤界領袖多人被舉為大會委員。各氏皆有演說，拉狄客演氏辭甚長。大意謂中國池大民眾，辛亥革命後，交通不便，故無大市場與大生產。產者勢力薄弱，辛亥革命後，革命黨不能統治中國，武人勢力因之而起，但此時資本家勢力已漸增強矣。中國資本勢力之發展，實出於列強侵路。七十年來各國逐漸侵路中國，英在商業勢

力中佔四成，日本則顯軍力在華得勢，極欲奪取中國煤產，其實中國，每藉口恢復和平，力謀集中勢力於武人之手，使武人受美之支配。最近日本高唱不干涉中國之論調，實因力不足敵英美，藉此以謀抵制；英美則因中國力弱而排之。吾人乃先揭破英美侵略中國之陰謀而竭力反對之者。前此吾人自救於帝國主義侵略路中，現則應進而救助中國矣。吾人之有今日，實予吾人以極大之援助。今中國在此危急之中，吾人即應以他人待吾人者欲在舉世不注意中致中國於死地，且以為無人阻其進行，吾人因之不能卸去驚醒中國之人責矣。「制止侵略中國」之目的乃揭破帝國主義假面具而於世人之前，使世人咸視列強之陰謀。中國國民主義之奮鬥。世界人類之命運有極大關係。

世界各國工人對中國極其隔閡，不明瞭中國情形如美國工人，至今尚因工價關係，視中國工人如仇敵。故帝國主義者待中國人民。俄國工農認四萬萬中國人民之奮鬥乃吾人奮鬥中之一部：「吾人不能袖手旁觀云云」之奮鬥乃吾人奮鬥中之一部。俄國民認此次軍閥火併戰爭中解放出來。他們由過帝國主義援助本國封建階級的滋味，此中甘苦，他們知道得很詳細；他國主義和本國封建階級經過長期奮鬥之後，得到不少的經驗，他們願意將所得經驗告訴給正在領帝國主義之奮鬥。中國革命若勝利，吾人即可得四萬萬之同志，故促世界工人援助中國乃吾人歷史的天職。

破帝國主義假面具而於世人之前，使世人咸視列強之陰謀。中國國民主義之奮鬥，世界人類之命運有極大關係，非區區國民問題

（一）俄，英，法，美，日勞動界代表各該國無產階級同情於中國民衆在此次戰爭中的苦痛；

（二）此次戰爭是英國一派帝國主義與日本一派帝國主義為擴充各自的勢力各勾結一派軍閥互相殘殺；

（三）日本高唱不干涉是外交作用，不是真守中立；

（四）俄國無產階級預備救助中國民衆之奮鬥與世界人類運有極大關係：是無產

（五）四萬萬的中國民衆之奮鬥與世界人類運有極大關係：是無產階級解放奮鬥之一部分。

請看麥克唐納爾之革命方法　述之

無產階級要想根本消滅資本主義，打倒資產階級，建設無產階級的政權，創造共產主義的社會，唯一的方法只有革命的手段，解除資產階級的武裝，武裝無產階級，直接以取得政權，這個道理，馬克思與列寧不知道說了幾千萬遍，可是掛着馬克思主義招牌之第二國際黨的先生們始終不願意領會。讓他們的意思，無須武裝無產階級，只要努力於國會運動，與資產階級競爭選舉，勞動者如果能在國會取得大多數的議席，那時就可以着手於社會主義的建設了。自然我們也不根本反對國會運動，但是我們認國會運動只是揭破資產階級面具，宣傳無產階級思想之公開機關，經不能由此達到消滅資本主義，實現社會主義的根本目的。這是近十年來歐洲各國社會黨之國會運動的經驗可以證明的。現在馬克唐納爾的工人政府，已快被英國的資產階級趕台，他這想藉選舉競爭獲得國會多數來維持這個資，真是夢想！無論選舉

他是絕對失敗，就是勝了，他的工人政府對英國無產階級有什麼好處
？

啊！ 我錯了，這原來就是第二國際黨麥納爾唯一無二之之革命
方法！

直系軍閥馬蹄下的山東人民（濟南通信）　碩　夫

▲直系軍閥又大製造「兵匪」

▲吳佩孚馴養幼童作殺人的工具

▲吳佩孚以「他的」人和縣孤注一擲

▲「他的」人比「他的」驢貴一倍

自江浙戰爭發生，東北戰雲緊張時，吳佩孚即在「他的」領土內調
兵遣將，大索戰款，山東直綠兩省更成了他馬歸草芥。

月餘前，吳佩孚和他的直系軍閥就在山東大招軍隊，濟南大街小
巷差不多都有招軍的白旗，曹州更利害，曹州極偏僻的地方都有此種
白旗，山東人口素稱最密，人民生活亦最艱難，因此近一月以來幾每
天都有十餘灰黑色的人擠上濟南津浦路車站，每隊約三四十人。

吳佩孚自己即送到東北戰線前以死驅之作「冒險隊」，有人說：山東游民太
多，所以有土匪蔓延各地，吳佩孚這種辦法就是提拔一些游民，減少
一些土匪，果真如此，吳秀才真是懂得治國平天下之道呵！

尤可令人瞠目伸舌的就是吳佩孚又實行他的故智在山東大募童年
軍，此項童年軍是解往濟陽去受訓練；凡年滿十五歲者槪不取，可憐
許多天真爛漫的，漠無所知的青年都被網羅去了，據我們所知道的，
濟南育英中學還去了三個學生，想別地學生聽慕者也不乏人，幷且有

產者日衆，帝國主義的經濟侵掠，軍閥剝削，和騷擾致令民不聊生，破
下作「兵匪」，軍閥豢養「兵匪」必須剝削人民和製造戰爭，因此又產生
更多的土匪和「兵匪」，如此循環不已，真不知將如何結局呀！

吳佩孚這類破產的人民為生存逼迫，不流為土匪，即投入軍隊之
一人。

聽說吳佩孚拉車的用途是：先運子彈；子彈運到時，即將車箱的
四壁撤除，載以柴草，帶人和牲口都驅到戰線之前，過必時即列隊
裝着軍上柴草向前衝鋒探險以觸破地雷，鄉民聞此情形更惶恐萬狀，
有的先期棄家逃跑；有的中途拼命脫逃（不多日直軍倘在京奉路鎗斃
三十餘逃人）鄉村富戶有牽三百元買一代替人，也無一敢應者；

讀者諸君：吳佩孚真拾得幹，既招慕又強捉，想他一定自信：「
俺的山東宇宙有的是人」！

（十月十三日）

些學生被父母逼迫去的。

現在再說一說吳佩孚在山東拉夫「抓車更可見這種封建式軍閥對待
人民之殘暴。

吳佩孚自親自北上指揮東北戰爭後即傷令沿津浦路一帶德州平原
禹城恩縣肥城齊河等縣共納車四千輛，每輛隨一人兩縣，死於戰場
者有恤金五十元；人則一百元，幷殿令即時豪集二千輛交付，駭得各
縣知事都一時倉皇失措，鄉民望風而逃。

拉夫的方法就是由縣知事傷令各鄉或各保派定，幷須為該被派者
具保證明其為良民，派定後即令遣兵下鄉圖捉。

省長熊炳琦奉命後即令肥城縣知事遵嘉集三百輛大車上前敵，知
事焦急萬狀，因雹以肥城小縣，又值牧豆種麥農家正忙時，即派兵圖
捉也很難捉到三百輛大車，因電熊請免，熊大怒，以撤差重辦迫之，
知事迫不得已即召集鄉紳計議，說明自己愛莫能助的苦衷，計議結果
仍沒有事，知事卒被裁撤。

德州平原一帶抓軍情形更兇，鄉民流離失所，呼號之聲，實在慘
不忍聞，有自平原來人親在車站見兵士捉八，幷開鎗示威等情狀。

最近，有兵在齊河圖捉四十輛大車上津浦路，一從棄車和牲口逃
走者三十人，此三十人覺不知去向，餘十八人被逼上車站又逃三人，
於是兵士急忙將七人捉上車，及車開時，又有二人從車窗中跳出；死

The Guide Weekly

嚮導週報

第八十九期

（中華郵務管理局特准
掛號認爲新聞紙類）
一九二四年十月二十九日
郵票代款概作九五折

分售處

武昌 共和書社
上海 民智書局
　　 上海書店
廣州 丁卜書報社
巴黎 時中書報社
香港 翠文書局
　　 中國書報社

分售處

太原 晉華書局
長沙 文化書社
濟南 齊魯書社
濟南 文化書社
杭州 古今圖書店
　　 明星書局
寧波 新亞書社
常德 文化書局
開封 　　
南京 　　
福州 　　
成都 樂羣書報流通處

定價 國內一元寄足四十期 國外一元寄足二十五期 郵費均在內 零售每份大洋三分

每星期三出版　發行通信處　北京大學第一院課發收　上海英界海寧路楊志肯明

嚮導週報（第八十九期）

七三三

北京政變與中國人民

獨秀

此次北京政變，顯然是英美帝國主義者拋棄了一個舊工具——吳佩孚，另換上一個新工具——馮玉祥，這個新工具比舊工具更柔順馴服一點，更得中國的所謂「輿論」贊助一點，近來英美人士極口稱讚這位基督將軍的軍隊如何優良，青年政治家基督教徒王正廷等如何與馮玉祥奔走連絡，這都是新工具登場的廣告。

這次英美與換新工具，乃是因爲帝國主義者勢力均衡（英天不能完全打倒日本在華勢力，日本對英美亦然）和中國軍閥勢力均衡（直不能完全奉，奉亦不能完全直）之故；他們的陰謀，乃是實現一個由列强共同操縱的各派軍閥首領之和平會議，（即政變中所傳天津會議）幷由此會議產生一個由列强共同支配的各派軍閥（或加入二三財閥？）首領合作之委員制的政府。

我們百口斷定這種結局，不但決不能解決中國的糾紛，而且必然是帝國主義者和軍閥結合起來更加緊他們對於中國人民之枷鎖；隨後他們當中又必然互相爭鬥起來，加中國人民以空前的屠殺與踐踏。

被壓迫的中國人民啊！自鴉片戰爭到臨城案件，中國的經濟權政治權都傾演落在帝國主義的列强手裏，我們如何妄想任何軍閥的政治行動不受列强的操縱？我們如何妄想他們給我們吃的任何東西不是毒藥而是滋養品？

在二重壓迫剝削之下的中國人民啊！我們不掃蕩一切帝國主義者及一切軍閥，決無實現和平安定的局面之可能。袁世凱死了，我們希望段祺瑞徐世昌都倒了；我們又希望段祺瑞出來可以彌縫一個和平安定的局面，結果可是失望了；段祺瑞徐世昌都倒了；我們又希望吳佩孚出來可以彌縫一個和平安定的局面，可是結果又失望了；現在曹吳又倒了，我們若仍希望基督將軍出來或段祺瑞再出可以彌縫一個和平安定的局面，結果仍然是要失望！而且不但失望，譬如毒瘡，不施以前烈的外科手術，彌縫一次，潰爛必更甚一次。

我們與其年年坐着失望，任他潰爛，不如奮起以自力創造和平安定的局面；我們所要的和平安定的局面，決不是什麽「排滿」「討袁」「討徐」「討段」「反直」「討曹吳」「討馮玉祥」可以得着，只有搖蕩一切帝國主義與軍閥可以得着！

北京政變之內幕及其結果

和森

這次大戰表面上是直與反直兩派軍閥間的戰爭，實際是英美與日法兩派帝國主義在中國的戰爭。 吾人對於這次戰爭的觀察，早已料定其結果不出下列之三途：直勝則美國宰制中國之局完全成功；直敗則日本將恢復安福時代之勢力；雙方勢均力敵或直系形勢不利時，英美帝國主義必然採取和平會議的方式勒令雙方聽命於列強的號召之下，組織買辦式的商人階級與軍閥階級暫時混合統一的政府，而根本剿滅廣州和全國一切革命的進步勢力（參看本報八十二期）。

我們的預言現在完全證實了。

英美帝國主義的寵兒馮玉祥，在吳佩孚不利的形式下，跑回北京，主持停戰，代替帝國主義在前此預定之計劃，號召各勢力派領袖，開什麼和平會議，這位基督將軍一面固然是倒吳自建，別面却是替天（帝國主義）行道，其目的係鋪透徹社（二十三日）所傳是建立穩健政府，統一國家。並擬大借外債，恰好與四十日前倫敦窪頓間所鼓吹的干涉論調若合符節。

馮玉祥的謀臣王正廷固然是美國的走狗，馮等在古北口會議的原定計劃，係以馮（玉祥）胡（景翼）孫（岳）各軍合組所謂國民軍，推倒曹吳，但是與日本的關係亦復不淺。

但事變的進行正在五花八門的擺弄之中，而其樞紐完全繫於日美兩派帝國主義的暗中操持；第二是馮玉祥自為國民軍總司令，使段無乘機入京主持中樞地位之可能；第三是馮玉祥在軍事上和政治上現已完全表現其維持直系優勢（卽英美優勢）而設法阻撓日本及奉方勢力侵入中樞之趨向。 這不但在馮入京後即表現出來，而且在他所宣布的解決時局之十一條辦法中可以看出，——現在請看二十七日上海各報所載之消息：東交民巷的英美帝國主義者看來，自然是太便宜了日本和親日派，故馮玉祥入京的步驟便一天一天的變化：第一是暫維曹錕的地位，馮聲言此次主和與係「要求改良政治，非革命」，這樣的計劃在東交民巷的英美帝國主義者以明其純粹為簡單的對吳問題；第二是馮玉祥自為國民軍總司令，故馮玉祥入京為臨時總司令暫維政局，一面召集所謂元老會議解決國事。 宜了日本和親日派，故馮玉祥入京為臨時總司令暫維政局，一面召集所謂元老會議解決國事。

推段祺瑞入京為臨時總司令暫維政局，一面召集所謂元老會議解決國事。

第三是馮玉祥在軍事上和政治上現已完全表現其維持直系優勢（卽英美優勢）而設法阻撓日本及奉方勢力侵入中樞之趨向。 這不但在馮入京後即表現出來，而且在他所宣布的解決時局之十一條辦法中可以看出，——現在請看二十七日上海各報所載之消息：——（1）不明交中央政權於反直派，（2）不卽推段祺瑞入京，（3）暫不更迭直系督軍，（4）對於曹錕與佩孚以相當優遇，（5）召集全國和平會議於北京，（6）和平統一會議加入民間代表，（7）解散國會，改選議員，建設有力之中央國會，（8）和平統一會議彙加入民間代表，（9）阻止奉軍入京，（10）追曹錕退位，於國會議會改選後選舉正式大總統，（以）在大總統未選出前，中央政府依委員制執行政務。

唉！ 不明交中央政權於反直派，不卽推段祺瑞入京為大總統，阻止奉軍入京，以及對曹吳與以相當優遇，這不明朗是東交民巷英美帝國主義者拚命教他們的新工具入京，維持他們在中樞的絕對優勢嗎？ 並且據二十七日申報專電，北苑決定召集之元老會議，張作霖還在被排斥之列呢！

這次政變不僅是英美帝國主義者見直系出此臨崖勒馬之計，卽日本帝國主義者亦用了不少促成這政變的勢力得直達北京以提着如此報告）。故使馮玉祥出此臨崖勒馬之計，卽日本帝國主義者亦用了不少促成這政變的鬼計，以圖藉此使奉張的勢力得直達北京以提

可是老奸惡詐的英美帝國主義者，一面在東三省施行同樣政變的陰謀（卽使李景林等倒張作霖）以資抵抗，一面在北京自動着手中樞的政權。

倘使馮玉祥陡却犧牲吳佩孚一人外，不僅維持直系原有之優勢，而且突然挺出和平號召的極威，來制裁奉張及前此對抗直系的西南各省●

還樣一來，日本及其代理人在這次政變中不僅得不到便宜，而且反要受制裁。　然則日本及其代理人怎樣對付呢？

張作霖一時好似弔子吃黃連，只好向外國新聞記者假謙恭，說：「余武人，不願赴京干預政治」「北京政府之收拾，當請段老當之，

余與馮玉祥當共輔佐段老」。在天津假大方的段祺瑞，患得患失，迫得如那年直系欲推戴不推戴的黎（元洪）傀儡一樣，只好唱「列先定裁兵

辦法，余始出山」的高調。　但讓著須知段雖一時猖狠如此，但他們及他們的主人翁（日本帝國主義者）終不是甘於吃虧做倖頭的，果

然，現在他們已實行了最厲害的對抗策：——便是縱身陷絕地（檢關）的吳佩孚安安全全率兵厄天津與馮臺生齟齬，已向吳嘗試；

偽的時候，奉軍長驅直入，跑進北京收漁人之利而建立日本代理人的狀克推多。　現在試看念八日上海各報消息：

（一）聯合通信社滬訊云，吳佩孚於二十五日率軍率八列部隊一萬人，由秦皇島西向灤州，列車組織與由京出發時期相等，並已撤退已往前線之第三師，並徵調天津附近之隊伍，預備向北京攻擊，京津之間，恐難免一場惡戰，奉軍方面與馮玉祥原有停戰止兵之約，吳軍西迫，奉軍受該約拘束（決非受此約拘束，乃是故意縱之使去）未便即行追瑯、故吳得安然退走。　又訊，馮玉祥自為總司令與奉天擁段入京之意相左，馮張之間，因此不無聞隙云。

（二）吳佩孚方面近H散佈吳張妥協併力討馮的空氣，奉方雖一面否認，一面却實行了經吳打馮的政策。

（三）新聞報專，電馮玉祥段祺瑞聯絡已決裂，因馮玉祥電馮吳二軍之接戰，但他們決不致坐視馮吳兩敗俱僞（在必要情形，英美對於馮吳二人，也許犧牲一人，以免直系全體覆滅之危機）同時各報所載王懷慶反對馮玉祥電名，徐樹錚在香港亦宜言段芝老必不與馮玉祥合作。

還樣一來，直系的內戰愈益嚴重擴大，便是直系勢力的全部要根本破壞而被奉張所剷除，結果便要根本勸搖英美在北京中樞的勢力面代之以日本的勢力。　然則英美帝國主義者便任日本及段張逐行其政策，而坐視直系內訌以至完全滅亡嗎？　不會，決不會。　棋逢敵手能相對，英美帝國主義者現在離無法挽囘馮吳二軍之接戰，但他們一面與日本謀安協，一面以強硬名義干涉停戰號召宰制中國的和平合作。

北京政變吳厄津討馮後的最後結局，仍然逃不出帝國主義宰制中國的預定方式，即列強主宰的各勢力派之和平會議。　現在試看二十七日宇林西報關於北京政變吳厄津討馮後的論文之結論：

吾人始終主張列強對於中國此次戰事應守中立，吾人會歡迎彼等不干涉之宣言，而証實日本致北京及奉天之通牒，因此通牒似與宣言不符故也。　但吾人目下不禁以為列強應行動之時機已至，此行動之形式，決非干涉，亦非調停，但以為列強不妨請中國各交戰領袖全體開一大會議，而各國政府合派代表一人加入，或為主席，或為公斷員，此代表宜不取諸北京各公使之內，而由華人於其他外人中自定其選，如此辦法，或尚屬可行乎？　中國各領袖使一經聚首（其中大半向未識面），而會議於中立的主席之下。則彼此不同之意見或不難泯滅而歸於一致乎？　由此方法，凡任何方面會著有良好功績之人皆可保留而致力於國家，不致投間置散，豈不懿歟。

全.此裁厄壓迫的人民，你們看呵：北京政變雖然五花八門，然其樞紐不完全是操於日美兩派帝國主義嗎？　北京政變的結果不仍然是担

寰中國主權，增加中華民族的奴隸，完成帝國主義共管中國的陰謀嗎？ 起來，起來，——你們迅速的起來反抗帝國主義奴隸中國的所謂和平會議呀！

北京政變與國民黨

和森

還欲戰爭與北京政變的結果，必然要完成帝國主義宰制中國的所謂和平會議，已是毫無疑義的。這種和平會議是日美兩派帝國主義和直隸兩派軍閥勢均敵互相妥協以宰制中國國家及四萬萬人的成功（如果不是勢均力敵，便是一派統一中國，用不着什麼和平會議），也是毫無疑義的。所以現在問題是到了代表人民利益的革命領袖孫中山與國民黨的身上。中山先生對於軍閥而實在是帝國主義在京津之間召集的和平會議採取什麼態度呢？這不僅是一個策略問題，而且是革命本身的生死問題，稍一不慎，卽要陷於絕境。

中山先生肯親身去參加他們所號召的和平會議或委員制的政府呢？那末不僅是要上帝國主義與軍閥的當，而且無異是向人民宣告自己是與軍閥及帝國主義處於同等地位。所以在原則上與策略上，中山先生不僅在消極方面要拒絕參加，而且要在積極方面號召人民起來反抗帝國主義宰制中國的陰謀，根本否認帝國主義有召集會議解決國是之權限。

或謂討曹此次的事實，其結果也完全是軍閥與帝國主義的；中山先生現在若上午入北京，我可斷定他在革命上的信用下午便要破產；然後再嘗一次廣州七總裁的味道，結果不僅是終遭軍閥的排擠，而且要被帝國主義搖旗吶喊而喪失已自革命的旗幟與號召。所謂北伐討曹，本身早已認為根本錯誤，而只有徒為軍閥與帝國主義的玩弄奚落，迫到哭笑不能的時候而下台。這樣的去分享其成，豈不是自行入甕。曹吳倒後的北京，又是誰家的天下，這在事實，豈不甚明？

我們早已說過，卽使反直成功，其結果也完全是軍閥與帝國主義的工具——禍國殃民裁判之軍閥有召集會議宣稱解決國是之權限。中山先生怎好拒絕參加和平會議，中山怎好拒絕參加？我們早已說過，卽使反直討曹成功，現在曹吳倒，反直起來號召和平會議，中山先生在若上午入北京，我可斷定他在革命上的信用下午便要破產。這樣的去分享其成，豈不是自行入甕。在此時若還顧惜北洋政策的錯誤，再接着錯誤下去，我想中山先生決不出此。

有人說，事情決不如此簡單，中山先生旣直代討曹於前，卽使現在已覺其失當，也不得不與反直軍閥敷演周旋；以親身去受當是不會的，但派人持條件而赴軍閥的和平會議亦未嘗不可。不然，國民黨徒徒站在外面反對他們的和平會議，豈不是反使人民誤信軍閥與帝國主義是愛和平，而國民黨反不愛和平嗎？

上面的說話，實際包含兩個問題：第一，孫中山應否派代表北去與軍閥敷演周旋；第二，國民黨是否應有條件的赴軍閥和平會議之號召。柳自行在廣州召集人民的和平會議，以與軍閥及帝國主義的陰謀對抗。

第一個問題，我們亦絕對以為不可，其理由有三：（一）派代表與軍閥敷演周旋，仍無異是承認軍閥及其後面的帝國主義有主宰中國嚴肅的預定陰謀；（二）前年中山派四代表駐滬與各勢力派接洽和平統一之經驗，這樣便是成功帝國主義共管中國的預定陰謀；（三）這樣便是自行取消與革命勢力之權威，（二）這樣便是徒使自己與革命的面目蒙混，一言包括，這種舉動是損革命以益軍閥。

第二個問題，在理論上與政策上，國民黨現在本應自行在廣州召集人民的和平會議，以打破軍閥及帝國主義的陰謀，還是十分必要而徒使自己與革命勢力之權威，

毫無疑義的。可是在事實上怎樣呢？事實上，這個政變是要蔫的勢力已經發展於全國民衆中才能做到。吾人於此真不得不太息恨痛於白費氣力的軍事行動之誤黨誤國！假使改組大會後，國民黨能以七分氣力用於全國黨務及宣傳工作之發展，我相信這種人民的和平會議一定召集得成功，國民黨在全國政治上與革命上的地位至少也要比現在高十倍。又使最近二月不把全副力量用於毫無意義的北伐，對於軍閥戰爭與必然附隨而來的列强陰謀有所準備與宣傳，這種人民的和平會議亦行變分成功之可能。可是中山先生這兩個月的氣力更白費了，所以現花剩下的出路只有兩途：一是俯首帖耳恭聽北方軍閥與帝國主義的號召；一是毅然興起號召民衆反抗軍閥與帝國主義繼續制中國之陰謀。前一途無論中山先生親目北去或派代表與之周旋，都是絕境上再加絕境，損失上面又加損失；後一途雖一時見不到大效果，然却是亡羊補牢收之桑榆的必要政策。

北京政變與投機無恥的公團之請求

述之

但是現在右派的態度怎樣呢？（一）廣州公安局對於北京政變的布告是『和平統一，迎刃而解，西南護法，已底完成』；（二）住在香港的所謂民黨揭『推倒曹吳，歡送大元帥北上』的旗幟遊街，並燃放爆竹誌慶；（三）孫科在奉天語此人云：吳佩孚失敗，武力統一之說，自此可息。此後常謀和平統一之策，由自治各省聯合成國。又云乃父與奉張同一意思，不久孫張段等各省重要人物，當在京津間會晤大計。最初當為軍政時代，其次為軍民兩政時代，以養成國人政治之才，最後乃為人民選舉議員，實行知政時代。又云中國重要人物之意見，皆以十年來之議院政治為不適用，此後當使各省自治，以謀實業教育司法上之進步，對一時不撤廢治外法權，正可從頭做起。此次戰事，不但打破武力統一之主張，且將革除非法國會與其所訂憲法。中國今日並無政府，無國會，無憲法，對外一時不撤消治外法權，故與國勢。孫科又謂其父孫文現認惟有軍人狄克推多方能解決中國時局，故段祺瑞實為收拾時局之適宜人物；中國革命後採行憲制太早，故與國勢。甚適宜云，時局』，『此後……對外一時不撤廢治外法權』！

國民黨右派這種態度，實在令人難堪！這次北京的政變與附隨而來的所謂和平會議，在覺悟的革命黨看來，不僅不能予吾人以絲毫可喜之衝動，而且為兩派北洋軍閥與兩派帝國主義互相安協聯合向中國人民與革命黨下最後的制裁之危機；誰知這種危機降臨，到還是右派首領向軍閥投機向帝國主義放盤的賣買。嗚呼！幸虧孫科先生說得出口：『乃父與奉張同一意思』，『惟有軍人狄克推多能解決中國時局』，『此後……對外一時不撤廢治外法權』！

附和軍閥與帝國主發的右派，固已不必深究；我們所最惋惜的却是中山先生二十五日嘉勉馮玉祥『戡亂安民，舉國屬望，此後籌維，須謀根本至計，永奠和平』的通電之失當。恭中山主張發這個通電的左右，至少也可說他們對於中山先生的忠實以及對於政治的常識，尚遠不如徐樹錚之於段祺瑞，因為徐樹錚看到馮玉祥控制的北京形勢，比以前吳佩孚控制的形勢沒有兩樣，所以他公然在港宣言段祺瑞不能與馮玉祥合作。

既往不咎，我們現在只有希望中山先生趁快發一根本反對軍閥與帝國主義合作的和平會議之宣言：一以打斷右派在外面招搖放盤的無恥勾當；一以開始代表人民利益反抗宰制四萬萬人民的陰謀之革命工作。

（見念七八兩日的新聞報）。

此次北京政變，很明顯地擺在我們面前，是英美帝國主義更換宰制中國，統治北京之「代辦」——以最可靠的基督教徒馮玉祥更換不大中用的吳佩孚，以實行他們前所提議『邀集中國戰爭各派勢力開和平會議，解決中國內政上的困難，并為中國建設一不集權在聯邦政府之見路透九月九日電）之主張的一種表現。　現在馮玉祥已發表宣言，居然如英美帝國主義之前所提議，并如法泡製。在這種政變情形之下，對於我們被壓迫的國民，只覺得從此壓迫更深一層，剝削更進一步，從此覺得我們身上所負的鎖鏈，更為堅固，更難擺脫。因此我們對此次之北京政變，絕無何等新希望之可能，也絕沒有向英美帝國主義的新代辦馮玉祥發表要求之必要。我們應該向我們被壓迫的民眾宣言，指出此次北京政變之內幕，我們應該喚醒我們被壓迫的民眾，從此更須努力，進行我們推翻一切帝國主義與打倒一切軍閥的工作。

但是我們知道，此次北京政變之後，必有一班投機無恥之流，乘機竊發，藝有所染指，或冒牌出面，藉以出風頭。果然，本月廿六日的申報載有一大批通電就如此這般地表現出來了。這些通電上其重要的主張不外兩派：（一）主張召集泰有右「勸勞」的人，開費拉德費剔式的和平會議，組織省自治政府，或什麼委員制政府，以解決中國糾紛；（二）主張請段祺瑞出山「維持大局」「奠定邦基」。法治協進會，徐謙；與上海工商友誼會七團體之通電屬前派，全國商聯會與上海各工團執行委員會等之通電屬後派。我們已屢次證過，召集省會議，建設聯合政府，是國際帝國主義共同宰割中國之一種最惡辣的政策。現在的主張馮玉祥就將是英美帝國主義辦理此種政策之代理人。徐謙是一個有名的帝國主義的走狗基督教徒，他來替帝國主義宣傳，特他的教友馮玉祥宣傳，誰也知道他的來歷，當直皖戰爭，他被吳佩孚打倒之時，誰都稱快；現在馮玉祥打倒了吳佩孚，法治協進會諸人，於今來附和諸人，一點也沒有什麼奇怪，即是一班鑽狗洞的吳政客像如江蘇勞工會，無錫旅滬勞工會，上海職工青年會，和工界救國同志會，也居然附和帝國主義，軍閥，基督教徒，政客，而發表如此的通電；還未免太奇怪，未嘗有名的全國商聯會與上海各工團執行委員會之通電後派，然而我們實際調查起來，這些投機無恥之惡根所幹的把戲，與勞動者絕無關係，不過名義上辱沒勞動者罷了。賣國賊，日本帝國主義的走狗段祺瑞，誰也知道他的來歷，他被吳政客商聯會與上海各工團執行委員會竟居然通電請他出山「維持大局」「奠定邦基」，這是怎麼一回事！　然而這個又沒有什麼奇怪。　原來所謂禍聯合會又是幾個無賴之政客和商人江維庸等所幹的勾當，上海各界工團執行委員會何是京漢路能工的報徒郭寄生等所製造的竹槓，如果懷清內中黑幕，也一點沒有什麼希奇。　不過外邊人聽到，似乎堂堂的工會，也附和帝國主義，軍閥，甚至推崇有名的賣國賊，便難以為情能了。　哈哈！　請看上海各工團執行委員會請段祺瑞出山的電報啊…

天津段芝泉先生鈞鑒，曹吳竊國，燧火連天，凡我國民，間深痛恨；今者馮胡反戈，曹錕出走，吳佩孚歸路已經，末日將至，此誠者我公宅心仁德，功在民國，胞與為懷，憂樂在抱，尚祈慨然出山，規則建設，郇神百億，施宏濟於茲下，使天下蒼生，感沾霖雨，臨電神馳，不勝盼切，上海各工團執行委員會叩蒸；（申報廿六日）

雖然以上這些投機無恥之流所假造的團體之通電，沒有什麼意義，不確有什麼影響，然而他們所舉出的兩種主張——召集和平十議

建立聯合的政府和請段復辟，確是一班帝國主義，帝國主義的走狗，……軍閥，教徒，官僚政客和買辦階級……等最流行的信條和口號，（在最近的將來，必還有無數這類的通電，）將來難免要見諸事實。可是我希望真正覺醒過的中國人民，應該認明白這是英美等帝國主義宰割我們的新方法，擠手段，不要爲所迷惑。被壓迫的國人們，快醒悟呀！起來努力做民革命呀！

肅清內部

獨秀

中國國民黨，在黨內，在廣東境內，都急需積極的採用肅清內部政策。

民國二年中山先生組織中華革命黨，決心和妥協的黃興派分裂，此次國民黨又於無形中淘汰了一部分反動分子，他們隨後形成了一個敵黨。民國十年中山先生和買辦唐紹儀決裂，此次國民黨又於無形中淘汰了一部分反動分子，他們隨後形成了一個敵友社會。

雖然經過這兩次無形淘汰。而并未曾經過一次正式的洗黨。因此留在黨中的反動分子的不等數，他們的反動性，由全國大會宣言發表後，黨中革命的空氣日益濃厚起來，逼得他們反革命的言論行動也日益鮮明起來；其事畧見國民黨全體執行委員會提出，宣稱委員通過之整頓紀律案如左：

『民國日報記者說中國人并不願侵犯外國已得之權利并拒絕登載發約運動的通電；順德縣長兼國民黨分部長周之貞，以禮立醫者罪名拘捕農民領袖；廣寧縣長兼國民黨分部長李某，煽動土豪所組織的民團摧殘農民協會；粵漢鐵路局長崇灝限制要求發給欠薪之工人；公安局長兼廣州市黨部安部主任城，而警察禁止聖心學校學生反抗帝國主義之訓話，左祖槍斃酒業工會之商團，力助工頭壓迫人力車夫；市長叚市黨部組織部長孫科，命警備隊懸打請願免捐之轎夫入黨，不准轎夫入黨；代理省長叚樂市黨部檢查委員陳樹人，竟執行法國領事命令，派員登札理心能課學生，并在洋教師前大聲呼喝勸阻立拿廣州公耀，若利用流氓發傷十餘學生的董理瑋等；若在沙面能工事件中，在商團反叛事件中，許多力謀和帝國主義合作的軍人政客；他們不但掛名是中國國民黨員，此外若統率商團軍反抗政府的陳廉伯陳恭受；爲上海南洋烟草公司出頭推殘工人的李煜廣公耀；而且自稱是熱心護黨的黨員。』

廣州革命派與反革命派的大激戰 （廣州通信）

惠仙

其實這班黨員留在黨內，終必直接或間接斷送黨的生命；倘真欲護黨，只有肅清內部之一法。

反革命的商團雖然打退了，而廣州政府所受反革命勢力牽制的危設到廣東境內的政治軍事問題，目前也非全力於肅清內部不可。第一是心腹之患的范廖等軍；第二是各縣紳士大地主所統率的鄉民團；第三是久據東江的陳洪林葉容軍；黃東培內這三種機并未曾稍減：第一是心腹之患的范廖等軍；隨時都可以單獨的或結合起來向北勾引直系；反革命的勢力。隨時都可以單獨的或結合起來向北勾引直系，而是肅清黨內的反動分子和境內的反動勢力。

民黨用前軍要的工作，不是侈言北伐，向兩勾引英國帝國主義者，最客氣也是「請孫下野」。因此，我們把以爲國自己內部一踢又糊塗，還北伐個什麼？

一、警告節的意義

號稱革命策源地的廣州，而實際上反革命的勢力，比甚麼地方都要利害，如民團與陳烱明勾結，內面武人致釁榷位的競爭以及保皇黨如康有為等，亦圖鼓動商團有所活動（見香港大光華字各報康有為與陳廉伯的信）即各民間，除了農人工人是真實要求革命以外，幾乎再看不出半點革命民氣來，我們在彌漫了反革命的空氣之下，自然是應該揭發革命的真義，振動我們的警鐘，以希望廣州盲目的民衆，有所警覺，這就是我們改變為雙十慶祝節為雙十警告節的意義。當時我們決定的口號是：『改雙十慶祝節為雙十警告節』『追念革命先烈』『復活辛亥革命精神』『示威運動』『打倒帝國主義』『推翻軍閥』『打倒一切反革命派』『要求民主獨立共和國』『實行國民革命』『革命未成功，慶祝不必談』『要求一個革命成功的慶祝節』。

二、雙十節第一公園開會的情形及太平橋屠殺的慘狀

午後一時，在第一公園集合的團體有廣州反帝國主義大聯盟，民族解放協會，學生聯合會，農民自衛軍，一中學生會，廣州酒業工會，新學生社，合作社，理髮工會，圖強女子產科學校，船主司機工會，海外華僑演說團，佛嶺學校，廣州工人代表會，市郊農民協會，社會主義青年團，工團軍，農民運動講習所，建國宣傳團，土木建築工會，草蓆工會，雷州青年同志社，婦女日夜學校，警衛軍講武堂，油業工會，漢文排字工社等三十個團體；大概是有點革命色彩的。開會時，各團體都是根據我們的口號。（發為慷慨激昂的言論的很多，尤以農人工人為最激烈，於此我們可以看得出，真正革命的是農人工人，領率革命為革命而犧牲的，也只有農人工人。

到三點鐘的時候，會開完了，各團體即結隊遊行。在這參加遊行的羣衆裏，並沒有那一個有武器，號稱工團軍農民自衛軍事實上是沒有武裝，而�593武堂的學生亦是徒手，不過各人手中都拿着各種標語的旗幟以表示警告的意義罷了；如此的救國遊行，除掉帝國主義與反革命派外，殆無人能表示反對。而外結英國帝國主義內通陳烱明以商團為反革命工具的賣辦階級竟預先安頓了制死革命羣衆的毒計。當市民遊行隊自第一公園遊行至太平南路的時候，正與全副武裝，佈滿長堤西濠口太平路直連西門的商團軍迎面相值，某所樓上埋伏的商團軍號槍一鳴，街上商團軍立即向市民遊行隊施放排鎗，連放五次，前列隊員紛紛倒地，餘衆大亂奔走逃命，商團軍隨後追擊，滇軍亦加入追逐，死人在廿人以上，油業工人黃駒中槍斃命後剖胸割勢死者最慘。此外重傷的落水的蹤跡不明的被捕而遭商團軍與滇軍架鎗打的不下數百人。在這一場慘毒屠殺中，我們可以看得到買辦階級，是反革命先鋒，他挾着他的後台老闆英國帝國主義的威權，與偏軍閥官僚（如李福林范石生廖行超李朗如等）和紳士閥的屏障，他們作惡的工具，實在比軍閥還要巧妙，他們對待農人工人的毒狠，比吳佩孚趙恆惕還要利害，現在我們農人工人對於買辦階級只有殺一個『你死我活』絕對沒有妥協的餘地。

三、雙十慘變以後的廣州市

商團大肆屠殺以後，即全體動員出發，在街市橫衝直闖；他們的步哨由西關一直到東山，都布滿了；他們的那一種於誇炫耀的態度，直使人觸之生畏；他們一面在西關一帶的街衢中張貼請孫下野的佈告，一面以武裝威逼令示商店能市，並且明目張胆的請陳烱明回來持主

廣州的事。

者，並沒有半個字的佈告來指出商團的橫暴；而李福林反以民團統率越督辦的資格，出了一張皇皇大文的佈告責或農上圍軍與商團互相友愛，對於商團白晝殺人的重大事件，而以「不知何故發生誤會……現在互相諒解」的種種通詞來鎮壓農工的報復舉動，此何異為商團張目。

國民黨中央執行委員會，此時自然是做了幾種傳軍因商團步哨森嚴，沒有敢去分發，汪精衛同胡漢民在電話上商量想派武裝軍隊出發，當時吳鐵城的警衛軍倘在韶未返，其餘的各種軍隊，均未表示態度，不敢冒然行動，終於沒有實行，即此可見商團當時的氣焰了。

此時商人雖以威力迫挾而罷市，但除了大新先施真光以及幾個大的鋪店是閉門不納外，其餘大多數商人，仍是半閉門的營業，所以雖然從雙十至十四罷市四五日之久，而市民的生活品的供給，並沒有感受甚麼困難，於此我們又可以看得到商人與商團並不是一件事，商團的舉動，並不能代表多數商人的利益，其所以迫於罷市者，不過為商團手槍迫挾，據調查所得，西關商團分子把各街入口封鎖，由屋頂上搭天橋互通聲息，如有未罷市的商店，即由天窗向屋裏放槍威嚇，同時市面又謠傳說陳炯明軍隊，已抵石龍，林虎熊定於十五日攻下廣州，所以由雙十節至十四日，市上恐慌，已到極點了。

四、北伐軍回師廣州與解散商團的經過

在商團造反，危在旦夕的廣州，我們就事實上的判斷，不出兩途：一是政府蹋台，一是商團解散，絕對沒有妥協的餘地。 當時政府常局如胡漢民李福林如等，仍是懍懍不顧的奔走調停，尤其是李福林李朗如奔走於商團總所無虛日，而商團因為這些大人先生天天去說調停，氣焰更高了，條件也更苛了。他們所提出的條件，老實說就是「請你們站開，我們來」。 在此形勢緊張之下，政府除了自行宣告解體以外，再無退步的餘地，所以經過中山先生幾度的考慮，遂決定先將北伐各軍回師廣州肅清內亂，再行北伐。 如是一面電令省長胡漢民會同各軍司令解散商團，再以善良商人重行編制；一面令行警衛軍吳鐵城全部，湘軍之一部：粵軍張民達全部星夜回師。 吳鐵城軍於十三日夜十一時抵省其餘各軍均於十四日下午七時以前先後抵省。 自吳軍入市商團較量為平靜。 政府方面已組織革命委員會以國民為中央執行委員會為臨時指揮軍事機關，一面與各軍司令接洽平定商團辦法，同時東莞告警，陳軍已進攻虎門，而滇軍粵軍等又恐為陳軍所乘而喪失地盤(因利害上不能與陳軍安協)故又不能不暫時改變態度與政府合作，其所以能各軍合作而收平定商團之效者，使之成也。

十四日革命委員會決議，由省長佈告責成各軍解散商團，又免李朗如職以吳鐵城繼任公安局長為平服商團的前鋒。 令下之時商團即緊急集合以西關為大本營雙方嚴陣以待。 至晚七時商團方面即先向警衛軍放槍挑戰，滿城槍聲，相殺不絕。 從十時警衛軍即佔領商團總所，但商團總所事前已遷徙一空，公文軍械一無所有。 至次晨四時各軍下總攻擊令，李福林廖行超范石生等亦加入作戰，此種結果，或出於商團意料之外，又足以證明商人無政治常識，以為軍人為可利用也。 雙方相持五小時之久，商團四在屋頂居高臨下，地勢較優官軍保所毀斃及傷害者達四百餘人。 至十時商團不支，即向西北逃竄，官軍始佔領西關，同時四五處起火燃燒數百家，搶掠之事，時有所聞。而李福林等之縱兵搶刧確為萬目皆見之事實。 至今表面似較平靜，而將來之隱患仍未有艾，蓋商團大多數雖

已繳械然仍落於各軍之手，而滇軍所得獨多。十月十八日范石生佈告說，各團懍聯席會議以新舊城筦園內均歸滇軍第二軍佈防，如未得該軍許可，任何軍隊不准通過。廣州常局如不能消禍未然，將來軍閥間互爭地盤之屠殺必纁賫辦階級而重演於廣州。尤慘者當官軍未抵西關前，商團已知大兵齊來，萬難取勝，乃遷怒及理髮工人，以其加入工團軍也，當將西關一帶理髮店放火焚燬亦生拆斃工人二三十人此爲賫辦階級對於工人第二次之大屠殺（第一次大屠殺在雙十節）。

五、商團軍的內幕及商人的態度

商團軍在名　上是各商店店夥或少老板組織而成，任事實上，則不過少數商人担任商團軍官，由團總以至分隊長真正商人不上五百人，其餘這幾千商團軍均爲陳廉伯募集而來，其中多退伍軍人及土匪，據說陳炯明還派了很多官佐在裏面主持教練，兵士薪餉，每月卅元，實在是官軍所夢想不到的優裕。

且就廣州全市商人而論，總共萬餘戶，不下萬餘戶，而加入商團者，不過三千戶，加入而不問事者，尤屬多數，故團務只落於極少數人之手，這就是商團軍釀出亂子的根本原因。到十四日北伐軍既已囘師廣州，省長署又佈告解散商團，形勢更加嚴重，商團代表鄧介石等一溜煙跑待不知去向，而真正商人任團軍者，亦皆易服而逃，其餘被雇用的幾千人，為保全他們的職業，且有陳買辦與陳炯明派來的人在裏面主持，故倘能準備作戰，但在商人任團軍者，亦不肯到此緊關頭，亦有『上水思財，落水思命』的顧忌，故十四日下午三點，市心軍隊齊布，如臨大敵，而大新公司洋旗大開其門，表示開示了。於此，我們又可以看得出資辦階級的心理，是無往而不投機，一到緊急關頭，只是擇便宜路走，更可以證明他們前此所懷出的商人政府，若不是有英國帝國主義與陳炯明及一般頭腦單儜的武人在相勾結，他們自己是一辈子不敢嚷出如此口號的。

六、反動派報紙之言論

此時正是廣州印字工人爲要求加薪罷工，廣州沒有報紙，蹅漢文排字工社每日出一單張，又憚於商團威力，不敢發表商團作惡的消息，而香港反動派的報紙，即乘機造謠，雙十劇慘，大光華宇環循各報一致擔賫事實說是農工團軍挑釁，或說是農工團軍搶槍，商團此時雖是被擊散了，而他們的武裝并未解除，而且他們的報紙論斷此次市潮，則異如研究系所說廣東商團是要革命了。

七、結論．

在此反革命勢力，已形成大規模聯合進攻的廣州，英國帝國主義買辦階級軍閥官僚如李福林范石生虔行超李期如等，爲是革命派的仇人，屠殺巡行市民屠殺西關理髮工人的罪犯，不怕是商團，更不怕是陳廉伯等，我們革命派，在此時此地的工作，只有集中我們的勢力，與英國帝國主義買辦階級殺一個『你死我活』絕對沒有調停妥協的餘地了。商團此時雖是被擊散了，而他們的武裝并未解除，而且他們的人和武器，並沒有離開廣州市，使一旦有機可乘，這是我們革命派的勁敵。李福林范石生一千人等此時雖抵於本身利害，和團同作戰，而他們於此次要向各商店搜查槍械，李福林范石生爲甚麼不能舉行？作團的商團分子，又甚麼能夠匿跡於廣州市？

這是很明組的有有力的人暗中庇護他們，怯弱滑頭的政府當局，不敢作澈底澄清的主張，我信革命派是不能夠不作

最近澄清的頹備，如果廣州市的反動派不能打滅下去，范石生李福林以及一切作亂的軍閥官僚，不能置於軍事裁判之下，則革命政府在廣州市已經宣布死刑，還說甚麼征討陳烱明與北伐！因此，我們革命派一面要號召民衆授助政府二面要領率民衆督率政府務期免除妥協，奮鬥到底廓清反革命勢力，革命前途，才有澈底勝利的一日。

告全國國民

嚮導週報轉全國國民公鑒：日昨雙十節我們因痛心於十三年來反革命派禍國之烈，特於廣州市第一公園召開市民大會舉行雙十警告節：警告一切反革命派，復活辛亥革命精神。

當時市民到者萬餘，團體數十，開會中間，各代表之演說，莫不注意於十三年來外而帝國主義列強，內而軍閥，官僚，買辦階級之一切破壞中國共和與獨立的反革命情狀，施以嚴重攻擊。

集會後隨即出隊遊行，列入隊伍中，計：警衞軍講武堂，工團軍，漢文排字工社，建築工會，圖強女子產科學校，農民自衞軍，船主司機工會，勞工婦女日夜學校，酒業工會，人力車夫俱樂部，協作社，女子工讀學校，油菜工會，聯養社。

當日所用的口號爲實行國民革命，打倒帝國主義列強，打倒一切軍閥，中國民族獨立萬歲。

在這十五個團體中，我們可以看出有工人，有農人，有學生，有兵士，有女子，而隨着遊行的又有很多商人。

如此的市民救國大遊行，除掉帝國主義與反革命派外，殆無人能表示反對。

隊伍中女子學生工人固然沒有武器，便是講武堂學生，工團軍，農民自衞軍也都無槍械在手。

不意自第一公園遊行至大平南路時，正值商團軍全副武裝列隊巡行，佈滿堤西濠口大平路直連西門。

市民遊行隊走入他們的包圍隊中，大隊將至西濠口，當有商團軍在樓上鳴槍爲號，街上商團軍立即向市民遊行隊施放排槍，不分工人農民學生兵士婦女統爲他們所欲撲滅的目的，其中自以擁護革命最力的工團軍農民自衞軍爲他們所最欲得而甘心的。

其時唯一的生路祇有沿路東各商店門前尚少商團軍駐紮，於是遊行隊中人以及隨衆歡呼的市民一齊擁入東側沿街商店，而商團軍復隨後追擊。

不及跑入的人，立卽斃命，或受重傷，或被追趕至西濠水。

商團連發排槍五次，出彈在千數以上，在後次排槍中，福軍亦誤聲而至，加入追送。

被擊散的市民，凡有身着藍色制服的工農團軍非被他們擊斃，卽被他們捉去加以痛打。

藏在小商店中的農工團軍：有些改裝的倖待免；有些制服未脫或僅有一黃色腿絣未去的直至晚間出店亦統被捉去；有些直藏深夜，尚未敢出，亂事發生後，西關秩序大亂。

商團軍武裝列隊，不僅限於西關，施放步哨遠，直至東關。

胡省長聞信，曾下令商團軍收隊，但反革命行動已卽以惠州會館（國民黨中央執行委員會機關）附近之著的商團軍目中何嘗有此政府？故今日廣州市的現象，仍處處見有商團軍，荷槍實彈，列隊示威。

總計這一次商團軍的屠殺：死人在二十以上，內中有警衞軍講武堂的學生，有工團軍，有農民自衞軍，有工人，有市民，有女子。

被害之慘，爲工團軍中油業工人黃駒中

槍斃命後，商團軍竟以剖胸割醫囊的非人類的舉動相加，有因逃避落入江中的，商團軍亦復從後放槍擊斃。有工團軍三人被捉入商團軍本部經毒打後斃命，屍身至今不明。當街身死的人，直至次早尚陳屍道上，警廳檢廳，無人過問，受傷的人至少在百數以上，除農民自衞軍工團軍警衞武堂我們已知有受傷的人數外，此外叄與遊行隊伍，自衞散後，至今尚未得有確報。被捕的工農團軍當晚有一百四十五人，先被商團軍施以毒打，及移交福軍又遭痛毆，然後轉至河南解送福軍本部，晚間胡省長先知照李福林暫緩送囘河北，免遭商團軍殘留，而福軍竟不聽命令以重數十斤的鐵鍊連鎖兩人頸上，兩人一車送囘國民黨中央，及胡省長下令令他們派身遭數彈的，各團體代表曾要求胡省長指定醫院救濟，胡省長當指定公立醫院，醫院中人竟言無地安置。及次早持胡省長手札去他們始怱怱強一驗，傷人略施治療，但仍不得留院。另有十數人因重傷不能行動尚留在河南，受傷的有命在旦夕的，有行動不得的，有人保送囘隊，而他們這種虐待的辦法已執行完畢了。

處在反革命派武裝包圍之中，不祇我死去傷失的革命平民的詳情確報不得調查清楚，的慘狀，截至今日止，僅能如此報告。屠殺是屠殺了，反革命派的聯合行動已使我們看待清清楚楚了。誰是壓迫我們市民遊行的？誰是摧殘我們革命分子的行動也都不得自由。誰是摧殘我們革命平民的？誰是殺戮我們工農軍士的？受着買辦階級指揮，大英帝國主義勾結的賣國商團軍自是我們的第一仇人。便是我們的敵人不僅此。香港沙面的帝國主義者，惠州囘戈反攻的陳炯明，待際而動的廣東各軍閥統都是這次屠殺的有關係者。便是商人方面，我們也很知道土貨商人，小商人與市民的利害是休戚相關的，他們決不會贊成摧殘市民推倒軍閥的示威運動，而站在軍閥方面。我們所要反對的乃是買辦階級大洋貨商人之一千賣國賊！全國同胞呵！我們已衝上前鋒了。我們雖處在反革命勢力嚴重的摧殘屠殺之下，我們決不敢忘我們的革命口號：

全國同胞！起來響應呵！

打倒帝國主義！

打倒軍閥！

打倒一切的賣國商人！

廣州反帝國主義大聯盟　廣州工人代表會　民族解放協會　市郊農民協會　學生聯合會　社會主義青年團　農民自衞軍　工團軍
一中學生會　農民運動講習所　廣州酒業工會　佛山工會　新學生社　合作社建國宣傳團　建國宣傳學校
土木建築工會　理髮工會　草蓆工會　道南學校　朝新學校　圍強女子產科學校　雷州青年同志社　船主司機工會　勞工婦
女日夜學校　海外華僑演說團　警衞軍講武堂　清溪學校　油業工會

記者按關於廣州政府軍（李福林軍）協同商團軍慘殺工農及革命民衆事，八十七期本報曾有所評論。然此種消息乃得之於上海各報語焉不詳，記者猶不能無疑。今讀廣州各團體『告全國國民』的傳單，此項消息完全證實。賣辦階級的商團軍雖然完全肅清了，然而與賣辦階級同惡相濟的反革命軍閥猶優遊生息於革命政府之下而且他們的勢力更一天天擴大，革命政府對於反革命軍閥如不按律懲治，則反革命之事實將屢出不窮，而此次解散商團尔可謂毫無意義。

The Guide Weekly

嚮

導

週報

第九十期

（中華郵務管理局特准掛號認爲新聞紙類）

國際代款祇作九五折

一九二四年十一月七日

分售處

雲香巴中國于卜智書報社
港文書局
藥文化書社
武昌時中合報社
上海民智書局
共進書社

分售處

太原晉華書社
長沙文化書社
濟南齊魯書社
杭州古今圖書店
寧波明星書局
電雷文化書社
開封河南書社
福州工學社
天津一香社
成都惠陽書報流通處

定價 國內一元寄足四十期 國外一元寄足二十五期 郵費均在內 零售每份大洋三分

每星期三出版 發行通信處 北京大學第一院收發課一嚮導週報社 上海英界慕爾鳴路大學世界上海大學楊志明君轉

十月革命特刊

十月革命與列甯主義

述 之

「誰是馬克思？」馬克思是「資本論」的著作者。

這是托羅茨來頡勸一時之名言。現在若有人問：「什麼是十月革命」？我便問答說：「十月革命就是列甯主義的產品」

誰也知道十月革命是一個無產階級的革命，是俄羅斯的無產階級對於其資產階級之革命；可是同時牠又包含着一個農民革命和一個被壓迫民族的革命，就是俄羅斯的農民對於其地主封建階級之革命，俄羅斯的許多弱小被壓迫民族對於帝國主義的大俄羅斯資產階級之革命。

● 所以在十月革命裏，不但八百萬純粹的俄羅斯無產階級得從俄羅斯資產階級之絕梏下解放出來，而俄羅斯之一萬一千萬農民和六千萬弱小被壓迫民族，也從這個革命裏得到新的生命，從這個革命裏脫離了革命。

● 誰是列甯？列甯是十月革命的著作者。

俄羅斯十月革命之不朽，在乎牠是世界革命之發端。

十月革命之結局應該達到社會主義的勝利。

俄羅斯之一切資產階級，一切地主封建階級和帝國主義的大俄羅斯壓迫民族，解放俄羅斯之八百萬無產階級，一萬八千萬農民，六千萬弱小民族，把這一切被壓迫的階級即結在一個社會主義的蘇維埃邦裏，解放俄羅斯之一切被壓迫階級，把這一切被壓迫的階級即結在一個社會主義的總成績，就是十月革命之眞正意義

● 十月人類眞正自由平等之牢籠，這就是十月革命之眞正意義。

共享人類眞正自由平等之牢籠，十月革命拾導俄羅斯的工人，農民，和被壓迫民族所創造出來的創非，所以十月革命即是「列甯主義」的具體表現。

因此我們知道列甯主義所包含之根本點就是解放無產階級，解放農民，和解放被壓迫民族之理論與策略，——換言之，即無產階級革命，農民革命和被壓迫民族革命之理論與策略。——實驗過的理論與策略。

托羅茨基

李諾維埃夫

劉甯

和大俄羅斯壓迫民族之千年宿索打倒

七四五

（第九十期）

現在俄羅斯的工人們，農民們和被壓迫民族已經從十月革命中解放出來了，已經擺脫了他們之牛馬奴隸的生活了；可是全世界──俄

羅斯以外──的工人，農民和被壓迫民族，還是依然被壓迫在全世界的資產

階級，地主和帝國主義的壓迫民族之牛馬奴隸！　這樣，所以俄羅斯的十月革命，還不過只解放了全世界的一部分──俄羅斯──的被壓

迫階級，俄羅斯的十月革命還不過是全世界的「十月革命」之開端。

現在攤在我們面前的是全世界的「十月革命」，繼續俄羅斯十月革命之偉大使命，成功世界的十月革命，只有著作十月革命的偉大的使命──解放全世界的被壓迫的工人們，農人們，和被壓迫民族！

現在著作十月革命的著作者列寧是死了！　可是「十月革命」的精神──列寧主義，還是依然存在，並且永久存在。

要完成俄羅斯十月革命之偉大使命，成功世界的十月革命，只有著作十月革命的偉大的使命。

全世界的工人們，農人們，和被壓迫民族！

你們要想解放你們自己，消滅你們的仇敵，只有起來研究列寧主義，實行列寧主義，努

力繼續十月革命的工作！

被壓迫在雙重壓迫之下的中國工人們，農人們，和一切民衆，國際帝國主義與封建軍閥的牛馬奴隸！　起來！　「列寧主義」是我們的

武器，「十月革命」是我們的大道，我們來練習我們的武器──列寧主義，我們來走向我們的大道──十月革命！

俄羅斯十月革命與中國最大多數人民

獨　秀

自俄羅斯十月革命一直到現在，在中國也和其他資本主義的國家一樣，有許多人把他看做洪水猛獸。他們為什麼有這樣的誤解呢？

一般的總原因，是觀察力薄弱的人們誤信了各帝國主義者的通信社新聞紙之造謠誣蔑及反革命的宣傳（舊俄之貴族大地主軍人官僚社會

革命黨少數黨無政府黨等）之奔走呼號；其次乃是布爾什維克窩人加舊俄皇室以頂創，此事大傷了宗法社會裏人們的感情；再其次則是若

干取法於法人處置路易處置尼哥拉士，謝絕後患，善於中國人之遠說清室。　在第一個原因；本來毫不足怪，因為新俄一面自己放棄了舊俄的帝國主義，一面起

絕其他帝國主義的勢力之侵入，帝國主義者自然要造謠誣蔑他，可是我們被帝國主義者欺壓得不成話說的中國人，也竟然誤信帝國主義者

的諸言來攻擊反帝國主義的新俄，未免認不清誰與友了。　舊俄貴族失了特權，大地主失了土地，軍人官僚失了權位，批命革命為少數黨

無政府黨失了和資產階級苟合的可能，他們奔走呼號也是應有的事，可是特權階級以外的中國最大多數人民，卻沒有同情於他們的必要。

在第二個原因，像張勳章鴻銘康有為這等復辟保皇的人們，自然思想太息蒲恨假之布爾什維克窩人悖倫滅理，而稍有進步思想的人，卻

應該承認俄人取法於法人處置路易處置尼哥拉士，謝絕後患，善於中國人之遠說清室。　只有第三個原因，普有更以來是俄羅斯十月革

命之特色，這個特色自然為任何國家的資產階級所不喜；然而在資產階級幼稚的中國，大一點的資本家與地主在國民中真是少數又少數，

小資產階級若手工工業家小商人自耕農，都被英美日法等資本帝國主義之工商業摧得溺於破產，生活艱難，也應該行向革命才是生路。

再由積極方面，說到十月革命的俄羅斯之真情實況，因革命而得救的，第一是占國民十分之八的農民得著了土地，其次是工人得著了

政治上教育上的優越權利，再其次是科學者技術家得著了最優的待遇，就是小工業家小商人亦因受國家企業之膇備，免了被大資本企業壓

追的羹危，吃虧的只有貴族大地主大資本家等最少數的人；因此我們可以說：俄羅斯十月革命是其有利於最大多數人民，——農民工人小工商業家——的革命。俄羅斯十月革命，更有一個重要的主義是：在國內保障全俄人民經濟生活於雖分之國帝國主義的宰制而獨立，在世界給一切被壓迫民族反抗帝國主義之一個有力的暗示。

中國的貴族大地主大資本家，比俄羅斯更是少數，其最大多數的人民——農民工人小工商業家——所受帝國資本帝國主義的苦惱，比十月革命前俄羅斯人民所受的更是滿害多少倍；因此，我們以為中國最大多數的人民，應該接受俄羅斯十月革命的洗禮，而不應該誤信謊言把他看做洪水猛獸！ 即令他對於帝國主義者貴族大地主大資本家是洪水猛獸，而俄羅斯最大多數人民卻已由地而得救了！

十月革命第七週年之蘇俄與資本主義世界

逖之

自從資本主義變成了一副鐵網似的帝國主義，把普天下人——工人：農民和經濟落後的民眾，——都籠罩在這一副無情鐵網之下，任憑幾個帝國主義者宰割魚肉；全世界都染過了被宰割者的腥血，全世界都充滿了被宰割者的冤氣。 俄羅斯一九一七年之「十月革命」，就是由這些腥血和冤氣的背景中逼終出來的。

「十月革命」已將帝國主義之整個的鐵網撕毀了一大塊，——俄羅斯，地并且把這撕毀的鐵網改鑄成為一個專門破壞其餘尚未撕毀的鐵網之最利害的工具，牠并且從前在鐵網底下被宰割過的人們——工人，農民和被壓迫民眾，訓練或為一些使用這個工具之最機巧的技師。 現在已經過七週年了？我們來看看這個工具——蘇俄的本身，鑄造的怎樣，堅固到什麼地步？ 其餘尚未撕毀的鐵網——資本主義世界，如何？ 鐵網底下的被宰割者——工，農與被壓迫民族 是否還是束手待割，任其宰割？ 幾巧到什麼地步？ 使用這工具的技師——蘇俄工農…，訓練得怎樣？

由十月革命改鑄出來的蘇俄，地的進步，牠現時地位之鞏固，由事實上表現出來，誰也不能否認。 我們現在再講些鐵面無私的統計先生來作見證，更可顯出地的實際情形。

（一）蘇俄之經濟政治現狀。

蘇俄在經濟方面，承受帝國主義大戰時破產之遺業，再經過反革命為之四年破壞，本已瘡痍滿地，不忍寓目。 當新經濟政策施行之前日，國內一切工業生產機關幾全損壞，其當時之生產力幾等於零。 如五金工業在一九二○年與一九一三年比較從百分之六．七，紡織業亦從百分之六．二。 農業生產亦破裝非常，如戰前每一郡民能得二六──二七普德，到一九二○年僅能得一三──十四普德了。 由此可以推想在行新經濟政策前之蘇俄經濟情形的危險。

（一普德約中國三十斤）麵包。

現在我們且看從前：

在工業經濟方面，一九二三年四月份的統計，工業生產總比起來與戰前比較已增到百分之四八──五○。 現在且舉幾項重要的工業生產品之增加來看看：煤數較戰前為百分之六十，石油百分之六五，織布業百分之四九，毛織百分之五十八，與一九二○年比較其進步總

類已把預料之外了。

●鄉村經濟更是恢復得快，現在已到百分之九一，與戰前相差無幾。●其餘如電氣業不但恢復到戰前，並且已前進了

●商業經濟從新經濟政策後更是突進。

公然已運出大批的麵包到西歐市場，與美國之麵包雄對峙。現在

我們只拿對外貿易一項來看，在一九二〇年時，俄國還須從外國買麵包，現在

三百萬普德，英國則亦買去九百金盧布。

在財政經濟上，蘇俄更已得了驚人的效果。今年三月間五〇，〇〇〇，〇〇〇，〇〇〇個傢俱埃盧布

，其跌落之迅速，英國則亦買去九百金盧布。

，其紙面歉目與硬貨相差之離遠，同是世界上一種神奇的現象。今年三月間五〇，〇〇〇，〇〇〇，〇〇〇個傢俱埃盧布

盧布，才可換一金盧布，

由此閣家的預算，商業的恐慌，都弄得一塌糊塗，使蘇維埃與人民都感莫大

之困難。

可是現在蘇維埃盧紙幣已完全廢除，另行一種「耶羅汪子」（Chervonetz）在國內純然見現金一致，在國外比盧布還高百分之十至

二十，在西歐與美金和英磅齊名。「蘇俄因此種貨幣之成功，不獨在國內一切預算上，於一切發展產業上，得了根據，尤其在對外貿易上

有了發展之武器。

蘇俄自行新經濟政策後到去年，因農業與工業恢復之距離太遠，（一九二三年農業恢復到百分之七十五，而工業僅百分之二十二至二

十四，）於是就發生了經濟恐慌，所謂有名的「剪刀」問題。這個就是農產品價格太低，工業品價格太高，結果鄉村農民無力購買城市工

業品，以致發生城市生產過剩之恐慌。（其實不是生產過剩而是生產的價格太高，無人能買。）

我們可以抄一表來看看：

國家統計局批賣裝：

	1923 四月	1924 三月	1924 四月	1924 五月
農業品	0.64	0.95	0.92	0.93
工業品	1.72	1.50	1.31	1.31

從上表可以看出從去年十月以來，農業年產品的價格日往上漲，工業生產品的價格日往下降，到今年五月一日，相差已很微，這就是

證明剪刀兩方刀口之接近，也就是城市工業經濟與鄉村農民經濟之接近，在人的方面即工人與農民聲來之接近。

蘇俄的經濟之恢復，經濟之發展既如上述，現在看看政治一方面。蘇俄在內部本無何等特別政治問題，

，不像資產階級國家裏之政治與經濟的矛盾，而發生種種不諧之政治現象。現在他內部的反革命黨已完全銷滅，國家機關一天一天地

固而完密，保衞國家的紅軍一天一天地改良而擴大。從前比較紛亂的是民族問題，從共產黨十二次大會後，此問題亦已完全解決了。

所以現在所謂蘇俄之政治，唯一的就是外交。可是蘇俄外交之勝利，誰也看得見。在兩年前戰時美國以前資本主義發現對蘇俄態度是怎

樣。可是現在呢，一個一個地臨倒蘇俄而前去承認她，被國際帝國主義強奸的赫里歐政府的中國北京政府也接着承認，在歐州的資產階級終究為不住蘇俄的，法國的資產階級之法國

的意大利法西斯蒂莫索里尼政府也承認了，（固然是因為小資產階級性的赫里歐政府上台，但是赫里歐不上台，法國的資產階級終究為不住蘇俄的，法國的資產階級之法國

西，現在也不得不承認，（固然是因為小資產階級性的赫里歐政府上台，但是赫里歐不上台，法國的資產階級終究為不住蘇俄的，）小

日本的資產階級現在雖然表面上還是頑強，其實在骨子裏是很軟弱的，承認之時期當不在遠。

所剩下來的只有一個與蘇俄相距太遠之美

國。

本來資本主義國家之承認與不承認蘇俄，只是一個法律問題，在事實上久已承認了，其實資產階級之法律，蘇俄久已視之無若何價值，所以如經過此種無價值的法律手續，不過藉此可以公開地與各國民衆接近，並可藉此得神聖機會以發展和鞏固其經濟。可是承認蘇俄，在這一點上實足證明蘇俄在世界上之地位的鞏固，及其對於資本主義國之威權的悻壞。

我們上邊說過，蘇俄是一個專門破壞世界資本主義國之最利害的工具，現在這一個工具已鑄造得如此堅固，並且這一天一天地堅固下去。

現在再看這遣工具之技師如何？即蘇俄之工人，農民和以前曾經被壓迫過之民衆的組織力與覺悟力何。蘇俄以前之被壓迫民族，因民族問題解決之適當，久已不成問題，現在的「蘇聯」更是鐵鑄一般，這其中自然是工人與行農爲其連鎖和骨幹。現在且把工人與農民組織數量之增加數目舉幾個出來，以表現此種連鎖與骨幹之進步。

主要生產，以在其中工作之工人和有組織的數額計算起來，在一九二三年，全俄協作社員已有五百萬人，而農民占多數。職工會與協作社是工人與農民之根本組織，此種組織數量之增加卽足以證明蘇俄工農團結力之日益雄厚。其餘還有關於工農及普通民衆的組織甚多，如體育會，農人通信社，農民互助社等，姑且不提。現在我們要來一看俄國工農組織中最有力量，曾經指揮十月革命，現在指揮蘇維埃一切政治經濟機關之共產黨，卽代表俄國工農階級之共產黨──波爾塞維克。共產黨是運用蘇俄這個工具之真正的技師。

職工會員現有五百萬，在去年還只四百三十萬，若按十二個主要生產計算出來。工人占百分之九十二，農業工人亦多加入職工會。協作社亦是一種偉大的數量之增加。

現在蘇俄共產黨是怎樣呢？在其數量上，在一九二三年四月的統計共四十八萬五千黨員，到今年五月一號止，已經增至六十八萬，少年共產黨之數目亦由三十一萬七千人增至五十七萬人。

近一年之間共產黨員增了二十萬五千黨員，(最近之數目恐不止此)少年共產黨增了十八萬人。就是由所謂「列寧的徵集」中增加的。「列寧的徵集」是俄國共產黨一件極重要的事，也就是蘇俄更加鞏固之一個特別表現。以上不過數量的增多，還有質量的改善。在本年三月洗黨中許多壞的黨員都淘汰去了，另一方面，所加入的新黨員都是站在生產上的真正工人，很真誠而奮勇的工人。黨的內部經過從去年十一月到今年二個月間之大辯論會的結果，更加表現黨的精神，與黨的紀律之嚴肅。他們只知有階級的利益，他們只知有世界革命的偉大責任，這個我們可以從他們一切對內與對外的活動上可以看得出來的。

(二)資本主義世界。

自十月革命把帝國主義之照個的鐵網撕致一塊，從那時起，世界的資本主義就入了末運。世界資本主義整個的經濟系統從此被攪亂不可收拾，資產階級的政治從此墜入五里雲霧中而莫知所向，世界革命的潮流從此日湧日高。

現在且將資本世界的經濟方面。從大戰後到一九二一年爲世界資本主義之最厄運的時期，自一九二二至二三上半年，似乎又有了一點起色，可是一九二三年上半期以來，歐洲的經濟狀況又到了不可收拾的地步了。雖然有幾個國度，似還保持原狀，但是實際是如此，卽如在一九二三年大走紅運的美國，現在在工業生產方面，德，奧，波蘭等國，到了絕對破產的地位，再也沒有恢復之可能。

亦已逐漸往下降，單就熔鐵爐來看，在去年開頭四百二十五座熔爐中有二百七十座開工，到五月僅有二百三十座，到現在至多不過二百座工作了。在英國亦是如此，常去年初四百五十七座熔爐中僅一百九十四座工作。

在法國彷彿工業尤其是重工業有些進步的樣子，可是這完全是奪取德國人的，德國工業之逐漸停頓的現象，很可以表示英美兩國重工業之衰落。

農業生產的減低，也與工業並稱難兄難弟，尤其是德國。因工業的停頓，在歐洲已發生了一個更嚴重的問題，就是失業工人之增多。現在失業工人已到七百萬，在德國與英國都成了決無辦法之難題；同時工人的工作時間加長，所謂八小時制已成空話，在實際上都是從九時至十一時，而工錢却減少了，（如德國國家企業的熟練工人現在所將工資較前少得百分之四十至四十四，非熟練工人少得百分之二十三，）這個自然要引起工人之反抗，為助長工人革命之最好資料。

在蘇俄城市與鄉村之間有把「剩力」，但是現在剩力已變成了世界的現象了。譬如在德國一九二三年麥子價格與機器價格之比為一〇與一〇〇，到今年四月則為六〇與一〇〇了。這是證明農產品的價格在這一年來幾乎低了一倍。在這種工業品價格抬高與農產品價格減低的趨勢之下，佃農固已不能維持其最低生活，就是許多小生產的自耕農民也都破產而貧農化了。這種現象在美國更顯得明白。美國近來農業恐慌更是擴大，百分之三十八的農民已變成了佃戶，在一九二三年農民所負債共有千五百萬美金之重。這種農民破產的傾向還正在繼續下去。

其餘還有賠償問題，貨幣搖動問題，都是助亂歐洲經濟之媒介物。

無產階級與農民甚至小資產階級處在這樣的經濟狀況之下，自然要蠢動起來，去年保加利亞之革命，德國之十月革命，波蘭之大暴動都是如此起來的，現在工人與農民的暴動雖然停息，但這不過是一時之停息而已。

資本主義的經濟基礎既是如此，建築在這個基礎上之政治是怎樣呢？ 資產階級的政治在最近兩年來已換了兩種方式，現在又資產階級快要進到第三種方式了。當一九二三年革命潮流極緊急之時，資產階級覺得法西斯特有許多問題不能解決，資產階級國家相互之間也有許多不能解決的衝突，於是妙想天開，德謨克拉西的和平主義又起來了。這是資產階級利用賣工人階級的第二國際黨與一部分小資產階級的領袖，一以和緩工人之革命，一以解決他自己間之衝突。這種德謨克拉西和平主義之具體的表現，就是麥克唐納爾的英國工人政府和赫里歐的法國左派聯合政府，這兩個政府如果終替英法的資產階級服了不少的務，他們用「和平」方法，遮威斯的計劃把德國勉強割分清白了，他們又恢復已死的國際聯盟，企圖解決東歐問題，近西問題，遠東問題，總之即分割殖民地問題。麥克唐納爾並且還替英國資產階級用最巧妙的方法壓服了英國許多能工——自由黨，征服了綠丹。可是麥克唐納爾之與蘇俄訂約不免疏忽失了英國地主資產階級的意旨，現在英國的地主階級——保守黨，和資產階級——自由黨，正已起來要趕走麥克唐納爾，麥克唐納爾的工人政府之命運自然是完了；但是不久我們還要看見非恩賽請赫里歐流產呢。

這個將就是歐洲資產階級之德模克拉西的和平主義之結局，這也是必然要如此結局的。

這樣資產階級之新政治局面快又要開幕了

在另一方面資產階級之間爲了殖民地的分贓，在東歐，在近東，在非洲，美國與法國處處是死歐。在遠東，日美又是絕不能調和的劉頭。

幾面殖民地的被壓迫民族在他們這種爭相剝削與壓迫之下，也容易覺悟，現已普遍不顧地反抗惡寒。 還欲是目前資本主義世界之鳳說。

（三）世界革命之前途。

我們看了蘇俄的經濟政治狀況，我們可以斷定蘇俄之鞏固與發展是蒸蒸日上的，是往前進的，可是資本主義的世界是怎樣呢？資本主義的經濟絕沒有興復之可能；只日向崩壞的方面跑，理在只好向死的方面去了。 如果歐洲德模克拉西的和平主義告終，自然歐洲必將成一個更反動的局面，在這個更反動局面之下，歐洲的無產階級，第三國際指導之下的無產階級，能容忍嗎！如果德模克拉西的和平主義告終，歐美的帝國主義必然要向東方殖民地和半殖民的被壓迫民族猛烈地侵掠，但是受過十月革命影響的東方被壓迫民族，受過列甯指示後的東方被壓迫民族，又能任其侵掠嗎？ 如果帝國再要瓜分東方，再要繼續處分德國，帝國主義之間能夠免除第二次的世界大戰嗎？世界的資產階級，世界的帝國主義者，再要更殷重的壓迫西歐無產階級，再要更嚴酷的侵掠殖民民族，再要造成更兇惡的帝國主義大戰，以解放全世界的民乘爲已任的蘇俄，能不起來嗎？

從十月革命裏湧現出來的蘇俄，專門準備着撕毀帝國主義的鐵網之工具，現在已鑄造得很堅固了；使用這工具的技師波甫蘂維克派已練習得很機巧了；看！鐵網自己已腐敗了；看！世界革命之前途！

馬克思主義與暴動

—— 給俄羅斯社會民主工黨（波爾札維克）中央執行委員會的一封信 ——

列甯（超麟譯）

屬於統治的「社會」黨對於馬克思主義之最惡毒的也可說是最流行的附會之數中，有一種機會主義的錯誤，以爲凡屬預備暴動，甚至是，凡把暴動看成一種藝術的，都是「布朗起主義」（Blankisme）。

機會主義領袖，伯因斯坦（Bernstein），已經於誣告馬克思主義爲布朗起主義的可憐「見解」，然而他們還正在誣告人之中，取得他那可憐的光榮；現在的機會主義者，實質上，一點也不能多發揮，一點也不能多擴大伯因斯坦的可憐「見解」，然而他們還正在誣告馬克思主義者，因爲他們把暴動看成一種藝術！ 馬克思自身已經以最確定的，最恰切的，最無可反駁的態度說明這個問題，他確曾以藝術的名字加在暴動頭上，他確曾說應該以藝術看待暴動，應該取得開端的勝利，在勢如破竹的勝利中 應該利用敵人之渙散，而不應停止向敵人之進攻等……。

要暴動能成功，必須依靠在先進的階級上，而非在陰謀上，政黨上：這是第一個條件。 暴動必須靠在民乘革命潮流之澎湃……這是第二個條件。 暴動必須靠在革命進行之歷史的轉灣點，那時民衆先進隊伍之活動力必是最大的，那時敵人隊伍中和同情於革命的柔弱，職望而又搖動的分子隊伍中之猶豫不決亦是毀頭的……這是第三個條件。

提出了這三個暴動條件，就是馬克思主義與布朗起主義區別之點。

但一旦這三個條件都有了，還不把暴動看成一種藝術，那就是背叛馬克思主義，那就是背叛革命。

我們現在所處的時機正使黨務必承認客觀事變的步驟已經把暴動列入議事日程之內，務必把暴動看成一種藝術。 要證明這個，故好

應用比較法，拿九月之日去比較七月三—四日。

七月三—四日之事可以一點都不違背事實地這樣說：那時奪取政權是比較對的，因為不如此，敵人仍然誑告我們暴動，仍然以為處刑暴動者，來解散我們；但不能因此就以為那時絕對應該奪取政權，因為暴動勝利的客觀條件那時還沒有。

（一）革命前鋒的階級那時還不在我們一邊。 京內工人和兵士中我們還未取得多數。 這個多數現在在工兵蘇維埃中已經有了，這係是七八兩個月之歷史，波爾札維克黨人受「裁判」之經驗所造成的。

（二）全民眾革命潮流之澎漲那時還沒有。 自從哥爾尼洛夫事件之後，現在已經有了，各行省發動及許多地方蘇維埃取得政權就是証

據。

（三）那時在真正的社會政治範圍，我們的敵人隊伍中，和觀望的小資產階級隊伍中，還不見有猶豫不決。 在物質上，——姑無論彼待城暫跟在我們手裏——因為我們的工人和兵士那時還不能為佔領彼得城奮鬥和赴死：他們對於克倫斯基（Korensky），對於齊勒德里，赤爾奴夫（Tsereteli-Tcherno）還沒有那樣仇視，那樣怨恨，我們的人也未得在社會革命黨和孟雪維克黨加之政府下能拘捕虐待波爾札維克黨人之經驗。 在政治上，政治上都維持不了政權。

（四）因此七月三—四日暴動是錯誤的：我們在物質上和觀望的小資產階級隊伍中，還不見有猶豫不決。 現在猶豫不決已是很顯然了：我們最大的敵人，同盟的和全世界的帝國主義，——因為「協約國」正站在全世界帝國主義前面——已搖動起來，拒絕聯合，拒絕和憲政民主黨人之聯合。

七月三—四日我們也維持不了政權，因為軍隊和行省在哥爾尼洛夫事件之前能夠而且必要反攻彼得城。

可是現在另又是一幅畫圖了。

階級的多數，革命前鋒，能領率羣眾的民眾前鋒，在我們一邊。

民眾的多數在我們一邊，因為赤爾奴夫之出走逃絕不是唯一的徵兆，然而卻是顯明的徵兆證明農民從社會革命黨時候之政府（而且絕社會革命黨本身）得不着土地這裏就是「革命」的全民眾性質之標記。

我們的小資產階級的民主主義者，在民眾中失卻多數之後，已搖動起來，拒絕聯合，固定知道自己道路之黨，在我們一邊，而此時正是一切帝國主義之空前的猶豫不決，一切孟雪維克與社會革命黨聯合之空前的猶豫不決。

真正的勝利在我們一邊，因為民眾已差不多完全走入失望狀態，我們以真正的出路給了全民眾，在哥爾尼洛夫事件中，我們向全民眾佔得優勢之黨，

最大的錯誤乃在當時以為我們的妥協提議，還未被拒絕，以為「德謨克拉西會議」還可接受這個提議。 妥協是黨向別黨提議的；不然說明我們捐助之意義，其後我們又向聯立派提議妥協，被他們拒絕，而其時正是他們無法終止猶豫不決之條件底下。

就無從提出。　別黨已拒絕這個提議了。　德謨克拉西會議只是一個會議，別沒有甚麼。　不應忘記了一件事：在這個會議中并無代表勞命民衆之多數，貧苦和破產的農民。　這是民衆少數的會議，──不應忘記了這個顯明的真理。　我們方面把德謨克拉西會議看成一種議會，這是一件大錯特錯的事，這是過於信任議會制度所致，因爲經然這個會議宣言自認爲議會，爲革命的至高議會，也解決不了甚麼：決議是在這個會議之外的，是在彼得城，莫斯科工人中間的。

在我們面前發現了暴動成功之一切客觀前提。　在我們面前發現了異常發越的地位，此時唯有我們暴動的勝利而能止了那騷擾民衆，更公平的，更接近的公開和平，便宜於革命的和平。　因爲如果我們的的和平提議被拒絕了，連停戰也得不到了，那時我們將變成「保護祖國者」，將站在主戰黨的前面，成了極力「主戰」的政黨，那時我們眞正爲革命作戰了。　我們在資本家們中取出所有的麵包皮鞋。　我們祇留一些麵包皮給他們吃，一些破布給他們穿。　我們將所有的麵包和衣服送給革敵。

唯有我們的的黨結果在暴動中取得勝利才能救起彼得城，那時唯有我們暴動的勝利能夠揭穿分別的講和反對革命之把戲，──由我們提議一個更完滿的那時我們就保護彼得城了。

眞正革命戰爭之軍需，物質與精神二方面，在俄國現還異常之多，百分之九十九可以希與德國人最少要給我們一種停戰。　現在取得停戰，即等於已經戰勝了全世界。

既然知道彼得城和莫斯科工人們爲救護革命，爲抵制二派帝國主義「分別」地瓜分俄國而起暴動是無條件的必要，我們就應該首先確定對德謨克拉西會議之政策以適合風起雲擁之暴動條件，其次聲明我們不僅口頭上承認馬克思之思想以爲必須把暴動看成一種藝術。

我們應該在德謨克拉西會議中從速固結波爾札維克黨人小團，不必多增數量，不要恐怕在猶豫不決的國家中做出猶豫不決的事件：須知他們對於革命事業在此地是比較在堅決的戰士之國家中更加有用。

我們應該作一簡單的波爾札維克宣言，很嚴厲地提醒長篇演說之無用，一般「演說」之無用，從速行動救護革命之必要，完全與資產階級斷絕關係之絕對必要，現在所有的政府之毫無區別，英法帝國主義預備瓜分俄國計劃之切勿參與，一切政權迅速交給革命無產階級所要求的革命德謨克拉西。

我們的宣言應該是最短的，內容必須適合於黨綱草案：和平給民衆，土地給農民，沒收可恥的利潤，取締資本家在生產中的作惡。這個宣言愈簡短愈嚴厲，愈妙。　其中選要明顯地再說明二點：民衆受了猶豫不決所貽誤，民衆受了社會革命黨和孟雪維克之無果斷力所貽誤：我們和這些政黨從今根本斷絕關係，因爲他們背叛革命。

別一點，即刻提議無割地之和平，即刻和同盟的帝國主義斷絕關係和一切帝國主義斷絕關係，我們迅速或取得停戰，或使整個革命的無產階級到保護祖國的方面，在其指導之下，做眞正正義的，眞正革命的戰爭。

讀完了這篇宣言，即請決定，而多談，即請行動，而非成立決議案，我們應該選移我們一個的小團到工廠和兵營去：那裏就是小團

俄國的十月革命方始得着解決民族問題的道路。

十月革命之指導者——俄國共產黨，在一八九八年成立大會時，便已經見到民族問題的意義，主張民族自決及其自行分立國家之權。帝國主義的歐戰及隨後各小民族之革命運動，適足證實俄國社會民主工黨（多數派）對於民族問題的觀察及政策之確當。十月革命前，多數派的民族政策便是：（一）絕對否認對於弱小民族的強迫政策；（二）主張各民族實際上的平等及主權；（三）斷定祇有自願的合作方能鞏固各民族之真正結合；（四）說明祇有資本家的政權澈底推翻之後，這種互助的結合，方有可能。

十月革命成功，便使以前的政策得以實現。革命推翻地主資本家之政權，而樹立無產階級的獨裁制。資本家地主的政權不倒，連小資產階級及農民，都習於民族的自大性，根本上決不能免民族間的壓迫和剝削；一切民族間的惡感都是當初俄皇的地主資本家政府統治剝削弱小民族時所必需的工具。所以這一政權既然顛覆，無產階級革命一起，各弱小民族的奮起相助，是必然的事；——不然，哥爾察克，田尼庚，藍格硇等白派反革命軍，如何能如此容易鎮服呢？祇有無產階級獨裁制若有動搖，那利於壓迫弱小民族的地主資本家必然要後辟：民族自由仍舊要受摧殘，所以蘇維埃制度的勝利，是各民族自由合作而成聯合國家的基礎。

十月革命的結果，當然也不是霹靂一聲地解決民族問題，不過是造成各民族真正自由結合的基礎罷了。十月革命剛第一期，各弱小民族的勞動民衆生平第一次自己感覺到他的民族身分。當時歐美帝國主義之武力的經濟的干涉俄國內收，還不十分緊迫危急，所以俄國內各民族之間的合作，逐沒有確定的形式。

第二期——列強干涉及國內戰爭期，各民族因爲自衞同盟的性質。戰爭終了之後，恢復破壞的生產，實行經濟改造，成了狠緊急的問題，所以各民族的合作便進一步而成經濟聯盟。蘇維埃社會主義共和國就是這種合作的方式——使各民族之平民階級，得有現實的軍事上政治上經濟上的結合。——這便是無產階級解決民族問題的道路。

然而得到解決民族問題的道路，并不就等於完全解決民族問題，還要有長期的工作，處處找那具體的實際的方法，以實現十月革命——共產黨對民族問題的常綱。

這是因爲舊俄封建農奴資本制度的遺毒，決不能掃除於一旦。這種流毒，第一，便是大俄羅斯的自大的狹義的民族主義。往往大俄羅斯人對於異族的事，有輕忽漠視，居高臨下的態度。譬如烏克蘭，白俄羅斯，土耳其斯坦，亞萊倍蒙等地方，農民大半是異族，工人大半是大俄羅斯人。這種農工之間的結合，至今還是因爲異族惡感而不能十分順手。因此，蘇聯各國的共產黨竭力設法掃除這種流毒呢。

第二雖不能說盡是流毒，卻也一半是俄國資產階級的政策的結果。這便是各小民族經濟及文化程度的落後。經濟的現實基礎中，各民族并不平等——往往有簡直沒有無產階級的民族，如此方是真正消滅民族不平等的正常道路。所以大俄羅斯人應當竭全力幫助他們發達經濟及文化，如此方是真正消滅民族間的種種惡感，以及各小民族自大的民族主義。

第三便是各小民族歷史上的仇視大俄羅斯人及其他異族的仇視——往往不會享用他們所有的自由權。所以民族同化其他民族的野心——舊俄帝國的流毒，完全去盡之後，蘇聯各民族的結合才能穩固。對於大俄羅斯人及其他異族的仇視，這當然也是舊時俄皇政府的政策所致。

，固然也是小民族的自衛精神——然而疑忌過甚，反而進於進攻態度。譬如窮治亞的民族自大主義簡直反對甚至於壓迫當地的亞爾美亞尼人，亞雜爾人，亞字哈滋人；亞奏伯裳的民族自大主義——反對亞爾美尼亞人；鳥滋白克（蒲哈爾，哈萊滋地方）——反對亞爾及滋人等等，必需設法消滅這種民族自大主義。

因此種種，所以十月革命對於弱小民族的意義便是：因無產階級革命而世界各地被壓迫民族得到強有力的友軍，帝國主義的鐵網已經打開一面，各民族的自由合作已經開始，可是帝國主義——以及資本主義，封建制度等的鐵網還有三面沒有打開，不但列強帝國主義還佔有世界六分之五的面積，而且在蘇聯之中還有帝國主義等的流毒足以妨害民族自由聯合的前途。各地一切弱小民族應當急起直追，聯合已得勝利的蘇聯各民族，合力徹底顛覆世界上一切帝國主義及其走狗，——各強國裏的假社會黨（英國工黨等），各殖民地及弱小民族的軍閥民賊及國民革命中的調和派。蘇聯各民族，尤其注重掃除一切帝國主義的流毒，而竭力鞏固發展各民族間的自由合作及自由結合。

蘇聯共產黨一九二四年對於民族問題四議決案裏說：

「......民族問題現在的具體辦法便是：

一、設立蘇聯中央機關之時保證各共和國（民族）的平等權利及平等義務，各共和國相互關係如此，其對於中央機關亦是如此，

二、蘇聯中央機關中裏設民族院，蘇聯各共和國以及各國內之各民族皆有代表，派遣方法絕對平等。

三、蘇聯之各執行機關內保證各共和國代表省能實際參與，務使適合於各該國之需求。

四、各共和國省有極為廣泛之財政權及一部分之預算權，任各國得用由充分發展其行政經濟，及文化事業。

五、各國執行機關中，當令本地人，知悉言語，風俗習慣等者，占大多數，或盡數由彼等充任。

六、明令保證與各民族有關，機關得用各該民族之語言文字。明定法律，懲戒侵犯民族自由權的人，尤其注重在某地占少數的民族之樓

七、赤軍中格外努力宣傳，「共同保證蘇聯各民族。」且組織各民族之民族軍，使各族省有守衛之能力。

利。

嚮導彙刊　第一期至五十期　定價大洋一元五角

存書無多，購者從速。

The Guide Weekly

分售處　　嚮　導　週　報　　分售處

（中華郵務總局特准掛號認爲新聞紙類）
一九二四年十一月十二日
國其代款槪作九五折

第九十一期

分售處
太原　晉華書社
長沙　文化書社
濟南　齊魯書社
杭州　古今書店
寧波　新亞書社
開封　明星書社
南京　文化書社
成都　昌福閣書報流通處

武昌　共進書社
上海　時中書報社
上海　上海書店
廣州　民智書局
香港　丁卜書報社
巴里　中國書局
香港　萃文書局

定價　國內一元寄足四十期　國外一元寄足二十五期　郵費均在內　零售每份大洋三分

每星期三期出版　發行通信處
北京大學第一院收轉譚明子
上海英界租界上海大學志協育

嚮導週報　（第九十一期）

歡迎孫中山先生離粤來滬

和森

拋棄僻處一隅的政權，而從事於全國革命的工作——宣傳與組織——之進行，吾人對於中山先生久已有此提議；現在中山先生離粤來滬已成事實，吾人根據這種重大的意義，應當表示充分的歡迎！

中國自受國際資本帝國主義的侵略，政治經濟日見崩壞，辛亥革命，政權轉移於帝國主義扶植的北洋軍閥而益亂。現在曹吳雖倒，而繼曹吳以起的仍然不外傳統的北洋餘孽之段張馮三派軍閥，繼續爭奪宰割之舊局面，戰爭禍亂不僅無停止之望，而且正在醞釀發展之中。在這種情形之下，國民革命領袖宜如何領導全國人民入於奮鬥之途，——這種重大的責任正落在中山先生的雙肩之上。

中山先生怎樣成就這種偉大的責任？　我想他抵滬的第一件工作應根據國民黨的政綱發表宣言，舉出自己救國救民的真正主張。（如怎樣廢督裁兵，怎樣收回海關主權，增加進口稅，以爲裁理財廢厘金停外債及與教育辦實業之用等），一面試探軍閥是否有悔禍之誠心，一面喚起全國民眾之奮鬥；第二件工作應同時致電北京的攝政內閣，立刻廢除治安警察法及一切束縛人民言論集會自由的法令，俾全國被壓迫的人民得充量發表其政治意見，然後召集國民大會解決國是；第三件工作應進全力發展長江及黃河流域的黨部，及與上列二項有關的宣傳與組織。

至於何時北上或是否必須北上，這還是次要的問題，應俟觀察情形再爲決定。因爲現在京津的形勢，段張馮三大軍閥已由暗鬥而入於明爭之期（詳見另篇）奉張提出十萬大軍進駐津浦一帶以後，勢焰萬丈，目無餘子。勢危力孤的馮玉祥派（孫岳胡景翼在內），爲勢所迫主張路趨新異（如歡迎中山，處置清室，委員制等）已爲段張所不喜，謂在中樞之地位菜已發生問題，此後馮張是否決裂而至於再戰尚不可知，至於所謂和平會議更是退不可期。以段祺瑞現在之地位尚不肯冒然赴京做戰勝者的高等俘擄，難道中山先生可冒然赴京做他們的高等俘擄麼？　段祺瑞在他未成就自己的勢力之前不肯冒然入京，吾人亦希望中山先生在滬作相當時期之勾留，造成全國的輿論及民眾的後援，庶幾進可制勝軍閥退可擴大宣傳。故吾人謹以上列三項工作爲歡迎中山先生離粤來滬之貢獻！

國民黨的政治態度

獨秀

國民黨的分子本來複雜，過了現在這樣複雜的政局，各派分子對於政治的態度，自然不會一致。茲假設其不同點而略評其得失。

此時中國的一切政治局面，都是各帝國主義者及各派軍閥暗鬥明爭循環起伏的局面，只有革命的大民衆之長期的暴動，打破此循環狂舞的局面，別開一新局面，是唯一出路。放棄收權與軍事行動，從民衆中去，宣傳民衆，組織民衆，訓練民衆，領導民衆，對於一切帝國主義一切軍閥，不放過每個爭鬥；這是國民黨的政治態度所應取之上策，因爲中國只有此策可救。

或以爲此策迂緩而難行，就現有的政權與軍事勢力，對各派帝國主義與軍閥，採用一時攻守緩急不同的策略，或利用軍閥中的反抗派推倒最反動的軍閥，以進展革命的勢力，或參加軍閥會議，發表已黨的政治主張，暴露帝國主義及軍閥之陰謀於全國民衆，此種行動，雖不能根本打破一切帝國主義與軍閥循環起伏的舊局面，而却是革命的行動，可以算是中策。

若是藉口不提反對帝國主義，藉口不提打倒一切軍閥，對於與已黨有關係的軍閥戰勝他派軍閥，便視爲革命之勝利，以爲他們的勝利可以解決中國政治問題而無須革命，不惜犧牲已黨的黨綱政綱逢迎軍閥，慫恿已黨魁無條件的與軍閥合作，與帝國主義妥協，以冀在政權上分得若干餘瀝，不待言不能救中國，并要葬送國民黨的生命！

在廣東之政治態度也是如此，毅然拋棄政權，從民間去，乃是上策，因爲右派與軍閥利用政權壓迫工人，農民，剝削小商人，不拋棄政權，民間大不歡迎；或以事實上無法即時拋棄政權，則即利用此政權，肅清境內種種反動勢力若商閥鄉團善堂不法的軍隊等，停止種種弊政若開賭捐雜捐拉夫等，這也不失爲中策；至於日與各種反動勢力妥協牽就，以保此背革命而行的政權，實是下策！

國民黨將來在歷史上的榮譽至何程度，當以其政治態度採用此三策至何程度而定。

段張馮三派軍閥暗鬥之北方政局

和森

北京政變成功，北方政局遂入於奉張皖段直馮三派北洋軍閥角智競雄的新時期。馮玉祥原先本想挾『和平』『停戰』四大字號召天下，制奉倒吳；殊知事出意外，吳佩孚牽軍囘津而奉軍隨着長驅直入（參看本報八十九期），馮玉祥主宰中樞之地位無形爲之動搖，於是才屁滾尿流把曹錕擠走。而去捧段祺瑞的佛脚，迎他進京做什麼國民軍的大元帥。 段祺瑞自然有他自己的算盤，他不僅不願意做馮玉祥的傀儡，同時也不願意做張作霖的傀儡，他的主意是要乘機造成自己强固的實力之後才入北京主持政權。 所以他不僅與吳佩孚暗結收拾吳之殘部爲己有，重要目的還在使吳紉合長江各省直系勢力棄曹擁己，所以他對於吳的態度始終只說『子玉擁戴非人』；這句話的反面意義自然是很明了的。

前此路透電及英字報紙常常散布段張馮暗鬥的消息，因爲路透電及英字報紙都是幫助直系的，所以閱者不甚注意。 可是這種消息現在在日文報及日本各通信社所發的消息中，幾乎日不絕書。 現在先

把上海和文日日新聞（本月九日）論段張馮的外交戰一文介紹於下，以見此類消息之確實：

『段祺瑞之遲遲入京，蓋知在東南諸省形勢未定之前，而遽行輕動，將自陷於不利也。

對於此次政變，段氏之聲望與活動間接固與本政府的決定。

今張作霖與馮玉祥，雖均聲明擁戴段氏，段系各省亦表示服從段氏，而不帶一兵之段氏，不造成強固之背後之勢力，而遽行入京：勢必仰承戰勝者之鼻息，或爲奉派之傀儡或作馮派之招牌，而供其驅進政策實行之工具，均有爲北京城內高等俘虜之虞。此爲段氏之所以見到者，故段氏務遲遲入京，必將本系各省及舊有直系各省聯絡就緒，以消彌奉馮二派之隱患，且進而造成得號令天下之實勢力，而後入京主持。卽段氏之計畫，在利用張馮之武力脅嚇，訴諸平和之手段，以支配天下，此段氏之所以不易動也。

有力，而直派失勢後直接之最大動機，則在奉軍之戰勝與馮氏之政變。

至於馮派，甚冀段氏早日入京。馮等幸乘北京之虛，告厥成功，出而收拾時局，但亦必審慎周詳，如外間所傳之冒昧從事也。雖一時握有中央主權，而其支配區域，僅限於近畿地方，擁兵數萬，而無地方的地盤，知現狀難長久維持，乃求段氏出山，權依其名以號令天下，衛時局早日收拾，且由段氏負設施一切責任，故請段氏入京，以其意氣八格之相近，較之張段之關係，僅由利害而結合者之不同。在曾現失戰勝之後，吳固不妨先行糾合長江各省，擁戴段氏，此亦奉張之所熱知也。要之馮不與吳氏以再起之餘池，因之於方法手段所不問，而貽留他日之禍根耳。段等欲利用段氏以固本派之地位，奉張亦欲利用段氏以收戰勝之全功，而在段氏，亦欲乘張馮之反感，而握天下之實權，故面均標榜和平安協，而實則角智以競取權勢。由此以觀，目下京

又奉張之地位，與馮稍異其趣，張之目的，在殘滅直系勢力，北京政局，殊未易樂觀，而段氏對此自更不得不深加審慎其出處矣」

『電通社東京二十九日電：據東京人士之一般觀察，段合把氏若果出就總理之職，而攝行總統職權時，當首開各省代表會議，以圖實行其聯省自治政策，且當此財政困難之時，或須對外募集善後借款等等，而至仰給其經費於外債時，亦不惜奧以援助，藉行其聯省自治計畫，而至仰給其經費於外債時，以濟急需，而其先時常寺內內閣所成立之西原借款電話借款等等，以支配天下，此際縱不能償還其本利，而至仰給其經費於外債時，亦不惜奧以援助，藉謀奠安中國之時局云。

又同日電：昨日日上院議員，曾往訪霞關外務當局，叩其對於中國時局意見，得其答復如次：「段氏雖終不免於出而收拾時局，但亦必審慎周詳，須至萬不獲已時而後出而爲馮氏所操縱，此固爲段氏及其左右所深慮者，而段張馮此次自恃其功進兵京畿，以制馮氏，亦未可知。果爾，則今後奉張之地位，與馮稍異其趣。張之目的，在殘滅直系勢力，北京政局，殊未易樂觀，而段氏對此自更不得不深加審慎其出處矣」

段祺瑞運運進京的原因，日日新聞固已論之甚詳，我們所更欲了解的，段氏這種老算盤不僅出自個人的心裁，而且是由於後台老闆日本政府的決定。如不相信，請再看七月底東京傳來的消息：

蘇皖贛閩浙陝鄂豫八省聯防擁段內幕，一面又是段祺瑞懷張自己地位的妙計。這種段吳默契的聯合政策不僅給馮玉祥及其所謂攝政內閣以大打擊，同時在奉張看來也是一個不堪容忍的眼中釘。

段祺瑞不冒然以亦手空拳進京受馮玉祥之操縱，及張作霖進兵京幾以制馮玉祥之二點，現在日本政府的代理人業已如法辦到不成問題。

這三大軍閥間的暗鬥，一面是段張聯合以制馮，一面是段吳聯防內鬨，面固然是吳（佩孚）齊（燮元）蕭（耀南）等保持直系勢力的政策，別面又糾合長江之勢力，出於間欲利用段氏之態度，而貽留他日之禍根耳。段江直系各省勢力以制張。

所以任從段氏在天津怎樣高叫『吾對東南已有辦法』，馮

氏在北京怎樣高叫和平會議，齊大帥對之總是一聲不響，悄然提着十萬大軍進駐天津，馬上分部由津浦路南行向山東進發：據各通信社消息，張作霖對於東南決用武力剋滅直系徐孽，並且以山東與東山省方面深切之利害關係，將令張學良與姜登選軍繼李景林而入天津濟南方面，同時齊大帥的先鋒吳光新宣言：「此時欲望澈底統一，無論如何不可不攻取南京而討伐西南」（見七日東方社北京電）。

現在三大軍閥間短兵相接的問題，第一是地盤的瓜分，第二是中樞政權的爭奪。

關於第一問題，段祺瑞要以他的爪牙盧永祥任直魯豫的首席巡閱使，而以馮玉祥任蘇皖贛巡閱使，並且急不擇時，便要求他所不懷意的攝政內閣頒發明令，可是奉張的主意完全與段相反，奉張老實不客氣地主張調開馮玉祥離北京去做兩湖巡閱使，而以蘇浙皖巡閱畀俾盧永祥，至於首席的直魯豫巡閱使齊大帥卻默而不言，好教善於參禪的段太師去領會領會。

至於第二問題，馮玉祥本屬捷足先登，所謂攝政內閣既未仰承段氏意旨又未徵取齊帥同意，基督將軍柯在握獨出匠心，一時得心應手之樂自不待言。然而一方面，與段張之間的攝擦自然要加倍的增高。

段祺瑞在天津不僅開府辦公儼然自立政府，而且更進一步擬議安福系之正式內閣（十二日天津電：庚電：段派集議，擬推王揖唐組閣，伍朝樞曾慫葉恭綽等為閣員，但奉張方面尚未贊同）；至於奉張，前此既反對二王（永江，法斌）就職而薦葉恭綽於北京政權外，以現在奉張抵津後的兇勢看來，乃有完全排除馮玉祥於北京政權之趨勢，請看下列消息：：（一）東方社十二日電：天津會電：奉天軍氣燄極盛，馮玉祥王承斌失踪；（二）上海各報同日電：玉祥帶兵赴熱河，馮薦李景林，段未置可否；（三）上海新聞報同日電：張作霖與馮玉祥爭權齟齬，王承斌逃避往英租界，馮玉祥請馮被扣留，現象極為紛亂；（四）連日上海各報電：京奉局長，奉張又委唐文高，未到任前以錦州站長吳藕塘代理，並暨張來津，有路員二百餘人，沿途更換，查該局長京馮曾委任丁某，今張又委，不知如何決定去留；又攝政內閣新任長蘆鹽運使劉之龍，天津海關監督徐祖善天津造幣廠長劉人傑，均被張作霖擋駕，不能到任。

徙上面這些消息看來，馮張的決裂似乎卽在目前，但這種時間的問題，我們實無預言之必要，因為段氏對馮的態度不必與奉張完全相同，則三大軍閥的暗鬥局面自然連延到相當的時日；毫無疑義，馮玉祥的攝閣既已決定維持王承斌和李竟容的地位，而奉張則欲以直督地位與李景林，皖段則欲奪天津鎮守使地位與劉之龍。這類的爭奪正在方與未艾，而總統制與委員制的暗鬥又近在眉睫；主張委員制最力的是馮玉祥，在目前段張之對馮自然常處於聯合的地位。

現在馮玉祥的地位業已入於危困時代：他介於段張兩大的威迫之間，他除了自己的軍隊外沒有領袖直系勢力的希望，他所聯結的同盟只有孫岳與胡景翼兩個小軍閥，惟因他的地位如此孤危，所以迫得他不得不左傾一點而做些有利於己的投機舉動：如高唱中央政府改革委員制，高唱聯孫中山，實行取消宣統尊號改訂優待條件，急開中俄會議等等。

馮玉祥這些投機舉動一面固然可博智識界多少同情，別一面卻因此大招段張與日本方面的疑忌。現在請看下列幾項消息：：

（一）東方社十日電：際此天津會議集中內外視綫之時，加拉罕與王正廷在北京往來甚頻，一般人士推測，或係談中俄會議之完成起見，但他方面盛傳，有人正在運動，將乘天津會議機會，在中國布置類似蘇俄之委員制度，現中一部分國民黨之有力者與加拉罕之間，正在努力進行，有所企圖云。

（二）路透社十一日電：段祺瑞雖不以待遇溥儀之手段為然，但力避目相分裂，惟大局頗伏危機，蓋馮氏在京所任諸人刻力圖固其應急

政府之地位，張作霖段祺瑞二人則旣利用馮氏之叛吳，顯復謀罷推翻馮之機關以自定新政府基礎也。

（三）申報十一日北京電：東方時報（張作霖收買之機關報）論孫派間官吏亦贊成段來，謂較能籌款發薪，惟北京智識界，均主張實行委員制，免却今後爭總統之內訌，苟仍襲舊軍閥故轍，則改革徒勞。

三派軍閥間的暗鬥旣如上述，然則隱在他們背後的帝國主義的態度是怎樣？ 此爲最堪吾人注意之一問題。 試分日本與英美兩方面言之：段旣得勢，日本固然躊躇滿意，然鑒於段張間目前旣與馮來之衝突，以及長江直系勢力之難於撲滅，亦時常有所危懼而發出悲觀的論調，下列十二日東方社所發表的消息，最足以窺見日人之隱衷：

『某要人談收拾時局之難處如左：（一）張作霖聲稱推戴段祺瑞爲各省聯軍統帥，一切聽段指示，馮玉祥等不問段尚未允，卽以國民軍大元帥之禮待段，但其部下諸將藉戰勝之餘威，已成騎虎之勢，則其干涉中央政治之念或可淡薄，但其部下諸將藉戰勝之餘威，如李景林等眼中已無馮玉祥，段將何以駕馭此驕橫之奉軍士哉？（二）王正廷承馮之窺直省，張宗昌之窺魯省，吳光新且有越徐州而更南下之傳言，彼玉祥意，與赤色濃厚之國民黨及北京大學之一部通氣脈，爲迎合急進論者之施設，但如此，則根本上與段張等之主張不相容，北京一帶，旣爲馮之大兵所圍繞，段若能如預定之辦法，一俟受各方面之推戴，卽行入京，則如何能使戰勝之馮玉祥從北京附近撤兵乎？（三）張作霖自身，如能依有利之條件鞏固東三省之地盤，則甘心於段氏。（四）蘇齊浙孫贛蔡鄂蕭等直系有力者聯名發擁段之通電，而從其裏面觀察之，則彼等表示團結鞏固，乃欲合力防阻北方勢力之南進，豈眞澈底服從段氏乎？（五）南方之形勢，尚在混沌中，孫文意見，不足以代表南方，縱孫段二氏之間已有接洽諒解，但國民黨員之北上，大有促成北

京急進施設之慮。 總之，段氏身不帶一兵而欲與國民會議謀自己所主張之根本改造說，在示行之前，不可不先將此等錯綜紛揉之難題一措置妥貼，段氏之任務，可謂重且大矣。 然則日本帝國主義怎樣做呢？ 他的責任，第一是謀怎樣處置馮玉祥而鞏固段張的秋火推多；第二是調和段張；使吳佩孚無隙可乘，徐圖剿滅長江各省之直系之勢力。

至於英美，此次因爲忙於國內的選舉競爭，（美國代理太晤士報死了），坐令日本勢力在中國獲得『如此奇異之發展』（倫敦太晤士報驚歎之詞），本已吃虧不少。 但一俟英國保守黨內閣與美國共和黨政府鞏固之後，對於華事一定有積極之舉動，這在近日倫敦太晤士報及包爾溫的言詞中，已明白表現出來了。 包爾溫本月十日對於中國時局的宣言是『如遇可用外人勢力以助中國之戰爭，卽以國民軍地國而爲之』；太晤士七日的社論是『英國在華政策，今已屈應表示更大敏捷與策略苦於許多年來所詳示者之時機；合作固當維持，但他國已有對於中國困難問題更爲活動注意之機會；合作固當維持，但他國之不活動，或方向不正之行動，未許爲英國不活動之理由，英國於保衛其利益與維持其觀念時，有更大的獨行之必要』。 然則英美怎樣做呢？ 第一當然暗中維持長江各省的直系勢力，坐以觀馮段張之變；第二是經過必要的旁觀時間後，採取積極的干涉態度。 軍閥的和平會議也許要到這時候才能召集。

綜觀以上種種事實與消息，我們可以得到下面的結論，卽恐實突而起的新北方政情，仍然爲北洋軍閥三派餘孽爭奪宰割的局面，舊戰爭未了，新戰爭的種子正在胚胎萌芽；不僅眞正的和平遙不可得，卽各軍閥間暫時安協的分贓會議亦相隔尚遠。 在這種形勢之下：人民除了靜待軍閥及列强的新犧牲外，只有準備上革命的道路；若還希望軍閥頭目出來收拾時局，簡直是夢裏做夢。

唐山工人之新厄運——帝國主義和軍閥所造出來的戰爭之結果！

述之

我們站在中國工人階級的觀點上，早就知道國際帝國主義與封建軍閥所製造出來的一切戰爭，唯一的犧牲者，絕對落在中國工人階級的頭上。所以我們早就反對一切帝國主義與一切軍閥；我們早就反對帝國主義與軍閥所製造出來之一切戰爭。當江浙戰爭開始時，我們就大聲疾呼表明我們的意見，預言這次戰爭的結果絕對是中國的被壓迫民衆遭殃，尤其是工人階級。

現在看：東北戰爭是暫時收束了，奉派軍閥勝利了，日本帝國主義收買中國的老代辦段祺瑞快上台了，美國帝國主義所一手扶植出來的基督教將軍馮玉祥一步已登了天了，帝國主義與軍閥瓜分中國的和平會議已在籌備進程中了，可是中國的工人階級怎樣呢？看！「唐山鐵路工人被該路局長周夢賢勾結洋人，無故裁汰多至三千餘人」，（民國日報本月三日天津電），大家看！這唐山三千餘工友無故被開

除，不就是中國工人階級從這次戰爭結果中所得之第一個「賞賜」嗎！

現在我們還不知道此次被開除之三千工友，究爲什麼原因，我們也不知道周夢賢是何人所委派；但是我們從那個電報中確已知道周夢賢對帝國主義者從中指使軍閥的走狗來毒殺中國工人了！現在這三千餘工友之無故被開除，我們還不能斷定，但是這次戰爭之第一個結果是絕無疑義的。這樣的事實，與此次日美帝國主義之勝利，張作霖，馮玉祥，段祺瑞等軍閥之勝利，對照起來，擺在我們面前，是何等明顯呀！中國的工人階級早就已經無疑的中國人們應該怎樣來助戰啊！

「唐山，絕對地準備與帝國主義和軍閥決死戰的，但是明白的中國人們應

英美選舉結果與世界反動局面之重來

述之

英美這次選舉的結果，絕不是英美資產階級自己搶奪權位的單純下手的。現在英國極反動的保守黨在選舉中已經佔了絕對的多數，包爾溫已組織了他的新內閣，把麥克唐拉爾的「工人政府」完全送到斷頭台上去了；另一方面美國選舉的結果，極反動的共和黨仍然繼續其統治地位，從前所喧囂之小資產階級的第三黨之拉福勒特完全失了敗。

這個很明顯地表現出來，英國的大地主，大托拉斯主，大銀行家，和美國的銀行大王，鋼鐵大王，煤油大王，用不着這一批第二國際黨和小資產階級之德模克拉西的和平主義者了。他們看着世界無產階級和被壓迫民族之革命潮流之到來，他們想自己用很惡毒的，快刀斬蔴的手段來對付這個潮流。

現在資產階級帝國主義者要自己來

和買辦階級，可是都沒有成功。

世界的資產階級帝國主義者經過世界大戰之後，其基礎本已根本搖動，再也沒有統治世界的資格了，所以不惜用種種迂舒曲折的卑汚手段來對付世界的無產階級和世界的被壓迫民族。軸利用法西斯帝國主義極端反動的局面之到來，而是全世界資產階級帝國主義者向無產階級和被壓迫民族進攻之一種新形式。

世界的資產階級帝國主義者經過世界大戰之後，其基礎本已根本搖動，再也沒有統治世界的資格了，所以不惜用種種迂舒曲折的卑汚手段來對付世界的無產階級和世界的被壓迫民族。軸利用殖民地和半殖民地的封建階級和被壓迫民族的德模克拉西的和平主義者，利用殖民地和半殖民地的封建階級和被壓迫民族的革命潮流之到來，快刀斬蔴的手段來對付這個潮流。

我們不久就要看見法國的普恩來，和

米勒蘭也快起來作同樣的行動，推倒赫里歐政府去對付法德的無產階級和安南，非洲的奴隸。

資產階級，帝國主義者，對這個意思現在已是毫無忌諱地表現出來，我們試看美國銀行老板的紐約太陽報是怎樣說：「穩健派之勝利，英美先後相successful，聯合保守思想而成一個政治上大組合，其力足以應付急進主義」。所謂急進主義，社會主義，共產主義，波爾塞維克等形式，是不是指全世界無產階級和被壓迫民族之仇敵而擊破之云」這個何等明顯！

向全世界的無產階級和被壓迫民族採取極端的絕對的進攻形式。是全世界之極反動的極黑暗的資產階級的帝國主義之最 的表現。所以小資產階級性的赫里歐政府與日本之「對美恐怖」的政府，來抵抗英美全世界資產階級之反動潮流。

可是這種辯法終究不過一時之計，全世界資產階級之反動潮流是必然到來的命運。

西歐的無產階級自然是要準備對抗這個反動潮流，但是半殖民地的中國人民，也得快醒悟呀！起來隨着蘇俄，隨着世界無產階級來反抗此英美資本帝國主義派之反動潮流！

帝國主義戰爭的「休戰紀念」到了！

述 之

十一月十一日，全世界的強盜帝國主義之四年零三個月的大屠殺的暫時休止日，（一九一四年七月二十八日——一九一八年十一月十一日），帝國主義者自己所謂的「歐戰停戰，世界「和平」開始的「紀念」日」，到了！

這一天，巴黎，倫敦，華盛頓和東京城裏的有產階級，帝國主義者，一定手忙腳亂，發號施令，教牲們，懸燈結彩，游街示威，紀念牠們的「紀念日」，高呼牠們的「勝利」！向全世界的無產階級示威，向全世界殖民地和半殖民地的被壓迫民眾示威。

現在上海的英美日法帝國主義者，殺人不眨眼的劊子手，也一樣在那裏準備着在這天到黃浦灘慶祝他們的紀念，在他們的紀念碑上，高呼「勝利」哩，但是你們是怎樣呢？

全世界的無產階級是勝利了！全世界殖民地和半殖民地的奴隸呀！資產階級帝國主義者是這樣地慶祝牠們的「勝利」，果然牠們從戰爭中得到勝利了！

不錯！資產階級帝國主義者是勝利了！

為了爭奪世界殖民地——市場與原料出產地，——而起的屠殺大戰爭了；法國的資產階級帝國主義者，把

羅蘭的煤礦和鐵礦都拿到手了，把魯爾變成了牠的「安南」了，從德國得到了幾萬萬金馬克的賠償了，法國的史乃德一然成了全歐洲的鋼鐵大王，德國太上皇帝克了。

英國資產階級帝國主義者，把小亞細亞拉伯等許多前殖民地的管理權確定了，小亞細亞的石油礦搶到手裏，太平洋中從前與牠競爭世界的許多前德國人所管理的許多海島奪過來了，把這可怕的德國帝國主義打倒了。

美國資產階級的帝國主義的商品散滿全世界，把全世界的金子都吸收到自己的腰包裏去了；牠又放了無數萬借款給歐洲，歐洲的「文明」國都成了牠的債戶了，牠那副銀行資本的鐵網把全世界罩得緊緊的了，全世界的唯一主人翁了。

小日本的帝國主義者也居然大發其財，清島和整個的山東一轉瞬間就到了手了，太平洋中好些島子上都插着大陽旗了，收買中國的幾萬萬借款也趁着這個機會暗暗地交給中國的賣國賊了；在中國的許多特權都從此被承認了。（凡爾塞分贓會議 所承

還有在非洲的許多德國殖民地都被英法瓜分了，德國資產階

殺在各地的許多財產都變成了英美日法等帝國主義者的贓物了，現在牠們從道威斯計盡中又把全德國完全變成了牠們的經濟共管地了。

呀！　帝國主義者真勝利！　可是英美日法的無產階級得着什麼呢？

是的，英法德俄意奧的一千萬工人和農人們從戰爭中得着了一個「死」！　這一千萬工人和農人們的妻與子從戰爭中得着了一個寡婦的頭銜和一個孤兒的別號！　還有三千萬赴過戰場的工人和農人們，得着了一個無手或無脚的「殘廢」或是神經病和楊梅毒！　全歐洲幾千萬的小資產階級都得了一個無情的貧困與飢荒！　殖民地和半民地的被壓迫奴隸又得着什麼呢？　不錯，幾十萬黑奴不消說在前敵上得了一個「壽終正寢」！　印度奧州和安南的幾十萬軍隊也得着了一個「馬革裹尸」的榮譽。　印度澳洲的工農們還得着一個捐助戰費的大好機會。　至於半殖民地的中國呢？　真也受賜不少！　從前德國強搶去的青島和山東許多礦山以及鐵路權，蒙凡爾塞和約的批准，得日本帝國主義代管了，因為段祺瑞的密戰，幾萬萬的賣國借款也得成立了，幾萬華工又得了個好機會已死於比「文明之邦」的，就是中國從此就能成為日美帝國主義逐鹿之場了，并且將來還有資格成為帝國主義第二次戰爭之爆發地了。

慶祝聲中含着什麼意義？　你們須仔細注意呀！

半殖民地的中國被壓迫民衆，英美日法……帝國主義的奴隸！

第二次世界大戰一定是在太平洋，太平洋邊的中國呵，你們看見兩派帝國主義——英美與日法，從江浙戰爭開始到現在，不是正在那裏拼命地暗鬥嗎？　你們看看北京城裏，現在不是美英挾着馮玉祥，另一方面日法又挾着奉張與皖段在那裏搗鬼嗎？　請你們看看：黃浦江，白河口，西江口以及長江一帶有多少英美日法帝國主義的軍艦？　這些軍艦衝來撞去是為着什麼啊！　是不是明白地告訴我們：「當心點，我們英美與日法，快要開火了，請奴隸們準備犧牲點罷！」　你們看黃浦灘帝國主義者的慶祝會不是明白警告我們說：『我們英美日法的歐洲大戰是得着勝利了，這次大勝利只有從殖民地的大戰爭中可以得着，我們趕快準備第二次大戰罷！」　我們想將來第二次大戰誰是第一個犧牲者？　可怕呀！　我們前途的命運就是帝國主義者正在替我們準備的第二次大戰爭呢？　資產階級的帝國主義確是勝利了，你們看，牠們又正在那裏準備着第二次大戰爭呀！　全世界工人們，農人們，殖民地的奴隸！

你們聽見法國航空隊之大發展嗎？　你們聽見英國和美國議院裏的帝國主義者提議增加軍費嗎？　英國之建築新嘉坡軍港嗎？　你們聽見日本的帝國主義正在準備擴充軍備嗎？　世界帝國主義者的第二次大戰，就在眼前呀！　不是英法在近東動手，就是美日在中國開端，這一個戰爭比以前更惡十倍，因為帝國主義者的殺人器具比以前更完備了，將來的戰爭一定是使用的航空隊和使用毒氣。　帝國主義現在是慶祝他們的勝利，但是牠們的決死戰的時期到了，全世界的工人，農人和被壓迫民族要想脫離這個恐怖的「死」與一切犧牲，只有一條路，絕對的不遲疑的打倒一切萬惡強盜的帝國主義，——英美日法……；中國的工人們農人們和一切民衆，只有在這一條絕對的路上走，只有絕對的與帝國主義作最後之決死戰，我們才有生之可能。　起來！　決死戰！

The Guide Weekly

（中華郵務管理局特准掛號認爲新聞紙類）

一九二四年十一月十九日

（郵費代款槪作九五折）

嚮導週報

第九十二期

零售每份銅元四枚

分售處

香港 萃文書局

巴里 中國寄報社

歐洲 丁卜寄報社

上海 民智書局

上海 上海書店

武昌 時中書報社

共進書社

分售處

太原 智識書社

長沙 文化書社

濟南 濟南書社

杭州 寶文書社

開封 古今圖書店

河南 新亞書店

南寧 明星書局

昆明 文化書社

灌縣 工學社

成都 華陽書報流通處

訂閱：國內一元寄足六十期・國外一元寄足三十五期・郵費在內
代派：每份大洋二分・內地以份百三五折・外以份百三四折・寄費在內・十期清算一次

每星期三出版 發行通信處 北京大學第一院庶務課轉收 上海英租界大海學情志明子郵轉

中國共產黨對於時局之主張

（一）

此次北京政變之後，在國內政象上，一方面表現出反直派在北方之勝利，將回復到直皖奉直戰前安福交通執政的局面，一方面表現出直系在中部仍保有其地位；同時在外交上，一方面表現出英美帝國主義者不能獨力挾取全中國，一方面表現出日本帝國主義者也沒有挾段（祺瑞）張（作霖）統一中國之可能。

（二）

帝國主義者宰制中國之企圖，約分爲三時期：第一時期是所謂爪分政策，由帝國主義的列強協議在華勢力範圍之劃定，華盛頓會議以前，均屬此時期；第二時期是所謂共管政策，由英美法日等帝國主義者協力共同宰制中國，自華盛頓會議至今年七月倫敦會議，均屬此時期，這兩種政策，均因爲帝國主義的列強間在華利害之衝突不能成爲事實，遂進入第三期，即現在之分立政策。

這種分立政策，和第一時期不同者，只是不取列強間協定形式及表面上避去爪分之名，而實際上乃是帝國主義者各在其勢力範圍內，——日本在北方，英國在中部，法比在其他方面，——集中當地軍閥之力，由經濟的支配權力，進而各造其自己支配的政治機關，實行分裂中國。

獨有後起的美國，一面因爲其國內經濟力特別饒俗——餘資餘貨——之故，一面因爲在中國尚未有獨占的勢力範圍，途極力鼓吹什麼「在華開國際會議討論施行於中國之一種道威斯計畫」，以圖尋得相當的機會與工具——游移於英日帝國主義之外的軍閥，達到其以經濟力宰制全中國之野心。

（三）

在這種情形之下，我們此時不得不大聲疾呼，警醒國民，勿固執從前的預料與恐怖，以爲帝國主義者宰制我們只有瓜分與共管兩個死板方式，應該覺察他們希圖宰制我們的別有新而更毒的方式：分立或道威斯計畫。前者比後者應更有實現之可能，其危險更迫在目前。

此種政治的分立，即是國家的民族的分裂，也即是帝國主義者瓜分中國的計畫之實現。 挽救此迫在目前的危機之方法，不是各省軍閥的和平會議或國是會議，也不是幾個老的元老的善後會議，乃是本黨去年北京政變時所主張的及中國國民黨現在所號召的國民會議，才可以解決中國政治問題；因為他是由人民團體直接選出，能夠代表人民的意思與權能。

我們希望國民黨領袖們努力號召全國人民的團體，促成此國民會議，并須努力使他們所主張的國民會議加倍迅速在北京召集，更應極力反對軍閥們拿什麼各派各省軍民長官會議來代替此會，執行此會職權。此預備會之任務不但是籌議國民會議，我們更應號召各階級民眾及與各派帝國主義者尚無確定的關係之武力，擁護此預備會，在正式政府未成立以前，即為臨時國民政府——號令全國的唯一政府。

（四）

此臨時國民政府（一）為挽救帝國主義者分裂中國之危機而成立，自應不安協的打破各派帝國主義者分裂中國之勢力；同時，也應杜絕帝國主義者勾結軍閥藉口援助中國統一實行其道威斯計畫之陰謀。（二）依賴各階級的民眾及與帝國主義者尚無確定關係的武力之擁護，而存在，至少也應採用國民黨政綱為施政方針，方能得農工兵等民衆的同情。

（五）

為全民族的解放，為被壓迫的兵士農民工人小商人及知識階級的

求。同時本黨認定擁護這些要求，是一切人民及其代表之責任，尤其是國民黨之責任。 要求如下：…

（一）廢除一切不平等條約，第一重要是收回海關，改協定關稅制為國定關稅制，因為這是全民族對外的經濟解放的唯一關鍵。

（二）廢止治安警察條例及罷工刑律，保障人民集會結社出版言論能工之無限制的自由權；因為這是人民對內的政治解放之唯一關鍵。

（三）全國非戰時的常備軍，均以旅長為最高級軍職，廢除巡閱使督軍督理督辦總司令檢閱使護軍使鎮守使軍長師長等軍職，因為這是杜絕軍閥勢力集中盜國亂政之重要關鍵。

（四）軍閥之禍，罪在最少數高級軍官，失業入伍的兵士們所受壓迫與困苦，與其令今後旅團司令部，應採用委員制，軍餉公開；應改良現役兵士之生活及教育；兵士退伍，須給以土地及農具或他種確實可靠的生活。

（五）規定最高限度的租額，取消田賦正額以外的附加捐及陋規，謀農產品和他種生活必需的工業品價格之均衡，促成職業的組織（農民協會）及武裝自衛的組織，這都是農民目前急迫的要求。

（六）八小時工作制，年節星期日及各紀念日之休假，最低限度的工資之規定，廢除包工制，工廠衛生改良，工人補習教育之設施，工人死傷保險法之規定，限制童工之年齡及工作時間，女工妊孕前後之優待，這都是工人目前最低限度的要求。

（七）限制都市房租加租及建設勞動平民之住屋。

（八）沒收此次戰爭禍首的財產，賠償東北東南戰地人民之損失及救濟北方水災。

（九）各城市鄉鎮之釐金牙稅及其他正雜捐稅，在國庫收入無多，而小本營商者則因之重感困苦，宜一切廢止。

特殊利益，本黨將向臨時國民政府及國民會議提出目前最低限度的要

行動，祇要他不防礙一切平民參與政治之機會。

（十）廢止鹽稅米稅以裕平民生計。

（十一）增加海關進口稅，整理國有企業之收入，徵收遺產稅，徵收城市土地稅。此等大宗稅收，不但足以補償廢止舊稅——牙稅鹽稅米稅田賦附加稅及其他各種正雜捐稅——之損失，並可用為補助退伍兵士失業貧農及推廣教育之經費。

（十二）為保障知識階級之失業及青年失學計，國家預算中，不得將教育經費移作別用，並應指定特種收入如收回庚子賠款等，為實行中小學免費優待小學教員及推廣平民教育之用。

（十三）婦女在政治上法律上經濟上教育上社會地位上，均應與男子享平等福利。

孫中山先生來滬與帝國主義

述之

此次中山先生以中國國民革命的領袖，放棄廣東部份的活動，來到上海，將從事於全國的國民革命工作，這在中山先生是一種更進步的表示，凡是被壓迫的中國人自應表示熱烈的歡迎；可是上海的英，美，法帝國主義，却好像瘋狗一般，無端地狂叫亂咬，恐嚇并謾罵應該受歡迎的中山先生，禁止并拘捕應該歡迎中山先生的羣衆。當中山先生未來滬之先，英國帝國主義的字林西報便公然大書特書：

孫文入租界之先：「謂上海無需乎孫，應阻止其登岸，此非挾有私意，主張禁止孫氏畢生精力，省專注於引起中國騷亂之目的，故爲我人絕對不欲意之人，若准其在此間進行彼之目的，殊爲不當，且不免破壞上海之中立，彼若欲有所謀，當往他處。

華人多謂外國租界容留政治陰謀家，致今中國騷亂不止，今當一袪其惑，小徐之兩次逐出租界，蓋即爲此，今當閉門拒絕云云。」

英國帝國主義與其他帝國主義侵掠中國，技植中國的軍閥，造成中國歷年的騷亂，中山本為圖謀消除中國此種騷亂之第一人，此番來上海亦即爲此，今英國帝國主義者倒反以騷亂中國之罪名加之中山，而欲以待小徐者來待他，這就是英國主義對待中國國民革命領袖之真面目！

當中山先生初到上海登岸時，果然有數千羣衆很熱烈地歡迎他們的首領，高呼他們的首領萬歲，高呼中國國民革命萬歲，可是因此便大招了帝國主義的忌諱，當羣衆結隊想行向中山先生住所，走過法租界，法巡捕竟嚴陣以待，禁止前進，并捕去指揮者四人，其理由則謂中國人不應結隊和搖旗在租界上游行。

法國帝國主義此種橫加干涉的行爲，把中國人民看成什麼樣子！我們就按着資產階級的俗禮說，凡是一國民衆的首領到他國去，都不應禁止，且須加以保護，僑居在他國的本國人民要歡迎他們的首領，可況中國人民在自己國內歡迎他們的首領呢？至謂在租界不準中國人結隊游行，更是豈有此理，我們姑不論租界始終是中國人的地方，我們試問英，美，法，日等帝國主義那幾十個兵艦為何在中國內河及海港掛着他們的國旗橫衝直撞呢？為什麼幾千幾百的帝國主義的軍隊時常在中國各地游行示威呢？

真是合着所謂「只許州官放火，不準百姓點燈」的俗話了！

我們再看法國帝國主義的報紙，中法新彙報，那天對於中國人民歡迎中山先生的批評：「……無數的中國人在法大馬路整隊游行，每人紐扣上繫着一塊紅布，……但究竟可以說這個紅色的運動在上海是第一次稍微嚴重的運動，而這種示威運動將給以『紅色』兩府反省反省……」這種口吻，一方面將歡迎中山的羣衆誣以「紅色」兩字，他一方面又嗾使「租界政府」「反省」，換言之這就是教租界政府怎樣準備壓迫。法國帝國主義對付中國人的手段真是聰明已極！

現在我們再來看中山先生既到上海之後，帝國主義又怎樣對待他

十八日英國帝國主義的大陸報說：

『孫中山離開上海許多月之後，現在又囘到上海來了，雖然大家說他卽刻就要到天津去參加天津會議，但留他在上海過多無論如何將是我們的錯誤。……我們不知道孫中山用什麼面目去參加北方的政治軍事會議。……我們願意來同孫文的宣言爭論，

因爲他可以供給報紙上一點材料，無論人們贊成他或反對他，總有關於他的話，這個我們看他最近他上岸時對於東方通信社的談話就可證明了。……

租界政府得到公使團之不願意阻擋孫到上海來的調令，因此他才能到他莫里哀路的家裏去。

關論，並且無故侮辱外國人，說外國搗亂了他的活動。孫籍口說上海是中國的地方，外國人不過是賓客的資格僑居此地罷了，他甚至於說外國人如果不願意發生一些恐怖的事件，那末，就該留心他們的活動。有些報紙把孫在香港的胡說，太看認真了，那裏孫至於說要廢除條約，改正外國的借款，但是孫的態度好像是說：『中國現在已經不是殖民地的地位了』。

我們不願意來同孫文的宣言爭論，我們知道這種宣言是有政治作用的，是爲給中國下層階級一種印象的。……孫博士同各國政客一樣，也需要出風頭來生活，他這個時候如果能同各國爭論，他的身價就抬高了，就可以辦理他個人的事情了，大概是因爲這個原故，所以北京的外交團最近決定孫文一種登廣告的機會。

者沒有外交團那樣聰明就供給孫文一種登廣告的機會。關於要求廢除外國租界和條約（孫文以爲不公道的）這一層，凡是有理性的外國人都希望他能夠好好地從這方面作去，但是所困難的就在中國沒有一個政治的統一，四萬萬的中國人住在亞洲東部之廣大的地面上現在還不能組織起來在內部管理民族的家庭。……

三年前在華盛頓開了一個會議保證中國的獨立，但中國人不好好

地利用這個獨立，恰從閉會後國內就從事於內亂，這個就是中國治外法權到現在還不能廢除（孫中山所要求廢除）之原因。以上大陸報美國帝國主義這篇大文章，除了侮蔑中山，奴視中國人民不計外，她有三個要點：（一）快趕中山出上海，卽不許他在上海過多；（二）絕不跟中山，所提出廢除條約的要求，因爲中國內亂，中國沒有一個政治統一。告；（三）不能廢除條約是因爲中國內亂，中國沒有一個政治統一。

大家睜開眼睛看看，（尤其是親美派的亡國奴，）美國帝國主義者的態度是怎樣！牠對於中國民衆的首領隨便說不許他在上海過多，對於中國民衆首領所提出廢除條約等重大的要求，則置之不理；牠在中國強迫成立種種亡國條約，製造內亂，反謂中國條約不能廢除，就是因爲中國有內亂之原故。咦！美國帝國主義者眞聰明！我不能多批評美國帝國主義者所說的話，我很希望讀者仔細看看，定能看到帝國主義對待中國的奴隸之眞面目，我還請讀者須注意其中一句話『但是中山的態度好像是說：『中國現在已經不是殖民地的地位了』。』這句話反過來是不是說『中國現在還是殖民地的地位』？

然而我們從另一方面說，英，美，法，帝國主義如此這般的對待中國國民革命之領袖，如此這般的對待中國國民革命領袖之革命羣衆，一點也沒有什麼奇怪，反足以證明中山先生能眞正代表中國國民革命，使帝國主義害怕，上海的國民羣衆已經走上革命的道路，已認識了他們革命的領袖，這正是「隣國之賢，敵國之仇」。帝國主義反對中山先生，反對上海歡迎中山先生的民衆：這不但是我們的羞恥，而且是一件極光榮的事，帝國主義反對中山先生愈殷厲，就是的，愈能代表國民羣衆，愈能代表革命，卽使中山先生被帝國主義驅逐出租界，那時更是中山先生的光榮，那時投到中山先生旗幟下之革命羣衆更是比現在要多十百千倍，那時國民黨內非革命的右派分子，——想在帝國主義肘腋下過平安生活的分子，他們革命的假

國具才可盡量揭穿，那時中山先生部下才沒有反革命的分子搗亂。

中山先生比以前更加激昂，對於要打倒帝國主義的決心更是堅決，我們現在看中山先生招待新聞記者那次關於帝國主義的話：

中山先生這一次來滬，可算又受一次帝國主義切實的教訓，所以

衡，故常有華商借重外人名義，以求減輕厘稅者，又如洋布紗：歐戰時勃然興起，今則余由吳滬時，沿途見各家紗廠，均已停工，此皆關稅不自由，保護稅率無從實行也，廠既停工，北人途致失業，飢餓而死者，亦復不少；中國人口之減少，此亦一原因

實際地位較各國殖民地尤不如，因殖民地主人祇有一個而中國則主人覺十餘。更有一事足資紀述者，即余來滬時，有一日本記者來見，謂某國將於余抵滬時奧以反對，余當謂上海為中國之領士，外人僅處客人地位，如外人必欲無故干涉主人之行動，余必有相當辦法以對付之，該記者將此項談話發表，今日某西報因著論文，顏曰：「條約神聖」實則條約之不平等約，余到京後，在國民會議中第一須提議者，乃中國人之賣身契也。

至對外方面，通商以來，因殖民地尤不如，獨立地位已全失去，革命之初，外人頭知懷疑，及後則勾結武人摧殘民氣無日不在，初則勾結袁世凱，助款以殺革命黨，即此次吳佩孚檢關之敗，至塘沽本處山窮水盡之境，嗣以得帝國主義者之助，別謀發展，吳今後若復為中國之患，省受帝國主義之賜，又如廣東商圍事件，亦帝國主義者之挑撥與獎勵有以成之，至有謂陳廉伯為華盛頓者。故中國之禍亂，由二者相因而成，欲撲滅軍閥，必先打倒軍閥憑藉之帝國主義。

必須打倒此二者，中國乃可進於治平。軍閥專制之害，盡人能道之，至帝國主義之害，余可舉其大者，如通商一項，每年損失達五萬萬其他各項尤不可勝數；而外人因得稅厘上之便宜，國貨途不能與之抗

中國禍亂之撤結，實為軍閥專制，與軍閥所依賴之帝國主義，故余到京後，在國民會議中第一須提議者，為廢除一切不平等條約，收回租界及領事裁判權，……。

現在中山先生之反對帝國主義的態度已經是很堅決的了，中山先生已經準備「到京後，在國民會議中第一須提議者，為廢除一切不平等條約，（中國人的賣身契約）收回租界及領事裁判權」。中山已經明白地告訴大家「欲撲滅軍閥，必先打倒軍閥憑藉之帝國主義」。被壓迫的國人們，快起來！準備為中山先生之後盾，誓必「廢除一切不平等條約，收回租界及領事裁判權，打倒軍閥憑藉之帝國主義一

答國民黨中央執行委員會

記　者

日昨本報駐粵通信員由粵歸來，攜最近廣州民國日報一捲，同人等披閱之下，發見國民黨中央執行委員會警告嚮導週報二函，茲依次答復於下。

第一函之要點有二：（一）謂本報第八十五期強分國民黨為左中右三派；（二）謂陳廉伯陳恭受並非國民黨員。請先言前者：

國民黨中央執行委員會的聲辯及廣州民國日報的社論都否認國民黨有派別之分，照他們的意見，國民黨內是沒有派別的；所謂三派云云，完全是嚮導週報的「強分」。國民黨中有無派別，這完全要看事實來斷定，空口說有空口說無俱不作憑。如實際本沒有派別之分，是不會因人家「強分」便真有了派別，我們用不着畏懼，實際若真有派別，便是否認也沒有用處的。國民黨內有派別之分，其右派是傾向反革命，這不是嚮導週報主觀的「強分」，而是半年來種種事實使他不

不得不作如此結論；而且這也絕不是本報一家之私會，凡知國民黨的
類能言之。稍遠的事實我們不必舉，獨秀同志已於「我們的問答」一
文中擇要舉過了，我們現在祇就最近的兩件大事來看。

對於江浙戰爭的態度，國民黨是一致的麼？在戰爭的開始，
左派卽認定此次戰爭不僅是直系與反直系兩派軍閥的戰爭，而且是美
日兩派帝國主義在華的戰爭，在此戰爭之中，人民只有被屠殺受損害
，戰爭之結果，無論那派軍閥勝利，都不能與人民絲毫利益。故堅
決的號召人民團結起來自決。以國黨名義發表的右派諸先生，則表示
為推倒軍閥及帝國主義的目的獨立的加入戰爭，僅認浙奉為反奉吳
之友軍；同時希望戰爭之結果，勝利要歸之人民，且使永無繼曹吳而
起之人。而「熱心國事」的右派諸先生，則取直接幫助浙奉兩方之態
度，楚傖先生且於民國日報公言浙盧為正義而戰，大呼「義存盧存」，
『義亡盧亡』）。完全送掉國民黨獨立的本色。再就此次北京政變來看
，左派認為政權並未出現雙重宰制者之手，僅不過是派別的移換，此
國民黨重要責任仍在號召人民之自決，而且此時尤是宣傳之最好機會
。在中山一方，經過許久日子方決定召集國民會議，且毅然放棄在

諸君對於黨內派別應有的責任及應持的態度。國民黨應當是個團結
一致的革命黨，內部有派別之分當然不是我們希望有的現象。可是
到了業已發生派別，我們卻也不必遮掩否認。因為這是一個政治社
題，不是道德問題。同時也要知道：國民黨是一個黨，不是宗法社
會，不是國民黨是黨員的私產，不要以為有派別盡
是丟臉，不要以為國民黨是黨員的利益。國民黨中央諸君，對於黨內派
不可外揚，而陷於事實的欺騙民衆。國民黨中央諸君，對於黨內派
別的惟一責任，只有依據黨的綱領和紀律來評判黨員之言動。
行為有違反黨的綱領或主義的，應馬上利正之；黨員有違反黨的
或紀律的，應毫不容情加以責罰。只有這樣才能肅清反革命份子之
異動，才能吸收革命份子之信心，才能使派別的界線消滅，才能約束
黨員一致奮鬥。若祇知遮掩否認，結果只有使派別的界線加深，黨
的組織愈趨鬆懈，而完全同化於眼前的社會。本報之所以一再根據
事實，指示國民黨內派別之分，不僅在使民衆了解國民革命之必然的
方向，亦在喚起國民黨諸領袖之注意，對於黨的組織有所整頓。可
惜諸君對此重要並不能了解！吾人今敢明白答覆諸君：諸君祇知否
認派別的態度，實際卽不曾包庇遷就反黨的
認派別的態度，實際卻是遮護耳目，任其暗中蹧敗而
不可作為，其結果不僅不是衛護國民黨，反而是破壞國民黨！
至於賡麟伯朝是否為國民黨黨員，這個問題我們認為對於國民黨
和本報都沒有什麼重要：第一四為掛名或冒稱國民黨黨籍者自來沒有

什麼嚴格的取締，遠如趙秉鈞倡張敬堯溫世霖等之自稱或被稱為國
民黨黨員不消說，近如孫中山赴奉之最大成績為張作霖父子之可能
逐共產派且宣傳出黨彼等省有加入國民黨之可能（見商報本月十八日廣州通
信），那末不久張作霖父子或者也要自稱或被稱為民黨鉅子了；第二

是乎由盧永祥打出來的正義，如今便跑到北京國務院去了！
然而在右派一方，對於北京政變則另有高見，政變消息初傳到
的時候，在上海的張繼等紛紛兼程北上，廣州的市黨都則燃炮慶祝，
大家都以為曹吳已倒，國民黨菜已成功，此行祇袈入京取得位置，於
國民黨中有右派之分，其右派是傾向反革命的，事實使我們不能
否認。我們不必將一切事實都搬來作此文之佐證，更不必提到那些
令人十分氣憤的罪惡（慘殺黃仁及李福林助商團殺工農二案）；因為此
文之要旨不在指責右派可悲之行為，也不在替本報作辯護，證明他並
不是「強分」派別，藉以『挑撥』『中傷』；此文要旨還在貢獻國民黨中央

國民黨肅清內部的工作若永無實現之日，貴黨的榮辱決不係於多一陳廉伯或少一陳廉伯，因為反革命的右派領袖十有九個都是現在和將來的陳廉伯，現在貴黨以內如陳廉伯其人者還多得很呢！單舉一個例子來看，現在北京以老民黨資格招搖的馮自由與陳廉伯有什麼高下？陳廉伯不過祕密的在廣東暗通帝國主義以圖推翻中山在粤的地位，馮自由則公開的跑到北京向帝國主義及外交團告發中山與蘇俄的關係（北京順天時報八月八日截馮自由對日本記者談話，略謂蘇俄月助民黨二萬五千，軍官學校二萬五千，已共交二十五萬云云）企圖推翻中山在全國的地位，以故近來北京東交民巷及外國報紙廣布中山與蘇俄訂約赤化中國的謠言（見本月以來北京東方時報順天時報及其他外國報）。日法英美且協議通牒攝閣保證條約神聖，以抵制中山北上的宣言。然則可見一個陳廉伯是否在國民黨以內的問題實在沒有什麼重要，惟有衆多的陳廉伯之右派永久存在貴黨以內才真是重要的呢！

總歸一句：本報對於這個問題雖極其希望所聞非其真所紀載一如貴會來函之所更正其實非事實，但同時應為中國革命及國民黨前途計，更希望貴會注意其重且大者，勿縱容衆多的陳廉伯（右派）得長存於貴黨以內，繼續破壞國民革命，排斥幷仇視真正的革命份子而令國民冷心！

現在請進而答復貴會警告本報的第二函。本報第八十七期「廣州反革命之再起」一文，其要旨在批評十月十日政府軍警協同商團壓迫工人之一點，所引新申報時報申報之各專電，着眼只在李福林軍隊怎樣協同商團軍壓迫工人及慘殺後福軍怎樣逮捕工人百餘名之多，至於『與商團衝突開槍互擊』等語不過為該各專電中連帶之字句，而不為該文批評之對象。今貴會對於該文批評之對象（即李福林軍隊協同商團壓迫工人）一無申辯，獨藏所引上列各報專電中連帶之『與商團衝突開槍互擊』等連帶字句，巧指本報同人之『捏造事實』，『冤誣工人』，『助商團為虐』，這樣巧為反噬的滑稽藝術，一經質諸衆之前，謂不

啞然失笑，其可得乎？　至於雙十慘劇之實況徒手游行隊之無故被商團迎頭痛擊一層，本報於八十九期廣州通信欄及來件照登欄中：業已詳盡無遺，貴會諸君諒早寓目，現在本報不妨以上項登載之有關於辯證者轉質於貴會諸君：『……被捕的工農團軍當晚有一百四十五人，先被商團軍施以毒打，及移交福軍又過痛擊，然後縛至河南解途福軍本部……以重數十斤的鐵鍊連鎖兩人頭上……』這是廣州三十個團體告全國國民（見本報八十九期）的敘述，足以與本報八十七期「民黨反革命之再起」一文中所引上海各報之專電及其批評之對象相證，貴會對於此層曷不申辯而否認之乎？

復次便是本報八十五期以至八十八期關於廣州政府及留守廣州者對於商團態度之批評。這類批評本報同人一以革命的忠誠耿直之態度出之，不意忠言逆耳，再則曰捏造中傷，而所謂捏造中傷者即係本報之函，一則曰捏造事實，竟以此獲罪於貴會諸君。其實這種批評不僅沒有絲毫惡意，而且非常忠實近情。貴會認指本報以上各期中批評廣州政府『姑息態度之失策』以及『廣州政府若早日採取斷然手段解散商團，其犧牲與損失決不若今日之巨大可怖』。其實這種批評不是姑息麼？胡省長的佈告亦自承為『不

惜委曲遷就』。貴會認姑息態度是不是失策麼？胡省長本來不過是幾個買辦商團本來不過是幾個買辦包辦的紙老虎，起初並無若干商人羣衆的後援，若早採斷然庭證，犧牲的不過是幾個買辦，解散也用不着要開火打戰；惟其政府委曲遷就，坐令反革命的宣傳一天發展一天，商人階級的聯帶煽勁一天擴大一天，殆至不能並立之聲勢既成然後才不得下手，所以演出十月十五日之慘劇，然而被其犧牲者究不是買辦而是小商人與一般無辜之市民。此而謂為得計諒言失策，誠非本報同人之所能理解。

至若不滿於本報對於乘機焚劫的軍隊之攻擊，謂為放過商團而完全歸獄於政

府軍，殊不知革命政府有反革命商團之責任，本報抨擊焚掠軍隊，希望革命政府有以嚴重懲處之，正所以聲重革命政府的責任，挽回已失之民心；至於商團故意縱火嫁禍工人之罪惡…本報八十九期又已揭載無遺，何得謂之「惟一意搶拾與政府不利之材料…其爲一種陰謀毒計了無疑問」？至貴會申明政府對於焚掠軍隊已執法處分一節，本報當然代表廣州市民認爲滿意；但有要轉問的，不知李福林范石生之軍隊亦在執法處分之列否？

來函大意，回敬已畢；臨了本報與貴會素無若何關係，貴會並非本報上級機關，本報言論方針，自有權限，絕不容貴會之干涉，貴會欲在貴黨以內執行任何手段，便執行任何手段，自是貴會所有之權限，亦與本報絕不相涉；至來函威嚇無禮謾罵誣攝慢罵之失態，同人不敏，恕不裁答！

伍豪

最近二三月廣州政象之概觀（十月三十日廣州通信）

一，廣束政府

我們從廣束政府的實際工作上看出廣束政府是在受南方軍閥挾持，向帝國主義英吉利，洋行買辦及一切反革命派常常表示退讓，並且時時有壓迫工人農民解放運動的事實出現。在這些南方軍閥中要以滇軍爲最驕橫，李福林等的軍隊次之；他們駐紮的地方多是廣束富庶之區，而滇軍各首領每年匯回雲南款項據銀行人說常不下千萬。對於束江戰爭，驅湘軍爲前鋒，勝則歸功於已，敗則卸過他人。北伐事起，陽示贊成，陰則藉口陳炯明謀圖反攻，按兵不動，好保持他們已佔有的富庶防地。孫中山以大元帥名義於勸身北伐時下令廢除一切苛捐，而餉源在握的各軍長不但不能遵令取消，且更藉北代巧立名目加抽各種捐稅。政府號令不得他們同意，雖令亦不能行。反之，他亦莫不如是。

滇軍軍閥如是，粵軍桂軍湘軍等軍閥李福林等的威迫前此已曾因被追允還械，五千枝槍械乃於雙十節早晨由黃浦運回廣州發還商團。商團看出政府軟弱畏怯的破綻，當日便擺出買辦階級帝國主義軍閥合用的工具之氣勢，向徒手的市民巡行隊肆行屠殺，尤其加倍地屠殺巡行隊中的工人農民和革命的軍官學生。趁火打刧的禍軍，——政府的軍隊，亦復加入搶殘，爲屠殺後四日中的廣州狀況完全是一商團和軍閥橫行的反動局勢。

中山這種敢爲的勇氣，入國民黨左派是極力贊助的，祇惜包圍中他的大都皆是些不革命的右派和機會主義者，因之中山激底的主張途常被他們阻撓，不得遂行其志。於是五十萬的敲捐，終於由大本營秘書廳以領槍一支繳洋五十元的繳納方式發表。槍械緩發范石生藉口陳國主義和陳炯明愈意迫愈緊，第二次罷市的通牒遂於雙十節前一日發出•政府在此時本已退至無可再退之境，然因不敢反抗

並且商團代表罵了政府後，愈罵愈起勁，外而勾結英國帝國主義，而利用范石生李朗如爲他們保鏢以實現商人政府的局勢亦愈迫愈緊，而范石生自己所要敲詐的槍械，亦終於聽他強索而去。

他們的主張雖達政府號令，政府亦必須屈從，例如扣械事件的鬧停；粵市民巡行隊肆行屠殺，結果因市民巡行隊的鬧停；粵軍官學生。

中山知被賣後，氣憤不過，但他的左右卻竭力慫恿他忍氣吞聲地所欲爲。

中山在表面上是接受了遜個懲逼，然而心實是快要被陳炯明和買辦階級受著英國帝國主義指揮而合作的商人政府奪取去了，再不進攻只有滅亡，但他們卻又沒有勇氣去圖進攻。

傳令緩發，范石生藉故索槍，想從中漁利，中山亦曾令將介石扣留不接受范慶等私定和約。

未甘。

故五十萬的敲捐，中山會宣言不要，百餘噸槍械，中山減次接受了遜個懲逼，然而心實局勢。在這時候，國民黨右中兩派決心。總

而革命的左派，領着革命的工農羣衆受着極大的摧殘和壓迫卻萬分忍耐不住了；他們主張立刻以少數的可靠的革命軍力與一切反革命的商團和買辦下總攻取，以決最後的勝敗。

較從前為反動，國民革命亦將在廣東完全破產，工農階級的解放運動更令被摧殘到底。

廣州政府密協自私完全違背黨的宣言及他的意思做事，故在愼怒中會有否認非革命的廣州政府之決定。

危險和槍械與其存商團手中莫如收為己有的安當，唯利是圖的李福林亦看出趁火打劫之利較受商團擁戴的為可靠而切實，於是陳勢中便立地加增了兩派劊子手。

河南歸福軍駐防的分配，授滇軍軍閥以廣州的實惆，西村歸廖軍駐防，號令國軍閥歛錢之路，以廣州新舊城歸范軍駐防，後任軍閥自繳商團槍械之不足，猶復以每枝槍外再邀百元軍餉的敲捐，甚至於乘機搶劫，廣州政府和革命委員會何統都無法禁止的，不過事

十分地企圖與市民中上層人物安協而忘掉市民中下層的工農階級與小商人的眞正痛苦和正在受着反革命壓迫的情況。

軍閥特別是范石生（范……的幕下有右派人爲……一切）的指揮下了。

二，反對帝國主義　這樣的廣州政府我們本不應因爲中山發表了勢力反抗帝國主義的宣言，而忽略他們怠工和退讓的實際情況，然而帝國主義推翻的。

聲號卻常常因此受了袋蔻。　說起中山所以發表反對帝國主義特別是

反，英國帝國主義宣言的緣故　要莫是在中山看了帝國主義列强質與中國國民革命不兩雨立：白鵝潭卅十六隻外艦示威既已開其端，沙面苛例發表後各國領非態度更是目無廣州政府，及至英倫亜因第一次罷市而下威嚇的哀的美敦書，帝國主義的强橫態度及表現得十分露骨。

儘管中山發表那樣堅決的宣言使廣州反帝國主義的那樣高，辦商人所擁護的孫逸林爲市長，決定退逐英國帝國主義工具商團，凡此種種便

然而事實上廣州政府卻伴着那萜宜言取消英國帝國主義走狗二陳的通緝令，並發還其家庭，任商落李朗如爲公安局長；任買

然而英國帝國主義總大的讓步。　撥助陳炯明援助買辦階級和商團以建設是向英國帝國主義的陰謀！

簡直是向英國帝國主義的陰謀！

不意進攻商團的戰爭一開，眼覺停止推翻中山政府的敵意之筆。　這是香港政府待意之筆。

他指揮下的商人政府，這是香港政府待意之筆。

了，但四鄉與商團同性質的民團仍在；縱然二陳及商團代表一時逃走了，但四鄉與商團同性質的民團仍在；縱然陳炯明一時未能打入廣州，但帝國主義可利用的軍閥，原不祇是陳炯明一派。

僅足以助長他的宣言。　軍閥與買辦階級之聲勢，且直囘應到九月初中山反對帝國主義反對工黨政府的宣言。

英國帝國主義向廣東進攻愈甚，廣東反革命與革命的陣勢自也分化愈亟。

不革命的右派國民黨在其經濟地位上說，在其個人利害上說，他們是永不肯反對帝國主義的。　但革命的左派卻看得非常明顯，廣東政府若不肯向帝國主義進攻，終久會被英國帝國主義推翻的。

故他們主張與帝國主義決裂非常堅決。　在中山

對於海關問題，也是主張以力取之，祇是見困於妥協派和右派的不革命空氣，恐終難見諸實行。

三、反對軍閥　至於反對軍閥更是國民黨所至難措辭的問題。明知奉張浙盧便是勝了，也未必有利於中山，更不會有利於革命派。但終因直系聯合的口號宣傳許久，機會主義的色彩捨不得除去，故於江浙戰事方起，便大倡宣傳，以謀響應。實則北伐之無望，與北伐之難能在中山看得極其明瞭，故以發表之北伐宣言，明明白白說出希望吳曹吳倒後，不再有軍閥政治出現，此次倒軍閥，實際上便是倒帝國主域。依此以例今日北方各軍閥推倒曹吳後，國民黨然只有發揮根本剷除軍閥制度及帝國主義的精神，左派一本中山宣言，如是主張。但熱中的右派和機會主義者的，卻已離了革命的立場認為千載一時之機，想從軍閥的分贓會議中得到革命的代價。

所以現在國民黨中的投機空氣，幾乎又與『革命功成，革命黨消』的民國元年相彷彿。我們退一步言，將來軍閥和帝國主義暗中主宰的老會議，中山亦可加入發言，看看他們究覺的勾當，然這種加入的目的革命。

的必應是為革命做宣傳，是要在他們的會場上提出國民黨反對國民主義的政綱，以鼓動全國人民之革命工作，以暴露軍閥與帝國主義之假面具，次不如投機派之所謂合作。是要乘機分得一份政權而與一邱之貉的軍閥及帝國主義者之合作。

四，結論　我們從上述的廣東政治現象中，很明顯地看出：國民黨右派是永不革命的，是永遠希望和軍閥帝國主義勾結的，而真正的革命祇有左派，祇有工農學生羣衆。

假使國民黨要使他的宣言完全實施起來，中派分子必須打破他們妥協的心理，斷然離開不革命的右派，聽中山指揮與革命的左派聯成一氣，實行國民革命。祇有這樣，國民黨才能得到革命的右派，聽中山指揮與革命的左派聯成一氣，實行國民革命。祇有這樣，國民黨才能免除不革命的恥辱和妥協的色彩。祇有這樣，國民黨才能將廣東收府從軍閥扶持中解放出來。因此我們希望達而革命的國民黨人都要認定國民黨當前急務是『蕭清內部』，界限便是革命與

若　愚

吳佩孚鐵蹄下之湖北（漢口通信）

自馮玉祥對於曹吳倒戈相向後，勾結英美帝國主義禍國殃民的吳佩孚軍閥，在北方幾無立足之餘地。於是為吳氏飼械來源地的湖北，遂為舉國注意之點，茲將在漢見聞所及的，為讀者報告數點。

（一）吳佩在鄂之兇燄。吳佩孚當起走王占元的時候，為和綏鄂候。意極活勤，蓋欲藉保境安民四字，來維持他現在的地位。可是張國溶便不答應，非派兵北上大張撻伐不可！蕭氏勢逼之下，便召集了一個軍官會議，不料各軍官都懾於威權之下，惟二十五師師長陳嘉謨說了兩句『惟命是從，不知其他』的話，此外便是張國溶主張遵照吳氏敬電，即令寇張兩旅北氏伐，蕭亦唯唯聽命，要秘書起草通電；──即徑電──一面遣調軍隊，同時又在督署內組織了

人治鄂的空氣起見，就派蕭耀南來做湖北的督軍，以為他的軍餉軍火，易受包圍，又加派張予取予求的地點。嗣後吳氏見蕭氏蠢如豕鹿，務在使湖北人民永遠在吳大軍閥箝制之中，好推廣其淫威！及於全國！此是前事，暫且按下。

北京事變發生後，憤以安桂蹂躪為生的湖北各法團，遂乘機蜂起

四面包圍蕭氏，欲其宣告中立。蕭本庸懦，又因撥湘援粵援川援蘇等役，湖北無役不與，鬧得民窮財盡，政府負債纍纍，如吳出兵討鄂，則非大宗餉械不可，一時大概不易籌出，所以當各法團要求的時國溶主張遵照吳氏敬電，即令寇張兩旅北氏伐，蕭亦唯唯聽命，要秘書起草通電；──即徑電──一面遣調軍隊，同時又在督署內組織了

一個軍事處，處長便是張國溶，現在軍事大權，完全由吳佩孚心腹之張國溶王連璈等包攬，其中尚有一主謀的，即是孫丹林。蕭耀南現之行動，極不一由，即見客時，張等亦派員偵探偷聽。湖北人稱之爲湖北新華宮之總統。此外如主張中立活動較激之議員，差不多都有密探尾隨。當吳大軍閥全盛時，虎踞洛陽，八面威風，令人膽揚，壓倒湖北之現在當吳氏倒運之際，其魔犬爪牙，尚且能威風八面，

三千五百萬人民，吳大軍閥之兒孫，直系下之湖北小軍閥，決定援吳後，即籌

（二）援吳之軍事行動　直系下之湖北小軍閥，決定援吳後，即籌實勳員令，所說係以陳嘉謨爲鄂軍援京總司令，盧金山爲副司令，寇英傑爲前敵指揮。現在寇英傑部已進到鄭州，孫建業部已進到信陽，陳嘉謨部之五十旅已調集在蒲圻，四十九旅也調集在武昌左右旗，刻正置配軍需及行營一切用品。聞陳氏攜帶子彈二百箱，砲彈壹千，已向京漢路局訂車十一列。限三十二小時運清。　真是旌旗遍野地方，已經發生軍隊槍刼裝了。

（三）軍餉之籌措　湖北財政，連年被吳佩孚搾取，早已破產。近來東南東北軍與，鄂省報效之軍餉，幾及千萬，除行政費教育費都被提去了以外，煙酒均一律加稅，甚而至於漢口碼頭之挑夫，每人每張挑夫證。　亦要取稅，其搜刮剝削之方，幾無微不至！湖北人民算是精枯髓竭了！　偏偏他們又碰了馮玉祥軍閥的倒戈事件，於是他們又要擔任軍費了，蕭耀南現在籌餉的方法：

（a）發行省金庫券。　財政廳擬發行之省金庫券，本應十　年一月發行，方符法律手續，現在打伙在卽，可管不得法律手續不法律手續了！　發行了再說。　發行方法：大縣五萬元，中縣三萬元，小縣一萬元。；武昌商會，漢口商會，宜昌商會，武穴商會等，多則數十萬元。　少亦數萬元。　聽說武穴商會最少也派了六萬元！再漢口銀行團武昌各紡織公司，都派得有。漢口銀行團是六十萬元

各公司數目不等，有數萬元的。　有十餘萬元的。

（b）提取官鑛盈餘　象鼻山的官鑛，爲湖北官鑛基本，所營的利：本定是作爲收回官票之用，原來是不能撥提的；可是蕭耀南已經飭令官鑛署：提取盈餘二十萬；以充戰費了！

（c）預征錢糧。　軍署軍事會議議決，令財政廳預征十四十五兩年地丁，以資挹注。已決定令財政廳轉飭各縣知事；限期征解，不得坐誤軍機！　真是上憲雷厲風行，小民欲泣流涕啊！

（d）借款　蕭耀南決定出兵後，即向漢口銀行團要借八十萬元，商會六十萬元，商會以自戰事發生以來，商業無形停頓。　所受損失甚巨，無力擔任，只認擔任三十萬元。　此外又決以漢口征收局，及某某等八局，作爲借款二百萬元；也已開始向銀行團接洽了。

（四）武漢的現狀　武漢現狀，已在混亂中，軍隊尤爲騷擾，橋口武昌之兵士，看見女學生，即尾隨調笑；至於軍隊拉車，尤爲兇猛，因之武昌居民，大起恐慌，均紛紛搬往漢口，武昌城門，下午六時即行關閉，現在武昌實行戒嚴。　本來軍器對於武昌，只令無形戒嚴，後來因爲各高級機關，各要人，都將黃白細軟，子女妻妾，都渡江安置在日英法各租界去了，一般人民看見了，以爲如果不到緊急的時候，各要人決不肯故意張皇，所以諸言愈多，官廳沒有法子制止，途宣布特別戒嚴，軍警都到旅館中去巡查，倒篋翻箱，無所不至，大街上午十時即不許行人往來，就是居民，也要他閉門，商店也要他停止營業！漢口也在無形戒嚴中，近來將闔寧的時候，又得了一個消息，說是佩孚不日要到湖北，來集合各軍北上，去和馮玉祥拼一個你死我活，以湖北爲根據地。　這個消息確否還不知道，如果是真的，則湖北還不知道要鬧到什麼地步！到底如何，且待下次再說。

湖北人民要痛苦得什麼模樣！

十一月四日

來件照登

嚮導週報主筆先生大鑒 謹啓者敝會閱 貴報第八十九期刊登有「北京政變與投機無恥的公園之請求」一文內容所云『……工界救國同志會也居然附和帝國主義勾結軍閥…』，敝會不勝駭異。敝會自於民八五四運動時，由華商電車全體工友，組織成立抵制劣貨，內有合作社，成績頗佳，未及一年之久橫遭法蘭西帝國主義和洋教奴，陸伯鴻周銘初陸仲麟等武力解散。萬惡資本家用強橫不法的專制手段歷追欺凌我們這班貧苦工人，斥革四五十工友從此禁閉在黑暗地獄之中，這是何等可憤可痛阿！ 現在我們華商電車工會不能組織成立權將敝會恢復。上月二十六日申報登載上海各工團執行委員會發表通電列有敝會名義。實則敝會毫未與聞此事。請 貴報主筆先生代為更正為荷！ 敝會對於反革命一律拒絕。 敝會主張對外打倒一切國際帝國主義，對內打倒國內一切國賊軍閥和一切反革命，推翻萬惡資產階級，解放無產階級和農民，達到人類的眞正的自由平等此頌

著安

工界救國同志會

一九二四·一一·六

本報啓事

本報自近數月以來，承海內外讀者，踴躍訂閱，銷數大增；茲為優待愛護諸君起見，除將第一期至五十期彙刊之版翻印廉價發行（預約每冊只收大洋一元）外，特自九十二期起，重新規定最廉價目，請讀者注意。

The Guide Weekly

嚮 導 週報

第九十三期

—— 零售每份銅元四枚 ——

（中華郵務管理局特准掛號認為新聞紙類）

國內代款概作九五折

一九二四年十二月三日

訂閱：國內一元足寄六十期·國外一元足寄三十五期·郵費在內

代派：每份大洋二分·國內以百份五折·國外以百份四折·寄費在內·十期清算一次

每星期三出版　發行通信處

北京大學第一院發收　上海英租界界上大學楊志明于潯縣卿

分售處

香港 上海 巴里 重慶 武昌

萃文書局 丁卜書報印社 民智書局 上海時事新報社 共進中學社

分售處

太原曉華書社 長沙文化書社 濟南青年書社 杭州古今圖書店 南昌新亞書局 蕪湖明星書局 南通翰墨林書店 開封文化書社 福州工學社 成都端民報洗通店

國民會議及其預備會議

獨秀

我們為什麼贊成國民會議？　第一，因為這個會議無論將來成功或失敗，眼前便給我們以民眾的政治活動之機會；第二，將來成功固佳，即失敗也能夠給一部分人以革命需要的教訓。

我們為什麼并且贊成國民黨所主張的預備會議？　這是因為國民會議比較的形式嚴重些，決非三數月甚至半年所能正式開會，在此半年中，帝國主義與軍閥相互勾結暗鬥明攻所加於中國之損失與危機，無法過制；所以我們不但贊成國民黨所主張的預備會議，并且看清此會議罷是議政機關還不夠，應該同時是執政機關，主張即以此人民團體選出的預備會議執行臨時政府之職權，以期中國政權即由攝政內閣奉還於人民。

今不幸段祺瑞懷抱『北洋正統』的復觀念，竟不待預備會議之召集，硬以軍人摧戴入京自為執政，自己頒布臨時政府制，以延軍閥政府將墜之生命，亦應殷屬的信其他為上石集及全國各階級的民眾，即令能容忍段祺瑞這種專斷的事實，由人民團體選出的預備會議。國民黨領袖們毫無法律根據的臨時執政政府延長一日，即為中國加增災難一日。

在外交上說起來，往事且不提，軍閥政治的根性是必然要喪權誤國的，何況段祺瑞在戰爭中所受外力的援助及最近對外的表示，他的執政政府延長期中；所謂戰爭中損害賠償，所謂金佛案，所謂無線電台合同，所謂保障外人已得權利，甚至於所謂參戰借款轉期案，都會為了執政之承認和東交民巷公平交易。

在內政上說起來，如果是革命的苟迮遂，吾人自然沒有理由繩之以法，至於反動的苟迮遂，每釀成政治上極大的擾亂；吾人應許拘泥成法（指民國臨時約法）等獨彼善於此。段氏對外態度之妥協，對內破壞攝政內閣幸強人意之設施——修改優待條件及監視清帝，壓迫反曹之國民軍，恢復安福系交通系之政權，沒有一件事能夠表示絲毫革命態度，所謂『徹底改革』，所謂『更始為宜』，只是毀法以便私圖之飾詞。這種非革命的毀法，不但無與於政治的革新，且足以使反對派假護法（指民國約法）以爭政之機會，造成將來的亂源。

欲救此對外對內之危機，只有一途：速開國民會議之預備會議，執行臨時國民政府的職權，國民會議由他召集，他的主席團就是此臨時政府處理各部行政的首長。現在的臨時執政奉還政權於人民，即以此由人民團體選出的預備會議

△中國共產黨對時局主張的解釋

述之

在「中國共產黨對於時局之主張」（見本報九十二期）這篇宣言裏，我們應該注意三個要點：（一）依中國共產黨分析中國現時政局之實際情形的結果，是帝國主義侵掠中國已到了第三時期，就是一方面英日帝國主義有實行分裂中國之傾向，他方面美國帝國主義又有施行道威斯計裝共管中國之陰謀。（二）在這樣的政治局面之下，要挽救迫在目前的危機，中國共產黨贊成國民黨其所號召之國民會議之先，并望國民黨急速地召集其所主張之國民會議，正式政府未成立之時，該預備會當爲臨時國民政府，與執行一切臨時政權，號令全國之唯一機關。（三）中國共產黨，并代表被壓迫的民衆向將來的臨時國民政府和國民會議提出幾個最低限度的和具體的要求。

在第一點純粹是客觀的政治情形之分析，我們沒有特別解釋之必要，可是被壓迫的國民須得特別注意，現時在北方段張背後之日本帝國主義，和在中部直派勢力背後之英國帝國主義，確實有想就現時勢，各扶植各方的軍閥勢力，以爲分裂中國的根據之野心，同時美帝國主義因想實現其所提倡之有道威斯計管中國之道威計畫。我們須明白，無論分裂或共管，這都是帝國主義侵掠中國之最新式的最毒辣的政策，是我們應絕對起來反對的，應絕對起來圖謀對付的。

在第二點，我們須得解釋幾句。

據中國共產黨素來之根本主張，是天津督軍團會議之變相，要真解決中國問題，只有實行澈底的國民革命，就是根本消滅一切中國共產黨所主張之預備會，帝國主義和一切軍閥，建設革命的國民政府，此外絕無他道。

不過拿什麼各省軍民長官會議來代替此會

在目前國民革命的預備工作還很不充分，澈底的國民革命在目前實際上尚不可能，同時最反動的直派軍閥受了一個大打擊，而反直派的軍閥暫時又想裝點假門面，賣好於國民，他方面各帝國主義的政策又在互相衝突，互相抵抗之中。（如英日之衝突，及英日與美所持態度）

在此種情形之下，頗有召集國民黨所號召之國民會議之可能；是在這樣的號召所能成功，必須有一個具體的方法。就是在中國現在這樣的狀況之下，要怎樣才能產生眞正的國民會議，要怎樣才能使眞正的國民會議得參加國民會議，要怎樣才能使國民會議不至變成軍閥的或帝國主義的御用會議，討論瓜分或共管中國的會議。

因此中國共產黨贊成國民黨所號召之國民會議，可是只能贊成國民黨所號召之國民會議。此須特別注意者一。要想召集眞正的國民會議，絕不是空空洞洞的

對於這一點是非常重要的。

因此中國共產黨極希望國民黨急速召集其所主張之國民會議以爲將來國民會議之工具。可是預備會議的代表絕對須由各階級的眞正的民衆團體選出，至於要什麼團體才有選舉代表資格之標準，大約以國民黨對時局宣言所提出之九種團體稍加增酌爲斷，總之，須使預備會成爲眞正的民衆團體的代表會議：絕不能使成爲軍閥們的什麼軍民長官會議。如果預備會成了軍閥們的軍民長官會議，那就是袁世凱之「籌安會」第二，或者成了天津督軍團會議之變相，那時還有產生國民會議之可能嗎？所以中國共產黨雖贊成國民黨所主張之預備會，却同時又極力「反對軍閥的國民會議預備會

，要真解決中國問題，只有根本消滅一切帝國主義和一切軍閥，建設革命的國民政府，此外絕無他道。

不過拿什麼各省軍民長官會議來代替此會」，——假冒的國民會議預備會

。現在大家須注意，尤共國民黨應注意，段祺瑞已擬召集各省軍民長官的善後會議，由善後會議製定國民會議組織法，并已命許世英為其籌備委員，這是段祺瑞想以軍民長官會議來代替國民黨孫中山所主張之國民會議預備會的陰謀，這完全是第二個籌安會，還完全是段祺瑞想製造一個御用的會議，再由這個御用會議，產生一個更大的御用會議，掛一塊國民會議的招牌，再命令那些御用會議的御員舉他作「正式」總統的一種陰謀，這與袁世凱造成籌安會選舉他作皇帝，曹錕造成憲法賄猪仔選舉為總統完全是一樣的老把戲，照這樣下去，無論國民會議，將來中國的政局且要紛亂千百倍，此須特別注意者二。

在國民會議，執行一切政權，現在之什麼臨時執政政府（所謂現在之什麼臨時執政政府，即是段祺瑞安福部的狄克推多，這一層只看段所發表的內閣員名單就很明顯）當立即取消，不然，那時雖有預備會，在段祺瑞，老賣國的安福部的狄克推多之下，絕不能行使其真正代表民意的職權，結果必然難免蹈民國六年國會被解散之覆轍。所以中國共產黨主張：「……擁護此預備會，在正式政府未成立以前，即為臨時國民政府——號令全國的唯一政府。此須特別注意者三。

第三點更為重要。

迫民衆的信仰，才能解決中國問題。我們可以斷定臨時國民政府，和國民政府和國民會議能夠採約。

在那十三條要求裏，每一條都是非常實際的，非常具體的，是人民感覺非如此不可的。如第一條之廢除不平等條約，收回關稅，這是誰也知道的，是絕對非如此不可的。如果這一條不辦到，中國的經濟永無發展之可能，中國將永遠是殖民地，中國人民將永遠是帝國主義的奴隸，絕無翻身之一日。第二條之廢止治安警察條例，罷工刑律，保障人民集會結社出版言論的自由權。這種對內政治上的解放，與以上對外的解放同一重要，如果此條不作到，人民終無發表政治主張之餘地，國家將永為軍閥官僚壓迫人民殘殺人民之工具，什麼國民政府，國民會議絕對是空話，這也是非常明顯的。第三與第四條是廢督裁兵之具體方案，第十條是整理中國財政之根本辦法。其餘各條，都是一般被壓迫的民衆所極需要的。

尤是中國被壓迫的各種階級和各種民衆，去圖謀實現國民會議，快起來按照十三條國共產黨所指示的途徑，去圖謀實現自己的要求，尤其是代表一切民衆的國民黨在此時更應站在民衆要求上去召集國民會議，須極力防止段祺瑞老買國賊，日本帝國主義的老走狗之陰謀。我們尤學中山先生須堅持自己之主張，絕不要上段祺瑞之鬼當。可是同時我們希望中山先生和一般被壓迫的羣衆應該明白，要想真正解決中國問題，要想真正救出中國國民於帝國主義與軍閥雙重壓迫之下，始終祇有徹底的國民革命，根本消滅一切帝國主義與一切軍閥的國民革命。對於此時之國民會議，國民會議預備會，固然我們應盡人為所能盡之力量去促成牠們去參加牠們，可是能否得到最後勝利，這完全是疑問，所以我

須知中國此時的民衆無論在經濟上，政治上都完全成了帝國主義和軍閥的奴隸，民衆此時所需要的絕不是空洞的國民會議的名號，而是實際上的需要，是日常生活上之經濟的和政治的壓迫之解放。所以中國共產黨之贊成臨時國民政府，贊成召集國民會議，絕不是籠統地希望成立一個什麼國民政府和國民會議就算了事；牠是站在被壓迫民衆的觀點上，牠贊成臨時國民政府，牠贊成召集國民會議：為的就是要使臨時國民政府和國民會議能實現被壓迫階級被壓迫民衆之實在要求，——至少是最低限度的要求。因此中國共產黨提出十三條最低限度的和具體的要求出來，望將來的臨時國

們對於此次的國民會議應採一種革命的實驗態度，不應有過分之希求，後的勝利。

，我們應時時刻刻準備我們國民革命者之最後的行動，那才能得到最

北京政變後帝國主義最近進攻之新形勢　　述之

自北京政變以來，日本帝國主義賴段張的得勢，造成了北方的特

別勢力範圍；同時英國帝國主義又極力保持直派在長江方面之原有地

盤，以之與北方的段張政府對抗形成了英國的特殊勢力圈。在另一

方面，美法等帝國主義還沒有確定的地盤，而站在英日兩帝國主義的

對抗之外。在此種狀況之下，因此帝國主義對中國最近有了一種新

的進攻形式。

現在我們知道日本帝國主義是最得意的時期，因此，日本帝國主

義此時對中國採取一種保持勝別的態度，大倡所謂「不干涉主義」，而

陰謀借款與段祺瑞政府（見芳澤的談話），維持段祺瑞政府之存在與鞏

固，的徐圖實現牠從前與段氏所訂之種種收買中國的條約。在英國

帝國主義方面，因其唯一的代辦曹吳在北方失勢，自感不快，然而在

長江方面的勢力依然存在，所以牠目前亦祇在怎樣維持長江方面的地

盤，也沒有什麼特別進攻的表示。

因此法國帝國主義就毫不客氣地公然發難，聯合進

各帝國主義，藉承認段祺瑞政府爲條件，想強迫段祺瑞承認帝國主義

在中國之一切條約（中山先生所謂奴隸的賣身契約）爲有效，換言之就

是完全承認金佛郎案和法國在中東路之權力。我們試看巴黎二十八

日中美電：『巴黎記事日報今日聲稱，北京方面列強代表將開會議，

討論承認中國新政府問題一節，確係事實；已有若干國答覆法國提議

，認爲有此種會議之必要。法國之提議，係欲取得中國各項之允諾

及担保，但所要求之件竟屬何項，不無困難發生，法國方面則，重於

中東路之權利，及用金佛郎價還庚子賠款兩事。英美二國則側重於

條約權利之保障，日本則堅持對華不取干涉主義……」在這裏很明顯

美國帝國主義在中國因爲沒有確定的勢力圈，向來就主張共管政

策，在江浙戰爭開始時卽大倡其所謂以道威斯計畫解決中國問題。

自北京政變之後，牠看英日的勢力範圍更加確定，於是更忍不住了。

請看左列商報所載的。

『廿四日，京訊云：外交界消息，駐法公使陳籙致電外部，電之

內容，係報告美，法，日，比四國駐英大使，英政府外交當局，對於

中國時局，在倫敦曾爲非正式之協商，美國對於中國鐵路問題，首先

提出共管之方法。因英美法日比五國，對於中國，皆爲債權國，而

五國投資中國之鐵路爲尤多，如京奉，京漢，滬杭，滬甯，隴

海等路，莫不有彼等鉅額資本，對於各路，且不許運載任何一方之

兵駐紮鐵路站，對於各路，既可藉口於保護各路之債權關係，派

一方拆毀路軌，既可保護各國債權，而中國之內政，卽默移於各債權

國勢力範圍之下。美國提出上項建議後，比法兩國者絕對贊同云。』

美國此種主張共管鐵路政策，就是想實施道威斯計畫之一種入手

方法，地進一步卽將提出整個的道威斯計畫要求列強發助。我們看

紙約十八日路透電就可知道。該電云：『……現財政界已發現一種

報告，略謂對於中國之道威斯計畫，不久卽在中國召集國際會議，提

出討論。同時美國商業界已向美國國務院條陳，謂美國於該會議當

贊成整理中國舊債，不得給予新借款……』總之美國此時唯一的企圖

，就在怎樣使道威斯計畫在中國實現，打破英日之特殊勢力，達到經

清共管的目的。──換言之即以美國銀行資本來統治中國。

我們由上邊可以看出帝國主義最近侵掠中國有兩個新傾向:(一)日,英兩帝國主義有保持地盤,分裂中國的野心,因此近來表面持冷靜態度,而骨子裏陰謀鞏固其勢力,法美因無特定勢力範圍,則欲乘機造成新的局面。──共管局面,因此特別進攻主張干涉中國。

英美與日法帝國主義自江浙戰爭以來,各以其軍械與金錢拼命地造成中國的戰爭,擴大中國的擾亂,無非為的要達到他們侵掠中國的目的。現在戰爭剛剛已停息,於是帝國主義新的進攻又來了!國人們!無論帝國主義分裂中國或共管中國,對於中國人民始終是一種新的厄運的到來。我們要免除此種新厄運,目前只有大家起來贊成並且努力反對「中國共產黨對於時面之主張」帝國主義這種新的進攻或不至於完全實現。

段祺瑞來京以前（十一月十九日北京通信）

羅 敬

在最近一星期中,北方的現象是這樣:

一,日本帝國主義勝利事實下之張作霖長驅入關,搶奪地盤,大賞三軍,表面擁戴段祺瑞以俟時機之成熟,並同時預備武裝和平會議,以對付中山之北上。

二,日本帝國主義外交勝利事實下所利用的某督將軍馮玉祥現在已陷於可憐的狀態,在天津無異於受軟禁,自己的地盤還沒有,一手造成的攝閣又被否認,結果只有跪在段祺瑞的膝下以保朝夕;然而狡兔死,走狗烹,前途實不可預料。

三,英國帝國主義維持直系在長江流域的勢力之計畫業已證實,而干涉論調在倫敦華盛頓巴黎之間又漸復活。倫敦十二日中美電所謂「日本對于中國現在時局所持之態度,與列強對華必要之一致之行動,有莫大之關係。」我們把他的真意翻譯出來,就是:日本現在中國之勝利,列強應要注意,應有一致的行動。接着又說:「英國唯一之職務在遇必要時首先提倡列強應採一致之行動,藉以保障在華之權利,此種義務英國不能規避者也。」這幾句的真意很明顯,用不着重譯,直言之,這就是:當初在日本帝國主義勝利事實下不能不妥協,現在却要領袖羣強,根據大英國歷來在華之地位,應「首先提倡列強採一致之行動」了。

張作霖這次的勝利是不用說的,所以長驅入關以後的計劃,便是竭力擴充地盤,這个擴充地盤的最小限度,正如北京順天時報所代為宣布的『至少占得黃河以北』。鎮威軍原先的目的是要一面佔領京津,一面借道滅號,由津浦路南下以取魯。後者見阻於段祺瑞與鄭士琦,只得全力向前者發展;於是大軍集中於滄洲,沿滄石路運營以遶長辛店,更令騎砲兵由楊村進駐以達通州。此種展佈明明為對北京採取大包圍之形勢,而令馮玉祥國民軍儼然不可以終日。他方面亦可說這是髯帥等候孫中山北上特意展陳於善後會議席前之武裝的和平李景林既已取得直隸;張宗昌或督直或督魯,許蘭洲都統熱河;奉軍既完全佔有天津,前此提足先登之馮胡國民軍只得忍痛退去以避衝突。奉軍在天津已是唯一的主人,京奉路完全在握。北京奉軍司令部已打掃舊門庭,張宗昌遲早便來北京。馮玉祥軟禁在津,北京所謂國民軍總司令部已是蛇無頭不能行,攝政內閣中的幾個主角見大事已去,亟欲捨馮而就段,然段固蒙有安福新舊交通系之全副班子豈容馮派之人插足乎?

當張作霖的大軍還未到天津,馮玉祥還未去迎段的時候,北京情形與現在成為兩樣。質言之,那時候的北京情形不免令段祺瑞煩惱

並使帝國主義者焦燥。

所以十一月九日順天時報中有個標題叫做「分成就，而日本帝國主義目下在中國簡單明瞭的政策，就是扶助段強二次政潮漸在醞釀中」，內容是說：「據某方面消息云，馮玉祥剋因趁快成功。故聞段祺瑞近京之期業已內定于逼也不會延過本月二十四日；見機而作，不僅段祺瑞有此聰明，他的主人日本帝國主義更有此聰明。日本滿腹希望段統治中國之局面早日完成，免得別個帝國主義倡言干涉，又參加進來，這是業已表明的事實，現在請看東京十四日電之朝日新聞的社論：『觀於最近列強對華態度，所謂不干涉，以後是否長久繼續，頗屬疑問。勤亂如仍然繼續（即段張作霖並附和之研究系等政黨，此團體帶有過激派的色彩，其一即段祺瑞張作霖並附和之研究系等政黨，此團體帶有較諸前者其主張迥異，蓋擬以保守之主義從事收拾時局云』。順天先行樹立鞏固政府，夫然後彼等熱望阻止列國之干涉，自不期然而同時也是為的要堵阻路透電所謂「英國將引導列強成為先鋒之干涉」；因為坐令英美的干涉策實現，那末日本在這次戰爭與政變中的經營無異是替他人作嫁衣裳。

然則段祺瑞來京以後將成何種局面呢？ 段在津深不滿意於黃閣之舉動，質言之即深不滿意於對待清室之處置及王正廷修訂不平等條約，那末，他（段）來京以後一定大反黃閣之所為，——對外申明遵守條約，對內首先恢復清室優待條件，復次便是一天一天地縮緊北洋正統狄克推多的真面目。 所以最近將來的段政府不僅不是進步的，必然是更反動的，不僅是適合日本帝國主義的工具，而且是適合東交民巷各國使館的工具。 謂余不信，請看他來京以後的舉動。

秦間國民黨首領柴魯爾在埃及議會裏得到大多數而被舉為首相後，埃及政府已宣言獨立反抗英國，英國那時正值工黨執政，雖然工黨亦要視為一個整體，不容分裂底不好意思對埃及用暴力的壓迫政策，及在英國帝國主義統治之下，但是為自己社會主義招牌起見，到保留埃及的英國帝國主義的壓迫政策，因此埃及得以維持對抗英國的視埃及之憲法，其所要求者與暗殺毫無連帶局面。

柴魯爾首相一月前在英國工黨政府搖動時曾跑到英倫去想要求工黨政府允許埃及獨立，但是被工黨政府拒絕了，柴氏知道工黨政府將倒保守黨將執政權將來對于埃及必採武力壓迫政策，所以他回到埃及就宣言：埃及祇有靠他自己的力量，那時他已預備與英國有一種衝突。

因此可見現在的埃及事件決非一件偶然之事，決非因為英國駐埃沙達司令被刺而發生的結果，英司令的刺死不過是一個導火線，給英國行旅高壓政策的藉口罷了。如不信，請看英國軍隊在埃及的行動：他們佔據亞立山大里亞稅關，派大批軍隊駐蘇丹，要求撤退駐蘇丹之埃及軍隊等，雖然埃及政府已允道歉懲凶已交出五十磅恤款府將倒保守黨將執政權將來對于埃及及就宣言：埃及祇有靠他自己的力量

• 這決不能說英國政策祇是為代沙達司令報復。埃及提交國際聯盟，準備着罷！

盟的抗議書，書中聲明：「埃及及英蘇丹為完全獨立國，埃及與蘇丹應及已充道歉懲兇，然英國竟乘機實視為一和平，以圖一逞。英國之行為豈非行其帝國政策，憑藉武力，對於一和平國，傷害埃及農夫之生活，國際聯盟會應為和平無助之國出場干涉」

英國這種行動正如我國山東人民殺死德國兩教士而德國就藉口佔領膠州，同出一轍。英國帝國主義欲對埃及行施其高壓政策何患無詞，即使英司令不死，遲早總有一個機會。

英保守黨執政不過一兩月對埃及已經開始下手，將來次第被禍的印度的自治黨已經表示恐懼英國保守黨政府將取對印嚴厲政策，已積極預備抵禦，前此包爾溫首相發表政見中有「對中國將採更大單獨行動」之語，中國人民對於此語不要漠不關心，英國帝國主義對待埃及舉動便是對待中國之先聲。

同胞們，準備着罷！

帝國主義的「大上海」夢想已在暗地裏進行了

超麟

帝國主義眼看着中國第一商埠——上海——可愛，恨不得一口氣吞下肚子裏。

現在雖然佔領着「十里洋場」作威作福混充起主人翁來的時候，大陸報——帝國主義的喉舌——藉口閘北「富人」要求，諞言甚熾，在中國領土內剝削中國人民的自由，甚而至倡言禁止人民領袖孫中山先生登岸，拘捕歡迎孫中山先生的羣乘，奪取歡迎孫中山先生的旗幟，但帝國主義慾望還未滿足，還要垂涎「十里洋場」以外的上海，做穿過法華鎮直抵虹橋為止，驟然關築馬路四條，無形之中將法華鎮全物的「大上海」夢想，公開地，祕密地推廣牠的「租界」，——或者物鎮隸屬於牠的統治之下。

我們應該遠記得帝國主義屢次的陰謀，假借任何一件外交事故，向貴國的政府大敲其竹槓，要求將閘北圈入租界範圍，或簡直無忌憚地越出「十里洋場」以外，大築馬路，——譬如民國十年法華鎮人民與

我們應該更還記得，當廬，何出走；諉言甚熾的滬上報紙稍有紀載後，到現在竟沒有人提起了。這件事，除在十月二十六日及十一月五日的「惠」我，因而默認，不願反對嗎？豈是戰事期中租界，——這件事早已經本報著論痛詆，而且有一二家上海報紙然而同時發生了一種「強姦的」行為，老質不客氣地在滬西方面，從海格路大西路起，無用其鼓吹與要求，帝國主義竟在滬西方面

部都被「擴段」的空氣所佔領了嗎？我想上海市民不是個個都是「富

人」，也不是個個都想巴結「執政」得點好處，斷不至於忽視了這樣一個帝國主義侵略上海領土的問題。果然，本月二十一日北京各報也發現了一封上海特約通信，提起這個問題的重大，而且告訴我們以一些新的消息，爲上海報紙所未曾紀載的。

綜合起來，這件事的經過，本報可向中國人民報告如下：

帝國主義要從滬西方面進行其「大上海」夢想已不是自今日始。民國十年工部局已經在法華鎮十二圖等處開築大西路。那時就引起了嚴重的交涉，一直到現在還有許多人不肯授受田價。但一旦江浙戰事發生，慾望無底的帝國主義又謀進一步乘機進行其預定的計畫了。

正當風聲鶴淚的那幾天，所謂萬國義勇隊，海軍陸戰隊全數登岸防守「十里洋場」的邊界；英國海軍陸戰隊竟從——不用說是工部局的計畫——滬西法華鎮及沿滬杭鐵道接軌處方面，侵入中國政權所及的地界，竪起英國的海軍旗，裝設軍用電話，斷絕交通；最可惡的就是他們——英國兵——老實將淞滬警察廳的警兵趕走。交涉員當即向領事團交涉，但領事團居然答覆：『少數之處爲防範保衛起見，不能不越過界線』，接着又聲明：『所駐人員爲站崗於工部局所置之地產及馬路上』。——殊不知『工部局所置之地產及馬路』不在「十里洋場」籠罩之內哩。——這是戰時的事。大家這以爲這是暫時的，戰事停止之後，帝國主義的海軍就可撤退。

不意十月二十二日工部局突派千餘工人到法華鎮去開築馬路，而且說要開築多條。於是由越界設防的交涉變成了越界築路的交涉，換言之即由臨時時代守的局面，搖身一變而成了永久佔據的局面。法華鎮全鎮四週悉行圈入租界區域，工部局之內了。而且『又據西人方面消息，謂今次江浙戰事結果，工部局更可獲得自麥根路車站，沿路通至龍華之一帶築路權。該處純粹爲中國地界，西人向無可佔據之理。今一旦獲得築路權，則租界之範圍，益見廣大矣。今已得寸進尺，江浙戰事乃爲工部局造成一實施推廣租界之機會。內戰結果，乃至於此！」（見本月二十一日北京晨報上海特約通訊）。

「內戰結果，乃至於此！」帝國主義的「大上海」夢想已實現其一部分，而且其餘的，也在暗地裏進行了。我們怎麼辦呢？難道打幾個電報給北京外交總長，江蘇省長，特派交涉員，縣知事等就可避免『大上海』的實現嗎？夢想！唯一的辦法祇有不妥協的，流血的國民革命。最近的努力祇有關結而組織起來召集國民會議預備會，提出『收回租界』問題。

本報啓事

（一）本報自近數月以來，承海內外讀者踴躍訂閱，銷數大增，以前售罄之本，現各方索購本報彙刊三版出版者，不訂本報，亦不應有此種要求。準於今年年底彙刊出版。並亦將第一期至五十期彙刊三版出版。內將出第五十一期，最近定於十二月。郵於明年二月底出版。

（二）本報爲廉價發售諸君起見，重新規定本報廉價目如下：零售，每份銅元四枚；訂閱，國內一元寄足六十期。（十期爲一份；二十份以上者，贈閱一本期。）

（三）本報自第九十二期起，特從第九十二期起，重新規定本報廉價目如下：零售，每份銅元四枚；訂閱，國內一元寄足六十期；（十期爲一份；二十份以上者，贈閱四本期；五十份以上者，贈閱一百份以上者，贈閱一百份）。

（四）凡工人團體，農人團體及學生團體，自動定閱本報者，望將地址及郵費寄交本報上海發行通訊處，本報當按期寄上。凡國內外一律優待，顧與本報交換者，請照定價七折，特別優待。

（五）如各團體能自動寄交本報上海發行通訊處，照定價七折，特別優待。凡國內外交換本報者，請照定價七折寄上。

（六）本報歡迎各團體交換，自動交換本報者，照定價七折，寄費在內。特別優待，每份大洋二分，三百份以上者，每份大洋二分。

（七）本報歡迎轉載，但請注明轉錄嚮導字樣。

The Guide Weekly

嚮導週報

第九十四期

分售處

分售處

（中華郵務管理局給掛號認爲新聞紙類
一九二四年十二月十日
郵票代款概作九五折）

太原 晉鄂書社
沙長 文化書社
濟南 齊魯書店
杭州 古今圖書社
濟南 新亞書店
寧波 明星書社
開封 文化書社
阜陽 工學社
成都 學藝通訊書報代售處

香港 巴里
上海 廣州
民昌

萃文 中央 丁商 上民 時共
女書局 智識書報 卜智報館 務印書報社 民商書社 上海智識書店 時共進

零售每份銅元四枚

訂閱：國內一元足寄六十期·國外一元足寄三十五期·郵費在內
代派：每大份洋二分·三百份以內五折·三百份以外四折·寄費在內·十期清算一次

每星期三出版 發行通信處 北京大學第一院收發課轉聯帳圖子明
杭州馬坡巷學校改注安校存真

孫段合作與國民黨之運命　獨秀

「真金不怕火來燒」，所以孫中山先生此次入京斷然是一個『險途』，在革命黨的態度上自不應避免不去，至於他是否真金，此次一燒便能明白。

無論孫中山先生遠沒有什麼實在的力量，然而在中國政局上，却常常使帝國主義者及軍閥感覺不安，拒絕他呢，還是拉攏他？

此次中山由廣東而上海而日本而天津，到處都有民衆的歡迎。在這些歡迎聲中，一面可以看出中國民衆革命的情緒正在發展；他方張作霖由驚恐而各遜其拒絕或拉攏之技能。

面因此更使帝國主義發者（尤其是日本）及軍閥（段祺瑞）之苦，是則本會之所禱祝者。

民衆爲什麼歡迎中山先生，不用說是因爲他歷次宣言主張爲民族的人民的利益而奮鬥；段祺瑞張作霖爲什麼拉攏孫中山，只要不是癡子，便不會說他們拉攏孫中山和民衆歡迎孫中山是一樣的意思。這兩種意思都明白地擺在中山先生眼前，還是接受民衆歡迎的意思，還是接受軍閥拉攏的意思，這是中山先生脫離或陷入此『險途』之唯

和他們合作，我們所謂『險途』即此。

一標識。

換句話說，在民衆方面，正在帝國主義利害意見不一致及軍閥分裂動搖的時機中，力圖發展他們自己的力量，並且在中央在地方都要求一個德謨克拉西的政治，在軍閥（段祺瑞）方面，正在藉日本帝國主義的援助恢復其勢力，並且想邀英美法各帝國主義之同情集中其勢力，復與其軍人狄克推多的政治。前者是終得勝利之坦途，後者是殘燈復明之迷夢。

這兩條道路都明白地擺在中山先生眼前，若走前一條路，便應始終爲民族的人民的利益而奮鬥，即親讓一萬步，亦不應因帝國主義者及軍閥之壓迫或拉攏，而放棄其最近宣言中廢除不平等條約及召集國民會議兩個最重要的主張，這乃是國民黨與國民合作；若走後一條路，便是中山拋棄其主張，自食其言，實現所謂「孫段合作」。

或以爲在孫段合作的情形之下，也可以實現中山的主張。這種想頭未免太滑稽了！段祺瑞以前的政治罪惡，如親日賣國，濫借外債以養私黨，妄開兵禍以除異己等，都姑且不論，請看他現在的行爲：

一、以安福派龔斷政權如李思浩爲財政總長，龔心湛爲內務總長，吳炳湘爲北京警察總監，姚震爲法制院院長，姚國楨爲煙酒督辦，丁士源爲公債局總裁，王捷唐爲安徽省長。

二、任安徽羹美粲正兇刑事邁緝未取消之倪道烺（督軍團首領倪嗣沖之姪）爲鳳陽關監督。

三、反對攝政內閣修清室優待條件，縱清廢帝出逃外國使館。

四、起用全國公認爲賣國賊曹汝霖陸宗輿爲參政。

五、宣言「外崇國信」，即是明白答覆列強保障外人既得權利之要求，亦即是反對廢除不平等條約。

上列諸事已充分說明段祺瑞纔庇護小賣國亂政的行爲，絲毫未改。他正在拿「外崇國信」這份厚禮乞憐一切帝國主義者之援助，以恢復並鞏固其安福羣盜之舊日江山，他將要受一切帝國主義者之指使，壓迫各階級民族解放的運動，並且已經阻止孫中山在京津之演說及歡迎，他對於修改清室優待條件倘且罵李石曾少年胡鬧，他對於廢除洋大人之不平等條約更說是亂黨過激的主張，只有修改廿一條爲廿二條，希望他召集國民會議來選他爲正式執政。

他正在犧牲民族的利益，以結帝國主義的歡心，這本是常態；國民黨爲民族的人民的利益奮鬥計，揭破軍閥和帝國主義者勾結的陰謀與罪惡，這也是常態；軍閥失其常態，便不是軍閥，國民黨與軍閥合作是陷阱，中山先生將何去何從呢？「不怕火燒才是真金！」

段祺瑞執政與不平等條約

述之

自北京政變後，段祺瑞擬入都就臨時執政時，東交民巷的帝國主義（法國帝國主義發難）即提出以承認「外國條約」做承認段爲臨時執政之條件。

不久段祺瑞果有「外崇國信」之宣言，博得帝國主義之「嘉獎」。

現在梁鴻志代表段祺瑞對日本帝國主義者（日記者）談話又公然有如此的表示：「日記者問：此次臨時執政政府成立，對於各國條約之履行有無變更？

梁答：對外條約不論何國均應遵守，此次臨時執政政府成立，其對外之一切權利義務，均當遵守不變，何況條約上明文之規定，當然須一一履行之。

日記者問：任何一國如有特別關

保者如何？

梁答：此點不難判別，蓋所訂條約均依照明文履行之，如有特別關係者，亦將從特別條約上而履行之」。（十二月七日時事新報京訊）

由上面看來，段祺瑞要想取得政權，遂不惜承認帝國主義宰割中國之一切不平等條約，換言之，就是段祺瑞為著取得繼續賣曹吳在北京的地位（為帝國主義所承認之地位）而甘心承認一切賣國條約。這個問題是何等嚴重呀！

自此次北京政變，最反動的曹吳軍閥被推倒以來，在中國民眾方面本有一線新的希望，這希望就是召集國民會議，產生真正代表國民政府，內而廢除軍閥，外而修改不平等條約。的領袖中山先生，即發表宣言，召集國民會議，而國民會議為唯一的責任，就在「廢除一切不平等條約，收回租界等」，換言之即在反抗帝國主義之侵掠。（見中山先生在滬對新聞記者之演說）中山先生此種主張，完全是代表中國真正的民意，救治中國目前唯一的要道。因為帝國主義強迫中國所訂之一切不平等條約不廢除，如中山改進之希望，猶如奴隸之賣身契約（中山先生謂中國與各國所訂條約為奴隸之賣身契約）不取銷，奴隸絕沒有自由發展之可能。例如海關稅條約不廢除，中國的工商業有沒有發展之可能？其餘如各種領事裁判權不取銷，租界割讓不收回……等條約，無一不是束縛中國鐵路，礦山，借款……等條約，中國有沒有實行民主政治之可能？造成中國軍閥擾亂的根源。所以我們的結論，就是要想改造中國須從根本推翻帝國主義下手，帝國主義的勢力在中國存在一日，帝國主義的勢力在中國施行一日，中國的擾亂就延長一日，中國人民的奴隸生活就多過一日。如果國民會議預備會不能召集，我們人民就須重走武裝革命的道路，以革命打倒此竇軍閥，以革命推翻帝國主義在中國之權力。

所以中國目前唯一解決時局的先決問題即在推翻帝國主義之一切不平等條約。

（商報畏壘君謂「必先有合理上軌道之政治，而後國

力得有正當之發展；必先內有清明強固之政府，而後改約廢約，始有提出交涉之主體」。像這樣的論調就外表看似很有理由，其實殊不知如果帝國主義對中國所加束縛不解除那裏有清明強固之政府！

那裏有清明強固之政府！

帝國主義自江浙戰爭以來，一方面助軍閥，擴大戰爭，一方面與各軍閥私訂借款條約（如美之無線電借款，導淮借款，英之滬石路借款……等），同時又力謀在中國進行道威斯計畫。這真是「無所不用其極」了！現在曹吳已倒，英美帝國主義在北方受一打擊，此時正可發展民衆的力量以圖根本推翻帝國主義之不平等條約，如中山先生與中國共產黨之所主張。而段祺瑞居然以臨時執政政府貿然承認帝國主義宰割中國之一切不平等條約，此種舉動，不曾曹吳第二，純與賣國行為，國人應起來鳴鼓而攻之呀！我們看梁鴻志答日記者之話：「如有特別關係者，亦從特別條約上而履行之」，這完全表明老賣國賊段祺瑞對於日本帝國主義之真實態度。我想大家還記着，當民國六年，段祺瑞掌政，安福部專權時，段祺瑞向日本帝國主義所借數萬萬參戰借款，所訂之種種賣國條約，此種借款與條約，經當時人民的反對，日本帝國主義至今尚未得到確定的擔保與承認。現在段祺瑞既如此表示，那就是承認其當時與日本帝國主義所訂之一切亡國借款和亡國條約為有效。并且由此可以推及段祺瑞已承認曹吳與帝國主義所訂的一切賣國條約為有效。「此而可忍，孰不可忍」！

國人們！現在段祺瑞以臨時執政政府，敢如此專橫，試問與吳佩孚有何分別？這完全是去一吳佩孚又來一吳佩孚，真是所謂「以暴易暴」。我們應趕快起來反對，而反對的積極方法則在於急速促進國民會議預備會，從根本上取銷段氏之臨時執政的狄克推多。如

目前政局與工人階級　　述之

自北京政變後告成的中國政局，在整個的中國歷史過程上是沒有什麼意義的；因為這不過是段軍閥代替了曹吳軍閥在北京的地位，中國人民始終還是被壓在國際帝國主義與北洋軍閥的雙重壓迫之下，與以前沒有什麼兩樣。

然而在這一個「頭」裏却不能不說是一種新的局面，至少也可以從這個局面上得到一點相當的政治覺悟。

所以代表國民革命的國民黨發表宣言，並且主張召集國民會議，解決目前的政治問題，並且主張在國民黨所主張之召集國民會議預備會；同時中國共產黨亦發表宣言贊成國民黨所主張之國民會議，尤其指出國民會議預備會之重要及其任務——籌備國民會議，並且替民衆向將來的預備會和國民會議提出十三條的號召之下，按着中國共產黨所指示的其體要求去努力實現國民會議，實現國民會議的預備會，不管這種努力將來成功成失敗，但總須利用機會，以遊人為的力量，總須從這一個努力上得着新的道路。

中國的工人階級不用說是應當起來贊成此次國民黨之主張，努力闞謀實現中國共產黨所指示之要求的。我們知道中國的工人階級不獨是中國將來之唯一主人翁，並且是中國國民革命之真正領導者，中國的國民革命只有中國的工人階級起來作領導才能作到底，才能根本消滅帝國主義與軍閥。

像這樣的偉大責任，有意識地或無意識地已在中國的工人階級近年來的許多運動上（如香港海員之罷工和京漢路之「二七」爭鬥……等）表現出來了。因為受帝國主義與軍閥的壓迫和剝削最利害的是中國的工人階級，所以中國的工人階級特別富有革命性，特別有指導中國國民革命之資格。因此對於目前的政局，中國工人階級是應起來參加的，並且還須以領

導的資格起來參加的。但是中國工人階級現在除了須普遍地努力參加這種運動外，即參加解決目前的政治問題之外（如如何使國民會議和預備會議得實現，如何使中國共產黨所提出的要求能在將來的國民會議和預備會議被採納等），一方面還須特別提出牠本階級的最切身的和最急迫的要求。

在目前牠的最切身的和最急迫的要求是：

（一）須急速恢復京漢各路自「二七」後所被解散的工會。

（二）須急速恢復唐山二千餘工友的工作。

（三）須即止素來壓迫京漢各路工友的交通系復辟。

（四）懲辦在「二七」慘殺京漢路工友的兇手——吳佩孚，蕭耀南……；

以上這幾種要求是北方一大部分工友之最急迫的要求。因為自「二七」以後，所有在直派勢力下以前所成立的工會都橫被吳佩孚勒令解散了，現在吳佩孚既去，要恢復這些原來的工會是絕對應該的；唐山二千工友被英國帝國主義者詹冀森，紐厲赤無故遣散，（見唐山工友宣言）現在正在饑餓之中，這尤須急速恢復其工作　不然這二千餘工友將難免流於餓莩。

懲辦「二七」慘殺京漢工人的兇手，這更是法律上名正言順的要求。交通系素來壟斷中國的交通機關，作威作福，尤其是對於京漢，津浦各路的工友，尤其是京漢工人之死敵。自直奉戰爭之後，交通系的勢力已失，現在段祺瑞登台，大肆其活動，大有恢復其舊時勢力之勢，如果此輩復辟，將來籌備京漢各路工人所受壓迫必更甚於吳佩孚時代。

現在各地的工人應將這些要求提出於段祺瑞之前請其速解決，並以此試驗段祺瑞政府是否有所差別。如段祺瑞之前不允許則提出於將來之預備會議和國民會議，是否真是代表民衆之會議，並以此試驗

中國的工人階級，尤其是京漢，津浦……各路和唐山的工友們

，趕快起來力爭以上四個要求之實現，如果這幾個小小的要求都不能實現，我們可以斷定什麼預備會議，國民會議完全是空話，段祺瑞完全是與吳佩孚一樣。然而我們不管現時之段祺瑞允許不允許，甚至將來之國民會議和預備會議允許不允許，我們工人總得向他們提出，我們即以此來試驗他們，我們絕對為這些實際的要求而奮鬥！」誰反對我們這些要求，誰就是我們的敵人，我們就反對誰。工友們！快起來，去贊助國民黨此次對時局之主張，擁護共產黨所提出之要求，去為自己的特別的實際要求（如上邊所提出者）而奮鬥！

戰爭與加稅

超麟

數萬人民傾家喪命及南翔黃渡之浩刼就可算做江浙人民在此次東南戰爭中的犧牲賬嗎？軍閥這有新的把戲哩！戰前，軍閥等預備戰費，要打我們的主意，乃不惜放棄二年前「二次為限」舊約，再向商人們加徵一二成貨稅。後來大家以為，戰爭是過去了，這種「加徵」也可作罷了，——殊不知軍閥慾壑是填不滿哩！果然，軍閥為要等備未來戰爭的戰費或飽他們的私囊，更於貨稅「原狀」二成之外加徵一二成，託名所議善後的賑費。——而發行所謂江蘇全省善後公債，預徵十四年度丁漕抵借賑費百萬及種種特捐猶不算在內。——因為貨稅加橫徵，結果祇有使人民愈加破產愈難恢復全國的元氣。像這樣暴欲徵，直接固是商人受虧，間接仍舊是一般消費的人民吃生活高貴的苦。因為貨稅加賑捐頭上壓下來，你要執政大人及某屬下的「恩免」是白費的。

但這種公開地向帝國主義，向軍閥宜戰的運動又怎樣做呢？然而我們看一些商人們主張致電兩長財題請緩實行，致電北京段執致顧請體恤商艱等種種辦法，又不禁啞然失笑！

老實說罷，軍閥戰爭就跟着存在一天，軍閥存在一天，戰費的籌備，即種種橫徵暴欲——包含貨稅附加賑捐在內，自然時時刻刻要朝小百姓頭上壓下來，你要執政大人及某屬下的「恩免」是白費的。

好了，現在江浙人民已經知道，真要籌辦善後，真要賑濟災民祇有「沒收此次戰爭禍首的財產，賠償戰地人民之損失」了（見中國共產黨擬向國民會議提出的最低限度要求），他們都起來要求查封齊燮元的之手段，而殊未想到這位執政大人正是過去的未來的戰爭的籌備者的緒結者，正是過去的未來的戰爭的籌備者。真要做到：「沒收此次戰爭禍首的財產，賠償戰地人民之損失」，亦祇有促成國民會議預備會，取回政權。

所納稅率，早就不低；現在他們應該起來做減稅的運動，做那改變協定關稅制為國定關稅制的運動，而不應該拒絕繳納貨物附加賑捐為止徵了。

半殖民地的中國，因協定關稅制與釐金制同時並存，商人們此次切身利害來了，上海商人們都一致地起來拒絕貨稅的運動，商人們，其影響且要波及全國各被剝削階級的。

上海資本家的走狗歡迎帝國主義欺騙勞動階級之走狗——享利

述之

英美日法意……帝國主義在歐洲大戰時利用世界勞動階級數千萬頭顱，利用殖民地無數萬的奴隸生命，換得了一個「協約國的勝利」！——失敗國，瓜分殖民地。他們并且在國際聯盟中組織一個勞動局，再

英美日法意……帝國主義又利用這個勝利組織所謂國際聯盟來宰割

門製造這種最巧妙的最毒很的方法來欺騙世界勞動階級，控制世界勞動階級，使之心悅誠服永作資本主義的奴隸。

除了很小一部分賣階級的勞工貴族外，最大多數久已知道資本階級之陰謀，牠們久已準備向牠們最後的目標——根本消滅資本階級，一方面走。所以最近幾年來無產階級的革命潮流在歐洲依舊泗湧澎湃，如去年德國之十月革命，波蘭暴動，保加利亞暴動等。

殖民地的走狗亨利老爺跑到亞洲來，甚至到半殖民地的中國來了！或者牠以爲殖民地的勞動階級比較幼稚，容易欺騙，容易收到效果，故而出此。險哉，帝國主義！毒哉，帝國主義的走狗！

但是中國真正的勞動階級雖然幼稚，然而對於帝國主義此種陰謀，却久已覷破，對於帝國主義的走狗——國際勞工局，和其走狗——亨利這班王八蛋，久已認爲絕對的死班人。

可是很湊巧地亨利老爺在幼稚的中國——上海，也居然找到他的同志，——中國資產階級的走狗郭寄生，王光輝以及南洋烟草公司（這個職工同盟會是在九月南洋烟草公司全體七千工八罷工失敗之後，該公司資本家賄買幾個賣階級的工人組織成立的）的辦事員一班人，來歡迎他，真是「德不孤，必有鄰」了！

在那天（十二月一日）上海資本家的走狗對亨利的歡迎會上，亨利演說國際勞工局的意義是很值得我們注意的：因爲中國人現在還很少知道帝國主義這個國際勞工局的意義，現在請聽他說：「國際勞工局所在的瑞士已成立五年，爲歐美各國政府資本家勞動界三方面共同之努力，已待各國政府人民及其他各方面之同情，……」大家

看所謂國際勞動局就是各國政府（在資產階級社會所謂「政府」即資產階級用以控制勞動階級，搶奪市場之工具）資本家，勞動界組織起來的，（還須注意一件事實，就是各國所派遣參與國際勞工部的代表是：政府派二人，資本家和勞動界各一人，即令勞動界的代表是真正代表勞動階級之代表，而在國際勞動局之代表，資產階級已占四分之三了，何況勞動代表又完全是資本家所選派的呢。）這樣的組織是保護誰的利益？我想只要不是喪心病狂的人誰也看得出。所以各資本帝國主義的政府及其人民（自然是資本家）對於這個「國際勞動局」見着在歐洲失敗的成績！

因此，上海資本家的走狗郭寄生對這位帝國主義的走狗亨利老爺說了許多「中國共產黨欺騙中國勞動階級的話」，意思是在請亨利老爺回國際勞動局之後，報告歐美帝國主義，請歐美帝國主義趕快設法對付中國共產黨，不然，中國的勞動階級都被中國共產黨「驅」去反對歐美帝國主義去了，這樣對於歐美帝國主義是何等危險呀！所以以後來亨利很嘉獎郭先生一番，說：「俟下年大會（指國際勞動大會）當請各位到會指正，俾得改良」，這就是說「你不要急……我們還要將請你到那裏去商量制服中國勞動階級的方法呢」。郭先生得了這個「金諾」，自然是「喜出望外」了！不過我以爲這個還是亨利老爺反對中國共產黨的電報，製造一些反對中國共產黨的謠言以外，還沒有什麼實際上的成績，然而郭先生正在努力，也許這有幾分希望罷。

在那個歡迎會議完了之後，就是南洋烟草公司資本家御用的南洋烟草職工同志會請酒，南洋烟草公司的資本家不用說是巴結上了大老官，——世界帝國主義制服勞動階級的代表，南洋烟草職工同志會的辦事員也真算「與有榮焉」！亨利老爺呢，更是想不到在半殖民地的中國有這麼樣的同志！——真是「不亦樂乎」。

段祺瑞來京以後（十二月四日北京通信）

羅　敬

段祺瑞來京已十日了。在此十日之中，北京政象之變幻不可謂不豐富，茲綜其大要言之：第一，馮派攝閣完全被擴而消滅，馮玉祥之辭職赴西山；第二，段祺瑞專故之形式是以一身兼總統總理之職權，濫竊革命二字組織安福系交通系的私人政府；第三，推翻攝閣對待清室之處置，縱容溥儀逃赴日使館；第四，張作霖不滿意於段對付齊吳之態度，突然出京。第一與第三是表現這次犧牲若干萬生命財產的反直戰爭，結果不過為段祺瑞個人建立一種反動自私的狄克推多，與第四是表現這次勝利軍閥之間的衝突，結果不過為段祺瑞個人建立一種反動自私的狄克推多！

段祺瑞一面實行其拉攏聯絡的政策，一面面對於直系餘孽及各色各派的行其狄克推多，別面對於直系餘孽及各色各派為親日派，彼對外交一律平等（對外報記者談話），以博英美之好感，即對於美『提出的無線電案雖明知其與他的後台老板日本利益絕不相容（這次江浙戰爭的真正起源便是由於日美爭在上海建設無線電台，故美拚命助齊而日拚命助盧），亦不予以拒絕。說者以為段氏這種對外對內的態度係近年反省之覺悟，其實還是日本帝國主義要鞏固這次勝利以後，他所覺到的第一是安福系過去的聲名太壞，此時宜令其善保戰勝結果，結果於日反為不利，第二是長江流域屬英國的勢力範圍，若對齊吳用兵勢必惹起各色各派以敷衍門面；第三是張作霖過去的聲名必惹起太壞，此時宜令其蹈從前之失縱用安福系及忠告。日本這種態度，吾人於北京順天時報（日本機關報）每日的社告中都可發見。

順天時報忠告段氏勿蹈從前之失縱用安福系及忠告。順天時報忠告段氏勿蹈從前之失縱用安福系之議論，日不絕書。執政內閣成立後，有各國間在華地位之相互關係焉，非對段祺瑞之好惡問題，亦非對我國全局問題尚啟南行，吳佩孚在某某策艦上，既以無線電誚絕彼等之護送，但某乙國武官則謂我萬奉政府命令者，其在煙台之以陸戰隊登陸，為與強力預備煤麵等等需要之物，送至南行之中途，又有某丙國之軍艦亦從而加入焉，亦即不欲其某丙國之完全失敗，乃預防某丙國之出而說太出風頭，免致各國在華之好惡失其妥詞耳。是故執政政府成立以後各國間在華地位之相互關係焉，非對段祺瑞之好惡問題，亦非純對我國政府之好惡問題尚啟——段氏所以輕車浅從，飄然入福焉，順天時報之忠告：『……』，至其對於張作霖入京時的忠告：『……』

順天時報以不能完全網羅各派人材組織聯立政府為遺憾（見十一月廿七日的社論）；對於政敵曹吳等應持和平寬大態度之議論，至其對於張作霖入京時的忠告：『……』

安福此次勿濫攬權位以累段氏之議論，日不絕書。

…倘張氏表示態度而與普通軍閥無所異者即為國民之怨府，萬一結果

有如此者則張氏開戰理由不獨為之沒却，亦且非為援助段氏，反而有累於段氏矣」。又說：「今幸此次戰役之中途有馮玉祥之深勸致力收束此役結果出山，奉直戰之形式為之破壞，張氏宜利用此情勢致力收束此役結果……此際吾人之於張氏據戰勝之餘威而善處此之時局，其困難可想而知……此際吾人之於張氏希望彼為大勇大義大仁之人傑，不可重視兵力，然吾人之為此說，非在忌夫兵力，亦非在不重視兵權，惟在深戒乎安念，然吾人之為此說，非在忌夫兵力，亦非在不重視兵權，苟非有徹底最後之覺悟殊難打破此難關，吾人前曾主張，不可重視兵力，然依兵力成就命何不公正之橫暴耳」。

這更不管是日本老板對於醫大師之耳提面命在政策之索隱可以思過半矣。

請再引十一月廿五日北京京報所揭載之消息，觀此則對於日本現今之金甌無缺，長江之暫然和平，乃預防某丙國之出而說至於某乙國（指美國）與某丙國之對於吳佩孚，勸其退却，送之南行，吳佩孚在某某策艦上，既以無線電誚絕彼等之護送，但某乙國武官則謂我萬奉政府命令者，其在煙台之以陸戰隊登陸，為與強力預備煤麵等等需要之物，送至南行之中途，又有某丙國之軍艦亦從而加入焉，亦即不欲其某丙國之完全失敗，乃預防某丙國之出而說太出風頭，免致各國在華之好惡失其妥詞耳。是故執政政府成立以後各國間在華地位之相互關係焉，非對段祺瑞之好惡問題，亦非純對我國政府之好惡問題尚啟南行——

「就我國全局言之，某甲國（記者按係指日本）乃有一種具體的理想者，其內容為打倒目前暫已失敗之某氏（吳佩孚），擁出目前業已得意之某氏（段祺瑞），然對某某疆吏（指張作霖）在長江方面之協調為盤，勿再擴張至於中部，以保與某丙國（指英國）之完全失敗，亦即不欲其某丙國之

今次山東之金甌無缺，欲拉攏各色各派為段祺瑞統一中國之資，則其鬼計之所施不得不安福此次勿濫攬權位以累段氏之議論及聲勢日大之革命領袖孫中山。段張於勝利之初雖有擬孫之趨向，

但最近又不得不用拉攏之策。此策之作用一面在破孫馮之聯合；一面在使孫棄其對外廢止一切不平等條約之主張。順天時報著論，比與右派平日在報紙上之所宣傳若合符節。少數不識大義的份子，肯從右派首領馮自由等或明或暗反對在北京為反帝國主義之宣傳，反對中山及反對外國帝國主義侵略中國之種種主張；順天時報再三再四的忠告孫中山曰：「中國之憂息在內而不在於外；若果能竭力於內治，則國力充實，外侮外患自然消滅於無形」（見十一月廿九日社論），其用意亦可謂良妙矣！

中山北來，東交民巷帝國主義者疑懼洶洶，此其故由於年來國民革命之聲勢增加者半，由於賣竊賊右派首領馮自由等之告密宣傳者亦半，現在東交民巷中居然盛傳中山左右為什麼紙人鮑羅庭等所包圍，從右派首領馮自由等之所宣傳若合符節。他們不知不覺中為外人遠了走卒的作用做了中山廣散中山離學宣言的左派的叛徒，反而誣構忠於中山宣言的左派共產派破壞與孫段合作的陰謀，不亦可笑而大可哀乎？！現在國民黨右派為什麼全為帝國主義的偵探，徐清和完全為軍閥的走狗，他最近有個通電反對張繼彭養光等主持的國會非常會議便是明證。遺國人之羞笑也！我希望自愛的青年

讀者之聲

敬啟者
得閱貴刊，如黑夜之獲光明，救國益民無須閱者頌贊。惟合訂本當缺乏目錄，閱時稍有不便，後日再出如能增添，尤較完善。意出冒昧，敬請原諒。
草此恭頌
閱者高興難

蔡先生執事筆安
請問嚮導將三版，欣愉無既！鄔人對于三版有點意見，謹陳于下，請注意索隱目錄。
本當以三版採納時宜加印題目索隱和著者索隱，既依首字筆畫簡繁為序，魏以首字筆畫簡繁，當知道。請示知，不必細說，當為做過幾十期，若先生以鄔意為然，魏以新意上，我以一天是一天，所以一切混戰未故一談。
各途。
順祝
健康！

記者：
從覺悟上看到嚮導的廣告，現今已到九十一期，你那邊可以完全有的嗎？倘若我願意資助貴報，是否可再寄款到五期上面的二點「啟事」煩你通告訴我。
曾培洪
于北京中大。
十三、十一、廿三

記者：
只到五十期為止，我買的可以直接向你買嗎？我在五期上面看到二點的一段「啟事」煩你通告訴我。
曾培洪
于北京中大。
十三、十一、十八

打茶圍，甯肯花幾塊錢來狎妓雀，更甯肯每天花十幾個子來買名人牌的香煙，甯肯花幾塊錢買用的畫報，何誌省幾塊錢不肯讀現，更甯肯八子一份呢？從前劉伯子八子在北京，時恐怕亦就沒子銷的路是由我為北京一份嚮導報，反而使嚮導報少，每份更漲到八子一份，恐怕亦沒子，則路是由四子漲到六子，雜誌讀現，所以要八子一份嚮導報，更省幾塊錢不肯翠十幾個子來買名人牌的香煙，甯肯在青年中間去，則路是由

興先生加并下彙刊資助本報！希望本報助決本報助本報至為欣幸！
三生并下彙刊資助，購至五十一期本報思力未周缺點良多，訂成彙刊起見，仍希諸先生隨時指教伸三版三版惠助購本報十一期思至一百期，勘誤諸表點，不久將訂成彙刊起，諸先生培元往四

我思不有防所傳入以將建入以。想所想記法價滅多多不可傳為我議民心指出嚮導是青年個嚮導的生福走意去看，尤其很穩固道是青年的路。永久存在，帝國主義者何如在青年中去，愛它不小似置身戰未故一天想，想終後面一則，非將設去得代改派良處，至為欣幸！

The Guide Weekly

嚮導週報

第九十五期

—— 零售每份銅元四枚 ——

分售處 分售處

（中郵務管理局特准掛號認爲新聞紙類）

一九二四年十二月十七日

郵票代欵槪作九五折

分售處：

太原 長沙 湖南 杭州 濟南 寧波 開封 鄭州

晉華書社 文化書社 濟南書社 文化書社 古今圖書店 明星書局 文化書社 工學社

分售處：

香港 巴里 實州 上海 武昌

報文會社 中國書報社 卜壽報社 民智書局 上海書店 共進中書報社

訂閱：國內一元足寄六十期・國外一元足寄三十五期・郵費在內

派代：每份大洋二分・十份至三百份五折・三百份以外四折・郵費在內・十期清算一次

每星期三出版 發行通信處 杭州馬坡巷老郵政校安古齋 北京大學第一院發課郵麟子鄉明

列強與中國國民會議

魏琴

我們國民欲脫離軍閥壓迫的慾望，差不多日增月盛，現在更形成了督遍的國民運動。

國民會議的思想激盪了全國，各階級各民衆的團體，對此思想皆有相當的明瞭，各有自己的觀念。一般窮苦的民衆希望國民會議能夠改良自己窮苦的生活，給與自己以相當的保障。學生界和各種自由職業的人們希望由國民會議的道路，能夠得到眞正的民主政權和叅加國家建設的機會。商業和工業階級也希望國民會議能成爲消滅軍閥政治的工具，剷除國內防阻經濟發展的障礙。

現在全中國人民正共同地感覺到督軍制之必廢除，軍閥政權之必消滅。從民衆的內部已正在流着澎湃的激浪，此激浪一定會將與帝國主義猖狂爲奸的軍閥冲到滅亡的地步。

軍閥自己，如段祺瑞和張作霖，也急於宣言軍閥之宜廢除，且撤消了巡閱使的制度，——這的確是證明軍閥政權在最近的將來應當消滅之一個事實。自然一般民衆不信任這些宣言，並且明白這些宣言是民意壓迫軍閥，軍閥不得不如此的結果。民衆更明瞭張作霖乘東三省巡閱使的稱號，不過是軍閥的狡儈，在實際上，他這是奉軍閥的首領。

段祺瑞宣言召集國民會議解決國是，此國民會議由各省軍民長官的代表及他所願意的人們組織之，——民衆自然明白這是什麼一回事。段祺瑞在未召集自己的軍民長官的代表會議以前，趕快地向帝國主義宣言，聲明一切不平等的，殘害中國人民，使中國陷于殖民地的條約繼續有效，中國政府絕對地尊重一切條約。段祺瑞欲從新鞏固北洋派的政權故急與帝國主義者調和，而把一切痛苦放在中國勞苦羣衆的肩上。

他很怕孫中山先生的過激（？）思想與人民以危險，因此趕快地將中國人民的利益犧牲，不惜做英美法日帝國主義者的馴狗。我們可以很堅信地說，倘若能夠召集中國民衆各階級的代表會議，倘若問一問這些代表：孫中山的過激思想對於中國危險些，還是列強侵略中國，強泊中國所訂的奴隸條約對於中國危險些呢？他們一定要一致地囘答說：

「帝國主義強迫中國所訂的一切不平等條約，對于中國人民是一個巨大無比的危險，而孫中山先生的過激思想却是反對此危險的工具，孫中山先生的過激思想不過是中國民族的解放運動罷了」。

幫助，來阻止民衆澄志的表現。

但是段祺瑞不願意聽着如此的囘答，他用盡力量，藉着國主義的

段祺瑞一方面宣言召集國民會議，一方面却承認不平等條約之繼續有效，禁止學生之遊行與開會，——這種種的舉動，的確是段祺瑞表現他不願意順從民意，而願意爲帝國主義的忠僕。

段祺瑞當然還記得五四運動的激浪，並且知道學生中之忠實的分子對於帝國主義者和軍閥的暴行，一定要起一種反感的。因此，段祺瑞趕快地用月軍閥的大拳，來堵塞着學生的口。他不但對於學生如此，他對於曾受過吳佩孚重大打擊的京漢鐵路工人，更壓迫得利害。

京漢工人會恐慌羞地以爲反直系戰勝了劊子手吳佩孚，一定可以給工人恢復工會的機會，一定可以重新組織工會以保護自己的利益。但是段祺瑞給與工人的答案却是壓迫兩個大字。他宣言禁止一切工會，因爲軍閥不但自身壓迫我們人民，並且是帝國主義剝削中國人民的工具。

現在我們求解放之唯一的方法，就是趕快組織民衆的力量，預備國民會議，由此國民會議選出爲國民所願意的人們組織

吳佩孚所解散的工會重新恢復。讀者諸君！段祺瑞執政雖不久，而所做出來的罪惡已大有可觀了！

政府，此政府一定可以推翻帝國主義的壓迫。

我們應當知道，在軍閥政府之下，倘若民衆自身不先在各地成立一預備選舉國民會議的組織，或者這些組織與羣衆無甚關係，則國民會議是不能召集的。擁護國民會議的高浪應當起自民衆的下層，然後遍溢全國，強迫軍閥對於民衆的意志不得不讓步。我們又知道軍閥一定也要企圖恢復自己的勢力，因此，就是國民會議召集了，軍閥一定也要企圖恢復自己的勢力，因此，我們組織民衆，不但爲着召集國民會議，並且爲着保護自己日常經濟生活的利益。這些由反抗軍閥而產生的民衆組織，在將來即是民主政治的保障，即是防止軍閥復興的武器。

英美及其他帝國主義者，起初會覺大不滿意段祺瑞，因爲他與馮張一塊戰敗了直系，破壞了他們在華的機關，但是現在却開始變了態度，帝國主義者宣言承認執政政府，並預備與段會議是不能召集的。我們很怕這種協商已經暗地進行了。段一方面段祺瑞極力向帝國主義者討好，違背民衆的利益，同時帝國主義者實行武力干涉中國的空氣又越見其厚。近幾天據路透電的報告，美國上議院已經可决了海陸軍部增加軍艦的預算，預算額共爲一一〇·〇〇〇·〇〇〇美金。

一八隻巡洋艦，爲着保護美僑利金之用。華盛頓和平會議之後，美國在中國之武力不但未減少，並且反增加了。同日路透電又報告英國內閣决定了新加坡築港案，預算費爲一一·〇〇〇·〇〇〇鎊先令。該諷刺帝國主義在上海的機關報上海日報（Shanghai Times）會有一幅諷刺畫很明顯地指示中國人民，新加坡築港對于中國有什麼意義。

帝國主義者——帝國主義者醒了，重新在我們的國家中做搶掠的勾當，而新加坡的武力可以隨時調來壓迫中國人民，使中國永遠受不平等條約的支配，此不平等條約就是段祺瑞宣言所願意尊重的！

中國人民應當仔細地注意帝國主義者之繼續的進攻！帝國主義者的一舉一動，我們都要看得清楚。但是倘若不把我們人民，並且是倘若不把軍閥推翻，我們也不能得到解放的希望。因爲軍閥不但自身壓迫我們人民，並且是帝國主義剝削中國人民

畫描畫一在中國睡的外國人，新加坡港有老人給他們禮物，此老人名耶克老斯（耶穌紀念日小孩迷信有老人給他們禮物，外國人——帝國主義者——耶克老斯醒了，重新在我送他爲耶穌聖誕節的禮物。

國民會議促成會與中國政局

獨秀

年來中國政局之變動，都是由於帝國主義者與軍閥的動力，不是由於人民的動力，民主政治決非沒有人民的動力而可以實現的。

英美帝國主義者之工具——曹吳等直系軍閥倒後，中國人民得了表現其力量的機會，並且已經有了開始表現其力量的事實，例如各省由人民團體發起的國民會議促成會。

由於清中國政局有兩個可能的傾向。最近上海促成會成立大會之宣言，已看清中國政局有兩個可能的傾向。一是人民取得政權，實現民主政治，保障人民利益及國家統一與獨立；一是軍閥恢復其勢力，武力專政，繼續賣國亂政，引起戰禍。他們這種見解是很對的。

我們並且要告訴全國民衆：此時政界之領袖代表第一個傾向的是孫中山，他背後是各省要求民主政治的民衆，他們的目的是：

（一）廢除不平等條約，脫離外國勢力之宰制；

（二）保障人民的自由與利益，脫離軍閥政治之羈臀。

代表第二傾向的是段祺瑞，他背後是帝國主義的列強，他們的目的是：

（一）保護外人條約之權利與特權；

（二）承認金佛郎案；

（三）承認無線電台合同；

（四）由外力援助軍閥統治中國人民，排除中國革命勢力，使中國永遠在帝國主義者及軍閥宰制之下。

這兩個傾向是很明顯的了！全國要求國民會議與民主政治的民衆呵！各省速集中你們的力量，決死反抗第二個傾向，為第一個傾向奮鬥！上海國民會議促成會呵！其速帝國主義者與軍閥間的新勾結已就成熟，倘不由人民的動力破此新勾結，則今後的中國仍是帝國主義者與軍閥世界，所謂人民利益及國家統一與獨立，都沒有絲毫希望呵！

勗國民會議促成會

述之

上海國民會議促成會已經正式成立了，廣東，湖南，浙江…各地的國民會議促成會也繼續響應起來了，這總算是一種可樂觀的現象。

可是現在的國民會議已經有兩個很明顯的傾向：（一）是孫中山先生所主張的國民會議，（一）是段祺瑞所主軍閥的國民會議和人民的國民會議。

這兩種傾向現正在往前發展。然而這兩種傾向是不能兩立的，如果第一種傾向成功，第二種傾向必至於消滅，反之亦然。所以此時國民會議促成會應急起直追，借此千鈞一髮之時，力圖發展其實力。所以我們希望國民會議促成會在目前應進行以下三種根本工作。

（一）各地已成立的國民會議促成會應趕快聯合起來成立一「全國國民會議促成會」，並產出臨時的執行機關，由此機關擔負一方面有系統地致促國民會議預備會之急速成立，他方面有組織地阻止段祺瑞的善後會議之實現。並且促成會的臨時執行機關應設在北京，就此可以監督北京臨時執政政府。

（二）各地已成立的國民會議促成會應極力擴充其實力，已加入的團體應極力整頓而擴充之，未加入的團體應設法使之加入，並且在可能的範圍內還須去組織各種民衆團體。這樣，促成會才算有真正的實力作後盾，將來如果段祺瑞真要召集其簽安會式的國

要去重新組織羣衆。

民會議，那時才可以謀最後之實際對付（最少如罷市，罷課，罷工等），而不祇限於電報和宣言的反對。

（三）在最近有幾個可以變成全國組織的羣衆，如全國學生聯合會，工團聯合會，商界聯合會……，促成會應趕快使之實現。至少在省的範圍內對於某幾種有聯合可能的職業團體應靈力使之聯合，因為這是產生國民會議代表之真正基礎，也就是反對假國民會議之真正先鋒軍。

所以我以為國民會議促成會在中國目前所負的使命是非常重大的，將來國民會議促成會是否能成功，對於國民會議促成會此時之預備工作有很大的關係。大家須明白，中國此時很少有組織的羣衆，如只望已有組織的羣衆來加入促成會，那是不夠的，沒有多大實力的。可是可以組織的羣衆卻非常之廣大，並且目前正是組織羣衆的一個好機會。因此我很希望加入國民會議促成會的各團體，藉此機會以擴大其羣衆的組織。我並望國民會議促成會真能利用此千載一時之機會，在中國成立一個相當的民衆的組織，即令此次之國民會議不成功，將來的國民會議必然有達到之一日。我們須明白，只有自己有力量，自己手裏有武器，才可以要求敵方把應得的權交出來，不然，只是徒唱空調。我甚望國民會議促成會趕快造成自己的力量，造成自己的武器！

地方的政治爭鬥與全國的政治爭鬥

和森

曹吳倒後，自直魯豫以至江浙皖贛鄂湘以及三特別區莫不同時發生問題，而與以上各省人民以自治自決解除軍閥制度的機會。然而各省人民的努力怎樣？

奉軍將抵天津之時，直素人民不自動的起來推翻王承斌而請命於李景林，強作霖李景林假護恭的時候，直隸人民不但不知乘機自決，終要將該省政權與人民生命奉獻於奉系軍閥之手。齊燮元地位動搖現在直隸安徽熱河已完全落於奉系虎狼安福狐窟之手，江浙贛鄂，段祺瑞強作霖又先後聲言廢除巡閱督軍制，江蘇人民不知乘機自決的呼顧，卻未戰勝的軍閥自始又有從新鞏固北洋正統復建全國（民選省長，始終任少數紳士法與段盧韓（國鈞）陳（調元）做實事。這樣一來……各省人民若不急起訴追，指日便要陷於同樣的命運。

這次政變顯示於吾人的事實莫過於軍閥勢力之分化與崩潰。在這種情形之下，中國政治的前途顯然表現兩條出路：

（甲）若直系軍閥之完全崩潰及反直系軍閥尚未鞏固全國政權而對於民衆不免有所顧忌之時，人民急起直追努力奮鬥，則上自中央下至地方人民都有收回政權使全國民主政治化之可能；

（乙）反之，人民放棄主人翁的職權，不自努力與軍閥奮鬥，而反只希望軍閥領袖出台收拾時局，或只知天天向軍閥做去甲迎乙的呼顧，卻未戰勝的軍閥自然又有從新鞏固北洋正統復建全國（自中央以至各地）的軍閥專政之可能。

前者是達到真正和平幸福的新道路，後者仍然是戰爭無窮的舊亂局。

兩條道路都有實現之可能，而其關鍵一係於人民本身之是否努力起來奮鬥。

本報附衡時局，代衆向全國尤其是江浙贛鄂的人民大聲疾呼：你

們應乘直系軍閥完全崩潰，反直軍閥尚未攫住全國及尚戴「廢督」「更始」的假面具之時，努力起來自決自治，收回本省之政權，打倒本省之督軍制度！你們不應再向段祺瑞請命，要求他任命某某為省長！現在是「革命」時代「更始」時代，段祺瑞的臨時執政府便是他及擁護他的幾個軍閥利用革命二字自作自為沒有什麼法律根據，也沒有什麼人任命他，難道你們反不能在地方革命自決自治，實行民選省長麼？你們須知道請求段氏決然得不到好結果，去甲迎乙更不是解脫軍閥壓迫的方法！你們現在要驅逐齊燮元派的奸徒韓國鈞，打消率軍南下的野心與後患，唯一的方法只有即日組織起來，民選省長，宣以民主政治！

江蘇同胞們！

江西同胞們！你們既愛戴李烈鈞，你們既恐怕去一軍閥復來一軍閥，你們便自行選舉李烈鈞為省長好了，何必繇木求魚覬段祺瑞是非去不可的，你們的任命為定準呢？湖北同胞們！你們不要任他自圖戀位，你們應鑒於直皖江蘇的失敗，而且也不要任少數奸紳官僚在北京做官，你們鑒於直皖江蘇的失敗，趁快組織起來民選省長：驅逐蕭賊，宜布民治！

現在各省已成立及將成立的國民會議促成會，一面固為全國政治爭鬥的工具，同時也應為該省政治爭鬥的工具。必須如此同時就以民主政治才能保證將來全國國民會議有好結果，才能實際推翻軍閥政治而代以民主政治！

國民會議之怒潮

超　麟

自從本報和孫中山先生發表召集國民會議的主張以來，一直到本月十四日上海國民會議促成會正式成立為止，國民會議運動已告一段落，——即現在國民會議已不僅是一個空洞的口號，自己團結起來，依照本報和孫中山先生的主張，去實現這個國民會議了。這是在中國國民革命運動上一件極可注意的事，也可說是中國人民具體地向帝國主義和軍閥要厄政權之一種運動的開始。

中國共產黨當去年黎元洪出走之時，即發表其主張，主張中國共產黨，工會，農會，學生會及其他職業團體共同開一個國民會議來解決時局。但常時因帝國主義勾結軍閥宰制人民的形勢還未成熟，而應聲而起者寥寥無幾，以致應聲而起的小冊子紙值得送到爛字堆裏去，居然發表在十四日上海國民會議促成會成立大會時候發行的「特刊」裏了。

香港南華晨報——英國帝國主義的喉舌——特為中國共產黨那一次發表的主張，做了一篇消息透幅披露出來。然而讀者看過近一月以來的民國日報，就可看見該報國民會議一欄裏所截各團體關於國民會議的通電及消息之燦若繁星。這種消息盡被披露出來；然而讀者看過近一月以來的民國日報或十四日大會時的「特刊」，已夠知道國民會議絕不是一句空洞的口號，而有廣大民眾在其背後一致地反對帝國主義與軍閥分贓的所謂各省省軍民長官的

本報為篇幅所限可惜不能將這些通電，公函及各團體的進行在中國南部之喉舌——社論，該文著者居然說這種主張絕不是一句空洞的口號，做了一篇其結果反惹得帝國主義一番嘲笑。熱說中國共產黨所主張召集的國民會議祇是油與水混合的藥方（見本報第三十四期）。

然而召集全國商會，工會，農會及其他職業團體共同開一個國民會議是油與水混合的藥方嗎？中國共產黨依照這樣的主張而印行的小冊子紙值得送到爛字堆裏去？帝國主義報紙記者這種惡作劇的嘲笑不幸已被這一個月來風起雲湧從全國商會，工會，農會，學生會及其他職業團體各方面發出的國民會議呼聲證明其為無聊的滑稽了！

讀者祇要披閱十一月下旬以來的民國日報，就可看見該報國民會議一欄裏所截各團體關於國民會議的通電及消息之燦若繁星。

善後會議，而務必使人民自身的國民會議預備會能夠成功地實現，向執政政府收回政權了。

大要這一個月以來，國民會議的應聲可以分做三方面來說：

關於上海國民會議的。上海總商會於孫中山先生離滬北上之時即通電全國商會等一致要求職業團體加入國民會議；同日有學生聯合會店員聯合會等六十二公團發出擁護孫中山先生主張。到十一月二十九日又有反帝國主義大同盟，市民協會等二十七公團組織一國民會議促成會籌備處并發表宣言。自此以後繼續不斷有許多公團加入這個籌備處。加入的公團數目，經過籌備處開了七次委員會之後，直到十四日成立大會，已逐漸由原發起的二十七個增加之一百四十三個。

在這期間內除這些公團發表外，上海國民黨要人特爲國民會議事招待商、學、實業各界，上海各路商界總聯合會亦致電段祺瑞請注意五事，召集國民會議也是應注意之一。

上海國民會議促成會籌備處自身也發了一封快郵代電給全國各公團請在各所在地組織國民會議促成會，一封公電給段祺瑞請其放棄軍民長官善後會議計畫及十二日之擁護孫中山，警告段執政二電。到了十四日上海國民會議促成會逐正式由一百四十三公團，四百餘代表宣告成立，通過十四條章程，十六條要求的宣言，一封致段執政電及選出二十一位執行委員，五位候補委員。這篇成立大會宣言及所列十六條要求是很值得我們介紹的：

立之希望，後者成功，必須繼續實行亂政引起戰禍的局面，此時國民會議能否實現及其是否人民團體代表的會議，乃爲兩方——民主政治或武力專政，分別勝負之第一步。所以我們人民應該團結起來，努力創造眞正人民代表的國民會議。我們不但反對各軍民長官的善後會議，並且反對各省軍民長官有派代表參加這兩個會議的權利。

我們在國民會議的要求是：（一）廢除不平等條約收回海關租界，取消領事裁判權；（二）保障人民的言論出版集會結社等之自由權利；（三）廢督裁兵；（四）廢止一切苛稅雜捐；（五）民選省長縣長及鄉村自治機關；（六）定保護工人農民利益的法律；（七）禁止預征錢糧及其他陋規；（八）整理財政，發展教育實業；（九）限期禁絕鴉片及其他類似毒品；（十）一切實保護華僑，取消取締華僑教育條例及移民律；（十一）收回教育權；（十二）婦女享有和男子平等的權利；（十三）裁撤上海等十縣被兵災民，賠償上海等十縣內被災農戶免納錢漕三年；（十五）召集上海市民議會選舉市長，並組織市民自衛團；（十六）救濟上海各工廠失業工人。

這十六條要求能夠向執政要求實行三事：『（一）立即明令取消箝制人民之預備會議；（二）立即召集國民會議及其選舉；（三）立即明令恢復曹吳等軍閥解散之工會農會學生會』。我們敢說一句話，這種種的要求都是名正言順，而且爲兩重壓迫底下中國人民之最低限度的要求的。至於國民會議之能否召集及澈底實現這要求之能否被採納則全靠上海人民及全國人民之努力了。

『十三年以來號稱民國，而民主政治未嘗絲毫實現，以至軍閥勾結帝國主義，任意損壞中國國家生命及人民利益。自曹吳倒後，一般軍閥方在分裂崩潰的狀態中；在此時機，中國的政局有兩個可能的傾向：一是由人民團結努力取得政權，實現民主政治於中央政府及地方政府；一是繼曹吳而起的軍閥集中其勢力，復行武力專政。前者成功，方有保障人民利益及國家統一與獨

關於外埠的。國民會議促成會的運動在外埠亦極為熱烈。南京學生總會五日登出快郵代電贊成國民會議，主張對內建設真正國民政府，對外廢除不平等條約。接著，銅山縣教育會，邳縣國民會議促成會，宣言擁護孫中山先生的主張；到了十二日徐州國民會議促成會亦有同樣的主張。

此外如松江教育會，段贊成國民會議，隨後蕪湖各團體亦屢次通電聲明為國民會議奮鬥。安徽救國會，省教育會及南陵各團體亦有擁護孫中山先生主張之表示；到了十一日湖北國民會議促成會就成立了；八日武漢學生會有一通電請求做國民會議預備會。冶萍總工會學生總會亦有贊成國民會議促成會之主張，去召集國民會議預備會。

湖北方面，十一月三十日武漢國民外交委員會即起來做國民會議的運動，發起組織國民會議促成會，反對善後會議；平民教育社武漢後援會發起：（一）召集湖南各團體討論國民會議之進行，（二）電孫中山先生請貫激初夏，（三）通電全國一致贊成；長沙總商會亦贊成此主張；結果湖南也由全省農工商教律師公會各公法團成立一個國民會議促成會了。浙江方面亦在進行，浙江全省及寧波都成立了國民會議促成會籌備處，蕭山農民而且發出通告勸告全國農民都贊助孫中山先生的主張了。廣東方面之熱烈更不必說，東方通訊社十一日廣州電說廣州新學生社等團體省通電贊成國民會議一致的反對善後會議，並且廣東大學，廣州工人代表會，廣州市民協會也是同樣主張的。

此外如九江，烟台等處亦有贊助國民會議之各團體的通電或宣言。

於此可見要求國民會議的空氣已經瀰漫全國了。

關於婦女的。此次，婦女在國民會議運動中亦常活動，特別是上海及浙江。本月三日上海，浙江的女權運動同盟會通電致全國女界請推舉代表來派「安寧建國大計」。五日又有十五個女團體發起之上海女界國民會議促成會，於七日在上海大學會議後，決定發起宣言。同時上海國民會議促成會籌備處會來函請，加入合作，女界亦已復函應許。加入合作必須仍保存其原有的組織，女界亦已復函應許，但聲明女子有特殊要求，加入合作。到於十四日上海國民會議促成會成立大會上，亦有二位女界代表被舉為執行委員，一位被舉為候補委員。自孫中山先生派士同浙江宣傳後，杭州女界亦在吳山開了一次會議討論關於國民會議促成會一致進行並且通知上海女界國民會議促成會與杭州國民會議促成會一致進行。議進行方法，結果決定女界亦時有消息傳出。求女子參加國民會議預備會。此外浙江各縣婦女聯合會也有公函給全國女界亦是要求女子參加國民會議的。

總而言之，國民會議呼聲已深入廣大羣衆腦海，國民會議促成之到處成立就足証明中國人民政治覺悟已日益加增，此次國民會議運動更是人民和幾千年被壓迫的婦女的一個政治活動之機會，這個機會我們切不可輕易放過，仍冀讓帝國主義和軍閥「執政」來再壓迫我們。臨了，我還要請讀者諸君切勿忘記了帝國主義報記者——南華晨報的記者，對於前次共產為主張之嘲笑，並且要對他們證實「國民會議絕不（見本報第九十二期）切勿忘記了中國共產為最近的主張（見是油和水的藥方」「祇有帝國主義報紙是應該送到爛紙堆裏去的」。

英國機關報的狡猾論調

魏琴

中國自由獨立的運動，越擴張得大，帝國主義者對於我們這種運動的原因就越說得狠毒，越說我們是過激主義的運動。

帝國主義者很難懍懍慨慨地對中國的人民說：「現在中國的情形敎外國人弄精了，幾個帝國主義者，把中國商業的總機關全握在他

們的手中。除了俄國和德國以外，列強在中國都握有各種特權，而

連用這些特權毒害中國的人民，使中國成為這種混亂的情形，而且這

樣地繼續下去』。當然，要保持中國這種狀態，專用簡單直捷的方

法是不能的，因此帝國主義者在自己的報紙上，運用各種狡猾的手

段，解釋中國現在這種混亂的情形，彷彿不是他們却掠奪奴隸中國人民

結果而反是中國的民衆，故意要嚇唬這種無辜的外國人士。

這一類的論調，可以拿宇林西報本月九號的社論來證明。在這

社論上可：是討論孫中山與某日文報通信員的談話。我們在這裏為

要使我們的讀者，能夠在出強硬的英國的機關報怎樣地施行他們的狡

猾伎倆，我們卽用該記者的言詞來證明。

孫中山先生說得很清楚，他不願意日本有什何優先權在中國，可

是顯意帝國主義者對于中國的關係悉能依照蘇俄所走的道路而行，就

是說放棄以前用武力掠奪中國人民得來的一切優先權。然而宇林西

報的社論却說：『孫中山先生企圖拍出日本來抵制其餘的列強，似乎

以為日本對於中國幷不是外國的關係的。』這種企圖之失敗適足證明

孫中山及其理想之完全破產』。

宇林西報這一段說話事實上已與孫中山先生所說的完全不同，該

篇文字的作者，還更推論說：『孫中山是可以收買的』。不錯，為運

用他們第二步的政策，帝國主義者必須要這樣顛倒是非，對付孫中山

，和中國人民的真實的朋友——蘇俄。孫中山這次的談話，祇要問

為什麼，各帝國主義者不效法蘇俄，放棄從中國人民手中所奪得的利

權，放棄對村殖民地的關稅政策，放棄不平等的賣身條約和在中國內

地所享有的一切權利。——宇林西報不回答這些問題反以為提出這

種要求和口號的人卽是列強的工具和走狗。

我們用不着詳細分析宇林西報這一篇社論。本報已經屢次引起

讀者注意到帝國主義報紙對中國的言論是取進攻和自大的形勢的。

但同時我們也不能默然於這篇社論之侮辱的口氣，著者更胆敢謾罵國

民革命的領袖，到處受民衆歡迎的領袖為卑鄙的領袖。這種口氣讚

著應該一記不忘。帝國主義預備大進攻中國的期間中對於中國優秀

分子自然要這樣攻擊。

帝國主義者的報紙，反對我們的獨立自由運動，反對我們平民的

領袖；要與以重大的打擊，我們應該以全國人民的公意，對付他們，

將帝國主義者在中國過去與現在的一切侵畧行為，全般的宣露出來。

帝國主義者奴隸我們的歷史，照該當作經書一般，使千百萬衆多的

人民羣衆知道。從這種歷史裏面，中國人民對于外國的壓迫者應該

起一種仇視，與帝國主義者奮鬥。

我們要號召我們的讀者，來反抗帝國主義者在我們領土內施與我

們的打擊。任帝國主義者加於我們壓迫一天一天的滲入我們中國的

廣大的靑年男女的腦海中，使我們每一個純厚的國民的心中都感覺壓

迫者的利害，都感覺壓迫者霸佔我們的國家，視我們如奴隸一般。

本報啟事

本報是國內向來反對帝國主義之侵畧與軍閥之剝削的喉一言論機

篇，本報就時遭帝國主義與軍閥的壓迫。本月九日，本報

上海通訊處，又忽遭帝國主義巡捕的搜查了！他們搜查無結果，甚

至將愛讀本報諸君之審報，橫加搜索。唉！他們自己不檢點自己

的野蠻行為，却要防人之口，讀者諸君，你們看這種無理的行為，是

何等的侮辱我們人民的自由呀！本報為保持目前的出版起見，暫將

上海通訊處改在杭州，但我們相信這也不過是一時的苟安，將來難免

不再發生危險，祇有本報同人努力的奮鬥，而尤其是要愛讀本報諸君一致的起

來反對萬惡的帝國主義與軍閥，擁護全國的言論自由才行。祝諸君

奮鬥健康！

The Guide Weekly

嚮導週報

第九十六期

零售每份銅元四枚

訂閱：國內一元寄足六十期・國外一元寄足三十五期・郵費在內

代派：每份大洋二分・十至三百份五折・三百份以外四折・寄費在內・十期清算一次

每星期三出版　發行通信處

中華郵務管理局特准

（掛號認為新聞紙類）

一九二四年十二月二十四日

憑照代洋概作九五折

分售處（右）

香港　巴里　上海　武昌　蕪湖　南昌

分售處（左）

太原　長沙　濟南　杭州　寧波　開封　福州　重慶　成都

帝國主義國家在中國之宣傳　魏琴

近來在中國的帝國主義報紙，盡是地反對我們國內的急進分子，盡量地反對我們最好的友邦——蘇維埃俄羅斯。這不甚奇怪嗎？可是沒有什麼奇怪。自英美帝國主義的工具——直系，失敗之後，一切民治的和革命的勢力一時擴大起來，解放運動的潮流漸漸地漫溢全國。帝國主義國家對於此種現象，當然抱無限的恐懼。

近來從埃及，印度，波斯，土耳其和阿富汗傳來的種種消息，差不多都是同樣的一回事：即被埃及的民族再不能忍受奴隸的虐待了，一定要起來做反抗的運動。然而故意散布一些最卑鄙污穢的謠言。對於東方民族的解放運動，一面加勁壓迫，一面帝國主義者，托拉斯，銀行家……

聲明，我們就可明白英國劊子手殘殺埃及革命黨的原因。英外交總長張白倫聲明，說：雖然英國軍隊把埃及人逐出蘇丹，英國軍隊佔據埃及的稅關，強迫埃及人賠償剋達爾被剌之五十萬，埃及的獨立仍然一點兒也沒有損壞。這種對於被壓迫民族的污衊，我們還可以想像嗎？而執行一切歐戰後的條約，則埃及人對於自身的獨立蓋不必過慮。是的！唉！

不必過慮！

簡單地說，這是什麼意思？

英國帝國主義者在埃及人之對於英國和蹉爾……一切混帳東西之攻擊。我們路一細觀英外交家的流血的殘殺，——這些消息被帝國主義的走狗描寫出來，差不多是野蠻的埃及人對於愛和平的英國將軍，憲兵，……張白倫又高聲地說：倘若埃及人願意和英國和睦，這個就是說，埃及在政治上和經濟上要永遠地依賴英國，戰爭時蘇彝士河在英國人手裏，英國人利用之為聯絡和破壞的武器，將來仍應在英國人手裏，英國人好利用來永遠地壓迫埃及人。

我們中國人常然知道帝國主義者在中國所用的壓迫方法，但是同時也應知道其他東方被壓迫的民族對於帝國主義的奮鬥。每一個有良心的中國人，每一個有思想的中國人，都應當明瞭帝國主義者在中國的宣傳之欺詐，——由此欺詐，我們更要討厭帝國主義者的無恥！

每天帝國主義者報紙在天津，北京，廣東，上海……總是污衊我們解放運動

的好分子，總是造我們革命首領的謠言。 宇林西報，大陸報，京津泰晤士報……每日不知要發表若干文字來鼓吹強盜的帝國主義以反對中國人民，反對中國民族的解放運動，——這些無恥的帝國主義走狗的目的，是在宗主國及在中國的外國人面前，描寫中國的民族獨立運動如一犯罪的運動，——以為這個運動是蘇俄所指示的。他們想把我們國內的革命分子描寫如墮落的和危險的人們。 他們稱呼對於國民會議發表主張的學生組織，工人組織和其他組織爲「神經病者的組織」，「浪人的組織」……他們所以如此稱呼者，便是因爲這些組織的主張反對外國人，這些組織的分子是『赤化』了。 唉！在我們的領域裏居然有這樣污蔑我們的論調！ 在我們的領域裏居然發出這樣無恥的怪書！

宇林西報記者說：『在臨城案發生之後，許多外國人希望孫中山和馮玉祥在北京聯合起來，並且整理着北京，做他們所能做的壞事』。 照他的意思，結果非外國實行武力干涉中國不可。 帝國主義的報紙宣傳武力干涉本非一日，而宇林西報記者這段話，却更把帝國主義者的願望表現得更明白。

● 帝國主義者的報紙宣傳反對中國國民革命運動，同時又極力掩飾帝國主義者在太平洋之武力的衝突。 英帝國主義在新加坡築港爲反對美日之用，美國擴張海軍，增造飛機……帝國主義者的報紙視……是這種伎倆畢竟欺騙不了中國人民！

帝國主義國內的報紙上，也尋不出相等的數量！ 這些無恥的帝國主義國內的報紙上……

之無關輕重，好似以爲這與列強的和平趨向沒有衝突。十二月十六日上海泰晤士報之社論有幾句話說：『至於美國擴充軍艦一層，我們可不必過慮；難道美國總統顧召集裁縮軍備新會議，而又要擴張武力與人競爭麼』？

這一種欺騙民衆的宣傳，我們眞不能想像！我們很明白，柯立芝宣言召集縮減軍備的會議，不過是掩飾對於新戰爭的預備。 該文又論到歐洲人民在世界戰爭中所受的痛苦，以爲這種痛苦不應在東方再發生了。 但是這樣的論文不在於平日無事時寫出來，而恰在戰備緊張時寫出來，這不過是表示帝國主義者欲掩飾自己的欲望罷了。 歐洲的大戰豈是民衆所願意的？ 俄國的沙皇，德國的威廉，英國的財政家豈問民衆，戰呢還是不戰呢？ 在歐戰前何嘗未召集海牙和平會議？ 讀者諸君！ 我們要知道，越是太平洋的大戰要快到了，帝國主義者便越是故意地說自己是愛和平的。 帝國主義者無論如何的宣傳，但是事實終久是事實啊！ 近來各國擴充軍備的事實指示我們，世界的大戰又快到了。

我們所以如此引證帝國主義者的言論，是因爲要指示出帝國主義者對於殖民地民衆的欺詐。 殖民地的民衆應當信任自己的力量，應當起來用武裝推翻帝國主義者的壓迫！ 帝國主義者在中國天天喊什麼赤化，過激主義……無非是要達到自己侵略的目的，但

國民會議聲中之民選省長

獨　秀

民選官吏，在理論上是民主政治所必需的；在事實上亦爲中國時勢之急要。 他省且勿論，眼前最急需民選省長的：若江蘇若浙江若安徽若江西若湖北若直隸皆是。

江蘇省長現爲賣省附齊的韓國鈞，彼絕無恥戀位，亦必爲蘇人所不容；浙江省長現爲賣省迎孫的夏超，浙江人如不自動的去孫與夏，將無以拒盧永祥南下之師；安徽省長現爲安福首領王揖唐，安徽若容

共久任省長，將使安徽人重復統治在公益維持會之下；江西現尚無省長；湖北之蕭耀南省媚吳，舉國共仰，此賊不去，鄂人之恥，直隸已成曹國，曹今倒萬無再聽曹之爪牙楊以德寗除省長之理；中國政局倘不能即時進入較清明的政局或最反動混亂局面，上列各省省長都必然不能久居其位，他們雖然能指使一班走狗擁戴，若東南大學教授之擁韓，若湖北招牌公團之擁蕭，決與大多數民意無涉。

我們固然知道各省現有的小軍閥又盤據省政府的官僚，惟有省政府地位變動後，繼任之爭奪必然要起糾紛，欲解決此糾紛，惟任省民選，并且民選機關，應不由現有的省議會，而由各市各縣的人民團體，自動的組織和國民會議同性質的省的人民會議，以權力金錢製造省民會議或壓迫省民會議以取得政權；然而各省的革命份子及愛省的民眾，決不可因此便放棄共他地方的政治爭鬥，目前只有此爭鬥是北方的政治爭鬥之發足點。

我們要求民選省長，須認清性質只是民選省長，萬不可牽扯到什麼「聯省自治」，或什麼「某省人治某省」這些昏亂方法。「聯省自治」是一班小軍閥鞏固其現有地位的口號，和民主政治的民選地方自治權都風馬牛不相及。「某省人治某省」，也和省民的權利無關，請看蘇人治蘇的韓國鈞鄂人治鄂的蕭耀南湖方自治權都風馬牛不相及。

我們要將民主政治實現於地方政府，我們要得着民選官吏權，只有號召省民會議實現民選省長是正確的發足點。

英美日衝突加緊與中國政局

天　聲

自歐戰告終以後，世界的帝國主義強國祇剩了英美日法，而在遠東則祇有英美日是主要的侵掠競爭者。英美日三國在遠東的競爭，日甚一日，華盛頓會議就是這種劇烈表現的一種。第二次帝國主義大戰的場所將有在太平洋之可能而交戰國的利器必為海軍。所以在最近幾年來我們在報紙上常常看見英美日的增加海軍軍備的消息，美日的資產階級一方面在國內提倡增加海軍預算，一方面在外交上建議互相限制海軍建造。

在遠東這種備戰的形勢現在驟然加緊起來了。　英國自保守黨執政後立刻在議會中通過繼續建築新加坡海軍港，飽餐溫肯相表示在遠東將採更獨行的政策。而現時競爭最烈者為日美，美國自共和黨得到完全勝利後即實行增加海軍軍備計畫，十日路透社華盛頓電云，「據報載首相加藤子爵，殊不歡迎新加坡建造軍港之舉。渠以參議院海軍委員會之白利通氏，今日提出一案，主張以一○一‧○○○‧○●○○○元為續建海軍之經費，此案規定造斥埃巡艦四艘，每艘經費逾一二‧○○○‧○○○元，浮船塢一座，經費七‧五○○‧○○○元，並許加增刻在建造中之飛機運送艦經費，由二三‧○○○‧○○○元增至三三‧○○○‧○○○元，白利通稱，美艦隊如欲與英艦並駕齊驅，費六五‧○○○‧○○○元，則此整頓辦法實屬盛必要」。又云「柯立芝總統以海內商部長，組合煤油供給和保持會，以研究政府關於保持煤油供給之責任問題，此會將與油公司完全合作，柯立芝總統函授各部長，略謂航空術之大發展，可見美國國防之大有賴於飛行，而飛行優劣之分，且將決於石油供給之多寡云」。美政府並預備海軍大操，對日本示威。日本對於英美的海軍計費大形驚悅，朝野一致攻擊之，並預備相當對待，請讀十日的透社華盛頓電云，「據報載首相加藤子爵，殊不歡迎新加坡建造軍港之舉。渠以

此舉英國輿論二十年，不在華府公約範圍外，建造萬不能免。又謂。英當局曾申明此舉純為英國內務，非欲影響於國際關係，故日本後當密切靜觀其發展。

至於美國海軍大操，美政府曾明白解釋其目的，美政府為消除日人數部分之誤會計，曾議申述日本與英美合作解決中國財政問題之志願，中國財政問題之解決，端賴其全國之統一云云」。

更看，美國衆議員白利通在議會之發言：「海軍部長及海軍專家省會有表示，在渠觀之，此種表示可作日本現對美國籌備作戰之解，日本既如此，則美國躍行之，有何不可云」，我們更可證明日美間的衝突現時驟然加緊起來了。

歐戰後的國際形勢是趨于英美獨霸的形勢；中間雖然有日本想獨占遠東和法國想獨佔歐洲的傾向，但是不久這種傾向被英美壓下去了；奉直之戰和去年的橫濱地震移給日本以極大的打擊，今年春間法國因經濟的依賴仍然低首於英美了。至倫敦會議時英美在歐洲大陸已經是霸王做定了，正想把這種形勢移到遠東來，常時議定對中國行使道種勢力不之解，日本既如此，則美間的衝突現時驟然加緊起來了。

英美日間現時這種險惡的形勢，太平洋大戰有一觸即發的可能，不能不說與中國目前政局有重要的關係。中國近百年來是世界列強所最注目的地點，因為中國是世界最大的市場，物產最豐富，有大羣衆的勞動者；自從歐戰後，世界資本主義已入崩殘之期，頑強的英美日資產階級極力要鞏固資本主義的勢力，尤其以全力集注于中國這塊肥肉。

因為大家均集注中國，所以必先利用中國的某一派軍閥以代理擴充自己勢力之職，最近英美的利用曹吳和日本的利用段張的就是歐戰後中國的內爭日甚一日的緣由。英真日在中國的衝突非到最後的一刻是決不肯出於職爭的形式，這就說明為什麼使英美資本家惶恐萬狀，痛責本國政府之失策，於是在美國新形勢力的共和黨和英國的保守黨不得不急起注意於遠東的事件。英美要強迫過日本吐出將奪下去的一塊肥肉。所以英國仍極力援助直系抵抗段張而美國則以一時難找中國軍閥之助力不得不出於威嚇日本之一途，於是才定海軍大操之計劃。日本當然是大形惶恐，其對付方法，祇有與素來仇視的蘇俄拔近和閉結反直系以剷除直系勢力，近來在日俄會議中日本讓步和日本報：極力弱絃保存其現時在華的政治勢力的破裂都是證明的。然而日本的經濟勢力薄弱決難保存其現時在華的政治勢力的發展，要保存其勢力惟有與英美一戰而勝之，不然英美無論如何必使日本勢力消滅。

中國國民在現狀之下，一方面國內軍閥勢力搖動，一方面國際帝國主義衝突加緊時，很有抬頭的機會，應當起努力達到中國民主主義的勝利，一方面遠次曹吳的失敗和段張的勝利在遠東的形勢上說是英美在華失敗化而不使軍閥重形鞏固，達到中國獨立而不致永淪為國際共管下的殖民地。

是一種明證，因此我們知道：國內軍閥間的戰爭是與帝國主義列強的在華勢力是有絕大影響的。

和日本勢力的增長。　這一種形勢是與目前國際形勢有極大的矛盾的。

英國帝國主義壓迫中國民族之三個證據

天聲

本報是鼓吹國民革命反對帝國主義的先鋒，是反映帝國主義侵略中國民族的慘暑淥，遭受帝國主義者的壓迫與嫉忌原來不始於今日。

近上海英巡捕房搜查上海大學沒收嚮導流通處及學生所有之嚮報，並控告上大代理校長，理由為發售「仇洋」之嚮導報紙。要中國人不「仇洋」，最好是不侵略中國；中國人除掉少數賣國者之外勢必為帝國主義侵略之所迫而悉起於「仇洋」之一途，代表全國被壓迫民族而首倡反抗的本報，當然要受帝國主義者最先之摧殘。

然而帝國主義所要摧殘的豈僅止於本報？ 換過說，本報之被摧殘不過為方在覺醒的全民族悉將被其摧殘之起點。 不信，請看下列兩節新聞：十一月廿八日新加坡政府勒令新民國日報停刊，其原因為：「（一）該報攻擊廣州商團，宣布商團背後之黑幕，為英政府所深恨，（二）矽勝越（亦英屬）政府禁止華校教授中國國語，該報倡論反抗，為政府所深恨，（三）為該報近因毆斥陳燄機關報之荒謬，昌論上未免為政府所深恨。

又十二日香港報載「香港海員工會工團總會等團體皆有宣講部之設，每星期六舉行演講，以冀黨醒會員，齊起為國家利益工人本身利益之奮鬥，詎因此竟遭港政府之嫉視，前星期六，海員工會開演講會時，覺被港差限制，不許「談政治」「談救國」，否則強迫制止云」。

以上三件事的內容，都是英政府壓迫中國民族全體的行動，而並不是對待某派或某黨的，中國國民對於此三事應有一種反抗的表示，以表示我中國人民不是甘心做奴隸的民族 素來鼓吹民治主義的人們對於英人取銷中國人的言論自由，不應該起來反對嗎？

帝國主義蹂躪上海大學的追記 （上海通信）

何秉彝

這件事的發生，已經過了兩個禮拜了，因為處在如狂似怒般底惡魔虎視之下的租界裏的上海大學，要為維持學校的生命計，所以雖是受了他——帝國主義——之壓迫凌辱，還是敢怒而不敢言：宜言不敢發，報紙不能登。 現在我維以悲憤之餘，把這件事經過的詳情，追記出來與大家看看：

本月九日午後三鐘，忽有英人數名隨帶翻譯闖入上海大學第二院中學部圖書室，彼時適有同學在內閱覽舊報，該英人即向前奪去同學手中之書，并叱云：『何故看此類危險書籍——仰社會科學概論——不去研究文學』？ 於是不問青紅皂白，即將室內所有一切舊報雜誌細繁一起，攜上汽車。 同學等不明究竟，向彼索取收條，殊彼不肯協助如拿利刀要殺人（真是帝國主義者的眼光！）我們來叫汝：不要行

• 第二院之圖書寢室等被其如寇盜般翻箱遍搜後，復至大學部第二院將圖書館，講義室，舊報流通處等處之書報雜誌講義如社會進化史，新建設，新青年，孫中山先生十講，民族主義，上大週刊等類的百餘種，全數搜盡。 同學等以上大乃我學校重地，彼英人來時，既未先同辦事人交涉安協，即擅自鑽房進屋，有如強盜，已大失禮：即上海雖屬租界，我中國人仍應享有種種特權，有言語，出版，看舊，思想之自由，為保持國家主權計，自不能再容其隨便而去。 因此必要彼等侯代理校長（原校長赴北京去了）來交涉清楚後再走。 乃彼英人云：『我等是奉命而來，并有公函在此，你們學校是犯了巡捕房利律，.....』復以極鄙薄之態度向同學譏笑云：『汝等怯懦小孩耳，懂得什麼道理！ 我們實如汝等之嚴父慈母，汝等看此一類舊書報，兒...』同學等聞此荒謬絕倫的輕侮話，不勝憤恨已極，即用英語以相當之強硬語答複之。

彼英人復云：『汝等皆危險人耳，勿多語，將

來工部局再會」（即誰多說即要拘捕誰意）幷云：『工部局之牢獄甚寬』之書報，此案尚未了結；前所掠去價值數百元之書報，倘未歸還。

大？」同學答云：『你們底牢獄雖大，但可能容納我四萬萬的中華人民否？』

乃該英人復含笑答云：『汝等不見印度人之多乎？汝等人雖多，質與印度人等耳，……』卒將所有一切書報，裝載數車，逍遙而去。

同學等雖向前阻攔，但以若稍過形色，彼等所豢養的走狗——巡捕，馬上即會如風雨樣的來臨，捉人牽敵。

戰之罪名就會加起，幾年的監牢就要入去坐。所以終歸無益，只得眼巴巴地望他自由自在的去。

不料過後不幾天，宰割我華人生命的會審公廨，又牢傳喚來傳代理校長卻力乎先生了。案由為：『於十二月八日出售嚮導報，內含仇洋詞句，犯刑律一百二十七條』，刊明報紙，違犯報律第八條』，到此時同學等始明白：前日之所以惹這樣大的風波，乃是因上海大學出版的嚮導報的事。十九日公然將卻力先生傳去審問了。

雖經律師結證明白，將一百二十七條的案註，所稱犯報律第八條亦不能成立。但西房所控，尚有違犯報律第十條，及歲有多數有害中華民國

將來他事，還不知怎樣例！

寫到此處，我不覺有個感想：——自然，嚮導是我們中國唯一有價值的報紙，以水晶似的亮眼，揭穿帝國主義的陰謀，高聲呼喚全世界被壓迫的民族，醒悟起來，聯合作戰線，向他——資本帝國主義——對抗，他們——帝國主義者——亦未能過恐了。

上大幷沒有發行嚮導的事，你此次這一舉動，不但未將我們的尖兵——嚮導——絲毫未得加以妨害，反轉提醒許多人，作為你的勁敵了。

還有帝國主義者所謂有害中華民國之書報，其實是有利於中華民國，或不利於壓迫我們的帝國主義了！

據我看：帝國主義者所說的那些書，皆是有利於我們被壓迫的中華民國及任何被壓迫民族的，為被壓迫民族謀解放必要看的，帝國主義者，請你不要枉自憂慮罷！你的馬屁拍反了！不要以我國常印度看，金鋼石雖小，還能鑽磁器呢！

二四，十二，十九，於上海大學。●

對帝國主義文化侵略之又一抗議——雅禮罷課事件

超　麟

教會學校學生這一二步來做過了幾次轟轟烈烈的反抗帝國主義文化侵略的運動，本年全國教育令聯合會在開封會議結果，也議決了幾條『取締外人在國內辦理教育事業』的辦法，——這不能不說是中國反帝國主義的空氣已經侵入教育界諸公的天靈蓋裏去了。美國教會創辦的雅禮大學內發生大罷課風潮愈加證明教會學校已為全國學生所厭惡了。

本月二十二日申報湖南通信說，這次雅禮學生罷課乃因校長胡美延不向政府備案及最近假冒美籍之華人高某侮辱學生，校長反強迫學生向高某道歉所致。罷課後，經各方面調停，學生提出四條要求：——（一）恢復被開除的學生，（二）罷經班定為選科，（三）犯經班定為選科，（四）學校限期備案。美國教會能否接受這四條名正言順的要求，我們姑且不問，我們認定雅禮學生此次罷課不是一時的現象，乃是教會

這次長沙美

學校制度底下必然要起的反抗，不是雅禮學生和雅禮教職員的衝突，而是全中國民族現在已不安於帝國主義文化侵略之一種表現。這件事是應該引起全國人注意的。

我們自然萬分同情於雅禮學生的罷課脫離帝國主義的文化束縛，趁國民會議召集之機會提出取締教會學校及其他外國學校之議案使其成為全國一致的要求，而此次雅禮罷課問題之根本原因依然存在，就是帝國主義對華之文化侵略，故他校為止，——這最多祇是急者治其標的辦法，發生學生與校長衝突，故亦可根本解決了！

我們必須進一步做斬草除根的運動。雅禮學生呵！湖南全省，中國全國呵於數會學校內的學生呵！全國各界人士呵！快起來解事是應該引起全國人注意的。運動，但我們的同情決不限於恢復被革學生學籍或設法使雅禮學生轉學之根本原因依然存在，就是帝國主義對華之文化侵略，故亦可根本解決了！

南洋公司與其走狗破壞失業工人組織之無恥

隆　邳

南洋煙草公司七千餘人的大罷工，因受資本家壓迫失敗後，工人仍繼續奮鬥不懈，一面極力鞏固組織，一面派代表赴粵聯絡港澳廣州各工團，宣佈資本家壓迫工人的實況，各工團聞此之大憤一致來援助工人，並極力抵制該公司香煙。

該公司以廣東為最大銷場，營業既大受影響，因特派代表張渭川等四人來粵，疏通各工團，該代表等到港後，即着手疏通香港總工會，為工人駐學代表所探悉，即報告特種委員會，舉派代表赴港，張等又束手無策，並開會有一批百雀牌商標之煙運粵，為糾察隊查出，沒收四百餘箱，存於工人代表會內，擬變賣現金，賠償失業工人損失。

該公司資本家受此打擊，一面在港澳施其求和手腕，同時滬廠數千失業工人又復出其狡計，唆使其收買之走狗假借招集失業工人為名，破壞工人的組織。請看本月廿一日民國日報所載南洋煙草職工同志令臨時執行委員會的緊急啟事：『今日見報載工團聯合會開會新聞，及所登啟事深為駭怪新聞中是日所到團體有南洋煙草職工同志令惟歡會並未派代表到會人名中有王光輝郭寄生兩人此兩人在歡會工友與資本家奮鬥正烈時即受資本家雇用之王祺等勾結極力破壞歡會行勤及資本家用很毒手段解散歡會偽造御用式的新工會時郭王兩人即被雇用為該會書記月薪八十元以後更盡其能力以破壞歡會現在歡會已得工人廣州香港及全國各工團之援助抵制該公司香煙前日新聞報載該公司香煙已被沒收二百餘箱之多足見公道尚在人心乃王郭等忽登報招集失業工友報名係藉此破壞我組織我工友決不致墮其計中惟恐各團體及工界同胞為所蒙蔽故特據實宣布願我工界同胞共鑑之』

從王光輝郭寄生勾結資本家壓迫工人的情形，可見一般賣階級以求一己利益的人，正復不少，工友們，更要當心些！

從廣州工團援助南洋失業工人的熱烈，可見工人階級的利害是一致的，工人階級只有聯絡一致才能抵抗資本家而得着最後的勝利！

讀者之聲

快起來反抗外國人摧殘中國的言論自由

記者：我是一個愛讀嚮導週報者。我想在現在這樣情形的中國，只有嚮導週報能揭破國際帝國主義在華侵略的陰謀和國內軍閥的野心，喚醒全國的羣衆，自覺的起來解放自己，自動的起來打倒帝國主義和軍閥。

像這樣有價值的刊物，在國內是唯一的明星了。但最近見貴報所載。竟有帝國主義的巡捕，在上海檢查貴報通訊處，想來禁止，還是何等令人痛恨的事！中國人自中國人的言論

出版的自由權，與帝國主義者何涉，而竟敢橫暴無禮，這是多麼一回
差恥事！所以我現在寫這信來，除表示我個人要擁護者外，並且希
望愛讀嚮導週報的人們，趕快的起來，聯合着來擁護中國人的言論出
版的自由權，擁護這引導全國羣衆到自由之路的嚮導週報！　即頌撰
安

馬素博士的告密

愛讀嚮導者夏夢生十二月二十日於南京

記者！

本月十四日上海商務上譯登大陸報所載馬素博士在復旦
大學的演講，我以這位新近由美國回來的老國民黨員之一定有高見指示
我們在這國民革命運動上應走的道路，可是閱完之後又不禁使我大失
所望。馬素博士完全是繼續國民黨右派首領馮自由向東交民巷告密
的『未竟之功』。國民黨有這種敗類存留在黨裏頭，實在
是國民黨一件差恥的事。我們看着黨怎樣誣證國民黨，帝國主義，
軍閥，研究系及其他反動派怎樣傳播『國民黨赤化』『莫斯科黃金』等謠
言，而國民黨右派又怎樣利用這種種敗類的謠言來攻擊那眞要打倒帝國主義
和軍閥的左派，就可知道這種反動類非根本肅清不可。
在反共產主義的美國拜金空氣之中薰陶幾年過的馬素博士
回來，難怪其『將盡力反對共產主義在中國之蔓延』。這種『盡力』料

想是馬素博士所欲貢獻於中國國民革命者，因為自他回國以後，我們
實在看不見他除了『將潛伏於莫斯科新奇主義中之危險以警戒學生界』
外，還有何種努力可以預防美國帝國主義在中國實施其道威斯計畫，
孫中山先生北上到處受帝國主義的干涉，及外國報紙之滑稽口吻的批
評，也未聽見這位『入國民黨的時日久矣』的馬素博士有提向帝國主義
抗議的言論與動作。

這個其實也難怪，因為現在擁護孫中山先生，
抵制帝國主義干涉及軍閥拉攏的，實際上祇有一般『紅色』(?)的民
衆，而馬素博士恰恰是太息痛恨於民衆因趨向於反帝國主義，反軍閥
之民族解放革命而『赤化』(?)。所以他在復旦大學演說：『余知在中
國中部之某報，在數星期內，忽從黃色而變爲粉紅色，由粉紅色而變
紅色，其原因係此報之主筆，已入於莫斯科黃金之勢力範圍矣』。
『莫斯科黃金勢力範圍』這幾個字眼就是馬素博士從拜金主義心理推
論出來去抵制某報『赤化』之最得意的工具，也就是他，於太息痛恨之
下，所欲甘心於『赤化』的民衆者。

今日之學生界祇有走上反帝國主義，反軍閥之民族解放革命的『赤化』
臨了，他的演說還夢想學生替他宣傳反共產主義的妙論，殊不知
道路，而絕不肯跟着這位有美國帝國主義偵探嫌疑的馬素博士
跑了！

一九二四年，十二，十七　馬道甫　於上海

The Guide Weekly

導嚮週報

第九十七期

（中華郵務管理局特准
掛號認爲新聞紙類）

一九二四年十二月三十一日

滙聯代款槪作九五折

分售處

太南昌
原沙
成南南
齊京
濟南
啓明書店
開封
宣甯
化波
晶州
敝店

分售處

巴香
里港
中文
華書
書局
丁國文書報社
上海
民智書局
民
國書
上海社
武昌
湖南
共學社

——每份零售銅元四枚——

訂閱：國內一元寄足六十期・國外一元寄足三十五期・郵費在內

代派：每大份洋二分・十份至三百份五折・三百份以外四折・寄費在內・十期清算一次

每星期三出版　發行通信處

杭州大學第一院課課發收轉交馬坡巷政校安在顗王輔和致明子熙

國民會議，軍閥和帝國主義　魏琴

直系失敗，現在已經有兩月了。自從直系失敗以來，民衆對於軍閥的脈恨，及一般有覺悟的分子都趨向急速規定民主的政治。

反直系軍閥宣言召集國民會議，規定國家政治的形式，這也是促進這種國民運動之一原因。軍閥受民意之壓迫，不得已請求國民黨命的首領孫中山先生到北方去參加他們宣言所要召集的會議，——但是這是他們心願的事麼？不是的！

時候越久，我們越看得清楚，把持北方政權的軍閥是要在未召集國民會議以前，充分預備自己的實力，爭奪各省的地盤，一方面又要使會議的分子多屬於自己的範圍，以左右會議的趨勢。

弄來弄去，這是軍閥爭權，還是教民衆吃虧，還是給民衆以痛苦！

從一些軍閥之中，段祺瑞和張作霖等爲最活動的腳色。段祺瑞現在公然宣言一定要召集軍閥代表和安福餘孽的會議。他們再將被民衆所指爲國賊的重新提用，再將日本帝國主義的勢力在中國擴充。誰個也不對於此有什麼懷疑。

經過安福餘孽之手，日本帝國主義又可以恢復歐戰時在中國的勢力。不但如此，日本帝國主義這更要擴張勢力統治全中國，我們看看近來日本政府對於中國各派，各軍閥，各政黨的政策，就可以明白了。日本帝國主義者一方面想同孫中山先生勾搭，各軍閥，各政黨的政策，就可以明白了。日本帝國主義者一方面想同孫中山先生勾搭，各軍閥，各政黨的地與段祺瑞，張作霖訂密約。

日本帝國主義者對於他們都有欺瞞的條件，而目的不過是鞏固日本在華的勢力。我們絕對要知道，召集軍閥會議的計畫是有日本帝國主義者做背景的。

我們所以要指出日本帝國主義者之危險，是因爲人民方集矢於反對直系的運動及英美的帝國主義，而不大注意到狡猾的日本。當直系常糜之時：中國有純粹變爲英美殖民地的趨勢，中國人民注意英美的帝國主義是應當的。但是現在的時候，中國人民一方面發繼續反對英美的帝國主義，而別一方面却不應忘記，反直系的勝利，同時把日本的帝國主義鞏固了。

日本在華勢力之鞏固，對於中國人民有什麼危險，

這實沒有再加說明的必要。誰個不知道高麗的命運？日本人以保護高麗反對俄國為藉口，而終將高麗化為日本的殖民地。現在日本人霸佔自己在華之勢力，又高呼「亞洲人是為着亞洲人」的口號。日本的帝國主義為着反對英美的帝國主義，欲利用亞洲的民族做軸的填礮口的肉。中國人民應好好地知道這種實際的情形。一切日本帝國主義者的陰謀，臨時的親善政策，不過是要在我們國家中創立一個忠於日本帝國主義者的趨向。可惜根聰明的人，如孫中山先生，也不甚明瞭這種日本帝國主義的趨向。

數星期前，中山先生在東京某一個女學校演講，極力推崇東方文化之高於西方文化的賽處。我們以公正的眼光看來，不能不說中山先生這種派對於深中國民衆及日本的工農們有很大的害處。這演說詞使他與日本的軍閥有親近的可能，他或者無意地幫助日本的軍閥恐弄日本的勞苦羣衆。這的確可以便中山先生及其所領導的國民運動與日本反對政府的勞農羣衆相隔離。最近不久在日本有農民反對軍閥的暴動，此暴動為日本帝國主義者的軍隊所壓服。日本的革命運動眼見着一天擴大一天了。日本的民衆都要反對自己的地主和軍閥的政府，中山先生應向之裏充分的同情，而不應令之失望。

我們以為大家都知道帝國主義是怎樣的影響我們國家的政治：即帝國主義對於中國──不但常用武力干涉，或賄買某一派賣國賊的方法，並且對於中國政界的重要人物亦施用思想上的暗侵手段。當此反帝國主義運動，與反軍閥運動已經確定形成的時候，我們更要將這些話告訴民衆。

一切工人的組織，農民的組織，小手工業者和小商人的聯合會，急進的智識階級：……現在日主張國民會議的代表應從真正的民衆中選出；由此國民會議總能建立一民主的政府，此民主的政府總能不受帝國主義和軍閥的影響。同時，反對這種民衆的聲浪，段祺瑞，張作霖和其他軍閥却高聲說：你們教我們來管理，我們就召集軍閥會議，──我們重新建設軍閥政府，好與帝國主義者為永世的和睦，好反對你們的利益到底。因此，國際的帝國主義者和中國的軍閥站在一邊，而中國的民衆站在別一邊，現在他便是正從這種分化而入於宜戰的狀態。每一個忠實的國民應當問自己要站在那一邊。無論段祺瑞與張作霖有什麼衝突，我們都不要大驚小怪。他們的衝突只在將來的政權誰個勢力要佔大些，我們應換言之，便是那一個帝國主義者的勢力在將來的政府中佔大些。中國的民衆應堅決地對帝國主義者及其走狗軍閥說：「從中國沒開去……」現在惟一的要求就是國民會議，此會議是要由國民衆，不應受任何帝國主義者的支配！至於英國帝國主義者的走狗何東所號召的和平會議，我們不消說是要反對的。這些外國的買辦，大資產階級的代表，一樣的要歷迫中國民衆。他們所想的國民會議是要由大資產階級，官僚，地主的代表去組織，──這種會議絕不能有好結果他們一定開始就要與軍閥和帝國主義者妥協，而反對民衆的利益。

●

民衆現在最重要的職任，是積極的集合自己的力量，達到各地國民會議促成會所提出來的要求。這些要求應做為實際的口號，將來本報將於這些口號將為詳細的分折。我們要說明這些口號將之經濟的前提，為什麼國民會議的要求是真正國民運動的標幟。

國民會議與商人貴族

獨秀

資本帝國主義在他們的殖民地半殖民地本地商人中造成一種買辦階級，不但爲他們輸入製造品輸出原料，并且爲他們和本地政府間買賣鐵路礦山等利權之中間人。

這些買辦階級本是外國帝國主義的工具，他們爲了他們主人（帝國主義者）的利益，不惜破壞本國的國民運動，賣掉自己的國家。

他們靠外國帝國主義的勢力發了財，有了貨棧，有了大的百貨公司，有了銀行，甚至於有了礦山輪船鐵道公司，在本地商人中儼然是商人貴族。

被國際資本帝國主義占領的中國，商業畸形的發展，因此中國的買辦階級，比國內任何商業工業資產階級的勢力都大，除了帝國主義者，他便是中國經濟之王，豈但是商人貴族！

此時多數中國國民都要求有一個真正人民的國民會議，來擁護中國人民的利益；而外國帝國主義者及軍閥政府都想製造一個官僚政客的國民會議，來愚弄中國人民。

商人階級對於國民會議的態度是怎樣呢？中等商家小商人和商人貴族（即買辦階級），他們的經濟基礎不同，他們的階級意識也就兩樣：中小商人和工人農民學生同樣的受帝國主義及軍閥之剝削壓迫；因此逐漸傾向於工農學生對於國民會議之要求面愈加其運動；商人貴族寄生於帝國主義及軍閥之剝削壓迫之上，他們所種方法之上，一是勾結軍閥政府以重利盤剝國家，一是輔助外國資本以加入國民會議；因此他們決不協同工農階級爲反抗帝國主義及軍閥之運動；商人貴族寄生於帝國主義及軍閥，他們只電求段祺瑞許他們自己加入國民會議，而不肯協同民衆做要求民衆所需要的國民會議之運動；他們只協同教育界貴族和英探何東紳士合作，而不同工農階級及小商人及工人農民學生等下層階級聯合。

商人貴族之特殊利益——輸入外資發展實業。外資勢力之下之實業發展，即國民經濟之命脈——鐵路礦山輕重工業等——將隨外資勢力之發展蠢入外國帝國主義者掌握之中，而中國民族永遠是他們經濟的奴隸。真正有助於中國自己的實業發展，收囘海關改協定關稅爲固定關稅是必要的；然而買辦銀行等商人貴族卻不贊成收囘海關，因爲他們相信只有海關在外人手中，內債本息的擔保才靠得住，存在他們手裏的債票才不至跌價。

總之：殖民地半殖民地的商人貴族本是因爲外國資本帝國主義之侵入而發生而繁榮的，外國帝國主義的利益即是他們的利益，他們寧可犧牲國家主權與國民利益，而決不肯侵犯外國帝國主義者的特權與利益，他們爲了外國帝國主義的利益和他們自己的利益是可以和軍閥安協的，他們所不願與安協的，只有反帝國主義反軍閥的民衆。因此，在將來的國民會議中，這班商人貴族是站在帝國主義與軍閥的利益方面，還是站在國民的利益方面，我們由他們的階級性即他們的經濟基礎上可以推知的。

舒爾曼與美國對華的外交

魏　琴

不久從美國轉囘之美國駐華公使舒爾曼博士，曾在上海商業聯合俱樂部演說。這一次的演說我們起不輕易放過，因爲現在各帝國主義國家的外交家都正在自己的演說詞中，解釋自己政府之對外的大政方針。

舒爾曼的演詞是對於孫中山先生宣言的答復。中山宣言要求收囘租界，海關，廢除一切不平等條約……逼得帝國主義國家的外交家不得不加入國民會議，而不肯協同民衆做要求的

因此，我們以爲有將牠解釋給我們讀者聽聽的必要。

不得不有所答覆。

舒爾曼這次演說，極力計算中國民衆的情緒。他對於中山先生

宣言的囘答，表面上似覺很謹愼，而內容方面却是很堅決的。他極

力稱贊中國人民之公道的感覺『極力矜誇中國領域之如何寬大，並且

要求上帝做證人，向中國人民說，美國人一心一意地希望中國人能夠

早日料理自己的事情，能夠早日過自己幸福的生活。

但是我們從他的演說詞之後一段看來，他說了這些話，是因爲他

要說，華盛頓會議決決案到中國，仔細研究其是否有取消的可能及形

式。除此以外，舒爾曼又特別指出來，美國政府願這些問題用和平

的，漸進的，而不應用革命的，急進的方法來解決。

但照表面上看來，他大約想隱藏自己所要說的真意

思。

在實際上，中國的勞苦羣衆一定能夠了解民治的美國外交家的外

交話。一、美國的帝國主義者之異於他國的帝國主義者，或因爲他們能

假惺惺地說漂亮話。中國的民衆應當知道，美國之對華外交更危險

些，因爲他們的方法的的確確可以愚弄一部分的中國人民。但是事

實是非實，美國的外交家無論如何狡儈，總減低不了中國人民對於美

國帝國主義的仇恨。

舒爾曼在自己的漂亮說詞中，似以爲美國帝國主義者比較他國的

爲優，因爲不幫助中國的任何軍閥，不有與佔領中國的土地。舒爾

曼更高聲地說：『就是給我們的土地，我們也不要。』這實在不錯！

美國的帝國主義者並不以得到某一塊中國的土地爲滿足。他們的

氣概非常之大，他們想霸佔全歐洲或全中國！他們預備爲全中國之

要何故要要引用這些『革命的』，『和平的』……名詞，——這些名詞在此

地完全用不着。我們不明白舒爾

的話，絕不連及美國的勞動羣衆，絕不連及美國無數萬的農民和工人

——這些名詞，是你美國帝國主義者先派兵艦去威嚇？舒爾曼先生！

經濟的統治。美國的帝國主義者與他國的帝國主義者之異點也就在

此。舒爾曼又說，美國對於中國軍閥間之戰爭，完全守中立的態度

。我們也不必遠引從前的歷史，試問一間舒爾曼先生，曹錕用什麼

方法能得到總統的位置？賄買曹錕，或經曹錕先生的手賄買國會的議

會，便是你美國幫助中國人民『料理自己的事情，過幸福的生活』！

一九二三年之八月，孫中山先生將一部分關餘收爲公用，當時豈不

是你美國帝國主義者要幫助中國人民過好的

的中立態度？這真是證明美國慈善的先生們

幸福生活！

舒爾曼先生！你空說了許多花言巧語！中國人民是不會相信

你的啊！中國人民惟一的自救方法，就是與一切帝國主義者奮鬥。

無論你如何說的好，你們的行動是不會隱藏的。

但是我明要聽的的：我們關於舒爾曼及舒爾曼所代表的政府所說

的話，絕不連及美國的勞動羣衆，絕不連及美國無數萬的農民和工人

。我們很清楚地知道，美國帝國主義者如何對待自己國家的勞動羣

衆，如何用野蠻的手段壓抑工人的罷工，農民的反抗。我們很知道

慈善的美國先生們如何虐待黑奴，如何用人類史上最羞辱的手段對待

真正的美洲土人。我們也知道舒爾曼一流的先生們如何計劃取締自

已國家中之工人運動的首領。我們可以很堅信地說，世界上沒有一

個國家有這樣殘忍，欺詐，野蠻，無恥……的行動，像在民治的美國

有那麼多。

我們揭露帝國主義者的黑暗，宣告帝國主義列强內部的衝突……

因此，我國就許多次受他們的壓迫，但是這不能防止中國人民的覺悟

。最近會審公堂——帝國主義者在我們領域內的機關——控告一個

中國的新聞記者——一個與本報毫無關係的新聞記者，因爲他似乎傳

布了本報。舒爾曼先生！這是帝國主義者對於中國人民的親善！

帝國主義者的法律有什麼權利在我們的領域內指示我們讚什麼，出什麼版？

我們更發揚我們的精神，我們更用起我們的力量，天天來揭破你們的陰謀！

大家起來反對段祺瑞之御用的善後會議！

遠之

現在老賣國賊段祺瑞御用的善後會議的條例一共有十三條，因為在這一條中就可以看出這個會議的性質；如果某一個會議是強盜列席，我們就可以斷定這是一個強盜的分贓會議，如果是被劫的人列席，我們也就可以斷定這是一個抵禦強盜或懲辦強盜的會議。現在看列席善後會議的資格是怎樣！

據第二條：（甲）有大勳勞於國家者；（乙）討伐賄選，制止內亂各軍一種武裝實力最高首領；（丙）各省區及蒙藏青海軍民長官代表；（丁）有特殊資望與學術經驗；由執政聘任或特派，不逾三十人。我們試問如（甲）項所說有大勳勞於國家者？除了孫中山先生一人外，那些所謂大老誰夠得上？那些所謂大老誰不是禍國殃民之罪魁？（如段祺瑞現勢之下，我們沒有說明的必要）至於（乙）與（丙）兩項資格，我們亦不外在所推重之王士珍？誰是北洋南洋的軍閥領袖，帝國主義用以侵掠中國擾亂中國壓迫中國人民的工具；（丁）項所謂有特殊資望與學術經驗之人，還是被壓迫的民衆所謂有特殊資望與學術經驗之人呢？還是段祺瑞軍閥派和帝國主義所謂有特殊資望與學術經驗之人，還是段祺瑞想御用幾個所謂「名流」來裝點門面嗎？

我可以斷定真正在被壓迫的民衆中有資望，有真正的學術經驗的人，必為段祺瑞所擯絕。

所以那一項以下輕輕按下一句：「由執政聘任或特派」！這不是段祺瑞想御用幾個所謂「名流」來裝點門面嗎？

我們看了這一條就夠知道善後會議將來幹的是什麼事情，別的我們可以不必問了！

我們在本報九十三期（中國共產黨對於時局主張的解釋）曾經提出過這樣的警告：「現在大家須注意！尤其是國民黨應注意！！段祺瑞善後會議已擬召集各省軍民代表的善後會議，由善後會議製造國民會議組織法之國民會議預備會的陰謀，這是第二籌安會，還完全是段祺瑞想以軍閥代表會議來代替國民黨孫中山先生所主張之國民會議的陰謀，這是段祺瑞想掛一塊國民會議的招牌，再命令那些御用會議的會員舉他作正式總統，再由這個御用會議產生一個更大的御用會議，再命令那些御用會議選舉他作皇帝，這與袁世凱造成籌安會選舉他作皇帝，曹錕造成善後會選舉他作正式總統仔議員選舉他作總統，完全是一樣的。照這樣下去，不但國民會議是笑話，將來中國的政局也要紛亂千百倍。果然現在所謂善後會議的條例已居然公布了，日本帝國主義的老走狗，老賣國賊段祺瑞已不顧一切民衆之反對，倒行逆施而謀帝制自爲了。在這種趨勢之下，將來中國的政局要變成什麼樣子，不難推測。將來在段祺瑞統治下的中國絕對比袁世凱統治下的中國和吳佩孚統治下的中國還要壞十百倍；日本帝國主義在中國的勢力一定是擴充到極大限度，可是同時英美法帝國主義絕不能坐視，結果不是英夷日法……帝國主義與賣國殃民的軍閥，公開地瓜分中國，便是公開地共管中國！國人們！大家仔細想想：我們前途的命運是怎樣呀！可是我們現在只有起來奮鬥，一方面來反對段祺瑞的御用會議——善後會議；一方面快準備武裝的國民革命，用革命手段推翻一切帝國主義與賣國殃民的軍閥。對於反對善後會議的具體方法，我現在且提幾條出來：

（一）孫中山先生應急速正式警告段祺瑞，令其取消善後會議的成……

議；他之前通電民衆，請其一致起來反對善後會議，擁護國民會議預備會的主張。

，可是團體亦＊＊孫中山所首先主張，所首先號召的，現在各地民衆均已先後擁護擁護中山先生的主張，而中山先生為何一言不聲？自段祺瑞主張善後會議以來，已經月餘了，即使正式發表的宣言後亦已三天，而中山先生至今還沒有明確的表示，中山先生這種曖昧的態度，很容易引起國民的懷疑與失望，殊有碍於革命的進行！我們敬告中山先生：先生此時對善後會議只有兩種態度：贊成或反對。如果是贊成，那就須把已發表的宣言收回，民衆對先生也好確定態度；如果是反對，那就不可遲疑了。

中山先生應該明白民衆的意識與惡求，中山如果還想代表民衆，不放棄他的主張，那此時只有毅然發表反對善後會議的宣言，而激底主張其預備會議。

（二）國民黨及其他代表民衆的團體，——工會，農會，學生會，商會……應急速正式通電反對，並應發動員令向羣衆，令其作一種示威運動，同時須到各種羣衆中去宣傳，指出段祺瑞之善後會議的陰謀，令其準備作最後之對付。

（三）各地國民會議促成會應同時正式發表反對善後會議，並宣言

否認段賣國賊的執政資格，另一方面亦須作一種示威運動，以表示其反對之決心，並應電促國民黨和中山先生表示對於善後會議的態度，同時各地國民會議應趕快聯合起來，以準備作最後之奮鬥。

（四）善後會議列席的名流，現段祺瑞已擬聘鄒孝胥，章炳麟，楮補成，蔡元培，汪精衛，于右任，胡適，蔡夢麟，易培基，李石曾，……等三十餘人（見商報北京廿七日電）我們希望這些名流，至少希望自愛的一部分，尤其是民黨份子，趕快起來遍電謝絕！不要作等安會中之孫鑅筠楊度等，受千載之惡名，汚壞了名流兩字。

以上這些對付善後會議的辦法，如各方面能一致實行，必能得到相當效果，卽令段祺瑞怎樣專橫，恐亦不能如其計畫以行。我們希望孫中山先生，國民黨，各地國民會議促成會及各地職業的羣衆團體，須毅然決然起來反對日本帝國主義的老走狗，老賣國賊段祺瑞此種之御用的善後會議。大家須明白，這是一個極緊要的關頭，如果把這關頭放過，往下就沒有着手的餘地了。但是同時我們應時刻到到準備武裝的國民革命，作國民會議之後盾！

請看工賊袁正道張德惠等迎合帝國主義和軍閥之自供！ 述之

自北京政變，孫中山先生發表取銷一切不平等條約，收回租界，廢除軍閥制度等的宣言以來，各地被壓迫的民衆都應聲而起。所以當中山北上之時所到之處，如上海，神戶：無不備受羣衆之熱烈歡迎，尤其當將抵天津之際，天津的羣衆準備歡迎他們的革命領袖更是異常熱烈。可是因此卻犯了帝國主義和軍閥們的大忌諱，尤其在天津的帝國主義更為着急幾至急的發狂。所以當中山抵津時，帝國主義卽預先散布種種謠言，說歡迎中山的羣衆是共產黨從中主持，尤其想藉此宣傳共產」，牠意慰是在借此以壓迫歡迎中山的羣衆，並以歷

迫中山（帝國主義這種按備在上海也使用過，見本報九十二期）。所以在那天帝國主義一方面武裝嚴陣以待，另一方面派許多穿便服的巡捕去到處尋釁，同時又收買幾個賣階級的工賊如張德惠，洪永福袁正道歸散布反對共產黨的傳單，並令他們傘裹木棒尋打歡迎中山之較激烈的份子。可是很湊巧地強盜碰到強盜，刻沒打到，反自開起來了；遣就是帝國主義先所派的便衣巡捕，和帝國主義軍閥先所收買的工賊張德惠等因誤會而起衝突，致巡捕把工賊押到捕房，演成一幕秘有趣的滑稽劇！

這一幕滑稽劇本已很明顯，可是一般帝國主義和走

閥的走狗及其所收買的報紙總是潛亂黑白，顛倒是非。好，有了，現在諸看帝國主義和軍閥所收買的工賊袁正道張德惠等，自己之供詞：

「袁君謂，法捕房，是日查悉天津有共產黨四十餘人，乘機散發打倒帝國主義等類的傳單，密令稽查長劉廉股行捕拿；距劉已不識丁，對於工人散發反對共產黨之傳單，遂誤認為共產黨。首由劉廉服便衣干涉時，余（袁目稱下同此）說明情由，乃劉之態度過為強硬，工人等途以劉為共產黨而棍擊之，劉亦取巡捕所持之手棍，向余還擊，兩人面部，均受輕傷，繼得至捕房，經兩西訊官訊問確切，並將罪名宣布不白，知余等工人非共產黨，且為反對共產黨者，乃向余等道歉，謂係出於誤會，令各自歸去。余當即聲稱，貴捕房內能隨便進來，不能隨便出於誤會，令各自歸去。余當即聲稱，貴捕房所以打貴捕頭者，原意亦非於今日互毆之事，大足使中崗官廳及一般社會人士，證明我輩工人於共產黨，且為極端反對共產黨者，則今後工人於職務上，得免除一切障礙，余雖受傷，亦所願也，如蒙貴捕房將我們今日所發之傳單，譯成英法文，在貴國報紙上代為宣傳，劉更感激。該西訊官欣然應允，乃將傳單留存數張，余等途別而閹」（見十二月十三日順天時報）

在這一段供詞裏很明顯的表現出來兩點：（一）帝國主義與工賊張德等是同一目的，即捕共產黨，打共產黨的目的；（二）工賊想在軍閥和帝國主義面前證明他們是替牠們反對共產黨（實即反對國民革命）的走狗。

「惟貴捕房所以捕工人者，原非打貴捕頭，係捕共產黨，目的雖同而事人所以打貴捕頭者，原意亦非打貴捕頭，係捕共產黨，目的雖同而事實錯誤，⋯」這是不是工賊張德惠等公然承認自己與帝國主義的目的是相同的，就是共同要捕共產黨，打共產黨呢？ 為什麼他們要捕共產黨，打共產黨呢？ 俟袁工賊說：「法捕房是日查悉天津有共產黨四十餘人乘機散發打倒帝國主義等類的傳單」，原來「散發打倒帝國主〔山傳單〕」就是共產黨！ 所以帝國主義和其所收買的走狗工賊張德惠等，就出來拚命了！

「至於今日互毆之事，大足使中國官廳及一般社會人士，證明我輩工人非共產黨，且為極端反對共產黨者，則工人者，原非捕工人者，係捕共產黨，而工人所以打貴捕頭者，原意亦非於今日毆打殿及一般社會人士，當然可以互相諒解，至於像這樣又是不是工賊分明想在軍閥面前討好，證明他們是替牠們反對貴捕房將我們今日所發之傳單，譯成英法⋯文，在貴國報紙上代為宣共產黨——你們的敵人，是否忠實？」（大概是欽派他去當工會會長）「如蒙國共產黨——你們所有一切帝國主義的，望你們代為我們的傳單譯出來傳達給你們所有一切帝國主義者看看，看我們替你們當走狗反對中然而像這樣位先生對於帝國主義和軍閥再也沒有了！

是不是要求分明想討好他們，卻要求段祺瑞張作霖等以後信任他們，分肥給他們，他們將永遠作軍閥的走狗？ 所以袁工賊說：「予雖受傷亦所願也」，這就是說「我此次雖誤挨幾下打」，將來傳單留存數張，余等途別而閹。劉更感激。這是什麼意思，還又是不是說：「我們張德惠袁正道賊說：「予雖受傷亦所願也」，這就是說「我此次雖誤挨幾下打」，如蒙貴捕房將我們今日所發之傳單，譯成英法⋯文，在貴國報紙上代為宣傳，則更感激」，譯成英法⋯文，在貴國報紙上代為宣傳，則更感激，張德惠

實在，我也覺得，張德惠袁正道這幾位先生對於帝國主義和軍閥也是很平常的事。因洪永福、真正反抗起資產階級，地對付無產階級來，自然資產階級要謀對付無產階級的賣階級的工賊，在歐美各國也是很平常的事。因工人階級——真正反抗起資產階級，地對付無產劣的分子，去破壞工會，霸占工會，破壞罷工，偵探工人的引動，總階級要謀對付無產階級的工賊，在歐美各國也是很平常的事。因之卽企圖破壞工人的革命行動。「帝國主義對於殖民地或半殖民地的國民革命也是一樣。所以近年來在廣東英國帝國與軍閥陳炯明勾結買辦階級陰謀破壞廣東政府，在上海則勾結國民黨的反革命右派打殺國民黨的革命左派（見本報八十七期所截天后宮畫璋琯指使打死黃仁君），在天津道樣，以共產黨名義誣害國民革命羣衆，不過更進一步，更巧妙的方法罷了！

大家須明白中山先生至今遵未能進京的，原因完全就是帝國主義與軍閥作梗，就是帝國主義與軍閥恐中山實行他的革命主張，因此便利用此遂買辦階級，民黨右派，工賊，及一切反革命的報紙桿造一些中山主張共產的謠言來阻撓他的結果。

明白的國人們，真正被壓迫的國人們！須得注意，帝國主義與軍閥對付我們，壓制我們國民革命的方法是何等巧妙！真正的工友了。

你們更須注意！你們看你們中間竟有如此的敗類——替帝國主義與軍閥作走狗的張德惠洪永顧袁正道等——哩！你們須趕快

設法消滅這些敗類呀！不然，他們正在那裏運動軍閥和帝國主義派他們來作你們的「工會會長」呢！何等危險!!

然造成的，并非檢查嚮導通訊處，苦至於封閉了嚮導，所能夠取得

要中國反帝國主義運動終止除非是直搗帝國主義大本營以後！

馬道市十三，十二，二七於上海

讀者之聲

嚮導週報與上海外國捕房

記者！　前信蒙嚮導登出，甚感！

日前聞貴報上海通訊處受捕房檢查，時以未明異相故不敢置議，及今讀何乘蘇君上海通信，才得悉這一幕滑稽劇是怎樣演成功的。

原來帝國主義乃凼貴報之代爲全中國人民呼籲，揭破彼等種種侵略之陰謀，才對貴報下了這一下毒手。

帝國主義侵略弱小民族，在表面上是要假惺惺作態向弱小民族表示好意，譬如有時各國財政資本家對中國人說，他們是要來開化我們這般野蠻民族，於市政及司法上有所取法而已。

這種荒謬絕倫的論調經過幾十年傳教士與外交家之鼓吹，駁斥得體無完膚，他們自然要視貴報如不共戴天的仇人了。

故此番檢查貴報上海通信處並不是一件出人意外的事。我們讀嚮導週報的人，早就料定帝國主義怎麼并有此一着。但嚮導精神早已深入廣大群眾中間，經過這一着之後，中國人民愈能接受嚮導的安慰的。我們提向帝國主義抗議，明

海通信處並不是一件出人意外的事。我們讀嚮導週報的人，早就料定帝國主義怎麼并有此一着。但嚮導精神早已深入廣大群眾中間，經過這一着之後，中國人民愈能接受嚮導的安慰的。我們提向帝國主義抗議，明

和行動的矛盾，這是堪貴報安慰的。白告訴他們：反帝國主義的言論與行動是中國目前經濟政治條件所必

The Guide Weekly

嚮導週報

第九十八期

——零售每份銅元四枚——

訂閱：國內一元足寄六十期・國外一元足寄三十五期・郵費在內

代派：每份大洋二分・十至三百份五折・三百份以外四折・寄費在內・十期清算一次

每星期三出版　發行通信處

北京大學第一院收轉　馬克思學說研究會瞿秋白韓致和君

分售處

上海 丁卜書局
廣州 民智書局
巴里 共產社

武昌 上海民智書局
共產社

孫中山先生之態度問題

述 之

凡是民眾領袖，當其代表民眾利益而與敵人奮鬥時，必須有明確的態度和保持此態度之堅決的意志。必如此才能得到敵之真正的信仰和擁戴，才能屈服敵人，才能達到最後之勝利，不然必難免最後之失敗。這是由許多歷史審質可以證明的。

此次中山先生北上，確是以民眾領袖的資格，代表民眾之利益而與帝國主義和其工具，封建軍閥，奮鬥之表現。因此當中山先生發表召集國民會議宣言而北上之時，全國各階級的民眾如潮水一般興起，歡迎，發表宣言，游街示威，組織國民會議促成會，這總之無處不是表示他們對於他們的領袖中山先生之十二分熱烈的信仰和擁戴，這是中國歷史上罕見的事。由此我們亦可以看出中國羣眾之覺悟程度，只要民眾的領袖導之以方，中國政治前途之發展，未始不可樂觀。

但是中山先生自抵天津以來，對於自己前所發表之主張，譬如他所主張之預備會議，並未正式發表召集的宣言和怎樣召集的條例，又未提醒段執政各承認各帝國主義之不平等條約為中山先生之失策。直到段祺瑞公然以臨時執政的名義承認各帝國主義之不平等條約，公然以臨時執政之名遠擅行宣布召集善後會議之條例，這是向我國民下哀的痛敎書，亦即是向中山先生下哀的美敎書，我們以為代表國民革命的領袖中山必然出來抗議，可是中山先生終未正式發表一言！然而我們還以為中山先生尚未進京，也許進京後二齊發表。

可是現在中山先生抵京又十日了，依舊是噤若寒蟬！我們忍不住要問了，不知道中山先生的態度究竟如何？

據中山先生的宣言，明明白白是主張取消一切不平等條約，而段祺瑞現在卻公然擅自向帝國主義承認此種條約之繼續有效；中山先生明明白白主張召集人民團體的國民會議預備會，而段祺瑞現在卻公然擅自名召集軍閥的善後會議，像這樣是不是段祺瑞向民眾與中山先生下哀的美敎書？此而可忍，孰不可忍！現在民眾對於段祺瑞此種向民眾的美敎書，已經有好些有了答復，就是有好些團體已正式宣言反對段祺瑞之承認不平等條約和其所召集之善後會議了，可是代表民眾的領袖中山先生對於如此重大的事件，至今這是一言不發，我們不知道中

山先生此次北上究爲什麼？他爲什麼發表那樣的宣言，中山先生此種曖昧的態度，殊足以引起民衆之懷疑。

據本報北京通信員羅敬同志的通信：『近來中山左右在同志間宣傳兩大原則：（一）絕對不妥協，（二）又不決裂』。這個我們不能了解，如果像羅敬所解釋：『與段不妥協，亦不與段做露骨的反對，將來結果只有悄悄地使中山離開京津或假一個什麼好名義往海外游客』那就糟了。這就是說中山先生擁戴中山先生嗎？

總之中山先生自到津京以來所取之態度是很曖昧的，是有失羣衆的信仰的，是有礙於國民革命之進行的，我們無須多多批評。但我們十二分誠懇地希望中山先生成功在中國所負之國民革命的歷史使命，因此我們希望中山先生不要失去民衆的信仰，希望中山先生趕快表明其態度。據我個人的意思，中山先生此時應根據其前所發表之宣言嚴重地向段祺瑞提出，而極力主張召集預備會。中山先生應該抱定站在民衆的利益上而下與帝國主義和軍閥奮鬥之決心，由這個奮鬥中更進一層地宣佈帝國主義和軍閥之罪惡，取得被壓迫的民衆真實的信仰和擁戴，那時最後的勝利綫是中山先生的，不然最後的失敗也將根基於此。

帝國主義與反基督教運動

魏琴

近來反基督教運動的潮流盆漫溢全國，許多教會學校學生罷課的風潮連續不斷。我們視此種運動應爲反帝國主義運動形式中之一種。倘若我們尋不出別的証據，証明長沙雅禮大學之罷課，廣州，蘇州，甯波，漢口，……各地教會學校學生反抗教員之運動，是普迪反帝國主義運動的表現，則我們只要讀一讀帝國主義者在中國的報紙之如何咒罵這些反抗的學生，如何非難反基督教運動，我們就知道而且了解反基督教運動的內容了。

在事實上，這種反基督教運動的確值得帝國主義報紙的驚異，的確值得我們過細地想一想，看看牠與民衆利益是什麼關係。帝國主義者以爲這種運動不過發生在幾個煽動家的手裏，──這眞是笑話！這不過表示帝國主義者的愚蠢而已！

哈哈！我們不知道英美帝國主義的政府，爲着要拯救中國人民，而遣派到中國來的這些好教授到底有多少！謝謝你們！大約每一個讀者與一切會思想的國民們都明白教會學校與其本國政府的關係，一切教會的機關和在這種機關裏坐着的人們，都是帝國主義者的工具，他們的目的不過是污壞中國民衆的精神，愚弄中國民衆的思想，不問這些傳教的先生們是忠心或不忠心，誠實或不誠實，其所做的勾當是一樣的。並且他們越忠誠，越忠心，對於我們越危險，因爲他們更能毒壞中國青年的腦筋，更能把中國造成帝國主義者的剛狗。

帝國主義者應當知道，我們國家中密布着教會所設立的學校，而不爲我們政府所統轄，的確是帝國主義最明顯的表現。現在差不多都曉得學校與法庭，軍隊與監獄，是階級的國家政權之工具。至於帝國主義者在殖民地或半殖民地所設立的教會學校，更顯然是帝國主義者壓迫殖民地民衆的工具了。

帝國主義者的報紙否認教會學校與在經濟上和政治上壓迫中國人民的帝國主義有關係。爲着證明自己言語之有理，他們說：許多教會大學的教授是很崇信平等，博愛，自由的人們，他們不但沒有什麼好壓迫人的性情，而且以拯救人類出於各種壓迫的現象爲己任。

我們須知道，爲什麼帝國主義的報紙這樣地爲教會學校辯護！

我們由此更明白了，為什麼舒爾曼博士在由美返華後之演說詞中提出中美親善的條件：一、在中國自由貿易；二、自由宣傳基督教。帝國主義者的報紙——字林西報、大陸報——對這兩種條件表示熱烈的贊同。

這到底是什麼一回事？自由在華貿易——這是說不平等的，使中國兼成為歐美資產階級之剝削的對象的條約應當保存；自由傳教——這是說在現在的狀況應當繼續下去，中國人民應永遠受帝國主義運動的遇程中，各地教會學校學生反對學校或教師，還帶着一種自然的思想上的恐嚇。

恰恰我們國家中反帝國主義運動一起，反基督教運動即隨之而與，這是很自然的現象，沒有什麼可以奇怪的。或者在反帝國主義運動的人民應當繼續下去，中國

我們對於這種要求，極力加以援助，並將指導反基督教運動向積極反帝國主義的道上走。我們很知道反基督教運動是什麼一回事，他不是由幾個煽動家手中創造出來，像帝國主義者所說的，而是中國苦羣衆與國際帝國主義者衝突的表現。

北方最近之政情 （一月二日北京通信）

羅　敬

目下國軍中之胡景翼既已取得河南并將拚命攻鄂，馮玉祥則盡量擴充勢力到察綏，孫岳則退留保定，擬與李景林直隸地盤。國民軍形勢之發展大有貫通京綏京漢二路之勢。

言中止，其實奉張斷不肯放棄江浙，即不肯放棄武力統一主張，故奉軍終南下的。但孫岳亦佔着保定，馮玉祥部尚有一師兩旅佔住京畿，故一時未敢南下。且國民軍極力反對入關，奉張既具此形勢，故國民軍躡其後耳。

之王懷慶米振標等聯絡，然彼之野心仍不死，故第二次軍閥戰爭之導火綫，即為直隸問題及特別區問題，演角即為國民軍與奉軍，其時期將甚近，比之由前次奉直之爭至此次政變，其時期或將較短。

至於段祺瑞則仍係利用諸方冲突而自己操縱於其間。故他近日的政策是：（一）利用郢麟制胡不准胡攻鄂；（二）暗中嗾使蘇人反對奉軍，向中山示威；（三）對贛利用方本仁以抵制北伐軍，向南下；（三）對贛利用方本仁以抵制北伐軍，向後會議，抵制預備會議。

國民黨諸右派個人奮鬥之政策已全歸失敗，故各人之熱度由日度沸點以上忽降至冰點以下，其一種懊喪之狀，殊覺可憫，即諸位自己亦難過。目下張繼孫科等業已南下矣。

近聞中山左右在同志間宣布兩大原則即：（一）絕對不妥協，（二）又不決裂。但目下善後會議與豫備會議的爭執問題，已擺在目前，在事實上已無妥協之可能。若謂『又不決裂』則又何說？照我們解說：不妥協就要決裂，不決裂就是妥協，二者間不容髮？這種矛盾的原則如演之於實際，便是『不與段作露骨的反對，將來結果只有悄悄地使中山離開京津或假一個什麼好的名義，作海外遊客一般罷了。

果真如此，那便真是很大的錯誤，并是很大的損失。中山到京最大的意義，就是向帝國主義和軍閥奮鬥，奮鬥而失敗，就可向人民的生命，恐怕會受十分的搖動和危險！故今日中山若不如此幹，國民黨政治的生

我們對於造謠中傷者之答辯

獨秀

大家意見不同，甚至於利害不同，據理爭辯或據事攻擊都是可以的。但是世界上往往有一種人為了一種政治的作用或自覺的不自覺的由於階級的利害關係，急於要攻擊他們的敵人，而一時又尋不着敵人錯處，於是遂不得不出於造謠中傷之一法。

造謠中傷是不可以的。攻擊我們底人們，若能指出我們實在的錯誤，我們也願以「有則改之無則加勉」的精神答復他們。或者是指出疑似的錯誤，我們也應該感謝。可是他們現在所攻擊我們的純粹是造謠中傷，而且出乎情理之外的造謠中傷，令我們不得不對於他們造謠中傷之原因與心理加以解釋。

他們的謠言有重要兩點：

（一）說「我們得了俄羅斯的巨款。」

這個謠言遠在二三年前，造謠言的人，本是旅滬湖南勞工會分子王光輝誣小岑輋和幾個所謂無政府派。王諶二君雖然不承認會造此謠言，而無政府派的宋仙卻有一封致鄭州工人的信可以作證。（我前年在上海被法捕房逮捕時，八華探楊某向俄羅斯騙錢。

最近又有國民黨右派分子馬素，曾於年前向我的朋友董白二君示意要敲竹桿，就是因為聽了他們的謠言，窮人無錢被敲，我當時只得挺身就捕。同時，他們并在四民日報（復辟黨和無政府黨合辦的報）上，大造其謠言，說我假藉工人名義，在漢口逮捕工人，都是中國共產黨陷害的。

我們現在的答辯是：第一，我們是第三國際的支部，向來未和蘇俄發生直接關係；第二，第三國際本部自己的用費全靠五六十國的支部供給，斷不能夠有巨款津貼到很小的中國支部；第三，無論是蘇俄或是第三國際，主持的人不但不是瞎子聾子瘸子，其綜覈名實，并非糊塗的，造謠中傷是不可以的，而且常有代表在中國，中國黨人決沒有事前借名騙錢，并卹事後脫卸責任的可能；第四，我們在國內國外所代募的京漢工人卹款，為交由救濟委員會支配，比由該會村原捐款人以收條，該會不久必有一個負責的報告；第五，我們若出於自己的信仰，為社會所壓迫所厭惡的主義去騙素稱紀律嚴肅的第三國際或蘇俄的錢，在中國現在的社會，可以弄錢的道路很多，并不須十分不要股的去騙，合此不圖，而卻要假借全世界資本主義社會所壓迫所厭惡的第三國際或蘇俄，未免南轅北轍了；第六，或謂蘇俄為外交上的鼓吹收買我們，大家須知道蘇俄若取以金錢幫助外交的政策，只需隨買我們對外交當局二大的新閉巴足，收買我們無權無位的黨人有何用處，并且隨買種種權利與特權，是遵守列甯「對被壓迫的民族只與不取」的政策，他們拿種種權利與特權，挾一個空洞的承認，實用不着我們為了幫助鼓吹，至於我們主張蒙古民族獨立自治，乃是對於弱小民族的同情，不是為了俄國，西藏青海等處的小民族若有獨立自治的要求，我們也一樣與以同情。

（二）說「我們勾結吳佩孚陷害工人。」

從前章炳麟說黃花岡之役，是黃興勾結吳佩孚陷害工人。天下事無獨有偶，現在又有人造謠說曹吳慘殺京漢工人，是中國共產黨陷害的。我們的答辯是：第一，漢口被捕人中我們的劉芬許白豪同志也在其內，而且株連到北京同志張國燾數人，豈有我們自己陷害自己之理？第二，試問我們為什麼要陷害工人？第三，我們反對吳佩孚，遠在直奉戰爭後，到了京漢工人「二七」慘劇及漢口慘案

在漢口逮捕工人，都是中國共產黨陷害的。

中山北上後之廣東（上）（一九二四·一二·三一·廣州通信）

▲右派的見獵心喜　▲胡漢民統治下的市選　▲各派軍閥的分道揚鑣

伍豪

發生，我們攻擊曹錕吳佩孚，比中國任何人還要厲害，別的不說，單在本報上就可以隨便尋出這類材料，試問有沒有這樣勾結吳佩孚的可能？

第四，現在保定獄中的京漢工人都出來了，請問當日罷工情形，是由於工人因開會受壓迫而動了公憤，或是由於我們煽動陷害？若說我們幫助工人組織工會和援助罷工的工人是陷害工人，我們便沒有答辯的必要了。

這兩個個謠言若是真的，我們便應該槍斃，豈但是屬區名譽問題！因為他們所造謠言這種不近情理，我們向來以為沒有和他們辯論的必要；可是現在有些國民黨右派分子及上海一兩家反動派的日報，利用這些出乎情理之外的謠言，來做帝國主義者在華報紙攻擊我們底應聲蟲，因此我們不得不答辯一下。

各資本帝國主義者，無論歐洲美洲或在亞洲，本來都是利用許多工具，造出許多謠言，中傷他們的敵人——共產主義者。他們在中國的政策當然也是這樣；不過在中國，他們不但要造謠中傷共產主義者，並且還要造謠攻擊國民主義者，因為國民主義者在中國有了勢力，也是他們的不利，國內一班反動分子，途於有意或無意中做了他們的工具。

造謠中傷我們底人們，即或自己不肯承認是有意做帝國主義者之工具，然而在事實上，他們已經無意的做了帝國主義者軍閥官僚等反對共產主義者，造謠中傷共產主義者即是公開的向焉暗勢力告密，張德惠造謠攻擊我們，是因為他侵吞京漢工人撫卹費數百元受我們責問之反響。郭寄生王光輝是要歡迎官僚的國際勞工局代表，他們造謠中傷我們，更是地們的義務。

最近看見郭生王光輝在上海報上登給我們的啟事，沒有資本家給我們錢登告白打官司，現在我們只好順便這裏答復幾句：他們啟事中所指何事，我們不大明白，實在無從答復；惟他們勸我們洗心，我們以為我們若自問沒有和殺害貢寵的趙恆愓步程安協及為南洋煙草公司利用這等對不起工人階級的事實，便心安理得，另外用不着洗心！

他們在天津歡迎孫中山時散傳單攻擊我們，雖然一時疑從外國巡捕誤會捉去，隨即訊問他們是反對共產黨的人而釋放了：這便是一個證明。（二）他們以為勸人猜疑的事，我們在工人中在一般民衆中便不能活動了。

工人階級所蒲恨的事，這兩種謠言一傳布，我們在工人中在一般民衆中便不能活動了。（三）他們以為我們伏在各種黑暗勢力壓迫之下，任他們如何自由造謠中傷我們，我們也不能夠像他們時常公開的傘延請大律師向資本帝國主義者的法庭控告來威嚇攻擊他們底人。

至於他們所以要造謠中傷我們之各種原因，我們總要指明出來。馬素這等人，全身都裝滿了大英國的空氣，一回到中澤來，眼見孫中山及國民黨居然買了赤化嫌疑反對帝國主義，主張廢止不平等條約，他自然要氣得發昏，自然無藉着中傷我們的謠言來出出怨氣。

反革命的無政府派，他們仇着歐美或中國，都是幫着帝國主義者軍閥官僚等反對共產主義者，造謠中傷共產主義者即是公開的向焉暗勢

中山北上前後的廣東，顯然表現出一些不同的現象。

這樣的政象，差不多自國民黨改組大會後直至北京民。

所以當着政變初起，馮玉祥等，引起他扣留商團軍械發表反對帝國主義宣言以後即決意將市政委員會建立商人政府，掣起撲奪廣東的權利地位，他們乘着中山北上無人監督的機會，一些右派分子紛紛北上攫官了，剩下的右派在廣東作如何舉動呢？

在中山北《黃河心不死》呢！

廣州推翻了陳炯明並更內結反革命的商團，外託英國帝國主義陰謀襲取據東江的陳炯明以及廣東各大軍閥羣聚於廣東，爭權奪利，佔上前，一般國民黨右派以及廣東各大軍閥聲言要解散商團事件止，永遠一貫地表現於廣東的政治競爭之場。

他們轉瞬眼光到全國的爭權奪利之場。

聯名電請中山北上時，在中山尤其是沉機觀變的中派話領徘徊於北上的利害之間未能自决，而右派諸鉅子便已迫不及待，紛紛以中山見反直系之無望，他將無所用於國民黨，於是逐以「恥與共產黨人爲骨的則是蟄伏在滬上的民黨右派，自己直接或間接地向奉張京馮津段伍」的藉口請中山開除他的黨籍。

除他的黨籍並宣布他的罪狀。但中央諸人自然不會作這樣的斷然處置。

中山得報批交中央執行委員會開會

最值得注意的問題是民選市長。

原來民選市長一事自中山漢其中最活躍的自要算代行大元帥職權，留守廣東的代帥衆省長的胡漢。

這件事方將壓下綏辦。而國民黨的名義更可勛北方各派武人的注意，認爲之外。是乃千載一時之機，而國民黨，恰巧北京政變起，某君喜從天降，認爲

民安想引進陳炯明及英國帝國主義逐漸同情於中山政府的困難地位與各軍閥的跋扈情形，遠民對於政府之不了解全因隔閡所致，果使市民得有参與市政管理的機許市長出自民選，並將孫科撤換以示决心。

在中山本意，認定市民對於政府之不了解全因隔閡所致，果使市民得有参與市政管理的機離軍閥的勾結利用，且不願照着進行的；因此，大本與表現得露骨的，右派分子是不能了解的，並且不願照着進行的；因此，大本的好意，右派分子是不能了解的。

選制，並包含有官民合辦的古怪辦法草了一個極壞的市長選舉條例：市長選舉複管轄的二十多萬市農民竟無選舉權；強分市選爲士工商三界，許多市民被擯諸選舉條例以操縱市選爲附郊受市政廳管轄的二十多萬市民被擯諸選舉複農民的勾結利用，逐漸同情於中山政府的困難地位與各軍閥的跋扈情形。

條例訂得這樣嚴，但是胡漢民還依然壓着不執行。直至中漢民設此圈套，正爲他的老弟——胡毅生運動

移的時期，不但市民對市選條例的反對將措手不及，一方也正因爲這件市長事件容易引人視綫他——十一月九日宣布實行市選，並迫告十一月十七日即爲他以造選舉人名冊如此短促而又夾以欵送中山北上事件容易引人視綫他所欲爲的好機會，於是乃以迅雷不及掩耳的辦法於中山勋身前五日

干人，欲在這最短促期間獲得市長被選人的資格，明爭暗鬥，撕作一調查亦趕留地步，同時自亦釀起了右派鉅子伍朝樞謝英伯，林雲陔等一市長預留地步，同時自亦釀起了右派鉅子伍朝樞謝英伯等一市民對市選條例的反對將措手不及，胡漢民設此圈套，正爲他的老弟——

承認是他們北上攫官的死兆，故孫科李烈鈞相伴囘粤希隨另謀途徑，但其餘的恐怕還是「不到少『坐冷板櫈』的滋味。然而這些失望的朕兆，在右派分子終不肯的冷水澆頭，尤其是中山不許黨員北上攫官的訓令使他們感到不調查趕留不及。但是他們這般熱望，禁不住張馮衝突的不利打擊，段祺瑞與以排斥黨議員也比自認恢復了國民黨黨籍，在上海在廣與有省長總長督理資格的右派分子自更躍躍欲試欣欣然以國民黨這塊招牌可招搖過市了。

張繼雖因段祺瑞的冷落而氣憤憤地回滬，活現出一些同錄在國民黨旗幟下的右派黨員互爭市長的怪現狀。承認是他們北上攫官的死兆，爭市長的既有人了，自然市民請修改市選條例，延長造冊日期的呈

文，意值不得胡代帥之一顧了，因為他原本無意於市長與正出之民選的。

儘管工人呈請修條例延還期，儘管農民極力爭市選權，儘管教育界有伍朝樞隨買民權社的黑幕揭破，儘管商人對於市選萬分冷落，粗胡漢民依然壹意孤行，十七日截此名冊造送，接着便舉行投票選舉。在投票前，左派組織的廣東民族解放協會曾發表一篇對於廣州市選宣言，原文如下：

『在國民黨改組政府統治之下，革命的民衆原應得着自治權的；在依着國民黨改組宣言實行民選市長的原則之下，廣州的革命市民應無差別的獲得普通的直接選舉權。可是事實上給我們的證明，却不是這樣。政府公佈的市選條例中，只有士工商三種團體的人有選舉權，而擁護革命最有力受市政廳管轄的市郊農民竟被列為『化外之民』。市長的選舉法非直接選舉且有指派的作用參雜其中。

選舉的投票所定在廣東省教育會，廣州的革命市總工會，一方既與此兩個省的機關有操縱市選之可能，一方也使廣州市教育會廣州市工人代表會完全失其作用。上述三項是市選條例完全失掉革命政府下的普通選舉意義。

及在現時市選籌備期中，政府指派的市選事務委員會所造的選舉人名冊，更多殘缺不完：工界得四萬餘人，士界得一萬餘子是其政治觀念薄弱之表現，但我們同意承認：大元帥忽又以『迅雷不及掩耳』的手段造名冊行市選，使政治觀念薄弱的市民促不知所從；還不能不說是失掉革命政府下的政治訓練意義。

在市民方面：市郊農民協會因呈請修改市選條例被駁致有後起的競爭者。工界市選既有名冊，商界二千餘人，我們固承認市民對於市選之不踴躍，一部分因還市長的命令頒佈好久，省政府延不執行，直至最近忽又以

今日諸願運動，要求實現革命政府下的普通市選。工界市選既完全為失掉工人信任只包有少數工會所把持，於是

劉爲謝英伯及伍朝樞捧場的互助社和總工會的名冊。

廣東大學方面又實暗助胡毅生牽制伍朝樞的票額增多。不及造謠名冊的各工會聯合組織監察團在工人投票處發現了許多受賄舞弊的事件——總工會職員更將受買工人拘至總工會拷問其被胡毅生收買的實況。實際上有票可投的工界士界在當日竟不及一萬，商界祇有五百多人投票這便是投票之總數。工界的訴訟接着初選開票後便提向司法機關告選舉事務委員舞弊，風聲傳至天津中山也聽着氣憤，於是電命廖仲愷等查辦。

胡漢民先本因廖仲愷助農民爭選舉權而深怨其不爲己助，有廖做了農民部長便爲告發人判輸了，胡更不快意，不過在表面上胡又不得不因市選訴訟及中山電囑複選之台，胡更不快意，不過在表面上胡又不得不因市選訴訟事將市長複選暫行停頓以敷衍中山一下。現在訴訟事己依着官官相護的慣例，尤其是依着胡的意旨，將工會告發人判輸了，胡更不快意，不過在表面上胡又不得不因市選訴訟準備登複選之台，祇是事緣不巧，頂門的對頭孫科將回粤來了，不管照着傳說他是來搶省長的事實，他終是胡氏兄弟的宛家。我們不久必可看到右派在廣東搶官的第二幕活劇，然而與中山這諸市民的主張却越趨越遠了。

離開右派競爭的事實，廣東更有各軍閥。我們說北京政變給全國各軍閥一個爭利的絕好機會，同時任何一派軍閥也不會有統一全國武力的能力，同樣的機會自然也不會見外於廣東。本來在廣東的軍閥，除去東江陳炯明南路鄧本殷屬於敵軍方面者外，亦依然是各樹一幟積不相能。這次政變一起，中山繼着北上，久困在廣東的各軍閥，都看透了久留廣東無益，機會不可復得，舉思向外謀更大的發展。於是譚延闓獎鍾秀等極力攻贛，程潛努力謀湘，劉震寰藉着中山任他爲廣西省長的機會想立卽囘桂，范石生廖更作更大的雄圖希冀與劉震寰合作長驅囘滇。龍虎將軍，現在乘着中山北上擊龍無首的時期都十足地表現出他們與各希冀與劉震寰合作長驅囘滇。平日表面上都是自命爲國民黨員的

面右派鄒魯在國民黨尤其是與廣東國民黨政府無關了。然而這樣一來，却着實急廣州大學方面又實助胡毅生牽制伍朝樞壞了胡代帥，客走了是小事，東江陳軍反攻，粤軍假使抵擋不住省，故當投票時，帥府司令部的幾次會議。因此，帥府司令部的幾次會議。廣西貴紹雄李宗仁對劉震寰的敵意，唐繼堯的拒絕也之歎。並且攻江西的軍隊除長位置丟了是大事。西江歸路粤軍的嚴密防守，都足使滇桂兩方軍閥有一時行不得也之歎。並且攻江西的軍隊除掉獎鍾秀帶領他的豫軍直趨囘豫外，大都因北方本仁與林虎之闖夾攻，己逐茆茄吉安贛州改進改爲退囘攻守。目下這樣一個情勢，陳炯明下的各武人或又有一時聯合攻陳的比較可能。但破裂的朕兆却時廣州與江西進發，廣東政府是在爲國民黨工作啊，還是爲了他們自己？

上述各節，完全是中山行後的各幕寫異。我們於此要問問有革命領向的中派和國民革命領袖的中山先生：你們究看看這些右派分子藏在這聯合的行動裏。

同志鄧中夏致函本報，指出第九十七期本報『請看工賊袁正道，一文中，牽涉到工友洪永福君張德惠等迎合帝國主義和軍閥之自供』一文中，牽涉到工友洪永福君並且告訴我們說，洪君是長辛店能奮鬥的工友爲與事實不符，並且告訴我們說，洪君是長辛店能奮鬥的工友『二七』之役被捕入保定獄，最近纔釋放出來。查本報上文誤涉洪『二七』之役被捕入保定獄，最近纔釋放出來。君名字乃是據北京順天時報所載的消息之疎忽，茲據中夏同志來函才知順天時報此項新聞乃爲袁正道等之所作而故意加入洪君之名以自重知順天時報此項新聞乃爲袁正道等之所作而故意加入洪君之名以自重茲特更正，并向洪君表示歉忱！

更正

The Guide Weekly

嚮導週報

導

第九十九期

分售處

分售處

成都 開封 重慶 梧州 昆明 太原 南昌
郑州 濟南 瀘沙 杭州 宜昌

溫陽卷　一学至今售書書書書書
化街書書書書　一学
局社社局社店社社

上海 漢口 北京
蕪湖 廣州 長沙

科華無上智中光
準中書新會書華
書智局社局局書
局書　社社　局

零售每份銅元四枚——校

訂閱：國內一元寄足六十期・國外一元寄足三十五期・郵費在內

代派：每份大洋二分・十份三百五里五折・三百份以外四折・十期消算一次

每星期三出版　發行通信處

杭州馬政學校牛存王轉致和
北京大學一院收轉

中國共產黨第四次大會對於列甯逝世一週紀念宣言

列甯逝世一週紀念刊特

去年——一九二四年——的今日，是我們全世界工農階級和一切被壓迫民族永不能忘記的一日，因為這是我們全世界工農階級和一切被壓迫民族的首領，教師，同志，列甯離開我們而去世的一日。

自馬克思以後，全世界沒有一個人比我們的首領列甯這更偉大，列甯不但把解放全世界工農所級和被壓迫民衆的理論，革命的馬克思主義，從機會主義的第二國際斷下挽救出來，他并且已經應用到實際上去。他手創了一個領導俄羅斯工農階級能夠取得最後勝利的政黨——俄國共產黨，他把俄羅斯的沙爾，貴族，資產階級，地主神父……等一般壓迫工農階級的魔王根本撲滅了，他把大俄羅斯民族壓迫其他弱小民族的鎖鍊完全打斷了，他并且為工農階級和一切被壓迫民族創造了一個勞農社會主義蘇維埃聯邦。不但如此，他并且將全世界的工農階級和一切被壓迫民族的先進分子都聯合在這一個國際之下，進行指導解放全世界工農階級和一切被壓迫民族的工作。

現在全世界都在資本帝國主義的統治之下，全世界的工農階級和被壓迫民衆完全成了世界資本帝國主義的奴隸，全世界的工農階級和被壓迫民族要想脫離此種奴隸地位，只有聯合起來根本消滅世界資本帝國主義，列甯主義就是資本帝國主義時代的馬克思主義，是消滅帝國主義的唯一武器。

中國的工農羣衆和一切被壓迫民衆所受國際帝國主義和其互其軍閥之剝削與壓迫，比任何地方更要厲害。最近英美日……等帝國主義的進攻和備戰及其工具軍閥的私鬥日趨險惡，在此種趨勢之下，中國的工農階級和被壓迫民衆有立即變成第二次世界帝國主義大戰的犧牲品之危險。我們要根本避免此種危險，我們只有站在列甯主義的旗幟之下，實行列甯主義，與全世界的工農階級聯合起來去消滅世界資本帝國主義

中國的工人們，農人們和一切被壓迫民衆！你們要想脫離你們的重重壓迫與奴隸地位，只有起來努力了解列甯主義，實行列甯主義，因爲只有列甯主義才是我們自己解放自己的唯一武器。我們在列甯逝世一週紀念日子裏主義和一切壓迫階級的唯一武器。

，應該高呼著：

打倒世界資本帝國主義和一切壓迫階級！

全世界的工農階級和被壓迫民族解放萬歲！

列甯主義最後的勝利萬歲！

獨　秀

一九二五年一月二十一日

列甯與中國

列甯逝世週年紀念日告中國民衆

有許多外國人及其他各國許多人，尤其是在十月革命後的一二三年間，以爲這個布爾什維克首領列甯，不知是什麼一個極惡窮兇的怪物。其實這完全幻想。

列甯的外表，像一個很樸素的教授，又像一個很活潑的工人；他的內心貯滿了對於全世界被壓迫者的同情熱淚，他不但同情於被壓迫的工人農民階級，指導全世界的階級爭鬥，並且同情於被壓迫的弱小民族，指導全世界的民族爭鬥。

要普度此世界衆生於他世界，列甯說：釋迦佛說同時歐洲各國政府，相繼而起，大家都熱心來搶刼中國的事，衝動了他們『瓜分中國』的觀念，由是將中國的土地，或占據或租借，事實上就等於歐洲各國政府（俄羅斯居其首位）已開始瓜分中國，可是他們瓜分中國不是用一種公開的形式，而是和暗中偷竊人家墳墓中的死人一樣。

我們若要指證釋迦佛所說他世界之被壓迫地位於此世界而奮鬥。我們若要指證釋迦佛所說他世界中被壓迫者了他們『瓜分中國』的觀念，

脫離被壓迫地位於此世界而奮鬥。他對於遠在數萬里外的中國近代重大事變及在這些事變中所受列甯，他對於遠在數萬里外的中國近代重大事變

歐洲人對於遠在亞洲東方的中國，或視爲不可知的祕密國，或視爲一大羣未開化民族所聚居的地方，一任其傳教師外交官遠征的軍隊與商人明欺暗算，而漠然無動於衷。獨有同情於全世界被壓迫者的列甯，他對於遠在數萬里外的中國近代重大事變及在這些事變中所受歐洲各國的欺凌，無不注意到，無不嚴峻的批難到，他並不寬恕他本國（俄羅斯）政府欺凌中國人之罪惡。

自從義和團事件起，列甯即表示深厚的同情於中國人，攻擊他本國政府非常嚴厲，當時他曾在火星報上說：『俄羅斯與中國戰爭（即指義和團戰爭）已告結束，爲這次戰爭調動了許多軍隊，對於那班暴動的中國人，尤其是對於那些沒有武裝的中國人，加以剿滅，強姦無數的婦女兒童，都被慘殺，其苦何堪！……今日歐洲資本家貪慾之被蹂躙搶刼的狀況，更是不用說了。今日歐洲資本家貪慾的利爪又伸入中國了，且現在力求滿足私慾的俄羅斯亦轉入這個旋渦之中，並已割據中國的旅順口，由俄兵保護，在滿州公然建築鐵路；同時歐洲各國政府，相繼而起，大家都熱心來搶刼中國的事，衝動了他們『瓜分中國』的觀念，由是將中國的土地，或占據或租借，事實上就等於歐洲各國政府（俄羅斯居其首位）已開始瓜分中國了，可是他們瓜分中國不是用一種公開的形式，而是和暗中偷竊人家墳墓中的死人一樣。假若被偷的死人稍有反抗的表示，他們就如猛獸一般，燒毀其村生，驅逐於海洋，或將赤手空拳的居民和其妻子，槍殺刀殺，毫不加以姑息。……如現在報紙（指視國報紙）又鼓吹與兵反對中國，加上中國人是『野蠻黃種』『仇視文明』的罪名。那班無恥的新聞記者，屈服於政府及金錢目的之前，故意無中生有，造謠惑衆，對於四萬萬落後的亞洲人，屈服於政府及金錢目的之前，故意無中生有，造謠惑衆，對

上說：

『四萬萬落後的亞洲人得到自由了，對於政治生活已經有覺悟。可以說，地球上全人口四分之一已經由沈睡轉到光明、活動、

列甯對於中國的辛亥革命，也表示謀豚同情，當時他曾在真理報

奮鬥的路上了。

此事對於文明的歐洲是不發生關係的，甚至法國至今還未正式承認中華民國。歐洲這種冷淡的態度，用甚麼可以去解釋呢？

原來在西方各處都受帝國主義的資產階級之統治，這資產階級四分之三已經腐朽，對於任何一個野心家，只要爭得反對工人之嚴屬方法及一個盧布戈壁所有的利息，都願把自已所有的文化賣去。這個資產階級把中國只不過看成一塊肥肉，這肥肉自從被德謨克拉西造戒一塊肥肉，現在也許要被日本，英國，法國等撕碎了罷！

列甯對於列強扶助袁世凱造戒中國的反動政局，也曾在異理報上攻影過：「歐洲資產階級居然擁護亞洲的黑暗勢力。......中國的新外國，幫助德謨克拉西之仇人，中國自由之仇人。......掠奪中國的，因為歐洲幫助袁世凱，他原來是預備實行軍事專政的一個人。歐洲為甚麼幫助他？就是因為可以分點利潤。中國借了二萬五千萬盧布的債......

假使中國人民不承認這筆償呢？那時先進的歐洲就妥大發疾呼為脫離被壓迫的地位而戰！」

那時就要裝着大砲，與野心家黑暗勢力的好友袁世凱聯合去壓迫這「落後亞洲」的共和國了！那時就要裝着大砲，與野心家黑暗甚麼「文明」『秩序』及『祖國』了！

在列甯這些說話中，可以看出他是一個何等人物，可以看出他對於中國及中國民眾之同情是何等誠摯；同時，也可以看出中國德謨克拉西運動是何等殘酷，壓迫中國民眾砍壞中國德謨克拉西的，反動軍閥勾結外國帝國主義的資產階級，壓迫中國民眾的資產階級，只有反對反動軍閥之好友，那些帝國主義的資產階級都是中國民眾之敵人。

現在全世界人類對壘的形式是：

（甲）壓迫者——各國帝國主義的資產階級及反動的軍閥

（乙）被壓迫者——各壓迫國之無產階級及各被壓迫國之民眾

被壓迫的中國民眾呵！我們若真要紀念列甯，永遠紀念列甯，只有接受列甯遺訓——聯合全世界被壓迫者，向全世界壓迫者作戰，被壓迫的中國民眾之好友，那些帝國主義的資產階級都是中國民眾之敵人。

人人都知道列甯是「十月革命」的總指揮，假使沒有列甯，恐怕就沒有一九一七年的「十月革命」。但是「十月革命」的重大意義究竟在那裏呢？

有人還以為「十月革命」不過是俄國人民的一個革命，或以為這個革命至多不過對於資本主義國家中的無產階級運動是有很大的影響，對於殖民地被壓迫的人民沒有怎樣的意義，這是大錯的。

列甯是個世界革命的理論家與實行家，他一方面指示資本主義國中工人階級的道路與方法，使他們脫除改良主義的羈絆，知道只有無產階級專政是他們唯一解放的方法；另一面又指示東方殖民地或半殖民的弱小民族，只有團結起來環繞在蘇維埃政權的周圍，向國際帝國主義進攻才是出路。「十月革命」只是要實現這兩方面的出發點。

殖民地被壓迫人民所應紀念的列甯

碩　夫

他的革命的眼光是時時注射到地球的全面積，任一方面都不肯放鬆的。他首先將全世界的人類劃分兩部份，他在一九二○年第三國際第二次大會中說：「帝國主義本質上就是在瓜分全世界，使世界上一方面為一大批被壓迫的民族，另一方面為很少數的，但極富強而壓迫的民族，全地球上約十二萬五千萬的大多人口都歸爲被壓迫的民族......殖民地，半殖民地（如波斯，土耳其，中國等）及其他被壓迫的民族列強寶佔全界人口百分之七十」。 若全世界的人口為十七萬五千萬，則被壓迫的民族實佔全界人口百分之七十。 這種壓迫民族與被壓迫民族之區分是有大的意義的，因為他一方面指示每個世界革命者應該注意到先進國的工人階級與經濟落後國的被壓迫民眾之反帝命者應該注意到先進國的工人階級與經濟落後國的被壓迫民眾之反帝

國主義的聯合戰線；另一方面又指示殖民地或半殖民地被壓的人民所應依附的營壘。

他在第三國際第三次大會中（一九二二年）又特別指示出殖民地的民族解放運動日見重要，他說：『現在我想說一說殖民地運動的意義，在這個題目上，我想在一切舊的黨中，在第二國際和第二半國際之所有資產階級和小資產階級的工人政黨中，仍看見感情概念的遺迹，他們只對被壓迫的，殖民地的，或半殖民地的民族表同情。

自二十世紀開始以來，有一個大的變換：在農業的人民中，數百萬萬，數萬萬的廣大羣衆變成了一個行動的革命的因素。這是很明顯的，在世界革命未來的最後的決鬥中，反對資本主義和帝國主義的多數農民羣衆之民族解放運動一定操一個爲我們所想不到的大的革命功用。』

他又說：『在現今時代即在現今世界上已經創造一個蘇維埃共和國大聯合的時代，一切政治的事變都必須集中在這個心上：國際資產階級向蘇維埃共和國進攻，這蘇維埃政府一方面又圖謀結合各資本主義國家中勞動者的蘇維埃運動，另一方面結合一切殖民地和被壓迫國家的民族解放運動。因此第三國際不僅僅承認或宣布萬國勞動者底聯合，並須努力實現一切民族解放運動與蘇維埃俄羅斯之最密切的關係，此後各宗主國向勞動者和蘇維埃政府應該嚴格地監視資本主義國家的殖民政策，並切實地援助被壓迫民衆之反帝國主義運動，以期實現蘇維埃共和國的聯合。』這是現今蘇聯政府對外政策的中心，同時也是殖民地被壓迫的民族極應需要了解的地方。

他要使殖民地被壓迫民族脫除國際帝國主義的思想的籠牢，他說：『資產階級的德謨克拉西就在以抽象的名詞——民族平等，友邦親睦，等——欺驅弱小民族，以掩飾財政的和殖民的強權將全球上最大多數民衆附屬於極少數富強的資本主義國家之事實，我們應極清晰的極正確的從歷史上和經濟上分別被壓迫和被掠奪的民族與壓迫和掠奪的民族，區別全體的國民利益與被壓迫的勞動階級的利益，並證明在資本主義的制度中，民族的和平和真正的平等之不可能的理由，以打破這種資產階級德謨克拉的欺驅』。

列甯主義這樣宣布了，實現列甯主義的蘇聯政府與第三國際也就照這樣實行，並已獲得驚人的成功了。

半殖民地的中國民族受國際帝國主義的欺驅，壓迫，掠奪，若自鴉片戰爭算起，已八十餘年了。在過去長期的奴服的狀態中，中國人民不但未曾給帝國主義以重大的打擊，並且還未認識他的唯一敵人：國際帝國主義。

在這時差不多像這種的情形，及『十月革命』後，因蘇聯政府一方不顧自己消滅了本國的帝國主義，並與國際帝國主義積極地作戰，另一方面又實際上援助殖民地被壓迫民族的解放運動，於是中國民族解放的運動才漸漸走上正軌。

這種解放的運動現在還在發展的過程中。要達到最後的目的，自然只有按照列甯主義的指示。這是中國人在列甯近世第一週年應該紀念的地方。

一九〇五年的列甯

季諾維埃夫（超麟譯）

列甯在一九〇五年革命中，開始即有重要的作用。固然，他那時的作用，在外面程來，沒有在此次革命中，表現得那樣重要。

你們知道第一個彼得堡得保工人蘇維埃是孟雪維克黨人所創立的。但在鬥爭中，從所有的實際努力着，彼得堡蘇維埃那時亦即完全跟著波爾札

維克黨人前進。　風潮高漲了，河水溢出河身了，工人階級於是乎知道：創立蘇維埃就是爲取得政權而鬥爭。　在这一頭到，工人階級變成了波爾札維克。

到了一九〇五年革命失敗以後，反革命突起之時，我們正要結算第一次革命。　孟雪維克黨人自身也承認革命實在是按照波爾札維克式樣做去，工人階級，可惜，跟着波爾札維克後頭跑了。

莫斯科的武裝暴動，雖然失敗，但仍可算是波爾札維克黨人在革命中的策略之光榮。我們失敗了。蒲列哈諾夫對於此次暴動所能答復一句下流無恥的話：『不應該拿着兵器』。

列甯對於一九〇五年莫斯科暴動，却另有見解。在他看來，莫斯科武裝暴動之外；在歷史中，再也找不出別的一頁，比较更高貴的，更光榮的。　他首先開始收集關於此次暴動的文件。他要大家都知道暴動中每個戰士將莫斯科武裝暴動怎樣預備及爲何失敗的前因後果告訴全世界工人階級；因爲列甯明白此次暴動的最少衝突，最瑣碎的技術事件，都顯露出來。他要使暴動是向世界資本階級的第一個隊伍整齊的鬥爭。他很明白此次暴動全世界歷史的意義，此次暴動雖然失敗，掩沒在工人的血泊裏，但仍然可算是最荣後的國家中，反對沙爾制度和反對資產階級之第一次的光荣的工人暴動。

我重覆一句：列甯在一九〇五年革命中有重要的作用。　一九〇五年，他出來參加彼得堡蘇維埃的集會，祇有一次或二次。列甯告訴我們說，蘇維埃在『自由經濟會』會場開會，他參加時是站在高的地方，在遊廊裏，爲羣衆所不能看見，他第一次觀看工人代表蘇維埃。列甯當時在彼得堡居住是祕密的。黨禁止他時常出現。蘇維埃正式主席，卜格丹諾夫，代表我們的中央委員會。我們知道蘇維埃

委員快受拘捕，我們就禁止列甯參加末次會議，——有歷史意義的一次會議，爲的是他不至於被捕了。　一九〇五年他祇一次或二次看見工人蘇維埃。　但我想當他自從在『自公經濟會』會場的僻隅參加過了工人議會的第一次集會以後，蘇維埃政權的觀念已經發生在他的腦中了。或者他那時就夢見蘇維埃的國家，在這國家裏，蘇維埃！社會主義工人政府的榜樣——變成了國中唯一的政權。

列甯自一九〇五年以後即教訓我們說：蘇維埃不是一種偶發的，朝生夕死的組織，不是一種日常生活的，平凡的機關，如聽工會一樣，蘇維埃乃在國際無產階級歷史中和在全人類歷史中開闢了一個新建幅。

再沒有人像列甯那樣注意彼得堡工人代表蘇維埃的歷史。他形式上參加第一工人蘇維埃的生活很少，然而他比我們所有的人都更懂得蘇維埃是個苦惱東西。他對於這個口號是很小慎的。　一九一六年戰中，當我們在瑞士聽見彼得革命鼓動開始及我們開始意見在彼得保組織工人代表蘇維埃的新聞時，列甯卽在論文或通信中討論一個問題：『工人同志們！……工人代表蘇維埃的組織是不可紀念的一種重大的口號。　人們不能給蘇維埃開玩笑。你們要發出這個口號時候，必須你們已經決定激底幹去，必須你們相信眞正工人革命的時候去冒險嘗試，必須你們相信眞正工人革命的時候，取得政權的時候已經到了。　這個時候，人間不要當這一個名詞開玩笑能，你們才可以談到蘇維埃。還沒到那個時候之先，切不要當這一個名詞開玩笑。　因爲蘇維埃除非是取得政權在手，才能生存。　蘇維埃就是工人的國家制度的一種形式。　蘇維埃就是工人國家政權的一

列甯所要說的，自然不是隨生隨滅的一種階級組織，自然不是孟雪維克黨人和社會革命黨人理想中之在資產階級社會範圍內代表工人階級唯一經濟要求的一種組織。　不是的。　此種蘇維埃，列甯以爲

是必然要消滅的。爲着此類工作，蘇維埃看成，取得政權後，將工人變成支配階級的一種組織。他在一九一六年告訴彼得堡工人說：「你們自己不妨自問一千次：自己預備好了嗎？自己的力量充足了嗎？裁布之先須要量過十遍。粗織蘇維埃就是宣布激底的戰爭，就是開姑工人革命。」

列寧自己是始終堅持這個觀念的。

孟雪維克黨人把一九○五年革命看成整個的錯誤，看成一種混沌……。總而言之，工人自己是要担起失敗責任的。

列寧把「一種原始的瘋狂」。

蘇維埃無存在之必要。列寧把工人在其要求中太過前進了。

所以列寧答復他們說：「你們沒有懂得到這個運動。這是大革命面非混沌。這次運動所以能成爲大革命，並不是因爲十月十七日之恩詔，也不是因爲資產階級中引起紛亂，而是因爲莫斯科工人暴動之慘敗猶榮，而是因爲彼得堡工人代表蘇維埃能在世界無產階級面前光耀了一個整月。革命將復活。蘇維埃將復活。蘇維埃將勝利……」

（節譯季諾維埃夫一九一八年九月六日在彼得堡蘇維埃的演說）

列寧不死

魏琴

1 從列寧五十三年之生活史中，三十餘年爲着俄國和全世界的勞農及東方被壓迫民族的利益而奮鬥。當列寧這在少年的時候、他的兄亞力山大因爲參加民粹派之革命運動，被沙皇政府處死。民粹派之組織爲着用暴力強迫沙皇政府減輕對於勞動羣衆的虐待，也不知道犧牲了自己許多黨員的生命。列寧在很少年的時候，早就因此傾向於解放勞動羣衆的思想。當列寧初進大學之時，在俄國各大城市中，工人開始爲自己經濟利益而奮鬥。自從列寧認證了馬克斯主義以後，他就明白了民粹派的奮鬥之所以不得效果的原因，而極力在城市工人中宣傳馬克斯主義的思想，列寧在自己政治活動之開始的時候，就明白在階級鬥爭觀點上如何組織工人，同時向工人指出工人的利益與組織小團體立於相反的地位。列寧在起初的時候，就會將工人組織小團體，以樹將來無產階級政黨的基礎。這個無產階級政黨在一九○五年組織了全俄國大暴動反對沙皇政府，而經過十二年，不但把沙皇政府推翻了，並且完全把資產階級和地主的政權打倒了。

2 列寧工作之初期的性質：一，收集工人中之前進的分子加入社會民主黨；二，闡明馬克斯主義反對民粹派所宣傳的知識階級的思想。這種思想以爲俄國是農業國，人民因此有天賦集體化的感覺，農民經濟應當改良，資本主義爲國民經濟的病態，不願使之在俄國發展。因此民粹派不願意俄國生產力之發展，不願意農村的經濟關係有所變更。同時，他們主張土地歸農民所有，最低的限度要沙皇政府和地主不要過於壓迫農民。列寧與民粹派的大爭論在於：他明白資本主義在俄國之發展是不可避免的，因此有訓練爲資本所產生的無產階級使之有階級覺悟的必要。在這一種理論的爭論中，列寧終久是戰勝了，在他的著作內培養了社會民主黨的新種子——先進的工人和革命的知識階級。

3 在過去一世紀之九十年代中，監獄和充軍使列寧不能直接在列寧格勒工人羣衆中工作。但是當時列寧已經培養了一團革命黨，繼續進行列寧的事業。在西比利亞流放的時期中，列寧著成一部有名的著作「俄國資本主義之發展」，在此書中列寧指明出來，資本主義的關

係在俄國已經存在了，並且正在發展著；因此，應向前望，如何為無產階級利益奮鬥，而不應向後望資本主義以前的時代。

以後，列甯不得已逃亡西歐。

此時在俄國社會主義者中間開始引起了所謂經濟主義的潮流。俄國資本主義的發展引起了許多經濟的罷工，於是在社會主義者中間有些就以為無產階級解放自己，頂好只要為所謂經濟的奮鬥，直接反對企業家。列甯對於這種思想盡力反對，並指出俄國工人，實行政治奮鬥反對最大的仇敵——沙皇政府——之如何的必要。列甯教導工人說，僅僅把這個政權推翻了，工人總能解放主人，企業家對於自己的壓迫。

4、一九○三年在社會民主黨第二次大會中，起了多數派和少數派的分裂。分裂的原因是列甯對於組織問題的主張。列甯主張每一黨員照實際地參加黨的工作，一切黨員都應為專門的革命黨。少數派多數是知識階級，當時以為任何一人，若他贊成黨綱和章程及願意納黨費，都可以做黨員。後來列甯的此種主張對於我們黨的發展有偉大的意義。少數派因為不贊成這一點，隨著在多數重要觀點也與人不相合。結果，終流於反革命的一個重要問題。

列甯與多數派說，反抗沙皇政府之根本的，根本的革命的力量，應當是自由的工人與農民的聯盟；而少數派則說，根本的革命的力量，是對於革命動力的估價之一個重要問題。列甯在外國，在理論上，武裝了多數派的組織。

5、一九○五年十二月在俄國工人之武裝大暴動及農民的擾亂，所以未把沙皇政權推翻的，是因為俄國的資產階級和地主與沙皇政府聯合起來了，又因為民主黨歐洲各國的政府給了沙皇政府的幫助。但是資產階級之轉到民主方面，與貴族官僚聯合的行為，完全證明列甯對於革命動力的估價之不誤。多數派主義與少數派主義之間有一道鴻溝，列甯的思想是對的。

一九○六年之末，在俄國大澎漲反動的潮流，此潮流延長有六年之久而強有力多數派的政黨也就在此時形成了。多數派與少數派在俄國社會民主黨中雖然仍劃分兩部，所謂取消派（不要……）也就在此時發生了。俄國多數派的首領，對於此種潮流，施以嚴厲的攻擊。列甯深信無產階級之有將來，以為臨時的失敗不過是一個階氣。俄國的無產階級必將收集力量，再與沙皇政府奮鬥。一九一二年，倫那金業工人失敗，大遭殘殺之後，全俄國工人復伸張起來；當時列甯在外國首先活動對這次事變的意義，以為工人的革命運動又開始了。

這種革命運動一定要將沙皇政府和資本主義推翻去。

6、一九一四年，帝國主義的世界戰爭爆發了，全歐洲瀰漫了反動的潮流，一些社會民主黨差不多都迷惑於愛國主義的狹籠裏，——德國的社會民主黨幫助威廉第二引誘工人向前線殘殺俄國工人，英國工人……而法國的，英國的，俄國的社會民主黨亦復如是，惟有列甯首先高呼反對俄國的帝國主義戰爭的口號。「改帝國主義戰爭為國內戰爭」這是列甯所給與工人的口號。這個就是說，各戰爭國家中的農人，工人應當把槍口掉轉來，反對自己的壓迫者，反對資本家和地主。當時除開俄國的多數派外，僅有一小部分人們附和列甯這一種高呼。有一些社會主義者明白世界戰爭的罪惡，而不迷醉於愛國主義，但是他們總不能超出和平主義的範圍——禁止賠款與割地。他們自稱為國際社會主義者，而不明了資本主義列強間的和平不是無條件的，現在雖然一時和平了，而第二次戰爭又要發生。惟有列甯的口號「國內戰爭」，推翻戰爭的源泉，是革命的無產階級之口號。俄國一九一七年之革命幫助世界戰爭的完結，是因為「國內戰爭」的口號能……

實際地實現了：而德國的，奧國的無產階級能夠隨俄國無產階級之後，起來反對自己的壓迫者。

7 當世界大戰時，列甯在自己的殖民地和民族問題的大綱一文中，已給了一切革命的馬克斯主義者反對一切民族壓迫的形式之理論上的根據。列甯從世界戰爭的經驗，知道歐洲的弱小民族和東方殖民地被宰割參加戰爭，戰爭的結果應當是這些弱小民族與帝國主義列強的衝突。

——他們以為資本主義還有繼續發展的必要。

8 在列甯指導之下，俄國工人到得政權建設蘇維埃共和國之後，世界的帝國主義羣起來向勞農政府攻擊。一九一八，一九二〇及一九二一年之一部分，俄國勞農爲着保障蘇維埃政權，會做極慘烈的奮鬥。英，美，法，日，意帝國主義者派兵到俄國的領域內，幫助舊俄皇將軍，地主攻打蘇維埃政權，就打不倒蘇維埃政權，也要游力地多破壞俄國人民的經濟。列甯引導俄國的勞農羣衆向帝國主義奮鬥。教示勞農羣衆，什麼地方應當退讓。結果，在蘇帝國主義者的軍隊失敗，世界的無產階級幫助俄國的勞農羣衆，俄的領域內無一帝國主義者的兵士。但是，因此，國家的經濟也就破壞壞了。

生產力差不多完全破壞，農民都貧窮下來。

列甯指明全世界無產階級莫不爲柯茨基等的錯誤所欺騙固勞農的同盟，向社會主義的方面進行。

列甯痛毀這種謬誤的理論，而反對一切所謂殖民地的存在。他說，世界戰爭之後，問不是如何延長資本主義，而是如何推翻資本主義。十月革命之後，即剝實行民族獨立的思想，在俄國舊沙皇領域之內，組織成了許多自治的，自由的共和國，（牠們的平等不但在政治上，並且也在經濟的發展上）再由此自由的共和國組成一聯邦政府。牠們越是獨立地生活，越是發展，越是貧窮自己的自由，則牠們越是趨向親密的聯合，越是羣固蘇維埃共和國的同盟。

9 照着列甯的思想，並且因爲列甯的努力，在俄國革命一年半之後，組織成共產國際。共產國際由西歐社會民主黨中之革命的分子所組成，而重要的部分是俄國多數派。共產國際聯合了世界上所有的革命分子，全世界無產階級的先鋒隊。當世界戰爭初開始的時候，列甯已經明白第二國際分裂之不能避免，一部分適宜於資本主義發達的和平時代之社會民主黨，現在到社會革命之時，已經是不中用了。

但是社會民主黨中之革命的一部分，在世界戰爭時，會與列甯聯合，並且贊同『國內戰爭』的口號，然而未決定公開地與第二國際分裂，蓋第二國際對於勞動羣衆的影响實非淺鮮。但是列甯很堅決地主張，組織第三國際，知道在社會革命之時，無產階級需要一代表革命意志和革命理論的總機關。因此決意組織共產國際，一直到第五次共產國際大會，可以說是共產國際的靈魂。在第四次大會中，列甯不能親身指導各種問題，但是他說了共產國際的議決案在各國中的應用。第三次共產國際大會與第二次大會不同的特點，是在第三次大會中，有些方國家各支部的代表。這又足以證明共產國際的確是世界無產階級的總機關。

列甯的名字是全人類反對世界資本主義的時代標識。在每一年中列甯的紀念日，無產階級將在理論上和事實上越緊固起來，越促進帝國主義之早亡。死的列甯對於帝國主義之危險，並不比活的列甯小！

破產的農民在國內戰爭停止，地主的危險消滅之後，不能再社下懷，應當找一個勞農同盟的出路，使勞農的同盟不再立在反對仇敵的戰線上，而在恢復國家經濟的戰線上。——恢復農民的經濟和城市的工業。在一九二一年列甯很堅決地向共產黨和蘇維埃政府提議，從軍事共產主義轉到新經濟政策，准許國內貿易，取消食糧專賣，而代之以食糧課稅法。這是對於農民的讓步，但是這種讓步是要羣固勞農的同盟，向社會主義的方面進行。

The Guide Weekly

（中華郵政特准掛號認爲新聞紙類）

一九二五年一月二十八日
國币代歐揩作九五折

嚮導週報

嚮　**導**

分售處　分售處

第一百期

——零售每份銅元四枚——

訂閱：國內一元足寄六十期・國外一元足寄三十五期・郵費在內
代派：每大洋二分・十五至三百份五折・三百份以外四折・寄費在內・十期清算一次

每星期三出版　發行通信處

中國共產黨第四次大會宣言

——中國無產階級的政黨

工人們，農民們，全中國被壓迫的民衆！　中國共產黨，當國內戰爭正烈之時，曾向你們表示過自己的主張和態度。

在別一方面，反直系——奉系，安福部，最反動的段祺瑞以及基督將軍馮玉祥，雖然直系軍閥雖然一時傾跌，而現在又重新保持其力拉，把國內戰爭延長不息。將北京政權抓住了，但是他們不僅不能統一中國，消滅軍閥戰爭，並且他們自己仍舊要着窮閥的老把戲，爭權奪地，無有息時；他們所給與人民的，不過是數工人及無數窮苦的農民更爲遭殃，更爲受苦！

無論南系或反直系軍閥的背後，都站立着列强的陰謀；他們爲着受干涉中國內政

英美帝國主義者利用治外法權，在租界裏面給失意軍閥齊燮元等以機會，教他組織勢力，鼓勵戰爭。但是當另一派軍閥盤居租界有所動作時，他們便把他捉住，並逐出國外。這兩種行動，在表面上雖然不一樣；但是其目的都是要加緊中國的內亂，都是要利用軍閥，以達到他們帝國主義的侵略政策。

美國的軍艦，早已停泊在南京，近又從菲律賓調動大批海軍向我們的海岸進逼。

每一個在中國的帝國主義機關報，總是天天高喊什麼有積極對華政策之必要，公然地號召列强用武力干涉中國。

日本帝國主義者，在這次國內的戰爭中，比較別國更會利用機會，然而也就因此引起與英美帝國主義者的關係更加衝突。現在日本帝國帝義者正圖藉口中國人民的顧望，要他的敵人（英美各國）對於他有所讓步。日本爲掩飾自己强盜的行爲和趨向，已開始宣傳所謂『大亞細亞主義』和『亞洲人的亞洲』之口號。

袁世凱時代和凡爾賽會議時代一樣。日本爲中國人民『保護者』的地位，如以前在歐洲大戰，

工農們，被壓迫的民衆！中國共產黨號召你們起來，努力對世界帝國主義迎頭痛擊，努力打消帝國主義者的陰謀。

世界帝國主義者確實想把中國變爲殖民地，將

中國人民淪到萬劫不復的地位！

中國人民應當知道，世界帝國主義者以美國為領導，去年秋季在倫敦曾經共同籌劃了一個反對歐洲和亞洲人民的陰謀。他們所定的這城計劃是什麼東西？就是一方面要把德國發成英美的殖民地，而別一方面要把德國工人所生產出來的商品找一銷場，好教英美的銀行家和工業家更加發財致富。為着要強迫東方特別是中國的人民及蘇俄購買這些商品，英美帝國主義者，不顧忌一切罪惡和殘忍行為，非達到此目的不已。

在歐美我們已看出反動的現象，世界的反動勢力正在聚集向勞農的國家蘇俄進攻。列強的銀行家和資本家絕不能靜聽着他們的商品不能自由地輸入蘇俄，一定要把蘇俄陷于奴隸的地位。他們更不願意丟却這麼一個好市場的中國！他們老喊着要保全中國的奴隸！們一定要成為中國財富的主人，一定要陷中國人民為他們的奴隸！為着要達到這目的，所以要供給中國軍閥以金錢火藥，所以美國要擴充太不洋的海軍，所以英國要在新加坡建築軍港，所以他們都派軍艦到我們的海岸和揚子江及西江等內河來。

為着要掩飾自己的貪慾，帝國主義者更說他們自己愛和平，主張和平主義。最近期中戰爭是不可能的，應當創造世界永久的和平……這些好聽的話。帝國主義列強的外交家現在更加不知羞恥地說什麼對中國人民懷着善意。當帝國主義叫着消滅一切軍閥陰謀，反對段祺瑞所要召集的軍閥善後會議。中義者說這些說話的時候，完全不看看別強軍費之如何增加，軍艦，飛機，軍事工業之如何擴充，大家對於快要爆發的戰爭之如何準備。

工農們，和被壓迫的民眾！在這些事實之前，世界帝國主義努力擴充軍備，努力發展軍事工業以及那些被金錢收買的學者蚩議，如段祺瑞所預料的，將成為段氏固結己派軍閥的工具。武器，比較起來，不過是帝國主義者的小玩意兒，如何是他們的對手力辭找殺人的武器之時，東方的人民是如何危險！東方人民自衞的

『但若一切資本主義國家的工人和農民暴動起來，反對自己的壓迫者，將這些武器拿到手裏，同時東方被壓迫的民眾起來反對自己的閥用自己的力量發展國家，向外國帝國主義施以最後的總攻擊，那末世界帝國主義的破壞力也他可變成為反對自身的工具。』

全世界革命的無產階級之總機關——共產國際，已經組織了無數萬的工人立在社會革命的紅旗之下。共產國際下的紅色農民國際，也已經聚集了無數萬的農民環繞着紅旗。世界工農的軍隊和帝國主義的武備並排生長，在一切資本主義的國家中，勞農與資本統治之最後的爭鬥日見逼近了。

中國共產黨在自己的責任上，很誠懇地向中國的勞動羣衆不斷地說，勞農反對帝國主義和資本的壓迫之鬥爭已臨近了，這種鬥爭將永遠把人類解放出來，將永遠消滅一切的戰爭。中國共產黨以為不斷地向羣衆解釋用什麼方法，中國人民總可以脫離帝國主義和軍閥的壓迫，如何纔能與世界勞農革命運動聯合起來……是自己唯一的責任。

中國的解放運動現在已日見澎漲起來。全國各城市裏面的羣衆現正努力達到召集國民會議的要求，差不都組織了國民會議這種機關，並且高叫着消滅一切軍閥陰謀，反對段祺瑞所要召集的軍閥善後會議。中國共產黨正式向中國人民說，段祺瑞的善後會議是段祺瑞要用軍閥制度而藉着帝國主義者的幫助，以統治中國人民的工具。這個善後會議而藉着帝國主義者的幫助，以統治中國人民的工具。這個善後會議以對付別派軍閥，而引起將來無窮的戰爭。

中國共產黨號召全中國的勞動羣衆，起來制止段氏這種惡劣的計

將我們的國土變為荒漠，將我們的城市和鄉村變為墳墓——這二種危險就在眼前啊！

劃。

倘若國民要求派自己的代表參加段氏所要召集的善後會議，段氏對於召集國民會議之虛偽的宣言一定要被揭破。國民會議促成會是人民真正的機關，應當要求在善後會議中有最大多數之國民代表。

中國共產黨不僅盡力向群衆解釋軍閥愚弄國家之巨大的危險和帝國主義者擴張軍備對於我們是如何的可怕，並且要使中國國民衆知道國內軍閥不給人民召集國民會議及組織群衆的保護國家利益的機會，則帝國主義者及其工具所加於我們的危險將更爲擴充。

我們號召工人和農民，手工業者和知識階級鞏固自己的組織，並竭力贊助國民會議促成會，要求國民會議之召集。無數萬中國民衆的命運真不能再靜聽軍閥們的愚弄了！革命的力量在我們國家中日長一日，軍閥和帝國主義的鎖鍊已經開始搖動。英美所扶植的直系勢力之崩壞是民族革命運動進展的機會，但軍閥和帝國主義者又謀重新制服民衆的運動。他們正在那裏預備最嚴酷的反動，我們應當明白現在時機之迫切啊！

中國共產黨將使中國解放運動由自然的歷程生長進於覺悟的狀況

我們惟有在民衆的組織中，在召集國民會議的要求中，在反對帝國主義和軍閥的奮鬥中，才能找出一條出路，才能避免現在資本帝國主義世界的危險。

一 工人，農民，學生，手工業者，你們趕快組織起來，趕快努力國民會議之召集！你們想快組織大示威運動反對外艦駛入中國內地，要求中國不陷于奴隸的地位；完全擁着中國勞苦群衆的努力，完全靠着全世界勞農聯合起來反對資本主義的奮鬥！

打倒國內帝國主義的侵略！

推翻國內的軍閥！

國民會議萬歲！

中國勞動群衆萬歲！

中國共產黨萬歲！

共產國際萬歲！

全世界勞農反對資本主義的同盟萬歲．

一九二五年一月二十二日

我們應如何對付善後會議

獨秀

我們反對善後會議，并不是因爲這個名稱和預備會議不同，乃是因爲他是軍閥官僚包辦的會議，沒有人民的代表出席說話，——這個反對的理由是不錯的，然而僅說是反對軍閥官僚包辦的善後會議，還嫌的太簡單了。我們不但反對善後會議在形式上是軍閥官僚的會議，我們必須在實質上反對段祺瑞所要的這種軍閥官僚會議所包含之危險性。

段祺瑞所要的善後會議，至少也有下列三個危險：（一）段氏趕速在國民會議之前，利用他的善後會議團結軍閥勢力，以抵抗國民；他所要的善後會議如果成功，軍閥在中央及地方的勢力必完全恢復，他們壓迫國民運動，必然日見露骨。（二）段氏要利用善後會議，結合直系等失意的軍閥，以鞏固他自己的地位，和他派軍閥——奉張及馮孫胡等——對抗；此種新的給合和新的對抗，是軍閥間將來大戰爭之種子，亦即帝國主義者藉口內戰干涉中國內政之種子。（三）段氏要利用他的善後會議產生正式政府，選舉他爲正式總統，此種正式政府如果實現，勢必爲國內戰爭之導火線，因其非新的代表民意關所產生，又豈有新的法律（約法）根誠，純粹出軍民長官拼誠，豈非

明白給別派軍閥以兵爭政的榜樣？

段氏所要的這種善後會議，即軍閥官僚包辦的會議，人民是應該始終反對的；并且這善後會議將近實現了，要免除其危險性，人民站在會議外消極的反對還是不夠，更應該有力的向段政府要求修善善後會議有權議決國家根本大法，要求選舉代表參加此會議，在會內積極的反對；反對此會議有權選舉正式政府，許人民代表列席，反對此會議決議決一切有利於軍閥的議案，尤其要揭破各派軍閥間分贓或暗鬥的黑幕。

人民參加此會議，要取左列的態度：

（一）為反對段氏所要的善後會議而參加，不是為贊助段氏所要的善後會議而參加；

（二）應該要求由各省人民團體集合的國民會議促成會得派多數代表（當超過各省軍民長官代表人數以上）參加，變更段氏所要的善後會議為人民所要的善後會議，不可僅由牛官僚的法派少數代表參加，成為段氏所要的善後會議之裝飾品；

（三）各省人民團體，不但應該為其參加此會議之代表準備有力的後援，并且應該嚴厲的督促其代表在此會議中確能為人民利益奮鬥，而不與軍閥官僚妥協。

全國人民啊！段氏所要的善後會議將近實現了，這會議所含的危險性誰也知道，全靠人民在此會議內會議外的奮鬥力才能夠減少一分，此外別無他法。

你們固然應該袖手們啊！

你們應該站在人民方面，反對段祺瑞所要的善後會議；你們也應該要求段祺瑞修改善後會議條例，反對此會議有權選舉正式政府，許人民代表列席，你們自己有列席善後會議資格的，更應該出席。你們應該利用出席善後會議的機會發表自己的政綱，應該利用出席善後會議機會揭破帝國主義的列強及軍閥派損害中國國家生命及人民利益之事實，揭破軍閥間列強間暗鬥，或分贓的黑幕。如果段祺瑞覺不許有人民的代表出席善後會議，你們更應該出席此會議，反對軍閥官僚，揭破他們的反對，免待軍閥官僚包辦此會議的黑幕；你們不應該很高潔的不參加此會議，在會議內你們若以為民黨參加軍閥官僚會議是一件羞辱的事，那麼中山北上便根本錯了。一個革命黨總應該積極的奮鬥，不應該消極的潔身自愛，「真金不怕火來燒」為了拯救國家的生命，為了擁護人民的利益，就跳到火坑糞坑裏都是應該的，你們應該出席善後會議之裏面包含着避免和軍閥派爭鬥的懦弱心理啊！

論日本之承認蘇俄

魏　琴

日俄條約已經簽字了。各資本主義國家中對於此次日俄條約，當然有許多不同的見解。——以為日本帝國主義者硬逼着訂了對於自己有利益的條約，日本更能在遠東發展自己經濟的勢力。一切資本國家的政府大約都會說，蘇俄這不得已而與資本國家妥協，違背了勞農政權和無產階級專政的原則。一切資產階級回報紙現在都已噪動

起來，都喊着此條約對於日本有巨大的利益。——總之，大家都以為日俄條約是資本主義的日本戰勝了蘇俄的表現。

但這是否是對的？能不能視日俄條約為日本對於蘇俄的勝利？倘若我們回看過去五六年的歷史，便覺對於這個問題是很明顯的。我們研究兩國間的條約，應當知道這個條約不是與過去的

國間的關係沒有連的。把過去的關係看清了，然後纔能規定將來

的結束。

本文標題為『論日本之承認蘇俄』，而非很簡單的『日俄條約』。

以我們的意思，所謂日本之承認蘇俄萬為一重要之點。我們與資產

階級的報紙及各國外交家的見解之不同點也就在此了。

資本主義的國家及其報紙不願回憶過去自己對於蘇俄的關係，而

仗着一般羣眾的善忘，遂顛倒是非，說什麼蘇俄逼迫而讓步。

在一九，一八，一九，二十這幾年中，蘇俄，差不多可以說

完全被英法美日以及各小國的帝國主義者割據了。在現在的時候，

，在蘇俄的領域內，沒有一個外國兵，沒有一個外國資本主

義的法律來剝削俄國工人，因為在俄國已經沒有一個俄國資本家

照着資本國家的辦法來壓迫俄國工人。

這到底是什麼一回事情？

步？是不是帝國主義者起了公道的念頭，把自己的軍隊從俄國境內

撤將回去？是不是他禁止自己國內的資本家來壓迫俄國勞農羣眾？

倘若非非瘋狂，任誰也不能相信是這樣的。

現在大家都明白了，帝國主義者之所以把軍隊從蘇俄境內撤回去

，是因為俄國勞農羣眾拼命地反抗，是因為紅軍有不可戰敗的能力。

在經驗上帝國主義者得着了教訓，用武力壓服蘇俄是不可能的，

並且徒引起俄國勞農的反抗與自己國家中之階級的衝突，因此，總將

自己的軍隊從俄國撤回去。在用武力侵略之後就到了經濟戰爭反對

俄國時代，但是這也不能教勞農政府拋棄自己的原則。這也無用，

那也不行，最後，資本主義的國家不得已只好走上承認蘇俄的道路。

這是過去列強對於蘇俄的關係之歷史。

這段歷史證明什麼呢？證明資本主義國家戰勝了蘇俄這是證

明帝國主義者在廟街，阿穆爾，……對待俄國人民的行為是對而

資本主義國家不但未戰勝蘇俄，並且這不得已要承認在世界經濟上佔

重要位置的蘇俄？

列甯在一九二二年，當熱諾亞會議之時，曾對俄國代表說過：倘若

帝國主義者現在對我們下讓步，則他們將來一定要多讓步些，因為時

間綱是隨着社會革命工作的。總是為着社會革命工作的，而現在又輪到日本了。

法對俄的關係上是對的，而現在又輪到日本了。

為什麼現在大連會議之中，蘇俄代表對於日本政府實

越飛花當時會將這個原因說明了：『日本人還不明白蘇俄已形

成一勢力，要求與所謂列強同受平等的待遇』。自然這話是對的。

日本代表不了解西伯利亞的印象，日本政府總想像不到如何能

將蘇俄代表同他國代表一樣看待。當時日本政府代表視俄國如視

中國一樣，以為不過等於半殖民地罷了。

在當時，蘇俄比現在實際上弱得多，——這

稍讓步在最近的日俄會議中已無討論的餘地了。當時日本的軍隊不

但佔據了庫頁島。並且在沿海濱省也差不多布滿了。日本要求庫頁

島為廟街事變中日本受損失的賠償。

常時日本人以這些讓步為承認蘇俄的條件，但是到了現在，日俄

總綱會議的條件，首先是外交上的承認，日本應拋棄侵略政策，而對

待蘇俄西關係應如對列強的一樣。這一方面證明日本當俄國國內

戰爭時用的是什麼政策，另一方面證明日本現在不能再用武力逼迫蘇

俄讓步。照着現在的日俄條約，日本雖然也得到一部分庫頁島油煤

，但是他承認蘇俄人民為庫頁島的主人，——這件事情在幾年前是沒

有討論的餘地的。

日本的帝國主義者將以在會議錄中蘇俄代表對於廟街事變的道歉

之一段話以誇耀國人。日本政府能堅決地達到這一點，但並不能證

明帝國主義者在廟街，阿穆爾，……對待俄國人民的行為是對的。

然而就是在這一點，日本政府也未達到要求蘇俄公開道歉承認過

的目的。

現在蘇俄僅向日本政府表示對於廟街事變的惋惜，這：惋

惜僅給日本政府一個最低限度的答覆，日本政府或者就以此誇駭自己的民衆。但是俄國的工人和農民知道自己的政府是對的，顧街事變發的罪人還是日本的帝國主義者。

因此，我們研究日俄條約，一囘顧過去日本對於蘇俄的態度，日本的帝國主義者如何逼不得已現在要承認蘇俄，那我們就完全可以說道：在日俄的新條約中，日本無論如何是佔不到勝利的。

我們現在還要說一說強迫日本和蘇俄協原因之要點，因為大家都知道，蘇俄向日本尋找安協亦如時向其他國家一樣，──蘇俄堅信工業和一切國民經濟的發展，是共產主義戰勝資本主義之一個重要的保障。為着要和平達到發展經濟的目的，不得不有時向列强將就一點。

使日本政府要與蘇俄安協不得不以平等對待之重要的原因，第一是蘇俄在西方的勢力之鞏固，第二是紅軍把俄國境內遠東的反革命勢力搖除，第三是日本的地震以及美國資本家對於日本的惡感。華盛頓會議中，英日同盟的解散也把日本帝國主義者的腦筋弄頓了不少。

倘若我們再看一看，日本在經濟上是如何的退後，在政治上反動潮流是如何的增長，各階級人民是如何的不滿意，則推動日本政與蘇俄安協的原素，我們就非常明白了。

第一章這些條件，我們以為每一個讚者大約都會曉得日俄條約是什麼一回事。是蘇俄戰勝呢？還是資本主義的日本戰勝呢？。日本政府當然要弄誇這次條約為得意，牠一方面要誇示不滿意的資產階級，說替他們尋找了工業和商業發展的機會。同時牠又以承認蘇俄炫耀於勞動羣衆之前，表示自己對於俄國民衆是如何的親善。

但是日本帝國主義者，知道對於蘇俄的承認一定要引起日本勞動羣衆對於蘇俄的無限的同情，於是正在預備最野發的法律反對共產黨，反對革命的知識階級，倘者將來誰個毀謗資產階級的制度，誰個反對日本的帝國主義，一概要賜他以十年的監禁。歷史指示了我們，這些愚蠢的方法一定不能幫助帝國政府能維持長久，一定更要引起較大的反，結果一定要助成舊制度的速倒。

我們且看日本勞農革命的怒潮！

最近北方政象及民衆勢力之勃興

（北京通信，二月十八日） 仁 靜

最近北方的政象殊為沉寂，張作霖已回奉天去了，馮玉祥亦算非正式的就西北邊防督辦之職，往張家口級遠一帶旅行考察。唯剩一段祺瑞在北京，任命各省官吏，竊號自娛，目前北方政治殊無可紀閥官僚政客為中心，自是理所當然。此次善後會議亦有國民黨員歡迎參加之列，閱國民黨對參加善後會議與否，頗有辯論，一派是主張參加的，但否認其能代表國民會議預備會，而主張預備會議應由人民自動的召集。其理由為參加此會，可以宣傳國民黨之革命主張。今日一班苟安麻木之國民，對革命終無信仰，對軍閥心存依賴，如胡適及戴冶卿等均為可代表一部分國民期望軍閥賜與和平改革之心理。國民黨可利用此機會，在善後會議中提出種種與軍閥對抗之政治主張（如主張閥提出會重條約，國民黨則提出廢止不平等條約，軍閥提出軍區軍制之主張，國民黨則提出解除軍閥武裝，而武裝人民之主張，如主張閥提出重條約...）惟有下列三事或可一述。

一、國民黨與善後會議。段祺瑞所號召的善後會議，已得多數省分贊同民長官及名流之承認及贊成，在二三月時或有召集的希望。善後會議之召集，不過是段祺瑞欲藉此取得正式政府資格與制定國民會議組織法，預備在將來包辦國民會議之選舉，除此以外，沒有什麼別的意義，也不會有什麼政治改革。■人民的團體反對善後會議之

主張，軍閥提出整理財政，借外債計畫，國民黨則提出沒收禍國軍閥之財產，收回海關以整理財政的計畫）。此等主張自不能為軍閥政客官僚占多數之善後會議所採納，但國民黨可由此暴露軍閥無救國誠意，而人民因此會之失敗，自當更恨軍閥，以猛烈進行革命運動。

持論極為簡單，他們只以為這是督軍閥的分贓會議，人民的分子占少數，所以他們政治主張不能通過，便不聽參加，他們不懂怎樣利用機會做宣傳，更不知利用此機會與軍閥決裂，開孫中山先生將護國段祺瑞，提議善後會議加入人民團體時，彼即可以參加云。

二、奉軍與國民軍之關係　奉軍與國民軍方面因爭直隸地盤，因分配全國地盤，暗門甚烈，這是很明顯的事實，不過兩方一時尚不至於爆裂的，是因軍備尚未充實之故，子彈缺乏，在國民軍方面改覺尤甚，故奉軍屢次向國民軍示威，而國民軍終不能持強硬態度。現在奉軍極力向西北發展：占領察哈爾與綏遠一帶，並準備幫助馬福祥回甘，驅逐陸洪濤，以冀統一西北，另一方，胡景翼與但懋辛等密商會，師武漢計畫，但為安福陰謀及憨玉崑所牽制。　奉軍之積極侵略路江蘇，眼先注視於浙江山東，此兩種實力發展之結果，將使中國分為兩半，奉軍由東三省直隸，山東，江蘇，浙江，國民軍方面由甘肅，綏遠

，察哈爾，直隸，河南，湖北，以與西南聯絡，此東西兩大陣營之劃分與形成，將使軍閥戰爭漸漸激烈，永無止息，直至奉系與國民軍衝突之大爆裂。這兩種擴張地盤的傾向衝突，除非奉系與國民軍系的軍閥勢力為國民所推翻，是不可避免的。

三、北方民衆運動之發展　北方的國民會議促成會發生較運於南方各省，但近來進行，苦為猛烈。現在已組織之國民會議促成會的地方有北京，天津，保定，濟南，青州，青島，石家莊，太原，張家口等各處。還有正在組織的，有哈爾濱，熱河等各地。

北京的國民會議促成會加入者有一百七十餘團體如全國大學聯合會，北京教育會，學生聯合會，農務總會等已加入。　石家莊之促成會為工人所領導組織，他們於開成立會的那一天，於講演之外，復有千餘工人之游行，高揭打倒軍閥與打倒帝國主義，工人工作八小時等旗幟。　京漢路工人運動自曹吳倒後亦有興起之勢。京漢路總工會已在鄭州恢復，這可視為民衆中堅勢力之復蘇，開全國鐵路工人將於今年二七京漢工人流血紀念日在北方開會，討論鐵路工人的本身問題。　現在北洋軍閥致力於地盤之爭，他們自身也分裂得不可收拾，他們也無暇顧及壓迫民衆運動，所以民衆運動在北方之發展，今日正是黃金時機了。

武漢國民運動的現狀 （武漢通信）

秋 君

我將武漢各方面最近對于國民運動的態度及其實際情形，分別說明如下：

1.商人　商人照分為大商人和小商人兩種：他們因經濟上的地位不同，故其對于國民運動的態度，也不一致。　大商人多半與帝國主義者直接或間接發生了多少關係，自然不會有革命的要求；極少數的者發生直接的衝突，故對于帝國主義者之掠奪不容易感覺。他們

士著大商人，雖深感覺得受帝國主義及軍閥的摧殘和掠奪，但他們數量太小，不得不為大多數與帝國主義者發生關係的大商人所牽制，所以他們的態度必須視那般大多數與帝國主義者發生關係的大商人的趨向為趨向，絕不敢單獨表示。　小商人因為在經濟上很少與帝國主義者發生直接的衝突，故對于帝國主義者之掠奪不容易感覺。他們最

感受痛苦的，就是國內發生戰爭，致使貨物停滯，金融吃緊，時有停業的恐怖，所以他們唯一的要求在避免戰爭的痛苦。軍閥平時對于他們的剝削，他們還沒有深刻的感覺着。他們好像以爲軍閥是應當存在的，只要軍閥中間不時常發生戰爭就心滿意足了。每次軍閥戰爭發生，他們總是說：『東天也是佛，西天也是佛，無論他們誰勝誰敗，只求早點完結，免得我們多受痛苦。』由這種話中我們可以看出他們的苟且偸安的心理。　總之，他們只是消極的希望和平，復有積極的革命意志。　武漢兩處的商人本都有商會的組織，但兩商會均爲少數商人貴族所包辦，與商人羣衆是絕對不相干的，那些商人貴族，平時又是與政府勾結一氣的，所以商會有所舉動，都是承奉了政府的意旨來的。由上述的情形看來，武漢的國民運動在最近的期間，商人方面是沒有大的希望的。

2．工人　工人中也應分爲手工業工人與新式產業工人兩種。　手工業工人還是沉睡在宗法社會裏，一切帝國主義及軍閥的壓迫，他們都感覺不到，同時他們的環境，也不容易使他們覺悟團結，他們的要求，只要行東或工場主待遇他們好一點就夠了，其他概非所聞，政治運動自然更說不上。

新式產業工人，對于自己所受的壓迫，容易認識，他們因爲都麋中在一處，也易于團結，惟自『二七』以後，政府壓迫，非常利害，所以工人對于各種運動，不敢表示。　北京政變以後，曹吳下台，蕭耀南又忙于各派的拉攏和對付，對于工人，無暇顧及，且正在全國民氣激昂的時候，也不敢過事壓抑，因此工人在最近對於國民運動，已正努力參加，並大有領導此種運動的趨勢。

3．學生　武漢學生聯合會，在每次國民運動中，都站在主要的地位。　最近國□戰爭及北京政變，在武漢方面最先表示態度和主張的都是學生聯合會，就是此次國民會議促成會，也以學聯爲中心團體，因篇

有眞正羣衆在他的後面。

4．教育界　湖北教育界最爲墮落，幾年來許多大的羣衆運動及全國一致的四運動，從不見他們出頭露面叁加。　湖北教育界的份子，大概可以分成下列幾派：（一）頑固派　這派的人大半是頹唐老遒，過去是足的『此生己矣，將就木焉』的派頭來，還有一部份少年頑固派，也是一切不問，只是時常搖頭悵嘆着『世風不古，人心日下』。　至于希望他們做什麼運動，那是絕對不可能的事。　（二）混沌派　這一派的人，總在醉生夢死的過日子，無論怎樣的刺激，怎樣的運動，他們都不在意，他們唯一的希望，只在拿錢吃飯。　（三）清高派　這一派的人，對于政治，時常發一些空議論，也歡喜批評時事，但要他們實行去幹，那是沒有希望的。　（四）政客派　這一派的人與官廳接近，時常在不觸犯政府忌諱的範圍內，也喜出一出風頭，至捧場拍馬的運動，更是他們的能事，教育界的一般流氓痞子，都爲他們的夫夫走卒，他們上托官廳，下結流氓，落到這一派的身上了。　但是要他們做一種眞正的國民運動，也還能呌遣得一部份人動。　可是他們會覥顏色，善看機會，比如吳佩孚此次幹出頭做拒絕運動，格外起勁，他們出頭做的，至出風頭，也喜出一出風頭，簡直是做夢。

5．新聞界　武漢新聞界多半知識淺陋，觀察不到社會政治的實際情形。　他們對于國民運動，提出一些『和平』，『自治』，『統一』各種驅人的口號，鼓吹一些不實際的，妥協的，可憐的運動方法。　因此，武漢報紙，時常有意無意的被一般流氓政客所利用。

上述是武漢各方面最近對于國民運動的態度及其實際情形，此次國民會議促成會的組織，在開成立會時已有一百二十餘個，以後還有繼續加入的。　在此促成會中，主要的團體，仍是學生聯合會及工會，以及其他有羣衆的團體，可見國民運動，沒有眞正羣衆，只鬧空架子是決不會成功的。

嚮導（二）

數位重製‧印刷　秀威資訊科技股份有限公司
https://www.showwe.com.tw
114 台北市內湖區瑞光路 76 巷 65 號 1 樓
電話：+886-2-2796-3638
傳真：+886-2-2796-1377
劃　撥　帳　號　19563868　戶名：秀威資訊科技股份有限公司
讀者服務信箱：service@showwe.com.tw
網　路　訂　購　秀威網路書店：http://store.showwe.tw
國家網路書店：http://www.govbooks.com.tw

2021 年 11 月
全套精裝印製工本費：新台幣 13,500 元（全套五冊不分售）

Printed in Taiwan　　ISBN:9789863269502 CIP:574.105

本期刊僅收精裝印製工本費，僅供學術研究參考使用

ISBN 978-986-326-950-2

讀者回函卡